新編諸子集成

抱朴子外篇校箋

下

楊明照 撰

中華書局

圖書在版編目(CIP)數據

抱朴子外篇校箋. 下/楊明照撰. —北京:中華書局,
1997.10(2024.6 重印)
(新編諸子集成)
ISBN 978-7-101-01563-8

Ⅰ.抱… Ⅱ.楊… Ⅲ.①古典哲學-中國-東晉時代②抱朴子外篇-注釋 Ⅳ.B235.72

中國版本圖書館 CIP 數據核字(2007)第 167127 號

責任編輯:石 玉
責任印製:陳麗娜

新編諸子集成
抱朴子外篇校箋(下)
楊明照 撰
*
中華書局出版發行
(北京市豐臺區太平橋西里 38 號 100073)
http://www.zhbc.com.cn
E-mail:zhbc@zhbc.com.cn
大廠回族自治縣彩虹印刷有限公司印刷
*
850×1168 毫米 1/32 · 25⅜印張 · 2 插頁 · 459 千字
1997 年 10 月第 1 版 2024 年 6 月第 10 次印刷
印數:20801-21400 冊 定價:98.00 元

ISBN 978-7-101-01563-8

新編諸子集成出版説明

子書是我國古籍的重要組成部分。最早的一批子書産生在春秋末到戰國時期的百家争鳴中，其中不少是我國古代思想文化的珍貴结晶。秦漢以後，還有不少思想家和學者寫過類似的著作，其中也不乏優秀的作品。

二十世紀五十年代，中華書局修訂重印了由原世界書局出版的諸子集成。這套叢書匯集了清代學者校勘、注釋子書的成果，較爲適合學術研究的需要。但其中未能包括近幾十年特别是一九四九年後一些學者整理子書的新成果，所收的子書種類不够多，斷句、排印尚有不少錯誤，爲此我們從一九八二年開始編輯出版新編諸子集成，至今已出滿四十種。

新編諸子集成所收子書與舊本諸子集成略同，是一般研究者經常要閲讀或查考的書。每一種都選擇到目前爲止較好的注釋本，有的書兼收數種各具優長的注本。出版以來，深受讀者歡迎，還有不少讀者提出意見建議，幫助我們修訂完善這套書，在此謹致謝忱。

本套書目前以平裝本行世，每種單獨定價。近期我們還將出版精裝合訂本，以滿足不同層次讀者的需求。

後續整理的重要子書，將納入新編諸子集成續編陸續刊出，敬請讀者關注。

中華書局編輯部

二〇一〇年一月

抱朴子外篇校箋目録

抱朴子外篇校箋卷之二十六

譏惑

抱朴子曰：「澄濁剖判，庶物化生〔一〕。羽族或能應對焉〔二〕，毛宗或有知言焉〔三〕，于玃識往〔四〕，歸終知來〔五〕，玄禽解陰陽〔六〕，蚍蠦遠泉流〔七〕，蓍龜無以過焉〔八〕，甘、石不能勝焉〔九〕。夫唯無禮，不廁貴性〔一〇〕。

〔一〕澄濁剖判，已見君道篇「清玄剖而上浮，濁黄判而下沈」兩句箋。庶物，萬物。易繫辭下：「天地絪緼，萬物化醇，男女構精，萬物化生。」又序卦：「有天地，然後萬物生焉。盈天地之間者，唯萬物。……有天地，然後有萬物。」

〔二〕禮記曲禮上：「鸚鵡能言，不離飛鳥。」山海經西山經：「（黄山）有鳥焉，其狀如鴞，青羽，赤喙，人舌，能言，名曰鸚䳇。」郭注：「鸚䳇舌似小兒舌，脚指前後各兩。扶南徼外出五色者，亦有純赤白者，大如雁也。」淮南子說山：「鸚鵡能言，而不可使長〔言〕。是何則？得其所言，而不得其所以言。」高注：「鸚鵡，鳥名。出於蜀郡，赤喙者是。其色縹緑。能效人言。長，主也。得其言者，知效人言也。不知所以長言，教令之言也。故曰不得其所以言。」說文鳥部：「鸚，鸚䳇，能言鳥也。从鳥，嬰聲。䳇，鸚䳇也。从鳥，母聲。」段注：「曲禮釋文：『嬰，本或作鸚。母，本或作鵡，同音武。』諸葛恪茂后反。」按裴松之引江表傳曰：恪呼殿前鳥爲白頭翁，張昭欲使恪復求白頭母，恪亦以鳥名鷚母未有鷚父相雜。」（見三國志吴書諸葛恪傳注（段係意引））此陸氏所謂茂后反也。據此知彼時作母、作鴟，不作鵡。……釋文當云：「母，本或作鴟，古茂后反，今作鵡，音武。乃合。」爾雅釋鳥：「二足而羽謂之禽。」後漢書班彪傳下：「（班固典引）是以來儀集羽族於觀魏。」

〔三〕禮記曲禮上：「猩猩能言，不離禽獸。」釋文：「禽獸，盧（植）本作『走獸』。」爾雅釋獸：「猩猩，小而好啼。」周書王會：「都郭生生（郭璞山海經注引作『鄭郭狌狌』）若黄狗，人面能言。」山海經海内南經：「狌狌知人名，其爲獸，如豕而人面。」郭注：「或作『猩猩』，字同耳。」荀子非相：「今夫狌狌形笑（相），亦二足而（無）毛也，然而君子啜其羹，食其胾。」楊注：「狌狌獸，似人而能言。」宋均春秋説題辭注：「猩猩言説人善惡。」（太平御覽九百八引）爾雅釋鳥：「四足而毛謂之獸。」典引：「肉角馴毛宗於外囿。」

〔四〕于玃識往，未詳。（爾雅釋獸：「貜父，善顧。」郭注：「貑貜也。似獮猴而大。色蒼黑，能貜（攫）持人，好顧盼。」説文犬部：「玃，大母猴也。善攫持人，好顧盼。从犬，矍聲。爾雅曰：『玃父，善顧。』」（依段校）吕氏春秋察傳：「玃似母猴。」諸書皆未言玃能識往，當非稚川所指。）淮南子氾論：「猩猩知往而不知來。」高注：「猩猩，北方獸名。人面獸身，黄色。禮記曰：『猩猩能言，不離走獸。』（高誘受經盧植，此引作『走獸』，用其師所傳本也。）見人狂走，則知人姓字，此知往也。」淮南萬畢術：「猩猩知往。」（藝文類聚九五、太平御覽九百八引）郭璞猩猩贊：「能言之獸，是謂猩猩。厥狀似猴（御覽作『貛』），號音若嬰（御覽作『嬰』是）。自然知往，頗識（御覽作『測』）物情。」（類聚九五、御覽九百八引）是古又有猩猩識往傳説，聊備録之。

〔五〕淮南萬畢術：「歸終知來。」注：「歸終，神獸。」（藝文類聚九五、太平御覽九百八引）内篇對俗：「終歸知往。」「終歸」二字誤倒，當據敦煌寫本、淮南萬畢術及此文正之。「往」與「來」不同，蓋傳聞有異。

〔六〕禮記月令：「仲春之月……是月也，玄鳥至。」鄭注：「玄鳥，燕也。燕以施生時來，巢人堂宇而孚乳，嫁娶之象也。」又：「仲秋之月……玄鳥歸。」鄭注：「歸，謂去蟄也。」左傳昭公十七年：「玄鳥氏司分者也。」杜注：「玄鳥，燕也。以春分來，秋分去。」解陰陽，謂知節氣變化。

〔七〕詩豳風東山：「鸛鳴于垤。」毛傳：「垤，螘冢也。將陰雨則穴處先知之矣。」正義：「將欲陰雨，水泉上潤，故穴處者先知之，是螘避溼而上冢。」漢書翼奉傳：「（奏封事）猶巢居知風，穴處知雨。」論衡變動：「故天且雨，螻蟻徙……。」「……故天且風，巢居之蟲動，且雨，穴處之物擾。」易林震之蹇：「蟻封户穴，大雨將集。」文選張華情詩：「巢居知風寒，穴處識陰雨。」李注引韓詩薛君章句曰：「穴處知雨，天將雨而蟻出壅土。」吕向曰：「巢居，鳥也。穴處，蟲也。言蟲鳥豫知風雨，由其久處巢穴，習性所知。」「虵」，「蛇」之俗體。「螘」，「蟻」本字。「遠」，讀去聲。廣韻二十五願：「遠，離也。」遠泉流，謂離去泉流。王廣恕謂「遠」疑作「違」，非是。

〔八〕易繫辭上：「探賾索隱，鉤深致遠，以定天下之吉凶，成天下之亹亹者，莫大乎蓍龜。是故天生神物，聖人則之。」正義：「謂天生蓍龜，聖人法則之，以爲卜筮也。」蓍草與龜甲，皆古時卜筮用具。

〔九〕史記天官書：「昔之傳天數者：……在齊，甘公；……魏，石申。」集解：「徐廣曰：『或曰甘公名德也，本是魯人。』」正義：「七録云：『（甘公）楚人，戰國時作天文星占八卷。』」又：「七録云：『石申，魏人，戰國時作天文八卷也。』」漢書藝文志數術略：「六國時，楚有甘公，魏有石申夫。」

〔一〇〕無禮，指禽獸。禮記曲禮上：「夫唯禽獸無禮，故父子聚麀。（鄭注：「聚，猶共也。鹿牝曰麀。」）是故聖人作，爲禮以教人。使人以有禮，知自別於禽獸。」荀子非相：「夫禽獸有父子，而無父子之親；有牝牡，而無男女之別。故人道莫不有辨，辨莫大於分，分莫大於禮。」貴性，謂人。孝經聖治章：「子曰：『天地之性，人爲貴。』」荀子王制：「人有氣，有生，有知，亦且有義，故最爲天下貴者也。」春秋繁露人副天數：「天地之精所以生物者，莫貴於人。」鹽鐵論刑德：「凡生之物，莫貴於人。」

「厥初邃古〔一〕，民無階級〔二〕，上聖悼混然之甚陋，愍巢穴之可鄙，故構棟宇以去鳥獸之羣〔三〕，制禮數以異等威之品〔四〕；教以盤旋〔五〕，訓以揖讓〔六〕，立則磬折，拱則抱鼓〔七〕，趨步升降之節〔八〕，瞻視接對之容〔九〕，至於三千〔一〇〕。蓋檢溢之隄防〔一一〕，人理之所急也。

〔一〕詩大雅生民：「厥初生民。」文選應貞晉武帝華林園集詩：「悠悠太上，民之厥初。」劉良曰：「言太上生人〔民〕之始。」後漢書班彪傳下：「（典引）伊考自邃古。」李注：「邃古，猶遠古也。楚詞（天問）曰：『邃（今本作「遂」）古之初。』」（文選典引作「遂古」）

〔二〕管子君臣下：「古者未有君臣上下之別，未有夫婦妃匹之合，獸處羣居，以力相征。」商子君臣：「古者未有君臣上下之時，民亂而不治，是以聖人列貴賤，制節爵位，立名號，以別君臣上下之義。」新語道基：「於是先聖乃仰觀天文，俯察地理，圖畫乾坤，以定人道，民始開悟，知有父子之親，君臣之義，夫婦之別，長幼之序。於是百官立，王道乃生。」新書階級：「故古者聖王制爲等列，內有公卿大夫士，外有公侯伯子男，然後有官師小吏，施及庶人，等級分明。」潛夫論班祿：「上下大小，貴賤親疏，皆有等威，階級衰殺，各足祿其爵位，公私達其等級。」是此文之階級，謂君臣上下之等級也。

〔三〕易繫辭下：「上古穴居而野處，後世聖人易之以宮室，上棟下宇，以待風雨。」禮記禮運：「昔者先王，未有宮室，冬則居營窟，夏則居橧巢。……後聖有作，然後脩火之利，范金，合土，以爲臺榭宮室牖戶。」韓非子五蠹：「上古之世，人民少而禽獸衆，人民不勝禽獸蟲蛇，有聖人作，構木爲巢以避羣害，而民悅之，使王天下，號曰有巢氏。」新語道基：「天下人民，野居穴處，未有室屋，則與禽獸同域。於是黃帝乃伐木構材，築作宮室，上棟下宇，以避風雨。」淮南子氾論：「古者民澤處復穴，冬日則不勝霜雪霧露，夏日則不勝暑熱蟁蝱，聖人乃作，爲之築土構木，以爲宮室，上棟下宇，以蔽風雨，以避寒暑，而百姓安之。」

〔四〕禮數，等威，已見行品篇「忘等威之異數」句箋。

〔五〕盤旋，亦見行品篇「盤旋成規矩」句箋。

〔六〕周禮秋官司儀：「掌九儀之賓客擯相之禮，以詔儀容辭令揖讓之節。……詔王儀南鄉見諸侯，土揖庶姓，時揖異姓，天揖同姓。」鄭注：「以詔者，以禮告王。……王揖之者，定其位也。庶姓，無親者也。土揖，推手小下之也。異姓，昏姻也。時揖，平推手也。……天揖，推手小舉之。」說文手部：「揖，攘也。」段注：「此與下文『攘，推也』相聯爲文。鄭禮注（儀禮鄉飲酒禮注）云：『推手曰揖。』凡拱其手使前曰揖。凡推手小下之爲土揖，推手小舉之爲天揖，推手平之爲時揖也。」又：「攘，推也。」段注：「推手使前也。古推讓字如此作。」禮記樂記：「樂至則無怨，禮至則不爭。揖讓而治天下者，禮樂之謂也。」鄭注：「至猶達也，行也。」白虎通德論禮樂：「禮所揖讓何？所以尊人自損也。揖讓則不爭。……屈己敬人，君子之心。」漢書禮樂志：「隆雅頌之聲，盛揖攘之容，以風化天下。」顏注：「攘，古讓字。」

〔七〕禮記曲禮下：「立則磬折垂佩。」正義：「立，倚也。佩，謂玉佩也。帶佩於兩邊，臣則身宜僂折如磬之背，故云磬折也。」韓詩外傳一：「立則磬折，拱則抱鼓。」新書容經：「立容：固頤正視，平肩正背，臂如抱鼓，足間二寸，端面攝纓。端股整足，體不搖肘曰經立。因以微磬曰共立。因以磬折曰肅立。因以垂佩曰卑立。」春秋繁露五行相生：「司寇尚禮，……立而磬折，拱則抱鼓。」說苑修文：「書（洪範）曰：『五事：一曰貌。』貌者，男子之所以恭敬，婦人之所以姣好也。……立則磬折，拱則抱鼓。其以入君朝，尊以嚴；其以入宗廟，敬以忠；其以入鄉曲，和以順；其以入州里族黨之中，和以親。」「罄」、「磬」古多通用。

〔八〕禮記曲禮上：「帷薄之外不趨（鄭注：『不見尊者，行自由不爲容也；入則容。行而張足曰趨。』），堂上不趨（注：『爲其迫也。堂下則趨。』），執玉不趨（注：『志重玉也。』），堂上接武（注：『武，迹也。迹相接，謂每移足半躡之。中人之迹尺二寸。』），堂下布武（注：『武，謂每移足各自成迹，不相躡。』），室中不翔（注：『又爲迫也。行而張拱曰翔。』）。」新書容經：「行容：行以微磬之容，臂不搖掉，肩不上下，身似不則，從然而任。趨容：趨以微磬之容，飄然翼然，肩狀若流，足如射箭。」釋名釋姿容：「徐行曰步。步，捕也，如有所伺捕，務安詳也。疾行曰趨。趨，赴也，赴所至也。」是趨步就疾徐言。禮記樂記：「鋪筵席，陳尊俎，列籩豆，以升降爲禮者，禮之末節也。」又仲尼燕居：「升降酌獻酬酢。」大戴禮記保傅：「升降揖讓無容。」（新書傅職「升降」作「登降」，義同。）管子小匡：「管仲曰：『升降揖讓，進退閑習，辨辭之剛柔，臣不如隰朋。』」淮南子齊俗：「古者非不知繁升降槃還之禮也。」又詮言：「升降揖讓，趨翔周遊，不得已而爲也。」漢書韓延壽傳：「陳鍾鼓管弦，盛升降揖讓。」（儀禮士喪禮「升降自西階以東」，又既夕禮「升降自西階」，禮記曲禮上「升降不由阼階」，又喪服大記「升降者自西階」等，皆專指行喪禮時之升降階而言，故未具列。）是升降就上下言。

〔九〕禮記曲禮上：「見父之執，不謂之進，不敢進；不謂之退，不敢退；不問，不敢對。」又：「從於先生，不越路而與人言。遭先生於道，趨而進，正立，拱手。先生與之言，則對；不與之言，則趨而退。從長者而上丘陵，則必鄉長者所視。」鄭注：「爲遠視不察，有所問。」又：「入户奉扃，視瞻毋回。」鄭注：「不干掩人之私也。奉扃，敬也。」又：「坐必安，執爾顏。長者不及，毋儳言。正爾容，聽必恭。毋勦說，毋雷同。」鄭注：「執，猶守也。儳，猶暫也，非類雜。聽先生之言，既說又敬。勦，猶擥也。謂取人之說以爲己說。雷之發聲，物無不同時應者。人之言當各由己，不當然也！」又：「侍坐於先生，先生問焉，終則對。」鄭注：「不敢錯亂尊者之言。」又：「侍坐於君子，君子問更端，則起而對。」鄭注：「離席對，敬異事也。君子必令復坐。」又下：「侍於君子，不顧望而對，非禮也。」鄭注：「禮尚謙也。不顧望，若子路率爾而對。」論語堯曰：「君子正其衣冠，尊其瞻視。」皇疏：「尊其瞻視者，瞻視無回邪也。」中論法象：「夫法象立，所以爲君子。法象者，莫先乎正容貌，慎威儀。……夫容貌者，人之符表也。符表正，故情性治；情性治，故仁義存；仁義存，故盛德著；盛德著，故可以爲法象，斯謂之君子矣。」

〔一〇〕禮記禮器：「禮有大，有小，有顯，有微。大者不可損，小者不可益，顯者不可揜，微者不可大也。故經禮三百，曲禮三千，其致一也。」鄭注：「經禮，謂周禮也。周禮六篇，其官有三百六十。曲，猶事也。事禮，謂今禮也。禮篇多亡，本數未聞。其中事儀三千。」又中庸：「優優大哉！禮儀三百，威儀三千。」正義：「威儀三千者，即儀禮行事之威儀。儀禮雖十七篇，其中事有三千。」

〔一一〕隄防，已見崇教篇「堅隄防以備決」句箋。

「故儼若冠於曲禮〔一〕，望貌首於五事〔二〕，出門有見賓之肅〔三〕，閑居有敬獨之戒〔四〕。顏生整儀於宵浴〔五〕，仲由臨命而結纓〔六〕。恭容暫廢，惰慢已及。安上治民〔七〕，非此莫以。蓋人之有禮，猶魚之有水矣。魚之失水，雖暫假息，然枯糜可必待也〔八〕。人之棄禮，雖猶**靦然**〔九〕，而禍敗之階也〔一〇〕。

〔一〕禮記曲禮上：「曲禮曰：『毋不敬，儼若思。』」鄭注：「禮主於敬。儼，矜莊貌。人之坐思，貌必儼然。」

〔二〕書洪範：「二，五事：一曰貌。」孔傳：「（貌）容儀。」

〔三〕論語顏淵：「仲弓問仁。子曰：『出門如見大賓。』」集解引孔安國曰：「爲仁之道，莫尚乎敬。」皇疏：「言若行出門，恒起恭敬如見大賓。見大賓，必起敬也。」左傳僖公三十三年：「初，臼季使過冀，見冀缺耨。其妻饁之，敬，相待如賓。與之歸，言諸文公曰：『敬，德之聚也。能敬必有德。德以治民，君請用之。臣聞之，出門如賓，……仁之則也。』」

〔四〕禮記中庸：「是故君子戒慎乎其所不睹，恐懼乎其所不聞。莫見乎隱，莫顯乎微，故君子慎其獨也。」又大學：「所謂誠其意者，毋自欺也。……故君子必慎其獨也。小人閒居爲不善，無所不至，見君子而后厭然，揜其不善，而著其善。人之視己，如見其肺肝然，則何益矣。此謂誠於中，形於外，故君子必慎其獨也。」文子精誠：「聖人不慚於影，君子慎其獨也。」淮南子繆稱：「周公不（不字據王念孫說補）慚乎景，故君子慎其獨也。」）荀子不苟：「夫此順命，以慎其獨者也。」楊注：「慎其獨，謂戒慎乎其所不睹，恐懼乎其所不聞。至誠不欺，故人亦不違之也。」

〔五〕顏生，顏回。古連珠：「周公不以夜行而慚影，顏回不以夜浴而改容。」（楊慎韻藻一東注引。劉子慎獨：「顏回不以夜浴改容。」唐子：「君子不以昏行易操，不以夜昧易容。」（意林五引）

〔六〕仲由臨命結纓，已見嘉遯篇「仲由投命而葅醢」句箋。

〔七〕禮記經解：「孔子曰：『安上治民，莫善於禮。』」（孝經廣要道章同）

〔八〕王廣恕曰：「（『必』）疑作『立』。」照按：王說是。

〔九〕國語越語下：「范蠡曰：『……余雖靦然而人面哉，吾猶禽獸也。』」韋注：「靦，面目之貌也。」

〔一〇〕 按：「階」之上或下疑脱一字。上「然枯靡可必待也」句可證。

「魯秉周禮，暴兵不加〔一〕。魏式干木，鋭寇旋旆〔二〕。大楚帶甲百萬，而有振槁之脃〔三〕。强秦殽、函襲嶮，而無折柳之固〔四〕。豈非棄三本而喪根柢之攸召哉〔五〕！矧乎安逸觸情，喪亂日久，風積教沮，抑斷之儀廢〔六〕，簡脱之俗成〔七〕。近人值政化之蚩役〔八〕，庸民遭道綱之絶紊〔九〕，猶網魚之去水罟，圍獸之出陸羅也。

〔一〕 左傳閔公元年：「齊仲孫湫來省難。……仲孫歸，曰：『不去慶父，魯難未已。』公（桓公）曰：『若之何而去之？』對曰：『難不已，將自斃。君其待之。』公曰：『魯可取乎？』對曰：『不可。猶秉周禮。周禮，所以本也。臣聞之，國將亡，本必先顛，而後枝葉從之。魯不弃周禮，未可動也。君其務寧魯難而親之。親有禮，因重固，間攜貳，覆昏亂，霸王之器也。』」

〔二〕 魏式干木，鋭寇旋旆。已見逸民篇「軾陋巷以退秦兵者」句箋。「式」、「軾」古通用不别。左傳僖公二十八年：「狐毛設二旆而退之。」杜注：「旆，大旗也。」

〔三〕 荀子議兵：「楚人鮫革犀兕以爲甲，鞈如金石；宛鉅鐵釶，慘如蠭蠆；輕利僄遬，卒如飄風。然而兵殆於垂沙，唐蔑死；莊蹻起，楚分而爲三四。是豈無堅甲利兵也哉？其所以統之者非其道故也。汝、潁以爲險，江、漢以爲池，限之以鄧林，緣之以方城。然而秦師至，而鄢郢舉若振槁然。是豈無固塞隘阻也哉？其所以統之者非其道故也。」楊注：「舉，謂舉而取之。鄢郢，楚都。振，擊也。槁，枯葉也。謂白起伐楚，一戰舉鄢郢也。」（又見商子弱民、韓詩外傳四、史記禮書〔淮南子兵略小異〕）説文肉部：「脃，小耎易斷也。」廣雅釋詁一：「脃，弱也。」

〔四〕左傳僖公三十二年：「杞子自鄭使告于秦曰：『鄭人使我掌其北門之管，若潛師以來，國可得也。』穆公……召孟明、西乞、白乙，使出師於東門之外。……蹇叔之子與師，哭而送之曰：『晉人禦師必於殽，（杜注：「殽在弘農澠池縣西。」）殽有二陵焉：其南陵，夏后皋之墓也；其北陵，文王之所辟風雨也。（注：「此道在二殽之間南谷中，谷深委曲，兩山相嶔，故可以辟風雨。」）必死是間，余收爾骨焉。』秦師遂東。」又三十三年：「春，秦師過周北門，左右免冑而下，超乘者三百乘。王孫滿尚幼，觀之，言於王曰：『秦師輕而無禮，必敗。輕則寡謀，無禮則脱，入險而脱，又不能謀，能無敗乎？』及滑，鄭商人弦高將市於周，遇之，以乘韋先牛十二犒師。……孟明曰：『鄭有備矣，不可冀也，攻之不克，圍之不繼，吾其還也。』滅滑而還。……晉原軫曰：『秦違蹇叔，而以貪勤民，天奉我也。奉不可失，敵不可縱；縱敵患生，違天不祥。必伐秦師！』……敗秦師于殽，獲孟明視、西乞術、白乙丙以歸。」（呂氏春秋悔過、淮南子道應、史記秦紀又晉世家所敍互有詳略）公羊傳僖公三十三年：「然而晉人與姜戎要之殽而擊之，匹馬隻輪無反者。」（穀梁傳「隻輪」作「倚輪」）詩齊風東方未明：「折柳樊圃。」毛傳：「柳，柔脆之木。樊，藩也。圃，菜園也。折柳以爲樊園，無益於禁矣。」

〔五〕荀子禮論：「禮有三本：天地者，生之本也；先祖者，類之本也；君師者，治之本也。無天地惡生？無先祖惡出？無君師惡治？三者偏亡焉，無安人。故禮，上事天，下事地，尊先祖而隆君師，是禮之三本也。」楊注：「類，種。偏亡，謂闕一也。」史記禮書正義：「惡，音烏。」根柢，猶根本。說文木部：「柢，木根也。」

〔六〕抑斷之儀，已見行品篇「無抑斷之威儀」句箋。

〔七〕呂氏春秋驕恣：「自驕則簡士。」高注：「簡，傲也。」（羣書治要三九引注作「簡，賤。」）左傳僖公三十三年：「無禮則脱。」杜注：「脱，易也。」（國語周語中韋注：「脱，簡脱也。」）

〔八〕 蒼頡篇：「蚩，侮也。」（文選西京賦「蚩眩邊鄙」李注引）又：「相輕侮也。」（一切經音義十七引）廣雅釋詁三：「蚩，輕也。」文選文賦：「或受欰於拙目。」李注：「欰，笑也。『欰』與『蚩』同。」對「蚩」之解釋雖各不相同，其含義爲不尊重則一。莊子庚桑楚：「老聃之役有庚桑楚者。」釋文引司馬彪云：「役，學徒弟子也。」列子仲尼：「圃澤之役有伯豐子者。」張注：「役，猶弟子。」韓非子顯學：「藏書策、習談論、聚徒役、服文學而議說，世主必從而禮之。」是單詞曰役，複詞曰徒役，皆謂學者弟子也。蚩役，泛指士類不受尊重。

〔九〕 按：「網」，疑「綱」之誤。道，儒道（本書屢言儒道）。「道綱」之「綱」，與文選揚雄劇秦美新「王綱弛而未張」、范甯春秋穀梁傳集解序「昔周道衰陵，乾綱絶紐」二「綱」字，含義並同。作「網」既與文意不合，下句「網魚」之「網」亦嫌重出矣。書盤庚上：「若網在綱，有條而不紊。」孔傳：「紊，亂也。下之順上，當如網在綱，各有條理而不亂也。」正義：「紊是絲，亂故爲亂也。」道綱絶紊，猶言儒學式微。

「喪亂以來，事物屢變：冠履衣服，袖袂財制〔一〕，日月改易，無復一定。乍長乍短，一廣一狹，忽高忽卑，或粗或細。所飾無常，以同爲快。其好事者，朝夕放効〔二〕，所謂京輦貴大眉，遠方皆半額也〔三〕。余寔凡夫，拙於隨俗，其服物變不勝，故不變。無所損者，余未曾易也。雖見指笑，余亦不理也。豈苟欲違衆哉〔四〕！誠以爲不急耳。

〔一〕 王國維曰：「『財』，通『裁』。」照按：王說是。易泰：「象曰：『天地交泰，后以財成天地之道。』」釋文：「（財）荀（爽）作裁。」禮記喪大記：「夷衾質殺之，裁猶冒也。」鄭注：「裁，猶制也。字或爲財。」是「財」、「裁」相通之證。

〔二〕 玉篇放部：「放，又甫往切，效也。」廣韻三十六效：「效，具也，學也，……効，俗。」

〔三〕東觀漢記馬廖傳：「（上表）夫改政移風，必有其本。長安語曰：『城中好高髻，四方高一尺；城中好廣眉，四方且半額；城中好廣袖，四方用匹帛。』」後漢書馬廖傳：「上疏長樂宮以勸成德政，曰：『……長安語曰：「城中好高髻，四方高一尺；城中好廣眉，四方且半額；城中好大袖，四方全匹帛。」斯言如戲，有切事實。』」（謝承後漢書同（太平御覽卷四九五引）。）

〔四〕論語子罕：「子曰：『……拜下，禮也；今拜乎上，泰也。雖違衆，吾從下。』」

「上國衆事〔一〕，所以勝江表者多〔二〕，然亦有可否者。君子行禮，不求變俗，謂違本邦之他國不改其桑梓之法也〔三〕。況其在於父母之鄉，亦何爲當事棄舊而強更學乎？

〔一〕上國，已見審舉篇「亦未謝上國也」句箋。

〔二〕江表，亦見審舉篇「江表雖遠」句箋。

〔三〕禮記曲禮下：「君子行禮，不求變俗。祭祀之禮，居喪之禮，哭泣之位，皆如其國之故，謹脩其法而審行之。」鄭注：「求，猶務也。不務變其故俗，重本也。謂去先祖之國居他國。其法，謂其先祖之制度，若夏、殷。」桑梓，已見審舉篇「桑梓議主」句箋。

「吳之善書，則有皇象〔一〕、劉纂〔二〕、岑伯然、朱季平〔三〕皆一代之絕手。如中州有鍾元常〔四〕、胡孔明〔五〕、張芝〔六〕、索靖〔七〕各一邦之妙。並用古體，俱足周事。余謂廢已習之法，更勤苦以學中國之書〔八〕，尚可不須也。況於乃有轉易其聲音以效北語〔九〕，既不能便良，似可恥可笑。所謂不得邯鄲之步，而有匍匐之嗤者〔一〇〕，此猶其小者耳。

〔一〕吳録：「皇象字休明，廣陵江都人。幼工書。時有張子並、陳梁甫能書。（後漢書文苑下：「張超字子並，河間鄚人也。……超又善於草書，妙絶時人，世共傳之。」）甫恨逋，並恨峻。象斟酌其間，甚得其妙，中國善書者不能及也。」（三國志吳書趙達傳裴注引）抱朴子内篇辨問：「善史書之絶時者，則謂之書聖，故皇象、胡昭於今有書聖之名焉。」書斷中：「吳皇象……工章草，師於杜度。先是有張子並，於時有陳良輔，並稱能書。然陳恨瘦，張恨峻。休明斟酌其間，甚得其妙，與嚴武等稱八絶（八絶見趙達傳裴注引吳録），世謂『沈著痛快』，抱朴云『書聖者皇象』。……休明章草入神，八分入妙，小篆入能。」

〔二〕三國志吳書妃嬪步夫人傳：「生二女：……少曰魯育，字小虎。前配朱據，後配劉纂。」裴注引（胡冲）吳歷曰：「纂先尚權中女，早卒，故又以小虎爲繼室。」（劉纂爲車騎，見孫峻傳。）纂之書法未詳。

〔三〕岑伯然、朱季平，其人其書均未詳。

〔四〕中州，已見審舉篇「惟以其土宇褊於中州」句箋。三國志魏書鍾繇傳：「鍾繇字元常，潁川長社人也。」王僧虔論書：「鍾公之書，謂之盡妙。鍾有三體：一曰銘石書，最妙者也；二曰章程書，世傳祕書教小學者也；三曰行押書，行書是也。三法皆世人所善。」（太平御覽七四八引）袁昂古今書評：「鍾繇書若飛鴻戲海，舞鶴遊天，行間希密，實亦難過。」書斷中：「鍾繇……尤善書，師曹喜、蔡邕、劉德昇，真書尤妙，乃過於師，剛柔備矣。點畫之間，多有異趣。雖神明不備，可謂幽深無際，而古雅有餘。秦、漢已來，一人而已。」

〔五〕三國志魏書管寧傳：「潁川胡昭，字孔明，……初，昭善史書，與鍾繇、邯鄲淳、衞覬、韋誕並有名，尺牘之迹，動見模楷焉。」晉書衞恒傳：「（四體書勢）魏初有鍾、胡二家爲行書法，俱學之於劉德升，而鍾氏小異，然亦各有巧，今大行於世云。」又荀勗傳：「（勗）俄領祕書監，與中書令張華依劉向別録，整理記籍。又立書博士，置弟子教習，以鍾、胡爲法。」又文苑左思傳：「思少學鍾、胡書。」書斷中：「劉德昇字君嗣，……既以草創，亦甚妍美，風流婉約，獨步當時。胡昭、鍾繇並師其法。世謂鍾繇善行押書，是也。而胡書體肥，鍾書體瘦，亦各有君嗣之美也。」又：「胡昭……甚能籀書，真、行又妙。」

〔六〕後漢書張奐傳：「張奐字然明，敦煌淵泉人也。……長子芝，字伯英，最知名。芝及弟昶字文舒，並善草書，至今稱傳之。」李注引王愔文志曰：「芝少持高操，以名臣子勤學，文爲儒宗，武爲將表。太尉辟，公車有道徵，皆不至，號張有道。尤好草書，學崔（瑗）、杜（度）之法，家之衣帛，必書而後練。臨池學書，水爲之黑。下筆則爲楷則，號怱怱不暇草書，爲世所寶，寸紙不遺，韋仲將謂之『草聖』也。」晉書衛恒傳：「（四體書勢）弘農張伯英者，因而轉精甚巧。……至今世尤寶其書，韋仲將謂之『草聖』。」王僧虔能書人名録：「弘農張芝，高尚不仕。善草書，精勁絶倫。……人謂爲『草聖』。弟昶，漢黄門侍郎，亦能草。今世云芝草者，多是昶作也。」書斷中：「張芝……尤善章草，又善隸書。……伯英草、行入神，隸書入妙。」

〔七〕晉書索靖傳：「索靖字幼安，敦煌人也。……靖與尚書令衛瓘俱以善草書知名，（武）帝愛之。瓘筆勝靖，然有楷法，遠不能及靖。」又衛瓘傳：「瓘學問深（淵）博，明習文藝，與尚書郎敦煌索靖俱善草書，時人號爲『一臺二妙』。漢末張芝亦善草書，論者謂瓘得伯英筋，靖得伯英肉。」南齊書王僧虔傳：「其論書曰：『……張芝、索靖、韋誕、鍾會、二衛（衛覬、衛瓘父子），並得名前代。（古今既異），無以辨其優劣，唯見其筆力驚異耳。』」書斷中：「索靖……善章草書，出於韋誕，峻險過之。有若山形中裂，水勢懸流，雪嶺孤松，水河危石。其堅勁，則古今不逮。……毌邱興碑，是其遺跡也。」（前酒誡篇「（管輅）覩碑柏而識禍福」之碑，即索靖所書毌丘興碑也。）

〔八〕書，書法。

〔九〕 永嘉喪亂，中原舊族相繼南渡，流風遺韻影響於三吳者至鉅。轉易聲音以效北語，乃其一端耳。宋書顧琛傳：「顧琛字弘瑋，吳郡吳人也。……先是宋世江東貴達者，會稽孔季恭、季恭子靈符、吳興丘淵之及琛吳音不變。」史臣於傳末特敘此事，足見吳中士族不變吳音者唯此數人，其餘蓋皆已轉易其聲音，以效北語矣。世說新語雅量：「桓公（溫）伏甲設饌，廣延朝士，因此欲誅謝安、王坦之。……王之恐狀，轉見於色。謝之寬容，愈表於貌，望階趨席，方作洛生詠，諷『浩浩洪流』（嵇康贈秀才從軍詩）。」劉注：「按宋明帝文章志曰：『安能作洛下書生詠，而少有鼻疾，語音濁。後名流多斅其詠，弗能及，手掩鼻而吟焉。』」南齊書張融傳：「張融字思光，吳郡吳人也。……廣、越嶂嶮，獠賊執融將殺食之。融神色不動，方作洛生詠，賊異之而不害也。」融本吳人，臨險境而從容作洛生詠，其原已效北語可知。

〔一〇〕 莊子秋水：「且子獨不聞夫壽陵餘子之學行於邯鄲與？未得國能，又失其故行矣，直匍匐而歸耳！」釋文：「（邯鄲）趙國都也。」漢書敘傳上：「（班）嗣報曰：『……昔有學步於邯鄲者，曾未得其髣髴，又復失其故步，遂匍匐而歸耳！』」（文心雕龍雜文：「可謂壽陵匍匐，非復邯鄲之步。」）

「乃有遭喪者而學中國哭者，令忽然無復念之情。昔鍾儀、莊舄不忘本聲，古人韙之〔一一〕。孔子云：喪親者若嬰兒之失母，其號豈常聲之有〔一二〕！寧令哀有餘而禮不足〔一三〕。哭以洩哀〔一四〕，妍拙何在？而乃治飾其音，非痛切之謂也。

〔一一〕 左傳成公九年：「晉侯（景公）觀于軍府，見鍾儀，問之曰：『南冠而縶者，誰也？』有司對曰：『鄭人所獻楚囚也。』使稅之。召而弔之，再拜稽首。問其族，對曰：『泠人也。』公曰：『能樂乎？』對曰：『先父之職官也，敢有二事！』

使與之琴，操南音。……公語范文子，文子曰：『楚囚，君子也。言稱先職，不背本也；樂操土風，不忘舊也。……君盍歸之？使合晉、楚之成。』公從之，重爲之禮，使歸求成。」杜注：「南冠，楚冠。縶，拘執。稅，解也。泠人，樂官。南音，楚聲。」史記陳軫傳：「韓、魏相攻，期年不解。秦惠王欲救之，問於左右。左右或曰救之便，或曰勿救便，惠王未能爲之決。陳軫適至秦，惠王曰：『子去寡人之楚，亦思寡人不？』陳軫對曰：『王聞夫越人莊舃乎？』王曰：『不聞。』曰：『越人莊舃仕楚執珪，有頃而病。楚王曰：「舃故越之鄙細人也，今仕楚執珪，貴富矣，亦思越不？」中謝對曰：「凡人之思故，在其病也。彼思越則越聲，不思越則楚聲。」使人往聽之，猶尚越聲也。今臣雖弃逐之楚，豈能無秦聲哉！』」（戰國策秦策二文有異，「莊舃」作「吳人」，「越聲」作「吳吟」。）文選王粲登樓賦：「鍾儀幽而楚奏兮，莊舃顯而越吟。人情同於懷土兮，豈窮達而異心！」小爾雅廣言：「韙，是也。」文選東京賦：「罔有不韙。」薛注：「韙，善也。」

〔二〕陳漢章曰：「禮記，此本曾子之言。」照按：稚川蓋誤記。禮記雜記下：「曾申問於曾子曰：『哭父母有常聲乎？』曰：『中路嬰兒失其母焉，何常聲之有！』」

〔三〕禮記檀弓上：「子路曰：『吾聞諸夫子：喪禮，與其哀不足而禮有餘也，不若禮不足而哀有餘也。』」鄭注：「喪主哀。」

〔四〕禮記檀弓上：「穆公之母卒，使人問於曾子曰：『如之何？』對曰：『申也聞諸申之父曰：「哭泣之哀，齊斬之情，饘粥之食，自天子達。」』」鄭注：「曾子，曾參之子，名申。子喪父母，尊卑同。」又奔喪：「過國至竟哭，盡哀而止。……至於家，入門左，升自西階，殯東，西面坐，哭盡哀。」

「又聞貴人在大哀〔一〕，或有疾病服石散，以數食宣藥勢，以飲酒爲性命。疾患危篤，不堪風冷〔二〕，幃帳茵褥，任其所安。於是凡瑣小人之有財力者，了不復居於喪位，常在別房，高牀重褥，美食大飲〔三〕，或與密客引滿投空，至於沈醉〔四〕。曰：『此京洛之法也〔五〕。』不亦惜哉！

〔一〕大哀，謂父母之喪。

〔二〕石散，卽寒食五石散。簡稱寒食散，五石散，石散，散，或大散。余季豫先生有寒食散考（見余嘉錫論學雜著上冊）論證翔實，可參閱。以數食宣藥勢，寒食散考自注：「皇甫謐言服散當數冷食，一日可六七食。失食飢，令人寒。」以飲酒爲性命，寒食散考自注：「謐言服散之人當常飲酒，令體中醺醺不絕。其失節度發病者，救之之法，以熱酒爲性命之本。」不堪風冷，宋書王微傳：「（與從弟僧綽書）以大散爲和羹，……足不能行，自不得出戶。頭不耐風，故不可扶曳。」南史張邵傳：「（房伯玉）服五石散十許劑，無益，更患冷，夏日常複衣。」

〔三〕儀禮喪服傳：「居倚廬，寢苫，枕塊。……歠粥，朝一溢米，夕一溢米。寢不說絰帶。既虞，……寢有席。食疏食水飲。……既練，舍外寢。始食菜果。飯素食。」鄭注：「疏，猶麤也。舍外寢，於中門之外屋下壘墼爲之，不塗墍，所謂堊室也。素，猶故也。謂復平生時食也。」又既夕禮：「居倚廬，寢苫，枕塊，不說絰帶。……歠粥，朝一溢米，夕一溢米。不食菜果。」鄭注：「倚木爲廬，在中門外東方北戶。苫，編藁。塊，堛也。（不說絰帶）哀戚不在於安。（歠粥）不在於飽與滋味。粥，糜也。二十兩曰溢，爲米一升二十四分升之一。實在木曰果，在地曰蓏。」賈疏：「孝子寢卧之時，寢於苫，以塊枕頭。必寢苫者，哀親之在草。枕塊者，哀親之在土。」（禮記喪大記、間傳、三年問亦並有「居倚廬，寢苫，枕塊」之文，茲從略。）禮記曲禮上：「居喪之禮，……有疾則飲酒食肉，疾止復初。」又喪大記：「期，終喪不食肉，不飲酒。」

〔四〕禮記雜記下：「三年之喪，……廬堊室之中，不與人坐焉。」又喪大記：「既練，居堊室，不與人居。」引滿，謂斟酒滿盃。投空，謂酒已飲盡。

〔五〕京洛，即洛陽。東周、東漢、西晉皆曾建都洛陽，故稱京洛。後漢書逸民戴良傳：「戴良字叔鸞，汝南慎陽人也。……良少誕節，……及母卒，兄伯鸞居廬啜粥，非禮不行。良獨食肉飲酒，哀至乃哭。而二人俱有毀容。或問良曰：『子之居喪，禮乎？』良曰：『然。禮所以制情佚也，情苟不佚，何禮之論！夫食旨不甘，故致毀容之實。若味不存口，食之可也。』論者不能奪之。」王隱晉書：「（何）曾啟文帝曰：『公方以孝治天下，而聽阮籍以重哀飲酒食肉於公坐，宜擯四裔，無令污染華夏。』文帝曰：『此子羸病若此，君不能爲彼忍之邪？』曾重引據甚切，而籍飲噉若故也。」（北堂書鈔六一引）世説新語任誕：「阮籍遭母喪，在晉文王坐進酒肉。司隸何曾亦在坐，曰：『明公方以孝治天下，而阮籍以重喪顯於公坐飲酒食肉，宜流之海外，以正風教。』文王曰：『嗣宗毀頓如此，君不能共憂之，何謂？且有疾而飲酒食肉，固喪禮也。』籍飲噉不輟，神色自若。」又：「阮籍當葬母，蒸一肥豚，飲酒二斗，然後臨訣，直言：『窮矣！』都得一號，因吐血，廢頓良久。」晉陽秋：「（王）戎爲豫州刺史，遭母憂，性至孝，不拘禮制，飲酒食肉，或觀棊弈，而容貌毀悴，杖而後起。」（世説新語德行劉注引）

「余之鄉里先德君子，其居重難，或并在衰老，於禮唯應縗麻在身，不成喪致毀者〔一〕，皆過哀啜粥，口不經甘〔二〕。時人雖不肖者，莫不企及自勉。而今人乃自取如此，何其相去之遼緬乎！

〔一〕禮記內則：「凡自七十以上，唯衰麻爲喪。」又喪大記：「五十不成喪，七十唯衰麻在身。」鄭注：「成，猶備也。所不能備，謂不致毁，不散送之屬也。（唯衰麻在身）言其餘居處飲食，與吉時同也。」正義：「致毁，謂致極哀毁。散送，謂絰帶垂散麻以送葬。故雜記（下）云：『五十不致毁。』玉藻云：『五十不散送。』（鄭）注云：『送喪不散麻。』」説文系部：「縗，喪服衣。長六寸，博四寸，直心。」段注：「『喪』字各本無，今補。凡服上曰衣，下曰裳。禮（儀禮喪服經）衰裳連言，即衣裳也。……按『縗』，經典多叚借『衰』爲之。」又：「絰，喪首戴也。」段注：「喪服經『苴絰』注曰：『麻在首在要皆曰絰。』……然則在首爲絰，在要爲帶，經特舉絰以統帶耳。」

〔二〕禮記問喪：「夫悲哀在中，故形變於外也。痛疾在心，故口不甘味，身不安美也。」孝經喪親章：「服美不安，聞樂不樂，食旨不甘，此哀戚之情也。」

「又凡人不解，呼謂中國之人居喪者，多皆奢溢，殊不然也。吾聞晉之宣、景、文、武四帝居親喪，皆毁瘠踰制〔一〕，又不用王氏二十五月之禮，皆行七月服〔二〕。于時天下之在重哀者，咸以四帝爲法。世人何獨不聞此而虛誣高人，不亦惑乎！」

〔一〕晉書宣帝紀：「宣皇帝諱懿，字仲達，河內溫縣孝敬里人，姓司馬氏。」又景帝紀：「景皇帝諱師，字子元，宣帝長子也。」又文帝紀：「文皇帝諱昭，字子上，景帝之母弟也。」又武帝紀：「武皇帝諱炎，字安世，文帝長子也。」禮記曲禮上：「居喪之禮，毁瘠不形。」鄭注：「謂其廢喪事。形，謂骨見。」釋文：「瘠，音在昔反，瘦也。見，賢遍反。」

〔二〕陳漢章曰：「『七月』上脱『二十』兩字。」照按：古代喪制，從未有行七月服者。陳説甚確。晉書禮志上：「（摯虞典校五禮表）三年之喪，鄭（玄）云二十七月，王（肅）云二十五月。」是主行二十七月服者，鄭玄之説也；主行二十五月服者，王肅之説也。（鄭、王兩家月數相異之由，陳立公羊義疏二七（閔公二年）論證較詳，可參閲。）又按：宋書王准之傳：「（永初二年奏）鄭玄注禮，三年之喪，二十七月而吉。古今學者多謂得禮之宜。晉初用王肅議，祥、禫共月，故二十五月而除。遂以爲制。江左以來，唯晉朝施用之。縉紳之士，猶多遵玄義。」（宋書禮志三較略）所言「晉初用王肅議」，與抱朴此文不同，豈傳聞有異耶？

抱朴子外篇校箋卷之二十七

刺驕

抱朴子曰：「生乎世貴之門，居乎熱烈之勢，率多不與驕期而驕自來矣〔一〕。非夫超羣之器，不辯於免盈溢之過也。蓋勞謙虚己〔二〕，則附之者衆；驕慢倨傲，則去之者多。附之者衆，則安之徵也；本脱「之徵也」三字，從羣書治要補。去之者多，則危之診也。存亡之機，於是乎在〔三〕。輕而爲之，不亦蔽哉！

〔一〕戰國策趙策三：「平原君謂平陽君曰：『公子年游於秦，且東，而辭應侯。應侯曰：「公子將行矣，獨無以教之乎？」曰：「且微君之命命之也，臣固且有效於君。夫貴不與富期而富至，富不與粱肉期而粱肉至，粱肉不與驕奢期而驕奢至，驕奢不與死亡期而死亡至。累世以前，坐此者多矣。」』」（説苑敬慎略同（「應侯」作「穰侯」）。）文子上仁：「生而貴者驕，生而富者奢。」韓非子解老：「富貴至則衣食美，衣食美則驕心生。」説苑建本：「生而尊者驕，生而富者傲。」又談叢：「貴不與驕期驕自來。」後漢書崔駰傳：「傳曰：『生而富者驕，生而貴者傲。』生富貴而能不驕傲者，未之有也。」

〔二〕易謙：「九三，勞謙君子，有終吉。」王注：「勞謙匪解，是以吉也。」莊子山木：「人能虚己以遊世，其孰能害之？」成疏：「虛己，無心也。」韓詩外傳二：「君子盛德而卑，虛己以受人。」

〔三〕左傳僖公二十七年：「先軫曰：『報施救患，取威定霸，於是乎在矣。』」

「亦有出自卑碎，由微而著。徒以翕肩斂迹〔一〕，偓伊側立〔二〕，低眉屈膝〔三〕，奉附權豪，意林作「趨事豪貴」。因緣運會〔四〕，超越不次〔五〕。毛成翼長，蟬蛻泉壤，便自軒昂〔六〕，目不步足〔七〕，器滿意得，視人猶芥〔八〕。

〔一〕孟子滕文公下：「曾子曰：『脅肩諂笑，病於夏畦。』」趙注：「脅肩，竦體也。」焦循正義：「脅肩者，故爲竦敬之狀也。」史記吳王濞傳：「吳王……嘗患見疑，無以自白，今脅肩累足，猶懼不見釋。」漢書濞傳顏注：「脅，翕也，謂斂之也。累足，重足也。並謂懼耳。」又揚雄傳下：「（解謝）翕肩蹈背。」顏注：「翕，斂也。」是「脅」與「翕」音同得通。

〔二〕陳其榮曰：「『偓伊』，盧本作『優伊』。榮案：玉篇（人部）：『偓，促拘之皃。』偓伊，當與喔咿通。楚辭卜居：『吾將喔咿嚅唲以事婦人乎？』玉篇：喔咿嚅唲，謂强笑噱也。（照按：玉篇口部：『咿，喔咿，强笑也。』陳氏隨意增改玉篇原文，非是。）伊優，屈曲佞媚皃。見今字典，義亦相近。」照按：「偓」，盧本作「優」，乃妄改。「偓伊」，即「喔咿」。王逸卜居注：「喔咿儒兒，强笑噱也。」（舊校：（「儒兒」）一作「嚅唲」。）洪補注：「喔，音握。咿，音伊。嚅，音儒。唲，音兒。皆强笑之皃。一云：喔咿，强顏皃。唲，曲從皃。」文選卜居五臣注張銑曰：「喔咿嚅唲，强言笑也。」（陳氏所稱今字典，即康熙字典（見人部優字下）。舍後漢書文苑下趙壹傳李注而不引，亦云疎矣。）

〔三〕方言揚雄答劉歆書：「令舉者懷赧而低眉。」王隱晉書：「仲御（夏統字）敎然作色謂之曰：『我安能隨俗低眉下意乎！』」（太平御覽五百二引）

〔四〕文選盧諶贈劉琨詩序：「因緣運會，得蒙接事。」

〔五〕荀子王制：「賢能不待次而舉。」楊注：「不以官之次序，若傅説起於板築爲相也。」漢書東方朔傳：「武帝初即位，徵天下舉方正賢良文學材力之士，待以不次之位。」顏注：「不拘常次，言超擢也。」

〔六〕三國志吳書孫堅傳：「（董）卓受任無功，應召稽留，而軒昂自高。」

〔七〕國語周語下：「（單子）對曰：『……夫君子目以定體，足以從之，是以觀其容而知其心矣。目以處義，足以步目。今晉侯（厲公）視遠而足高，目不在體，而足不步目，其心必異矣。目體不相從，何以能久！』」

〔八〕文選夏侯湛東方朔畫贊：「視儔列如草芥。」劉良曰：「草芥，鄙賤之物也。」

「或曲晏密集〔一〕，管絃嘈雜〔二〕，後賓填門〔三〕，不復接引。或於同造之中，偏有所見，復未必全得也。直以求之差勤，以數接其情，苞苴繼到〔四〕，壺榼不曠者耳。孟軻所謂『愛而不敬，豕畜之也〔五〕』。而多有行諸，云是自尊重之道。自尊重之道，乃在乎以貴下賤〔六〕，卑以自牧〔七〕，非此之謂也。乃衰薄之弊俗，膏肓之癈疾〔八〕，安共爲之，可悲者也。

〔一〕照按：「晏」當作「宴」。文選嵇康琴賦：「若乃華堂曲宴，密友近賓，蘭肴兼御，旨酒清醇。」又曹植贈丁翼詩：「吾與二三子，曲宴此城隅。」並其證。（三國志魏書后妃明悼毛皇后傳：「景初元年，帝游後園，召才人以上曲宴極樂。」其字亦作「宴」。）文溯本、崇文本作「宴」，未誤。當據改。前貴賢篇「至務在乎游晏」，其誤「宴」爲「晏」，與此同。

〔二〕陳其榮曰：「『嘈雜』，承訓本作『嘈囋』。」榮案：張衡東京賦：『奏嚴鼓之嘈囋。』『囋』，玉篇（口部）本作哳。五葛、才曷二切。嘈嘈哳哳，或作囋啐啐啐，並同。見集韻（十二曷）。」照按：藏本、吉藩本、慎本、盧本、舊寫本並作「嘈囋」，是也。後知止篇「金口嘈囋」，內篇論仙「砰磕嘈囋」，亦作「嘈囋」，此固不應獨作「嘈雜」也。孫氏據別本改「囋」爲「雜」，非是。

〔三〕漢書張馮汲鄭傳：「先是下邽翟公爲廷尉，賓客亦填門。」顏注：「填，滿也。音田。」（史記汲鄭傳贊「填」作「闐」）

〔四〕詩衛風木瓜：「匪報也，永以爲好也。」毛傳：「孔子曰：『吾於木瓜，見苞苴之禮行。』」鄭箋：「以果實相遺者，必苞苴之。」禮記曲禮上：「凡以弓劍、苞苴、簞笥問人者。」鄭注：「問，猶遺也。苞苴裹魚、肉，或以葦，或以茅。」釋文：「苞，裹也。苴，藉也。」正義：「苞者，以草苞裹魚、肉之屬也。……苴者，亦以草藉器而貯物也。」莊子列御寇：「小夫之知，不離苞苴、竿牘。」郭注：「苞苴以遺，竿牘以問。遺問之具，小知所殉。」釋文：「知，音智。」

〔五〕孟子盡心上：「孟子曰：『食而弗愛，豕交之也；愛而不敬，獸畜之也。』」趙注：「愛而不敬，若人畜禽獸，但愛而不能敬也。」朱注：「畜，養也。獸，謂犬馬之屬。」照按：稚川引「獸」作「豕」，蓋誤記。

〔六〕易屯：「象曰：『……以貴下賤，大得民也。』」

〔七〕易謙：「象曰：『謙謙君子，卑以自牧也。』」王注：「牧，養也。」正義：「恆以謙卑自養其德也。」

〔八〕左傳成公十年：「（晉景）公疾病，求醫于秦。秦伯（共公）使醫緩爲之。……醫至，曰：『疾不可爲也，在肓之上，膏之下，攻之不可，達之不及，藥不至焉，不可爲也！』」杜注：「緩，醫名。爲，猶治也。肓，鬲也。心下爲膏。達，針。」釋文：「肓，徐邈音荒。」（世說新語儉嗇「王戎儉吝」條劉注引王隱晉書：「戎性至儉，不能自奉養，財不出外，天下人謂爲膏肓之疾。」）說文疒部：「癈，固病也。」段注：「癈爲正字，廢爲叚借字。」藏本等原作「廢」，孫氏改爲「癈」雖是正字，但與底本不合，未可從也。

「若夫偉人巨器，量逸韻遠，高蹈獨往〔一〕，蕭然自得。身寄波流之閒〔二〕，神躋九玄之表〔三〕，道足於內，遺物於外〔四〕，冠摧履決，藍縷帶索〔五〕，何肯與俗人競幹佐之便僻〔六〕，修佞幸之媚容，效上林喋喋之嗇夫〔七〕，爲春蜩夏蠅之聒耳〔八〕？

〔一〕左傳哀公二十一年：「齊人責稽首，因歌之，曰：『魯人之皋，數年不覺，使我高蹈。』」杜注：「高蹈，猶遠行也。」文選七命：「嘉遯龍盤，翫世高蹈。」又顔延之陶徵士誄：「賦詩歸來，高蹈獨善。」淮南王莊子略要：「江海之士，山谷之人也，輕天下，細萬物，而獨往者也。」司馬彪注：「獨往自然，不復顧世。」（文選任昉齊竟陵文宣王行狀李注引）南齊書高逸傳序：「次則揭獨往之高節。」梁書沈約傳：「（郊居賦）實有心於獨往。」又處士諸葛璩傳：「將幽貞獨往。」

〔二〕莊子應帝王：「因以爲弟靡，因以爲波流，故逃也。」郭注：「變化頹靡，世事波流，無往而不因也。」文選嵇康與山巨源絶交書：「今空語同知有達人，無所不堪，外不殊俗而內不失正，與一世同其波流，而悔吝不生耳。」

〔三〕九玄，猶九天，極言其高。

〔四〕照按：「遺物」二字當互乙，始能與上句之「道足」相儷。

〔五〕左傳宣公十二年：「篳路藍縷，以啓山林。」杜注：「藍縷，敝衣。」墨子尚賢中：「傅説被褐帶索。」淮南子齊俗：「貧人則夏被褐帶索。」韓詩外傳十：「楚丘先生披蓑帶索。」（新序雜事五作「披裘帶索」）

〔六〕「便僻」，與「便辟」同。論語季氏：「友便辟。」集解引馬融曰：「便辟，巧辟人之所忌，以求容媚。」公羊傳定公四年「朋友相衛」徐疏：「便辟，謂巧爲譬喻。」文選劉峻廣絶交論：「脂韋便辟導其誠。」李周翰曰：「便辟，曲諂貌。」管子君臣下：「明君在上，便僻不能食其意。」尹注：「便僻者不能諂君以得意，故曰不能食其意也。」

〔七〕史記張釋之傳：「上（文帝）問上林尉諸禽獸簿，十餘問，尉左右視，盡不能對。虎圈嗇夫從旁代尉對上所問禽獸簿甚悉，欲以觀其能口對響應無窮者。文帝曰：『吏不當若是邪？尉無賴！』乃詔釋之拜嗇夫爲上林令。釋之久之前曰：『陛下以絳侯周勃何如人也？』上曰：『長者也。』又復問：『東陽侯張相如何如人也？』上復曰：『長者。』釋之曰：『夫絳侯、東陽侯稱爲長者，此兩人言事曾不能出口，豈斆此嗇夫諜諜利口捷給哉！且秦以任刀筆之吏，吏爭以亟疾苛察相高，然其敝徒文具耳，無惻隱之實。以故不聞其過，陵遲而至於二世，天下土崩。今陛下以嗇夫口辯而超遷之，臣恐天下隨風靡靡，爭爲口辯而無其實。且下之化上，疾於景響，舉錯不可不審也。』文帝曰：『善。』乃止，不拜嗇夫。」集解引晉灼曰：「（諜）音牒。」索隱：「漢書（釋之傳）作『喋喋』，口多言。」

〔八〕照按：春季無蜩。（說文虫部：「蜩，蟬也。」）疑字有誤。後廣譬篇：「春鼃長讙，而醜音見患於聒耳。」楊泉物理論：「虛無之談，無異春鼃秋蟬，聒耳而已。」（太平御覽六一七引）「鼃」，亦作「蛙」。「蜩」，其「蛙」之誤歟？蒼頡篇：「聒，擾亂耳孔也。」（一切經音義二十引）說文耳部：「聒，讙語也。」

「求之以貌，責之以妍，俗人徒覩其外形之粗簡，不能察其精神之淵邈〔一〕。務在皮膚，不料心志。雖懷英抱異，絶倫邁世，事動可以悟舉世之術，言發足以解古今之惑，含章括囊〔二〕，非法不談〔三〕。而茅蓬不能動萬鈞之鏗鏘〔四〕，侏儒不能看重仞之弘麗〔五〕。因而蚩之〔六〕，謂爲凡憒。

〔一〕阮籍集答伏義書：「然則弘修淵邈者，非近力所能究矣。」文選齊竟陵文宣王行狀：「體睿履正，神監淵邈。」李周翰曰：「淵，深。邈，遠也。」

〔二〕易坤：「六三，含章可貞。」三國志魏書管寧傳：「中書侍郎王基薦寧曰：『……（管寧）含章素質，冰絜淵清。』」文選蜀都賦：「揚雄含章而挺生。」呂向曰：「揚雄含懷文章，挺拔而生。」易坤：「六四，括囊，无咎无譽。」象曰：『括囊无咎，慎不害也。』」正義：「括，結也。囊所以貯物，以譬心藏知也。閉其知而不用，故曰括囊。」鹽鐵論雜論：「（車丞相）當軸處中，括囊不言。」漢書公孫賀等傳贊顏注：「（括囊）言自閉慎如囊之括結也。」

〔三〕孝經卿大夫章：「非先王之法言不敢道。」

〔四〕文選西京賦：「洪鐘萬鈞。」薛注：「三十斤曰鈞。」

〔五〕國語晉語四：「（胥臣）對曰：『……侏儒不可使援。』」韋注：「侏儒，短者，不能抗援。」論語子張：「子貢曰：『譬之宮牆，賜之牆也及肩，窺見室家之好。夫子之牆數仞，不得其門而入，不見宗廟之美，百官之富。』」集解引包咸曰：「七尺曰仞。」

〔六〕照按：「蚩」，疑當作「嗤」。前嘉遯篇「速非時之巨嗤」，逸民篇「井蛇之嗤應龍也」，行品篇「每動作而受嗤」，後辭義篇「故不免嗤也」，正郭篇「無乃見嗤於將來乎」，並其證。文溯本作「嗤」，未誤。當據改。

「夫非漢濱之人，不能料明珠於泥淪之蜯〔一〕；非泣血之民，不能識夜光於重崖之裏〔二〕。蟭螟屯蚊眉之中，而笑彌天之大鵬〔三〕；寸鮒游牛迹之水，不貴橫海之巨鱗〔四〕。故道業不足以相涉，聰明不足以相逮，理自不合，無所多怪。所以疾之而不能默者，願夫在位君子，無以貌取人〔五〕，勉勗謙損，以永天秩耳〔六〕。」

〔一〕「濱」，藏本、魯藩本、吉藩本、舊寫本作「東」，慎本作「陳」，徐濟忠校爲「東」，盧本作「濱」，柏筠堂本、文溯本、崇文本同。照按：「東」字是。「陳」乃「東」之誤。若原作「濱」，無緣誤爲「東」或「陳」矣。孫氏據盧本改「東」爲「濱」，大謬。左傳桓公六年：「漢東之國，隨（隋之本字）爲大。」墨子佚文：「隨之明月，出於蚌蜃。」（太平御覽九四一引）呂氏春秋重己：「江漢之珠。」高注：「江漢有夜光之明珠，珠之美者也。」淮南子覽冥：「譬如隋侯之珠。」高注：「隋侯，漢東之國，姬姓諸侯也。隋侯見大蛇傷斷，以藥傅之。後蛇於江中銜大珠以報之，因曰隋侯之珠。蓋明月珠也。」又說林：「隨侯之珠在於前。」高注：「隨國在漢東，姬姓之侯。出游於野，見大蛇斷在地，隨侯令醫以續傅斷蛇（當作「以續斷傅蛇」）。（蛇）得愈去，後銜大珠報之，蓋明月之珠。因號隨侯之珠，世以爲寶也。」並足以證作「濱」之非。

〔二〕洞冥記二：「吠勒國……此國去長安九千里，在日南。人長七尺，被髮至踵。乘犀象之車。乘象入海底取寶，宿於鮫人之舍。得淚珠，則鮫所泣之珠也。」博物志九：「南海外有鮫人，水居如魚，不廢織績，其眼能泣珠。」（搜神記十二同）又佚文：「鮫人從水出，寓人家，積日賣絹。將去，從主人索一器，泣而成珠滿盤，以與主人。」（太平御覽八百三引）文選吳都賦：「窮陸飲水，極沈水居。泉室潛織而卷綃，淵客慷慨而泣珠。」劉淵林注：「水居，鮫人水底居也。俗傳：鮫人從水中出，曾寄寓人家，積日賣綃。綃者，竹孚俞也。鮫人臨去，從主人索器，泣而出珠滿盤，以與主人。」（述異記下：「南海中有鮫人室，水居如魚，不廢機織，其眼能泣則出珠。晉木玄虛海賦（見文選）云：『天琛水怪，鮫人之室。』」）夜光，夜光珠，此喻鮫人所泣者。

〔三〕莊子佚文：「鷦螟巢於蚊睫。」（一切經音義八六引）晏子春秋外篇八：「（景）公曰：『天下有極細者（「者」字據文選鷦鷯賦李注引增）乎？』晏子對曰：『有。東海有蟲，巢於蝱（俗作「蚊」）睫，再乳再飛，而蝱不爲驚。臣嬰不知其名，而東海漁者命曰焦冥。』」列子湯問：「江浦之間生麼蟲，其名曰焦螟，羣飛而集於蚊睫，弗相觸也，棲宿去來，蚊弗覺也。」張注：「麽，細也。字書云：『麽，小也。』」文選張華鷦鷯賦：「鷦螟巢於蚊睫。」「蟭」與「焦」、「鷦」，「螟」與「冥」，皆音同得通。莊子逍遥遊：「北冥有魚，……化而爲鳥，其名爲鵬。鵬之背不知其幾千里也，怒而飛，其翼若垂天之雲。」釋文：「垂天之雲，司馬彪云：『若雲垂天旁。』崔（譔）云：『垂，猶邊也。其大如天一面雲也。』」又：「有鳥焉，其名爲鵬，背若泰山，翼若垂天之雲。」

〔四〕莊子外物：「莊周忿然作色，曰：『周昨來，有中道而呼者。周顧視車轍中，有鮒魚焉。』」王肅易井「九二，井谷射鮒」注：「鮒，小魚也。」（太平御覽九三七引）應璩與韋誕書：「方今體寒心飢，憂在旦夕，……誠恐將爲牛蹄中魚，卒鮑氏之肆矣。」（藝文類聚三五引）史記賈生傳：「（弔屈原文）横江湖之鱣鱏兮。」集解引如淳曰：「（鱣鱏）大魚也。」（「鱣鱏」，漢書賈誼傳、文選弔屈原文並作「鱣鯨」。）文選揚雄羽獵賦：「乘巨鱗，騎京魚。」李注：「京魚，大魚也。字或爲『鯨』，鯨亦大魚也。」又木華海賦：「魚則横海之鯨。」李注：「郭璞山海經注曰：『横，塞也。』」

〔五〕韓非子顯學：「澹臺子羽君子之容也，仲尼幾而取之，與處久而行不稱其貌。……故孔子曰：『以容取人乎？失之子羽。』」家語子路初見：「澹臺子羽有君子之容，而行不勝其貌。……孔子曰：『以容取人，則失之子羽。』」

〔六〕書臯陶謨：「天秩有禮。」孔傳：「天次秩有禮。」正義：「秩，謂制其差等。」

抱朴子曰：「世人聞戴叔鸞、阮嗣宗傲俗自放，見謂大度〔一〕。而不量其材力，非傲生之匹，而慕學之：或亂項科頭〔二〕，或裸袒蹲夷〔三〕，或濯脚於稠衆，或溲便於人前〔四〕，或停客而獨食〔五〕，或行酒而止所親。此蓋左衽之所爲〔六〕，非諸夏之快事也〔七〕。

〔一〕後漢書逸民戴良傳：「戴良字叔鸞，……良少誕節，母憙驢鳴，良常學之以娱樂焉。……良才既高達，而論議尚奇，多駭流俗。同郡謝季孝問曰：「子自視天下孰可爲比？」良曰：「我若仲尼長東魯，大禹出西羌，獨步天下，誰與爲偶！」舉孝廉，不就。再辟司空府，彌年不到，州郡迫之，乃遯辭詣府，悉將妻子，既行在道，因逃入江夏山中。優遊不仕，以壽終。」（傳中載良居母喪食肉飲酒事，前譏惑篇「此京洛之法也」句箋已引之，兹略去。）應璩與崔元書：「豈有亂首抗巾以入都城，衣不在體而以適人乎！昔戴叔鸞箕坐見邊文禮，此皆衰世之慢行也。」（太平御覽四九八引）晉書阮籍傳：「阮籍字嗣宗，陳留尉氏人也。……籍容貌瓌傑，志氣宏放，傲然獨得，任性不羈。……當其得意，忽忘形骸。……籍雖不拘禮教，然發言玄遠，口不臧否人物。性至孝，母終，正與人圍棊，對者求止，籍留與決賭。既而飲酒二斗，舉聲一號，吐血數升。及將葬，食一蒸肫，飲二斗酒，然後臨訣，直言：『窮矣！』舉聲一號，因又吐血數升。毀瘠骨立，殆致滅性。裴楷往弔之，籍散髮箕踞，醉而直視，楷弔唁畢便去。……籍又能爲青白眼，見禮俗之士，以白眼對之。」干寶晉紀：「阮籍宏逸曠遠，居喪不帥常檢。」（文選晉紀總論李注引）又晉紀總論：「故觀阮籍之行，而覺禮教崩弛之所由。」（顔氏家訓文章：「阮籍無禮敗俗。」）

〔二〕戰國策韓策一：「張儀爲秦連横説韓王（襄王）曰：『……秦帶甲百餘萬，車千乘，騎萬匹，虎摯之士跿跔科頭，貫頤奮戟者，至不可勝計也。』」史記張儀傳集解：「科頭，謂不著兜鍪入敵。」索隱：「科頭，謂不著兜鍪。」（鮑彪戰國策注即本索隱）魏略：「時天暑熱，（曹）植呼常從取水自澡訖，傅粉。遂科頭拍袒，胡舞五椎鍛，跳丸擊劍。」（三國志魏書王粲傳裴注引）楊伯喦臆乘：「俗謂不冠爲科頭，此二字出史記張儀傳，注謂『不著兜鍪入敵』。」（趙與時賓退録八同）

〔三〕王隱晉書：「魏末阮籍，嗜酒荒放，露頭散髮，裸袒箕踞。其後貴游子弟阮瞻、王澄、謝鯤、胡毋輔之之徒，皆祖述於籍，謂得大道之本。故去巾幘，脱衣服，露醜惡，同禽獸。甚者名之爲通，次者名之爲達也。」（世説新語德行劉注引)晉書庾預傳:「預雅好經史,憎疾玄虛,其論阮籍裸袒,比之伊川被髮。」世說新語德行:「王平子(澄字)、胡毋彥國(輔之字)諸人,皆以任放爲達,或有裸體者。」照按:典論:「孝靈末,常侍張讓子奉爲太醫令,與人飲,輒去衣露形,爲戲樂也。」(太平御覽八四五引)是放蕩無檢,一絲不掛惡習,漢季已有之矣。廣雅釋詁三:「蹲跠,踞也。」後漢書魯恭傳:「(上疏)夫戎狄者,……蹲夷踞肆,與鳥獸無別。」李注:「夷,平也。肆,放也。言平坐踞傲,肆放無禮也。」「蹲跠」、「蹲夷」,並音同得通。

〔四〕史記酈生傳:「騎士曰:『沛公不好儒,諸客冠儒冠來者,沛公輒解其冠,溲溺其中。』」索隱:「(溲溺)上所由反,下乃弔反,亦如字。溲,即溺也。」(漢書酈食其傳顏注:「溺,讀曰尿。音乃釣反。」)漢書張安世傳:「郎有醉小便殿上,主事白行法。安世曰:『何以知其不反水漿邪?』」又韋賢傳:「(玄成)即陽爲病狂,臥便利,妄笑語昏亂。」顏注:「便利,大小便。」

〔五〕照按:「獨」之上或下疑脫一字。上下文皆排句,可證。

〔六〕論語憲問:「子曰:『……微管仲,吾其被髮左衽矣。』」集解引馬融曰:「微,無也。無管仲,則君不君,臣不臣,皆爲夷狄。」皇疏:「左衽,衣前從右來向左也。」邢疏:「衽,謂衣衿。衿向左謂之左衽。夷狄之人,被髮左衽。」「袵」,「衽」之或體。

〔七〕論語八佾:「子曰:『夷狄之有君,不如諸夏之亡也。』」集解引包咸曰:「諸夏,中國。亡,無也。」皇疏:「謂中國爲諸夏者,夏,大也。中國禮大,故謂爲夏也。諸,之也,語助也。」

「夫以戴、阮之才學,猶以跐踔自病〔一〕,得失財不相補〔二〕。向使二生敬蹈檢括〔三〕,恂恂以接物〔四〕,競競以御用〔五〕,其至到何適但爾哉〔六〕!況不及之遠者,而遵修其業〔七〕,其速禍危身〔八〕，將不移陰〔九〕，何徒不以清德見待而已乎？

〔一〕方言六：「逴、騷、鴕，蹇也。」郭注：「跛者行跌踔也。」玉篇足部：「踔，踸踔，跛行也。踸，踸踔。跌，同上。」「跌踔」與「踸踔」同。「跌踔自病」，蓋指戴鸞之「遯辭詣府」而在道逃亡，阮籍之「常慮禍患」而「每有憂生之嗟」言之也。

〔二〕「財」與「纔」同。

〔三〕文選劉琨答盧諶詩序：「昔在少時，未嘗檢括。」李注：「蒼頡篇曰：『檢，法度也。』薛君韓詩章句曰：『括，約束也。』」

〔四〕論語鄉黨：「孔子於鄉黨，恂恂如也，似不能言者。」集解引王肅曰：「恂恂，温恭之貌。」後漢書張湛傳李注引鄭玄論語注云：「恂恂，温順貌。」

〔五〕「競競」，藏本、魯藩本、吉藩本、舊寫本、文淵本、崇文本作「兢兢」。照按：以上句「恂恂以接物」證之，「兢」字是。前良規篇：「戰戰兢兢，不忘恭敬。」亦其旁證。書皋陶謨：「兢兢業業。」孔傳：「兢兢，戒慎。」詩小雅小旻：「戰戰兢兢。」毛傳：「兢兢，戒也。」

〔六〕詞詮五適字條：「（副詞）作『啻』字用，僅也。王念孫云：說文（辵部）適從啻聲，『適』『啻』聲相近，故古以『適』爲『啻』。」（王說見經傳釋詞九適字下〔引文有删改〕）此「適」字正作「啻」字用。

〔七〕照按：「修」，疑當作「循」。

〔八〕左傳隱公三年：「去順效逆，所以速禍也。」

〔九〕陰，日影。（見玉篇阜部陰字下）移陰，猶移晷。文選西京賦：「白日未及移晷，已獮其十七八。」薛注：「晷，景也。」

獨，殺也。言日景未移，禽獸什已殺七八矣。」

「昔者西施心痛而臥於道側，姿顏妖麗，蘭麝芬馥，見者咸美其容而念其疾，莫不躊躇焉。於是鄰女慕之，因僞疾伏於路間，形狀旣醜，加之酷臭，行人皆憎其貌而惡其氣，莫不睨面掩鼻，疾趨而過焉〔一〕。今世人無戴、阮之自然，而效其倨慢，亦是醜女闇於自量之類也。

〔一〕王廣恕曰：「（『面』）疑作『而』。」新書勸學：「『夫以西施之美而蒙不潔，則過之者莫不睨而掩鼻。』」照按：王說是。莊子天運：「故西施病心而矉其里。其里之醜人見而美之，歸亦捧心而矉其里。其里之富人見之，堅閉門而不出；貧人見之，挈妻子而去之走。彼知矉美，而不知矉之所以美。」孟子離婁下：「孟子曰：『西子蒙不潔，則人皆掩鼻而過之。』」趙注：「西子，古之好女西施也。蒙不潔，以不潔汙巾帽而蒙其頭也。面雖好，以蒙不潔，人過之者，皆掩鼻懼聞其臭。」淮南子脩務：「今夫毛嬙、西施，天下之美人。若使之銜腐鼠，蒙蝟皮，衣豹（向宗魯師謂『豹』當作『豿』，即『狗』之異體。）裘，帶死蛇，則布衣韋帶之人過者，莫不左右睥睨而掩鼻。」高注：「言雖有美姿，人惡聞其臭，故睥睨掩其鼻。」韓非子佚文：「蒙不潔，則西施棄野。」（太平御覽六百七引）金樓子立言下：「蒙不潔，則西施屏。」（鹽鐵論殊路：「蒙以不潔，鄙夫掩鼻。」即用西施事。）漢書外戚上李夫人傳：「上（武帝）又自爲作賦，以傷悼夫人，其辭曰：『……何靈魂之紛紛兮，哀裴回以躊躇。』」顏注：「躊躇，住足也。」說文目部：「睨，衺視也。」

「帝者猶執子弟之禮於三老五更者，率人以敬也〔一〕。人而無禮，其刺深矣〔二〕。夫慢人必不敬其親也〔三〕。蓋欲人之敬之，必見自敬焉〔四〕。不修善事，則爲惡人〔五〕。無事於大，則爲小人〔六〕。紂爲無道，見稱獨夫〔七〕。仲尼陪臣，謂爲素王〔八〕。則君子不在乎富貴矣〔九〕。今爲犯禮之行，而不喜聞遄死之譏〔一〇〕，是負豕而憎人說其臭〔一一〕，投泥而諱人言其汙也。

〔一〕禮記文王世子：「天子視學，……適東序，釋奠於先老，遂設三老五更羣老之席位焉。」鄭注：「三老五更各一人也，皆年老更事致仕者也。天子以父兄養之，示天下之孝悌也。」又樂記：「食三老五更於大學，……所以教諸侯之弟也。」鄭注：「三老五更互言之耳，皆老人更知三德五事者也。」漢書禮樂志：「顯宗（明帝）卽位，躬行其禮，宗祀光武皇帝於明堂，養三老五更於辟廱。」顏注：「李奇曰：『王者父事三老，兄事五更。』鄧展曰：『漢直以一公爲三老，用大夫爲五更，每當大行禮乃置。』師古曰：『……蔡邕以爲「更」當爲「叟」。叟，老人之稱也。』」

〔二〕詩鄘風相鼠：「相鼠有體，人而無禮！人而無禮，胡不遄死！」毛傳：「體，支體也。遄，速也。」禮記禮運：「孔子曰：『夫禮，先王以承天之道，以治人之情。故失之者死，得之者生。詩曰：「相鼠有體，人而無禮！人而無禮，胡不遄死。」』」鄭注：「相，視也。遄，疾也。言鼠之有身體，如人而無禮者矣。人之無禮，可憎賤如鼠，不如疾死之愈。」左傳定公十年：「（晉人）於是執涉佗以求成於衛，衛人不許，晉人遂殺涉佗。……君子曰：『此之謂棄禮，必不鈞。詩曰：「人而無禮，胡不遄死！」涉佗亦遄矣哉！』」晏子春秋內篇諫上：「凡人之所以貴於禽獸者，以有禮也。故詩曰：『人而無禮，胡不遄死。』禮不可無也。」

〔三〕孝經天子章：「子曰：『愛親者，不敢惡於人；敬親者，不敢慢於人。』」呂氏春秋孝行覽：「故愛其親，不敢惡人；敬其親，不敢慢人。」

〔四〕孟子離婁下：「孟子曰：『君子之所以異於人者，以其存心也。君子以仁存心，以禮存心。仁者愛人，有禮者敬人。愛人者人恆愛之，敬人者人恆敬之。』」趙注：「存，在也。君子之在心者，仁與禮也。愛敬施行於人，人亦必反報之於己也。」法言君子：「人必其自愛也，而後人愛諸；人必其自敬也，而後人敬諸。自愛，仁之至也；自敬，禮之至也。未有不自愛敬而人愛敬之者也。」

〔五〕法言修身：「人之性也，善惡混。修其善則爲善人，修其惡則爲惡人。」

〔六〕孟子告子上：「孟子曰：『……體有貴賤，有小大。無以小害大，無以賤害貴。養其小者爲小人，養其大者爲大人。』」趙注：「養小則害大，養賤則害貴。小，口腹也；大，心志也。……務口腹者爲小人，治心志者爲大人。」又：「公都子問曰：『鈞是人也，或爲大人，或爲小人，何也？』孟子曰：『從其大體爲大人，從其小體爲小人。』」趙注：「大體，心思禮義；小體，縱恣情慾。」法言五百：「或問『大人』。曰：『無事於小爲大人。』請問『小』。曰：『事非禮義爲小。』」

〔七〕孟子梁惠王下：「齊宣王問曰：『湯放桀，武王伐紂，有諸？』孟子對曰：『於傳有之。』曰：『臣弑其君可乎？』曰：『賊仁者謂之賊，賊義者謂之殘。殘賊之人，謂之一夫。聞誅一夫紂矣，未聞弑君也。』」趙注：「言殘賊仁義之道者，雖位在王公，將必降爲匹夫，故謂之一夫也。但聞武王誅一夫紂耳，不聞弑其君也。書云：『獨夫紂。』（僞泰誓下作：「獨夫受」）此之謂也。」荀子議兵：「湯、武之誅桀、紂也，拱揖指麾，而强暴之國莫不趨使。誅桀、紂若誅獨夫，故泰誓曰：『獨夫紂。』此之謂也。」又正論：「誅暴國之君若誅獨夫。……湯、武非取天下也，修其道，行其義，興天下之同利，除天下之同害，而天下歸之也。……天下歸之之謂王，天下去之之謂亡。故桀、紂無天下，而湯、武不弑君。」楊注：「湯、武誅獨夫耳，豈爲弑君乎？」徐幹中論貴驗：「殷紂爲天子，而稱獨夫。」

〔八〕淮南子主術：「（孔子）專行教道，以成素王。」說苑貴德：「（孔子）於是退作春秋，明素王之道以示後人。」論衡超奇：「然則孔子之春秋，素王之業也。」又定賢：「孔子不王，素王之業，在於春秋。」漢書董仲舒傳：「孔子作春秋，先正王而繫萬事，見素王之文焉。」中論貴驗：「仲尼爲匹夫，而稱素王。」杜預左傳僖公十二年「陪臣敢辭」注：「諸侯之臣曰陪臣。」郭象莊子天道「玄聖素王之道也」注：「有其道爲天下所歸，而無其爵者，所謂素王自貴也。」文選李康運命論：「若夫立德必須貴乎？則幽、厲之爲天子，不如仲尼之爲陪臣也。」

〔九〕荀子儒效：「故君子無爵而貴，無祿而富。」淮南子精神：「至貴不待爵，至富不待財。」

〔一〇〕遄死，已見上文「人而無禮，其刺深矣」二句箋。

〔一一〕管子地員：「凡聽徵，如負猪豕，覺而駭。」淮南子説山：「以潔白爲汙辱，譬猶沐浴而抒溷，薰燧而負彘。」高注：「燒薰自香也，楚人謂之薰燧。」論衡譴告：「凡相溷者，或教之薰隧（燧），或令之負豕。」

「昔辛有見被髮而祭者，知戎之將熾〔一〕。余觀懷、愍之世，俗尚驕褻，夷虜自遇。其後羌胡猾夏，侵掠上京。及悟斯事，乃先著之妖怪也〔二〕。今天下向平，中興有徵〔三〕，何可不共改既往之失，脩濟濟之美乎〔四〕！

〔一〕左傳僖公二十二年：「初，平王之東遷也，辛有適伊川，見被髮而祭於野者，曰：『不及百年，此其戎乎！其禮先亡矣。』秋，秦、晉遷陸渾之戎於伊川。」論衡實知：「昔辛有過伊川，見被髮而祭者，……辛有之知當戎，見被髮之兆也。」

〔二〕晉書懷帝紀：「孝懷皇帝諱熾，字豐度，武帝第二十五子也。……（永嘉五年六月）丁酉，劉曜、王彌入京師。帝開華林園門，出河陰藕池，欲幸長安，爲曜等所追及。曜等遂焚燒宮廟，逼辱妃后，……百官士庶死者三萬餘人。

帝蒙塵于平陽，劉聰以帝爲會稽公。……七年春正月，劉聰大會，使帝著青衣行酒。……丁未，帝遇弑，崩于平陽。」又愍帝紀：「孝愍皇帝諱鄴，字彥旗，武帝孫，吴孝王晏之子也。……及洛陽傾覆，……（雍州刺史賈）疋遣州兵迎衛，達於長安。……建興元年夏四月丙午，奉懷帝崩問，舉哀成禮。壬申，卽皇帝位。……（四年）八月，劉曜逼京師。……十一月乙未，使侍中宋敞送牋於曜，帝乘羊車，肉袒銜璧，輿櫬出降。……五年春正月，帝在平陽。……十二月戊戌，帝遇弑，崩于平陽。」文選晉紀總論：「懷帝承亂（之後）得位，羈於彊臣，愍帝奔波之後，徒廁其名。天下之政既已去矣，非命世之雄不能取之矣。」（又見晉書懷、愍帝紀論）宋書五行志一：「晉惠帝元康中，貴游子弟相與爲散髮倮（同『裸』）身之飲，對弄婢妾。逆之者傷好，非之者負譏。希世之士，恥不與焉。蓋胡翟侵中之萌也。（搜神記七同。是隱侯此文，采自令升也。〔它處尚多有之〕）豈徒伊川之民，一被髮而祭者乎！」（晉書五行志上：「惠帝元康中，貴游子弟相與爲散髮倮身之飲，對弄婢妾。……蓋貌之不恭，胡狄侵中國之萌也。其後遂有二胡之亂，此又失在狂也。」）又：「齊王冏既誅趙〔王〕倫，因留輔政。坐拜百官，符敕臺府，淫醟專驕，不一朝覲。此狂恣不肅之容也。」（晉書五行志上同）世說新語任誕：「有人譏周僕射（顗）：『與親友言戲，穢雜無檢節。』」劉注引鄧粲晉紀曰：「王導及朝士詣尚書紀瞻觀伎。瞻有愛妾，能爲新聲。顗於衆中欲通其妾，露其醜穢，顏無怍色。有司奏免顗官，詔特原之。」並「俗尚驕褻」之證。書舜典：「蠻夷猾夏。」孔傳：「猾，亂也。夏，華夏。」史記五帝紀集解引鄭玄曰：「猾夏，侵亂中國也。」漢書敍傳上：「（班固幽通賦）皇十紀而鴻漸兮，有羽儀於上京。」文選李注引應劭曰：「言先人至漢十世始進仕，有羽翼於京師也。」羌胡侵掠上京，謂劉曜先後攻陷洛陽與長安也。

〔三〕晉書元帝紀：「元皇帝諱睿，字景文，宣帝曾孫，琅邪恭王覲之子也。……永嘉初，用王導計，始鎮建鄴，以顧榮爲軍司馬，賀循爲參佐，王敦、王導、周顗、刁協並爲腹心股肱，賓禮名賢，存問風俗，江東歸心焉。……及西都不守，帝出師露次，躬擐甲冑，移檄四方，徵天下之兵，尅日進討。於時有玉册見於臨安，白玉麒麟神璽出於江寧，其文曰『長壽萬年』，日有重暈，皆以爲中興之象焉。建武元年春……（三月）辛卯，卽王位，大赦，改元。……太興元年春……三月癸丑，愍帝崩問至，帝斬縗居廬。丙辰，百僚上尊號。……是日，卽皇帝位。詔曰：『……惟朕寡德，纘我洪緒，若涉大川，罔知攸濟。惟爾股肱爪牙之佐，文武熊羆之臣，用能弼寧晉室，輔余一人。思與萬國，共同休慶。』於是大赦，改元。」晉紀總論：「淳燿之烈未渝，故大命重集於中宗元皇帝。」

〔四〕詩大雅文王：「濟濟多士，文王以寧。」毛傳：「濟濟，多威儀也。」釋文：「濟，子禮反。」

「夫入虎狼之羣，後知賁、育之壯勇〔一〕；處禮廢之俗，乃知雅人之不渝〔二〕。道化凌遲〔三〕，流遁遂往〔四〕，賢士儒者，所宜共惜。法當扣心同慨〔五〕，矯而正之。若力之不能，末如之何〔六〕，且當竹柏其行，使歲寒而無改也〔七〕。何有便當崩騰，競逐其闒茸之徒〔八〕，以取容於若曹邪？去道彌遠，可謂爲痛歎者也〔九〕！

〔一〕賁，孟賁。孟子公孫丑上：「（公孫丑）曰：『若是，則夫子過孟賁遠矣。』」趙注：「賁，勇士也。」戰國策楚策三：「唐且見春申君曰：『……臣聞之：賁、諸懷錐刃，而天下爲勇。』」呂氏春秋用衆：「故以衆勇，無畏乎孟賁矣。」高注：「孟賁，古大勇士。」又必己：「孟賁過於河，先其五。船人怒，而以楫虓其頭，顧不知其孟賁也。中河，孟賁瞋目而視船人，髮植，目裂，鬢指。舟中之人，盡揚播入於河。」高注：「先其五，超越次弟也。虓，暴辱。植，豎。指，直。揚，動也。播，散也。入，猶投也。」育，夏育。戰國策秦策三：「范睢謝曰：『……奔（與「賁」通）、育之勇焉而死。』」(史記范雎傳作「夏育之勇焉而死。」集解引漢書音義曰：「或云夏育衛人，力舉千鈞。」)史記蔡澤傳：「蔡澤曰：『……夏育、太史噭叱呼駭三軍，然而身死於庸夫。』」索隱：「二人勇者。夏育，賁育也。」(照按：賁、育，乃孟賁、夏育之省，非夏育又稱賁育也。小司馬說誤。)文選宋玉高唐賦：「使人心動，無故自恐。賁、育之斷，不能爲勇。」李注：「動，驚也。言無有故對此而驚恐。孟賁、夏育決斷之士，今見此嶮阻，亦不能爲勇也。」劉良曰：「賁，謂孟賁。育，謂夏育。皆秦武士。」博物志佚文：「賁、育之勇。」(太平御覽四三七引)

〔二〕荀子榮辱：「君子安雅。」楊注：「雅，正也。正而有美德者謂之雅。」三國志魏書邢顒傳：「庶子劉楨書諫(曹)植曰：『家丞邢顒，北土之彥，少秉高節，玄靜澹泊，言少理多，真雅士也。』」爾雅釋言：「渝，變也。」

〔三〕荀子宥坐：「三尺之岸，而虛車不能登也；百仞之山，任負車登焉。何則？陵遲故也。」楊注：「岸，崖也。負，重也。任負車，任重之車也。遲，慢也。陵遲，言丘陵之勢漸慢也。王肅(家語始誅注)云：『陵遲，陂陁也。』」匡謬正俗八陵遲條：「按：陵爲陵阜之陵，而遲者，遲遲微細削小之義，今俗語猶然。又遲，即夷也。古者遲、夷通用。書(盤庚上)稱『遲任有言曰』，遲字音夷，亦音遲。淮南說『馮夷河伯』，乃爲遲字。(照按：文選枚乘七發李注引許慎本淮南子原道注曰：『馮遲太白，河伯也。』高誘本作馮夷。)史籍或言陵遲，或言陵夷，其義一也。夷者，平也。言陵阜漸平，喻王道弛替耳。」「淩遲」與「陵遲」同。

〔四〕淮南子本經：「凡亂之所由生者，皆在流遁。」高注：「流，放也。遁，逸也。」後漢書張衡傳：「(上疏)夫情勝其性，流遯(與「遁」通)忘反。」李注：「性善情惡，情勝則荒淫也。」晉書隱逸戴逵傳：「深以放達爲非道，乃著論曰：『……則流遁忘反，爲風波之行。』」文選桓溫薦譙元彥表：「益宜振起道義之徒，以敦流遯之敝。」劉良曰：「言時澆薄，流遯不返，當須振起道義之人，以勸免敝俗。」

〔五〕扣心，即捶胸，後漢書張奐傳：「（奐）奏記謝（段）潁曰：『……凡人之情，冤則呼天，窮則叩心。』」「扣」、「叩」古通用不別。（本字則當作「敂」）

〔六〕論語衛靈公：「子曰：『不曰「如之何」。如之何者，吾末如之何也已矣。』」集解引孔安國曰：「如之何者，言禍難已成，吾亦無如之何。」皇疏：「云如之云云者，若不先慮，而如之何之事，非唯凡人不能奈何矣，雖聖人亦無如之何也。故云吾末如之何也已矣。」

〔七〕禮記禮器：「其在人也，如竹箭之有筠也，如松柏之有心也。二者居天下之大端矣，故貫四時而不改柯易葉。」正義：「竹，大竹也。箭，篠也。言人情備德，由於有禮。譬如竹箭四時葱翠，由於外有筠也。筠，是竹外青皮。……人經夷險不變其德，由禮使然。譬如松柏陵寒而鬱茂，由其內心貞和故也。」論語子罕：「子曰：『歲寒，然後知松柏之後彫也。』」莊子讓王：「孔子曰：『……故內省而不窮於道，臨難而不失其德。天〔大〕寒既至，霜露既降，吾是以知松柏之茂也。』」（呂氏春秋慎人同。高注云：「衆木遇霜雪皆凋，喻小人遭亂世無以自免。松柏喻君子而能茂盛也。」）楚辭東方朔七諫初放：「孰知其不合兮，若竹柏之異心。」文心雕龍才略：「是則竹柏異心而同貞。」

〔八〕鹽鐵論利議：「大夫曰：『嘻！諸生闒茸無行。』」漢書李尋傳：「乃説（王）根曰：『……諸闒茸佞讇，抱虛求進。』」字林：「闒茸，不肖之人。」（史記賈生傳索隱引）文選任昉奏彈劉整文：「閭閻闒茸，名教所絶。」呂向曰：「闒茸，小人也。」

〔九〕照按：「謂」、「爲」二字義複，疑衍其一。（蓋原止有「謂」字，寫者旁注「爲」字於右下方，後遂誤入正文耳。）

「其或峨然守正，確爾不移〔一〕，不蓬轉以隨衆〔二〕，不改雅以入鄭者，人莫能憎而知其善；而斯以不同於己者〔三〕，便共仇讎而不數之，嗟乎衰獘，乃可爾邪！君子能使以亢亮方楞〔四〕，無黨於俗，揚清波以激濁流，執勁矢以厲羣枉，不過當不見容與不得富貴耳。天爵苟存於吾體者〔五〕，以此獨立不達，亦何苦何恨乎？而便當伐本瓦合〔六〕，餔糟握泥〔七〕，剸足適履〔八〕，毁方入圓，不亦劇乎？

〔一〕易乾：「（文言）確乎其不可拔。」釋文引鄭玄云：「（確）堅高之貌。（拔）移也。」

〔二〕商子禁使：「今夫飛蓬遇飄風而行千里，乘風之勢也。」文選西征賦：「陋吾人之拘攣，飄浮萍而蓬轉。」李注引東觀漢記「太史官曰：『栗駭蓬轉，因遇際會。』」

〔三〕經傳釋詞八：「斯，猶乃也。」

〔四〕楞，棱之或體。三蒼：「棱，四方也。」（一切經音義十一引）通俗文：「木四方爲棱。」（一切經音義十八引）此指行爲端正。

〔五〕孟子告子上：「孟子曰：『有天爵者，有人爵者。仁義忠信，樂善不倦，此天爵也；公卿大夫，此人爵也。古之人修其天爵，而人爵從之。今之人修其天爵，以要人爵；既得人爵，而棄其天爵，則惑之甚者也，終亦必亡而已矣。』」趙注：「天爵以德，人爵以祿。人爵從之，人爵自至也。以要人爵，要，求也。得人爵棄天爵，惑之甚也。棄善忘德，終必亡之。」

〔六〕禮記儒行：「毁方而瓦合。」鄭注：「去己之大圭角，下與衆人小合也。必瓦合者，亦『君子爲道不遠人』。」正義：「方，謂物之方正有圭角鋒鍔也。瓦合，謂瓦器破而相合也。……皇（侃）氏云：『毁己之圭角，與瓦礫而相合。』」

義亦通也。」

〔七〕「握」，愼本、盧本、彙函本、柏筠堂本、文溯本、叢書本、崇文本作「掘」。照按：「握」與「掘」均誤。當作「淈」。楚辭漁父：「世人皆濁，何不淈其泥而揚其波，衆人皆醉，何不餔其糟而歠其釃。」（文選漁父同）即此文所出，原是「淈」字。洪補注：「淈，古没切，又乎没切。濁也。」（說文水部：「淈，濁也。」）後漢書張衡傳：「（應閒）夫玄龍……涉冬則淈泥而潛蟠。」亦足證「握」、「掘」二字之誤。（皇甫謐高士傳漁父傳「淈」作「汩」，其義亦同。）

〔八〕說文刀部：「剸，減也。从刀，尊聲。」玉篇刀部：「剸，減也，斷也。」淮南子說林：「夫所以養而害所養，譬猶削足而適履，殺頭而便冠。」高注：「殺，亦削也。頭大冠小不相宜，削殺其頭以便冠也。」後漢書荀爽傳：「（對策陳便宜）傳曰：『截趾適屨，孰云其愚？』」李注：「適，猶從也。」

「夫節士不能使人敬之，而志不可奪也〔一〕；不能使人本脱敬之至使人十二字，從羣書治要補。不憎之，而道不可屈也；不能令人不辱之，而榮本作行，從羣書治要改。猶在我也；不能令人不擯之，而操不可改也。故分定計決，勸沮不能干〔二〕；樂天知命，憂懼不能入〔三〕。困瘁而益堅，窮否而不悔。誠能用心如此者，亦安肯草靡萍浮〔四〕，以索鑿枘〔五〕，傚乎禮之所棄者之所爲哉！」

〔一〕照按：「敬」上疑脱「不」字，下文三排句可證。

〔二〕左傳襄公二十七年：「賞罰無章，何以沮勸？」荀子彊國：「是以爲善者勸，爲不善者沮。」韓非子八經：「信賞罰以盡民能，明誹譽以勸沮。」說文干部：「干，犯也。」

〔三〕易繫辭上：「樂天知命，故不憂。」正義：「順天道之常數，知性命之始終，任自然之理，故不憂也。」文子符言：「知命者不憂。」淮南子詮言同。史記賈生傳：「（服賦）德人無累兮，知命不憂。」莊子刻意：「平易恬惔，則憂患不能入。」淮南子精神：「神則以視無不見，以聽無不聞也，以爲無不成也。是故憂患不能入也。」

〔四〕說苑君道：「夫上之化下，猶風靡草，東風則草靡而西，西風則草靡而東，在風所由而草爲之靡。」說文非部：「靡，披靡也。」後漢書鄭玄傳：「以書戒子益恩曰：『……而黄巾爲害，萍浮南北，復歸邦鄉。』」

〔五〕照按：此句語意欠明，「鑿枘」下疑有脱文。文子上義：「今爲學者，循先襲業，握篇籍，守文法，欲以爲治，非此不治，猶持方枘而内圓鑿也，欲得宜適，亦難矣。」（淮南子氾論略同）史記孟子傳：「衛靈公問陳，而孔子不答；梁惠王謀欲攻趙，孟軻稱大王去邠。此豈有意阿世俗苟合而已哉！持方枘欲内圜鑿，其能入乎？」索隱：「按：方枘是筍也，圜鑿是孔也。謂工人斲木，以方筍而内之圜孔，不可入也。故楚詞（九辯）云『以方枘而内圜鑿，吾固知其鉏鋙而不入』是也。謂戰國之時，仲尼、孟軻以仁義干世主，猶方枘圜鑿然。」（「鑿枘」下似應補「之内」（納）或「之入」二字。）

抱朴子曰：「聞之漢末，諸無行藏本作「無徒」，盧本作「無行」，據下文云「無行之子」，盧本爲長。自相品藻次第〔一〕，羣驕慢傲，不入道檢者，爲都魁雄伯〔二〕，四通八達。皆背叛禮教，而從肆邪僻〔三〕，訕毁真正，中傷非黨，口習醜言，身行弊事，凡所云爲〔四〕，使人不忍論也。夫古人所謂通達者，謂通於道德，達於仁義耳〔五〕。豈謂通乎褻黷，而達於淫邪哉！有似盜跖自謂有聖人之道五者也〔六〕。此俗之傷破人倫，劇於寇賊之來，不能經久，豈所損壞，一服而已〔七〕。

〔一〕法言序：「爰及名將尊卑之條，稱述品藻。」李注：「（品藻）定其差品及文質也。」（漢書揚雄傳下顔注即襲用李注）典論：「桓、靈之際，閹寺專命於上，布衣橫議於下，于祿者殫貨以奉貴，要名者傾身以事勢。位成乎私門，名定乎橫巷。由是戶異議，人殊論。論無常檢，事無定價。長愛惡，興朋黨。」（意林五引）

〔二〕晉書羊曼傳：「曼任達穨縱，好飲酒。……時州里稱陳留阮放爲宏伯，高平郗鑒爲方（冊府元龜八八二引作「放」）伯，泰山胡毋輔之爲達伯，濟陰卞壺爲裁伯，陳留蔡謨爲朗伯，阮孚爲誕伯，高平劉綏爲委伯，而曼爲濌（與「沓」通）伯，凡八人，蓋擬古之八儁也。」（八儁有二：一爲李膺、荀昱等八人，見後漢書黨錮傳序；一爲劉表、張隱等八人，見三國志魏書劉表傳「號八俊」裴注引張璠漢紀。「儁」與「俊」通。）照按：羊曼、阮放等八人之稱爲八伯雖在晉世，然其風則始自漢季，故舉以爲證。

〔三〕繼昌曰：「『從肆』之『從』，承訓本作『縱』。二字古通。」王廣恕曰：「案：（『從』）疑作『縱』。」照按：吉藩本亦作「縱」。「從」、「縱」固通。然以逸民篇「蕩然縱肆」，疾謬篇「縱而肆之」證之，作「縱」前後一律。

〔四〕易繫辭下：「是故變化云爲。」正義：「易既備含諸事，以是之故，物之或以漸變改，或頓從化易，或口之所云，或身之所爲也。」漢書李尋傳：「尋對曰：『……君不修道，則日失其度，晻昧亡光，各有云爲。』」又王莽傳中：「帝王相改，各有云爲。」又：「災異之變，各有云爲。」後漢書班彪傳下：「（班固東都賦）子實秦人，矜夸館室，保界河山，信識昭、襄而知始皇矣，惡睹大漢之云爲乎？」是云爲謂言與行也。

〔五〕莊子讓王：「子路曰：『如此者，可謂窮矣。』孔子曰：『是何言也！君子通於道之謂通，窮於道之謂窮。今丘抱仁義之道，以遭亂世之患，其何窮之爲？』」（又見呂氏春秋愼人、風俗通義窮通）

〔六〕莊子胠篋：「故盜跖之徒問於跖曰：『盜亦有道乎？』跖曰：『何適而无有道邪！夫妄意室中之藏，聖也；入先，勇

也」，出後，義也；知可否，知也；分均，仁也。五者不備，而能成大盜者，天下未之有也。』」（又見呂氏春秋當務、淮南子道應）

〔七〕照按：此文有脱誤。「寇賊」二字當重；「豈」、「服」二字應據羣書治要五十引作「其」，作「時」。「此俗之傷破人倫，劇於寇賊」者，謂「褻黷」、「淫邪」之傷破人倫甚於寇賊也。「寇賊之來，不能經久，其所損壞，一時而已」者，極言寇賊損壞之時間短，意在重申「褻黷」、「淫邪」影響之大耳。又按：「服」作地域解亦可，言其損壞範圍止在一個地域也。

「若夫貴門子孫及在位之士，不惜典刑〔一〕，而皆科頭袒體，踞見賓客。既羣書治要作毀辱天官〔二〕，又移染庸民。後生晚出，見彼或已經清資，藏本作彼或以經清之資，脱見字。從羣書治要校正。舊寫本作經濟。或佻竊虛名，而躬自爲之；則凡夫便謂立身當世，莫此之爲美也。夫守禮防者苦且難〔三〕，而其人多窮賤焉；恣驕放者樂且易，而爲者皆速達焉。於是俗人莫不委此而就彼矣〔四〕。

〔一〕詩大雅蕩：「雖無老成人，尚有典刑。」荀子非十二子楊注：「典刑，常事故法也。」漢書外戚傳下許皇后傳顏注：「典刑，常法也。」

〔二〕天官，泛指朝廷官吏。漢書李尋傳：「尋對曰：『……宜少抑外親，選練左右，舉有德行、道術、通明之士，充備天官。』」文選東都賦：「天官景從，寖威盛容。」

〔三〕禮記經解：「夫禮，禁亂之所由生，猶坊止水之所自來也。」正義：「坊謂堤坊，人築堤坊止約水之所從來之處。言若有汙下水來之處，則豫防障之。」釋文：「坊，音房。本又作防。」

〔四〕 廣雅釋詁一：「委，棄也。」

「世間或有少無清白之操業，長以買官而富貴；或亦其所知足以自飾也，其黨與足以相引也〔一〕，而無行之子，便指以爲證曰：『彼縱情恣欲，而不妨其赫奕矣〔二〕；此敕（群書治要作整）身履道〔三〕，而不免於貧賤矣。』而不知榮顯者有幸，而頓淪者不遇，皆不由其行也。

〔一〕 黨與，同黨之人。公羊傳宣公十一年：「其言納何？納公（陳靈公）黨與也。」管子八觀：「請謁得於上，則黨與成於下。」荀子成相：「比周還主黨與施。」楊注：「還，繞。」

〔二〕 文選何晏景福殿賦：「故其華表則鎬鎬鑠鑠，赫奕章灼。」李注：「皆謂光顯昭明也。」此以赫奕形容榮顯。

〔三〕 漢書禮樂志：「（安世房中歌）敕身齊戒，施教申申。」顏注引應劭曰：「敕，謹敬之貌。」師古曰：「齊，讀曰齋。」易履：「九二，履道坦坦，幽人貞吉。」王注：「履道尚謙，不喜處盈，務在致誠，惡夫外飾者也。」正義：「履道尚謙者，言履踐之道，貴尚謙退，然後乃能踐物。履又爲禮，故尚謙也。」文選曹植王仲宣誄：「三台樹位，履道是鍾。」

「然所謂四通八達者，愛助附己爲之，履不及納，帶不暇結，攜手升堂，連袂入室，出則接膝。請會則直致，所惠則得多；屬託則常聽，所欲則必副；言論則見饒，有患則見救；所論薦則蹇驢蒙龍駿之價〔一〕，所中傷則孝己受商臣之談〔二〕。故小人之赴也，若決積水於萬仞之高隄〔三〕，而放烈火乎雲夢之枯草焉〔四〕。欲望肅雍濟濟〔五〕，後生有式〔六〕，是猶炙冰使燥，積灰令熾矣。」

〔一〕史記賈生傳：「（弔屈原賦）騰駕罷牛兮驂蹇驢。」漢書賈誼傳顏注：「蹇，跛也。」楚辭七諫謬諫：「駕蹇驢而無策兮。」王注：「蹇，跛也。」周禮夏官廋人：「馬，八尺以上爲龍。」穆天子傳一：「天子之駿。」郭注：「駿者，馬之美稱。」

〔二〕莊子外物：「人親莫不欲其子之孝，而孝未必愛。故孝己憂而曾參悲。」（又見呂氏春秋必己。高注云：「孝己，殷王高宗子也。」）荀子性惡：「天非私曾、騫、孝己而外衆人也。然而曾、騫、孝己獨厚於孝之實，而全於孝之名者，何也？以綦於禮義故也。」楊注：「（曾、騫）曾參、閔子騫也。孝己，殷高宗之太子。皆有至孝之行也。」又大略：「虞舜、孝己孝，而親不愛。」戰國策秦策一：「陳軫曰：『……孝己愛其親，天下欲以爲子。』」高注：「孝己，殷王高宗戊（武）丁之子也。」尸子：「孝己事親，一夜而五起，視衣厚薄，枕之高下也。」（文選馬融長笛賦李注引（北堂書鈔一二九又一三四、藝文類聚二十、太平御覽四一三又七百七所引者微異，且間有誤字。））左傳文公元年：「初，楚子（成王）將以商臣爲大子，訪諸令尹子上。子上曰：『君之齒未也，而又多愛，黜乃亂也。楚國之舉，恆在少者。且是人也，蠭目而豺聲，忍人也，不可立也。』弗聽。既又欲立王子職，而黜大子商臣。商臣聞之而未察，告其師潘崇曰：『若之何而察之？』潘崇曰：『享江芉而勿敬也。』從之。江芉怒曰：『呼，役夫！宜君王之欲殺女而立職也。』告潘崇曰：『信矣。』潘崇曰：『能事諸乎？』曰：『不能。』『能行乎？』曰：『不能。』『能行大事乎？』曰：『能。』冬十月，以宮甲圍成王。王請食熊蹯而死，弗聽。丁未，王縊。」（又見史記楚世家）

〔三〕孫子軍形：「勝者之戰，若決積水於千仞之谿者，形也。」呂氏春秋適威：「民之走之也，若決積水於千仞之谿。」高注：「七尺曰仞。」

〔四〕爾雅釋地：「楚有雲夢。」史記司馬相如傳：「（子虛賦）臣聞楚有七澤，嘗見其一，未覩其餘也。臣之所見，蓋特其小小者耳，名曰雲夢。雲夢者，方九百里，其中有山焉。」雲夢，清朝通志二六地理略有較詳攷訂，可參閱。

〔五〕詩周頌清廟：「肅雝顯相。」毛傳：「肅，敬。雝，和。」「雝」，漢書劉向傳（上封事）引作「雍」，是二字通用之證。又大雅文王：「濟濟多士。」毛傳：「濟濟，多威儀也。」釋文：「濟，子禮反。」

〔六〕詩大雅下武：「下土之式。」毛傳：「式，法也。」孟子公孫丑下：「使諸大夫國人皆有所矜式。」趙注：「式，法也。」

抱朴子外篇校箋卷之二十八

百里

抱朴子曰：「三台九列，坐而論道〔一〕；州牧郡守，操綱舉領〔二〕。其官益大，其事愈優〔三〕。煩劇所鍾，其唯百里〔四〕。衆役於是乎出，誅求之所叢赴〔五〕。牧守雖賢，而令長不堪〔六〕，則國事不舉，萬機有闕。其損敗，豈徒止乎一境而已哉！令長尤宜得才，乃急於臺省之官也〔七〕。用之不得其人，其故無他也，在乎至公之情不行，而任私之意不違也。

〔一〕三台，三公。周禮考工記：「坐而論道，謂之王公。」（文選任昉齊竟陵文宣王行狀李注引「王」作「三」。續漢禮儀志上劉昭注引禮記月令盧植注：「天子，三公，坐而論道。」三國志魏書杜恕傳：「（上疏）古之三公，坐而論道。」抱朴子內篇明本：「坐而論道，謂之三公。」大戴禮記盛德盧辯注：「三公無官，佐王論道而已。」並足證今考工記「三」作「王」之誤。（孫詒讓正義以「王」字爲是，似未可從也。））漢書百官公卿表上：「太師、太傅、太保，是爲三公，蓋參天子，坐而議政，無不總統，故不以一職爲官名。」後漢書劉玄傳：「（李淑上書）夫三公上應台宿」李注引春秋漢含孳曰：「三公在天爲三台。」天文錄：「三台星一名三能，一名天柱，三公之位也。在人曰三公，在天曰三台。」（太平御覽二百六引）九列，九卿。漢書韋玄成傳：「作詩自劾責，曰：『……明明天子，俊德烈烈，不遂我遺，恤我九列。』」顏注：「恤，安也。九列，卿之位，謂少府。」三國志魏書高堂隆傳：「（上疏）今陛下所與共坐廊廟治天下者，非三司（即三公）九列，則臺閣近臣。」晉書劉頌傳：「（上疏）古者六卿分職，冢宰爲師。秦、漢已來，九列執事，丞相都總。」三公九卿官名，晉以前諸代各異，茲不縷述。

〔二〕州牧，刺史。郡守，太守。（漢書百官公卿表上、續漢百官志五、宋書百官志下所叙較詳，可參閲。）三國志魏書陳矯傳：「子本嗣，歷位郡守、九卿，所在操綱領，舉大體，能使羣下自盡。有統御之才，不親小事。」

〔三〕「優」，北堂書鈔七八引作「擾」。照按：「擾」字與文意不合，非是。淮南子詮言：「故位愈尊而身愈佚，身（宋本「身」作「宮」，當爲「官」之形誤。）愈大而事愈少。」皇侃論語憲問「孟公綽爲趙、魏老則優」疏：「優，猶寬閑也。」「官愈大而事愈少」，是此文最好注脚，亦可證書鈔所引之非。

〔四〕漢書百官公卿表上：「縣，大率方百里。」後漢書循吏仇覽傳：「（王）渙謝遣（覽）曰：『枳棘非鸞鳳所棲，百里豈大賢之路？』」李注：「時渙爲（考城）縣令，故自稱百里也。」三國志蜀書龐統傳：「龐統字士元，……先主領荆州，統以從事守耒陽令，在縣不治，免官。吳將魯肅遺先主書曰：『龐士元非百里才也，使處治中、別駕之任，始當展其驥足耳。』」世説新語言語：「李弘度常歎不被遇。殷揚州（浩）知其家貧，問：『君能屈志百里不？』李答曰：『北門之歎，久已上聞；窮猿奔林，豈暇擇木！』遂授剡縣。」是百里由原指一縣轄地而衍爲縣與縣令之代稱。

〔五〕「誅」，藏本、魯藩本、吉藩本、愼本、舊寫本作「調」。照按：省煩篇：「費薄，則調求者無苛矣。」則此當以作「調」爲是。孫氏依盧本改「調」爲「誅」，是不忠於底本也。調，調度。周禮天官内宰「正歲均其稍食」鄭玄注：「均，猶調度也。」釋文：「調，徒弔反。度，待洛反；或如字。」後漢書桓帝紀：「（延熹九年詔）其令大司農絶今歲調度徵求，及前年所調未畢者，勿復收責。」又魯恭傳：「（上疏）今始徵發，而大司農調度不足，使者在道，分部督趣。」李注：

「度，音大各反。趣，音促。」調求，卽桓帝紀所謂之調度徵求也。

〔六〕漢書百官公卿表上：「縣令、長，皆秦官，掌治其縣。萬户以上爲令，……減萬户爲長。」宋書百官志下：「縣令、長，秦官也。大者爲令，小者爲長。」爾雅釋詁：「堪，勝也。」

〔七〕漢官儀：「尚書爲中臺，御史爲憲臺，謁者爲外臺。」（文選陳琳爲袁紹檄豫州「坐領三臺」李注引）魏略：「正始中，（李豐）遷侍中尚書僕射。豐在臺省，常託多疾。」（三國志魏書夏侯玄傳「豐不知而往卽殺之」裴注引）尚書等官署均在禁省中，故稱臺省。

「或父兄貴重，而子弟以聞望見選；或高人屬託，而凡品以無能見敘。或是所宿念，或親戚匪他〔一〕。知其不可而能用。此藏本作「也」。從盧本改。等亦時有快者，不爲盡無所中也。要於不精者，率多矣。其能自効立〔二〕，勉修清約，夙夜在公〔三〕，以求衆譽。懼風績之不美，恥知己之謬舉〔四〕，尠矣〔五〕。

〔一〕詩小雅頍弁：「豈伊異人？兄弟匪他。」鄭箋：「此言（幽）王當所與宴者，豈有異人疏遠者乎？皆兄弟與王。『無他』，言至親。」（禮記曲禮上：「兄弟親戚稱其榮也。」正義：「親指族內，戚言族外。」左傳僖公二十四年：「昔周公弔二叔之不咸，故封建親戚，以蕃屏周。」杜注：「周公傷夏、殷之叔世，疏其親戚，以至滅亡，故廣封其兄弟。」史記五帝紀：「堯二女不敢以貴驕事舜親戚。」正義：「親戚，謂父瞽叟，後母弟象，妹顆手等也。」是古人於內外親屬，皆得稱之爲親戚。）

〔二〕「効」，藏本作「獨」。照按：擢才篇「攻伐獨立」，刺驕篇「以此獨立不達」，漢過篇「抑挫獨立」，安貧篇「獨立不羣」，窮達篇「又況於胸中率有憎獨立」，皆以「獨立」連文，則此當依藏本改作「獨」。

〔三〕詩召南采蘩：「被之僮僮，夙夜在公。」毛傳：「僮僮，竦敬也。夙，早也。」鄭箋：「公，事也。」說文夕部：「𡖍，早敬也。……持事雖夕不休，早敬者也。」

〔四〕文選曹植求自試表：「故君無虛授，臣無虛受；虛授謂之謬舉，虛受謂之尸祿。」劉良曰：「謬，誤也。」

〔五〕說文是部：「尟，是少也。」段注：「易繫辭（上）：『故君子之道尟矣。』鄭（玄）本作『尟』，云『少也』（見釋文）。又：（繫辭下）『尟不及矣。』本亦作『鮮』。（今本作『鮮』。段引作『尟』，據釋文。）又（爾雅）釋詁：『鮮，善也。』本或作『尠』。『尠』者，『尟』之俗。」

「庸猥之徒，器小志近，冒于貨賄〔一〕，唯富是圖，肆情恣欲，無止無足。藏本作「元止无足」，從舊寫本改。在所司官，知其有足賴主人，舉劾彈糾，終於當解。慮其結怨，反見中傷，不敢犯觸，而恣其貪殘矣。如此，黎庶亦安得不困毒而離叛。離叛者衆，則不得不屯聚而爲羣盜矣。

〔一〕左傳文公十八年：「縉雲氏有不才子，貪于飲食，冒于貨賄。」杜注：「冒亦貪也。」正義：「鄭（玄）注周禮（天官大宰）云：『金玉曰貨，布帛曰賄。』」

「夫百尋之室，焚於分寸之飈；千丈之陂，潰於一蟻之穴〔一〕。何可不深防乎！何可不改張乎〔二〕！而秉斤兩者〔三〕，或舍銓衡而任情；掌柯斧者〔四〕，或曲繩墨於附己。選之者，既不爲官擇人〔五〕，而求之者，又不自謂不任〔六〕。於是蒞政而政荒，牧民而民散。

〔一〕韓非子喻老：「千丈之隄，以螻蟻之穴潰，百尺之室，以突隙之烟（當作『熛』）焚。」淮南子人間：「千里之隄，以螻螘之穴漏，百尋之屋，以突隙之煙〔熛〕焚。」（呂氏春秋慎小：「巨防容螻，而漂邑殺人，突洩一熛，而焚宮燒積。」）詩魯頌閟宮「是尋是尺」毛傳：「八尺曰尋。」「飈」通作「猋」，而又與「熛」通。（史記司馬相如傳（子虛賦）「飈動熛至」，漢書司馬相如傳上「熛」作「猋」（顏注音必遥反，可證。惜今本均誤「猋」爲「焱」矣。）文選子虛賦亦作「猋」。）説文火部：「熛，火飛也。」詁此正合。匡謬正俗五漢書條：「高紀云：『大澤之陂。』按：孔安國尚書（僞泰誓上）傳曰：『障水曰陂。』然則陂者，本因隄防壅遏，故得名耳。大澤者，地形之總名。陂者，是隄防之指號。」

〔二〕改張，承上「千丈之陂」二句，似隱用曲突徙薪典故（見説苑權謀、桓譚新論（羣書治要四四又藝文類聚八十引）、漢書霍光傳、淮南子説山高注）。

〔三〕秉斤兩者，指主審舉官吏。

〔四〕掌柯斧者，指管刑法官吏。

〔五〕謝承後漢書：「呂強上疏曰：『苟寵所愛，私擢所幸，不復爲官擇人，反爲人擇官也。』」（文選晉紀總論李注引）三國志魏書杜恕傳：「（上疏）知國家以人擇官，不爲官擇人也。官得其人，則政平訟理。」晉紀總論：「選者爲人擇官，官者爲身擇利。」潛夫論思賢：「書曰：『人之有能，使循其行，國乃其昌。』（今書洪範微異）是故先王爲官擇人，必得其材，功加於民，德稱其位。」

〔六〕後漢書章帝紀「（建初元年）任典城者」李注：「任，堪使也。」莊子秋水「任士之所勞」釋文引李頤云：「任，能也。」

「或有穢濁驕奢，而困百姓者矣；或有苛虐酷烈，而多怨叛者矣；或有闇塞退憒，而庶事亂者矣〔一〕；或有潦倒疏緩〔二〕，而致弛壞者矣；或有好興不急，而疲人力者矣；或有藏養逋逃〔三〕，而行淩暴者矣；或有不曉法令，而受欺弄者矣；或有以音聲酒色〔四〕，而致荒湎者矣；或有圍棊樗蒱〔五〕，而廢政務者矣；或有田獵遊飲，而忘庶事者矣；或有不省辭訟，而刑獄亂者矣〔六〕。

〔一〕照按：以上下各排句例之，「亂」字當乙在「庶事」上。書益稷：「庶事康哉。」孔傳：「衆事乃安。」

〔二〕文選嵇康與山巨源絶交書：「足下舊知吾潦倒麤疎，不切事情。」公孫羅文選鈔：「潦倒，長緩貌。」是「潦倒」於此，如今所說之拖沓也。

〔三〕左傳文公六年：「董逋逃。」釋文：「逋，補吾反。」說文辵部：「逋，亡也。」（書僞牧誓：「乃惟四方之多罪逋逃，是崇是長。」枚傳：「言紂棄其賢臣，而尊長逃亡罪人信用之。」）

〔四〕照按：下文「或有圍棊樗蒱」、「或有田獵遊飲」兩排句之「圍棊」、「田獵」上，均無介詞。疑此「以」字衍。

〔五〕圍棊，已見勗學篇「息畋獵博弈之遊戲」句箋。樗蒱，已見崇教篇「校彈棊樗蒱之巧拙」句箋。

〔六〕照按：「亂」字亦當乙在「刑獄」上。

「百姓不堪〔一〕，起爲寇賊。釁咎發聞〔二〕，寘于叢棘〔三〕。虧君上之明，益刑書之煩。而民之荼毒〔四〕，亦已深矣。夫用非其人，譬猶被木馬以繁纓〔五〕，何由騁迹於追風〔六〕；以壤龍當雲雨〔七〕，安能耀景於天衢哉〔八〕！

〔一〕左傳桓公二年：「宋殤公立，十一年十一戰，民不堪命。」國語周語上：「厲王虐，國人謗王。召公告王曰：『民不堪命矣！』」韋注：「言民不堪暴虐之政令。」

〔二〕左傳宣公十二年："(士)會聞用師觀釁而動。"杜注："釁，罪也。"

〔三〕易習坎："上六，係用徽纆，寘于叢棘。"正義："所以被繫，用其徽纆之繩，置於叢棘，謂囚執之處，以棘叢而禁之也。"釋文："纆，音墨。劉(表)云：『三股曰徽，兩股曰纆，皆索名。』寘，之豉反。置也。"集解引虞翻曰："徽纆，黑索也。……獄外種九棘，故稱叢棘。"

〔四〕書僞湯誥："爾萬方百姓罹其凶害，弗忍荼毒。"枚傳："罹，被。荼毒，苦也。不能堪忍，虐之甚。"正義："(爾雅)釋草云：『荼，苦菜。』此菜味苦，故假之以言人苦。毒，謂螫人之蟲，蛇虺之類，實是人之所苦，故并言荼毒以喻苦也。"釋文："荼，音徒。"(三國志吳書陸凱傳："(上疏)而諸公卿位處人上，祿延子孫，……苟進小利於君，以求容媚，荼毒百姓，不爲君計也。")

〔五〕說苑談叢："木馬不能行。"杜預左傳成公二年"請曲縣、繁纓以朝"注："繁纓，馬飾。"

〔六〕騁迹，猶騁足。文選西京賦："百馬同轡，騁足並馳。"又七啟："駕超野之駟，乘追風之輿。"李注："超野、追風，言疾也。"(古今註鳥獸："秦始皇有名馬七：一曰追風。")

〔七〕淮南子墬形："土龍致雨。"高注："湯遭旱，作土龍以象龍。『雲從龍』，故致雨也。"又說山："若爲土龍以求雨。"又說林："譬若旱歲之土龍。"高注："土龍以求雨。"又："旱則脩土龍。"高注："土龍，致雨物也。"桓譚新論："劉歆致雨，具作土龍，吹律及諸方術，無不備設。譚問：『求雨所以爲土龍，何也？』曰：『龍見者，輒有風雨興起，以迎送之，故緣其象類而爲。』"(續漢禮儀志中劉注引)法言先知："象龍之致雨也，難矣哉！"是壞龍致雨傳說，揚雄已不謂然。至春秋繁露求雨篇所云爲者，乃方術家言，茲從略。

〔八〕天衢，天路。易大畜："上九，何天之衢，亨。"釋文引馬融云："四達謂之衢。"楚辭九思遭厄："躡天衢兮長驅。"舊

注：「衢，路也。」

「若秉國之鈞〔一〕，出納王命者〔二〕，審良、樂之顧眄〔三〕，不令跛蹇廁騏騄〔四〕；冒昧苟得，闇於自量者，慮中道之顛躓〔五〕，不以駑藺服鸞衡〔六〕。則何患庶績之不康〔七〕？何憂四凶之不退〔八〕？三皇豈足四，五帝豈難六哉〔九〕！」

〔一〕詩小雅節南山：「尹氏大師，維周之氐，秉國之均，四方是維，天子是毗，俾民不迷。」毛傳：「氐，本。均，平。毗，厚也。」鄭箋：「氐，當作『桎鎋』之『桎』。毗，輔也。言尹氏作大師之官，爲周之桎鎋，持國政之平，維制四方，上輔天子，下教化天下，使民無迷惑之憂。言任至重。」漢書律曆志上：「鈞者，均也。陽施其氣，陰化其物，皆得其成就平均也。……詩云：『尹氏大師，秉國之鈞，四方是維，天子是毗，俾民不迷。』」顏注：「言尹氏居太師之官，執持國之權量，維制四方，使下無迷惑也。」

〔二〕詩大雅烝民：「出納王命，王之喉舌。賦政于外，四方爰發。」毛傳：「喉舌，冢宰也。」鄭箋：「出王命者，王口所自言，承而施之也。納王命者，時之所宜，復於王也。其行之也，皆奉順其意，如王口喉舌親所言也。以布政於畿外，天下諸侯於是莫不發應。」揚雄尚書箴：「是機是密，出入王命，王之喉舌。獻善宣美，而讒說是折。」（藝文類聚四八引（古文苑作崔瑗，注云：一作揚雄。））

〔三〕良，王良。樂，伯樂。呂氏春秋觀表：「古之善相馬者：「……若趙之王良，（趙自晉分出，他書又稱王良爲晉人。）秦之伯樂、九方堙，尤盡其妙矣。」漢書敍傳上：「（答賓戲）良、樂軼能於相馭。」顏注：「良，王良也。樂，伯樂也。軼與逸同。相，相馬也。馭，善馭也。」文選答賓戲李注引項岱曰：「良，王良，晉人也。樂，伯樂，秦穆公時人。

軼，過也。王良善馭馬，伯樂工相馬。」（文選曹植與吳季重書：「且改轍易行，非良、樂之御。」亦以良、樂並舉。）戰國策燕策二：「蘇代爲燕（昭王）說齊，未見齊王（宣王），先說淳于髡曰：『人有賣駿馬者，比三旦立市，人莫之知。往見伯樂曰：「臣有駿馬，欲賣之，比三旦立於市，人莫與言。願子還而視之，去而顧之，臣請獻一朝之賈。」伯樂乃還而視之，去而顧之，一旦而馬價十倍。』」孔衍春秋後語略同（太平御覽八九六引）。劉子因顯：「昔有賣良馬於市者，已三旦矣，而市人不顧。乃謂伯樂曰：『吾賣良馬，而世人莫賞。願子一顧，請獻半馬之價。』於是伯樂造市，來而迎睇之，去而目送之，一朝之價，遂至千金。此馬非昨爲駑駘，今成駃騠也。由人莫之賞，未有爲之顧眄者也。」照按：王良並無顧眄賣駿馬傳說，稚川連類及之耳。又按：王良亦曰伯樂，是古有兩伯樂也。俞正燮癸巳存稿七伯樂條所攷較詳，可參閱。

〔四〕抱朴子內篇序：「藏逸跡於跛驢之伍」又「造化假我以至駕之蹇足」，是跛、蹇謂跛驢、蹇馬也。騏、騄，並良馬。

〔五〕中論審大臣：「無異策穿蹄之乘，而登太行之險，亦必顛躓矣。」顛躓，猶傾跌。

〔六〕王廣恕曰：「案：（『薾』）當作『苶』，音涅。韻會：『苶，疲貌。』莊子齊物論：『苶然疲役，而不知其所歸。』司馬（彪）注：『薾，極貌也。』（今本無此注，見文選謝靈運過始寧墅詩李注引）『苶』或作『茶』，故誤爲『薾』。」照按：「苶」爲「薾」之俗，「薾」又「䦊」之變。說文門部：「䦊，智少力劣也。」廣雅釋詁一：「䦊，弱也。」詁此均合。（段玉裁說文注云：「苶者，䦊之變也。諸韻書皆於薾韻作䦊，屑、怗韻作苶，是不知爲一字矣。」）服，駕也。（後漢書張衡傳「〔思玄賦〕覊要褭以服箱」李注）禮記玉藻：「故君子在車則聞鸞和之聲。」鄭注：「鸞在衡，和在式。」又經解：「升車，則有鸞和之音。」鄭注：「鸞、和，皆鈴也。所以爲車行節也。」韓詩內傳曰：「鸞在衡，和在軾。前升車則馬動，馬動則鸞鳴，鸞鳴則和應。」」大戴禮記保傅：「居則習禮文，行則鳴珮玉，升車則聞和鸞之聲。是以非僻之心，無自入也。在衡爲鸞，在軾爲和。馬動而鸞鳴，鸞鳴而和應。」史記禮書「和鸞之聲」正義：「皇侃云：『鸞，以金爲鸞，懸鈴其中，於衡上，以爲遲疾之節，所以正威儀行舒疾也。』」續漢輿服志上「鸞雀立衡」李注：「徐廣曰：『置金鳥於衡上。』」莊子馬蹄「夫加之以衡扼」釋文：「衡，轅前横木縛軛者也。」「不以駑駘服鸞衡」，卽不以劣馬駕車也。

〔七〕書堯典：「庶績咸熙。」孔傳：「績，功。咸，皆。熙，廣也。……衆功皆廣，歎其善。」（史記五帝紀作「衆功皆興」）又皋陶謨：「撫于五辰，庶績其凝。」孔傳：「凝，成也。言百官皆撫順五行之時，衆功皆成。」釋名釋道：「康，昌也，昌盛也。」

〔八〕四凶，已見嘉遯篇「有虞舉則四凶戮」句、用刑篇「而不原四罪」句及「竄殛放流天下乃服」句箋。

〔九〕照按：「豈足」二字與下句文意不屬，疑字有誤。戰國策秦策四：「（黄歇）説（秦）昭王曰：『……王若能持功守威，省攻伐之心，而肥仁義之誡，使無復後患，三王不足四，五伯不足六也。』」（又見史記春申君傳、新序善謀上）又秦策五：「謂秦王（高注：『秦始皇也。』）曰：『……王若能爲此尾，則三王不足四，五伯不足六。』」語意並與此同，可證「豈足」二字定有一誤。燕丹子下：「（荆）軻曰：『高欲令四三王，下欲令六五霸，於君何如也？』」三國志魏書高堂隆傳：「（隆）對曰：『……除普天之所患，與兆民之所利，三王可四，五帝可六。』」文選景福殿賦：「總神靈之貺佑，集華夏之至歡，方四三皇而六五帝，曾何周、夏之足言！」亦可證。三皇、五帝傳説，言人人殊。茲選録漢儒所論列者（單解三皇或五帝者從略）如次，以見一斑。白虎通德論號：「三皇者，何謂也？謂伏羲、神農、燧人也。或曰：『伏羲、神農、祝融也。』禮曰：『伏羲、神農、祝融，三皇也。』」（陳立疏證謂：「所引『禮曰』，號謚記也。」）……五帝者，何謂也？禮（大戴禮記五帝德）曰：『黄帝、顓頊、帝嚳、帝堯、帝舜，五帝也。』」風俗通義皇霸：

「三皇　春秋運斗樞說：『伏羲、女媧、神農，是三皇也。』……禮號謚記說：『伏羲、祝融、神農。』含文嘉記「說」：『虙戲、燧人、神農。』……尚書大傳說：『遂人爲遂皇，伏羲爲戲皇，神農爲農皇也。』……五帝　易傳（繫辭下）、禮記（大戴禮記五帝德）、春秋國語（魯語上）、太史公記（史記五帝本紀）：黃帝、顓頊、帝嚳、帝堯、帝舜，是五帝也。」（太史公記，是史記最初稱名之一。其稱爲史記，蓋始於後漢靈、獻之世。余曾撰太史公書稱史記攷一文，載一九三九年燕京學報第二十六期。）呂氏春秋用衆「此三皇五帝之所以大立功名也」高注：「三皇，伏羲、神農、女媧也。五帝，黃帝、帝嚳、帝堯、帝舜也。」又孝行覽「夫孝，三皇五帝之本務」高注：「三皇，伏羲、神農、女媧也。五帝，軒轅、帝顓頊、帝嚳高辛、帝堯陶唐、帝舜有虞也。」

抱朴子外篇校箋卷之二十九

接疏

抱朴子曰：「以英逸而遭大明〔一〕，則桑蔭未移〔二〕，而金蘭之協已固矣〔三〕。以長才而遇深識，則不待歷試〔四〕，而相知之情已審矣。飄乎猶起鴻之乘勁風，翩乎若勝鱗之躡驚雲也〔五〕。

〔一〕禮記禮器：「大明生於東。」鄭注：「大明，日也。」管子內業：「鑒於大清，視於大明。」尹注：「（大明）日、月也。」前審舉篇有「人君雖明竝日月」語，是此處之「大明」，喻明君也。

〔二〕照按：「蔭」當作「陰」。戰國策趙策四：「（馮忌）對曰：『……昔者，堯見舜於草茅之中，席隴畝而廕庇，桑陰（未）移，而授天下。』」說苑尊賢：「堯、舜相見，不違桑陰。」魏桓階等勸進表：「舜受禪大麓，桑陰未移，而已陟帝位。」（藝文類聚一三引（今三國志魏書文帝紀裴注所引佚名獻帝傳，各本均誤「陰」爲「蔭」，且有漏字。））劉子知人：「堯之知舜，不違桑陰。」是此文「蔭」字實誤。本書前清鑒篇：「文王之接呂尚，桑陰未移。」尤爲切證。玉篇阜部：「陰，影也。」「桑陰未移」，極言時間短暫（刺驕篇有「其速禍危身，將不移陰」語）。良規篇：「孫綝桑蔭未移，首足異所。」其誤「陰」爲「蔭」，與此同。

〔三〕易繫辭上：「二人同心，其利斷金；同心之言，其臭如蘭。」正義：「二人若同齊其心，其鐵利能斷截於金。金是堅剛之物，能斷而截之，盛言利之甚也。此謂二人心行同也。言二人同齊其心，吐發言語，氤氳臭氣，香馥如蘭也。此謂二人言同也。」吳録：「（張温）聘蜀，與諸葛亮結金蘭之好焉。」（太平御覽四百七引）文選廣絶交論：「自昔把臂之英，金蘭之友。」呂延濟曰：「金蘭，喻交道。其堅如金，其芳如蘭。」

〔四〕呂氏春秋謹聽：「夫堯惡得賢天下而試舜？舜惡得賢天下而試禹？斷之於耳而已矣。耳之可以斷也，反性命之情也。」高注：「惡，安。試，用也。何以得賢於天下能用舜、禹？反，本。」淮南子齊俗：「故堯之舉舜也，決之於目；桓公之取甯戚也，斷之於耳而已矣。」說苑尊賢：「堯、舜相見，不違桑陰；文王舉太公，不以日久。故賢聖之接也，不待久而親；能者之相見也，不待試而知矣。」

〔五〕「勝」，藏本、魯藩本、吉藩本、愼本、盧本、舊寫本、柏筠堂本、文溯本、叢書本、崇文本作「騰」。照按：「騰」字是。「勝」乃平津本寫刻之誤。大戴禮記易本命：「有鱗之蟲三百六十，而蛟、龍爲之長。」（家語執轡無「蛟」字）是騰鱗謂能騰飛之龍也。易乾：「九五，飛龍在天。」又：「文言，雲從龍。」韓非子難勢：「愼子曰：『飛龍乘雲。』」淮南子主術：「應龍乘雲而舉。」說苑談叢：「騰龍乘雲而舉。」漢書敘傳上：「（答賓戲）故夫泥蟠而天飛者，應龍之神也。」顏注：「應龍，龍有翼者。」說文羽部：「翾，疾飛也。」方言一：「躋，登也。自關而西，秦、晉之間曰躋。」

「若以沈抑而可忽乎？則姜公不用於周矣〔一〕。若以疏賤而可距乎？則毛生不貴乎趙矣〔二〕。若積素行乃託政，則甯戚不顯於齊矣〔三〕。若貴宿名而委任，則陳、韓不録於漢矣〔四〕。明者舉大畧細〔五〕，不忮不求〔六〕。故能取威定功〔七〕，成天平地〔八〕。豈肯稱薪而爨，數粒乃炊〔九〕，并瑕弃璧〔一〇〕，拔毛索縻哉〔一一〕！」

〔一〕 姜公，呂尚。其沈抑及用周事，已詳逸民篇「呂尚長於用兵」句又「且呂尚之未遇文王也」六句、時難篇「吾知渭濵呂尚之儔」句箋。

〔二〕 毛生，毛遂。（「生」爲「先生」之省，且係尊稱。）史記平原君傳：「秦之圍邯鄲，趙使平原君求救，合從於楚，約與食客門下有勇力文武備具者二十人偕。……得十九人，餘無可取者，無以滿二十人。門下有毛遂者，前，自贊於平原君曰：『遂聞君將合從於楚，約與食客門下二十人偕，不外索。今少一人，願君即以遂備員而行矣。』……平原君竟與毛遂偕。十九人相與目笑之而未廢也。毛遂比至楚，與十九人論議，十九人皆服。平原君與楚合從，言其利害，日出而言之，日中不決。十九人謂毛遂曰：『先生上！』毛遂按劍歷階而上，……毛遂曰：『從定乎？』楚王（考烈王）曰：『定矣。』毛遂謂楚王之左右曰：『取雞狗馬之血來。』毛遂奉銅槃而跪進之楚王曰：『王當歃血而定從，次者吾君，次者遂。』遂定從於殿上。……平原君已定從而歸，歸至於趙，曰：『勝不敢復相士。勝相士多者千人，寡者百數，自以爲不失天下之士，今乃於毛先生而失之也。毛先生一至楚，而使趙重於九鼎大呂。毛先生以三寸之舌，彊於百萬之師。勝不敢復相士。』遂以爲上客。」

〔三〕 甯戚顯齊，已見嘉遯篇「或扣角以鳳歌」句、擢才篇「奇士扣角而見遏」句箋。

〔四〕 陳，陳平。史記陳丞相世家：「陳丞相平者，陽武户牖鄉人也。少時家貧，好讀書。……項羽略地至河上，陳平往歸之，從入破秦，賜平爵卿。……陳平懼誅，乃封其金與印，使使歸項王，而平身閒行杖劍亡。……平遂至修武降漢，因魏無知求見漢王，漢王召入。……於是漢王與語而說之，問曰：『子之居楚何官？』曰：『爲都尉。』是日乃拜平爲都尉，使爲參乘，典護軍。諸將盡讙，曰：『大王一日得楚之亡卒，未知其高下，而即與同載，反使監譏軍長者！』漢王聞之，愈益幸平。」韓，韓信。史記淮陰侯傳：「淮陰侯韓信者，淮陰人也。……漢王之入蜀，信亡楚歸漢，未得知名，爲連敖。坐法當斬，……滕公奇其言，壯其貌，釋而不斬。與語，大說之。言於上，上拜以爲治粟都尉，上未之奇也。信數與蕭何語，何奇之。……何聞信亡，不及以聞，自追之。……何曰：『王計必欲東，能用信，信卽留；不能用，信終亡耳。』王曰：『吾爲公以爲將。』何曰：『雖爲將，信必不留。』王曰：『以爲大將。』何曰：『幸甚。』於是王欲召信拜之。何曰：『……王必欲拜之，擇良日，齋戒，設壇場，具禮，乃可耳。』王許之。諸將皆喜，人人各自以爲得大將。至拜大將，乃韓信也。一軍皆驚！信拜禮畢，上坐。王曰：『丞相數言將軍，將軍何以教寡人計策？』……於是漢王大喜，自以爲得信晚。遂聽信計，部署諸將所擊。」

〔五〕文子上義：「夫人情莫不有所短。成（當依淮南子作誠）其大略是也，雖有小過，不以爲累也。（又見淮南子氾論）漢書陳湯傳：「（劉向上疏）論大功者不錄小過，舉大美者不疵細瑕。」晉書劉頌傳：「（上疏）獄官唯實，法吏唯文，監司則欲舉大而略小。何則？夫細過微闕，謬妄之失，此人情之所必有，而悉糾以法，則朝野無全人，此所謂欲理而反亂者也。」（劉子妄瑕：「人之情性，皆有細短。若其大略是也，雖有小過，不足以爲累。」）

〔六〕詩邶風雄雉：「不忮不求，何用不臧？」毛傳：「忮，害。臧，善也。」釋文：「臧，子郎反。」論語子罕：「子曰：『衣敝緼袍，與衣狐貉者立，而不恥者，其由也與？「不忮不求，何用不臧？」』」集解引馬融曰：「忮，害也。臧，善也。言不忮害，不貪求，何用爲不善？疾貪惡忮害之詩。」皇疏：「孔子更引疾貪惡之詩，證子路德美也。忮，害也。求，貪也。臧，善也。言子路之爲人，身不害物，不貪求，德行如此，何用不謂之爲善乎？言其善也。」

〔七〕左傳僖公二十七年：「先軫曰：『報施救患，取威定霸，於是乎在矣。』」又宣公十二年：「夫武，禁暴、戢兵、保大、定功、安民、和衆、豐財者也。」

〔八〕左傳文公十八年：「舜臣堯，舉八愷，使主后土，以揆百事，莫不時序，地平天成。」杜注：「揆，度也。成，亦平也。」（書僞大禹謨枚傳：「水土治曰平，五行敘曰成。」）

〔九〕莊子庚桑楚：「簡髮而櫛，數米而炊，竊竊乎又何足以濟世哉？」釋文：「數，色主反。」成疏：「譬如擇簡毛髮，梳以爲髻。格量米數，炊以供餐，利益蓋微，爲損更甚。」淮南子詮言：「量粟而舂，數米而炊，可以治家，而不可以治國。」又泰族：「秤薪而爨，數米而炊，可以治小，而未可以治大也。」廣雅釋言：「爨，炊也。」玉篇爨部：「爨，千亂切。竈也。齊曰炊。」（此文爨、炊二字均作動詞用）

〔一〇〕禮記聘義：「瑕不揜瑜。」鄭注：「瑕，玉之病也。」淮南子説林：「若珠之有纇，玉之有瑕，置之而全，去之而虧。」高注：「置其纇、瑕也。」

〔一一〕韓非子大體：「古之全大體者，……不吹毛而求小疵，不洗垢而察難知。」漢書中山靖王勝傳：「今或無罪，爲臣下所侵辱，有司吹毛求疵。」後漢書杜林傳：「林奏曰：『……吹毛索疵，詆欺無限。』」李注：「索，求也。」説文黑部：「黶，中黑也。」段注：「謂黑在中也。」玉篇黑部：「黶，烏忝切。黑子也。」史記高祖紀：「左股有七十二黑子。」正義：「（『黑子』）許北人呼爲『黶子』，吳、楚謂之『誌』。誌，記也。」漢書高帝紀上顔注：「今中國通呼爲『黶子』，吳、楚俗謂之『誌』。誌者，記也。」（廣韻七志：「痣，黑子。」今通作「痣」矣。）

抱朴子外篇校箋卷之三十

鈞世

或曰：「古之著書者，才大思深，故其文隱而難曉；今人意淺力近，故露而易見。以此易見，比彼難曉，猶溝澮之方江河，蟻垤之竝嵩、岱矣〔一〕。故水不發崑山〔二〕，則不能揚洪流以東漸〔三〕；書不出英俊，則不能備致遠之弘韻焉。」

〔一〕溝澮，田間水道。孟子離婁下：「孟子曰：『……苟爲無本，七八月之間（此周正）雨集，溝澮皆盈；其涸也，可立而待也。』」荀子王制：「通溝澮。」楊注：「溝澮，皆所以通水。周禮（地官遂人）：十夫之田有溝，溝上有畛；千夫有澮，澮上有道。」鄭（玄）云：「溝，廣、深各四尺。澮，廣二尋，深二仞也。」螘，蟻本字。螘垤，螘塚；亦曰螘封。此喻小土堆。詩豳風東山：「鸛鳴于垤。」毛傳：「垤，螘塚也。」正義：「此蟲穴處，輦土爲塚以避溼。」釋文：「垤，田節反。」孟子公孫丑上：「有若曰：『……太山之於丘垤，河海之於行潦，類也。』」趙注：「垤，蟻封也。」韓非子姦劫弑臣：「夫世愚學之人，比有術之士也，猶螘蛭之比大陵也，其相去遠矣。」法言問神：「或問『人』。曰：『難知也。』曰：『焉難？』曰：『太山之與螘垤，江河之與行潦，非難也；大聖之與大佞，難也。』」（唐李儼法苑珠林序：「亦猶蟻垤之小，比峻於嵩、華；牛涔之微，爭長於江、漢。」）嵩，嵩山。岱，岱宗，即華山。

〔二〕崑山，崑崙山。爾雅釋水：「河出崐崘虛。」郭注：「山海經（海內西經）曰：河出崐崘西北隅。（此係意引，非原文。）虛，山下基也。」釋文引孫炎云：「崐崘，山名也。墟者，山下之地。」淮南子墬形：「河水出昆侖東北陬，貫渤海，入禹所導積石山。」高注：「渤海，大海也。河水自昆侖由地中行，禹導而通之至積石山。書（禹貢）曰：『道河積石』。入，猶出也。」史記大宛傳：「而漢使窮河源，河源出于窴，……天子（漢武帝）案古圖書，名河所出山曰崑崙云。……太史公曰：『禹本紀言「河出崑崙」。』」郭璞爾雅圖贊：「崑崙三層，號曰天柱。實惟河源，水之靈府。」（爾雅釋水釋文、初學記六引〔嚴可均全晉文一二一郭璞爾雅圖贊漏此條〕）河水源委，郝懿行爾雅義疏（釋水）中八引證翔實，可參閱。

〔三〕書禹貢：「東漸于海。」孔傳：「漸，入也。」正義：「漸是沾濕，故爲入。謂入海也。」釋文：「漸，子廉反。」

抱朴子答曰：「夫論管穴者〔一〕，不可問以九陔之無外〔二〕；習拘閡者〔三〕，不可督以拔萃之獨見〔四〕。蓋往古之士，匪鬼匪神，其形器雖冶鑠於疇曩〔五〕，然其精神布在乎方策〔六〕，情見乎辭〔七〕，指歸可得〔八〕。

〔一〕後漢書陳忠傳：「（上疏）若嘉謀異策，宜輒納用；如其管穴，妄有譏刺，雖苦口逆耳，不得事實，且優遊寬容，以示聖朝無諱之美。」李注：「管穴，言小也。史記（扁鵲傳）扁鵲曰：『若以管窺天，以隙視文。』隙，卽穴也。」此句謂所見者小。

〔二〕九陔，猶九天。淮南子道應：「吾（若士）汗漫期於九垓之上。」許注：「九垓，九天也。」（正文及注誤字，皆據王念孫說改正。）史記司馬相如傳：「上暢九垓。」漢書司馬相如傳下顏注：「服虔曰：『垓，重也。天有九重。』孟康曰：

「言德上達於九重之天。」史記褚補孝武紀「壇三垓」索隱引鄒誕生云：「『垓』，一作『陔』（此據百衲本）。言壝階三重。」是「陔」與「垓」相通之證。管子版法解：「天覆而無外也，其德無所不在。」淮南子精神：「無外之外，至大也。」高注：「言天無有垠外，而能爲之外，喻極大也。」

〔三〕拘，固執。（玉篇句部：「拘，執也。」）閡，局限。（小爾雅廣言：「閡，限也。」）此句謂所學（呂氏春秋審己「退而習之」高注：「習，學也。」）有限而固執。（後漢書虞詡傳「勿令有所拘閡」之「拘閡」，亦可作局限或阻礙解。（玉篇石部：「礙，亦作閡。」）

〔四〕孟子公孫丑上：「出於其類，拔乎其萃。」後漢書蔡邕傳「（釋誨）曾不能拔萃出羣，揚芳飛文。」

〔五〕易繫辭上：「形乃謂之器。」韓注：「成形曰器。」此以形器指人軀體。冶鑠，喻人死亡。

〔六〕禮記中庸：「哀公問政。子曰：『文、武之政，布在方策。』」鄭注：「方，板也。策，簡也。」後漢書馬融傳：「（廣成頌）然猶詠歌於伶蕭，載陳於方策。」方策，猶今言典籍。（說文竹部：「策，馬箠也。」段注：「經傳多假策爲册。」）

〔七〕易繫辭下：「聖人之情見乎辭。」

〔八〕三國志吳書諸葛瑾傳：「與（孫）權談說諫喻，未嘗切愕，微見風彩，粗陳指歸。」晉書束皙傳：「武帝以其書付祕書校綴次第，尋考指歸，而以今文寫之。」郭璞爾雅序：「夫爾雅者，所以通詁訓之指歸，敍詩人之興詠，揔絶代之離詞，辯同實而殊號者也。」邢疏：「詁，古也。通古今之言，使人知也。訓，道也。道物之貌，以告人也。指歸，謂指意歸鄉（讀曰嚮）也。」

「且古書之多隱，未必昔人故欲難曉。或世異語變〔一〕，或方言不同〔二〕，經荒歷亂，埋藏積久，簡編朽絶，亡失者多〔三〕，或雜續殘缺，或脫去章句〔四〕。是以難知，似若至深耳。

〔一〕大戴禮記小辯：「爾雅以觀於古，足以辯言矣。」漢書藝文志：「（六藝略）書者，古之號令，號令於衆，其言不立具，則聽受施行者弗曉。古文讀應爾雅，故解古今語而可知也。」（王先謙補注引葉德輝曰：「史記五帝、夏、周紀載尚書文，多以訓詁代經，即讀應爾雅也。」）後漢書賈逵傳：「逵數爲帝（章帝）言：古文尚書與經傳爾雅詁訓相應。」論衡是應：「爾雅之書，五經之訓故，儒者所共觀察也。」（顏氏家訓音辭：「古今言語，時俗不同，著述之人，楚、夏各異。」）

〔二〕左傳宣公四年：「初，若敖娶於䢵，生鬭伯比。若敖卒，從其母畜於䢵，淫於䢵子之女，生子文焉。䢵夫人使弃諸夢中，虎乳之。䢵子田，見之，懼而歸以告，遂使收之。楚人謂乳『穀』，謂虎『於菟』，故命之曰鬭穀於菟。」釋文：「穀，如口反。於，音烏。菟，音徒。」公羊傳隱公五年：「公曷爲遠而觀魚？登來之也。」何注：「登，讀言得〔來〕。得來之者，齊人語也，齊人名求得爲得來，作登來者，其言大而急，由口授也。」釋文：「登來，依注登音得。」史記陳涉世家：「（故人）入宮，見殿屋帷帳，客曰：『夥頤！涉之爲王沈沈者！』楚人謂多爲夥，故天下傳之，夥涉爲王，由陳涉始。」淮南子說山：「東家母死，其子哭之不哀。西家子見之，歸謂其母曰：『社何愛速死，吾必悲哭社。』」高注：「江、淮謂母爲社。社，讀雎（向宗魯師謂『雎』當作『雒』）家謂公爲阿社之社也。」應劭風俗通義序：「周、秦常以歲八月遣輶軒之使，求異代方言，還奏籍，藏於祕室。……蜀人嚴君平有千餘言，林閭翁孺才有梗概之法，揚雄好之，天下孝廉、衛卒交會，周章質問，以治注續，二十七年爾乃治正，凡九千字。其所發明，猶未若爾雅之閎麗也。」郭璞方言序：「蓋聞方言之作，出乎輶軒之使，所以巡遊萬國，采覽異言。車軌之所交，人迹之所蹈，靡不畢載，以爲奏籍。……曁乎揚生，沈淡其志，歷載構綴，乃就斯文。是以三五之篇著，而獨鑒之功顯，故可不出户庭，而坐照四表，不勞疇咨，而物來能名。考九服之逸言，標六代之絕語。……真洽見之奇書，不刊之碩記也。」（顏氏家訓音辭：「夫九州之人，言語不同，生民已來，固常然矣。自春秋標齊言之傳，離騷目楚詞之經，此蓋其較明之初也。後有揚雄著方言，其言大備。」）

〔三〕漢書藝文志序：「漢興，改秦之敗，大收篇籍，廣開獻書之路。迄孝武世，書缺簡脫。」顏注：「編絶散落，故簡脫。」又六藝略：「秦燔書禁學，濟南伏生獨壁藏之。漢興亡失，求得二十九篇，以教齊、魯之間。」又劉歆傳：「（移書讓太常博士）尚書初出於屋壁，朽折散絶。」（文選李周翰注：「古書以竹簡寫，用繩連之，故云朽折散絶。」）晉書束晳傳：「初，太康二年，汲郡人不準盜發魏襄王墓，或言安釐王冢，得竹書數十車。……大凡七十五篇，七篇簡書折壞，不識名題。……初發冢者燒策照取寶物，及官收之，多燼簡斷札，文既殘缺，不復詮次。」荀勗穆天子傳序：「穆天子傳者，太康二年，汲縣民不準盜發古冢所得書也。皆竹簡，素絲編。……汲郡收書不謹，多毀落殘缺。」

〔四〕漢書藝文志六藝略：「劉向以中古文易經校施（讎）、孟（喜）、梁丘（賀）經，或脫去『無咎』、『悔亡』，唯費氏（直）經與古文同。」又：「劉向以中古文校歐陽（高）、大小夏侯（勝、建）三家經文，酒誥脫簡一，召誥脫簡二。率簡二十五字者，脫亦二十五字，簡二十二字者，脫亦二十二字。文字異者七百有餘，脫字數十。」又劉歆傳：「（移書讓太常博士）孝成皇帝閔學殘文缺，稍離其真，乃陳發祕藏，校理舊文，得此三事（左氏春秋、古文尚書、逸禮），以考學官所傳，經或脫簡，傳或間編。」顏注：「脫簡，遺失之。間編，謂舊編爛絶，就更次之，前後錯亂也。間，音古莧反。」劉向戰國策書錄：「所校中戰國策書，中書餘卷，錯亂相糅莒。又有國別者八篇，少不足。臣向因國別者，略以時次之，分別不以序者以相補。」又說苑敘錄：「其事類衆多，章句相溷，或上下謬亂，難分別次序。」

「且夫尚書者，政事之集也〔一〕，然未若近代之優文、詔、策、軍書、奏、議之清富贍麗也〔二〕。毛詩者〔三〕，華彩之辭也，然不及上林、羽獵、二京、三都之汪濊博富也〔四〕。

〔一〕荀子勸學：「故書者，政事之紀也。」楊注：「書所以紀政事。」史記孔子世家：「序書傳，上紀唐、虞之際，下至秦繆，編次其事。」論衡正説：「尚書者以爲上古帝王之書，或以爲上所爲下所書。」

〔二〕優文，文心雕龍詔策：「優文封策，則氣含風雨之潤。」是優文謂褒奬文誥，如潘勗册魏公九錫文（文載三國志魏書武帝紀、後漢紀獻帝紀及文選）之類是。詔、策，古文體名。文心雕龍有詔策篇，可參閲。軍書，漢書息夫躬傳：「（上疏）軍書交馳而輻湊，羽檄重迹而押至。」是軍書謂軍事文書。如陳琳爲袁紹檄豫州文（文載後漢書袁紹傳及文選〔孫盛魏氏春秋亦載之，見三國志魏書袁紹傳裴注引〕）之類是。文心雕龍有檄移篇，可參閲。奏、議，古文體名。文心雕龍有奏啓篇及議對篇，可參閲。

〔三〕漢書藝文志序：「詩分爲四。」顔注引韋昭曰：「謂毛氏、齊、魯、韓。」又六藝略：「又有毛公之學，自謂子夏所傳。」又儒林傳：「毛公，趙人也。治詩，爲河間獻王博士。」後漢書儒林傳下：「趙人毛萇傳詩，是爲毛詩。」

〔四〕上林，上林賦。史記司馬相如傳：「司馬相如者，蜀郡成都人也，字長卿。……上（武帝）讀子虛賦而善之，曰：『朕獨不得與此人同時哉！』（楊）得意曰：『臣邑人司馬相如自言爲此賦。』上驚，乃召問相如。相如曰：『有是。然此乃諸侯之事，未足觀也。請爲天子游獵賦（即上林賦），賦成奏之。』上許，令尚書給筆札。相如以『子虛』，虛言也，爲楚稱；『烏有先生』者，烏有此事也，爲齊難；『無是公』者，無是人也，明天子之義。故空藉此三人爲辭，以推天子諸侯之苑囿，其卒章歸之於節儉，因以風諫。奏之天子，天子大説。」（賦載史、漢本傳及文選）文選皇甫謐三都賦序：「至如相如上林，……張衡二京，……煥乎有文，蔚爾鱗集，皆近代辭賦之偉也。」文心雕龍詮賦：「相如上林，繁類以成豔，……張衡二京，迅發以宏富，……並辭賦之英傑也。」羽獵，羽獵賦。漢書揚雄傳上：「揚雄字子雲，蜀郡成都人也。……（永始三年）其十二月羽獵，雄從。以爲昔在二帝三王，宮館、臺榭、沼池、苑囿、林麓、藪澤，財足以奉郊廟，御賓客，充庖廚而已，不奪百姓膏腴穀土桑柘之地。……然至羽獵田車戎馬器械儲偫禁禦所營，尚泰奢麗誇詡，非堯、舜、成湯、文王三驅之意也。又恐後世復修前好，不折中以泉臺，故聊因校獵賦（文選作羽獵賦）以風。」（賦載本傳及文選）二京，二京賦。後漢書張衡傳：「張衡字平子，南陽南鄂人也。……時天下承平日久，自王侯以下，莫不踰侈。衡乃擬班固兩都，作二京賦，因以諷諫。精思傅會，十年乃成。」（賦載文選）三都，三都賦。晉書文苑左思傳：「左思字太沖，齊國臨淄人也。……造齊都賦，一年乃成。復欲賦三都，會妹芬入宮，移家京師，乃詣著作郎張載訪岷、邛之事。遂構思十年，門庭藩溷皆著筆紙，遇得一句，即便疏之。自以所見不博，求爲祕書郎。及賦成，時人未之重。……安定皇甫謐有高譽，思造而示之。謐稱善，爲其賦序。……司空張華見而歎曰：『班、張之流也。使讀之者盡而有餘，久而更新。』於是豪貴之家競相傳寫，洛陽爲之紙貴。」（賦載文選）汪濊，史記司馬相如傳：「（難蜀父老）湛恩汪濊。」漢書司馬相如傳下顏注：「汪濊，深廣也。湛讀曰沈。汪，音烏皇反。濊，音於喙反。」文選李注引張揖曰：「汪濊，深貌也。」

「然則古之子書，能勝今之作者〔一〕，何也？然守株之徒〔二〕，嘍嘍所翫〔三〕，有耳無目，何肯謂爾！其於古人所作爲神，今世所著爲淺，貴遠賤近〔四〕，有自來矣〔五〕。故新劍以詐刻加價〔六〕，弊方以僞題見寶也〔七〕。是以古書雖質樸，而俗儒謂之隤〔八〕於天也；今文雖金玉，而常人同之於瓦礫也。

〔一〕照按：此二句承上啟下，「能勝」上當有「不」字，始符文意。與稚川「今勝於古」之主張，亦極吻合。又「子書」之猶言古之著述耳。

「子」字可疑。因全篇所論者，並未涉及子部也。以篇首「古之著書者」句論之，「子」蓋「著」之誤。「古之著書」，

〔二〕然，猶乃也。（見經傳釋詞七然字條）韓非子五蠹：「宋人有耕者，田中有株，兔走觸株，折頸而死，因釋其耒而守株，冀復得兔。兔不可復得，而身爲宋國笑。」論衡宣漢：「以已至之瑞，效方來之應，猶守株待兔之蹊，藏身破罝之路也。」後漢書張衡傳：「（應閒）世易俗異，事埶舛殊，不能通其變，而一度以揆之，斯契船而求劍，守株而伺兔也。」（劉子法術：「若載一時之禮，以訓無窮之俗，是刻舟而求劍，守株而待兔。」

〔三〕嘍，玉篇口部：「嗹，閭前切。嗹嘍，多言也。嘍，力口切。多言。」廣韻一先：「嗹，嗹嘍，言語繁絮皃。」翫，易繫辭上「所樂而玩者」釋文：「玩，鄭（玄）作翫。」廣雅釋詁二：「翫，習也。」文選嵇康琴賦序：「余少好音聲，長而翫之。以爲物有盛衰，而此無變，滋味有猒，而此不倦。」李注：「杜預左氏傳（僖公五年）注曰：『翫，習也。』」嘍嘍所翫，猶言經常稱譽其所翫習者，意即對所翫習之古人著述贊不絕口也。

〔四〕莊子外物：「夫尊古而卑今，學者之流也。」淮南子脩務：「世俗之人，多尊古而賤今。」桓譚新論：「世咸尊古卑今，貴所聞，賤所見。」（文選東京賦李注引）漢書揚雄傳贊：「（桓）譚曰：『……凡人賤近而貴遠。』」文選典論論文：「常人貴遠賤近，向聲背實。」

〔五〕左傳昭公元年：「叔孫曰：『……叔出季處，有自來矣。』」杜注：「季孫守國，叔孫出使，所從來久。」

〔六〕淮南子脩務：「今劍或絕側羸文，齧缺卷銋，而稱以頃襄之劍，則貴人爭帶之。」高注：「絕，無。側羸無文。齧缺卷銋，鈍弊無刃。託之爲楚頃襄王所服劍，故貴人爭帶之。一說：『頃襄，善爲劍人名。』銋，讀豊年稔之稔也。」

〔七〕論衡須頌：「今方板〔技〕之書在竹帛，無主名所從生出，見者忽然不卸〔御〕服也；如題曰：『甲甲某子之方』，（劉盼遂曰：「當是某甲某子之方。」）若言：『已驗嘗試』，人爭刻寫，以爲珍祕。」

「然古書者雖多，未必盡美，要當以爲學者之山淵，使屬筆者得采伐漁獵其中。然而譬如東甌之木〔一〕，長洲之林〔二〕，梓豫雖多〔三〕，而未可謂之爲大厦之壯觀，華屋之弘麗也〔四〕。雲夢之澤，孟諸之藪〔五〕，魚肉之下脱一字雖饒〔六〕。而未可謂之爲煎熬之盛膳，渝、狄之嘉味也〔七〕。

〔一〕漢書兩粵傳王先謙補注引沈欽韓曰：「元和志：東甌，今（浙江）温州永嘉縣是也。後以甌地爲回浦縣，永嘉縣即漢回浦縣之東甌鄉。」（後廣譬篇有「洪水淩空，而伐舟於東閩」語，是東閩、東甌，皆古代以林木茂盛著稱之地也。）

〔二〕漢書枚乘傳：「枚乘復説吳王曰：『……修治上林，雜以離宮，積聚玩好，圈守禽獸，不如長洲之苑。』」顔注：「服虔曰：『吳苑。』韋昭曰：『長洲在吳東。』」文選吳都賦：「佩長洲之茂苑。」呂延濟曰：「長洲茂苑，言因江海洲渚爲之佩帶，猶近也。」（十洲記：「長洲……上饒山川及多大樹，樹乃有二千圍者。一洲之上，專是林木，故一名青丘。」）

〔三〕梓，梓木。豫，豫章木。

〔四〕淮南子説林：「大厦成而燕雀相賀。」高注：「厦，屋也。」史記司馬相如傳：「（封禪文）皇皇哉斯事！天下之壯觀。」楚辭九思遭厄：「鴳鵰兮華屋。」文選舞賦：「燿華屋而熺洞房。」

〔五〕 雲夢、孟諸，並古澤藪名。爾雅釋地：「宋有孟諸，楚有雲夢。」

〔六〕 孫星衍曰：「(『之』)下脱一字。」陳澧曰：「『之』字衍，非下有脱文。」照按：陳説是。「魚肉雖饒」，與上「梓豫雖多」，相對爲文。

〔七〕 渝，渝兒，一作俞兒或臾兒。狄，狄牙，即易牙。莊子駢拇：「屬其性於五味，雖通如俞兒，非吾所謂臧也。」釋文：「俞兒，音榆。司馬(彪)云：『古之善識味人也。』」尸子：「膞，俞兒和之以薑桂，爲人主上食。」(莊子駢拇釋文引崔譔注)戰國策魏策二：「齊桓公夜半不嗛，易牙乃煎、熬、燔、炙，和調五味而進之。桓公食之而飽，至旦不覺。」呂氏春秋精諭：「孔子曰：『淄、澠之合者，易牙嘗而知之。』」高注：「淄、澠，齊之兩水名也。易牙，齊桓公識味臣也，能別淄、澠之味也。」淮南子氾論：「臾兒、易牙，淄、澠之水合者，嘗一哈水，而甘苦知矣。」(許慎本作「俞兒、狄牙，嘗淄、澠之水而別之。」注云：「俞兒，黃帝時人。狄牙則易牙，齊桓公時識味人也。」(莊子駢拇釋文引)高注：「臾兒、易牙，皆齊之知味者。哈，口也。」法言問神：「狄牙能喊，狄牙不能齊不齊之口。」論衡譴告：「狄牙之調味也，酸則沃之以水，淡則加之以鹹，水火相變易，故膳無鹹淡之失也。」

「今詩與古詩俱有義理，而盈於差美〔一〕。方之於士，竝有德行，而一人偏長藝文，不可謂一例也〔二〕；比之於女，俱體國色〔三〕，而一人獨閑百伎，不可混爲無異也。

〔一〕 盈於差美，猶言今詩之美略優於古詩。古詩，詩經。

〔二〕 照按：以下文「不可混爲無異也」句例之，「謂」下似脱一字。

〔三〕 公羊傳僖公十年：「驪姬者，國色也。」何注：「其顏色，一國之選。」又昭公三十一年傳：「顏夫人者，嫗盈女也，國色也。」

「若夫俱論宮室，而奚斯『路寢』之頌〔一〕，何如王生之賦靈光乎〔二〕？同說遊獵，而叔畋、盧鈴之詩〔三〕，何如相如之言上林乎〔四〕？竝美祭祀，而清廟、雲漢之辭〔五〕，何如郭氏南郊之豔乎〔六〕？等稱征伐，而出軍、當作車六月之作〔七〕，何如陳琳武軍之壯乎〔八〕？則舉條可以覺焉。近者夏侯湛、潘安仁竝作補亡詩：白華、由庚、南陔、華黍之屬，諸碩儒高才之賞文者，咸以古詩三百，未有足以偶二賢之所作也〔九〕。

〔一〕詩魯頌閟宮：「徂來之松，新甫之柏，是斷是度，是尋是尺。松桷有舄，路寢孔碩。新廟奕奕，奚斯所作，孔曼且碩，萬民是若。」毛傳：「徂來，山也。新甫，山也。八尺曰尋。桷，榱也。舄，大貌。路寢，正寢也。新廟，閔公廟也。有大夫公子奚斯者作是廟也。曼，長也。」文選兩都賦序：「故皋陶歌虞，奚斯頌魯。」李注：「韓詩魯頌曰：『新廟奕奕，奚斯所作。』薛君曰：『奚斯，魯公子也。言其新廟奕奕然盛，是詩公子奚斯所作也。』」（魯靈光殿賦序李注引韓詩及薛君章句同）又魯靈光殿賦序：「故奚斯頌僖，歌其『路寢』。」是「奚斯所作」者，謂其「作詩」，非謂「作廟」也。稚川此文，卽用三家詩說。（魯公子魚字奚斯，見詩閟宮正義。）

〔二〕後漢書文苑上王逸傳：「子延壽，字文考，有儁才。少遊魯國，作靈光殿賦。後蔡邕亦造此賦，未成，及見延壽所爲，甚奇之，遂輟翰而已。」（延壽賦載文選）

〔三〕詩鄭風叔于田序：「叔于田，刺莊公也。叔處于京，繕甲治兵，以出于田，國人說而歸之。」又大叔于田序：「大叔于田，刺莊公也。叔多才而好勇，不義而得衆也。」「畋」、「田」古通用不別。又齊風盧令序：「盧令，刺荒也。襄公好田獵畢弋，而不脩民事，百姓苦之，故陳古以風焉。」「鈐」、「令」音同得通。

〔四〕相如上林，已見本篇上文「上林」條箋。

〔五〕詩周頌清廟序：「清廟，祀文王也。周公既成洛邑，朝諸侯，率以祀文王焉。」（文選王褒四子講德論：「昔周公詠文王之德而作清廟，建爲頌首。」）又大雅雲漢序：「雲漢，仍叔美宣王也。宣王承厲王之烈，内有撥亂之志，遇烖而懼，側身修行，欲銷去之。天下喜於王化復行，百姓見憂，故作是詩也。」（春秋繁露郊祀：「周宣王時，天下旱，歲惡甚，王憂之。其詩曰：『倬彼雲漢，昭回于天。王曰嗚呼！何辜今之人？……后稷不克，上帝不臨。耗射下土，寧丁我躬？』宣王自以爲不能乎后稷，不中乎上帝，故有此災；有此災，愈恐懼而謹事天。」）

〔六〕晉書郭璞傳：「郭璞字景純，河東聞喜人也。……璞好經術，博學有高才，而訥於言論，詞賦爲中興之冠。……璞著江賦，其辭甚偉，爲世所稱。後復作南郊賦，（元）帝見而嘉之，以爲著作佐郎。」（南郊賦嚴氏全晉文卷一百二十輯有佚文）

〔七〕孫星衍曰：「（『軍』）當作『車』。」照按：孫説是。吉藩本正作「車」，當據改。詩小雅出車序：「出車，勞還率也。」又六月序：「六月，宣王北伐也。」漢書匈奴傳上：「至（周）穆王之孫懿王時，王室遂衰，戎狄交侵，暴虐中國。……至懿王曾孫宣王，興師命將以征伐之，詩人美大其功，曰：『薄伐獫狁，至於太原。』（六月詩句）『出車彭彭』，『城彼朔方。』（並出車詩句）是時四夷賓服，稱爲中興。」又韋玄成傳：「太僕王舜、中壘校尉劉歆議曰：『臣聞周室既衰，四夷並侵，獫狁最彊，於今匈奴是也。至宣王而伐之，詩人美而頌之，曰：「薄伐獫狁，至于太原。」……故稱中興。』」蔡中郎集難夏育上言鮮卑仍犯諸郡：「周宣王命南仲、吉甫攘獫狁，威蠻荆。」

〔八〕三國志魏書王粲傳：「廣陵陳琳字孔璋，……琳避難冀州，袁紹使典文章。袁氏敗，琳歸太祖。太祖謂曰：『卿昔爲本初移書，但可罪狀孤而已，惡惡止其身，何乃上及父祖邪？』琳謝罪，太祖愛其才而不咎。」又吳書張紘傳裴注引韋昭吳書曰：「後紘見陳琳作武庫賦（太平御覽五八七引吳書亦作武庫賦，皆誤。當依抱朴此文正之。）、應機論，與琳書深歎美之。」（武軍賦嚴氏全後漢文卷九十二輯有佚文）

〔九〕詩小雅鹿鳴之什：「南陔，孝子相戒以養也。白華，孝子之潔白也。華黍，時和歲豐，宜黍稷也。有其義而亡其辭。」又南有嘉魚之什：「由庚，萬物得由其道也。崇丘，萬物得極其高大也。由儀，萬物之生各得其宜也。有其義而亡其辭。」晉書夏侯湛傳：「夏侯湛字孝若，譙國譙人也。……湛幼有盛才，文章宏富，善構新詞。……初，湛作周詩成，以示潘岳。岳曰：『此文非徒温雅，乃別見孝弟之性。』岳因此遂作家風詩。」（又見世說新語文學）又潘岳傳：「潘岳字安仁，滎陽中牟人也。……岳少以才穎見稱，鄉邑號爲奇童，謂終、賈之儔也。」夏侯湛集周詩敍：「周詩者，南陔、白華、華黍、由庚、崇丘、由儀六篇，有其義而亡其辭。湛續其亡，故云周詩也。既殷斯虔，仰說洪恩。夕定晨省，奉朝侍昏。宵中告退，雞鳴在門。孳孳恭誨，夙夜是敦。」（世說新語文學劉注引）潘岳家風詩：「綰髮綰髮，髮亦鬢止。日祇日祇，敬亦慎止。靡專靡有，受之父母。鳴鶴匪和，析薪弗荷。隱憂孔疚，我堂靡構。義方既訓，家道穎穎。豈敢荒寧，一日三省。」（藝文類聚二三引）又：「經始復圖終，葺宇眷丘園。」（文選王儉褚淵碑文李注引）又：「束晳亦有補亡詩。」（全詩六首載文選）

「且夫古者事事醇素，今則莫不彫飾，時移世改，理自然也。至於罽錦麗而且堅〔一〕，未可謂之減於蓑衣〔二〕；輜輧妍而又牢〔三〕，未可謂之不及椎車也〔四〕。

〔一〕罽，毛織品。爾雅釋言：「氂，罽也。」郭注：「毛氂所以爲罽。」釋文：「氂，音離。罽，音計。」邢疏：「然則罽者，織毛爲之。」錦，絲織品。

〔二〕詩小雅無羊：「何蓑何笠。」毛傳：「蓑，所以備雨。」釋文：「何，何可反。蓑，素戈反。草衣也。」淮南子齊俗：「今之裘與蓑孰急？見雨則裘不用，升堂則蓑不御。」

〔三〕說文車部：「輜，輜軿，衣車也。軿，車前衣也。車後爲輜。」（正文並依段校）段注：「衣車，謂有衣蔽之車。……倉頡篇曰：『軿，衣車也。』霍光傳曰：『昌邑王駱女子載衣車。』李善二京賦注引張揖云：『輜重，有衣車也。』……前有衣爲軿車，後有衣爲輜車。上文渾言之，此析言之也。」後漢書袁紹傳上：「士無貴賤，與之抗禮，輜軿柴轂，填接街陌。」

〔四〕椎車，最原始之車，合木爲輪，無輻，其狀如椎，故曰椎車。淮南子說林：「古之所爲不可更，則椎（原誤作推，今改。）車至今無蟬匷。」高注：「蟬匷，車類。」鹽鐵論遵道：「而必隨古不革，襲故不改，是文質不變，而椎車尚在也。」（椎車，亦稱椎輪。文選序「椎輪爲大輅之始」，是也。）

「書猶言也若入談語，故爲知有〔一〕，疑作音胡、越之接，終不相解〔二〕。以此教戒，人豈知之哉？若言以易曉爲辨，則書何故以難知爲好哉！若舟車之代步涉〔三〕，文墨之改結繩〔四〕，諸後作而善於前事，其功業相次千萬者，不可復縷舉也。世人皆知之快於曩矣，何以獨文章不及古邪？」

〔一〕孫星衍曰：「（『有』）疑作『音』。」照按：「知有」二字蓋誤倒，若乙作「有知」，文義自通。

〔二〕淮南子俶真「是故自其異者視之，肝膽胡越」高注：「肝膽，喻近；胡越，喻遠。」

〔三〕墨子辭過：「古之民未知爲舟車時，重任不移，遠道不至。故聖王作爲舟車，以便民之事。」新語道基：「川谷交錯，風化未通，九州絶隔，未有舟車之用，以濟深致遠；於是奚仲乃撓曲爲輪，因直爲轅，駕馬服牛，浮舟杖檝，以代人力。」淮南子氾論：「古者，大川名谷，衝絶道路，不通往來也。乃爲窬木方版，以爲舟航；故地勢有無，得相委輸，乃爲靻蹻而超千里，肩荷負儋之勤也，而作爲之楺〔揉〕輪建輿，駕馬服牛，民以致遠而不勞。」

〔四〕易繫辭下：「上古結繩而治，後世聖人易之以書契，百官以治，萬民以察，蓋取諸夬。」韓注：「夬，決也。書契所以決斷萬事也。」正義：「夬者，決也。造立書契，所以決斷萬事，故取諸夬也。結繩者，鄭康成注云：『事大，大結其繩；事小，小結其繩。』義或然也。」集解：「九家易曰：『古者无文字，其有約誓之事，事大，大其繩；事小，小其繩。結之多少，隨物衆寡。各執以相考，亦足以相治也。……夬者，決也。取百官以書治職，萬民以契明其事。契，刻也。』」許慎説文解字敍：「及神農氏結繩爲治，而統其事，庶業其緐，飾僞萌生。黄帝之史倉頡，見鳥獸蹏迒之迹，知分理之可相别異也，初造書契，百工以乂，萬品以察，蓋取諸夬。」鶡冠子近迭：「蒼頡作法，書從甲子，成史李官，蒼頡不道。然非蒼頡，文墨不起。」陸注：「蒼頡雖造書，不道士史。然而文墨之萌，由是起矣。」

抱朴子外篇校箋卷之三十一

省煩

抱朴子曰：「安上治民，莫善於禮〔一〕。彌綸人理，誠爲曲備〔二〕。然冠、婚、飲、射，何煩碎之甚邪〔三〕！人倫雖以有禮爲貴〔四〕，但當令足以叙等威而表情敬〔五〕，何在乎升降揖讓之繁重〔六〕，拜起俯伏之無已邪〔七〕？

〔一〕禮記經解：「孔子曰：『安上治民，莫善於禮。』」（孝經廣要道章同。北堂書鈔八十引鄭玄注：「『上好禮，則民易使也』。」）

〔二〕易繫辭上：「易與天地準，故能彌綸天地之道。」正義：「彌，謂彌縫補合。綸，謂經綸牽引。」集解引虞翻曰：「彌，大。綸，絡。謂易在天地，包絡萬物，『以言乎天地之間則備矣』。」（文選文賦李注引王肅注：「彌綸，纏裹也。」）孟子滕文公上：「聖人有憂之，使契爲司徒，教以人倫：父子有親，君臣有義，夫婦有別，長幼有序，朋友有信。」漢書禮樂志：「六經之道同歸，而禮、樂之用爲急。……故象天地而制禮樂，所以通神明，立人倫，（顏注：「倫，理也。」）正情性，節萬事者也。……王者必因前王之禮，順時施宜，有所損益，卽民之心，稍稍制作，至太平而大備。周監於二代，禮文尤具，事爲之制，曲爲之防，（顏注：「言每事立制，委曲防閑也。」）故稱禮經三百，威儀三千。」

〔三〕儀禮有士冠禮、士昏禮、鄉飲酒禮、鄉射禮四篇，所敍冠、婚、飲、射行事之威儀頗詳，故云煩碎之甚。

〔四〕禮記曲禮上：「夫禮者，所以定親疏，決嫌疑，別同異，明是非也。……人有禮則安，無禮則危。故曰：禮者，不可不學也。」

〔五〕左傳文公十五年：「示有等威。」杜注：「等威，威儀之等差。」

〔六〕升降揖讓，已見譏惑篇「趨步升降之節」句及「訓以揖讓」句箋。

〔七〕周禮春官大祝：「辨九𢷎：一曰稽首，二曰頓首，三曰空首，四曰振動，五曰吉𢷎，六曰凶𢷎，七曰奇𢷎，八曰褒𢷎，九曰肅𢷎，以享右祭祀。」鄭注：「稽首，拜頭至地也。頓首，拜頭叩地也。空首，拜頭至手，所謂拜手也。吉拜，拜而後稽顙，謂齊衰不杖以下者。言吉者，此殷之凶拜，周以其拜與頓首相近，故謂之吉拜云。凶拜，稽顙而後拜，謂三年服者。杜子春云：振讀爲振鐸之振，動讀爲哀慟之慟，奇讀爲奇偶之奇，謂先屈一膝，今雅拜是也。或云：奇讀曰倚，倚拜，謂持節持戟拜，身倚之以拜。鄭大夫云：動讀爲董，書亦或爲董。振董，以兩手相擊也。奇拜，謂一拜也。褒讀爲報。報拜，再拜是也。鄭司農云：褒拜，今時持節拜是也。肅拜，但俯下手，今時撎是也。『介者不拜』，故曰『爲事故，敢肅使者』。玄謂振動，戰栗變動之拜。書曰：王動色變一拜，答臣下拜，再拜，拜神與尸。享，獻也。謂朝獻饋獻也。右讀爲侑。侑勸尸食而拜。」釋文：「𢷎，音拜。（說文作𢷎）撎，即今之揖。」孫詒讓周禮正義四九論證九拜極翔實，可參閱。（段玉裁說文解字手部𢷎字注較簡要，亦可參閱。）

「往者，天下乂安〔一〕，四方無事，好古官長，時或修之〔二〕。至乃講試累月，督以楚撻，晝夜修習，廢寢與食，經時學之，一日試之，執卷從事，案文舉動，黜謫之罰，又在其間。猶有過誤，不得其意〔三〕。而欲以爲以此爲生民之常事，至難行也。此墨子所謂『累世不能盡其學，當年不能究其事』者也〔四〕。

〔一〕史記封禪書：「（武帝）元年，漢興已六十餘歲矣，天下艾安。」漢書郊祀志上顏注：「艾讀曰乂。乂，治也。漢書皆以艾爲乂，其義類此也。」（漢書公孫弘卜式兒寬傳贊「海内艾安」，史記平津侯主父傳贊作「海内乂安」，〔此淺人妄爲補綴者，非史公書所宜有。〕是「艾」、「乂」古通用不別。）

〔二〕漢書景十三王河間獻王德傳：「修學好古，……修禮樂，被服儒術，造次必於儒者。」又韓延壽傳：「遷淮陽太守，治甚有名，徙潁川。……因與（郡中長老）議定嫁娶喪祭儀品，略依古禮，不得過法。延壽於是令文學校官諸生皮弁執俎豆，爲吏民行喪嫁娶禮。……延壽爲吏，上禮義，好古教化，……春秋鄉射，陳鍾鼓管弦，盛升降揖讓。」後漢書光武十王東平憲王蒼傳：「蒼少好經書，……是時中興三十餘年，四方無虞，蒼以天下化平，宜修禮樂，乃與公卿共議定南北郊冠冕車服制度，及光武廟登歌八佾舞數，語在禮樂、輿服志。」（李注：「其志今亡。」）又儒林上劉昆傳：「少習容禮，（李注：「容，儀也。」）……王莽世，教授弟子恒五百餘人。每春秋饗射，常備列典儀，以素木瓠葉爲俎豆，桑弧蒿矢，以射『菟首』。每有行禮，縣宰輒率吏屬而觀之。」又儒林下董鈞傳：「習慶氏禮。（名普）……永平初，爲博士。時草創五郊祭祀，及宗廟禮樂，威儀章服，輒令鈞參議，多見從用，當世稱爲通儒。」

〔三〕至乃講試累月，督以楚撻，……猶有過誤，不得其意。照按：此文所論述者，未詳出何典記，俟考。

〔四〕墨子非儒下：「晏子曰：『……孔某盛容脩飾以蠱世，弦歌鼓舞以聚徒，繁登降之禮以示儀，務趨翔之節以觀衆，博學不可使議世，勞思不可以補民，絫壽不能盡其學，當年不能行其禮。』」（晏子春秋外篇八作「兼壽不能殫其教，當年不能究其禮」。史記孔子世家作「累世不能殫其學，當年不能究其禮」。（太史公自序：「（司馬談論六家要指）夫儒者以六藝爲法。六藝經傳以千萬數，累世不能通其學，當年不能究其禮。」）淮南子要略：「墨子學儒者之業，受孔子之術，以爲其禮煩擾而不説（悦），厚葬靡財而貧民，（久）服傷生而害事，故背周道而用夏政。」）「累」，「絫」之隸變。當年，壯年。

古人詢于蒭蕘〔一〕，博採童謡〔二〕，狂夫之言，猶在擇焉〔三〕。至於墨子之論，不能非也。但其張刑網，開塗徑〔四〕，浹人事，備王道〔五〕，不能曲述耳。至於譏葬厚〔六〕，刺禮煩〔七〕，未可棄也。自建安之後〔八〕，魏之武、文，送終之制，務在儉薄〔九〕。此則墨子之道，有可行矣。

〔一〕「蒭」，崇文本作「芻」。照按：芻已从艸，不必再加艸頭。當據正。詩大雅板：「先民有言，詢于芻蕘。」毛傳：「芻蕘，薪采者。」禮記坊記：「子云：『上酌民言，則下天上施。……詩云：「先民有言，詢于芻蕘。」』」鄭注：「先民，謂上古之君也。詢，謀也。芻蕘，下民之事也。言古之人君將有政教，必謀及之於庶民乃施之。」荀子大略：「天下國有俊士，世有賢人。迷者不問路，溺者不問遂，亡人好獨。詩曰：『我言維服，勿用爲笑。先民有言，詢于芻蕘。』言博問也。」韓詩外傳三：「夫太山不讓礫石，江海不辭小流，所以成其大也。詩曰：『先民有言，詢於芻蕘。』言博謀也。」（又見説苑尊賢）

〔二〕左傳僖公五年：「晉侯（獻公）圍上陽，問於卜偃曰：『吾其濟乎？』對曰：『克之。』公曰：『何時？』對曰：『童謡云：「丙之晨，龍尾伏辰，均服振振，取虢之旂。鶉之賁賁，天策焞焞，火中成軍，虢公其奔。」其九月、十月之交乎？丙子旦，日在尾，月在策，鶉火中，必是時也。』冬十二月，丙子朔，晉滅虢。」（又見漢書五行志中之上）又昭公二十五年：「有鸜鵒來巢，書所無也。師己曰：『異哉！吾聞文、成（原誤作武）之世童謠有之，曰：「鸜之鵒之，公出辱之。鸜鵒之羽，公在外野，往饋之馬。鸜鵒跦跦，公在乾侯，徵褰與襦。鸜鵒之巢，遠哉遥遥，稠父喪勞，宋父以驕。鸜鵒鸜鵒，往歌來哭。」童謠有是，今鸜鵒來巢，其將及乎？』」（又見漢書五行志中之上〔史記魯周公世家、論衡異虚較略〕）説苑辨物：「楚昭王渡江，有物大如斗，（『斗』下，家語有『圓而赤』三字。）直觸王舟，止於舟中。昭王大怪之，使聘問孔子。孔子曰：『此名萍實，令剖而食之。惟霸者能獲之，此吉祥也。』其後齊有飛鳥，一足，來下止於殿前，舒翅而跳。齊侯大怪之，又使聘問孔子。孔子曰：『此名商羊，（「商羊」下，家語有「水祥也」三字。）急告民趣治溝渠，天將大雨。』於是如之，天果大雨。諸國皆水，齊獨以安。孔子歸，弟子請問。孔子曰：『異時小兒謡曰：「楚王渡江得萍實，大如拳，（「拳」，家語作「斗」。）赤如日，剖而食之美如蜜。」此楚之應也。兒又有兩兩相牽，屈一足而跳，（「跳」下，家語有「且謡」二字。）曰：「天將大雨，商羊起舞。」今齊獲之，亦其應也。』夫謡之後，未嘗不有應隨者也。故聖人非獨守道而已也，睹物記也，即得其應矣。」（萍實事又見家語致思，商羊事亦見家語辨政。文均有異。）

〔三〕史記淮陰侯傳：「廣武君曰：『……故曰：「狂夫之言，聖人擇焉。」』」（漢書蓋寬饒傳、説苑談叢亦有此二語）漢書晁錯傳：「錯上言兵事曰：『……傳曰：「狂夫之言，而明主擇焉。」臣錯愚陋，昧死上狂言，唯陛下財擇。』」淮南子説林：「愚者言而智者擇焉。」高注：「擇可用者而用之也。」

〔四〕號令一篇，敘述死罪之刑，曰戮、曰斬、曰斷、曰梟、曰殺、曰射、曰車裂，蓋因所犯之罪而異。其中以斬刑最多，（蒲城門篇斬刑一見，旗幟篇斬刑二見。）斷次之，射又次之：「諸有罪自死罪以上，皆還父母、妻子、同產」，甚至「其以城爲外謀者，三族」。法之峻，刑之嚴，即此可見。故曰張刑網，開塗徑。

〔五〕狹人事，備王道。蓋指七十一篇中論述人事王道有關之各篇也。史記十二諸侯年表序：「是以孔子明王道，干七十餘君，莫能用，故西觀周室，論史記舊聞，興於魯而次春秋，……以制義法，王道備，人事浹。」春秋繁露玉杯：「春秋論十二世之事，人道浹而王道備。」說苑至公：「（夫子）退而修春秋，采毫毛之善，貶纖介之惡，人事浹，王道備。」論衡正說：「說春秋者曰：『二百四十二年，人道浹，王道備。』」（公羊傳哀公十四年何注：「人道浹，王道備。」）

〔六〕墨子節葬下：「故子墨子言曰：『然則姑嘗稽之，以爲事乎國家。此存乎王公大人有喪者，曰棺椁必重，葬埋必厚，衣衾必多，文繡必繁，丘隴必巨；存乎匹夫賤人死者，殆竭家室；〔存〕乎諸侯死者，虛車府，然後金玉珠璣比乎身，綸組節約，車馬藏乎壙，又必多爲屋幕，鼎鼓几梴壺濫，戈劍羽旄齒革，寢而埋之，滿意，若送從，曰天子殺殉，衆者數百，寡者數十；將軍大夫殺殉，衆者數十，寡者數人。……今王公大人之爲葬埋，……大棺中棺，革闠三操，璧玉即〔既〕具，戈劍鼎鼓壺濫，文繡素練，大鞅萬領，輿馬女樂皆具，曰必捶垛，差通壟雖凡山陵。此爲輟民之事，靡民之財，不可勝計也，其爲毋用若此矣。……子墨子制爲葬埋之法，曰：『棺三寸，足以朽骨；衣三領，足以朽肉，掘地之深，下無菹漏，氣無發洩於上，壟足以期其所，則止矣。哭往哭來，反從事乎衣食之財，佴乎祭祀，以致孝於親。』故曰子墨子之法，不失死生之利者，此也。」

〔七〕刺禮煩。已見本篇上文「此墨子所謂累世不能盡其學，當年不能究其事」二句箋。

〔八〕後漢書獻帝紀：「建安元年春正月癸酉，郊祀上帝於安邑，大赦天下，改元建安。」

〔九〕武，魏武帝。三國志魏書武帝紀：「（建安）二十五年春正月，……庚子，王崩于洛陽，年六十六。遺令曰：『天下尚未安定，未得遵古也。葬畢，皆除服。其將兵屯戍者，皆不得離屯部。有司各率乃職。斂以時服，無藏金玉珍寶。」諡曰武王。」王沈魏書：「（太祖）常以送終之制，襲稱之數，繁而無益，俗又過之，故預自制終亡衣服，四篋而已。」（三國志魏書武帝紀裴注引）宋書禮志二：「魏武以送終制衣服四篋，題識其上，春秋冬夏日有不諱，隨時以斂。金珥珠玉銅鐵之物，一不得送。文帝遵奉，無所增加。及受禪，刻金璽，追加尊號。不敢開埏，乃爲石室，藏璽埏首，示陵中無金銀諸物也。漢禮明器甚多，自是皆省矣。」（晉書禮志中略同）文，魏文帝。三國志魏書文帝紀：「（黄初三年）冬十月甲子，表首陽山東爲壽陵，作終制曰：『……壽陵因山爲體，無爲封樹，無立寢殿，造園邑，通神道。夫葬也者，藏也，欲人之不得見也。骨無痛痒之知，冢非棲神之宅，禮不墓祭，欲存亡之不黷也，爲棺槨足以朽骨，衣衾足以朽肉而已。故吾營此丘墟不食之地，欲使易代之後不知其處。無施葦炭，無藏金銀銅鐵，一以瓦器，合古塗車、芻靈之義。棺但漆際會三過，飯含無以珠玉，無施珠襦玉匣，諸愚俗所爲也。……自古及今，未有不亡之國，亦無不掘之墓也。（吕氏春秋安死：「自古及今，未有不亡之國也；無不亡之國者，是無不扣之墓也。」曹丕文即出於此。）喪亂以來，漢氏諸陵無不發掘，至乃燒取玉匣金縷，骸骨并盡，是焚如之刑，豈不重痛哉！禍由乎厚葬封樹。「桑（弘羊）、霍（禹）爲我戒」，（此張臨語，見漢書張延壽傳。）不亦明乎？……其以此詔藏之宗廟，副在尚書、祕書、三府。』……（七年夏五月）丁巳，帝崩于嘉福殿，時年四十。六月戊寅，葬首陽陵。自殯及葬，皆以終制從事。」

「余以爲喪亂既平〔一〕，朝野無爲，王者所制，自君作古〔二〕。可命精學洽聞之士，才任損益，免於拘愚者，使删定三禮〔三〕，割棄不要，次其源流，總合其事類，集以相從；其煩重遊說，辭異而義同者存之，不可常行除之，無所傷損，卒可斷約而舉之。勿令沈隱，復有凝滯。

〔一〕詩小雅常棣：「喪亂既平，既安且寧。」

〔二〕陳其榮曰：「（『自君』）盧本作『自今』。」照按：柏筠堂本、文溯本、崇文本亦並作「自今」，皆依盧本改也，非是。國語魯語上：「哀姜至，公（莊公）使大夫宗婦覿，用幣。宗人夏父展曰：『非故也。』公曰：『君作故。』」楚辭招魂「反故居些」王注：「故，古也。」爾雅釋詁：「古，故也。」是自君作古，即自君作故矣。（史通稱謂：「唯魏收遠不師古，近非因俗，自我作故，無所憲章。」亦可證改「自君」爲「自今」之誤。）

〔三〕三禮，周禮、儀禮、禮記之合稱。皮錫瑞經學通論三禮論漢初無三禮之名條：「三禮之名，起於漢末。……蓋以鄭（玄）君並注三書（指周禮、儀禮、禮記），後世盛行鄭注，於是三書有三禮之名，非漢初之所有也。」照按：後漢書馬融傳：「（融）注孝經、論語、詩、易、三禮、尚書。」又盧植傳：「（植）作尚書章句、三禮解詁。」是季長、子幹著述中已見三禮之目矣。非緣康成「並注三書，後世盛行」之故，始稱爲三禮也。皮說未確。

「其吉凶器用之物〔一〕，俎豆觚觶之屬〔二〕，衣冠車服之制〔三〕，旗章采色之美〔四〕，宮室尊卑之品〔五〕，朝饗賓主之儀〔六〕，祭奠殯葬之變〔七〕，郊祀禘祫之法〔八〕，社稷山川之禮〔九〕，皆可減省，務令約儉。夫約則易從，儉則用少。易從則不煩，用少則費薄。不煩，則涖事者無過矣；費薄，則調求者無苛矣。

〔一〕吉，吉禮。凶，凶禮。禮記外傳：「吉禮者，祭祀郊廟、宗社之事，是也。凶禮者，喪紀之說、年穀不登、大夫去國之事，是也。」（太平御覽五二三引）王肅喪服要記序：「古之制禮，其品有五：吉禮，祭禮是也；凶禮，喪禮是也。」（北堂書鈔八十引（玉函山房輯佚書漏此條）吉凶器用之物，名目繁多，形制各異，不能一一敘列。宋聶崇義集註三禮圖有圖有文，可參閱（卷十三至卷十九）。

〔二〕左傳隱公五年：「鳥獸之肉，不登於俎。」杜注：「俎，祭宗廟器。」方言五：「俎，几也。」說文且部：「俎，禮俎也。从半肉在且（古音俎）上。」詩大雅生民：「卬盛于豆。」毛傳：「豆，薦菹醢也。」爾雅釋器：「木豆謂之豆。」郭注：「豆，禮器也。」說文豆部：「豆，古食肉器也。从口，象形。」論語衛靈公：「俎豆之事。」集解引孔安國曰：「俎豆，禮器。」劉寶楠正義：「俎，載牲體。豆，盛醢醬及諸濡物。是皆禮器也。」聶崇義三禮圖：「案舊圖云：『俎長二尺四寸，廣尺二寸，高一尺。漆兩端赤，中央黑。』」又：「舊圖云：『豆高尺二寸，漆赤中。』……口圓，徑尺二寸，有蓋。」禮記禮器：「宗廟之祭，貴者獻以爵，賤者獻以散；尊者舉觶，卑者舉角。」鄭注：「凡觴，一升曰爵，二升曰觚，三升曰觶，四升曰角，五升曰散。」釋文：「觶，支豉反。觚，音孤。」論語雍也：「觚不觚。」集解引馬融曰：「觚，禮器。一升曰爵，二升曰觚。」皇疏：「觚，禮酒器也。」三禮圖：「觚，刻木爲之。（見考工記梓人）……舊圖云：『觚，銳下，方足。漆赤中，畫青雲氣，通飾其卮。』……口徑四寸，中深四寸五分，底徑二寸六分。今圓足。」又：「觶，口徑五寸，中深四寸强，底徑三寸。舊圖云：『凡諸觴皆形同，升數則異。』」

〔三〕書益稷：「予欲觀古人之象，日、月、星、辰、山、龍、華、蟲，作會，宗彝，藻、火、粉、米、黼、黻、絺、繡。以五采彰施于五色，作服，汝明。」（史記夏紀：「余欲觀古人之象，日、月、星、辰，作文繡服色，女明之。」）孔傳：「欲觀示法象之服制。……天子服日、月而下，諸侯自龍袞而下至黼、黻，士服藻、火，大夫加粉、米。上得兼下，下不得僭上。以五采明施于五色，作尊卑之服，汝明制之。」禮記坊記：「故貴賤有等，衣服有別。」左傳宣公十二年：「君子小人，物有服章；貴有常尊，賤有等威。」杜注：「（服章）尊卑別也。（等威）威儀有等差。」又成公二年：「器以藏禮，禮以行義。」杜注：「車服所以表尊卑。尊卑有禮，各得其宜。」國語周語上：「故爲車服旗章以旌之。」韋注：「旌，表也。車服旗章上下有等，所以明貴賤，爲之表識。」釋名釋車：「天子所乘曰玉輅，以玉飾車也。柏車，柏，伯也，大也，丁夫服任之小車也。墨車，漆之正黑，無文飾，大夫所乘也。重較，其較重，卿所乘也。棧車，棧，靖也，麻靖物之車也，皆庶人所乘也。」三禮圖有圖有文，可參閱。（卷一、卷二、卷三、卷九）

〔四〕周禮春官巾車：「建大常，十有二斿。」鄭注：「大常，九旗之畫日、月者，正幅爲縿，斿則屬焉。」又司常：「掌九旗之物名，各有屬，以待國事。日、月爲常，交龍爲旂，通帛爲旜，雜帛爲物，熊、虎爲旗，鳥、隼爲旟，龜、蛇爲旐，全羽爲旞，析羽爲旌。」鄭注：「物名者，所畫異物，則異名也。屬，謂徽識也。……全羽、析羽，皆五采，繫之於旞、旌之上，所謂注旄於干首也。凡九旗之帛，皆用絳。」儀禮覲禮：「天子乘龍，載大旂。」鄭注：「馬，八尺以上爲龍。大旂，大常也。王建大常，縿首畫日、月，其下及旒，交畫升龍降龍。」禮記月令：「（季夏之月）命婦官染采，黼、黻文章，必以法故，無或差貸。黑、黄、蒼、赤，莫不質良，毋敢詐僞，以給郊廟祭祀之服，以爲旗章，以別貴賤等級之度。」鄭注：「婦官，染人也。采，五色。質，正也。良，善也。所用染者，當得真采正善也。旗章，旌旗及章識也。」左傳桓公二年：「三辰旂旗，昭其明也。」杜注：「三辰，日、月、星也。畫於旂旗，象天之明。」三禮圖有圖有文，可參閱。（卷九）

〔五〕漢書匈奴傳上：「漢常遺翁主，給繒絮、食物有品。」顔注：「品，謂等差也。」宫室尊卑之品，謂古代宫室之制，因名位不同而有等差也。（如天子、諸侯、大夫、士營造宫室之多少、規格等，皆有一定限制，不能踰越。）宋李如圭儀禮釋宫、清任啟運宫室考引證翔實，均可參閱。

〔六〕朝饗，朝廷饗燕。儀禮之燕禮，即專記朝廷饗燕者。（其它篇雖閒有之，然不如燕禮詳悉。）儀，禮儀。賓主之儀，謂饗燕中賓主進退升降、拜起俯伏之儀也。

〔七〕祭、奠、殯、葬之禮，因死者之名位不同而異，故統稱之曰「變」。

〔八〕禮記郊特牲：「天垂象，聖人則之。郊，所以明天道也。……萬物本乎天，人本乎祖，此所以配上帝也。郊之祭也，大報本反始也。」又祭義：「郊之祭，大報天而主日，配以月。」鄭注：「主日者，以其光明。天之神可見者，莫著焉。」又哀公問：「子曰：『郊社之義，所以仁鬼神也；嘗禘之禮，所以仁昭穆也。』」鄭注：「仁，猶存也。……郊有后稷，社有句龍。」又中庸：「郊社之禮，所以事上帝也。」鄭注：「社，祭地神。不言后土者，省文。」公羊傳僖公三十一年：「天子祭天。」何注：「郊者，所以祭天也。天子所祭，莫重於郊。」孝經聖治章：「昔者，周公郊祀后稷以配天。」李注：「后稷，周之始祖也。郊，謂圜丘祀天也。周公攝政，因行郊天之祭，乃尊始祖以配之也。」爾雅釋天：「禘，大祭也。」郭注：「五年一大祭。」邢疏：「經傳之文，稱禘非一，其義各殊。論語（八佾）云『禘自既灌』及春秋（僖公八年）『禘于太廟』，謂宗廟之祭也。（禮記）喪服小記云『王者禘其所自出』及大傳云『禮不王不禘』，謂祭感生之帝於南郊也。（禮記）祭法云『周人禘嚳而郊稷』，謂祭昊天於圜丘也。以此比餘處，爲大祭，總得稱禘。宗廟謂之禘者，禘，諦也，言使昭穆之次審諦而不亂也。祭天謂之禘者，亦言使典禮審諦也。」（郝懿行義疏（中四）可參閱）說文示部：「祫，大合祭先祖親疏遠近也。」段注：「春秋文二年八月丁卯，大事于大廟。公羊傳曰：『大事者何？大祫也。大祫者何？合祭也。……毀廟之主陳於大祖，未毀廟之主皆升。句合食於大祖。兼上二者五年而再殷祭。』……許言合祭先祖親疏遠近，正用公羊『大事』傳。禘之合食蓋同，而以審禘、會合分別其名，亦分別其歲有三年五年之殊，分別其時有夏秋之殊。禘卽周禮之『肆獻祼』『追享』，祫卽周禮之『饋食』『朝享』。」（並見春官大宗伯又司尊彝）

〔九〕周禮春官大宗伯：「以血祭祭社稷、五祀、五嶽，以貍沈祭山林、川澤。」鄭注：「陰祀自血起，貴氣臭也。社稷，土、穀之神，有德者配食焉。共工氏之子曰句龍，食於社。有厲山氏之子曰柱，食於稷。湯遷之而祀棄。……玄謂此五祀者，五官之神，在四郊。四時迎五行之氣於四郊，而祭五德之帝，亦食此神焉。……五嶽，東曰岱宗，南曰衡山，西曰華山，北曰恆山，中曰嵩高山。不見四竇者，四竇五嶽之匹，或省文。祭山林曰貍，川澤曰沈，順其性之含藏。」禮記王制：「天子祭天地，諸侯祭社稷，……天子祭天下名山大川，五嶽視三公，四瀆視諸侯，諸侯祭名山大川之在其地者。……天子社稷皆大牢，諸侯社稷皆少牢。」公羊傳僖公三十一年：「卜郊，不從。乃免牲，猶三望。三望者何？望，祭也。然則曷祭？祭泰山，河，海。」（穀梁傳范注引鄭玄曰：「望者，祭山川之名也。謂海也，岱也，淮也。」）白虎通德論社稷：「王者所以有社稷何？爲天下求福報功。人非土不立，非穀不食。土地廣博，不可徧敬也；五穀衆多，不可一一祭也。故封土立社，亦有土也。稷，五穀之長，故立稷而祭之也。稷者，得陰陽中和之氣，而用尤多，故爲長也。歲再祭之何？春求秋報之義也。……祭社稷以三牲何？重功故也。」

「拜伏揖讓之節〔一〕，升降盤旋之容〔二〕，使足敘事，無令小碎；條牒各別，令易案用。今五禮混撓〔三〕，雜飾紛錯，枝分葉散，重出互見，更相貫涉。舊儒尋案，猶多所滯，駁難漸廣，異同無已，殊理兼說，歲增月長。自非至精，莫不惑悶〔四〕。躊躇岐路之衢〔五〕，愁勞羣疑之藪，煎神瀝思，考校叛例〔六〕。

〔一〕拜伏，已見本篇上文「拜起俯伏之無已邪」句箋。揖讓，已見譏惑篇「訓以揖讓」句箋。

〔二〕升降，已見譏惑篇「趨步升降之節」句箋。盤旋，已見行品篇「盤旋成規矩」句箋。

〔三〕書舜典：「修五禮。」孔傳：「修吉、凶、賓、軍、嘉之禮。」正義：「周禮（春官）大宗伯云：『以吉禮事邦國之鬼神示，以凶禮哀邦國之憂，以賓禮親邦國，以軍禮同邦國，以嘉禮親萬民之昏姻。』知五禮謂此也。」周禮春官小宗伯：「掌五禮之禁令與其用等。」鄭注：「鄭司農（衆）云：『五禮，吉、凶、賓、軍、嘉。』」說文手部：「撓，擾也。」廣雅釋詁三：「撓，亂也。」

〔四〕易繫辭上：「非天下之至精，其孰能與於此！」集解引虞翻曰：「至精，謂乾純粹精也。」說文心部：「悶，懣也。」又：「懣，煩也。」

〔五〕玉篇足部：「躊，躊躇，猶豫也。」又：「躇，躊躇。」楚辭九辯：「蹇淹留而躊躇。」洪補注：「躊躇，進退也。」列子說符：「楊子之鄰人亡羊，既率其黨，又請楊子之豎追之。楊子曰：『嘻！亡一羊何追者之衆？』鄰人曰：『多歧路。』既反，問：『獲羊乎？』曰：『亡之矣。』曰：『奚亡之？』曰：『歧路之中又有歧焉，吾不知所之，所以反也。』」爾雅釋宮：「四達謂之衢。」郭注：「交道四出。」

〔六〕王廣恕曰：「（『叛』）崇文本作『判』，疑此誤。」照按：「叛」字未誤，崇文本妄改耳。此句承上「躊躇歧路之衢，愁勞羣疑之藪」二句，「叛例」，謂諸注家違反經意之例也。

「嘗有窮年竟不豁了〔一〕，治之勤苦，決嫌無地呻吟〔二〕，尋析憔悴〔三〕。決角修之〔四〕，華首不立〔五〕。妨費日月，廢棄他業。愁困後生，真未央矣〔六〕。長致章句，多於本書。今若破合雜俗，次比種稷，删削不急，抗其綱較〔七〕，其令炳若日月之著明〔八〕，灼若五色之有定〔九〕，息學者萬倍之役，弭諸儒爭訟之煩〔一〇〕。將來達者觀之，當美於今之視周矣〔一一〕。此亦改燒石去血食之比〔一二〕，無所憚難；而悢悢於惜懷推車〔一三〕，遲於去巢居也〔一四〕。

〔一〕荀子解蔽：「以可以知人之性，求可以知物之理，而無所疑止之，則没世窮年不能徧也。」楊注：「窮年，盡其年壽。」文選江賦：「豁如地裂豁天開。」李注：「豁、豁，開皃。」吕向曰：「風波既息，煙霧盡銷，則豁然若天開。」陶靖節集桃花源記：「初極狹，纔通人，復行數十步，豁然開朗。」郭璞爾雅序：「其所易了，闕而不論。」邢疏：「謂通見詩、書，不難曉了者，則不須援引，故闕而不論。」釋文：「了，本亦作憭，音同。照察也。」

〔二〕禮記曲禮上：「決嫌疑。」淮南子時則：「審決獄。」高注：「決，斷也。」莊子列御寇：「鄭人緩也，呻吟裘氏之地，祇三年而緩爲儒。」郭注：「呻吟，吟詠之謂。」釋文：「緩也，司馬（彪）云：『緩，名也。』呻，音申。謂吟詠學問之聲也。崔（譔）云：『呻，誦也。』裘氏，地名。」成疏：「呻吟，詠讀也。裘氏，地名也。祇，適也。鄭人名緩，於裘地學問，適經三年而成儒道。」

〔三〕楚辭九歎怨思：「身憔悴而考旦兮。」王注：「憔悴，憂貌也。」廣韻六至：「悴，憔悴，憂愁。」（前崇教篇有「臨疑則未老而憔悴」語）

〔四〕照按：「決角」之「決」與「決嫌」之「決」，相隔僅九字而重出，遣辭殊違常軌。以文意求之，「決角」疑當作「總角」，蓋涉上而誤者。詩齊風甫田：「總角丱兮。」毛傳：「總角，聚兩髦也。」正義：「（禮記）内則云：『男、女未冠、笄者，總角衿纓。』冠，所以覆髮；未冠，則總角。故知『總角聚兩髦』。言總聚其髦以爲兩角也。」修，習也（禮記學記「藏焉修焉」鄭注）。總角修之，謂未冠前即已學習禮家典籍也。

〔五〕後漢書樊準傳：「（上疏）故朝多皤皤之良，華首之老。」李注：「皤皤，白首貌也。音步河反。書（秦誓）曰：『皤皤良士。』（按：今書作『番番』）華首，謂白首也。」又陳蕃傳：「（竇太后詔）謇愕之操，華首彌固。」李注：「齊宣王對閭丘卬曰：『夫士亦華髮墮顛而後可用。』見新序（雜事五）。楚辭離騷：「老冉冉其將至兮，恐脩名之不立。」王注：「立，成也。」華首不立，言老而無成就也。

〔六〕楚辭離騷：「時亦猶其未央。」王注：「央，盡也。」

〔七〕廣雅釋詁一：「抗，舉也。」綱，大綱。詩大雅卷阿：「四方爲綱。」鄭箋：「綱者，能張衆目。」白虎通德論三綱六紀：「大者爲綱。」較，較略，辜較。廣韻四覺：「較，略也。」邢昺孝經天子章「蓋天子之孝也」疏：「案孔（安國）傳云：『蓋者，辜較之辭。』劉炫（古文孝經述義）云：『辜較，猶梗槩也。孝道既廣，此纔舉其大略也。』」較，音角。

〔八〕易繫辭上：「縣象著明，莫大乎日月。」

〔九〕照按：色有正色與間色之分，此五色當指正色。環濟要略：「正色有五，謂青、赤、黄、白、黑也。」（太平御覽八一四引）皇侃論語鄉黨「紅紫不以爲褻服」疏：「侃案：五方正色：青、赤、白、黑、黄。」禮記學記：「水無當於五色，五色弗得不章。」正義：「水，謂清水也。五色，青、赤、黄、白、黑。章，明也。」左傳桓公二年：「五色比象，昭其物也。」廣雅釋訓：「灼灼，明也。」玉篇火部：「灼，明也。」

〔一〇〕詩小雅沔水「不可弭忘」毛傳：「弭，止也。」左傳成公十六年「若之何憂猶未弭」杜注：「弭，息也。」

〔一一〕論語爲政：「子曰：『殷因於夏禮，所損益，可知也；周因於殷禮，所損益，可知也。其或繼周者，雖百世可知也。』」漢書禮樂志：「王者必因前王之禮，順時施宜，有所損益。……周監於二代，禮文尤具，事爲之制，曲爲之防，故稱禮經三百，威儀三千。」此篇專論省禮之煩，擬「刪定三禮，割棄不要」，「刪削不急」。一則曰「務令約儉」，再則曰「令易案用」。以視周代「禮經三百，威儀三千」之繁文縟禮，其「易從」、「用少」可知。故曰：「將來達者觀之，當美於今之視周矣。」

〔一二〕禮記禮運：「昔者先王……未有火化，食草木之實，鳥獸之肉，飲其血，茹其毛。」鄭注：「食腥也。」新語道基：「民人食肉飲血，衣皮毛；至於神農，以爲行蟲走獸難以養民，乃求可食之物，嘗百草之實，察酸苦之味，教人食五穀。」淮南子脩務：「古者，民茹草飲水，采樹木之實，食蠃蛖之肉，時多疾病毒傷之害。於是神農乃始教民播種五穀，相土地宜，燥濕肥墝高下，嘗百草之滋味，水泉之甘苦，令民知所辟就。」白虎通德論號：「古之人民皆食禽獸肉，至於神農，人民衆多，禽獸不足，於是神農因天之時，分地之利，制耒耜，教民農作。」燒石，一稱石炭，卽今之煤炭。（日知録三二石炭條可參閲）譙周古史考：「神農時，民食穀，釋米加燒石上而食之。」（藝文類聚一二引）又：「古者，茹毛飲血，燧人初作燧火，人始燔炙。」（初學記二五引）又：「古者，茹毛飲血，燧人氏鑽火，而人始裹肉而燔之，曰炮。神農時，人方食穀，加米於燒石之上而食之。及黃帝時，始有釜甑。火食之道成矣。」（通鑑十胡注引（章宗源曰：「語雖詳，恐卽用初學記諸書。」其説近是。）

〔一三〕照按：尋繹上下文意，「恨恨」，當作「悢悢」。後漢書陳蕃傳：「（上疏）天之於漢，悢悢無已。」李注：「悢悢，猶眷眷也。」詁此正合。廣雅釋詁一：「惜，愛也。」詩邶風終風「願言則懷」鄭箋：「懷，安也。」（盧舜治改「懷」爲「壞」誤，柏筠堂本、文溯本、叢書本、崇文本從之，亦非。）又按：「推」爲「椎」之形誤。椎車，已見鈞世篇「未可謂之不及椎車也」句箋。此句謂眷念過時椎車，卽守常不變之意。

〔一四〕照按：「遟」上疑脱一字（或是「棲」字）。「於」字涉上句衍。「去」字則涉前行而誤者。「□遲巢居」，與「惜懷椎車」相對爲文。禮記禮運：「昔者先王未有宫室，冬則居營窟，夏則居橧巢。」鄭注：「寒則累土，暑則聚薪柴居其上。」正義：「夏則居橧巢者，謂橧聚其薪以爲巢。」韓非子五蠹：「上古之世，人民少而禽獸衆，人民不勝禽獸蟲蛇。有聖人作，構木爲巢以避羣害。而民悦之，使王天下，號曰有巢氏。」（五行大義五：「古者巢居穴處，黃帝易之以上棟下字，以蔽風雨。」）

「然守常之徒〔一〕，而卒聞此義〔二〕，必將愕然創見〔三〕，謂之狂生矣〔四〕。夫三王不相沿樂，五帝不相襲禮〔五〕，而其移風易俗〔六〕，安上治民〔七〕，一也。或革或因，損益懷善〔八〕，何必當乘船以登山〔九〕，策馬以涉川，被甲以升廟堂，重裘以當隆暑乎？若謂古事終不可變，則棺槨不當代薪埋〔一〇〕，衣裳不宜改裸袒矣〔一一〕。」

〔一〕淮南子詮言：「有以欲治而亂者，未有以守常而失者也。」文選養生論：「謂商無十倍之價，農無百斛之望，此守常而不變者也。」呂向曰：「商、農所以無十畝、百斛之利者，爲守其常見，不知變通故也。」

〔二〕卒讀曰猝，暴也。

〔三〕史記黥布傳：「布愕然。」漢書張良傳：「良愕然，欲毆之。」顏注：「愕，驚貌也。」史記司馬相如傳：「期應紹至，不特創見。」索隱引文穎曰：「不獨一物，造次見之。」漢書司馬相如傳下顏注：「不獨初創而見也。」文選封禪文李注：「創，初創也。」劉良曰：「創，初也。」

〔四〕史記酈生傳：「縣中皆謂之狂生。」

〔五〕禮記樂記：「五帝殊時，不相沿樂；三王異世，不相襲禮。」（史記秦始皇紀又樂書、漢書武帝紀又韓安國傳又匡衡傳、後漢書曹褒傳又文苑下趙壹傳並有類似辭句）鄭注：「言其有損益也。」新序善謀下：「蓋五帝不相同樂，三王不相襲禮。」

〔六〕禮記樂記：「故樂行而倫清，耳目聰明，血氣和平，移風易俗，天下皆寧。」孝經廣要道章：「移風易俗，莫善於樂。」

〔七〕安上治民，已見本篇上文「安上治民，莫善於禮」二句箋。

〔八〕「懷」，盧本、柏筠堂本、文溯本、叢書本、崇文本作「壞」。照按：「壞」字是。「壞善」與「損益」，一意相承。

〔九〕照按：「當」字蓋涉次行「重裘以當隆暑乎」句誤衍，應删去。

〔一〇〕易繫辭下：「古之葬者，厚衣之以薪，葬之中野，不封不樹，喪期無數。後世聖人易之以棺槨。」禮記檀弓上：「殷人棺槨。」鄭注：「槨，大也。以木爲之。言槨大於棺也。」釋文：「槨，音郭。」白虎通德論崩薨：「所以有棺槨何？所以掩藏形惡也，不欲孝子見其毁壞也。棺之爲言完，所以藏尸令完全也。槨之爲言廓，所以開廓辟土，無令迫棺也。」

〔一一〕新語道基：「（后稷）種桑麻，致絲枲，以蔽形體。」淮南子氾論：「伯余之初作衣也，……而民得以揜形御寒。」高注：「伯余，黄帝臣也。世本曰：『伯余制衣裳。』一曰：『伯余，黄帝。』揜，蔽。御，止。」春秋繁露度制：「凡衣裳之生也，爲蓋形煖身也。」孔穎達左傳僖公二十三年「欲觀其裸」正義：「裸，謂赤體無衣也。」又禮記曲禮「勞毋袒」正義：「袒，露也。雖有疲勞之事，厭患其衣，而不得袒露身體。」

抱朴子外篇校箋卷之三十二

尚博

抱朴子曰：「正經爲道義之淵海，子書爲增深之川流〔一〕。仰而比之，則景星之佐三辰也〔二〕；俯而方之，則林薄之裨嵩嶽也〔三〕。雖津塗殊關，而進德同歸；雖離於舉趾，而合於興化〔四〕。故通人總原本以括流末，操綱領而得一致焉。

〔一〕正經，指儒家經典。兩漢至晉所稱之五經、六經、七經，皆正經也。法言問神：「或問：『聖人之經不可使易知與？』曰：『不可。天俄而可度，則其覆物也淺矣；地俄而可測，則其載物也薄矣。大哉！天地之爲萬物郭，五經之爲衆說郛。』」李注：「莫有不存其內而能出其外者也。」漢書藝文志諸子略：「今異家者各推所長，窮知究慮，以明其指，雖有蔽短，合其要歸，亦六經之支與流裔。……若能修六藝之術，而觀此九家之言，舍短取長，則可以通萬方之略矣。」楊泉物理論：「夫五經，則海也；他傳記，則四瀆也；諸子，則涇渭也。至於百川，溝洫畎澮，苟能通陰陽之氣，達水泉之流，以四海爲歸者，皆益也。」（太平御覽六百八引）

〔二〕史記天官書：「天精而見景星。景星者，德星也。其狀無常，常出於有道之國。」集解：「孟康曰：『精，明也。有赤方氣與青方氣相連，赤方中有兩黃星，青方中一黃星，凡三星合爲景星。』」正義：「景星狀如半月，生於晦朔，助月爲明。」（晉書天文志中同）許慎淮南子要略「故景星見」注：「景星在月之旁，則助月之明也。」杜預左傳桓公二年「三辰旂旗」注：「三辰，日、月、星也。」

〔三〕漢書揚雄傳上：「（甘泉賦）列新雉於林薄。」顔注：「草叢生曰薄。」楚辭九章涉江：「露申辛夷死林薄兮。」王注：「叢木曰林。草木交錯曰薄。」爾雅釋山：「嵩高爲中嶽。」邢疏：「嵩，言其峻大也。」説文衣部：「裨，接也（依段校），益也。」

〔四〕後漢書蔡茂傳：「（上書）臣聞興化致教，必由進善。」

「古人歎息於才難，故謂百世爲隨踵〔一〕。不以璞非崑山，而棄耀夜之寶〔二〕；不以書不出聖〔三〕，而廢助教之言。是以閭陌之拙詩〔四〕，軍旅之鞫誓〔五〕，或詞鄙喻陋，簡不盈十，猶見撰録，亞次典誥〔六〕。百家之言，與善一揆〔七〕。譬操水者，器雖異而救火同焉〔八〕；猶針、灸者，術雖殊而攻疾均焉〔九〕。

〔一〕申子：「百世有聖人，猶隨踵；千里有賢人，是比肩。」（意林二、藝文類聚二十、太平御覽四百一（「踵」下有「而生」二字）引）戰國策齊策三：「淳于髡一日而見七人於宣王。王曰：『子來！寡人聞之：千里而一士，是比肩而立；百世而一聖，若隨踵而至也。』」呂氏春秋觀世：「天下雖有有道之士，國猶少。千里而有一士，比肩也；累世而有聖人，繼踵也。士與聖人之所自來，若此其難也！」淮南子脩務：「若夫堯眉八彩，九竅通洞，而公正無私；……羿左臂修而善射。若此九賢者，千歲而一出，猶繼踵而生。」高注：「以千歲爲近，明聖賢之難。」繼踵、隨踵意同。

〔二〕尹文子大道下：「鄭人謂玉未理者爲璞。」（戰國策秦策三同）爾雅釋地：「西北之美者，有崐崘虛之璆、琳、琅、玕焉。」郭注：「璆、琳，美玉名。琅、玕，狀似珠也。」（淮南子墬形無「虛」字，餘同。）韓詩外傳六：「夫珠出於江海，玉出於崑山。」鹽鐵論崇禮：「崑山之旁，以玉璞抵烏鵲。」耀夜之寶，指夜光璧。（夜光璧，見戰國策楚策一、漢書鄒揚傳（獄中上書）、後漢書西域傳（大秦國）。）

〔三〕書不出聖，指漢魏以來子書。

〔四〕閭陌拙詩，指詩之十五國風。

〔五〕軍旅鞠誓，指書之甘誓、湯誓等篇。詩小雅采芑：「陳師鞠旅。」毛傳：「鞠，告也。」鄭箋：「二千五百人爲師，五百人爲旅。此言將戰之日，陳列其師旅誓告之也。陳師告旅，亦互言之。」太平御覽三三八引詩「陳師鞠旅」，「鞠」作「鞫」，爾雅釋言：「鞫，究窮也。」釋文：「鞫，本又作鞠。」是「鞫」、「鞠」相通之證。

〔六〕史記孔子世家：「孔子之時，周室微而禮樂廢，詩、書缺。追迹三代之禮，序書傳，上紀唐、虞之際，下至秦繆，編次其事。……故書傳、禮記自孔氏。古者詩三千餘篇，及至孔子，去其重，取可施於禮義，上采契、后稷，中述殷、周之盛，至幽、厲之缺，始於衽席，故曰『關雎之亂以爲風始，……清廟爲頌始』。三百五篇孔子皆弦歌之，以求合韶、武、雅、頌之音。禮樂自此可得而述，以備王道，成六藝。」典誥，指書之堯典、大誥、康誥等篇。

〔七〕淮南子齊俗：「故百家之言，指奏相反，其合道一（體）也。」「善」，盧本作「經」。（柏筠堂本、文溯本、崇文本同）陳其桀曰：「篇首有『正經爲道義之淵海，子書爲增深之川流』等語，當從盧本作『經』爲是。」照按：盧本乃臆改，未可從也。「與」，疑爲「興」之形誤。（前用刑篇「化上而興善者」，即以「興善」連文。）漢魏以來諸子，雖各自名家，然其匡濟之旨則一。故曰興善一揆。且此二句祇專就子書言，並未涉及正經也。陳說非。

〔八〕淮南子脩務：「今夫救火者，汲水而趍之，或以甕瓴，或以盆盂，其方員銳橢不同，盛水各異，其於滅火，鈞也。

〔九〕針、灸，謂以針刺或艾灸病者穴位之醫術也。其法甚古有效，至今仍行於世。素問病能論：「有病頸癰者，或石治之，或鍼、灸治之，而皆已。」靈樞官能：「鍼所不爲，灸之所宜。」針與鍼同（見玉篇金部針字下）。

「漢魏以來，羣言彌繁，雖義深於玄淵，辭贍於波濤，施之可以臻徵祥於天上，發嘉瑞於后土，召環、雉於大荒之外〔一〕，安圜堵於函夏之內〔二〕，近弭禍亂之階，遠垂長世之祉；然時無聖人，目其品藻〔三〕，故不得騁驊、騄之迹於千里之塗〔四〕，編近世之道於三墳之末也〔五〕。

〔一〕環，白環。世本：「舜時，西王母獻白環。」（藝文類聚六七、文選何晏景福殿賦又丘遲與陳伯之書李注引）後漢書馬融傳：「（廣成頌）受王母之白環。」中論爵祿：「故舜……則西王母來獻白環。」文選景福殿賦：「納虞氏之白環。」帝王世紀：「西王母慕舜之德，來獻白環。」（開元占經一一三、後漢書馬融傳李注、初學記二十、太平御覽六二六引〔御覽八七二引瑞應圖：「黃帝時，西王母使乘白鹿來獻白環。」與諸書所言不同，蓋傳聞之異。〕）雉，白雉。太公金匱：「武王伐殷，四夷聞，各以〔其職〕來貢，越裳獻白雉，重譯而至。」（文選吳質答東阿王書李注引〔藝文類聚五九所引有異〕）尚書大傳：「交阯之南有越裳國。周公居攝六年，制禮作樂，天下和平。越裳氏以三象重譯而獻白雉。」（太平御覽七八五引〔後漢書南蠻傳文同，惟未標書名。〕）韓詩外傳五：「成王之時，有三苗貫桑而生，……比幾三年，果有越裳氏重九譯而至，獻白雉於周公。」論衡異虛：「周時天下太平，越裳獻〔白〕雉於周公。」（講瑞、宣漢二篇亦言之〔越裳獻白雉之時，諸書所言不同，蓋傳聞之異。〕）山海經大荒西經：「大荒之中，有山名曰大荒之山，日月所入，……是謂大荒之野。」此以「大荒」指邊遠地區。

〔二〕漢書郊祀志下「水圜宫垣」顔注：「圜，繞也。」列子説符「圜流九十里」釋文：「圜與圓同。」國語齊語「環山於有牢」韋注：「環，繞也。」素問奇病論「環齊而痛」王注：「環，謂圓繞如環。」孟子公孫丑下「環而攻之而不勝」，晉書段灼傳作「圜圍而攻之有不克者」。是「圜」、「環」因同訓而得通也。然則此文之「圜堵」，殆卽「環堵」矣。莊子讓王：「原憲居魯，環堵之室，茨以生草，蓬户不完，桑以爲樞而甕牖。……匡坐而弦。」成疏：「周環各一堵，謂之環堵，猶方丈之室也。……而弦歌自娛，知命安貧，所以然也。」淮南子原道：「環堵之室，茨之以生茅，蓬户瓮牖，揉桑爲樞，……聖人處之，不爲愁悴怨懟，而不失其所以自樂也。」高注：「堵長一丈，高一丈。面環一堵，爲方一丈，故曰環堵。言其小也。」陶靖節集五柳先生傳：「環堵蕭然，不蔽風日，短褐穿結，簞瓢屢空，晏如也。」所言居環堵之室者，皆能隨遇而安，各得其所。漢書揚雄傳上：「（河東賦）以函夏之大漢兮，彼曾何足與比功？」顔注引服虔曰：「函夏，函諸夏也。」文選七命：「王猷四塞，函夏謐寧。」張銑曰：「猷，道。謐，安也。函夏，謂中國也。言王道四方充塞，中國安靜也。」函夏之内，猶言國内。全句謂人民按堵如故也。（史記高祖紀：「諸吏人皆按堵如故。」集解引應劭曰：「堵，牆堵也。」「牆堵」之「堵」，疑卽此文「圜堵」之「堵」。）

〔三〕法言重黎：「或問『周官』。曰：『立事。』『左氏』。曰：『品藻。』」漢書揚雄傳下：「法言文多不著，獨著其目：……爰及名將尊卑之條，稱述品藻。」顔注：「品藻者，定其差品及文質。」

〔四〕穆天子傳一：「天子之駿，……華騮、緑耳。」郭注：「色如華而赤。今馬名驃赤者爲棗騮。棗騮，赤也。……八駿，皆因其毛色以爲名號耳。」荀子性惡：「驊騮、騹驥、纖離、緑耳，此皆古之良馬也。」楊注：「皆周穆王八駿名。」韓詩外傳七：「使驥不得伯樂，安得千里之足？造父亦無千里之手矣。」淮南子主術：「夫華騮、緑耳，一日而至千里。」史記秦紀：「造父以善御幸於周繆王，得驥、温驪、驊騮、騄耳之駟，西巡狩，樂而忘歸。徐偃王作亂，造父爲繆王御，長驅歸周，一日千里以救亂。」（趙世家略同）

〔五〕左傳昭公十二年：「是能讀三墳、五典、八索、九丘。」杜注：「皆古書名。」正義：「周禮（春官）外史：『掌三皇、五帝之書。』鄭玄云：『楚靈王所謂三墳、五典是也。』賈逵（春秋左氏解詁）云：『三墳，三皇之者。五典，五帝之典。』」

「拘繫之徒〔一〕，桎梏淺隘之中〔二〕，挈瓶訓詁之閒〔三〕，輕奇賤異，謂爲不急。或云小道不足觀〔四〕，或云廣博亂人思。而不識合錙銖可以齊重於山陵，聚百十可以致數於億兆〔五〕；羣色會而衮藻麗〔六〕，衆音雜而韶、濩和也〔七〕。

〔一〕拘繫，猶執著。淮南子要略：「非循一迹之路，守一隅之指，拘繫牽連之物，而不與世推移也。」

〔二〕桎梏，刑具，（易蒙初六「用説桎梏」釋文：「在足曰桎，在手曰梏。」）用以拘罪人者。此隨文意解爲束縛，則上下辭義一貫。桎梏淺隘之中者，謂囿於淺隘之域而不能自拔也。（莊子德充符：「彼且蘄以諔詭幻怪之名聞，不知至人之以是爲己桎梏？」其「桎梏」二字，亦應作束縛解。）

〔三〕左傳昭公七年：「人有言曰：『雖有挈缾之知，守不假器。』禮也。」杜注：「挈缾，汲者。喻小知爲人守器，猶知不以假人。」釋文：「之知，音智。注小知同。」文選文賦：「患挈瓶之屢空，病昌言之難屬。」吕延濟曰：「挈瓶，小器也。謂小智之人，才思屢空也。」説文缶部：「缾，罋也。从缶，并聲。缾，或从瓦。」漢書揚雄傳上：「雄少而好學，不爲章句，訓詁通而已。」顔注：「詁，謂指義也。」後漢書桓譚傳：「博學多通，徧習五經，皆詁訓大義，不爲章句。」郭璞爾雅序：「夫爾雅者，所以通詁訓之指歸。」邢疏：「詁，古也，通古今之言使人知也。訓，道也，道物之貌以告人也。」

〔四〕論語子張：「子夏曰：『雖小道，必有可觀者焉。』」皇疏：「小道，謂諸子百家之書也。一往看覽，亦微有片理，故云必有可觀者焉。」此反其語而用之。

〔五〕照按：「百十」，後百家篇作「百千」，是也。前任命篇「以索百千（今本作「百十」，此依慎本、盧本、柏筠堂本、文溯本、崇文本。）之售」，內篇極言「陶朱之資，必積百千」。是稚川屢以「百千」爲言。

〔六〕書益稷：「予欲觀古人之象，日、月、星、辰、山、龍、華、蟲，作會。」孔傳：「日、月、星爲三辰。華，象草華。蟲，雉也。畫三辰、山、龍、華、蟲於衣服、旌旗。會，五采也。以五采成此畫焉。」正義：「會者，合聚之名。下云『以五采彰施於五色，作服』。知會，謂五色也。禮，衣畫而裳繡。五色備謂之繡。知畫亦備五色，故云以五采成此畫焉。謂畫之於衣。」衮，衮衣。詩豳風九罭：「衮衣繡裳。」毛傳：「衮衣，卷龍也。」正義：「畫龍於衣謂之衮。故云衮衣，卷龍。」釋名釋首飾：「有衮，冕。衮，卷也。畫卷龍於衣也。」（杜預左傳桓公二年「衮、冕、黻、珽」注：「衮，畫衣也。」正義：「畫衣，謂畫龍於衣。……衮之言卷也，謂龍首卷然。」詩小雅采菽「玄衮及黻」正義：「然則以龍首卷然謂之衮，龍衮，是龍之狀也。」）國語鄭語：「（史伯）對曰：『……物一無文。』」韋注：「五色雜然後成文。」（文心雕龍情采：「五色雜而成黼黻。」）文選曹植七啟：「華藻繁縟。」李注：「藻，文采也。」

〔七〕管子宙合：「夫五音不同聲而能調。」尹注：「五音雖有不同，樂師盡能調之。」鶡冠子環流：「五聲不同均，然其可喜一也。」申鑒雜言上：「宮、商、角、徵不同，嘉音以章。」禮記樂記：「韶，繼也。……殷、周之樂盡矣。」鄭注：「（韶）舜樂名也。韶之言紹也，言舜能繼紹堯之德。周禮（春官大司樂）曰『大韶』（今本作『磬』）。……言盡人事也。周禮曰（殷曰）『大濩』，（周曰）『大武』。」（史記樂書同）漢書禮樂志：「舜作招，……湯作濩。」顏注：「招讀曰韶。

濩音護。」國語鄭語：「（史伯）對曰：『……聲一無聽。』」韋注：「五聲雜然後可聽。」（文心雕龍情采：「五音比而成韶、夏。」）方言三：「雜，集也。」廣雅釋詁三：「雜，聚也。」

或貴愛詩賦淺近之細文，忽薄深美富博之子書，以磋切之至言為騃拙〔一〕，以虛華之小辯為妍巧〔二〕。真偽顛倒，玉石混淆〔三〕，同廣樂於桑間〔四〕，鈞龍章於卉服〔五〕，悠悠皆然〔六〕，可歎可慨者也。」

〔一〕照按：「磋切」二字疑誤倒。詩衛風淇奧：「有匪君子，如切如磋，如琢如磨。」毛傳：「治骨曰切，象曰磋，玉曰琢，石曰磨。道其學而成也。聽其規諫以自脩，如玉、石之見琢、磨也。」爾雅釋訓：「如切如磋，道學也。」（禮記大學同）郭注：「骨、象須切、磋而為器，人須學問以成德。」韓詩外傳五：「此儒者之所謹守，日切磋而不舍也。」漢書董仲舒傳：「制曰：『……明其指略，切磋究之，以稱朕意。』」後漢書馬援傳：「……語朋友邪？應有切磋。」又盧植傳：「……夫士立爭友，義貴切磋。」三國志蜀書霍峻傳：「（霍）弋援引古義，盡言規諫，甚得切磋之體。」並作「切磋」。（它書中尚多有之，未見有作「磋切」者。）本書前崇教篇「雕琢切磋」，又疾謬篇「居危無切磋之益」，尤為切證。韓非子難言：「且至言忤於耳而倒於心，非聖賢莫能聽。」史記商君傳：「商君曰：『語有之矣，貌言，華也；至言，實也。』」

〔二〕大戴禮記小辨：「小辨破言。」文子上仁：「故小辯害義。」漢書揚雄傳下：「雖小辯，終破大道而或衆。」顏注：「為巧辯異辭以撓亂時政也。」「辨」、「辯」古通。

〔三〕孔叢子對魏王：「駑驥同轅，伯樂為之咨嗟；玉石相糅，卞氏為之歎息。故賢愚共貫，則能士匿謀；真偽相錯，則正士結舌。」

〔四〕穆天子傳一：「觴天子于盤石之上，天子乃奏廣樂。」史記趙世家：「趙簡子疾，五日不知人。……簡子寤，語大夫曰：『我之帝所甚樂，與百神游於鈞天，廣樂九奏萬舞，不類三代之樂，其聲動人心。』」（扁鵲傳同）禮記樂記：「桑間濮上之音，亡國之音也。」鄭注：「濮水之上，地有桑間者，亡國之音，於此之水出也。昔殷紂使師延作靡靡之樂，已而自沈於濮水。後師涓過焉，夜聞而寫之，爲晉平公鼓之。（師延、師涓事，見韓非子十過、史記樂書、論衡紀妖）是之謂也。桑間，在濮陽南。」正義：「濮水之上，地有桑間者，言濮水與桑間一處也。」漢書地理志下：「衛地有桑間濮上之阻，男女亦亟聚會，聲色生焉，故俗稱鄭衛之音。」

〔五〕禮記明堂位：「有虞氏服韍，夏后氏山，殷火，周龍章。」鄭注：「韍，冕服之韠也。……禹、湯至周，增以畫文，後王彌飾也。……龍，取其變化也。」正義：「周人加龍以爲文章。」後漢書仲長統傳：「（昌言損益篇）身無半通青綸之命，而竊三辰龍章之服。」李注：「龍章，謂山、龍之章，皆畫於衣也。」文選趙至與嵇茂齊書：「表龍章於裸壤。」劉良曰：「龍章，袞龍之服也。裸壤，不衣之國也。」書禹貢：「島夷卉服。」孔傳：「南海島夷草服葛越。」正義：「（爾雅）釋草云：『卉，草。』舍人曰：『凡百草一名卉。』知卉服是草服葛越也。葛越，南方布名，用葛爲之。（文選）左思吴都賦云：『蕉葛升越，弱於羅紈。』（劉淵林注：「蕉葛，葛之細者。升越，越之細者。」）是也。」孟子告子上「鈞是人也」趙注：「鈞，同也。」

〔六〕後漢書朱穆傳：「（崇厚論）記短則兼折其長，貶惡則並伐其善，悠悠者皆是，其可稱乎！」李注：「悠悠，多也。稱，舉也。」又崔駰傳：「（達旨）悠悠罔極，亦各有得。」李注：「悠悠，衆多也。罔極，猶無窮也。」

或曰：「著述雖繁，適可以騁辭耀藻，無補救於得失，未若德行不言之訓，故顏、閔爲上，而游、夏乃次四科之格〔一〕，學本而行末〔二〕。然則綴文固爲餘事〔三〕，而吾子不褒崇其源，而獨貴其流，可乎？」

〔一〕論語先進：「德行：顏淵，閔子騫，冉伯牛，仲弓。言語：宰我，子貢。政事：冉有，季路。文學：子游，子夏。」皇疏：「孔子門徒三千，而唯有此以下十人名爲四科。四科者，德行也，言語也，政事也，文學也。德行爲人生之本，故爲第一以冠初也。而顏、閔及二冉合其名矣。王弼曰：『此四科者，各舉其才長也，顏淵德行之俊，尤兼之矣。』范甯曰：『德行，謂百行之美也。四子俱雖在德行之目，而顏子爲其冠。』」（史記仲尼弟子傳：「孔子曰：『受業身通者七十有七人』，皆異能之士也。德行：顏淵，閔子騫，冉伯牛，仲弓。政事：冉有，季路。言語：宰我，子貢。文學：子游，子夏。」」（索隱：「論語一曰德行，二曰言語，三曰政事，四曰文學。今此文政事在言語上，是其記有異也。」））

〔二〕陳澧曰：「『學本而行末』，疑當作『學末而行本』。」照按：「學」、「行」二字淆次，與上下文意不合。若乙作「行本而學末」，則怡然理順矣。

〔三〕漢書楚元王傳贊：「自孔子後，綴文之士衆矣。」文選皇甫謐三都賦序：「逮漢賈誼，頗節之以禮。自時厥後，綴文之士，不率典言。」綴文，謂聯綴辭句成文。漢書敘傳上：「（答賓戲）著作者，前列之餘事耳。」

抱朴子答曰：「德行爲有事，優劣易見〔一〕；文章微妙，其體難識〔二〕。夫易見者，粗也；難識者，精也。夫唯粗也，故銓衡有定焉；夫唯精也，故品藻難一焉。吾故捨易見之粗，而論難識之精，不亦可乎？」

〔一〕照按：「爲」字蓋涉上文誤衍，當删。「德行有事」，始能與下「文章微妙」句相儷。易節：「象曰：『……君子以制數度，議德行。』」正義：「德行，謂人才堪任之優劣。」釋文：「（行）下孟反。」周禮天官宫正：「糾其德行。」賈疏：「糾察其在身爲德，施之爲行二者也。」又地官師氏：「以三德教國子：一曰至德以爲道本，二曰敏德以爲行本，三曰孝德以知逆惡。教三行：一曰孝行以親父母，二曰友行以尊賢良，三曰順行以事師長。」左傳襄公三十一年：「德行可象。」大戴禮記盛德：「是故古者天子孟春論吏德行，能理功能得德法者爲有德，能行德法者爲有行。」並可作爲此二句注脚。

〔二〕體，體性，文心雕龍有體性篇。

或曰：「德行者，本也；文章者，末也。故四科之序，文不居上。然則著紙者，糟粕之餘事〔一〕；可傳者，祭畢之芻狗〔二〕。卑高之格，是可識矣。文之體略，可得聞乎？」

〔一〕莊子天道：「桓公讀書於堂上，輪扁斲輪於堂下，釋椎鑿而上，問桓公曰：『敢問公之所讀者，何言邪？』公曰：『聖人之言也。』曰：『聖人在乎？』公曰：『已死矣。』曰：『然則君之所讀者，古人之糟魄已夫？』」（又見淮南子道應（韓詩外傳五有異，桓公作楚成王。））釋文：「桓公，李（頤）云：『齊桓公也，名小白。』輪扁，音篇。司馬（彪）云：『斲輪人也，名扁。』糟，音遭。李云：『酒滓也。』魄，普各反。司馬云：『爛食曰魄。』一云糟爛爲魄。本又作粕，音同。」

〔二〕莊子天運：「孔子西遊於衛，顔淵問師金曰：『以夫子之行爲奚如？』師金曰：『惜乎，而夫子其窮哉！』顔淵曰：『何也？』師金曰：『夫芻狗之未陳也，盛以篋衍，巾以文繡，尸祝齊戒以將之；及其已陳也，行者踐其首脊，蘇者取而爨之而已。』」釋文：「師金，李（頤）云：『師，魯大師也；金，其名也。』芻狗，李云：『結芻爲狗，巫祝用之。』齊戒，側皆反，本亦作齋。蘇，李云：『蘇，草也。取草者，得以炊也。』」淮南子本經：「著於竹帛，鏤於金石，可傳於人者，其粗也。」又齊俗：「譬若芻狗、土龍之始成，文以青黄，絹（絹）以綺繡，纏以朱絲，尸祝袀袨，大夫端冕以送迎之；及其已用之後，則壤土草蒯（蒯）而已，夫有孰貴之？」許注：「言弃之不貴也。」

抱朴子答曰：「荃可以棄，而魚未獲，則不得無荃；文可以廢，而道未行，則不得無文〔一〕。

〔一〕莊子外物：「荃者所以在魚，得魚而忘荃。……言者所以在意，得意而忘言。」釋文：「荃，七全反。崔（譔）音孫，香草也，可以餌魚。或云：『積柴水中，使魚依而食焉。』一云：『魚笱也。』」成疏：「筌，魚笱也。以竹爲之，故字從竹。亦有從草者，意蓀筌也，香草也，可以餌魚。置香於柴木蘆葦之中，以取魚也。」文選嵇康贈秀才入軍詩：「嘉彼釣叟，得魚忘筌。」吕延濟曰：「得魚忘筌，謂其得道也。言與秀才亦相與得意忘言。筌，引魚者。」

若夫翰迹韻略之宏促，屬辭比事之疏密〔一〕，源流至到之修短，蘊藉汲引之深淺〔二〕。其懸絶也，雖天外、毫内，不足以喻其遼邈〔三〕；其相傾也，雖三光、熠耀，不足以方其巨細〔四〕；龍淵、鉛鋌，未足譬其鋭鈍〔五〕；鴻羽、積金，未足比其輕重。清濁參差，所禀有主，朗昧不同科，强弱各殊氣〔六〕。而俗士唯見能染毫畫紙者，便槩之一例。斯伯牙所以永思鍾子〔七〕，郢人所以格斤不運也〔八〕。

〔一〕禮記經解：「屬辭比事，春秋教也。」鄭注：「屬，猶合也。春秋多記諸侯朝聘會同，有相接之辭，罪辯之事。」正義：

「屬，合也。比，近也。春秋聚合會同之辭，是屬辭，比次褒貶之事，是比事也。」釋文：「比，毗志反。」南齊書張融傳：「（門律自序）吾之文章，……政以屬辭多出，比事不羈，不阡不陌，非途非路耳。」

〔二〕後漢書桓榮傳：「温恭有蘊藉。」李注：「蘊藉，猶言寬博有餘也。」又第五倫傳：「然少蘊藉。」李注：「蘊藉，猶寬博也。」蘊藉汲引，後文行篇作「韞藉汲引」，義同，皆謂博採也。

〔三〕懸絶，相差甚遠。論衡知實：「聖賢之實同而名號殊，未必才相懸絶，智相兼倍也。」文選李陵答蘇武書：「步、馬之勢，又甚懸絶。」又張衡思玄賦：「廓盪盪其無涯兮，乃今窺乎天外。」李注引宋玉大言賦曰：「長劍耿耿倚天外。」又皇甫謐三都賦序：「其文博誕空類，大者罩天地之表，細者入毫纖之內。」

〔四〕史記天官書：「衡，太微，三光之廷。」索隱引宋均曰：「三光，日、月、五星也。」淮南子原道：「紘宇宙而章三光。」高注：「三光，日、月、星。」詩豳風東山：「熠燿宵行。」毛傳：「熠燿，燐也。燐，熒火也。」段玉裁説文炎部粦字注曰：「熒火，謂其火熒熒閃暘，猶言鬼火也。」燿，燿之後起字。

〔五〕越絶書越絶外傳記寶劍：「歐冶子、干將……作爲鐵劍三枚：一曰龍淵，二曰泰阿，三曰工布。」戰國策韓策一：「（蘇秦爲楚合從説韓王）韓卒之劍戟，……龍淵、太阿，皆陸斷馬牛，水擊鴻雁。」史記蘇秦傳「龍淵、太阿」集解：「吳越春秋曰：『楚王召風胡子而告之曰：「寡人聞吳有干將，越有歐冶，寡人欲因子請此二人作劍，可乎？」風胡子曰：「可。」乃往見二人，作劍，一曰龍淵，二曰太阿。』」（今本闔閭內傳無此文）又索隱：「太康地記曰：『汝南西平有龍泉水，可以淬刀劍，特堅利，故有龍泉（淵）之劍，楚之寶劍也。以特堅利，故有堅白之論，……故天下寶劍韓爲衆。』」又賈生傳：「（弔屈原賦）莫邪爲頓兮，鉛刀爲銛。」集解：「漢書音義曰：『銛謂利。』」索隱：「鉛者，錫也。銛，利也。」楚辭九懷株昭：「鉛刀厲御兮，頓弃太阿。」洪補注：「頓音鈍，不利也。」鹽鐵論殊路：「干、越之鋌不礪，匹夫賤之；工人施巧，人主服而朝也。」文選七命：「邪谿之鋌。」李注引許慎淮南子（俶務）注曰：「鋌，銅、鐵璞也。」

〔六〕文選典論論文：「文以氣爲主，氣之清濁有體，不可力強而致。譬諸音樂，曲度雖均，節奏同檢，至於引氣不齊，巧拙有素，雖在父兄，不能以移子弟。」

〔七〕呂氏春秋本味：「伯牙鼓琴，鍾子期聽之。方鼓琴而志在太山，鍾子期曰：『善哉乎鼓琴，巍巍乎若太山！』少選之間，而志在流水，鍾子期又曰：『善哉乎鼓琴，湯湯乎若流水！』鍾子期死，伯牙破琴絶弦，終身不復鼓琴，以爲世無足復爲鼓琴者。」高注：「伯，姓，牙，名，或作雅。鍾，氏，期，名。子，皆通稱。悉楚人也。少善聽音，故曰爲世無足爲鼓琴也。」（又見韓詩外傳九、説苑尊賢、風俗通義聲音、列子湯問〔字句閒有不同〕）淮南子俶務：「是故鍾子期死，而伯牙絶絃破琴，知世莫賞也。」説苑談叢：「鍾子期死，而伯牙絶絃破琴，知世莫可爲鼓也。」

〔八〕莊子徐无鬼：「莊子送葬，過惠子之墓，顧謂從者曰：『郢人堊慢（成疏：「堊者，白善土也。」慢，〔釋文：「慢，本亦作漫。」〕汙也。）其鼻端，若蠅翼，使匠石斲之。匠石運斤成風，聽而斲之，盡堊而鼻不傷，郢人立不失容。宋元君聞之，召匠石曰：『嘗試爲寡人爲之。』匠石曰：『臣則嘗能斲之，雖然，臣之質（宣穎注：「質，施技之地，謂郢人也。」）死久矣。』自夫子之死也，吾无以爲質矣，吾无與言之矣。』」（郭注：「非夫不動之質，忘言之對，則雖至言妙斲而無用之。」）據此，則格斤不用者，乃匠石而非郢人也。稚川行文有誤。內篇釋滯「郢人奮斧於鼻堊」，誤與此同。漢書揚雄傳下：「（解難）獿人亡，則匠石輟斤而不敢斲。」文選嵇康琴賦：「匠石奮斤。」又劉峻廣絶交論：「若乃匠人輟成風之妙。」皆用莊文而作「匠石」或「匠人」，亦其明證。小爾雅廣詁：「格，止也。」

「蓋刻削者比肩，而班、狄擅絶手之稱〔一〕；援琴者至衆，而夔、襄專知音之難〔二〕；廄馬千駟，而騏驥有邈羣之價〔三〕；美人萬計，而威、施有超世之容〔四〕。蓋有遠過衆者也。

〔一〕刻削，雕刻。韓非子説林下：「桓赫曰：『刻削之道，鼻莫如大，目莫如小。』」班，公輸班，亦稱魯班。狄，墨狄，即墨翟。（內篇論仙「夫班、狄不能削瓦石爲芒鍼」，又辨問「夫班、狄機械之聖也」，並作「班、狄」，與此同。）班、狄擅絕手之稱，已見名實篇「而欲雙巧於班、墨」句箋。

〔二〕書舜典：「帝曰：『夔！命汝典樂，教胄子，直而溫，寬而栗，剛而無虐，簡而無傲，詩言志，歌永言，聲依永，律和聲，八音克諧，無相奪倫，神人以和。』夔曰：『於！予擊石拊石，百獸率舞。』」呂氏春秋察傳：「孔子曰：『昔者舜欲以樂傳教於天下，乃令重黎舉夔於草莽之中而進之，舜以爲樂正。夔於是正六律，和五聲，以通八風，而天下大服。』」高注：「（樂正）樂官之正也。」淮南子泰族：「夔之初作樂也，皆合六律而調五音，以通八風。」許注：「夔，堯典樂官也。」韓詩外傳五：「孔子學鼓琴於師襄子而不進。師襄子曰：『夫子可以進矣。』孔子曰：『丘已得其曲矣，未得其數也。』有閒，曰：『夫子可以進矣。』曰：『丘已得其數矣，未得其意也。』有閒，復曰：『夫子可以進矣。』曰：『丘已得其人矣，未得其類也。』有閒，曰：『邈然遠望，洋洋乎，翼翼乎，必作此樂也。黯然黑，幾然而長，以王天下，以朝諸侯者，其惟文王乎？』師襄子避席再拜，曰：『善！師以爲文王之操也。』」（又見史記孔子世家、家語辯樂解（字句閒有不同））淮南子主術：「孔子學鼓琴於師襄，而諭文王之志，見微以知明也。」高注：「師襄，魯樂太師也。諭，教，教之鼓文王操也。」文選馬融長笛賦：「夔、襄比律。」又嵇康琴賦：「夔、襄薦法。」均以夔、襄並舉。（夔善鼓琴事未詳（蓋連類及之，恐非實有所指也。））

〔三〕論語季氏：「齊景公有馬千駟。」集解引孔安國曰：「千駟，四千匹。」莊子秋水：「騏、驥、驊騮，一日而馳千里。」釋文引李頤云：「騏、驥、驊騮，皆駿馬也。」

〔四〕威，南之威，亦省作南威。戰國策魏策二：「晉文公得南之威，三日不聽朝。遂推南之威而遠之，曰：『後世必有以色亡其國者。』」文選曹植七啟：「南威爲之解顏。」又與楊德祖書：「蓋有南威之容，乃可以論於淑媛。」（南之威省作南威，如丹之姬省爲丹姬然。）施，西施，已見勗學篇「粉黛至則西施以加麗」句箋。

且文章之與德行，猶十尺之與一丈。謂之餘事，未之前聞。夫上天之所以垂象〔一〕，唐、虞之所以爲稱〔二〕，大人虎炳，君子豹蔚〔三〕，昌、旦定聖謚於一字〔四〕，仲尼從周之郁〔五〕，莫非文也。八卦生鷹隼之所被〔六〕，六甲出靈龜之所負〔七〕。文之所在，雖賤猶貴。犬羊之鞹〔八〕，未得比焉。且夫本不必皆珍，末不必悉薄。譬若錦繡之因素地〔九〕，珠玉之居蚌、石〔一〇〕，雲雨生於膚寸〔一一〕，江河始於咫尺〔一二〕。爾則文章雖爲德行之弟，未可呼爲餘事也」。

〔一〕易繫辭上：「縣象著明，莫大乎日月。」又：「天垂象。」文子上德：「天道爲文。」舊注：「日月星辰。」論衡佚文：「天有日月星謂之文。」（意林三、太平御覽三六、事類賦六引）

〔二〕論語泰伯：「子曰：『大哉堯之爲君也！巍巍乎！唯天爲大，唯堯則之。蕩蕩乎！民無能名焉。巍巍乎！其有成功也，煥乎，其有文章！』」集解：「煥，明也。其立文垂制又著明。」

〔三〕易革：「象曰：『大人虎變，其文炳也。』」又：「象曰：『君子豹變，其文蔚也。』」正義：「其文炳者，義取文章炳著也。其文蔚者，明其不能大變，故文細而相暎蔚也。」

〔四〕史記周紀：「公季卒，子昌立，是爲西伯。西伯曰文王。……西伯蓋即位五十年，……謚爲文王。」正義：「〈周書謚法：『經緯天地曰文。』」又魯周公世家：「周公旦者，周武王弟也。」索隱：「謚曰周文公，見國語。」國語周語上：「是故周文公之頌曰：『載戢干戈，……允王保之。』」韋注：「文公，周公旦之謚也。頌，時邁之詩。」

〔五〕論語八佾：「子曰：『周監於二代，郁郁乎文哉！吾從周。』」集解引孔安國曰：「監，視也。言周文章備於二代，當從之。」皇疏：「二代，夏、殷也。郁郁，文章明著也。……周既極備，爲教所須，故孔子欲從周也。」

〔六〕易繫辭下：「古者包犧氏之王天下也，仰則觀象於天，俯則觀法於地，觀鳥獸之文與地之宜，近取諸身，遠取諸物，於是始作八卦。」（説文解字敍同）釋文：「包，本又作庖。孟（喜）、京（房）作伏。犧，字又作羲。」漢書五行志上：「易（繫辭上）曰：『天垂象，見吉凶，聖人象之；河出圖，雒出書，聖人則之。』劉歆以爲虙羲氏繼天而王，受河圖，則而畫之，八卦是也。」顏注：「虙，讀與伏同。放效河圖而畫八卦也。」尚書中候握河紀：「伏羲氏有天下，龍馬負圖出於河，遂法之以畫八卦。」（禮記禮運正義引）禮緯含文嘉：「伏犧德合上下，天應以鳥獸文章，地應以河圖洛書，伏犧則而象之，乃作八卦。」（周易正義卷首引）稚川此文（後文行篇作「八卦生乎鷹隼之飛」）與相承舊説異，未詳所出。（丹鉛總録十四：「抱朴子曰：『八卦生鷹隼之所被，六甲出靈龜之所負。』説者謂鷹隼之羽文亦有八卦之象。未驗，無以知其然否也。」）

〔七〕漢書律曆志上：「故日有六甲。」蓋謂時日干支之甲子、甲戌、甲申、甲午、甲辰、甲寅也。此文「六甲」當與之同。惟云「出靈龜之所負」，亦未詳所出。

〔八〕論語顏淵：「棘子成曰：『君子質而已矣，何以文爲？』子貢曰：『惜乎！夫子之説君子也。駟不及舌。文猶質也，質猶文也。虎豹之鞟，猶犬羊之鞟。』」集解引孔安國曰：「皮去毛曰鞟。虎豹與犬羊別，正以毛文異耳。今使文質同者，何以別虎豹與犬羊耶？」皇疏：「虎豹所以貴於犬羊者，政以毛文炳蔚爲異耳。今若取虎豹及犬羊皮俱滅其毛，唯餘皮在，則誰復識其貴賤，別於虎豹與犬羊乎？」

〔九〕考工記：「五采備謂之繡。……凡畫繢之事，後素功。」鄭注：「素，白采也。後布之，爲其易漬汙也。不言繡，繡以絲也。」論語八佾：「子曰：『繪事後素。』」集解引鄭玄曰：「繪，畫文也。凡繪畫，先布衆色，然後以素分布其間，以成其文。」皇疏：「先雖布衆采蔭映，然後必用白色以分閒之，則畫文分明，故曰繪事後素也。……又刺縫成文，則謂之繡。畫之成文，謂之爲繪也。」釋文：「繪事，胡對反。本又作繢，同。畫文也。」朱注：「謂先以粉地爲質，而後施五采。」（文心雕龍定勢：「譬五色之錦，各以本采爲地矣。」）

〔一〇〕墨子佚文：「楚之明月，（即隨侯珠，因隨爲楚所滅，故稱楚之明月。）出於蚌蜃。」（藝文類聚八三、太平御覽九四一引）淮南子説山：「明月之珠，出於蛖蜃。」（説林篇高注：「蛖，大蛤，中有珠。」蛖與蚌同。）史記褚補龜策傳：「明月之珠，出於江海，藏於蚌中。」韓非子和氏：「楚人和氏得玉璞楚山中，……王乃使玉人理其璞，而得寶焉。遂命曰和氏之璧。」漢書敍傳上：「（答賓戲）賓又不聞龢氏之璧韞於荆石，隨侯之珠藏於蜯蛤虖？」顏注：「龢，古和字也。蜯，即蚌字也。」

〔一一〕公羊傳僖公三十一年：「觸石而出，膚寸而合，不崇朝而徧雨乎天下者，唯泰山爾。」何注：「側手爲膚，按指爲寸。言其觸石理而出，無有膚寸而不合。崇，重也。不崇朝，言一朝也。」（又見尚書大傳（藝文類聚一、後漢書章帝紀注、太平御覽八又十、文選應璩與從弟君苗君胄書李注（膚寸作扶寸，並引鄭玄注：「四指爲扶。」）引）、淮南子氾論、説苑辨物、風俗通義山澤。）

〔一二〕荀子子道：「昔者江出於嶓山，其始出也，其源可以濫觴。及其至江之津也，不放舟，不避風，則不可涉也，非唯下流水多邪？」（又見韓詩外傳三、説苑雜言、家語三恕）

或曰：「今世所爲，多不及古；文章著述，又亦如之。豈氣運衰殺〔一〕，自然之理乎？」

〔一〕殺，去聲。荀子禮論：「以隆殺爲要。」楊注：「隆，豐厚；殺，減降也。」（史記禮書索隱：「殺，猶薄也。」）減也。

抱朴子答曰：「百家之言，雖有步起〔一〕，皆出碩儒之思，成才士之手，方之古人，不必悉減也。或有汪濊玄曠，合契作者〔二〕，内闢不測之深源，外播不匱之遠流〔三〕。其所祖宗也高，其所紬繹也妙。變化不繫滯於規矩之方圓，旁通不凝閡於一塗之逼促〔四〕。是以偏嗜酸鹹者，莫能知其味；用思有限者，不能得其神也。夫應龍徐舉，顧眄凌雲〔五〕；汗血緩步，呼吸千里〔六〕。而螻螘怪其無階而高致，駑蹇患其過己之不漸也〔七〕。

〔一〕「起」，崇文本作「趨」。照按：「趨」字誼長。莊子田子方：「顔淵問於仲尼曰：『夫子步亦步，夫子趨亦趨，夫子馳亦馳，夫子奔逸絶塵，而回瞠若乎後矣。』」此卽步趨二字之所自出，可證。

〔二〕禮記樂記：「作者之謂聖。」正義：「聖者通達物理，故作者之謂聖。」

〔三〕左傳襄公二十九年：「用而不匱。」詩大雅既醉「孝子不匱」毛傳：「匱，竭。」

〔四〕說文門部：「閡，外閉也。」段注：「有外閉則爲礙。」玉篇門部：「閡，五載切，止也。與礙同。」

〔五〕淮南子覽冥：「服應龍。」高注：「一說：『應龍，有翼之龍也。』」又主術：「應龍乘雲而舉。」漢書敍傳上：「（答賓戲）應龍潛於潢汙，魚黿媟之，不覩其能奮靈德，合風雲，超忽荒，而躆顥蒼也。故夫泥蟠而天飛者，應龍之神也。」顔注：「應龍，龍有翼者。顥，顥天也。」文選答賓戲李注引項岱曰：「忽荒，天上也。」顧眄凌雲，言其飛入雲霄之速。

〔六〕史記大宛傳：「初，天子（武帝）發書易，云『神馬當從西北來』。得烏孫馬好，名曰『天馬』。及得大宛汗血馬，益壯，更名烏孫馬曰『西極』，名大宛馬曰『天馬』云。」漢書武帝紀：「（太初）四年春，貳師將軍（李）廣利斬大宛王首，獲汗血馬來。作西極天馬之歌。」顏注引應劭曰：「大宛舊有天馬種，蹋石汗血。汗從前肩髆出，如血。號一日千里。」文選郭璞江賦：「呼吸萬里，吐納靈潮。」李注：「呼吸萬里，言其疾也。」

〔七〕呂氏春秋適威「以爲造父不過也」高注：「過，猶勝。」列女傳母儀魯季敬姜傳：「其所與遊者，皆過己者也。」易漸「漸之進也」正義：「漸是徐動之名。」此句謂駑蹇不患自身遲鈍，而患汗血馬「緩步」即「呼吸千里」之速也。

「若夫馳騁於詩論之中，周旋於傳記之間，而以常情覽巨異，以褊量測無涯，以至粗求至精，以甚淺揣甚深，雖始自髫齔〔一〕，訖于振素〔二〕，猶不得也。夫賞其快者，必譽之以好，而不得曉者，必毁之以惡〔三〕。自然之理也。於是以其所不解者爲虛誕，慺原注：「力侯切，敬也。」誠以爲爾，未必違情以傷物也。

〔一〕髫齔，指童年。後漢書文苑下邊讓傳：「（蔡邕薦讓書）髫齔夙孤，不盡家訓，及就學廬，便受大典。」李注：「髫，翦髮爲鬌也。齔，毁齒（换牙）也。」宋書樂志四曹植鼙舞歌靈芝篇：「髫齔無夭齒，黃髮盡其年。」

〔二〕振素，謂年老，言其頭白也。（陸士龍集歲暮賦「黃裳皓而振素」，則以「振素」形容黃裳之色發白。）

〔三〕文心雕龍定勢：「桓譚稱文家各有所慕，或好浮華而不知實覈，或美衆多而不見要約。陳思亦云：『世之作者，或好煩文博彩，深沉其旨者；或好離言辨白〔句〕，分毫析釐者。』」又知音：「夫篇章雜沓，質文交加，知多偏好，人莫圓該。慷慨者逆聲而擊節，醞藉者見密而高蹈，浮慧者觀綺而躍心，愛奇者聞詭而驚聽。會己則嗟諷，異我則沮棄，各執一隅之解，欲擬萬端之變。所謂『東向而望，不見西牆』也。」均可挹彼注茲。本書後辭義：「五味舛而並甘，衆色乖而皆麗。近人之情，愛同憎異。貴乎合己，賤乎殊途。夫文章之體，尤難詳賞。苟以入耳爲佳，適心爲快，尟知忘味之九成，雅頌之風流也。所謂考鹽梅之鹹酸，不知大羹之不致，明飄飄之細巧，蔽於沈深之弘邃也。」亦可與此文互證。

「又世俗率神貴古昔而黷賤同時〔一〕，雖有追風之駿，猶謂之不及造父之所御也〔二〕；雖有連城之珍，猶謂之不及楚人之所泣也〔三〕；雖有疑斷之劒，猶謂之不及歐冶之所鑄也〔四〕；雖有起死之藥，猶謂之不及和、鵲之所合也〔五〕；雖有超羣之人，猶謂之不及竹帛之所載也〔六〕；雖有益世之書，猶謂之不及前代之遺文也。是以仲尼不見重於當時〔七〕，大玄見蚩薄於比肩也〔八〕。

〔一〕神貴古昔黷賤同時，已見鈞世篇「貴遠賤近」句箋。

〔二〕古今註鳥獸：「秦始皇有名馬七：一曰追風。」文選七啟：「駕超野之駟，乘追風之輿。」李注：「超野、追風，言疾也。」造父，已見君道篇「馬不調造父不能超千里之迹」句箋。

〔三〕連城之珍，已見擢才篇「褭直連城」句箋。楚人，卞和，亦見擢才篇「和氏所以抱璞而泣血」句箋。

〔四〕「疑」，藏本、魯藩本、吉藩本、愼本、盧本、舊寫本、柏筠堂本、文溯本、叢書本、崇文本作「擬」。照按：「擬」字是。列士傳：「干將、莫耶爲晉君作劍，三年乃成。劍有雌雄，乃以雌獻君，留其雄者自服。君覺，殺之。妻孕，謂其妻曰：『吾藏劍在南山之陰，北山之陽，松生石上，劍在其中矣。爾生男，當以告之。』妻後生男，名曰赤鼻。晉君夢一人，眉廣二寸，辭欲報讎。購求甚急，乃逃朱興山中，遇客，欲爲報讎。赤鼻乃持刎首奉之。客持頭詣晉君，令鑊煮之。頭三日三夜不爛。客曰：『君往觀之卽爛。』客以雄劍擬君，君頭墮鑊中。」（北堂書鈔一二二、太平御覽三四三引）又見搜神記（卷十一）及孝子傳（御覽三四三引）。三書辭句雖不甚相同，然所敘擬劍頭墮則完全一致。（吳越春秋佚文（御覽三六四引）作「客於後以劍斬王」，與三書異。）是「疑」字爲平津本寫刻之誤，當據改。歐冶，已見崇教篇「不經歐冶之門者也」句箋。

〔五〕和，秦景公時良醫名。已見用刑篇「若廢和、鵲之方」句箋。鵲，扁鵲，卽秦越人。已見嘉遯篇「則無以效越人之絕伎」句箋。

〔六〕竹，竹簡。帛，縑帛。古代無紙，用以書寫文字者。墨子貴義：「子墨子曰：『古之聖王，欲傳其道於後世，是故書之竹帛，鏤之金石，傳遺後世子孫，欲後世子孫法之也。』」

〔七〕荀子大略：「仲尼、顏淵知而窮於世。」呂氏春秋諭大：「孔丘、墨翟欲行大道於世而不成。」又遇合：「孔子周流海內，再干世主，如齊至衞，所見八十餘君。……以此游僅至於魯司寇。」高注：「僅猶裁也。孔子有聖德，不見大用，裁至於司寇也。」新語本行：「（夫子）閔周室之衰微，禮義之不行也，厄挫頓仆，歷說諸侯，欲匡帝王之道，反天下之政，身無其立（讀爲位），而世無其主，周流天下，無所合意。」淮南子泰族：「孔子欲行王道，東西南北七十說而無所偶。」鹽鐵論相刺：「孔子曰：『詩人疾之不能默，丘疾之不能伏。』（未詳所出）是以東西南北七十說而不用。」說苑至公：「夫子行說七十諸侯，無定處。意欲使天下之民各得其所，而道不行。」又：「孔子生於亂世，莫之能容也。……服重歷遠，周流應聘，乃俟幸施道，以子百姓，而當世諸侯，莫能任用。」（論衡儒增：「書說：孔子不能容於世，周流游說七十餘國，未嘗得安。夫言周流不遇，可也；言干七十國，增之也。」）後漢書陳元傳：「（上疏）仲尼聖德，而不容於世。」

〔八〕論衡齊世：「揚子雲作太玄，造法言，張伯松不肯壹觀。與之併肩，故賤其言。使子雲在伯松前，伯松以爲金匱矣。」漢書揚雄傳贊：「以爲經莫大於易，故作太玄，傳莫大於論語，作法言。……時有好事者載酒肴從游學，而鉅鹿侯芭常從雄居，受其太玄、法言焉。劉歆亦嘗觀之，謂雄曰：『空自苦！今學者有祿，然尚不能明易，又如玄何？吾恐後人用覆醬瓿也。』雄笑而不應。」方言揚雄答劉歆書：「（張伯松）又言：『恐雄爲太玄經，由鼠坻之與牛場也。（章注：「坻，音墀。場，音傷。皆糞也。方言（六）：『梁、宋之間，蚍蜉、犁鼠之場謂之坻。』」）如其用，則實五稼飽邦民；否則，爲牴糞棄之於道矣。』而雄般之。」（章注：「般，蒲官切，樂也。」）劉子正賞：「張伯松遠羡仲舒之博，近遺子雲之美。」大讀爲太。文選揚雄劇秦美新李注：「王莽潛移龜鼎，子雲進不能辟戟丹墀，亢辭鯁議，退不能草玄虛室，頤性全真，而反露才以耽寵，詭情以懷祿，「素餐」所刺，何以加焉。抱朴方之仲尼，斯爲過矣。」照按：崇賢所評，即此文也。又按：顏氏家訓文章篇論楊雄太玄有「葛洪以方仲尼」語，是李注遺辭固有所本也。

俗士多云：今山不及古山之高，今海不及古海之廣，今日不及古日之熱，今月不及古月之朗。何肯許今之才士，不減古之枯骨？重所聞，輕所見〔一〕，非一世之所患矣。昔之破琴剿弦者〔二〕，諒有以而然乎？」

〔一〕桓譚新論：「世咸尊古卑今，貴所聞，賤所見。」（文選東京賦李注引）

〔二〕破琴剿弦，已見本篇上文「斯伯牙所以永思鍾子」句箋。

抱朴子外篇校箋卷之三十三

漢過〔一〕

抱朴子曰：「歷覽前載，逮乎近代，道微俗弊，莫劇漢末也。當塗端右、閹官之徒〔二〕，操弄神器〔三〕，秉國之鈞〔四〕，廢正興邪〔五〕，殘仁害義，蹲踏背憎〔六〕，即聾從昧〔七〕，同惡成羣〔八〕，汲引姦黨，吞財多藏，不知紀極〔九〕。而不能散錙銖之薄物，施振清廉之窮儉焉。

〔一〕陳澧曰：「此篇指斥當時之事，託言漢末耳。」

〔二〕韓非子孤憤：「當塗之人擅事要，則外內爲之用矣。」文選郭璞遊仙詩「長揖當塗人」李注：「當塗，即當仕路也。」晉起居注：「太始元年詔曰：『夫尚書令總百揆之得失，管王政之開塞者，端右之職也。是以自漢代以來，每選此官，必慎其人。』」（北堂書鈔五九引）閹官，宦官。

〔三〕神器，已見良規篇「神器去矣」句箋。

〔四〕秉國之鈞，已見百里篇「若秉國之鈞」句箋。

〔五〕漢書刑法志：「（宣帝）乃下詔曰：『……夫決獄不當，使有罪興邪，不辜蒙戮。』」顏注：「晉灼曰：『當重而輕，使有罪者起邪惡之心也。』師古曰：『有罪者更興邪惡，無辜者反陷重刑，是決獄不平故。』」

〔六〕詩小雅十月之交：「噂沓背憎，職競由人。」毛傳：「噂，猶噂噂。沓，猶沓沓。職，主也。」鄭箋：「噂噂沓沓，相對談語，背則相憎逐，爲此者主由人也。」正義：「今下民皆噂噂沓沓，相對談語，背去則相憎疾。衆人皆主意競逐爲此行者，主由人耳。由在位信讒，故民皆競爲此以相災害，非從天墮也。」「噂」，唐石經初刻作「蹲」，與此同。「踏」，則因「蹲」而加「足」旁耳。

〔七〕左傳僖公二十四年：「即聾從昧，與頑用嚚，姦之大者也。」正義：「即訓就也，就其耳聾者。從其目昧者。」

〔八〕左傳昭公十三年：「同惡相求，如市賈焉。」周書大武：「同惡相助。」管子法法：「人臣黨而成羣。」

〔九〕左傳文公十八年：「縉雲氏有不才子，……聚斂積實，不知紀極。」杜注：「實，財也。」

「進官，則非多財者不達也；獄訟，則非厚貨者不直也。官高勢重，力足拔才，而不能發毫釐之片言，進益時之翹俊也。其所用也，不越於妻妾之戚屬；其惠澤也，不出乎近習之庸瑣〔一〕。莫戒臧文竊位之譏〔二〕，靡追解狐忘私之義〔三〕，分祿以擬王林〔四〕，致事以由方回〔五〕。

〔一〕禮記月令：「（仲冬之月）雖有貴戚近習，毋有不禁。」鄭注：「近習，謂天子所親幸者。」韓非子八姦：「『何謂在旁？』曰：『優笑侏儒，左右近習。』」又孤憤：「治亂之功，制於近習。」後漢書皇甫規傳：「（對策）後遭姦僞，威分近習。」李注：「近習，諸佞倖親近小人也。」

〔二〕論語衛靈公：「子曰：『臧文仲其竊位者與？知柳下惠之賢，而不與立也。』」集解引孔安國曰：「柳下惠，展禽也。知其賢而不舉，爲竊位也。」皇疏：「臧文仲，魯大夫也。竊，盜也。……凡在位者，當助君舉賢才以共臣佐，而文仲在位，知柳下惠之賢，而不薦之於君，使與己同立公朝，所以是素餐盜位也。」劉寶楠正義：「竊如盜竊之竊，言竊居其位，不讓進賢能也。」

〔三〕韓非子外儲說左下：「解狐薦其讎於簡主以爲相，其讎以爲且幸釋己也，乃因往拜謝。狐乃引弓送而射之，曰：『解狐『夫薦汝公也，以汝能當之也；夫讎汝吾私怨也，不以私怨汝之故擁汝於吾君。』故私怨不入公門。」一曰：「解狐舉邢伯柳爲上黨守，柳往謝之曰：『子釋罪，敢不再拜。』曰：『舉子公也，怨子私也。子往矣，怨子如初也。』」韓詩外傳九：「魏文侯問於解狐曰：『寡人將立西河之守，誰可用者？』解狐對曰：『荆伯柳者賢人，殆可。』文侯曰：『是非子之讎也？』對曰：『君問可，非問讎也。』於是將以荆伯柳爲西河守。荆伯柳問左右：『誰言我於吾君？』左右皆曰：『解狐。』荆伯柳往見解狐而謝之曰：『子乃寬臣之過也，言於君。謹再拜謝。』解狐曰：『言子者公也，怨子者私也。公事已行，怨子如故。』張弓射之，走十步而沒。」（兩書所言不同，蓋傳聞之異。）

〔四〕陳漢章曰：「『王林』，即說苑『王林國』。」照按：說苑尊賢：「又有士曰王林，國有賢人，必進而任之，無不達也；不能達，退而與分其禄。」「國」字本屬下讀，與下文「又有士曰慶足，國有大事，則進而治之」語例同。陳氏斷句誤。（家語賢君略同（字句有脱誤）。）

〔五〕王廣恕曰：「（『致事』）疑作『致士』。」照按：本文上下皆言致士事，王說是也。藏本、魯藩本、舊寫本（吉藩本刪「分禄」、「致士」二句）並作「致士」。後詰鮑篇有「方回叩頭以致士」語，尤爲切證。孫氏依盧本改「士」爲「事」（柏筠堂本、文溯本、崇文本均從盧本作「事」），大謬。尸子：「舜事親養兄，爲天下法。其遊也得六人，曰：雒陶、方回、續牙、伯陽、東不識、秦不空，皆一國之賢者也。」（太平御覽八一引（北堂書鈔四九引作舜之得友五人，無方回。））淮南子俶真：「洛出丹書，河出緑圖，故許由、方回、善卷、披衣，得達其道。」高注：「方回、善卷、披衣，皆堯時隱士。」列仙傳方回傳：「方回者，堯時隱人也。堯聘以爲閭士。（内篇釋滯：「方回爲閭士。」即出於此。）煉食雲母，亦與民人有病者隱於五柞山中。」漢書古今人表上中有方回。此方回其人之略見於漢以前典籍者。其致士事，則無從攷索矣。

「故列子比屋，而門無鄭陽之恤〔一〕；高概成羣，而不遭暴生之薦〔二〕。抑挫獨立，推進附己。此樊姬所以掩口〔三〕，馮唐所以永慨也〔四〕。于時率皆素飡偷容〔五〕，掩德蔽賢〔六〕，忌有功而危之，疾清白而排之〔七〕，諱忠讜而陷之〔八〕，惡特立而擯之〔九〕。柔媚者受崇飾之祐，方稜者蒙訕棄之患〔一〇〕。養豺狼而殲騶虞〔一一〕，殖枳棘而翦椒桂〔一二〕。

〔一〕莊子讓王：「子列子窮，容貌有飢色。客有言之於鄭子陽者，曰：『列御寇蓋有道之士也，居君之國而窮，君无乃爲不好士乎？』鄭子陽即令官遺之粟。子列子見使者，再拜而辭。使者去。其妻望之而拊心曰：『妾聞爲有道者之妻子，皆得佚樂。今有飢色，君過而遺先生食。先生不受，豈不命邪？』子列子笑謂之曰：『君非自知我也。以人之言而遺我粟，至其罪我也，又且以人之言。此吾所以不受也。』」（又見呂氏春秋觀世、新序節士、列子説符）比屋，猶比舍，謂鄰近也。

〔二〕暴生，暴勝之。漢書雋不疑傳：「雋不疑字曼倩，勃海人也。治春秋，爲郡文學，進退必以禮，名聞州郡。武帝末，郡國盜賊羣起，暴勝之爲直指使者，衣繡衣，持斧，逐捕盜賊，督課郡國，東至海，以軍興誅不從命者，威振州郡。勝之素聞不疑賢，至勃海，遣吏請與相見。不疑冠進賢冠，……褒衣博帶，盛服至門上謁。……勝之開閤延請，望見不疑容貌尊嚴，衣冠甚偉，勝之躧履起迎。……勝之知不疑非庸人，敬納其戒，深接以禮意，問當世所施行。門下諸從事皆州郡選吏，側聽不疑，莫不驚駭。至昏夜，罷去。勝之遂表薦不疑，徵詣公車，拜爲青州刺史。」

〔三〕韓詩外傳二：「楚莊王聽朝，罷晏，樊姬下堂而迎之，曰：『何罷之晏也？得無飢倦乎？』莊王曰：『今日聽忠賢之言，不知飢倦也。』樊姬曰：『王之所謂忠賢者，諸侯之客歟？中國之士歟？』莊王曰：『則沈令尹（新序、列女傳並作「虞丘子」）也。』樊姬掩口而笑。王曰：『姬之所笑何也？』姬曰：『妾得（新序作「妾幸得」）於王，尚湯沐，執巾櫛，振衽席，十有一年矣，然妾未嘗不遣人之梁、鄭之間，求美人而進之於王也。與妾同列者十人，賢於妾者二人。妾豈不欲擅王之寵哉？不敢私願蔽衆美，欲王之多見則娛。今沈令尹相楚數年矣，未嘗見進賢而退不肖也，又焉得爲忠賢乎？』莊王旦朝，以樊姬之言告沈令尹。令尹避席，而進孫叔敖。叔敖治楚三年，而楚國霸。」（又見新序雜事一、列女傳賢明楚莊樊姬傳）

〔四〕史記馮唐傳：「馮唐者，其大父趙人。父徙代。漢興徙安陵。唐以孝著，爲中郎署長，事文帝。……上既聞廉頗、李牧爲人，良說，而搏髀曰：『嗟乎！吾獨不得廉頗、李牧時爲吾將，吾豈憂匈奴哉！』唐曰：『主臣！陛下雖得廉頗、李牧，弗能用也。』……臣大父言李牧爲趙將居邊，軍市之租皆自用饗士，賞賜決於外，不從中擾也。委任而責成功，故李牧乃得盡其智能，……是以北逐單于，破東胡，滅澹林，西抑彊秦，南支韓、魏。當是之時，趙幾霸。……（趙）王遷立，乃用郭開讒，卒誅李牧，令顏聚代之。是以兵破士北，爲秦所禽滅。今臣竊聞魏尚爲雲中守，其軍市租盡以饗士卒，（出）私養錢，五日一椎牛，饗賓客軍吏舍人，是以匈奴遠避，不近雲中之塞。虜曾一入，尚率車騎擊之，所殺甚衆。……上功莫府，一言不相應，文吏以法繩之。其賞不行，而吏奉法必用。臣愚以爲陛下法太明，賞太輕，罰太重。且雲中守魏尚坐上功首虜差六級，陛下下之吏，削其爵，罰作之。由此言之，陛下雖得廉頗、李牧，弗能用也。』」

〔五〕說文食部：「餐，吞也。湌，餐或从水。」廣韻二十五寒：「湌，俗作飡。」素餐、偷容，並已見臣節篇「偷容之尸素也」句箋。

〔六〕六韜文韜上賢：「三曰：臣有結朋黨，蔽賢智，障主明者，傷王之權。」管子地圖：「論功勞，行賞罰，不敢蔽賢。」尹注：「不敢蔽隱賢能。」

〔七〕楚辭離騷：「伏清白以死直兮，固前聖之所厚。」

〔八〕漢書敍傳上：「上（成帝）乃喟然歎曰：『吾久不見班生（伯），今日復聞讜言！』」顏注：「讜言，善言也。音黨。」隸釋桓麟太尉劉寬碑：「朝克忠讜，思其良猷。」

〔九〕禮記儒行：「儒有委之以貨財，淹之以樂好，見利不虧其義；……過言不再，流言不極，不斷其威，不習其謀。其特立有如此者。」正義：「言餘人不能，唯儒者獨能特立有如此之行也。」

〔一〇〕稜，棱之俗（見廣韻十七登棱字下）。三蒼：「棱，四方也。」（一切經音義十一引）通俗文：「木四方爲棱。」（一切經音義十八引）方棱，謂行爲端正。說文言部：「訕，謗也。」

〔一一〕驎，麒驎（驎爲麟之借字）。已詳嘉遯篇「驎不墮穽」句箋。虞，騶虞。已詳逸民篇「不識騶虞之用心」句箋。

〔一二〕枳、棘，枳木與棘木（二木皆多刺）。韓非子外儲說左下：「樹枳、棘者，成而刺人。」文選左思詠史詩：「出門無通路，枳棘塞中塗。」呂向曰：「枳棘，有棘之木，喻讒佞也。」

「於是傲兀不檢〔一〕，丸轉萍流者，謂之弘偉大量；苛碎峭嶮，懷螫挾毒者，謂之公方正直；令色警慧〔二〕，有貌無心者，謂之機神朗徹；利口小辯，希指巧言者，謂之標領清妍；猝突萍鷖〔三〕，驕矜輕侻者〔四〕，謂之巍峩瑰傑；嗜酒好色，闒茸無疑者〔五〕，謂之率任不矯；求取不廉〔六〕，好奪無足者，謂之淹曠達節〔七〕；蓬髮褻服，遊集非類者〔八〕，謂之通美汎愛〔九〕；反經詭聖〔一〇〕，順非而博者〔一一〕，謂之莊、老之客〔一二〕；嘲弄嗤妍〔一三〕，淩尚侮慢者，謂之蕭豁雅韻；毀方投圓〔一四〕，面從響應者〔一五〕，謂之絶倫之秀；憑倚權豪，推貨履徑者，謂之知變之奇；嬾看文書，望空下名者〔一六〕，謂之業大志高；仰賴強親，位過其才者，謂之四豪之匹〔一七〕；輸貨勢門，以市名爵者〔一八〕，謂之輕財貴義〔一九〕；結黨合譽，行與口違者，謂之以文會友〔二〇〕；左道邪術〔二一〕，假託鬼怪者〔二二〕，謂之通靈神人〔二三〕；卜占小數，誑飾禍福者，謂之知來之妙〔二四〕；熒馬弄矟〔二五〕，原注：「山角切。」一夫之勇者，謂之上將之元；合離道聽〔二六〕，偶俗而言者，謂之英才碩儒。

〔一〕說文儿部：「兀，高而上平也。」段注：「凡从兀聲之字，多孤高之意。」傲兀，倨傲孤高。

〔二〕論語學而：「子曰：『巧言，令色，鮮矣仁！』」集解引包咸曰：「巧言，好其言語。令色，善其顏色。皆欲令人說之，少能有仁也。」皇疏：「巧言者，便辟其言語也。令色者，柔善其顏色也。」

〔三〕繼昌曰：「『萍鷖』，盧本作『萍黳』（柏筠堂本、文溯本、崇文本同）。二字未詳。」照按：盧本乃臆改，非是。「萍」，疑當作「萃」。蓋先由「萃」誤「苹」，後又變爲「萍」耳。詩陳風墓門：「有鴞萃止。」毛傳：「萃，集也。」「萃鷖」與「鴞萃」，句式異而含義同，皆謂鳥之棲集也。莊子逍遥遊：「蜩與學鳩笑之曰：『我決起而飛，槍楡枋，時則不至，而控於地而已矣。奚以之九萬里而南爲！』」釋文：「蜩，音條。司馬（彪）云：『蟬。』學鳩，如字，一音於角反。本又作鷽，音同。（爾雅釋鳥釋文：「鷽，音握。」廣韻四覺：「鷽，又音學。」）司馬云：『學鳩，小鳩也。』決，李頤云：『疾貌。』槍，司馬、李云：『猶集也。』」是此文之「猝突」與「萃」，即莊子之「決」與「槍」也。「猝突萃鷽」四字，亦與「決起而飛，槍榆枋」之狀吻合。淵源所自，昭然若揭。盧氏不揣其本，輒爲改字，傎矣。（阮脩大鵬贊之「鷽鳩仰笑」（見晉書本傳）及此文之「猝突萃鷽」，皆據莊子別本作「鷽」（文選江淹雜體詩阮步兵首李注引莊子亦然）。）

〔四〕三國志魏書王粲傳：「（劉）表以粲貌寢而體弱通侻，不甚重也。」裴注：「通侻者，簡易也。」「侻」與「脱」通。後漢書列女曹世叔妻傳：「（女誡）若夫動靜輕脱，視聽陝輸。」三國志蜀書李譔傳：「然（譔）體輕脱，好戲嘲，故世不能重也。」晉書羊祜傳：「軍師徐胤執棨當營門曰：『將軍都督萬里，安可輕脱！』」南齊書謝朓傳：「江夏（蕭寶玄）年少輕脱。」高誘淮南子本經「其行侻而順情」注：「侻，簡易也。」杜預左傳僖公三十三年「無禮則脱」注：「脱，易也。」是輕侻與輕脱一實。

〔五〕照按：此二句文意不屬，似有譌字。史記賈生傳：「（弔屈原文）闒茸尊顯兮，讒諛得志。」索隱引吕忱字林曰：「闒茸，不肖之人。」（文選司馬遷報任安書李注引作「闒茸，不肖也。」）漢書賈誼傳顔注：「闒茸，下材不肖之人也。」宋書顔延之傳：「尚書左丞荀赤松奏之曰：『……交遊闒茸，沈迷麴櫱。』」嗜酒、好色，皆非善行，故以「闒茸」二字承之，斥其爲不肖者所爲。鹽鐵論利議：「大夫曰：『嘻，諸生闒茸無行。』」語式與此同，則「疑」當作「行」，文意始合。

〔六〕孟子離婁下：「孟子曰：『可以取，可以無取，取傷廉。』」孫疏：「可以無取而乃取之，是爲傷害於廉也。」

〔七〕左傳成公十五年：「子臧辭曰：『前志有之，聖達節。』」杜注：「聖人應天命，不拘常禮。」

〔八〕荀子勸學：「故君子居必擇鄉，遊必就士，所以防邪僻而近中正也。」

〔九〕論語學而：「汎愛衆，而親仁。」皇疏：「汎，廣也。君子尊賢容衆，故廣愛一切也。」

〔一〇〕漢書揚雄傳贊：「今揚子之書，文義至深，而論不詭於聖人。」顏注：「詭，違也。聖人，謂周公、孔子。」

〔一一〕禮記王制：「行僞而堅，言僞而辯，學非而博，順非而澤，以疑衆，殺。」鄭注：「皆謂虚華、捷給、無誠者也。」正義：「學非而博者，謂習學非違之書而又廣博。順非而澤者，謂順從非違之事而能光澤文飾。」管子法禁：「行僻而堅，言詭而辯，術非而博，順惡而澤者，聖王之禁也。」（尹文子大道下、荀子宥坐、説苑指武、劉子心隱均有「順非而澤」語）

〔一二〕莊、老之客，指何晏、王衍以來之玄談家。

〔一三〕王廣恕曰：「（『嗤』）崇文本作『媸』，疑此誤。」照按：文溯本已作「媸」。王説是。前崇教篇「品藻妓妾之妍蚩」，又疾謬篇「觀人婦女，指玷修短，評論美醜」，卽此處之「嘲弄媸妍」也。

〔一四〕禮記儒行：「毁方而瓦合。」鄭注：「去己之大圭角，下與衆人小合也。」正義：「方，謂物之方正有圭角鋒鋩也。」

〔一五〕面從，已見行品篇「當交顔而面從」句箋。管子任法：「然故下之事上也，如響之應聲也；臣之事主也，如影之從形也。」文子精誠：「天下從之，如響之應聲，影之象形。」

〔一六〕文選干寶晉紀總論：「當官者以望空爲高，而笑勤恪。」李注引劉謙晉紀應瞻表曰：「元康以來，望白署空，顯以台衡之量。」呂延濟曰：「望空，謂不識是非，但望空署白而已。」（梁書謝舉何敬容傳論：「望白署空，是稱清貴。」）下名，猶今言簽字。

〔一七〕漢書游俠傳序：「繇是列國公子，魏有信陵，趙有平原，齊有孟嘗，楚有春申，皆藉王公之勢，競爲游俠，雞鳴狗盜，無不賓禮。……皆以取重諸侯，顯名天下。搤掔而游談者，以四豪爲稱首。」顏注：「四豪，卽魏信陵以下也。」風俗通義皇霸：「當此之時，齊有孟嘗，趙有平原，楚有春申，魏有信陵。夫四豪者，皆明智而忠信，寬厚愛人。」（史記秦始皇紀贊又陳涉世家贊、新書過秦論上、文選過秦論「四豪」並作「四君」（漢書陳勝項籍傳贊作「四賢」）。）四豪，史記均有列傳。

〔一八〕文選陳琳爲袁紹檄豫州：「父（曹）嵩乞匄攜養，因贓假位，輿金輦璧，輸貨權門，竊盜鼎司，傾覆重器。」呂延濟曰：「權，勢也。靈帝時賣官，言嵩以車載賄賓以輸勢門，而官至太尉。」

〔一九〕禮記聘義：「此輕財而重禮之義也。」鹽鐵論錯幣：「重義而輕財。」

〔二〇〕論語顏淵：「曾子曰：『君子以文會友。』」集解引孔安國曰：「友以文德合。」皇疏：「言朋友相會，以文德爲本也。」

〔二一〕禮記王制：「執左道以亂政，殺。」鄭注：「左道，若巫蠱及俗禁。」漢書郊祀志下：「谷永說上（成帝）曰：『……諸背仁義之正道，不遵五經之法言，而盛稱奇怪鬼神，廣崇祭祀之方，求報無福之祠，及言世有僊人，服食不終之藥，……黃冶變化，堅冰淖溺，化色五倉之術者，皆姦人惑衆，挾左道，懷詐僞，以欺罔世主。』」顏注：「晉灼曰：『黃者，鑄黃金也。道家言治丹沙令變化，可鑄作黃金也。方士詐以藥石若陷冰丸投之冰上，冰卽消液，因假爲神仙道使然也。』李奇曰：『思身中有五色，腹中有五倉神，五色存則不死，五倉存則不飢。』師古曰：『左道，邪僻之道，非正義也。』」

〔二二〕禮記王制：「假於鬼神，時日，卜筮，以疑衆，殺。」鄭注：「今時持喪葬、築蓋、嫁取卜數文書，使民倍禮違制。」正義：「妄陳邪術，恐懼於人，假託吉凶，以求財利。假於鬼神、時日、卜筮者，謂假託鬼神，假託時日，假託卜筮，以疑於衆。鬼神、時日、卜筮，共有假文。（注今時至違制）謂今時之人，持此喪葬、築蓋、嫁娶卜數之文書，以惑於衆，妄陳禍福，浪説妖祥。築，謂垣牆。蓋，謂舍宇。

〔二三〕文選馬融長笛賦：「是故可以通靈感物。」

〔二四〕周禮春官序官：「大卜。」鄭注：「問龜曰卜。」又：「占人。」鄭注：「占蓍、龜之卦兆吉凶。」後漢書方術傳序：「仲尼稱易有君子之道四焉，曰『卜筮者尚其占』。（見繫辭上）占也者，先王所以定禍福，決嫌疑，幽贊於神明，遂知來物者也。」趙岐孟子告子上「今夫弈之爲數小數也」注：「數，技也。」

〔二五〕集韻二十六桓：「蹣，屈足也。」類篇足部：「蹣，蒲官切，屈足也。」釋名釋兵：「矛長丈八尺曰矟。馬上所持，言其矟矟便殺也。」廣韻四覺：「矟，矛屬。通俗文曰：『矛丈八者謂之矟。』（藝文類聚六十、太平御覽三五四亦引之）槊，上同。」晉書劉邁傳：「桓玄之在江陵，甚豪横，士庶畏之，過於（殷）仲堪。玄曾於仲堪廳事前戲馬，以矟擬仲堪。邁時在坐，謂玄曰：『馬矟有餘，精理不足。』」語林：「桓宣武與殷、劉談，不如甚（北堂書鈔引作「不知其不堪」），喚左右取黄皮袴褶，上馬持矟數迴，或向劉，或擬殷，意氣始得雄王。」（北堂書鈔一二四、太平御覽三五四引）三國典略：「（羊）侃執矟上馬，左右擊刺，特盡其妙。」（太平御覽三五四引）是矟爲馬上所持者。蹣馬弄矟，謂於馬上屈足弄矟顯示其技也。

〔二六〕論語陽貨：「子曰：『道聽而塗説，德之棄也。』」集解引馬融曰：「聞之於道路，則傳而説之。」

「若夫體亮行高〔一〕，神清量遠，不諂笑以取悦，不曲言以負心，含霜履雪〔二〕，義不苟合〔三〕，據道推方，凝然不羣〔四〕，風雖疾而枝不撓，身雖困而操不改。進則切辭正論，攻過箴闕〔五〕，退則端誠杜私〔六〕，知無不爲者〔七〕，謂之闇騃徒苦；夙興夜寐〔八〕，退食自公〔九〕，憂勢損益，畢力爲政者，謂之小器俗吏〔一〇〕。

〔一〕嵇康集釋私論：「體亮心達者，情不繫於所欲。」

〔二〕文選文賦：「心懍懍以懷霜，志眇眇而臨雲。」李注：「懷霜、臨雲，言高絜也。」又孔融薦禰衡表：「忠果正直，志懷霜雪。」張銑曰：「霜雪，言絜白而肅物也。」

〔三〕史記游俠傳：「及若季次、原憲，閭巷人也，讀書懷獨行君子之德，義不苟合當世。」說苑臣術：「義不苟合，位不苟尊。」

〔四〕字指：「嶷，山峯貌。」（華嚴經音義上引）

〔五〕左傳襄公四年：「昔周辛甲之爲大史也，命百官官箴王闕。」杜注：「闕，過也。」

〔六〕荀子非相：「端誠以處之。」漢書師丹傳：「關內侯師丹端誠於國。」杜私，杜私門。

〔七〕知無不爲，已見貴賢篇「知無不爲者」句箋。

〔八〕詩衛風氓：「夙興夜寐，靡有朝矣。」鄭箋：「無有朝者，常早起夜卧，非一朝然。言己亦不解惰。」

〔九〕詩召南羔羊：「退食自公，委蛇委蛇。」毛傳：「公，公門也。委蛇，行可從迹也。」鄭箋：「退食，謂減膳也。自，從也。從於公，謂正直順於事也。委蛇，委曲自得之貌，節儉而順心志定，故可自得也。」

〔一〇〕文選晉紀總論：「劉頌屢言治道，傅咸每糾邪正，皆謂之俗吏。」李注：「干寶晉紀曰：『劉頌在朝忠正，才經政事。武帝重之，訪以治道，悉心陳奏，多所施行。』又曰：『尚書郭啓出赴妹葬，疾病不辭。左丞傅咸糾之，尚書弗過。』王隱晉書傅玄曰：『論經禮者謂之俗生，說法理者名爲俗吏。』」

「於是明哲色斯而幽遁〔一一〕，高俊括囊而佯愚〔一二〕，疏賤者奮飛以擇木〔一三〕，縶制者曲從而朝隱〔四〕，知者不肯吐其祕算，勇者不爲致其果毅〔五〕。忠謇離退〔六〕，姦凶得志。邪流溢而不可遏也〔七〕，僞塗闢而不可杜也，以臻乎淩上替下〔八〕，盜賊多有〔九〕。宦者奪人主之威〔一〇〕，三、九死庸豎之手〔一一〕。忠賢望士，謂之黨人，囚捕誅鋤，天下嗟嗷〔一二〕。無罪無辜〔一三〕，閉門遇禍〔一四〕。

〔一〕色斯，已見嘉遯篇「或色斯而不終日者」句箋。

〔二〕括囊，亦見嘉遯篇「祕六奇以括囊」句箋。論語公冶長：「子曰：『甯武子邦有道則知，邦無道則愚。其知可及也，其愚不可及也。』」集解：「馬（融）曰：『衛大夫甯俞，武，謚也。』孔（安國）曰：『佯愚似實，故曰不可及也。』」漢紀成帝紀二：「（河平四年）荀悦曰：『……閉口而獲誹謗，況敢直言乎！雖隱身深藏，猶不得免。是以甯武子佯愚，接輿爲狂，困之至也。』」佯（或作詳），詐也，僞也。

〔三〕左傳哀公十一年：「（仲尼）退命駕而行，曰：『鳥則擇木，木豈能擇鳥？』」杜注：「以鳥自喻。」阮子：「高鳥相木而集，智士擇土而翔。」（意林四、太平御覽九一四〔「土」作「主」〕引）

〔四〕朝隱，已見君道篇「或披褐而朝隱」句箋。

〔五〕左傳宣公二年：「殺敵爲果，致果爲毅。」國語周語中：「故制戎以果毅。」

〔六〕楚辭離騷：「余固知謇謇之爲患兮。」王注：「謇謇，忠貞皃也。」

〔七〕漢書禮樂志：「至於風俗流溢，恬而不怪，以爲是適然耳。」王先謙曰：「案流溢，卽淫泆也。流與淫，溢與泆，字訓並通。」

〔八〕凌替，已見君道篇「陵替之災」句箋。

〔九〕老子第五十七章：「法令滋彰，盜賊多有。」（又見文子道原、淮南子原道、史記酷吏傳序）

〔一〇〕後漢書黨錮傳序：「逮桓、靈之間，主荒政繆，國命委於閹寺。」如單超、左悺、徐璜、具瑗、唐衡、曹節、王甫、張讓、趙忠、宋典等，皆「手握王爵，口含天憲」，奪人主之威者。事具范書宦者傳。

〔一一〕三、九，三公、九卿。陳蕃、李膺，即三、九死於庸豎之手者。陳蕃，已見嘉遯篇「以蕃、武爲厚誠」句箋。李膺，已見臣節篇「陳、李所戒於力少」句箋。

〔一二〕後漢書桓帝紀：「（延熹九年）司隸校尉李膺等二百餘人受誣爲黨人，並坐下獄，書名王府。」又黨錮傳序：「初，（張）成以方伎交通宦官，（桓）帝亦頗誶其占。成弟子牢脩因上書誣告（李）膺等養太學遊士，交結諸郡生徒，更相驅馳，共爲部黨，誹訕朝廷，疑亂風俗。於是天子震怒，班下郡國，逮捕黨人，布告天下，使同忿疾，遂收執膺等。其辭所連及陳寔之徒二百餘人，或有逃遁不獲，皆懸金購募。使者四出，相望於道。……凡黨事始自甘陵、汝南，成於李膺、張儉，海內塗炭，二十餘年，諸所蔓衍，皆天下善士。」又竇武傳：「（上疏）近者姦臣牢脩，造設黨議，遂收前司隸校尉李膺、太僕杜密、御史中丞陳翔、太尉范滂等逮考，連及數百人，曠年拘錄，事無效驗。臣惟膺等建忠抗節，志經王室，此誠陛下稷、离、伊、呂之佐，而虛爲姦臣賊子之所誣枉，天下寒心，海內失望。」

「噭」與「嗸」同。漢書董仲舒傳顏注：「嗸嗸，衆怨愁聲也。」

〔一三〕詩小雅十月之交：「無罪無辜，讒口囂囂。」鄭箋：「囂囂，衆多貌。時人非有辜罪，其被讒口，見椓譖囂囂然。」

〔一四〕後漢書靈帝紀：「（建寧二年）中常侍侯覽諷有司奏前司空虞放、太僕杜密、長樂少府李膺、司隸校尉朱㝢（寓）、……河內太守魏朗、山陽太守翟超，皆爲鉤黨，下獄，死者百餘人，妻子徙邊，諸附從者錮及五屬。制詔州郡大舉鉤黨，於是天下豪桀及儒學行義者，一切結爲黨人。」又黨錮張儉傳：「（李）篤因緣送儉出塞，以故得免。其所經歷，伏重誅者以十數，宗親並皆殄滅，郡縣爲之殘破。」

微煙起於蕭牆，而飈焚偏於宇宙〔一〕；淺隙發於膚寸，而波濤漂乎四極〔二〕。金城屠於庶寇〔三〕，湯池航於一葦〔四〕。勁鋭望塵而冰泮〔五〕，征人倒戈而奔北〔六〕。飛鋒薦於扆闈〔七〕，左袵掠於禁省〔八〕。禾黍生於廟堂〔九〕，榛莠秀乎玉階〔一〇〕，雲觀變爲狐兔之藪〔一一〕，象魏化爲虎豹之蹊〔一二〕，東序烟燼於委灰〔一三〕，生民燋淪於淵火〔一四〕。凶家害國〔一五〕，得罪竹帛〔一六〕。良史無褒言，金石無德音〔一七〕。夫何哉？失人故也。」

〔一〕論語季氏：「孔子曰：『……吾恐季孫之憂，不在顓臾，而在蕭牆之内也。』」（新語術事：「季孫貪顓臾之地，而變起於蕭牆之内。」）集解引鄭玄曰：「蕭之言肅也。牆謂屏也。君臣相見之禮，至屏而加肅敬焉，是以謂之蕭牆。」（韓非子用人：「夫人主……不謹蕭牆之患，而固金城於遠境，……禍莫大於此。」漢書五行志下之下：「谷永對曰：『……地震蕭牆之内，咎在貴妾。』」顔注：「蕭牆，謂門屏也。」）此與後廣譬篇「漢武懸旌萬里而變起蕭牆」句皆本論語，祇截用「蕭牆」二字。「起於蕭牆」，指賈后興禍端於宮内。「偏於宇宙」，指八王之亂殃及全國。二句謂由賈后起釁宮内而釀成八王之亂。晉書汝南王亮等傳論：「自惠皇失政，難起蕭牆，骨肉相殘，黎元塗炭。」又儒林傳序：「惠帝纘戎，朝昏政弛，釁起宮掖，禍成藩翰。」

〔二〕膚寸，喻微小。已見尚博篇「雲雨生於膚寸」句箋。「發於膚寸」，指劉元海據離石稱漢。四極，泛指四方。「漂乎四極」，指五胡十六國之亂。二句謂由劉元海據地稱王而導致石勒等相繼效尤。晉書載記一序：「大凡劉元海以惠帝永興元年據離石稱漢。後九年，石勒據襄國稱趙。……提封天下，十喪其八，莫不龍旌帝服，建社開祊，華夷咸暨，人物斯在。或篡通都之鄉，或擁數州之地，雄圖內卷，師旅外拜，窮兵凶於勝負，盡人命於鋒鏑，其爲戰國者一百三十六載，抑元海爲之禍首云。」

〔三〕漢書蒯通傳「皆爲金城湯池」顏注：「金以喻堅，湯喻沸熱不可近。」晉書懷帝紀：「（永嘉五年）六月癸未，劉曜、王彌、石勒同寇洛川，王師頻爲賊所敗，死者甚衆。……丁酉，劉曜、王彌入京師。帝開華林園門，出河陰藕池，欲幸長安，爲曜等所追及。曜等遂焚燒宮廟，逼辱妃后，吳王晏、竟陵王楙、尚書左僕射和郁、右僕射曹馥、尚書閭丘沖、袁粲、王緄、河南尹劉默等皆遇害，百官士庶死者三萬餘人。帝蒙塵于平陽，劉聰以帝爲會稽公。」又汝南王亮等傳論：「既而帝京寡弱，狡寇憑陵，遂令神器劫遷，宗社顛覆，數十萬衆並垂餌於豺狼，三十六王咸隕身於鋒刃。禍難之極，振古未聞。」文選干寶晉紀總論：「彼劉淵（元海名）者，離石之將兵都尉；王彌者，青州之散吏也。……擾天下如驅羣羊，舉二都如拾遺，將相侯王連頭受戮，乞爲奴僕而猶不獲，后嬪妃主虜辱於戎卒。豈不哀哉！」李注：「干寶晉紀曰：『劉曜入京都，殺大將軍吳王晏，光禄大夫竟陵王。其餘官僚僵尸塗地，百不遺一。』孫盛晉陽秋曰：『劉曜入于京都，六宮幽辱。征西將軍南陽王模出降，以模妃劉氏賜胡張平爲妻。』」庶寇，衆寇。

〔四〕詩衞風河廣：「誰謂河廣？一葦杭之。」毛傳：「杭，渡也。」鄭箋：「誰謂河水廣與？一葦加之則可以渡之。喻狹也。」正義：「言一葦者，謂一束也。可以浮之水上而渡，若桴栰然，非一根葦也。」三國志魏書文帝紀「（黃初六年）行幸廣陵故城，臨江觀兵」裴注：「（王沈）魏書載帝於馬上爲詩曰：『……誰云江水廣？一葦可以航。』」又吳書賀邵傳：「（上疏）長江之限不可久恃，苟我不守，一葦可航也。」嵇康集兄秀才公穆入軍贈詩：「誰謂河廣？一葦可航。」遺辭皆出於詩，而「杭」並作「航」，與此同。是二字古通。

〔五〕詩衛風匏有苦葉「迨冰未泮」毛傳：「泮，散也。」冰泮，猶言崩潰或潰散。

〔六〕書甘誓：「弗用命，戮于社。」孔傳：「不用命奔北者，則戮之於社主前。」正義：「奔北，謂背陳走也。」

〔七〕廣雅釋詁一：「薦，至也。」禮記曲禮下：「天子當依而立。」釋文：「依，本又作扆，同於豈反。狀如屏風，畫爲黼文。」珠叢：「天子施扆於户牖，以爲障蔽也。」（華嚴經音義上引）漢書霍光傳「出入禁闥二十餘年」顔注：「宮中小門謂之闥。」

〔八〕論語憲問：「子曰：『……微管仲，吾其被髮左衽矣。』」皇疏：「左衽，衣前從右來向左也。」邢疏：「衽，謂衣衿。衣衿向左，謂之左衽。夷狄之人，被髮左衽。」「袵」，「衽」之俗體。後漢書桓郁傳：「昔五更桓榮，親爲帝師，子郁結髮敦尚，繼傳父業，故再以校尉入授先帝，父子給事禁省。」獨斷上：「禁中者，門户有禁，非侍御者不得入，故曰禁中。」文選魏都賦：「禁臺省中，連闥對廊。」李注：「魏武集：『荀欣等曰：「漢制：王所居曰禁中，諸公所居曰省中。」』」

〔九〕尚書大傳：「微子將朝周，過殷之故墟，見麥秀之蘄蘄，曰：『此父母之國，宗廟社稷之所立也。』志動心悲，欲哭則爲朝周，俯泣則婦人。推而廣之，作雅聲。』」（文選魏都賦、辨亡論下李注引）史記宋微子世家：「其後箕子朝周，過故殷虚，感宮室毁壞，生禾黍，箕子傷之，欲哭則不可，欲泣爲其近婦人。乃作麥秀之詩以歌詠之。」陳壽祺曰：「史記以爲箕子，而書大傳以爲微子，且稱『父母之國』，尤爲有理。不知司馬何所據而與書傳抵牾耶？」（尚書大傳輯校二）

〔一〇〕文選西都賦：「玉階彤庭。」張銑曰：「玉階，以玉飾階。」又思玄賦：「蹈玉階之嶢崢。」舊注：「玉階，天子階也。」

〔一一〕禮記禮運：「出遊於觀之上。」鄭注：「觀，闕也。」正義：「爾雅釋宮云：『觀謂之闕。』孫炎云：『宮門雙闕者，舊縣法象，使民觀之處，因謂之闕。』熊氏（安生）云：『當門闕處，以通行路。』既言雙闕，明是門之兩旁，相對爲雙。熊氏得焉。」釋文：「觀，古亂反。」釋名釋宮室：「觀，觀也。於上觀望也。」雲觀，極言其高。

〔一二〕爾雅釋宮：「觀謂之闕。」郭注：「宮門雙闕。」邢疏：「周禮（天官）大宰：『正月之吉，縣治象之法于象魏，使萬民觀治象。』鄭衆云：『象魏，闕也。』劉熙釋名（釋宮室）云：『闕在門兩旁，中央闕然爲道也。』……然則其上縣法象，其狀魏魏然高大，謂之象魏。使人觀之，謂之觀也。是觀與象魏、闕，一物而三名也。」梁書處士何胤傳：「胤因謂（王）果曰：『……闕者，謂之象魏。縣象於其上，浹日而收之。象者，法也。魏者，當塗而高大貌也。』」說文繫傳門部：「鍇按：『中央闕而爲道，……蓋爲二臺於門外，人君作樓觀於上，上員下方。以其闕然爲道謂之闕，以其上可遠觀謂之觀，以其縣法謂之象魏。』」

〔一三〕書顧命：「大玉，夷玉，天球，河圖，在東序。」孔傳：「三玉爲三重。夷，常也。球，雍州所貢。河圖，八卦。伏犧氏王天下，龍馬出河，遂則其文以畫八卦，謂之河圖。及典謨。皆歷代傳寶之。」後漢書班彪傳下：「（班固典引）御東序之祕寶。」李注：「御，猶陳也。東序，東廂也。祕寶，謂河圖之屬。」文選魏都賦：「翼翼京室，眈眈帝宇，巢焚原燎，變爲煨燼。」又演連珠：「臣聞郁烈之芳，出於委灰。」李注引王逸楚辭（離騷）注曰：「委，棄也。」左傳成公二年「請收合餘燼」杜注：「燼，火餘木。」釋文：「燼，似刃反。」此句謂宮中所陳祕寶化爲灰燼。

〔一四〕說文火部：「燋，所以然持火也。从火，焦聲。周禮（春官菙氏）曰：『以明火爇燋』也。」此句謂人民生活於水深火熱之中。

〔一五〕書洪範：「臣之有作福作威玉食，其害于而家，凶于而國。」

〔一六〕竹，竹簡。帛，縑帛。古代無紙之前，用以書寫文字者。墨子明鬼下：「又恐後世子孫不能知也，故書之竹帛傳遺後世子孫。」新書道德說：「書者，著德之理於竹帛而陳之，令人觀焉。」說文解字序：「著於竹帛謂之書。」

〔一七〕呂氏春秋求人：「故功績銘乎金石。」高注：「金，鍾鼎也。石，豐碑也。」史記秦始皇紀：「（二十八年）羣臣相與誦皇帝功德，刻於金石，以爲表經。」吳越春秋句踐伐吳外傳：「樂師曰：『……功可象於圖畫，德可刻於金石，聲可託於絃管，名可留於竹帛。』」

抱朴子外篇校箋卷之三十四

吴失〔一〕

抱朴子曰："吴之杪季，殊代同疾，知前失之於彼，不能改弦於此〔二〕；鑒亂亡之未遠，而躡傾車之前軌〔三〕；覩枳首之爭莓〔四〕，而忘同身之禍；笑蟣蝨之宴安〔五〕，不覺事異而患等；見競濟之舟沈，而不知殊塗而溺均也。

〔一〕王國維曰："漢過、吴失二篇，皆爲晉而作。"

〔二〕漢書董仲舒傳："仲舒對曰：'……竊譬之琴瑟不調，甚者必解而更張之，乃可鼓也；爲政而不行，甚者必變而更化之，乃可理也。當更張而不更張，雖有良弓不能善調也；當更化而不更化，雖有大賢不能善治也。'"三國志吴書三嗣主傳評："（孫）休以舊愛宿恩，任用（濮陽）興、（張）布，不能拔進良才，改絃易張，雖志善好學，何益救亂乎？"宋書樂志四何承天鼓吹鐃歌上邪篇："琴瑟時未調，改弦當更張。矧乃治天下，此要安可忘。"

〔三〕詩大雅蕩："殷鑒不遠，在夏后之世。"鄭箋："此言殷之明鏡不遠也，近在夏后之世，謂湯誅桀也。後武王誅紂，今之王者何以不用爲戒。"（孟子離婁上趙注："殷之所鑒視，近在夏后之世耳。以前代善惡爲明鏡也，欲使周亦鑒於殷之所以亡也。"）大戴禮記保傅："前車覆，後車誡。"（又見晏子春秋内篇雜下，韓詩外傳五、新書連語、漢書賈誼傳）說苑善說：「公乘不仁曰：『周書曰：「前車覆，後車戒。」蓋言其危。』」鹽鐵論結和：「語曰：『前車覆，後車戒。』『殷監不遠，在夏后之世』矣。」後漢書陳蕃傳：「（上疏）明鑒未遠，覆車如昨。」

〔四〕爾雅釋地：「中有枳首蛇焉。」郭注：「岐頭蛇也。或曰：今江東呼兩頭蛇爲越王約髮。亦名弩弦。」邢疏：「枳，岐也。此卽兩頭蛇也。江東呼越王約髮，言是越王約髮所變也。亦名弩弦，卽以形相似而名之也。」楚辭天問：「中央共牧后何怒？」王注：「牧，草名也。有實。后，君也。言中央之州有岐首之蛇，爭共食牧草之實，自相啄嚙，以喻夷狄相與忿爭。君上何故當怒之乎？」韓非子說林下：「蟲有螝者，一身兩口，爭食相齕，遂相殺也。人臣之爭事而亡其國者，皆螝類也。」（張揖古今字詁：「螝，古虺字。」（楚辭天問洪興祖補注引））是韓非子之「螝」，卽爾雅之「枳首蛇」矣。爾雅釋草：「藨，麃。」郭注：「麃卽莓也。今江東呼爲藨莓，子似覆盆而大，赤，酢甜可食。」釋文：「莓，音每，又音梅。」說文艸部：「莓，馬莓也。从艸，母聲。」徐鍇曰：「按爾雅『藨，麃』注曰：藨卽莓，子似覆盆。華紫，俗名蠶莓，可食。」是「莓」與「苺」同。

〔五〕說文虫部：「蟣，蝨子也。」又䖵部：「蝨，齧人蟲。」左傳閔公元年：「宴安酖毒，不可懷也。」杜注：「以宴安比之酖毒。」正義：「宴安自逸，若酖毒之藥，不可懷戀也。」莊子徐无鬼：「濡需者，豕蝨是也。擇疏鬣，自以爲廣宮大囿，奎蹏曲隈，乳間股腳，自以爲安室利處。不知屠者之一旦鼓臂布草，操煙火，而己與豕俱焦也。」郭注：「非夫通變邈世之才，而偷安乎一時之利者，皆豕蝨者也。」成疏：「喻流俗寡識之人，耽好情欲，與豕蝨濡需喜歡無異也。」淮南子說林：「湯沐具而蟣蝨相弔。」晉書阮籍傳：「籍嘗於蘇門山遇孫登，……遂歸著大人先生傳，其略曰：『世人所謂君子，惟法是修，惟禮是克。手執圭璧，足履繩墨。行欲爲目前檢，言欲爲無窮則。……獨不見羣蝨之處褌中，逃乎深縫，匿乎壞絮，自以爲吉宅也。行不敢離縫際，動不敢出褌襠，自以爲得繩墨也。然炎丘火流，焦邑滅都，羣蝨處於褌中而不能出也。君子之處域內，何異夫蝨之處褌中乎！』此亦籍之胸懷本趣也。」

「余生於晉世所不見〔一〕。余師鄭君具所親悉〔二〕，每誨之云：『吳之晚世，尤劇之病：賢者不用，滓穢充序〔三〕，紀綱弛紊，吞舟多漏〔四〕。貢舉以厚貨者在前，官人以黨強者爲右。匪富匪勢，窮年無冀。德清行高者，懷英逸而抑淪；有才有力者，躡雲物以官躋〔五〕。主昏於上，臣欺於下。不黨不得，不競不進。背公之俗彌劇，正直之道遂壞。

〔一〕稚川生於晉武帝太康四年，（詳本篇下文「內崇陶侃、文信之營」句箋）其時吳亡已三年矣，（見三國志吳書孫皓傳）故此文云然。

〔二〕鄭君，名隱字思遠。抱朴子內篇金丹：「余師鄭君者，則余從祖仙公（卽葛玄，字孝先。）之弟子也。」又遐覽：「鄭君本大儒士也，晚而好道，由（猶）以禮記、尚書教授不絕。其體望高亮，風格方整，接見之者皆肅然。每有諮問，常待其溫顏，不敢輕銳（當依太平御覽六百七十引作「脫」）也。」又：「鄭君不徒明五經，知仙道而已，兼綜九宮、三奇（當依宋本作「棊」），推步天文，河洛讖記，莫不精研。太安元年，知季世之亂，江南將鼎沸，乃負笈持仙藥之撲（當依宋本作「樸」），將入室弟子東投霍山，莫知所在。」洞仙傳鄭思遠傳：「鄭思遠少爲書生，善律曆、候緯，晚師葛孝先，……入廬江馬迹山居，仁及禽獸。」

〔三〕陳其榮曰：「榮案：『序』，疑『斥』字之譌。」照按：陳說是。左傳襄公三十一年：「士文伯讓之曰：『敝邑以政刑之不脩，寇盜充斥。』」杜注：「充，滿。斥，見。言其多。」（俞樾羣經平議二六謂「充、斥並訓大，故亦並訓多。寇盜充斥，言寇盜之多也。杜訓斥爲見，義反不倫矣。」俞說甚諦。）後漢書郭伋傳：「民多猾惡，寇賊充斥。」文選陸機五等論：「姦軌充斥。」並「充斥」連文之證。

〔四〕 史記酷吏傳序：「漢興，破觚而爲圜，斲雕而爲朴，網漏於吞舟之魚。」漢書刑法志：「漢興之初，雖有約法三章，網漏吞舟之魚。」顏注：「言疏闊。吞舟，謂大魚也。」

〔五〕 「才」，藏本、魯藩本、吉藩本、舊寫本作「財」。照按：「財」字是。審舉篇「退履道而進多財」，又「其財少者其職卑」，譏惑篇「於是凡瑣小人之有財力者」，漢過篇「進官則非多財者不達也」，並其證。又按：「官」，疑「高」之誤。知止篇「咸蹈雲物以高騖」，語意與此同；「高躋」、「高騖」，誼亦相近。內篇微旨「凌大遐以高躋」，又極言「遂昇龍以高躋」，並以「高躋」連文，亦可證。（「雲物」，慎本、盧本等作「青雲」，非是。）後漢書張衡傳：「（上疏）今乘雲高濟，磐桓天位。」注此正合。

「於是斥鷃因驚風以凌霄〔一〕，朽舟託迅波而電邁，鴛鳳卷六翮於叢棘〔二〕，鷁首滯潢汙而不擢矣〔三〕。秉維之佐〔四〕，牧民之吏，非母后之親，則阿諂之人也。進無補過拾遺之忠〔五〕，退無聽訟之幹〔六〕，虛談則口吐冰霜〔七〕，行己則濁於泥潦。莫媿尸祿之刺〔八〕，莫畏致戎之禍〔九〕。

〔一〕 斥鷃，已見逸民篇「夫斥鷃不以蓬榛易雲霄之表」句箋。

〔二〕 鴛，亦見逸民篇「安知鴛鸞之遠指」句箋。六翮，已見嘉遯篇「未有不致羣賢爲六翮」句箋。漢書息夫躬傳：「（絕命辭）藂棘棧棧，曷可棲兮！」顏注：「棧棧，衆盛貌。」「叢」、「藂」正俗字。

〔三〕 淮南子本經：「龍舟鷁首，浮吹以娛。」高注：「龍舟，大舟也。刻爲龍文，以爲飾也。鷁，大鳥也。畫其像著船頭，故曰鷁首。」文選西京賦：「於是命舟牧爲水嬉，浮鷁首，翳雲芝。」薛注：「船頭象鷁鳥，厭水神，故天子乘之。」（方言九作艗艏。郭注云：「鷁，鳥名也。今江東貴人船前作青雀，是其像也。音亦。」）左傳隱公三年：「潢汙行潦之水。」杜注：「潢汙，停水。」正義：「停水，謂水不流也。……服虔云：『畜小水謂之潢，水不流謂之汙。』」「擢」當作「櫂」，形之誤也。方言九：「楫謂之橈，或謂之櫂。」郭注：「今云櫂歌，依此名也。」釋名釋船：「在旁撥水曰櫂。櫂，濯也，濯於水中也。」且言使舟擢進也。」

〔四〕秉維之佐，已見百里篇「若秉國之鈞」句箋。

〔五〕左傳宣公十二年：「林父之事君也，進思盡忠，退思補過，社稷之衛也。」孝經事君章：子曰：『君子之事上也，進思盡忠，退思補過。』」史記汲黯傳：「黯爲上（武帝）泣曰：『……臣願爲中郎，出入禁闥，補過拾遺，臣之願也。』」漢書蒯通傳：「客謂通曰：『先生之於曹相國，拾遺舉過，顯賢進能，齊國莫若先生者。』」又劉向傳：「與侍中金敞，拾遺於左右。」

〔六〕照按：此句與上句平列，「聽訟」之上或下當再有二字，始能相儷。

〔七〕冰霜，喻純潔。

〔八〕漢書鮑宣傳：「（上書）以苟容曲從爲賢，以拱默尸祿爲智。」顏注：「尸，主也。不憂其職，但主食祿而已。」說苑尊賢：「誠使周公驕而且悋，則天下賢士至者寡矣。苟有至者，則必貪而尸祿者也。尸祿之臣，不能存君矣。」文選曹植求自試表：「虛受謂之尸祿。」李注引韓詩（章句）曰：「……尸祿者，頗有所知，善惡不言，默然不語，苟欲得祿而已，譬若尸矣。」

〔九〕易解：「象曰：『負且乘，亦可醜也，自我致戎，又誰咎也？』」正義：「言此寇難由己之招，非是他人致此過咎，故曰又誰咎也？」

「以毀譽爲蠶織，以威福代稼穡。車服則光可以鑒〔一〕，豐屋則羣烏爰止〔二〕。叱咤疾於雷霆〔三〕，禍福速於鬼神，勢利傾於邦君，儲積富乎公室。出飾翟黄之衛從〔四〕，入遊玉根之藻棁〔五〕。僮僕成軍，閉門爲市。牛羊掩原隰，田池布千里。有魚滄、濯裘之儉，以竊趙宣、平仲之名〔六〕。内崇陶侃、文信之訾〔七〕，實有安昌、董、鄧之汙〔八〕。

〔一〕左傳襄公二十八年：「（慶封）遂來奔，獻車於季武子，美澤可以鑑。」杜注：「光鑑形也。」

〔二〕易豐：「上六，豐其屋。」詩小雅正月：「瞻烏爰止，于誰之屋。」毛傳：「富人之屋，烏所集也。」

〔三〕史記淮陰侯傳：「項王喑噁叱咤，千人皆廢。」索隱：「咤字或作吒。上昌栗反，下卓嫁反。叱咤，發怒聲。」

〔四〕韓非子外儲説左下：「田子方從齊之魏，望翟黄乘軒騎駕出，方以爲文侯也，移車異路而避之，則徒翟黄也，方問曰：『子奚乘是車也？』曰：『君謀欲伐中山，臣薦翟角而謀得果。且伐之，臣薦樂羊而中山拔。得中山，憂欲治之，臣薦李克而中山治。是以君賜此車。』方曰：『寵之稱功尚薄。』」説苑臣術：「田子方渡西河，造（太平御覽六三二又七百二引作「遇」）翟黄。翟黄乘軒車，載華蓋，黄金之勒，約鎮簟席，如此者，其駟八十乘。子方望之，以爲人君也，道狹，下抵車而待之。翟黄至，而睹其子方也，下車而趨，自投下風，曰：『觸。』田子方曰：『子與！吾嚮者望子，疑以爲人君也，子至而人臣也，將何以至此乎？』翟黄對曰：『此皆君之所以賜臣也，積三十歲，故至於此。……正逢先生。』（下略）

〔五〕陳漢章曰：「案：『玉』當作『王』。」照按：諸本皆誤，陳説是。漢書元后傳：「曲陽侯（王）根驕奢僭上，赤墀青瑣。」

（顔注：「孟康曰：『以青畫户邊鏤中，天子制也。』……師古曰：『孟説是。青瑣者，刻爲連環文，而青塗之也。』」即此文之所指也。（庚子山集小園賦：「綠墀青瑣，西漢王根之宅。」）禮記明堂位：「山節藻棁，……天子之廟飾也。」鄭注：「山節，刻欂盧爲山也。藻棁，畫侏儒柱爲藻文也。」論語公冶長：「子曰：『臧文仲居蔡，山節藻棁。』」集解引包咸曰：「節者，栭也，刻鏤爲山。棁者，梁上楹，畫爲藻文。言其奢侈。」

〔六〕「湌」，徐濟忠校「飧」。繼昌曰：「『魚湌』之『湌』，盧本作『餐』。」王廣恕曰：「案：『湌』，當作『飧』。」王國維校「湌」爲「飧」。陳漢章曰：「『湌』當作『飧』，此用公羊傳。盧本作『餐』，譌。」照按：此文所隸故實，「濯裘」爲晏平仲事（已見逸民篇「濯裘布被」句箋），則「魚湌」爲趙宣孟事矣。「湌」字之誤，不難判斷。公羊傳宣公六年：「（晉）靈公望見趙盾，愬而再拜。趙盾逡巡北面再拜稽首，趨而出。靈公心怍焉，欲殺之。於是使勇士某者往殺之。勇士入其大門，則無人門焉者。……上其堂，則無人焉。俯而闚其户，方食魚飧。勇士曰：『嘻！子誠仁人也。……子爲國重卿，而食魚飧，是子之儉也。君將使我殺子，吾不忍殺子也。』」即此文之所自出。鹽鐵論貧富：「趙宣孟之魚飧（「飧」原誤作「食」），甘於智伯之芻豢。」（金樓子立言上：「趙宣之肉食（當作「魚飧」），旨於智伯之芻豢。」）桓階别傳：「宣子守約，簞食魚飧。」（太平御覽二六二引）皆用公羊傳文，亦並作「魚飧」。説文食部餐之重文作湌，而古籍中又有誤認餐爲飧（俗作飱）字，甚至謂飧、餐是一字者（段玉裁有説，見説文餐字注）。此蓋先由飧變湌，後遂譌爲湌耳。（孫詒讓札迻謂：「湌當作飧，此用趙盾食魚飧事。原注：見公羊宣六年傳。俗或以湌爲飧，餐、湌同。」）趙盾謚宣，故稱趙宣。（亦稱趙宣孟或趙宣子）平仲，晏嬰字。

〔七〕王廣恕曰：「此處當亦陶朱、陶、猗之類，誤作陶侃。」陳漢章曰：「『侃』字必誤。或本作陶朱，或本作陶、白、陶谷。下篇守堉云：『退則參陶、白之理生。』又云：『陶谷（谷爲答之誤，詳後。）以多藏召殃。』並可證。若陶侃，乃抱朴所未及見，何緣與文信並言？」（顧廣圻於「侃」字右側畫一直綫，王國維於「侃」之右上角畫一」號，蓋皆識其有誤。）照按：此文言及陶侃，實爲可疑。考晉書陶侃傳，侃卒於晉成帝咸和七年（公元三三二年），享年七十六歲。由咸和七年上推七十五年，則侃生於魏高貴鄉公甘露二年（公元二五七年〔三續疑年録謂侃生於蜀漢延熙二十年同〕）。至葛洪生年，據抱朴子佚文，晉惠帝太安（原誤作太康）二年（公元三零三年），宋道衡召洪爲將兵都尉，時年二十一歲（見太平御覽三二八引）。由太安二年上推二十年，則洪生於晉武帝太康四年（公元二八三年）。二人年齡相較，洪比侃小二十八歲。又據抱朴子外篇自叙，是書最初寫定於晉元帝建武元年（公元三一七年），嗣後續有訂補，歷時約一、二年之久（由鈞世篇言及郭璞南郊賦〔此賦奏上於元帝太興元年卽公元三一八年，見北堂書鈔五七引何法盛晉中興書〕，審舉篇謂吳士初附〔吳亡於晉武帝太康元年卽公元二八零年〕至今已近四十年〔約當元帝太興二、三年卽公元三一九至三二零年〕兩文可以推知）。由此上溯其生年，則洪成書時，行年約三十五、六歲（此與自敍篇「先生以始立之盛」及「今齒近不惑」二語吻合）。復由侃之卒年減去洪成書之年，則侃未卒前十二、三年，抱朴子外篇已裁成矣。是時侃年六十三、四歲，勳業尚未甚隆，稚川著書，固勿庸稱引及之。且本篇標名爲「吳失」，又何必牽涉晉人耶？疑原作「陶朱（疾謬、喻蔽二篇，內篇微旨、極言、祛惑三篇，並有「陶朱」之文）」，今本乃寫者妄改。陶朱，已見擢才篇「非陶、猗不能市也」句箋。文信，呂不韋封號。史記呂不韋傳：「呂不韋者，陽翟大賈人也。往來販賤賣貴，家累千金。……（秦）莊襄王元年，以呂不韋爲丞相，封爲文信侯，食河南雒陽十萬户。」高誘呂氏春秋序：「呂不韋者，濮陽人也。（戰國策秦策五亦作濮陽人）爲陽翟之富賈，家累千金。」「訾」，王國維校「貲」。照按：漢書景帝紀「今訾算十以上迺得宦」顏注：「訾，讀與貲同。」又景十三王膠西于王端傳「遂爲無訾省」顏注：「訾，財也。」又杜周傳「家訾累巨萬矣」顏注：「訾，與貲同。」

是「訾」字不誤，無煩改作。

【八】安昌，安昌侯張禹。已見逸民篇「安昌之泰」句箋。董，董賢。漢書佞幸董賢傳：「董賢字聖卿，雲陽人也。……賢傳漏在殿下，爲人美麗自喜。哀帝望見，説其儀貌。識而問之，曰：『是舍人董賢邪？』因引上與語，拜爲黄門郎，繇是始幸。……賢寵愛日甚，爲駙馬都尉侍中，出則參乘，入御左右，旬月間賞賜累鉅萬，貴震朝廷。常與上卧起。……賢亦性柔和便辟，善爲媚以自固。……詔將作大匠爲賢起大第北闕下，重殿洞門，木土之功窮極技巧，柱檻衣以綈錦。下至賢家僮僕皆受上賜，及武庫禁兵，上方珍寶。其選物上弟盡在董氏，而乘輿所服乃其副也。……董氏親屬皆侍中諸曹奉朝請，寵在丁（明）、傅（晏）之右矣。」鄧，鄧通。史記佞幸鄧通傳：「鄧通，蜀郡南安人也，以濯船爲黄頭郎。孝文帝夢欲上天，不能，有一黄頭郎從後推之上天，顧見其衣裻帶後穿。覺而之漸臺，以夢中陰目求推者郎，即見鄧通，其衣後穿，夢中所見也。召問其名姓，姓鄧氏，名通，文帝説焉，尊幸之日異。……於是文帝賞賜通巨萬以十數，官至上大夫。文帝時時如鄧通家游戲。然鄧通無他能，不能有所薦士，獨自謹其身以媚上而已。上使善相者相通，曰：『當貧餓死。』文帝曰：『能富通者在我也，何謂貧乎？』於是賜鄧通蜀嚴道銅山，得自鑄錢。鄧氏錢布天下，其富如此。」又申屠嘉傳：「文帝度丞相（申屠嘉）已困通，使使者持節召通，而謝丞相曰：『此吾弄臣，君釋之。』」論衡逢遇：「籍孺幸於孝惠，鄧通愛於孝文，無細簡之才，微薄之能，偶以形佳骨嫺，皮媚色稱。夫好容，人所好也，其遇固宜。」

「雖造賓不沐嘉旨之俟，飢士不蒙升合之救，而金玉滿堂〔一〕，妓妾溢房，商販千艘，腐穀萬庾，園囿擬上林〔二〕，館第僭太極〔三〕，粱肉餘於犬馬〔四〕，積珍陷於帑藏〔五〕。其接士也無葭莩之薄〔六〕，其自奉也有盡理之厚。

〔一〕老子第九章：「金玉滿堂，莫之能守。」

〔二〕三輔黄圖苑囿：「漢上林苑，即秦之舊苑也。漢書云：武帝建元三年，開上林苑（見東方朔傳）。……周袤三百里。離宮七十所，皆容千乘萬騎。……漢舊儀云：上林苑方三百里，苑中養百獸，天子秋冬獵取之。（太平御覽一九六所引較詳）帝初修上林苑，羣臣遠方各獻名果異卉，三千餘種植其中。亦有製爲美名，以標奇異。」

〔三〕三國志魏書明帝紀：「（青龍三年）是時，大治洛陽宫，起昭陽、太極殿。」裴注引魏略曰：「是年起太極諸殿，築總章觀，高十餘丈，建翔鳳於其上。」

〔四〕孟子梁惠王上：「狗彘食人食而不知檢。」趙注：「言人君但養犬彘，使食人食，而不知以法度檢斂也。」鹽鐵論散不足：「黎民或糟糠不接，而禽獸食粱肉。」

〔五〕後漢書鄭弘傳：「人食不足，而帑藏殷積。」李注：「説文（巾部）曰：『帑，金布所藏之府。』」（今本作「金幣所藏也」）

〔六〕漢書景十三王中山靖王勝傳：「勝對曰：『……今羣臣非有葭莩之親，鴻毛之重。』」顔注：「晉灼曰：『莩，葭裏之白皮也，皆取喻於輕薄也。』師古曰：『葭，蘆也。莩者，其筩中白皮至薄者也。葭莩喻薄，鴻毛喻輕薄甚也。莩，音孚。』」

『或有不開律、令之篇卷，而竊大理之位〔一〕；不識几案之所置，而處機要之職〔二〕；不知五經之名目，而饗儒官之禄〔三〕；不閑尺紙之寒暑，而坐著作之地〔四〕；筆不狂簡，而受駮議之榮〔五〕；低眉垂翼，而充奏劾之選〔六〕；不辨人物之精粗，而委以品藻之政〔七〕；不知三才之軍勢，而軒昂節、蓋之下〔八〕；屢爲奔北之辱將，而不失前鋒之顯號〔九〕；不別菽麥之同異，而忝叨顧問之近任〔一〇〕。

〔一〕杜預律序：「律者八，以正罪名；令者八，以存事制。二者相須爲用。」（北堂書鈔四五、藝文類聚五四、太平御覽六三八引）晉書刑法志載泰始四年班「新律」二十篇，「凡律、令合二千九百二十六條，十二萬六千三百言，六十卷，故事三十卷。」卽此文所稱之「律、令」也。史記五帝紀：「皋陶爲大理。」高誘呂氏春秋勿躬「請置以爲大理」注：「大理，治獄官。」晉書職官志：「廷尉，主刑法獄訟。」是大理乃沿用舊稱，非晉世名治獄官爲大理也。

〔二〕仲長統昌言：「運籌於几案之前，而所制者乃百代之後。」（文選陸倕石闕銘李注引）王粲儒吏論：「彼刀筆之吏，豈生而察刻哉？起於几案之下，長於官曹之間。」（北堂書鈔七七、藝文類聚五二、太平御覽六一三引）「起於几案之下」者，吏也；「運籌於几案之前」者，亦吏也。足見吏與几案有關。（几案本官署用以陳置文書者，此指草擬文書之吏。）北史高元榮傳：「有文才，長於几案。」又薛慶之傳：「頗有學業，閑解几案。」又羊深傳：「學涉經史，兼長几案。」又邢昕傳：「既有才藻，兼長几案。」皆以「几案」指官署文書。「不識几案所置」，卽不閑解文書之意。機要之職，機密重要官職。

〔三〕五經，白虎通德論五經：「五經何謂？謂易、尚書、詩、禮、春秋也。」（五經名目之異，陳立白虎通疏證九有說，可參閱。）儒官，晉書職官志：「晉初承魏制，置博士十九人，及咸寧四年，武帝初立國子學，定置國子祭酒、博士各一人，助教十五人，以教生徒。」

〔四〕爾雅釋詁：「閑，習也。」尺紙，指書札，猶尺素、尺牘。寒暑，指書札中問候辭語，猶寒暄、寒温。著作，著作郎。

晉書職官志：「著作郎，周左史之任也。……及晉受命，武帝以繆徵爲中書著作郎。元康二年，詔曰：『著作舊屬中書，而祕書既典文籍，今改中書著作爲祕書著作。』於是改隸祕書省。後別自置省而猶隸祕書。著作郎一人，謂之大著作郎，專掌史任，又置佐著作郎八人。著作郎始到職，必撰名臣傳一人。」

〔五〕論語公冶長：「子在陳曰：『歸與！歸與！吾黨之小子（此依鄭玄讀絕句），狂簡斐然成章，不知所以裁之。』」皇疏：「狂者，直進無避者也。簡，大也；大，謂大道也。斐然，文章貌也。」蔡邕獨斷上：「凡羣臣上書於天子者有四名：……四曰駁議。……其有疑事，公卿百官會議，若臺閣有所正處，而獨執異意者曰駁議。駁議曰：某官某甲議以爲如是。下言臣愚戇議異。」

〔六〕方言揚雄答劉歆書：「不意淫迹汙纍於官朝，令舉者懷赧而低眉。」王隱晉書：「仲御（夏統字）教然作色謂之曰：『我安能隨俗低眉下意乎！』」（太平御覽五百二引）易明夷：「初九，明夷于飛，垂其翼。」王注：「明夷遠遯，絕跡匿形，不由軌路，故曰明夷于飛。懷懼而行，行不敢顯，故曰垂其翼也。」後漢書馮異傳：「璽書勞異曰：『赤眉破平，士吏勞苦，始雖垂翅回谿，終能奮翼黽池。』」「垂翼」、「垂翅」意同。漢書百官公卿表上：「御史大夫，秦官，位上卿，……有兩丞，秩千石。一曰中丞，在殿中蘭臺，掌圖籍祕書，外督部刺史，內領侍御史員十五人，受公卿奏事，舉劾按章。」續漢百官志三：「侍御史十五人，六百石。本注曰：掌察舉非法，受公卿羣吏奏事，有違失舉劾之。」文心雕龍奏啟：「若乃按劾之奏，所以明憲清國。昔周之太僕，繩愆糾繆；秦之御史，職主文法；漢置中丞，總司按劾。故位在鷙擊，砥礪其氣，必使筆端振風，簡上凝霜者也。」

〔七〕品藻，猶品題，謂品評人物，定其高下也。傅子：「魏司空陳羣始立九品之制：郡置中正，平人才之高下，各爲品目；州置州都，而總其議。」（北堂書鈔七三、文選恩倖傳論李注、太平御覽二六五引）晉書劉毅傳：「毅以魏立九品，權時之制，未見得人，而有八損，乃上疏曰：『臣聞：立政者以官才爲本，官才有三難，而興替之所由也。人物難知，一也；愛憎難防，二也；情僞難明，三也。今立中正，定九品，高下任意，榮辱在手。操人主之威福，奪天朝之權勢。愛憎決於心，情僞由於己。公無考校之負，私無告訐之忌。用心百態，求者萬端。廉讓之風滅，苟且之俗成。天下詾詾，但爭品位，不聞推讓，竊爲聖朝恥之。……今之中正，不精才實，務依黨利；不均稱尺，務隨愛憎。所欲與者，獲虛以成譽；所欲下者，吹毛以求疵。高下逐強弱，是非由愛憎。……或以貨賂自通，或以計協登進，附託者必達，守道者困悴。無報於身，必見割奪；有私於己，必得其欲。是以上品無寒門，下品無勢族。（沈約宋書恩倖傳序作「下品無高門，上品無賤族。」）……選中正而非其人，授權勢而無賞罰，或缺中正而無禁檢，故邪黨得肆，枉濫縱橫。雖職名中正，實爲姦府。……自魏立以來，未見其得人之功，而生讎薄之累。毀風敗俗，無益於化，古今之失，莫大於此。愚臣以爲宜罷中正，除九品，棄魏氏之弊法，立一代之美制。』」（宋書恩倖傳序：「漢末喪亂，魏武始基，軍中倉卒，權立九品，蓋以論人才優劣，非謂世族高卑。因此相沿，遂爲成法。自魏至晉，莫之能改，州都郡正，以才品人，而舉世人才，升降蓋寡。徒以馮藉世資，用相陵駕，都正俗士，斟酌時宜，品目少多，隨事俯仰。」）

〔八〕六韜虎韜壘虛：「太公曰：『將必上知天道，下知地理，中知人事。登高下望，以觀敵之變動；望其壘，即知其虛實；望其士卒，則知其去來。』」淮南子兵略：「將者必有隧，……所謂三隧者：上知天道，下習地形，中察人情。」許注：「凡此三事者，人所從蹊隧。」（劉子兵術：「故將者，必明天時，辨地勢，練人謀。明天時者，察七緯之情，洞五行之趣，聽八風之動，鑒五雲之候。辨地勢者，識七舍之形，列九地之勢。練人謀者，抱五德之美，握二柄之要。」）釋名釋兵：「節，爲號令、賞罰之節也。」（漢書高帝紀上「封皇帝璽、符、節」顏注：「節，以毛爲之，上下相重，取象竹節，因以爲名。將命者持之以爲信。」後漢書光武帝紀上「持節北度河」李注：「節，所以爲信也。以竹爲之，柄長八尺，以旄牛尾爲其毦三重。馮衍與田邑書曰：『今以一節之任，建三軍之威，豈特寵其八尺之竹，犛牛之尾哉！』」）孔叢子問軍禮：「天子當階南面，命授之節、鉞，大將受，天子乃東面西向而揖之，示弗御也。」（三國志魏書曹真傳：「文帝卽王位，以真爲鎮西將軍，假節都督雍、涼州諸軍事。」）晉書職官志：「及晉受禪，都督諸軍爲上，監諸軍次之，督諸軍爲下；使持節爲上，持節次之，假節爲下。」蓋，車蓋。狀如傘。（古亦稱傘爲蓋）六韜勵軍：「太公曰：『將，冬不服裘，夏不操扇，雨不張蓋，名曰禮將。』」尉繚子戰威：「夫勤勞之師，將不先己。暑不張蓋，寒不重衣。」淮南子兵略：「故古之善將者，必以其身先之。暑不張蓋，寒不被裘，所以程寒暑也。」（劉子兵術：「將得衆心，必與同患。暑不張蓋，寒不御裘，所以均寒暑也。」）

〔九〕書甘誓：「弗用命，戮于社。」孔傳：「不用命奔北者，則戮之於社。」正義：「奔北，謂背陳走也。」鄧析子無厚：「御宜陣而奔北。」前鋒，先鋒。史記黥布傳：「隨何曰：『……大王宜悉淮南之衆，身自將之，爲楚軍前鋒。』」

〔一〇〕左傳成公十八年：「周子有兄而無慧，不能辨菽麥。」杜注：「菽，大豆也。豆麥殊形易别，故以爲癡者之候。不慧，蓋世所謂白癡。」後漢書章帝紀：「（建初五年詔）朕思遲直士，側席異聞。其先至者，各以發憤吐懣，略聞子大夫之志矣，皆欲置於左右，顧問省納。」又伏湛傳：「（上疏）顧問有司，使極愚誠。」續漢百官志三：「侍中，比二千石。本注曰：無員。掌侍左右，贊導衆事，顧問應對。」劉注引蔡質漢儀曰：「侍中、常伯，選舊儒高德，博學淵懿。仰占俯視，切問近對。」晉書職官志：「侍中居左，常侍居右。備切問近對，拾遺補闕。」

『夫魚質龍文，似是而非，遭水而喜，見獺卽悲〔一〕。雖臨之以斧鉞之威〔二〕，誘之以傾城之寶〔三〕，猶不能奮鉛鋒於犀兕〔四〕，騁駑蹇以追風〔五〕。非不忌重誅也，非不悦美賞也，體不可力，無自柰何。而欲與之輯熙百揆〔六〕，弘濟大務，猶託萬鈞於尺舟之上，求千鍾於升合之中，紲芻狗而責盧、鵲之効〔七〕，縛鷄、鶩而崇鷹揚之功〔八〕。其不可用，亦較然矣〔九〕。

〔一〕法言吾子：「『敢問質？』曰：『羊質而虎皮，見草而説，見豺而戰，忘其皮之虎矣。』」李注：「戰，悸。」辭意略同。説文犬部：「獺，水狗也。食魚。」（依段校）漢書郊祀志上「豺獺有祭」顔注：「獺，水居而食魚。」

〔二〕國語周語上：「有斧鉞、刀墨之民。」韋注：「斧鉞，大刑也。」管子重令：「非斧鉞毋以威衆。」

〔三〕文選孫楚征西官屬送於陟陽候作詩：「傾城遠追送，餞我千里道。」李注：「傾，猶盡也。」傾城之寶，猶言全城之寶。

〔四〕鉛鋒，已見任命篇「則曷用異於鉛刃」句箋。犀、兕，二獸名，見爾雅釋獸。荀子議兵：「楚人鮫革、犀、兕以爲甲，鞈如金石。」楊注：「鞈，堅貌。以鮫魚皮及犀、兕爲甲，堅如金石之不可入。」

〔五〕漢書敍傳上：「（王命論）是故駑蹇之乘，不騁千里之塗。」文選王命論李注：「廣雅（釋言）曰：『駑，駘也。』今謂馬之下者爲駑。王逸楚辭（七諫謬諫）注曰：『蹇，跛也。』」又七啟：「駕超野之駟，乘追風之輿。」李注：「超野、追風，言疾也。」

〔六〕照按：「輯」當作「緝」（「緝熙」連文，詩中屢見〔它書中亦多有之〕，傳、箋皆訓爲光明）。慎本、盧本、柏筠堂本、文瀾本、叢書本、崇文本作「緝」，未誤。當據改。書舜典：「納于百揆，百揆時敍。」孔傳：「揆，度也。度百事，總百官，納舜於此官。舜舉八凱使揆度百事，百事時敍，無廢事業。」

〔七〕盧、鵲，已見崇教篇「縱盧、猎以噬狡獸」句箋。

〔八〕詩大雅大明：「維師尚父，時維鷹揚。涼彼武王，肆伐大商，會朝清明。」毛傳：「師，大師也。尚父，可尚可父。鷹揚，如鷹之飛揚也。涼，佐也。肆，疾也。會，甲也。不崇朝而天下清明。」鄭箋：「尚父，呂望也。尊稱焉。鷹，鷙鳥也。佐武王者，爲之上將。肆，故今也。會，合也。以天期已至，兵甲之強，師率之武，故今伐殷，合兵以淸明。」文選曹植與楊德祖書：「孔璋鷹揚於河朔。」李周翰曰：「鷹揚，謂文體抑揚如鷹之飛揚也。」

〔九〕史記刺客傳贊：「然其立意較然。」索隱：「較，明也。」漢書孔光傳：「較然甚明。」顏注：「較，明貌也，音角。」

「吳主不此之思，不加夕惕〔一〕，佞諂凡庸，委以重任。危機急於彍弩〔二〕，亡徵著於日月〔三〕，而自謂安於峙嶽〔四〕，唐、虞可仰也〔五〕。目力疲於綺粲，而不以覽庶事之得失；耳聰盡於淫音，而不以證獻言之邪正；穀帛靡於不急，而不以賑戰士之凍餒；心神悅於愛媚，而不以念存亡之弘理。蓋輕乎崇替之源〔六〕，而忽乎宗廟之重者也。」

〔一〕吳主，指孫亮、孫休、孫晧。三國志吳書有三嗣主傳。易乾：「九三，君子終日乾乾，夕惕若厲，无咎。」正義：「夕惕者，謂終竟此日後至向夕之時，猶懷憂惕。若厲者，若，如也。厲，危也。言尋常憂懼，恆如傾危，乃得无咎。」釋文引鄭玄云：「（惕）懼也。」

〔二〕孫子勢：「勢如彍弩，節如發機。」杜牧曰：「彍，張也。如弩已張，發則殺人。」梅堯臣曰：「彍，音霍。彍，張也。如弩之張，勢不逡巡；如機之發，節近易中也。」淮南子兵略：「疾如彍弩，勢如發矢。」

〔三〕易繫辭上：「縣象著明，莫大乎日月。」

〔四〕峙，聳立。詩大雅崧高：「崧高維嶽。」毛傳：「崧，高貌。山大而高曰崧。嶽，四嶽也。東嶽岱，南嶽衡，西嶽華，北嶽恆。」

〔五〕唐，唐堯。虞，虞舜。

〔六〕國語楚語下：「藍尹亹曰：『吾聞君子唯獨居思念前世之崇替者。』」韋注：「崇，終也。替，廢也。」文選陸機答賈長淵詩：「邈矣終古，崇替有徵。」李周翰曰：「崇替，亦猶興亡也。」

「鄭君又稱其師左先生隱居天柱出不營祿利，不友諸侯〔一〕；然心願太平，竊憂桑梓〔二〕。乃慨然永歎於蓬屋之下，告其門生曰：『漢必寢耀〔三〕，黃精載起〔四〕，纘樞紐於太微〔五〕，迴紫蓋於鶉首〔六〕，聯天理物〔七〕，光宅東夏〔八〕。惠風被於區外〔九〕，玄澤洽平宇内〔一〇〕，重譯接武〔一一〕，貢楛原注：「侯古切。」盈庭〔一二〕。蕩蕩巍巍〔一三〕，格于上下〔一四〕。承平守藏本誤作字，從舊寫本改。文，因循甚易〔一五〕。而五弦謐響，南風不詠〔一六〕。上不獲恭己之逸〔一七〕，下不聞康哉之歌〔一八〕。

〔一〕照按：「出」爲平津本寫刻之誤，當依各本改作「山」，並於其下加豆。左先生，即左慈。後漢書方術下左慈傳：「左慈字元放，廬江人也。少有神道。」抱朴子内篇金丹：「昔左元放於天柱山中精思，而神人授之金丹仙經。會漢末亂，不遑合作，而避地來渡江東，志欲投名山以修斯道。……江東先無此書，書出於左元放，元放以授余從祖，從祖以授鄭君，鄭君以授余，故他道士了無知者也。」神仙傳左慈傳：「明五經，兼通星氣。見漢祚將衰，天下亂起，乃歎曰：『值此衰亂，官高者危，財多者死。當世榮華，不足貪也。』乃學道，尤明六甲。……精思於天柱山中，得石室中九丹金液經。……後慈以意告葛仙公（即葛玄），言當入霍山，合九轉丹，遂乃仙去。」爾雅釋山：「霍山爲南嶽。」郭注：「即天柱山。」廣雅釋山：「天柱山謂之霍山。」莊子讓王：「曾子居衛，……天子不得臣，諸侯不得友。」

〔二〕詩小雅小弁：「維桑與梓，必恭敬止。」毛傳：「父之所樹，己尚不敢不恭敬。」文選張衡南都賦：「永世克孝，懷桑梓焉，真人南巡，覩舊里焉。」又陳琳爲袁紹檄豫州：「又梁孝王先帝母昆，墳陵尊顯，桑梓松柏，猶宜肅恭。」又陸機贈顧彥先詩：「眷言懷桑梓。」（是東漢後作者皆以桑梓喻鄉里）

〔三〕「必」，吉藩本、文淵本、崇文本作「火」。照按：安貧篇亦有「昔漢火寢耀」語，「火」字是。漢書高帝紀贊：「漢承堯運，德祚已盛，斷蛇著符，旗幟上赤，協于火德，自然之應，得天統矣。」又郊祀志贊：「自神農、黄帝下歷唐、虞三代，而漢得火焉。故高祖始起，神母夜號，著赤帝之符，旗章遂赤，自得天統矣。」又敍傳上：「（王命論）唐據火德，而漢紹之，始起沛澤，則神母夜號，以章赤帝之符。」東觀漢記序：「漢以炎精布耀。」（文選魯靈光殿賦注引）顏師古漢書禮樂志「漢典寢而不著」注：「寢，息也。」此句言漢之衰亡。

〔四〕黄精，謂魏。文選陸機答賈長淵詩：「天厭霸德，黄祚（五臣作「祖」）告釁。」李注：「干寶搜神記曰：『魏惟（推）五德之運，以土承漢。』春秋保乾圖曰：『漢以魏徵，黄精接期，天下歸高。』」張銑曰：「霸，謂魏也。魏土德，故曰黄祖。」此句言魏之興起。

〔五〕史記天官書：「南宮朱鳥，權、衡。衡，太微，三光之廷。」集解引孟康曰：「軒轅爲權，太微爲衡。」索隱引宋均曰：「太微，天帝南宮也。三光，日、月、五星也。」晉書天文志上：「太微，天子庭也。……黄帝坐在太微中，含樞紐之神也。天子動得天度，止得地意，從容中道，則太微五帝坐明以光。」此句言吳之建國。

〔六〕吳書：「（陳化）爲郎中令使魏，魏文帝因酒酣，嘲問曰：『吳、魏峙立，誰將平一海内者乎？』化對曰：『易（說卦）稱「帝出乎震」，加聞先哲知命，舊説紫蓋黄旗，運在東南。』」（三國志吳書孫權傳黄武四年裴注引）宋書符瑞志上：

「漢世術士言：『黃旗紫蓋，見於斗、牛之間，江東有天子氣。』」（江表傳：「初，丹陽刁玄使蜀，得司馬徽與劉廙論運命曆數事。玄詐增其文以誑國人曰：『黃旗紫蓋見於東南，終有天下者，荆、揚之君乎！』」（三國志吳書孫晧傳建衡三年裴注引）陸雲泰伯碑：「吳啟金車，晉遷紫蓋。」（藝文類聚二一引）文選西京賦：「昔者大帝說秦繆公而覲之，饗以鈞天廣樂，帝有醉焉，乃爲金策，錫用此土，而翦諸鶉首。」薛注：「大帝，天也。翦，盡也。」李注：「……漢書（地理志下）曰：『自井至柳，謂之鶉首之次，秦之分也。』盡取鶉首之分爲秦之境也。」（蔡邕月令章句：「自井十度至柳三度，謂之鶉首之次，……秦之分野。」續漢書律曆志下劉注引）是鶉首由原指秦地而借指吳地。此句言吳之區域。

〔七〕漢書董仲舒傳：「仲舒對曰：『……文王順天理物，師用賢聖。』」崔瑗南陽文學頌：「昔聖人制禮作樂也，將以統天理物，經國序民。」（藝文類聚三八、太平御覽五三四引）說文耳部：「聯，連也。从耳，从絲。从耳，耳連於頰；从絲，絲連不絕也。」

〔八〕書堯典序：「昔在帝堯，聰明文思，光宅天下。」文選阮籍爲鄭沖勸晉王牋：「周公籍已成之勢，據既安之業，光宅曲阜，奄有龜蒙。」李周翰曰：「光，大。宅，居也。」又左思魏都賦：「暨聖武之龍飛，肇受命而光宅。」呂氏春秋察今：「東夏之命。」高注：「東夏，東方也。」此以「東夏」指吳。

〔九〕文選東京賦：「惠風廣被，澤洎幽荒。」薛注：「惠，恩也。洎，及也。幽荒，九州外，謂四夷也。」呂向曰：「惠風，仁惠之風。洎，及也。幽荒，九州之外，言惠澤及遠。」區外，猶方外。（文選蜀都賦「茂八區而菴藹焉」劉注：「八區，四方四隅也。」又長楊賦「洋溢八區」李注：「八區，八方之區也。」）漢書董仲舒傳：「制曰：『……德澤洋溢，施虖方外，延及羣生。』」

〔一〇〕文選應貞晉武帝華林園集詩：「玄澤滂流，仁風潛扇。」李注：「玄澤，聖恩也。」張銑曰：「玄，天也。天澤滂沛而流仁惠之風。」

〔一一〕史記太史公自序：「海外殊俗，重譯款塞，請來獻見者，不可勝道。」正義：「重譯，更譯其言也。」漢書平帝紀：「元始元年春正月，越裳氏重譯獻白雉一，黑雉二。」顏注：「譯，謂傳言也。道路絶遠，風俗殊隔，故累譯而後乃通。」禮記曲禮上：「堂上接武。」鄭注：「武，迹也。迹相接。」正義：「武，跡也。既不欲疾趨，故跡相接也。」

〔一二〕貢楛，已見勗學篇「訪鳥砮而洽東肅」句箋。

〔一三〕論語泰伯：「子曰：『大哉堯之爲君也！巍巍乎！唯天爲大，唯堯則之。蕩蕩乎！民無能名焉。』」集解：「孔（安國）曰：『則，法也。美堯能法天而行化。』包（咸）曰：『蕩蕩，廣遠之稱。言其布德廣遠，民無能識其名焉。』」

〔一四〕書堯典：「允恭克讓，光被四表，格于上下。」孔傳：「允，信。克，能。光，充。格，至也。既有四德，又信恭能讓，故其名聞，充溢四外至于天地。」

〔一五〕周禮秋官大司寇：「二曰刑平國用中典。」鄭注：「平國，承平守成之國也。」賈疏：「謂先君受封，後君承前平安，守持成立之國。」漢書成帝紀贊：「遭世承平，上下和睦。」「守」，藏本等作「字」。孫星衍從舊寫本改「守」。照按：「守」字是。（文溯本剜改爲「守」）史記外戚世家序：「自古受命帝王及繼體守文之君。」索隱：「按：繼體，謂非創業之主，而是嫡子繼先帝之正體而立者也。守文，猶守法也。謂非受命創制之君，但守先帝法度爲之主耳。」（漢書董仲舒傳有「守文之君」語）漢書百官公卿表上：「秦兼天下，建皇帝之號，立百官之職，漢因循而不革，明簡易，隨時宜也。」又食貨志上：「哀帝卽位，師丹輔政，建言：『……今累世承平，豪富吏民訾數鉅萬，而貧弱俞困。蓋君子爲政，貴因循而重改作。』」顏注：「重，難也。」又外戚下孝成許皇后傳：「上於是采劉向、谷永之言以報曰：『……君子之道，樂因循而重改作。』」

〔一六〕禮記樂記：「昔者舜作五弦之琴，以歌南風。」鄭注：「南風，長養之風也。以言父母之長養己。其辭未聞也。」正義：「五弦，謂無文、武二弦，唯宮、商等之五弦也。南風，詩名，是孝子之詩。……案聖證論引尸子及家語難鄭云：『昔者舜彈五弦之琴，其辭曰：「南風之薰兮，可以解吾民之慍兮；南風之時兮，可以阜吾民之財兮。」鄭云「其辭未聞」，失其義也。』今案馬昭云：『家語王肅所增加。』非鄭所見。又尸子雜說，不可取證正經，故言未聞也。」韓非子外儲說左上：「有若曰：『昔者舜鼓五絃〔之琴〕，歌南風之詩，而天下治。』」（韓詩外傳四、淮南子詮言又泰族、史記樂書、越絶書外傳枕中、新語無爲、風俗通義聲音〔所引尚書，蓋出書傳。〕文略同）尸子：「舜作五絃之琴，以歌南風：南風之薰兮，可以解吾民之慍。是舜歌也。」（文選琴賦李注引）說文言部：「謠，一曰無聲也。」

〔一七〕論語衞靈公：「子曰：『無爲而治者，其舜也與！夫何爲哉？恭己正南面而已矣。』」集解：「言任官得其人，故無爲而治。」新序雜事四：「故王者勞於求人，佚於得賢，舜舉衆賢在位，垂衣裳恭己無爲而天下治。」鄭玄詩大雅卷阿箋：「孔子曰：『無爲而治者，其舜也與！恭己正南面而已。』言任賢，故逸也。」

〔一八〕書益稷：「乃賡載歌曰：『元首明哉，股肱良哉，庶事康哉！』」孔傳：「賡，續。載，成也。帝歌歸美股肱義未足，故續歌。先君後臣，衆事乃安，以成其義。」

『飛龍翔而不集，淵虯蟠而不躍〔一〕，騶虞翳於冥昧〔二〕，朱華牙而未秀〔三〕。陰陽相沴〔四〕，寒燠繆節〔五〕，七政告凶〔六〕，陵谷易所〔七〕。殷雷輷磕於龍潛之月〔八〕，凝霜肅殺乎朱明之運〔九〕。玉燭不照〔一〇〕，沈醴不涌〔一一〕，郊埸多壘〔一二〕，嘉生不遂〔一三〕。夫豈藏本作其豈，今從舊寫本。他哉？誠由四凶不去〔一四〕，元凱不舉〔一五〕，用者不賢，賢者不用也。

〔一〕淮南子覽冥：「驂青虬。」高注：「有角爲龍，無角爲虬。」（虬，虯之俗。）方言十二：「未陞天龍謂之蟠龍。」（法言問神：「或曰：『龍必欲飛天乎？』曰：『時飛則飛，時潛則潛。』」李注：「時可而升，未可而潛。」）

〔二〕詩召南騶虞：「于嗟乎騶虞。」毛傳：「騶虞，義獸也。白虎黑文，不食生物，有至信之德則應之。」正義：「陸璣（毛詩草木鳥獸蟲魚疏）云：『騶虞，白虎黑文，尾長於軀，不食生物，不履生草，應信而至者也。』」尚書大傳：「文王因囚羑里，散宜生之於陵氏取怪獸，尾倍其身，名曰騶虞，以獻紂。」（太平御覽八百九十引）山海經海内北經：「林氏國有珍獸，大若虎，五采畢具，尾長於身，名曰騶吾。乘之，日行千里。」騶吾，卽騶虞。

〔三〕照按：「華」疑爲「草」（或「英」）之誤。尚書大傳：「王者德下究地之厚，則朱草生。」（太平御覽八七三引〔文選王融曲水詩序又非有先生論李注引作「德光地序，則朱草生。」〕）春秋繁露五行順逆：「恩及草木，則樹木華美而朱草生。」漢書東方朔傳：「（非有先生論）甘露既降，朱草萌牙。」尚書中候：「文命咸得〔盛德〕，俊乂在官，則朱草在郊。」（太平御覽八七三引）禮斗威儀：「君乘火而王，其政頌平，則地生朱草。」（太平御覽八七三引）春秋感精符：「王者德洽於地，則朱草生。食之，令人不老。」（太平御覽八七三引〔大戴禮記明堂盧注：「朱草可食，王者慈仁則生。」〕）孝經援神契：「王者德至草木，則朱草生。」（禮記禮運正義、後漢書光武帝紀李注、太平御覽八七三引）文選王融曲水詩序：「紫脱華，朱英秀。」李注引瑞應圖曰：「朱草，亦曰朱英。」並足爲「朱華」當作「朱草」（或「朱英」）之證。孟子告子上：「吾如有萌焉何哉？」趙注：「譬諸萬物，何由得有萌牙生也？」淮南子俶真：「所謂有始者，繁憤未發，萌兆牙糵。」漢書劉歆傳：「（移書太常博士）詩始萌牙。」顔注：「言若草木之初生。」後漢書蔡邕傳：「（釋誨）利端始萌，害漸亦牙。」是「牙」、「芽」古通用不别。文選七命「方疏含秀」李注：「秀，謂華也。」（論語子罕

「苗而不秀者有矣夫」朱注：「穀之始生曰苗，吐華曰秀。」）

〔四〕莊子大宗師：「陰陽之氣有沴。」郭注：「沴，陵亂也。」釋文：「沴，音麗。」漢書五行志中之上：「氣相傷謂之沴。沴猶臨莅，不和意也。」續漢五行志一：「氣之相傷謂之沴。」

〔五〕易繫辭下：「寒往則暑來，暑往則寒來；寒暑相推，而歲成焉。」書洪範：「八，庶徵：曰雨，曰暘，曰燠，曰寒，曰風，曰時。五者來備，各以其敍，庶草蕃廡。」孔傳：「雨以潤物，暘以乾物，煖以長物，寒以成物，風以動物。五者各以其時，所以爲衆驗。言五者備至，各以次序，則衆草蕃滋廡豐也。」禮記月令：「寒熱不節，民多瘧疾。」又樂記：「天地之道，寒暑不時，則疾。」呂氏春秋貴信：「天行不信，不能成歲；地行不信，草木不大。……夏之德暑，暑不信，其土不肥；土不肥，則長遂不精。……冬之德寒，寒不信，其地不剛；地不剛，則凍閉不開（闔）。」高注：「不信，氣節陰陽皆不交，故不成歲也。」

〔六〕書舜典：「在璿璣玉衡，以齊七政。」孔傳：「七政，日、月、五星各異政。」正義：「七政，其政有七，於璣衡察之必在天者，知七政謂日、月與五星也。木曰歲星，火曰熒惑星，土曰鎮星，金曰太白星，水曰辰星。易繫辭（上）云：『天垂象，見吉凶，聖人象之。』此日、月、五星有吉凶之象，因其變動爲占，七者各自異政，故爲七政。得失由政，故稱政也。」詩小雅十月之交：「日月告凶。」鄭箋：「告凶，告天下凶亡之徵也。」

〔七〕詩小雅十月之交：「高岸爲谷，深谷爲陵。」毛傳：「言易位也。」鄭箋：「易位者，君子居下，小人處上之謂也。」正義引詩推度災曰：「高岸爲谷，賢者退。深谷爲陵，小臨大。」（易林晉之困：「高岸爲谷，陽失其室。」又明夷之比：「深谷爲陵，衰者復興。」）

〔八〕詩召南殷其靁：「殷其靁，在南山之陽。」毛傳：「殷，靁聲也。」釋文：「殷，音隱。靁，亦作雷。」輷溘（亦作訇磕），形容雷聲巨大。禮記月令：「仲春之月，……是月也，日夜分，雷乃發聲。」又：「仲秋之月，……是月也，日夜分，雷始收聲。」（又見周書時訓、呂氏春秋仲春紀又仲秋紀、淮南子時則）是古人以夏正二月至夏正八月內有雷爲正常自然現象也。後漢書魯恭傳：「恭議奏曰：『……易（乾）曰：「潛龍勿用。」言十一月、十二月陽氣潛藏，未得用事。』」然則此文所稱「龍潛之月」，蓋指夏正仲冬、季冬之雷乎？（文子下德：「春肅秋榮，冬雷夏霜，皆賊氣之所生。」（又見淮南子本經））

〔九〕漢書禮樂志：「（郊祀歌）西顥沆碭，秋氣肅殺。」文選西京賦：「寒風肅殺。」李注引禮記（月令）曰：「孟秋天氣始肅。仲秋殺氣浸盛。」朱明，謂夏正夏季。爾雅釋天：「夏爲朱明。」郭注：「氣赤而光明。」漢書禮樂志：「（郊祀歌）朱明盛長，旉與萬物。」顏注：「旉，古敷字也。旉與，言開舒也。」淮南子佚文：「鄒衍事燕惠王，盡忠。左右譖之，王繫之。仰天而哭，五月，天爲之下霜。」（後漢書劉瑜傳又袁紹傳李注、文選曹植求通親親表又江淹詣建平王上書李注等引）漢書劉向傳：「（上封事）霜降失節，不以其時，其詩曰：『正月繁霜，我心憂傷。民之訛言，亦孔之將！』言民以是爲非，甚衆大也。此皆不和，賢不肖易位之所致也。」顏注：「張晏曰：『正月，夏之四月也。純陽用事，而反多霜，急恒寒若之災也。』師古曰：『此小雅正月之篇刺幽王之詩也。四月正陽之月，故謂之正月。繁，多也。訛，僞也。孔，甚也。將，大也。此言王政乖舛，陽月多霜，害於生物，故己心爲憂傷，而衆庶之人，共爲僞言，以是爲非，排斥賢儁，禍甚大也。』」（春秋命歷序：「桀無道，夏隕霜。」（太平御覽一四引））

〔一〇〕爾雅釋天：「四氣和謂之玉燭。」郭注：「道光照。」邢疏：「注云『道光照』者，道，言也，言四時和氣，溫潤明照，故曰玉燭。……尸子仁意篇述太平之事云：『燭於玉燭，……四時和正光照，此之謂玉燭。』」何晏瑞頌：「通政辰修，玉燭告祥，和風播烈，景星揚光。」（藝文類聚九八引）

〔一一〕醴，醴泉。醴泉舊説有二：禮記禮運：「故天降膏露，地出醴泉。」史記大宛傳贊：「崑崙……其上有醴泉、瑤池。」漢書揚雄傳上：「（羽獵賦序）故甘露零其庭，醴泉流其唐。」又王莽傳上：「（平）憲等奏言：『……甘露從天下，醴泉自地出。』」後漢書光武帝紀下：「（中元元年）是夏，京師醴泉涌出。」李注：「尚書中候曰：『俊乂在官，則醴泉出』也。」（春秋命歷序：「成、康之隆，醴泉湧出。」（後漢書班固傳李注、文選東都賦李注引）孝經援神契：「德至淵泉，則黃龍見，醴泉湧。」（禮記禮運正義、太平御覽八七三引）皆以自地出者爲醴泉。爾雅釋天：「甘雨時降，萬物以嘉，謂之醴泉。」尸子仁意：「甘雨時降，萬物以嘉，高者不少，下者不多，此之謂醴泉。」（爾雅釋天邢疏引）則又以天降之甘雨爲醴泉。（王充力主此說，見論衡是應篇。）抱朴此文既著有「涌」字，其沿用前一說甚明。

〔一二〕禮記曲禮上：「四郊多壘，此卿大夫之辱也。」鄭注：「辱其謀人之國不能安也。壘，軍壁也。數見侵伐則多壘。」埸，音亦。

〔一三〕國語周語下：「陰陽序次，風雨時至，嘉生繁祉，人民龢利。」史記曆書：「民神異業，敬而不瀆，故神降之嘉生。」（以上三句出國語楚語下）集解引應劭（漢書郊祀志上注）曰：「（嘉生）嘉穀也。」（國語韋注：「嘉生，善物也。」漢書顏注：「嘉生，謂衆瑞。」注此均不愜。）禮記樂記：「氣衰則生物不遂。」鄭注：「遂，猶成也。」淮南子脩務：「故五穀得遂長。」高注：「遂，成也。」

〔一四〕四凶，已見嘉遯篇「有虞舉則四凶戮」句箋。

〔一五〕元凱，亦見嘉遯篇「而使聖朝乏乎元凱之用哉」句箋。

「然高概遠量，被褐懷玉〔一〕，守靜潔志，無欲於物，藏器淵洿〔二〕，得意遺世，非禮不動〔三〕，非時不見〔四〕。困而無悶〔五〕，窮而不悔〔六〕，樂天任命〔七〕，混一榮辱〔八〕。進無悅色，退無戚容者，固有伏死乎甕牖〔九〕，安肯衒沽以進趨〔一○〕，揭其不貲之寶〔一一〕，以競燕石之售哉〔一二〕！

〔一〕被褐懷玉，已見君道篇「或披褐而朝隱」句箋。

〔二〕易繫辭下：「君子藏器於身，待時而動。」小爾雅廣詁：「淵，深也。」文選典引：「斟酌道德之淵源。」蔡注：「水深曰淵。」楚辭天問：「九州安錯？川谷何洿？」王注：「洿，深也。」廣韻十姥：「洿，洿深皃。」集韻十姥：「洿，水深謂之洿。」洿，讀上聲，音户。

〔三〕禮記中庸：「齊明盛服，非禮不動，所以修身也。」（論語顏淵有「非禮勿動」語。）

〔四〕禮記儒行：「非時不見，不亦難得乎？」釋文：「見，賢遍反。」正義：「非時，謂非明時則不見。」

〔五〕易乾：「文言，遯世无悶。」正義：「謂逃遯避世，雖逢无道，心无所悶。」集解引崔憬曰：「道雖不行，達理，无悶也。」

〔六〕禮記中庸：「君子依乎中庸，遯世不見知而不悔，唯聖者能之。」

〔七〕易繫辭上：「樂天知命故不憂。」文子符言：「知命者不憂。」漢書揚雄傳上：「遇不遇，命也。」又敍傳上：「（王命論）是故窮達有命。」後漢書傅燮傳：「燮正色拒之曰：『遇與不遇，命也。』」文選李康運命論：「窮達，命也。」

〔八〕王粲七釋：「混齊榮辱。」（藝文類聚五七、文選盧諶贈劉琨詩李注引）

〔九〕禮記儒行：「儒有一畝之宮，環堵之室，篳門圭窬，蓬户甕牖。」釋文：「甕牖，以甕爲牖。」正義：「甕牖者，謂牖牕圓如甕口也。又云：以敗甕口爲牖。」莊子讓王：「原憲居魯，環堵之室，……桑以爲樞而甕牖。」釋文引司馬彪云：

「破甕爲牖。」史記秦始皇紀贊：「陳涉甕牖繩樞之子。」集解引孟康（漢書陳勝傳贊注）曰：「瓦甕爲窻也。」高誘呂氏春秋下賢「甕牖之下者」注：「甕牖，……言貧陋也。」後漢書李陳龐陳橋傳論：「任棠、姜岐，世著其清，結甕牖而辭三命，殆漢陽之幽人乎？」晉書石崇傳：「崇正色曰：『士當身名俱泰，何至甕牖哉！』」皆以甕牖喻清貧。

〔一〇〕說文行部：「衒，行且賣也。从行、言。衒，衒或从玄。」論語子罕：「求善賈而沽諸？」集解引馬融曰：「沽，賣也。」漢書東方朔傳：「四方士多上書言得失，自衒鬻者以千數。」顏注：「衒，行賣也。鬻亦賣也。」後漢書崔駰傳：「（達旨）叫呼衒鬻，縣旌自表，非隨、和之寶也。」又李雲傳論：「禮有五諫，諷爲上。……貴在於意達言從，理歸乎正。曷其絞訐摩上，以衒沽成名哉？」

〔一一〕管子山權數：「之龜爲無貲。」尹注：「之，是也。是龜至寶而無貲也。無貲，無價也。」不貲之寶，猶言無價之寶。

〔一二〕闕子：「宋之愚人得燕石於梧臺之東，歸而藏之，以爲大寶。周客聞而觀焉，主人齋七日，端冕玄服以發寶，華匱十重，緹巾十襲。客見之，俛而掩口盧胡而笑曰：『此特燕石也，與瓦甕不殊。』主人大怒，藏之愈固。」（藝文類聚六、太平御覽五一引（文選應璩百一詩李注引作闞子，誤。））

「孔、墨之道，昔曾不行〔一〕。孟軻、揚雄，亦居困否〔二〕。有德無時〔三〕，有自來耳。世無離朱，皁、白混焉〔四〕；時乏管青，騏、蹇糅焉〔五〕。磧、礫積於金匱〔六〕，瑾、瑶委乎溝洫〔七〕，匠石緬而遐淪〔八〕。梓、豫忽而莫識〔九〕。已矣，悲夫！我生不辰〔一〇〕，弗先弗後〔一一〕，將見吳士之化爲晉域，南民之變成北隸也。言猶在耳〔一二〕，而孫氏輿櫬〔一三〕。」

〔一〕禮記中庸：「子曰：『道之不行也，我知之矣，知者過之，愚者不及也。』」又：「子曰：『道其不行矣夫！』」鄭注：「閔無明君教之。」正義：「夫子既傷道之不行，又哀閔傷之，云時無明君，其道不復行也。」論語公冶長：「子曰：『道不行，乘桴浮于海。從我者，其由與？』」皇疏：「孔子聖道不行於世，故或欲居九夷（見子罕），或欲乘桴泛海，故云道不行，乘桴浮於海也。」又微子：「子路曰：『……君子之仕也，行其義也。道之不行，已知之矣。』」皇疏：「爲行義，故仕耳。濁世不用我道，而我亦反自知之也。」呂氏春秋諭大：「孔丘、墨翟，欲行大道於世而不成。」（務大同）又有度：「孔、墨之弟子徒屬，充滿天下，皆以仁義之術，教導於天下，然而無所行教者。術猶不能行，又況乎所教！是何也？仁義之術外也。」高注：「所教，謂孔、墨弟子之弟子也。」淮南子俶真：「孔、墨之弟子，皆以仁義之術，教導於世，然而不免於偏。身猶不能行也，又況所教乎！是何則？其道外也。」

〔二〕史記孟子傳：「孟軻，騶人也。受業子思之門人。道既通，游事齊宣王，宣王不能用。適梁，梁惠王不果所言，則見以爲迂遠而闊於事情。……天下方務於合從連衡，以攻伐爲賢，而孟軻乃述唐、虞、三代之德，是以所如者不合。退而與萬章之徒，序詩、書，述仲尼之意，作孟子七篇。其後有騶子之屬。……是以騶子重於齊。適梁，惠王郊迎，執賓主之禮。……其游諸侯見尊禮如此，豈與仲尼菜色陳、蔡，孟軻困於齊、梁同乎哉！」趙岐孟子題辭：「孟子，鄒人也，名軻。字則未聞也。……孟子閔悼堯、舜、湯、文、周、孔之業，將遂湮微，正塗壅底，仁義荒怠，佞僞馳騁，紅紫亂朱。於是則慕仲尼，周流憂世，遂以儒道遊於諸侯，思濟斯民。然由不肯枉尺直尋，時君咸謂之迂闊於事，終莫能聽納其說。」風俗通義窮通：「孟軻受業於子思，既通，游於諸侯，所言皆以爲迂遠而闊於事情。然終不屈道趣舍，枉尺以直尋。嘗仕於齊，位至卿，後不能用。……又絕糧於鄒、薛，困殆甚。」應璩與董仲連書：「孟軻困於梁、宋，宣尼飢於陳、蔡。」（藝文類聚三五、初學記十八引）漢書揚雄傳上：「揚雄字子雲，蜀郡成都人也。……家産不過十金，乏無儋石之儲，晏如也。」又贊：「雄年四十餘，自蜀來至京師，大司馬車騎將軍王音奇其文雅，召以爲門下史，薦雄待詔，歲餘，奏羽獵賦，除爲郎，給事黄門，與王莽、劉歆並。哀帝之初，又與董賢同官。當成、哀、平間，莽、賢皆爲三公，權傾人主，所薦莫不拔擢，而雄三世不徙官。及莽簒位，談説之士用符命稱功德獲封爵者甚衆，雄復不侯，以耆老久次轉爲大夫，恬於勢利乃如是。」（雄有逐貧賦，見藝文類聚三五、太平御覽四八五、古文苑四。〔初學記十八有删節〕）桓譚新論：「揚子雲爲郎，居長安，素貧。比歲亡其兩男，哀痛之，皆持歸葬於蜀，以此困乏。子雲察達聖道，明於死生，不下季札；然而慕戀死子，不能以義割恩，自令多費而致困貧。」（太平御覽五五六引）

〔三〕荀子宥坐：「夫遇不遇者，時也。」韓詩外傳七：「遇不遇者，時也。」説苑雜言：「遇不遇者，時也。」論衡逢遇：「遇不遇，時也。」桓範世要論：「遇不遇，時也。」（文選辨命論李注引）

〔四〕莊子駢拇：「是故駢於明者，亂五色，淫文章，青黄黼黻之煌煌，非乎？而離朱是已。」釋文引司馬彪云：「（離朱）黄帝時人，百步見秋豪之末；一云見千里針鋒。」商子錯法：「夫離朱見秋毫百步之外，而不能以明目易人。」韓非子觀行：「離朱易百步而難眉睫。」淮南子原道：「離朱之明，察箴末於百步之外。」高注：「離朱者，黄帝臣，明目人也。」趙岐孟子離婁上篇題注：「離婁，古之明目者，黄帝時人也。黄帝亡其玄珠，使離朱索之（見莊子天地）。離朱，即離婁也。」顔師古漢書揚雄傳下長楊賦「而離婁燭千里之隅」注：「離婁，古明目者；一號離朱。燭，照也。」廣雅釋器：「皁，黑也。」

〔五〕呂氏春秋觀表：「古之善相馬者：寒風是相口齒，麻朝相頰，……管青相膹肳（文選七命李注引作脣吻〔太平御覽八九六同〕），陳悲相股脚，秦牙相前，贊君相後。凡此十人者，皆天下之良工也。」淮南子齊俗：「伯樂、韓風、秦牙、管青，所相各異，其知馬一也。」許注：「四子皆古善相馬者。」莊子秋水：「騏、驥、驊、騮，一日而馳千里。」釋文引李頤云：「騏、驥、驊、騮，皆駿馬也。」楚辭七諫謬諫：「駕蹇驢而無策兮，又何路之能極？」王注：「蹇，跛也。」

〔六〕文選西京賦：「爛若磧礫。」薛注：「石細者曰礫。」又吳都賦：「翫其磧礫。」劉注：「磧礫，淺水見沙石之貌。」說文石部：「磧，水陼有石者。」段注：「陼丘，水中高者也。」三蒼曰：『磧，水中沙堆也。』」（見一切經音義二二引）又：「礫，小石也。」漢書高帝紀下「金匱石室」顏注：「（金匱）以金爲匱。」匱，俗作櫃。

〔七〕說文玉部：「瑾，瑾瑜，美玉也。」又：「瑤，石之美者。」（「石」字依段校）考工記匠人：「匠人爲溝洫。」鄭注：「主通利田間之水道。」

〔八〕莊子人間世：「匠石之齊，至乎曲轅，見櫟社樹，其大蔽數千牛，絜之百圍，其高臨山十仞，而後有枝，其可以爲舟者，旁十數。觀者如市。匠伯不顧，遂行不輟。弟子厭觀之，走及匠石，曰：『自吾執斧斤以隨夫子，未嘗見材如此其美也，先生不肯視，行不輟，何邪？』曰：『已矣，勿言之矣！散木也：以爲舟則沈，以爲棺槨則速腐，以爲器則速毁，以爲門户則液樠，以爲柱則蠹。是不材之木也，無所可用，故能若是之壽』。」郭注：「不在可用之數，故曰散木。」釋文：「伯，匠石字也。」緬，緬邈。文選陸機擬行行重行行詩：「音徽日夜離，緬邈若飛沈。」李周翰曰：「緬邈，遠也。」

〔九〕梓、豫，二木名。戰國策宋策：「墨子曰：『……荆有長松、文梓、楩、柟、豫樟（墨子公輸作「章」）。』」高注：「皆大木也。」淮南子脩務：「楩、柟、豫章之生也，七年而後知，故可以爲棺、舟。」

〔一〇〕詩大雅桑柔：「憂心慇慇，念我土宇。我生不辰，逢天僤怒。」毛傳：「宇，居。僤，厚也。」鄭箋：「辰，時也。」易林大過之泰：「我生不辰，獨嬰寒苦。」

〔一〕詩大雅瞻卬：「觱沸檻泉，維其深矣。心之憂矣，寧自今矣！不自我先，不自我後。」鄭箋：「檻泉正出。涌出也，觱沸其貌。涌泉之源，所由者深，喻己憂所從來久也。惡政不先己，不後己，怪何故正當之。」

〔二〕左傳文公七年：「（穆嬴）頓首於宣子（趙盾）曰：『先君（晉襄公）奉此子（太子夷皋）也，而屬諸子曰：「此子也才，吾受子之賜；不才，吾唯子之怨。」今君雖終，言猶在耳，而弃之，若何？』」杜注：「（在耳）在宣子之耳。」三國志蜀書諸葛亮傳：「臣壽等言：『……至今梁、益之民，咨述亮者，言猶在耳。』」

〔三〕左傳僖公六年：「冬，蔡穆侯將許僖公以見楚子（成王）於武城，許男面縛銜璧，大夫衰絰，士輿櫬。楚子問諸逢伯，對曰：『昔武王克殷，微子啓如是。』」杜注：「櫬，棺也。」三國志吳書孫晧傳：「孫晧字元宗，權孫，和子也。……（濮陽）興、（張）布説休妃太后朱，欲以晧爲嗣。……於是遂迎立晧。……（天紀四年〔當晉太康元年〕三月）壬申〔寅〕，王濬最先到，於是受晧之降，解縛焚櫬，延請相見。……晧舉家西遷，以太康元年五月丁亥集於京邑。四月甲申，詔曰：『孫晧窮迫歸降，前詔待之以不死，今晧垂至，意猶愍之，其賜號爲歸命侯。』」晉書武帝紀：「（太康元年）三月壬寅（原誤作申），王濬以舟師至于建鄴之石頭，孫晧大懼，面縛輿櫬，降於軍門。濬杖節解縛焚櫬，送於京都。」

抱朴子聞之，曰：二君之言，可爲來戒，故録于篇，欲後代知有吳失國，匪降自天也〔一〕。

若苟諱國惡〔二〕，纖芥不貶〔三〕，則董狐無貴於直筆〔四〕，賈誼將受譏於過秦乎〔五〕？

〔一〕詩大雅瞻卬：「亂匪降自天，生自婦人。」

〔二〕左傳僖公元年：「諱國惡，禮也。」杜注：「掩惡揚善，義存君親，故通有諱例。皆當時臣子率意而隱，故無深淺常準。聖賢從之，以通人理。有時而聽之，可也。」

〔三〕春秋繁露王道：「春秋記纖芥之失，反之王道。」說苑至公：「（夫子）退而修春秋，采毫毛之善，貶纖介之惡。」論衡問孔：「春秋之義，采毫毛之善，貶纖介之惡。」後漢書皇后紀上明德馬皇后紀：「母子慈愛，始終無纖介之閒。」李注：「纖介，猶細微也。」孟子萬章上：「（伊尹）一介不以與人，一介不以取諸人。」意林一引「介」作「芥」。是「介」、「芥」古通用不別。

〔四〕左傳宣公二年：「趙穿攻靈公於桃園。宣子未出山而復。大史書曰：『趙盾弑其君』，以示於朝。宣子曰：『不然。』對曰：『子爲正卿，亡不越竟，反不討賊，非子而誰？』宣子曰：『烏呼！「我之懷矣，自詒伊慼。」其我之謂矣！』孔子曰：『董狐，古之良史也，書法不隱。趙宣子，古之良大夫也，爲法受惡。惜也，越竟乃免。』」釋文：「攻，本或作弑。」（史記晉世家作殺）

〔五〕史記賈生傳：「賈生名誼，雒陽人也。」又秦始皇紀贊：「自繆公以來，稍蠶食諸侯，竟成始皇。始皇自以爲功過五帝，地廣三王，而羞與之侔。善哉乎賈生推言之也！曰：『秦并兼諸侯山東三十餘郡，繕津關，據險塞，修甲兵而守之。然陳涉以戍卒散亂之衆數百，奮臂大呼，不用弓戟之兵，鉏櫌白梃，望屋而食，橫行天下。……貴爲天子，富有天下，身不免於戮殺者，正傾非也。是二世之過也。』」漢書陳勝項籍傳贊「昔賈生之過秦」顏注引應劭曰：「賈生書有過秦（見今本新書卷一）二篇，言秦之過。」（史記陳涉世家贊：「褚先生曰：『地形險阻，所以爲固也；兵革刑法，所以爲治也。猶未足恃也。……吾聞賈生之稱曰：「秦孝公據殽、函之固，擁雍州之地，君臣固守，以窺周室。……一夫作難而七廟墮，身死人手，爲天下笑者，何也？仁義不施，而攻守之勢異也。」』」集解：「徐廣曰：『（褚先生）一作「太史公」。』」駰案：『班固奏事云：「太史遷取賈誼過秦上下篇以爲秦始皇本紀、陳涉世家下贊文」，然則言「褚先生」者，非也。」照按：上引應劭注末原有「司馬遷取以爲贊，班固因之」二語，則當以作「太史公」爲是。三國志吳書闞澤傳：「（孫）權嘗問：『書傳篇賦，何者爲美？』澤欲諷喻以明治亂，因對賈誼過秦論最善，權覽讀焉。」

抱朴子外篇校箋卷之三十五

守塉

抱朴子曰：「余友人有潛居先生者，慕寢丘之莫爭〔一〕，簡塉土以葺宇〔二〕，銳精藝文〔三〕，意忽學稼〔四〕，屢失有年〔五〕，飢色在顏。」

〔一〕呂氏春秋異寶：「孫叔敖疾，將死，戒其子曰：『王數封我矣，吾不受也。爲我死，王則封汝，必無受利地！楚、越之間，有寢之丘者，此其地不利，而名甚惡。（高注：「惡，謂丘名也。」淮南子人間許注：「寢丘，今汝南固始，地前有垢谷，後有戕丘，名醜。」）荆人畏鬼，而越人信禨，可長有者，其唯此也。』孫叔敖死，王果以美地封其子。而子辭，請寢之丘。故至今不失。」（又見淮南子人間、列子説符〔韓非子喻老：「楚莊王既勝，狩於河雍，歸而賞孫叔敖。孫叔敖請漢間之地，沙石之處。楚邦之法，祿臣再世而收地，唯孫叔敖獨在。此不以其邦（顧廣圻謂邦讀爲封）爲收者，瘠也。」史記滑稽優孟傳：「於是莊王謝優孟，乃召孫叔敖子，封之寢丘四百户，以奉其祀。」〕所言均有不同，蓋傳聞之異。）

〔二〕詩邶風簡兮：「簡兮簡兮。」鄭箋：「簡，擇。」國語魯語下：「昔聖王之處民也，擇瘠土而處之。」韋注：「墝确爲瘠。」玉篇土部：「塉，薄土。」墝确、薄土，皆謂土地不肥沃。「瘠」與「塉」音同（廣韻並在昔韻）得通。楚辭九歌湘夫人：「芷葺兮荷屋。」王注：「葺，蓋屋也。」詩大雅緜：「聿來胥宇。」毛傳：「宇，居也。」陸士衡集懷土賦：「遵黄川以葺宇。」

〔三〕銳精，猶言銳意專精。方言劉歆與揚雄書：「非子雲澹雅之才，沈鬱之思，不能經年銳精以成此書。」潛夫論讚學：「得銳精其學而顯昭其業者。」藝文，泛指典籍。

〔四〕論語子路：「樊遲請學稼，子曰：『吾不如老農。』」集解引馬融曰：「樹五穀曰稼。」邢疏：「樹者，種殖之名。五穀者，黍、稷、麻、麥、豆也。」

〔五〕春秋經桓公三年：「有年。」杜注：「五穀皆熟，書有年。」穀梁傳桓公三年：「五穀皆熟，爲有年也。」

或人難曰：「夫知禮在於廩實〔一〕，施博由乎貨豐〔二〕，高出於有餘，儉生乎不足〔三〕。故十千美於詩人〔四〕，食貨首乎八政〔五〕。躬稼基克配之業〔六〕，耦耕有不改之樂〔七〕。

〔一〕管子牧民：「倉廩實則知禮節。」（又見史記管仲傳又貨殖傳序、鹽鐵論授時、説苑建本、説叢）

〔二〕文子符言：「禄益厚者施益博。」韓詩外傳七：「孫叔敖曰：『……吾禄益厚，吾施益博。』」（又見淮南子道應、列子説符）説文貝部：「貨，財也。」

〔三〕照按：「高」字於此不愜，疑爲「亯」之形誤。玉篇亯部：「亯，今作享。」享，享受。（左傳僖公二十三年「而享其生禄」杜注：「享，受也。」）説苑雜言：「孔子曰：『中人之情，有餘則侈，不足則儉。』」（又見家語六本）享出於有餘，即有餘則侈之意。

〔四〕詩小雅甫田：「倬彼甫田，歲取十千。我取其陳，食我農人，自古有年。」毛傳：「倬，明貌。甫田，謂天下田也。十千，言多也。」鄭箋：「倉廩有餘，民得賒貰取食之，所以紓官之蓄滯，亦使民愛存新穀，自古者豐年之法如此。」

〔五〕書洪範：「三，八政：一曰食，二曰貨。」（又見史記宋微子世家）孔傳：「（食）勤農業。（貨）寶用物。」正義：「八政者，人主施政教於民有八事也。一曰食，教民使勤農業也。二曰貨，教民使求資用也。」漢書食貨志上：「洪範八政，一曰食，二曰貨。食謂農殖嘉穀可食之物，貨謂布帛可衣及金刀龜貝，所以分財布利通有無者也。二者，生民之本。」顏注：「金謂五色之金也。黃者曰金，白者曰銀，赤者曰銅，青者曰鉛，黑者曰鐵。刀謂錢幣也。龜以卜占，貝以表飾，故皆爲寶貨也。」

〔六〕論語憲問：「南宮适問於孔子曰：『……禹、稷躬稼，而有天下。』」集解引馬融曰：「禹盡力於溝洫，稷播百穀，故曰躬稼。」皇疏：「躬稼，播種也。」（劉寶楠正義：「書皋陶謨云：禹曰：『予濬畎澮，距川，暨稷播，奏庶艱食鮮食，烝民乃粒。』禹貢亦言辨土作貢。是禹治水，兼及農事，故曰躬稼也。」）詩周頌思文：「思文后稷，克配彼天。立我烝民，莫匪爾極。」毛傳：「極，中也。」鄭箋：「克，能也。『立』，當作『粒』。烝，衆也。周公思先祖有文德者后稷之功能配天。昔堯遭洪水，黎民阻飢，后稷播殖百穀，烝民乃粒，萬邦作乂，天下之人無不於女時得其中者。言反其性。」國語周語下：「自后稷之始基靖民。」韋注：「基，始也。靖，安也。自后稷播百穀，以始安民。」

〔七〕論語微子：「長沮、桀溺耦而耕，孔子過之，使子路問津焉。長沮曰：『夫執輿者爲誰？』子路曰：『爲孔丘。』曰：『是魯孔丘與？』曰：『是也。』曰：『是知津矣。』問於桀溺，桀溺曰：『子爲誰？』曰：『爲仲由。』曰：『是魯孔丘之徒與？』對曰：『然。』曰：『滔滔者天下皆是也，而誰以易之？且而與其從辟人之士也，豈若從辟世之士哉！』耰而不輟。」集解：「鄭（玄）曰：『長沮、桀溺，隱者也。耜廣五寸，二耜爲耦。津，濟渡處。』馬（融）曰：『言數周流，自知津處。』孔（安國）曰：『滔滔，周流之貌。言當今天下治亂同，空舍此適彼，故曰誰以易之。』士有辟人之法，有辟世之法。長沮、桀溺謂孔子爲士，從辟人之法；己之爲士，則從辟世之法。鄭（玄）曰：『耰，覆種也。輟，止也。覆種不止，不以津告。』

『奇士之居也〔一〕，進則侶鴻、鸞以振翮〔二〕，退則參陶、白之理生〔三〕，仕必霸王，居必千金〔四〕。是以昔人必科膏壤以分利〔五〕，勦四體以稼穡〔六〕，播原菽之輿輿，茂嘉蔬之翼翼〔七〕，收辮秬之千倉〔八〕，積我庾之惟億〔九〕。出連騎以遊畋〔一〇〕，入侯服而玉食〔一一〕。

〔一〕照按：以下文「而先生之宅此也」句例之，「居」下疑脱一字。莊子佚文：「故君子之居世也，得時則蟻行，失時則鵲起。」（太平御覽九二二引）是「居」下脱一「世」字歟？

〔二〕文選古詩十九首：「昔我同門友，高舉振六翮。」丁儀周成漢昭論：「振短翮與鸞鳳並翔。」（文選沈約和謝宣城詩李注引）

〔三〕「理生」，藏本、魯藩本、吉藩本、愼本、舊寫本作「理治」；盧本、柏筠堂本、文溯本、崇文本作「理生」。照按：「理治」、「理生」，皆緣唐避高宗諱改「治」爲「理」致誤。當作「治生」。陶，陶朱公范蠡。白，白圭。史記貨殖傳：「范蠡既雪會稽之恥，……乃乘扁舟，浮於江湖，變名易姓，適齊爲鴟夷子皮，之陶爲朱公。……乃治產積居，與時逐而不責於人。故善治生者，能擇人而任時。十九年之中三致千金。……故言富者皆稱陶朱公。」又：「白圭，周人也。當魏文侯時，李克務盡地力，而白圭樂觀時變，故人弃我取，人取我與。……故曰：『吾治生產，猶伊尹、呂尚之謀，孫、吳用兵，商鞅行法是也。……雖欲學吾術，終不告之矣。』蓋天下言治生祖白圭。」並抱朴此文原作「治生」之切證。史記淮陰侯傳：「又不能治生商賈。」（漢書韓信傳「商」上有「爲」字）三國志蜀書諸葛亮傳：

「亮自表後主曰：『……至於臣在外任，無別調度，隨身衣食，悉仰於官，不別治生，以長尺寸。』」亦並以「治生」爲言，可旁證也。易林同人之大畜：「陶朱、白珪，善賈息資。」（又見遯之謙）陶、白並舉，與此同。

〔四〕史記越王句踐世家：「范蠡事越王句踐，既苦身勠力，與句踐深謀二十餘年，竟滅吳，報會稽之恥，北渡兵於淮以臨齊、晉，號令中國，以尊周室，句踐以霸。……范蠡浮海出齊，……耕于海畔，苦身戮力，父子治產。居無幾何，致產數十萬。齊人聞其賢，以爲相。范蠡喟然嘆曰：『居家則致千金，居官則至卿相，此布衣之極也。久受尊名，不祥。』乃歸相印。」

〔五〕照按：本書屢用「料」字，此「科」字疑爲「料」之形誤。料，量也（見說文斗部）；度也。（見文選吳都賦劉注）。膏壤，肥沃土地。已見嘉遯篇「讓膏壤於陸海」句箋。孝經庶人章：「分地之利。」李注：「分別五土，視其高下，各盡所宜，此分地利也。」

〔六〕論語微子：「丈人曰：『四體不勤，五穀不分，孰爲夫子？』植其杖而芸。」集解：「包（咸）曰：『丈人云不勤勞四體，不分殖五穀，誰爲夫子而索之耶？』孔（安國）曰：『植，倚也。除草曰芸。』」皇疏：「四體，足、手也。勤，勤勞也。」書洪範：「土爰稼穡。」孔傳：「種曰稼，斂曰穡。土可以種，可以斂。」

〔七〕詩小雅小宛：「中原有菽，庶民采之。」毛傳：「中原，原中也。菽，藿也。力采者則得之。」（王先謙詩三家義集疏十七云：「中原者，謂原田之中。菽者，衆豆之總名，後以小豆名荅，遂專名菽爲大豆。藿者，豆之葉也，采者不禁。」）又小雅楚茨：「我黍與與，我稷翼翼。」毛傳：「黍與與，稷翼翼，蕃廡貌。」釋文：「與，音餘。」文選南都賦：「其原野，則有……菽麥稷黍，百穀蕃廡，翼翼與與。」呂向曰：「蕃廡，盛皃。翼翼、與與，茂盛皃。」禮記曲禮下：「凡祭宗廟之禮，……稻曰嘉蔬。」鄭注：「嘉，善也。稻，菰蔬之屬也。」

〔八〕孟子告子上：「今夫麰麥，播種而耰之。」趙注：「麰麥，大麥也。」麰，音牟。爾雅釋草：「秬，黑黍。」詩小雅甫田：「曾孫之稼，如茨如梁。曾孫之庾，如坻如京。乃求千斯倉，乃求萬斯箱。黍稷稻粱，農夫之慶。」鄭箋：「成王見禾穀之稅，委積之多，於是求千倉以處之，萬車以載之。是言年收踰前也。」

〔九〕詩小雅楚茨：「我倉既盈，我庾維億。」毛傳：「露積曰庾。萬萬曰億。」鄭箋：「倉言盈，庾言億，亦互辭，喻多也。十萬曰億。」王引之經義述聞毛詩中：「易林乾之師曰：『倉盈庾億。』（比之師、坤之恆同）漢巴郡太守樊敏碑曰：『持滿億盈。』（見隸釋卷十一）是億即盈也。……『我倉既盈，我庾維億』，維億，猶既盈也。此億字但取盈滿之義，而非紀其數，與『萬億及秭』（見周頌豐年）之億不同。」王說甚碻，故節錄之。

〔一〇〕史記仲尼弟子傳：「子貢好廢舉，與時轉貨貲。……常相魯、衛，家累千金。」索隱引劉氏（伯莊）云：「廢，謂物貴而賣之。舉，謂物賤而收買之。轉貨，謂轉貴收賤也。」又貨殖傳：「子貢結駟連騎，束帛之幣以聘享諸侯。」又：「胃脯，簡微耳，濁氏連騎。」又：「（卓氏）即鐵山鼓鑄，運籌策，傾滇、蜀之民，富至僮千人。田池射獵之樂，擬於人君。」文選七啟：「馳騁足用蕩思，遊獵可以娛情。」

〔一一〕書洪範：「惟辟作福，惟辟作威，惟辟玉食。」孔傳：「言惟君得專威福，爲美食。」釋文：「玉食，張晏注漢書（敍傳下）云：『玉食，珍食也。』韋昭云：『諸侯備珍異之食』。」法言先知：「法無限，則庶人田侯田，處侯宅，食侯食，服侯服，人亦多不足矣。」李注：「法制無限，則與奢侈，長僭亂。僭亂既興，民多匱竭。」漢書敍傳下：「（述貨殖傳）侯服玉食，敗俗傷化。」（華陽國志蜀志：「豪強服王侯美衣。」）

『而先生之宅此也，亢陽則出谷飈塵〔一〕，重陰則滔天淩丘〔二〕；陸無含秀之苗〔三〕，水無吐穗之株〔四〕；稗糲曠於囷廩〔五〕，薪爨廢於庖廚〔六〕。怡爾執待免之志〔七〕，坦然無去就之謨〔八〕。吾恐首陽之事〔九〕，必見於今；丹山之困，可立而須〔一〇〕。人爲子寒心，子何宴然而弗憂也〔一一〕？

〔一〕亢陽，謂天久不雨，亦稱炎旱。孫楚雪賦：「嗟亢陽之踰時兮，情反側以寢興。」（藝文類聚二引）說文風部：「颺，風所飛揚也。」

〔二〕文選成公綏嘯賦：「濟洪災於炎旱，反亢陽於重陰。」李注：「言有洪水之災，濟之以炎旱；有亢陽之災，反之於重陰。」李周翰曰：「雲雨謂之重陰也。……亢陽，亦旱也。」書堯典「湯湯洪水方割，蕩蕩懷山襄陵，浩浩滔天」孔傳：「懷，包。襄，上也。包山上陵，浩浩盛大若漫天。」

〔三〕論語子罕：「子曰：『苗而不秀者，有矣夫！』」朱注：「穀之始生曰苗，吐華曰秀。」句首既著一「陸」字，則所指爲黍、稷、麥、豆之類可知矣。

〔四〕說文禾部：「采，禾成秀，人所收者也。从爪禾。（依段校訂）穗，俗从禾，惠聲。」周禮地官稻人：「掌稼下地。」鄭注：「以水澤之地種穀也。」又夏官職方氏：「其浸五湖，……其穀宜稻。」鄭注：「浸，可以爲陂灌溉者。」賈疏：「云浸可以爲陂灌溉者，謂灌溉稻田者也。」稻宜水，是此句所指者，稻也。

〔五〕左傳定公十年：「用秕稗也。」杜注：「稗，草之似穀者。」孟子告子上：「孟子曰：『五穀者，種之美者也；苟爲不熟，不如荑稗。』」趙注：「熟，成也。五穀雖美，種之不成，不如荑稗之草，其實可食。」史記太史公自序：「（司馬談論六家要指）糲粱之食。」索隱引服虔（漢書司馬遷傳注）云：「糲，麤米也。」說文竹部：「篅，以判竹圜以盛穀者。」蒼頡篇：「篅亦作圌，圓倉也。」（一切經音義十二引）釋名釋宮室：「圌，以草作之，團團然也。」高誘淮南子精神「與守其篅、笔」注：「篅、笔，受穀器。篅，讀顓孫之顓。」顏師古急就篇「笔、篅」注：「笔、篅，皆所以盛米穀也。以竹、木、簟席，若泥塗之，則爲𥫱。𥫱之言屯也，物所屯聚也。織草而爲之則曰篅，取其圓圌之然也。」篅、圌正俗字。周禮地官序官「廩人」鄭注：「藏米曰廩。」

〔六〕周禮天官亨人：「職外內饔之爨亨煮。」鄭注：「職，主也。爨，今之竈。主於其竈煮物。」釋文：「爨，七亂反。」

〔七〕王廣恕曰：「『待免』，疑『待兔』之誤。」陳漢章曰：「案：『免』，當作『兔』。」照按：王、陳說是。吉藩本正作「兔」。韓非子五蠹：「宋人有耕者，田中有株，兔走觸株，折頸而死，因釋其耒而守株，冀復得兔。兔不可復得，而身爲宋國笑。」論衡宣漢：「以已至之瑞，效方來之應，猶守株待兔之蹊，藏身破罝之路也。」後漢書張衡傳：「（應閒）不能通其變，而一度以揆之，斯契船而求劍，守株而伺兔也。」並足證「兔」字之誤。

〔八〕去就，去此就彼之意。謨，謀畫。

〔九〕論語季氏：「伯夷、叔齊，餓于首陽之下，民到于今稱之。」集解引馬融曰：「首陽山在河東蒲坂縣，華山之北，河曲之中。」史記伯夷傳：「伯夷、叔齊，孤竹君之二子也。……武王已平殷亂，天下宗周，而伯夷、叔齊恥之，義不食周粟，隱於首陽山，采薇而食之。及餓且死，作歌。其辭曰：『登彼西山兮，采其薇矣。以暴易暴兮，不知其非矣。神農、虞、夏忽焉没兮，我安適歸矣？于嗟徂兮，命之衰矣！』遂餓死於首陽山。」莊子讓王：「（伯夷、叔齊）二子北至於首陽之山，遂餓而死焉。」（呂氏春秋誠廉略同）漢書王貢兩龔鮑傳：「昔武王伐紂，遷九鼎於雒邑，伯夷、叔齊薄之，餓死於首陽，不食其祿。」（首陽究在何地，言人人殊。顔師古〔漢書王貢兩龔鮑傳注〕、張守節〔史記伯夷傳正義〕、劉寶楠〔論語季氏正義〕均有説，可參閱。）

〔一〇〕詩大雅雲漢：「旱既太甚，滌滌山川。旱魃爲虐，如惔如焚。」毛傳：「滌滌，旱氣也。山無木，川無水。魃，旱神也。惔，燎之也。」鄭箋：「旱既害於山川矣，其氣生魃而害益甚，草木焦枯，如見焚燎然。」山川旱情如是之甚，殆卽所謂赤地也。淮南子天文：「殺不辜，則國赤地。」高注：「赤地，旱也。」（覽冥注同）漢書夏侯勝傳：「長信少府勝獨曰：『……蝗蟲大起，赤地數千里。』」顔注：「言無五穀之苗。」後漢書臧宮傳：「（上書）虜今人畜疫死，旱蝗赤地。」李注：「赤地，言在地之物皆盡。」「墓寢丘」、「簡堉土」之潛居先生，本已「稗糲曠於圖廩，薪爨廢於庖廚」，其必爲飢餓所困也審矣。故曰「丹山之困，可立而須」。周禮地官遺人賈疏引書傳云：「居而無食謂之困。」（廩人疏引同）易歸妹「歸妹以須」釋文：「須，待也。」戰國策魏策一：「張儀爲秦連横說魏（哀）王曰：『秦、韓爲一國，魏之亡，可立而須也。』」

〔一二〕照按：「宴」字誤。當依藏本、魯藩本、吉藩本、舊寫本改作「晏」。戰國策趙策三：「魯仲連曰：『……梁（安釐）王安得晏然而已乎？』」漢書董仲舒傳：「晏然自以如日在天。」顔注：「晏然，自安意也。」

『夫覩機而不作，不可以言明〔一〕；安土而不移，衆庶之常事〔二〕。豈翫飽者忘蘭，而大迷者易性乎〔三〕？何先生未寤之久也！鄙人惑焉，不識所謂〔四〕。夫袞冕非禦鋒鏑之服，典誥非救飢寒之具也。胡不睎沃衍於四郊〔五〕，躬田畯之良業〔六〕，捨六蓺之迂濶〔七〕，收萬箱以賑乏乎〔八〕？』

〔一〕易繫辭下：「幾者，動之微，吉之先見者也。君子見幾而作，不俟終日。」正義：「言君子既見事之幾微，則須動作而應之，不得待終其日。言赴幾之速也。」「幾」、「機」古通。（繫辭上「唯幾也故能成天下之務」釋文：「幾，本作機。」）

〔二〕論語里仁：「子曰：『君子懷德，小人懷土。』」集解引孔安國曰：「懷，安也。（懷土）重遷。」漢書元帝紀：「（元光四年)詔曰：『安土重遷，黎民之性。』」顏注：「重，難也。」後漢書楊終傳：「(上疏)傳曰：『安土重居，謂之衆庶。』」三國志魏書袁渙傳：「渙白太祖曰：『夫民安土重遷，不可卒變。』」說苑修文：「安故重遷，謂之衆庶。」易林大有之震：「安居重遷，不去其廬。」崔寔政論：「小人之情，安土重遷，寧就飢餒，無適樂土之慮。」(通典一引)

〔三〕照按：以崇教篇「翫飽者忘葅蕙，迷大者不能反」例之，「大迷」二字當乙轉。「翫飽忘蘭」，亦見彼篇「翫飽者」句箋。

〔四〕「謂」與「爲」同。「所謂」，「所爲」也。王引之有說，見經傳釋詞二「謂」字下。

〔五〕易頤「虎視眈眈」，集解本「視」作「眎」。三國志魏書武帝紀評：「而袁紹虎眎四州，彊盛莫敵。」玉篇目部：「眎，亦古文視。」是「眎」與「視」同。左傳襄公二十五年：「井衍沃。」杜注：「衍沃，平美之地。」正義：「衍是高平而美者，沃是下平而美者。二者並是良田。……賈逵云：『下平曰衍，有溉曰沃。』所指雖異，俱謂良美之田也。」國語周語上：「召公曰：『……猶其有原隰衍沃也，衣食於是乎生。』」韋注：「下平曰衍，有溉曰沃。」三國志魏書王基傳：「基對曰：『……安陸左右，陂池沃衍。』」陸士衡集懷土賦：「背故都之沃衍，適新邑之丘墟。」(漢書貨殖傳「於是辯其土地川澤丘陵衍沃原隰之宜」顏注：「衍，謂土地平延者也。沃，水之所灌沃也。」)「沃衍」、「衍沃」，字雖有顛倒，解釋亦復不同，然其爲良田則一。

〔六〕詩豳風七月：「同我婦子，饁彼南畝，田畯至喜。」毛傳：「饁，饋也。田畯，田大夫也。」鄭箋：「同，猶俱也。喜讀爲饎，饎，酒食也。耕者之婦子俱以饟來，至於南畝之中，其見田大夫，又爲設酒食焉。言勸其事，又愛其吏也。」禮記月令：「孟春之月……王命布農事，命田舍東郊。」鄭注：「田，謂田畯，主農之官也。」呂氏春秋孟春紀高注：「東郊，農郊也。命農大夫舍止東郊，監視田事。」

〔七〕 六藝，已見勗學篇「孤貧而精六藝者」句箋。 迂濶，亦見勗學篇「謂之陸沈迂濶」句箋。

〔八〕 萬箱，已見本篇上文「收彝秬之千倉」句箋。

潛居先生曰：「夫聵者不可督之以分雅鄭，瞽者不可責之以別丹漆〔一〕，井鼃不可語以滄海〔二〕，庸俗不中說以經術。吾子苟知老農之小功，未喻面牆之巨拙〔三〕，何異拾瑣沙而捐隋、和〔四〕，向炯燭而背白日也。夫好尚不可以一概杌〔五〕，趨舍不可以彼我易也。

〔一〕 左傳僖公二十四年：「富辰諫曰：『……耳不聽五聲之和爲聾，目不別五色之章爲昧。』」國語晉語四：「（胥臣）對曰：『……聾聵不可使聽。』」韋注：「耳不別五聲之和曰聾，生而聾曰聵。」莊子逍遙遊：「瞽者無以與乎文章之觀，聾者無以與乎鐘鼓之聲。」又大宗師：「瞽者无以與乎青黃黼黻之觀。」鬼谷子權：「故無目者不可示以五色，無耳者不可告以五音。」韓非子解老：「目不能決黑白之色則謂之盲，耳不能別清濁之聲則謂之聾。」（牟子理惑論：「譬對盲者說五色，爲聾者奏五音也。」）法言吾子：「或問：『交五聲、十二律也，或雅，或鄭，何也？』曰：『中正則雅，多哇則鄭。』請問『本』。曰：『黃鍾以生之，中正以平之，確乎，鄭、衛不能入也。』」李注：「交，猶和也。五聲，宮、商、角、徵、羽也。十二律者，十二月之律呂也。中正者，宮、商溫雅也。多哇者，淫聲繁越也。聲平和，則鄭、衛不能入也。」白虎通德論禮樂：「樂尚雅何？雅者，古正也，所以遠鄭聲也。」丹漆，赤色與黑色也。

〔二〕 莊子秋水：「北海若曰：『井鼃（王引之謂當作「魚」是）不可以語於海者，拘於虛也。』」荀子正論：「坎井之鼃，不可與語東海之樂。」楊注：「言小不知大也。司馬彪曰：『坎井，壞井也。鼃，蝦蟇類也。』」（此意引司馬彪莊子秋水「子獨不聞夫埳井之鼃乎」句注）鹽鐵論復古：「坎井之鼃，不知江海之大。」

〔三〕面牆，已見勗學篇「然後覺面牆之至困也」句箋。

〔四〕墨子耕柱：「子墨子曰：『和氏之璧，隋侯之珠，……此諸侯之所謂良寶也。』」淮南子覽冥：「譬如隋侯之珠，和氏之璧，得之者富，失之者貧。」（高注從略。）隋侯珠已見嘉遯篇「隋珠彈雀」句箋，和氏璧已見擢才篇「和氏所以抱璞而泣血」句箋。

〔五〕新語懷慮：「持一槩以等萬民。」楚辭九章懷沙：「同糅玉石兮，一槩而相量。」洪補注：「槩，平斗斛木。」說文木部：「杚，平也。」徐鍇曰：「杚即槩也，摩之使平也。」玉篇木部：「杚，又古沒切，平也。」

『夫欲隮閬風、陟嵩、華者〔一〕，必不留行於丘垤〔二〕；意在乎游南溟、汎滄海者〔三〕，豈暇逍遥於潢洿〔四〕？是以注清聽於九韶者〔五〕，巴人之聲不能悦其耳〔六〕；烹大牢饗方丈者〔七〕，荼蓼之味不能甘其口〔八〕。鵾鵬戾赤霄以高翔〔九〕，鷦鴒傲蓬林以鼓翼〔一〇〕，洿隆殊途〔一一〕，亦飛之極〔一二〕。晦朔甚促，朝菌不識〔一三〕；蜉蝣忽忽於寸陰〔一四〕，野馬六月而後息〔一五〕。儵鮒汎濫以暴鱗〔一六〕，靈虯勿用乎不測〔一七〕。行業乖舛，意何可得？余雖藜滄之不充〔一八〕，而足於鼎食矣〔一九〕。

〔一〕玉篇阜部：「隮，子計、子兮二切。登也，升也。」閬風，已見逸民篇「未登閬風而臨雲霓」句箋。爾雅釋詁：「陟，陞也。」嵩，嵩山。華，華山。

〔二〕詩豳風東山：「鸛鳴于垤。」毛傳：「垤，螘冢也。」孟子公孫丑上：「泰山之於丘垤。」趙注：「垤，蟻封也。」方言十：「楚郢以南蟻土謂之封。」廣雅釋邱：「封，冢也。」是蟻冢即蟻封也。（「冢」，俗作「塚」。）

〔三〕南溟，已見逸民篇「未浮南溟而涉天漢」句箋。滄海，大海。

〔四〕潢洿，已見嘉遯篇「潢洿足以泛龍鱗」句箋。

〔五〕文選陸機吳趨行：「四坐並清聽，聽我歌吳趨。」論語八佾：「子謂韶：『盡美矣，又盡善也。』」集解引孔安國曰：「韶，舜樂名。」又述而：「子在齊聞韶，三月不知肉味。曰：『不圖爲樂之至於斯也！』」莊子至樂：「昔者海鳥止於魯郊，魯侯御而觴之於廟，奏九韶以爲樂。」史記五帝紀：「咸戴帝舜之功，於是禹乃興九招之樂。」索隱：「招音韶，卽舜樂簫韶。九成，故曰九招。」

〔六〕新序雜事一：「客有歌於郢中者，其始曰下里巴人，國中屬而和者數千人……其爲陽春白雪，國中屬而和者數十人而已也。……是其曲彌高者，其和彌寡。」文選宋玉對楚王問李周翰注：「下里巴人，下曲名也。」又張協雜詩：「陽春無和者，巴人皆下節。」

〔七〕左傳桓公六年：「接以大牢。」杜注：「大牢，牛、羊、豕也。」正義：「大牢，牢之大者。三牲牛、羊、豕具爲大牢。」禮記王制「天子社稷皆大牢」釋文：「大牢，如字。又音泰。」方丈，已見嘉遯篇「而意佚於方丈」句箋。

〔八〕詩周頌良耜：「以薅荼蓼。」毛傳：「蓼，水草也。」正義：「蓼是穢草，荼亦穢草。……王肅云：『荼，陸穢。蓼，水草。』然則所由田有原有隰，故並舉水陸穢草。」釋文：「荼蓼，上音徒，下音了。」（詩邶風谷風「誰謂荼苦」毛傳：「荼，苦菜也。」又周頌小毖「予又集于蓼」毛傳：「我又集于蓼，言辛苦也。」（說文艸部：「蓼，辛菜，薔虞也。」））抱朴子內篇微旨：「甘於荼蓼，而不識飴蜜。」其以「荼蓼」連文，與此同。

〔九〕淮南子覽冥：「軼鶤雞於姑餘。」高注：「鶤雞，鳳皇之別名。」文選魏都賦劉注引「鶤」作「鵾」。又西京賦：「翔鶤仰而不逮，況青鳥與黃雀。」薛注：「鶤，大鳥。青鳥、黃雀，皆小鳥。翔，高飛也。」李注：「穆天子傳（一）曰：『鶤雞飛八百里。」郭璞曰：『鶤卽鵾雞也。』（今本注末尚有「鵠屬也」三字）鵾與鶤同，音昆。」鵬，鵬鳥。已見嘉遯篇「侶雲鵬以高逝」句及任命篇「大鵬不滯蒿林」句箋。詩小雅采芑：「鴥彼飛隼，其飛戾天。」毛傳：「戾，至也。」淮南子人間：「（鴻鵠）則奮翼揮𦑑，凌乎浮雲，背負青天，膺摩赤霄。」許注：「赤霄，飛雲也。」楚辭九歎遠遊：「譬若王僑之乘雲兮，載赤霄而淩太清。」

〔一〇〕詩小雅鹿鳴：「脊令在原。」毛傳：「脊令，雝渠也。飛則鳴，行則搖。」正義：「脊令，雝渠。（爾雅）釋鳥文也。郭璞曰：『雀屬也。』陸璣（毛詩草木鳥獸蟲魚疏）云：『大如鷃。』」釋文：「脊，井益反。亦作鶺，又作䳭，皆同。令，音零。本亦作鴒，同。」漢書東方朔傳：「（答客難）辟若鶺鴒，飛且鳴矣。」顏注：「鶺鴒，雍渠。小青雀也。」（廣韻二十二昔：「䳭，䳭鴒。……大於燕。」）文選答客難「鶺」作「䳭」，與此同。

〔一一〕洿，承上「鶺鴒」句。隆，承上「鵾鵬」句。文選西征賦：「憑高望之陽隈，體川陸之污隆。」李注：「鄭玄周禮（天官序官）注曰：『體（猶）分也。』漢書音義：『或曰：污，下也。』」劉良曰：「體水陸高下形勢也。」「污」與「洿」同（見玉篇水部污字注）。潘賦以「污隆」顯示川、陸形勢，此文則以「洿隆」形容鶺鴒之鼓翼蓬林與鵾鵬之高翔赤霄。（禮記檀弓上之「道隆則從而隆，道洿則從而洿」，注此不洽，故未援引。）

〔一二〕莊子逍遙遊：「窮髮之北，……有鳥焉，其名爲鵬，背若泰山，翼若垂天之雲，摶扶搖羊角而上者九萬里，絕雲氣，負青天，然後圖南，且適南冥也。斥鴳笑之曰：『彼且奚適也？我騰躍而上，不遇數仞而下，翱翔蓬蒿之間，此亦飛之至也，而彼且奚適也！』此小大之辨也。」郭注：「各以得性爲至，自盡爲極也。向言二蟲殊翼，故所至不同。或翱翔天池，或畢志榆枋，直各稱體而足，不知所以然也。」爾雅釋詁：「極，至也。」

〔一三〕莊子逍遙遊：「朝菌不知晦朔。」釋文：「朝菌，司馬（彪）云：『大芝也。天陰生糞上，見日則死。一名日及，故不知月之終始也。』崔（譔）云：『糞上芝。朝生暮死，晦者不及朔，朔者不及晦。』」列子湯問：「朽壤之上有菌芝者，生於朝，死於晦。」

〔一四〕蜉蝣，已見嘉遯篇「體與蜉蝣並化」句箋。楚辭離騷：「日忽忽其將暮。」王注：「日又忽去，時將欲暮，年歲且盡，言己衰老也。」又七諫自悲：「歲忽忽其若頹。」王注：「歲月迫促，去若頹下，年且老也。」又九歎惜賢：「年忽忽而日度。」王注：「度，去也。」洪補注：「忽忽，去速也。」

〔一五〕莊子逍遥遊：「齊諧者，志怪者也。諧之言曰：『鵬之徙於南冥也，水擊三千里，摶扶摇而上者九萬里，去以六月息者也。野馬也，塵埃也，生物之以息相吹也。』」郭注：「夫大鳥一去半歲至天池而息，小鳥一飛半朝搶榆枋而止，此比所能則有閒矣，其於適性，一也。……野馬者，遊氣也。」釋文：「野馬，司馬云：『春月澤中遊氣也。』崔云：『天地間氣如野馬馳也。』」成疏：「青春之時，陽氣發動，遥望藪澤之中，猶如奔馬，故謂之野馬也。」

〔一六〕莊子秋水：「莊子曰：『鯈魚出游從容，是魚之樂也。』」釋文：「鯈，李（頤）音由。白魚也。」（荀子榮辱：「鯈𩵋者，浮陽之魚也。」楊注：「鯈𩵋，魚名。浮陽，謂此魚好浮於水上就陽也。」（𩵋字誤，王念孫、郝懿行有説，見荀子集解當句下。））又外物：「（莊）周顧視車轍中，有鮒魚焉。」又：「守鯢、鮒。」釋文：「鮒，音附。李云：『鯢、鮒，皆小魚也。』」汎濫，猶浮游。説文日部：「㬥，晞也。从日出𠬞米。」段注：「日出而竦手舉米曬之。」玉篇日部：「㬥，步卜切。曬也，晞也。暴，同上。」文選西征賦：「奔鯨浪而失水，暴（今李注本作「爆」，此據日本鈔本改。五臣本作「曝」，乃俗字。）鱗骼於漫沙。」李注引異物志云：「鯨魚長者數千里，或死於沙上。」（今李注本無此注，此據五臣本迻録。）此句謂鯈、鮒因浮游失水而死於河濱也。（梁書何敬容傳：「謝郁致書戒之曰：『……且曝鰓之鱗，不念杯杓之水。』」）

〔一七〕虯，龍屬。（見史記司馬相如傳〔上林賦〕「六玉虯」集解引郭璞曰：「虯，龍屬也。」）易乾：「初九，潛龍勿用。」不測，極言水之深。

〔一八〕大戴禮記曾子制言下：「聚橡、栗、藜、藿而食之。」史記大史公自序：「（司馬談論六家要指）藜、藿之羹。」正義：「藜，似藿而表赤。藿，豆葉也。」（漢書司馬遷傳顔注：「藜，草似蓬也。」）説文食部：「餐，吞也。湌，餐或从水。」字林：「餐，吞食也。」（詩魏風伐檀「不素餐兮」釋文引）

〔一九〕史記貨殖傳：「洒削，薄技也，而郅氏（漢書貨殖傳「郅」作「質」）鼎食。」説苑建本：「子路曰：『……親没之後，南遊於楚，從車百乘，積粟萬鍾，累茵而坐，列鼎而食。』」（又見家語致思）文選西京賦：「若夫翁伯、濁、質、張里之家，擊鐘鼎食。」

「故列子不以其乏，而貪鄭陽之祿〔一〕；曾參不以其貧，而易晉、楚之富〔二〕。夫收微言於將墜者，周、孔之遐武也〔三〕；情孳孳以爲利者，孟叟之罪人也〔四〕。造遠者莫能兼通於岐路〔五〕，有爲者莫能竝舉於耕學〔六〕。體瘁而神豫，亦何病於居約。

〔一〕周禮春官天府「若祭天之司民司祿」鄭注：「祿之言穀也。」禮記王制「王者之制祿爵」正義：「祿者，穀也。」列子不貪鄭陽之祿，已見漢過篇「故列子比屋，而門無鄭陽之恤」二句箋。

〔二〕孟子公孫丑下：「曾子曰：『晉、楚之富，不可及也。彼以其富，我以吾仁；彼以其爵，我以吾義。吾何慊乎哉？』」趙注：「慊，少也。」鹽鐵論地廣：「故曾參、閔子不以其仁易晉、楚之富。」

〔三〕漢書藝文志：「昔仲尼没而微言絶。」顔注：「李奇曰：『隱微不顯之言也。』師古曰：『精微要妙之言耳。』」（劉歆傳無注）文選東京賦：「踵二皇之遐武。」薛注：「踵，繼也。二皇，伏羲、神農也。遐，遠也。武，迹也。」

〔四〕孟子梁惠王上：「孟子見梁惠王。王曰：『叟不遠千里而來，亦將有以利吾國乎？』」趙注：「叟，長老之稱，猶父也。」又盡心上：「孟子曰：『雞鳴而起，孳孳爲善者，舜之徒也；雞鳴而起，孳孳爲利者，蹠之徒也。欲知舜與蹠之分，無他，利與善之間也。』」趙注：「蹠，盜蹠也。」

〔五〕列子說符：「楊子之鄰人亡羊，既率其黨，又請楊子之豎追之。楊子曰：『嘻！亡一羊，何追者之衆？』鄰人曰：『多岐路。』既反，問：『獲羊乎？』曰：『亡之矣。』曰：『奚亡之？』曰：『岐路之中又有岐焉，吾不知所之，所以反也。』」

〔六〕論語衛靈公：「子曰：『君子謀道不謀食。耕也，餒在其中矣；學也，祿在其中矣。君子憂道不憂貧。』」

『且又處埆則勞，勞則不學清而清至矣；居沃則逸，逸則不學奢而奢來矣〔一〕。清者，福之所集也；奢者，禍之所赴也。福集，則雖微可著，雖衰可興焉；禍赴，則雖強可弱，雖存可亡焉。此不期而必會，不招而自來者也〔二〕。

〔一〕國語魯語下：「夫民勞則思，思則善心生；逸則淫，淫則忘善，忘善則惡心生。沃土之民不材，淫也；瘠土之民莫不嚮義，勞也。」韋注：「民勞於事，則思儉約，故善心生。沃，肥美也。不材，器能少也。善心生，故嚮義也。」淮南子脩務：「夫瘠地之民多有心者，勞也；沃地之民多不才者，饒也。」高注：「心，向義之心也。饒，逸也。」文子上仁：「生而貴者驕，生而富者奢。」戰國策趙策三：「梁肉不與驕奢期而驕奢至。」

〔二〕管子禁藏：「不召而來。」老子第七十三章：「不召而自來。」淮南子主術：「弗招而自來。」

『故君子欲正其末，必端其本〔一〕；欲輟其流，則遏其源〔二〕。故道德之功建，而奓靡之門閉矣〔三〕。姜望至德，而佃不復種〔四〕，重華大聖，而漁不償網〔五〕；然後玉璜表營丘之祚〔六〕，大功有二十之高〔七〕。何必譏之以惰嬾，而察才以相士乎〔八〕？

〔一〕新語術事：「治末者調其本。」說苑建本：「夫本不正者末必倚。」文選潘岳藉田賦：「正其末者端其本。」

〔二〕禮記曲禮下「輟朝而顧」鄭注：「輟，猶止也。」書舜典「四海遏密八音」孔傳：「遏，絶也。」

〔三〕文選西京賦：「攢珍寶之玩好，紛瑰麗以奓靡。」薛注：「奓靡，奢放也。」奓爲奢之籀文，見說文奢部部首下。（段注：「西京賦『有馮虛公子者，心奓體泰』薛注：『言公子生於貴戚，心志奓溢，體安驕泰也。』未嘗云奓卽侈字。李善引聲類云：『奓，侈字也。』疑李登始爲此說，初非許意。平子文章用籀文『奢』也。」）

〔四〕史記齊太公世家：「太公望呂尚者，東海上人。……本姓姜氏，從其封姓，故曰呂尚。……於是周西伯獵，果遇太公於渭之陽，與語大說，曰：『自吾先君太公曰：「當有聖人適周，周以興。」子真是邪？吾太公望子久矣。』故號之曰『太公望』。」說苑雜言：「太公田不足以償種，漁不足以償網，治天下有餘智。」（呂尚「佃不復種」事，他書不經見。）

〔五〕史記五帝紀：「虞舜者，名曰重華。」韓非子難一：「河濱之漁者爭坻，舜往漁焉，朞年而讓長。」呂氏春秋慎人：「舜耕於歷山，陶於河濱，釣於雷澤，天下說之，秀士從之。……舜之耕、漁，其賢不肖與爲天子同。其未遇時也，以其徒屬，掘地財，取水利，編蒲葦，結罘網，手足胼胝不居，（高注：「居，止。」）然後免於凍餒之患。」淮南子原道：「（舜）釣於河濱，朞年而漁者爭處湍瀨，以曲限深潭相予。」史記五帝紀：「（舜）漁雷澤。」新序雜事一：「（舜）漁於

〔六〕雷澤，雷澤之漁者分均。」上列五書皆未言及舜「漁不償網」事，稚川蓋緣説苑之文附會耳。

尚書大傳：「周文王至磻溪，見呂尚釣，文王拜。尚云：『望釣得玉璜，刻曰：「姬受命，呂佐檢，德合於今昌來提。」』」鄭玄注：「釣得魚，魚中得玉璜也。佐檢，猶助也。提者，取也。半璧曰璜。」（開元占經一一四引〔初學記二二、白帖六、太平御覽六七又八三四所引者，辭句有異；詩正義、藝文類聚、文選李注、太平御覽等所引尚書中候，既互有詳略，辭句亦復不同，故未援引。〕）宋書符瑞志上：「（文）王至於磻谿之水，呂尚釣於涯，王下趨拜，曰：『望公七年，乃今見光景於斯！』尚立變名答曰：『望釣得玉璜，其文要曰：「姬受命，昌來提，撰爾雒鈐報在齊。」』」史記周紀：「（武王）於是封功臣謀士，而師尚父爲首封。封尚父於營丘，曰齊。」（劉向別録：「師之，尚之，父之，故曰師尚父。」〔史記齊太公世家集解引〕）

〔七〕左傳文公十八年：「是以堯崩而天下如一，同心戴舜，以爲天子。以其舉十六相，去四凶也。……舜有大功二十而爲天子。」杜注：「舉十六相，去四凶也。」（十六相，即八元八凱，已見嘉遯篇「而使聖朝乏乎元凱之用哉」句箋。四凶，亦見嘉遯篇「有虞舉則四凶戮」句箋。）帝王世紀：「堯於是見舜於貳宫，設饗禮，迭爲賓主，南面而問政。堯乃試以五典。遂舉八凱，使佐后土以揆百事；舉八元，使布五教於四方。舜於是有大功二十。」（藝文類聚十一引〔初學記九引「試以五典」下作「舉八凱、八元，四惡除，而天下咸服。」〕）

〔八〕照按：「才」字於此不倫類，疑當作「財」，始能與全篇文意吻合。

『夫二人分財，取少爲廉。余今讓天下之豐沃〔一〕，處兹邦之褊埆〔二〕，舍安昌之膏腴〔三〕，取北郭之無欲〔四〕。誠萬物之可細〔五〕，亦何往而不足哉！北辰以不改爲衆星之尊〔六〕，五嶽以不遷爲羣望之宗〔七〕。蟋蟀屢移而不貴〔八〕，禽魚屢深則逢患〔九〕。方將墾九典之蕪穢〔一〇〕，播六德之嘉穀〔一一〕，厥田邈於上上之科〔一二〕，其收盈乎天地之閒，何必耕耘爲務哉〔一三〕！

〔一〕文選西京賦：「地沃野豐。」薛注：「沃，肥也。」

〔二〕淮南子主術：「萬人蒙之而不褊。」高注：「褊，小也。」玉篇衣部：「褊，狹也。」後漢書陳龜傳：「（上疏）今西州邊鄙，土地塉埆。」李注：「埆，音覺，又音確，謂薄土也。」蔡中郎集京兆樊惠渠頌：「然而地有埆塉。」

〔三〕安昌，安昌侯張禹。漢書張禹傳：「張禹字子文，河內軹人也。……河平四年，（禹）代王商爲丞相，封安昌侯。……禹爲人謹厚，內殖貨財，家以田爲業。及富貴，多買田至四百頃，皆涇、渭溉灌，極膏腴上賈。它財物稱是。」

〔四〕北郭，北郭先生。韓詩外傳九：「楚莊王使使齎金百斤，聘北郭先生。先生曰：『臣有箕箒之使，（列女傳賢明楚於陵妻傳「使」作「妾」）願入計之。』即謂婦人曰：『楚欲以我爲相，今日相，即結駟列騎，食方丈於前，如何？』婦人曰：『夫子以織屨爲食，食粥毚履，無怵惕之憂者，何哉？與物無治也。今如結駟列騎，所安不過容膝；食方丈於前，所甘不過一肉。以容膝之安，一肉之味，而殉楚國之憂，其可乎？』於是遂不應聘，與婦去之。」（列女傳賢明楚於陵妻傳略同，惟主名有異。）

〔五〕文子九守：「細萬物，即心不惑。」淮南子精神：「細萬物，則心不惑矣。」高注：「以萬物爲小事而弗欲，故心不惑物也。」（文子道德：「三皇五帝輕天下，細萬物。」淮南子齊俗：「五帝三王輕天下，細萬物。」）

〔六〕論語爲政：「子曰：『爲政以德，譬如北辰，居其所而衆星共之。』」集解引包咸曰：「德者無爲，猶北辰之不移，而衆星共之。」邢疏：「案爾雅釋天云：『北極謂之北辰。』郭璞曰：『北極，天之中，以正四時。』然則極，中也。辰，時也。

以其居天之中，故曰北極；以正四時，故曰北辰。」朱注：「居其所，不動也。共，向也。言衆星四面旋繞而歸向之也。」共，讀曰拱。

〔七〕周禮春官大宗伯：「以血祭祭社稷、五祀、五嶽。」鄭注：「五嶽：東曰岱宗（泰山），南曰衡山（霍山），西曰華山，北曰恆山，中曰嵩高山（嵩山）。」爾雅釋山：「泰山爲東嶽，華山爲西嶽，霍山爲南嶽，恆山爲北嶽，嵩高爲中嶽。」左傳昭公十三年：「乃大有事於羣望。」杜注：「羣望，星辰、山川。」文選東京賦：「元祀惟稱，羣望咸秩。」薛注：「謂大祭天地之禮既畢，羣岳衆神，望以祭祀之，皆有秩次。」李注：「孔安國尚書（洛誥）傳曰：『在遠者，望而祭之。』」

〔八〕詩豳風七月：「七月在野，八月在宇，九月在户，十月蟋蟀入我牀下。」鄭箋：「自『七月在野』，至『十月入我牀下』，皆謂蟋蟀也。言此三物之如此，著將寒有漸，非卒來也。」正義：「以『入我牀下』，是自外而入。『在野』、『在宇』、『在户』，從遠而至於近，故知皆謂蟋蟀也。退蟋蟀之文在『十月』之下者，以人之牀下非蟲所當入，故以蟲名附『十月』之下，所以婉其文也。户、宇言在，牀下言入者，以牀在其上，故變稱入也。」（俞樾古書疑義舉例二探下文而省例有説，可參閱。）

〔九〕照按：「饜」當作「厭」，始合文意。莊子庚桑楚：「故鳥獸不厭高，魚鼈不厭深。夫全其形生之人，藏其身也，不厭深眇而已矣。」大戴禮記曾子疾病：「曾子曰：『……鷹鶽以山爲卑而曾巢其上，魚鼈黿鼉以淵爲淺而蹶穴其中，卒其所以得之者，餌也。』」（荀子法行、説苑敬慎略同）韓詩外傳十：「晏子對曰：『……臣聞之，魚鼈厭淵而就乾淺，故得於釣網；禽獸厭深山而下於都澤，故得於田獵。』」並其證。若作「饜」，則翩其反矣。（杜預春秋左傳序「饜而飫之」正義：「饜、飫俱訓爲飽，饒裕之意也。」）

〔一〇〕九典，已見勗學篇「遊神九典」句箋。説文艸部：「薉，蕪也。」玉篇艸部：「薉，於吠切，行之惡也。又作穢。」楚辭離騷：「哀衆芳之蕪穢。」洪補注：「蕪，荒也。穢，惡也。」又招魂：「牽於俗而蕪穢。」王注：「不治曰蕪。多草曰穢。」

〔一〕周禮地官大司徒：「以鄉三物教萬民，而賓興之。一曰六德：知，仁，聖，義，忠，和。」鄭注：「物，猶事也。興，猶舉也。民三事教成，鄉大夫舉其賢者能者，以飲酒之禮賓客之，既則獻其書於王矣。知，明於事。仁，愛人以及物。聖，通而先識。義，能斷時宜。忠，言以中心。和，不剛不柔。」書呂刑：「稷降播種，農殖嘉穀。」孔傳：「后稷下教民播種農畝，生善穀。」

〔二〕書禹貢：「黑水西河惟雍州，……厥土惟黃壤，厥田惟上上。」孔傳：「田第一。」廣雅釋詁一：「邈，遠也。」又釋言：「科，品也。」「厥田邈於上土之科」，言其田優於上等良田遠甚，以喻上文之「九典」也。

〔三〕「耘」，藏本、魯藩本、吉藩本、慎本、盧本、舊寫本作「也」。照按：「也」字是。後安貧「耕也可以免飢」，亦以「耕也」連文可證。（「耕也」連文出論語衛靈公篇）

「昔被衣以弃財止盜〔一〕，庚氏以推璧厲貪〔二〕，疏廣散金以除子孫之禍〔三〕，叔敖取墝以弭可欲之憂〔四〕，牛缺以載珍致寇〔五〕，陶谷以多藏召殃〔六〕。得失較然〔七〕，可無鑒乎！」

〔一〕莊子天地又知北遊、文子道原、淮南子道應（皇甫謐高士傳被衣傳即據知北遊文）均載有被衣其人，弃財止盜事已不可考矣。

〔二〕莊子佚文：「庚市子肩之毀玉也。」淮南子莊子后解：「庚市子，聖人無慾者也。人有爭財相鬬者，庚市子毀玉於其間，而鬬者止。」（文選張協七命李注引）嵇康聖賢高士傳：「康市子，聖人之無欲者也。見人爭財而訟，推千金之璧於其旁，而訟者息。」（太平御覽五百九引）「庾」、「庚」、「康」三字均形近，其中必有一誤。

〔三〕漢書疏廣傳：「疏廣字仲翁，東海蘭陵人也。少好學，明春秋，家居教授，學者自遠方至。徵爲博士太中大夫。……廣徙爲太傅，……廣遂稱篤，上疏乞骸骨。上（宣帝）以其年篤老，皆許之，加賜黃金二十斤，皇太子贈以五十斤。……廣既歸鄉里，日令家共具設酒食，請族人故舊賓客，與相娛樂。數問其家金餘尚有幾所，趣賣以共具。……廣曰：『吾豈老誖不念子孫哉？顧自有舊田廬，令子孫勤力其中，足以共衣食，與凡人齊。今復增益之以爲贏餘，但教子孫怠墯耳。賢而多財，則損其志；愚而多財，則益其過。且夫富者，衆人之怨也；吾既亡以教化子孫，不欲益其過而生怨。又此金者，聖主所以惠養老臣也，故樂與鄉黨宗族共饗其賜，以盡吾餘日，不亦可乎！』」

〔四〕叔敖取墝，已見篇首「墓寢丘之莫爭」句箋。老子第三章：「不見可欲，使心不亂。」

〔五〕呂氏春秋必己：「牛缺居上地，大儒也。下之邯鄲，遇盜於耦沙之中，盜求其橐中之載則與之，求其車馬則與之，求其衣被則與之。牛缺出而去。盜相謂曰：『此天下之顯人也，今辱之如此，此必愬我於萬乘之主；萬乘之主，必以國誅我，我必不生。不若相與追而殺之，以滅其迹。』於是相與趨之，行三十里，及而殺之。此以知故也。」（又見淮南子人間、列子說符〔文有異〕）論衡幸偶：「牛缺爲盜所奪，和意不恐，盜還殺之。」易解：「六三，負且乘，致寇至。」（俞樾有說過泥，文亦嫌長，不具録。）

〔六〕「谷」，愼本、盧本、柏筠堂本、文溯本、叢書本、崇文本作「穀」。照按：稚川以前未聞有陶谷或陶穀其人，「谷」、「穀」二字皆非也。以藏本、舊寫本作「谷」推之，「谷」蓋「荅」俗寫作「吞」致誤。列女傳賢明陶荅子妻傳：「荅子治陶三年，名譽不興，家富三倍。其妻數諫不用。居五年，從車百乘歸休，宗人擊牛而賀之。其妻獨兒而泣。

姑怒曰：「何其不祥也！」婦曰：「夫子能薄而官大，是謂嬰害，無功而家昌，是謂積殃。……今夫子治陶，家富國貧，君不敬，民不戴，敗亡之徵見矣！願與少子俱脱。」姑怒，遂棄之。處朞年，荅子之家果以盜誅。」稚川隷事，即出於此。老子第四十四章：「多藏必厚亡。」

〔七〕史記平津侯主父偃傳：「輕財重義，較然著明。」索隱：「較，音角。較，明也。」漢書孔光傳：「光對曰：『……較然甚明，無可疑惑。』」顔注：「較，明貌也。音角。」

「於是問者抑然良久，口張而不能嗑〔一〕，首俛而不能仰〔二〕，慨而嗟乎，始悟立不朽之言者，不以産業汩和〔三〕，追下帷之績者，不以窺園涓目〔四〕。子以梟鶵之甘呼鴛鳳〔五〕，擗蟹之計要猛虎〔六〕，豈不陋乎？鄙哉，子之不夙知也。」

〔一〕莊子秋水：「公孫龍口呿而不合。」釋文：「口呿，起據反。司馬（彪）云：『開也。』」鹽鐵論大論：「當此之時，順風承意之士，如編口張而不歙。」（「編」下似脱一「鍾」字）周易序卦：「嗑者，合也。」

〔二〕左傳成公二年：「韓厥俛定其右。」杜注：「俛，俯也。」漢書蔡義傳：「義爲丞相時年八十餘，……行步俛僂。」顔注：「俛，即俯字也。僂，曲背也。」

〔三〕左傳襄公二十四年：「（叔孫）豹聞之：大上有立德，其次有立功，其次有立言，雖久不廢，此之謂不朽。」小爾雅廣言：「汩，亂也。」莊子人間世：「心莫若和。」文子九守：「古之爲道者養以和。」

〔四〕照按：「涓目」與上文「汩和」不倫類，疑「涓」爲「滑」之誤。小爾雅廣言：「滑，亂也。」廣韻十一没：「滑，滑亂也。」（音古忽切）後廣譬篇：「窮通不足以滑和。」其用「滑」字誼與此同。前崇教篇：「羅袂揮而亂目。」「亂目」與「滑目」一實，亦可證。史記儒林董仲舒傳：「董仲舒，廣川人也。以治春秋，孝景時爲博士。下帷講誦，弟子傳以久次相受業，或莫見其面。蓋三年，董仲舒不觀於舍園，其精如此。」（漢書董仲舒傳作「不窺園」。顏注：「雖有園圃，不窺視之，言專學也。」）

〔五〕文選嵇康與山巨源絶交書：「已嗜臭腐，養鴛雛以死鼠也。」李注：「莊子（秋水）曰：『惠子相梁，……莊子往見之，曰：「南方有鳥名鴛雛，子知之乎？夫鴛雛發南海而飛於北海，非梧桐（而）不止，非竹實不食，非醴泉不飲。於是鴟得腐鼠，鴛雛過之，仰天而視之曰『嚇』！今子欲以子〔之梁〕國『嚇』我邪？」』」釋文：「李（頤）云：『鵷鶵，鸞鳳之屬也。』嚇，本亦作呼，同許嫁反，又許伯反。司馬（彪）云：『嚇，怒其聲，恐其奪己也。』詩箋云：『以口拒人曰嚇。』（今大雅桑柔箋作赫）」是稚川此文從莊子別本作「呼」（內篇暢玄「俯無倨鵶之呼」同），亦應讀爲許嫁反或許伯反。鴛，鵷之借字。已詳逸民篇「安知鴛鸞之遠指」句箋。

〔六〕楚辭九歌湘夫人：「擗蕙櫋兮既張。」王注：「擗，折也。」洪補注：「擗，普覓切。」廣雅：「擗，分也。」（一切經音義九引）淮南子原道：「重之羿、逢蒙子之巧，以要飛鳥。」高注：「要，取也。」

抱朴子外篇校箋卷之三十六

安貧

抱朴子曰：「昔漢火寢耀〔一〕，龍戰虎爭〔二〕，九有幅裂〔三〕，三家鼎據〔四〕，有樂天先生者，避地蓬轉〔五〕，播流岷、益〔六〕，始處昵於文休〔七〕，末見知於孔明〔八〕，而言高行方〔九〕，獨立不羣，時人憚焉，莫之或與〔一〇〕。時二公之力，不能違衆，遂令斯生沈抑衡蓽〔一一〕。齒漸桑榆〔一二〕，而韋布不改〔一三〕。而時主思賢，不聞不知，當途之士，莫舉莫貢。潛側武之陋巷〔一四〕，窳繩樞之蓬屋〔一五〕，進廢經世之務，退忘治生之事〔一六〕，藜湌屢空〔一七〕，朝不謀夕〔一八〕。

〔一〕漢火寢耀，已見吳失篇「漢必寢耀」句箋。

〔二〕易坤：「上六，龍戰于野，其色玄黃。象曰：『龍戰于野，其道窮也。』」集解引干寶曰：「天道窮，至於陰陽相薄也；君德窮，至於攻戰受誅也；柔順窮，至於用權變矣。」漢書敍傳上：「（荅賓戲）曩者王塗蕪穢，周失其御，侯伯方軌，戰國橫騖，於是七雄虓闞，分裂諸夏，龍戰而虎爭。」顏注引應劭曰：「七雄，秦及六國也。」文選荅賓戲李注引項岱曰：「龍以喻人君，……虎以喻猛力，爭不以任也。」

〔三〕詩商頌玄鳥：「方命厥后，奄有九有。」毛傳：「九有，九州也。」應劭風俗通義序：「今王室大壞，九州幅裂。」三國志魏書崔琰傳：「琰對曰：『今天下分崩，九州幅裂。』」

〔四〕史記淮陰侯傳：「蒯通曰：『……參分天下，鼎足而居。』」三國志蜀書諸葛亮傳：「（上疏）今天下三分。」又郤正傳：「（釋譏）今三方鼎峙，九有未乂。」又吳書陸凱傳：「（上疏）近者漢之衰末，三家鼎立。」文選潘岳爲賈謐作贈陸機詩：「靈、獻微弱，在涅則渝。三雄鼎足，孫啓南吳。」李注：「雄，卽三國之主。」張銑曰：「三雄，魏曹操，蜀劉備，吳孫權。」

〔五〕論語憲問：「子曰：『賢者辟世，其次辟地。』」集解引馬融曰：「去亂國，適治邦。」（辟，皇疏本作避。）蓬轉，已見刺驕篇「不蓬轉以隨衆」句箋。

〔六〕播流，播越流離。岷，岷山（或岷江）。益，益州。此以岷、益指蜀漢。

〔七〕三國志蜀書許靖傳：「許靖字文休，汝南平輿人。少與從弟劭俱知名，並有人倫臧否之稱。……建安十六年，轉在蜀郡。十九年，先主克蜀，以靖爲左將軍長史。先主爲漢中王，靖爲太傅。……靖雖年逾七十，愛樂人物，誘納後進，清談不倦。丞相諸葛亮皆爲之拜。」呂氏春秋誣徒：「若晏陰喜怒無處。」高注：「處，常也。」爾雅釋詁：「暱，近也。」郭注：「暱，親近也。」昵，暱之或體。（見說文日部暱字下）

〔八〕三國志蜀書諸葛亮傳：「諸葛亮字孔明，琅邪陽都人也。……時先主屯新野。徐庶見先主，先主器之，謂先主曰：『諸葛孔明者，卧龍也，將軍豈願見之乎？』先主曰：『君與俱來。』庶曰：『此人可就見，不可屈致也。將軍宜枉駕顧之。』由是先主遂詣亮，凡三往，乃見。……於是與亮情好日密。關羽、張飛等不悅，先主解之曰：『孤之有孔明，猶魚之有水也。願諸君勿復言。』……（建安）二十六年，羣下勸先主稱尊號，……先主於是卽帝位，策亮爲丞相。」

〔九〕淮南子主術：「行欲方者，直立而不撓。……行方者，有不爲也。」高注：「非正道，不爲也。」

〔一〇〕易繫辭下：「无交而求，則民不與也；莫之與，則傷之者至矣。」

〔一一〕衡，衡門。詩陳風衡門：「衡門之下，可以棲遲。」毛傳：「衡門，横木爲門，言淺陋也。」新語愼微：「意懷帝王之道，身在衡門之裏。」（陶淵明集癸卯歲十二月中作與從弟敬遠詩：「寢跡衡門下，邈與世相絕。」）「蓽」與「篳」同。禮記儒行：「篳門圭窬。」鄭注：「篳門，荆竹織門也。」左傳襄公十年：「篳門閨竇之人。」杜注：「篳門，柴門。」（左傳宣公十二年「篳路藍縷」，史記楚世家「篳」作「蓽」，是二字相同之證。）

〔一二〕後漢書循吏孟嘗傳：「尚書同郡楊喬上書薦嘗曰：『……且年歲有訖，桑榆行盡，而忠貞之節，永謝聖時。』」李注：「謂日將夕，在桑榆間，言晚暮也。」文選曹植贈白馬王彪詩：「年在桑榆間，影響不能追。」李注：「日在桑榆，以喻人之將老。」張銑曰：「言人衰老，若日在桑榆。」（世説新語言語：「謝太傅語王右軍曰：『中年傷於哀樂，與親友別，輒作數日惡。』王曰：『年在桑榆，自然至此。』」）廣雅釋詁一：「齒，年也。」又二：「漸，進也。」

〔一三〕漢書賈山傳：「（至言）夫布衣韋帶之士，修身於内，成名於外，而使後世不絕息。」顏注：「言貧賤之人也。韋帶，以單韋爲帶，無飾也。」

〔一四〕爾雅釋訓：「武，迹也。」側武，猶側足，謂置足也。論語雍也：「子曰：『賢哉，回也！一簞食，一瓢飲，在陋巷。人不堪其憂，回也不改其樂。賢哉，回也！』」劉寶楠正義：「説文（阜部）云：『陋，阸陝也。』陝與狹同。顏子家貧，所居陋狹，故曰陋巷。……顏子陋巷，即（禮記）儒行所云『一畝之宮，環堵之室』。……趙岐注孟子離婁（下）篇云：『當亂世安陋巷者，不用於世，窮而樂道也。』」側武陋巷，極言所居狹陋。

〔一五〕新書過秦上：「然陳涉甕牖繩樞之子，氓隸之人，而遷徙之徒也。」史記秦始皇紀贊集解引服虔（漢書音訓）曰：「以繩係户樞也。」文選過秦論李注引韋昭（漢書音義）曰：「繩樞，以繩扁户爲樞也。」

〔一六〕治生，已詳守埆篇「退則參陶、白之理生」句箋。

〔一七〕藜飡，亦見守埆篇「余雖藜飡之不充」句箋。論語先進：「子曰：『回也其庶乎？屢空。』」集解：「言回庶幾聖道，雖數空匱而樂在其中。」朱注：「庶，近也，言近道也。屢空，數至空匱也。不以貧窶動心而求富，故屢至於空匱也。言其近道，又能安貧也。」史記伯夷傳：「然回也屢空，糟糠不厭。」索隱：「厭者，飫也。不厭，謂不飽也。糟糠，貧者之所餐也。」

〔一八〕左傳昭公元年：「（趙孟）對曰：『……吾儕偷食，朝不謀夕。』」

於是偶俗公子造而詰之曰：「蓋聞有伊、呂之才者〔一〕，不久滯於窮賤；懷猗頓之術〔二〕，不長處於飢寒。達者貴其知變，智士驗乎不匱〔三〕。故范生出則滅吳霸越，爲命世之佐；入則貨殖營生，累萬金之貲〔四〕。

〔一〕伊，伊尹。已見嘉遯篇「論榮貴則引伊、周以救溺」句箋。呂，呂尚。已見逸民篇「呂尚長於用兵」句箋。伊、呂並舉，已詳君道篇「慕伊、呂於嵩岫」句箋。

〔二〕猗頓，已見擢才篇「非陶、猗不能市也」句箋。

〔三〕左傳宣公十二年：「民生在勤，勤則不匱。」禮記月令「（仲秋之月）則財不匱」鄭注：「匱，亦乏也。」

〔四〕范生，范蠡。范蠡滅吳霸越與貨殖營生事，已詳守埆篇「退則參陶、白之理生，仕必霸王，居必千金」四句箋。命

世，已見勗學篇「仲舒命世」句箋。蒼頡篇：「貲，財也。」（文選范雲古意贈王中書詩李注引）

「夫貧在六極〔一〕，富在五福〔二〕，詩美哿矣〔三〕，易貴聚人〔四〕。垂餌香則鱣鮪來〔五〕，懸賞厚則果毅奮〔六〕。長卿所以解犢鼻而擁朱旄〔七〕，曲逆所以下席扉而享茅土〔八〕，不韋所以食十萬之邑〔九〕，絳侯所以拔囹圄之困也〔一〇〕。故下鄉儉而獲悔吝之辱〔一一〕，漂嫗豐而蒙千金之報〔一二〕。

〔一〕書洪範：「六極：……四曰貧。」孔傳：「困於財。」

〔二〕書洪範：「五福：……二曰富。」孔傳：「財豐備。」

〔三〕詩小雅正月：「哿矣富人，哀此惸獨。」毛傳：「哿，可。獨，單也。」鄭箋：「此言王政如是，富人已可，惸獨將困也。」趙岐孟子梁惠王下注：「詩人言居今之世，可矣富人，但憐憫此煢獨羸弱者耳。」

〔四〕易繫辭下：「何以聚人曰財。」韓注：「財，所以資物生也。」集解引陸績曰：「人非財不聚，故聖人觀象制器，備物盡利，以業萬民而聚之也。蓋取聚人之本矣。」

〔五〕餌香，已見嘉遯篇「淵魚之引芳餌」句箋。詩衛風碩人：「鱣鮪發發。」毛傳：「鱣，鯉也。鮪，鮥也。」爾雅釋魚：「鮥，鮛鮪。」郭注：「鮪，鱣屬也，大者名王鮪，小者名鮛鮪。」

〔六〕果毅，已見漢過篇「勇者不爲致其果毅」句箋。

〔七〕史記司馬相如傳：「司馬相如者，蜀郡成都人也，字長卿。……相如與俱之臨邛，盡賣其車騎，買一酒舍酤酒，而令文君當鑪。相如自著犢鼻褌，（集解引韋昭曰：「今三尺布作形如犢鼻矣。」）與保庸雜作，滌器於市中。……

卓王孫不得已，分予文君僮百人，錢百萬，及其嫁時衣被財物。文君乃與相如歸成都，買田宅，爲富人。……相如爲郎數歲，會唐蒙使略通夜郎西僰中，發巴、蜀吏卒千人，郡又多爲發轉漕萬餘人，用興法誅其渠帥，巴、蜀民大驚恐。上（武帝）聞之，乃使相如責唐蒙，因喻告巴、蜀民以非上意。……天子以爲然，乃拜相如爲中郎將，建節往使。……司馬長卿便略定西夷，邛、筰、冉、駹、斯榆之君皆請爲內臣。除邊關，關益斥，西至沫、若水，南至牂柯爲徼，通零關道，橋孫水以通邛都。還報天子，天子大說。」班固涿邪山祝文：「杖節擁旄，鉦人伐鼓。」（文選虞羲詠霍將軍北伐詩、任昉宣德皇后令、丘遲與陳伯之書李注引）文選東京賦「朱旄青屋」薛注：「朱旄，旄牛尾赤色者也。」又宣德皇后令「及擁旄司部」李周翰注：「擁，執也。旄，旌旗之屬，以麾衆也。」

〔八〕史記陳丞相世家：「陳丞相平者，陽武户牖鄉人也。少時家貧，好讀書。……張負既見之喪所，獨視偉平，平亦以故後去。負隨平至其家，家乃負郭窮巷，以弊席爲門，然門外多有長者車轍。……平既娶張氏女，齎用益饒，游道日廣。……（平）因魏無知求見漢王，漢王召入。……是日乃拜平爲都尉，使爲參乘，典護軍。……用其奇計策，卒滅楚。……於是與平剖符，世世勿絶，爲户牖侯。……於是乃詔御史，更以陳平爲曲逆侯。」周書作雒：「諸侯受命於周，乃建大社于國中。其壝東青土，南赤土，西白土，北驪土，中央釁以黄土。將建諸侯，鑿取其方一面之土，燾以黄土，苴以白茅，以爲社之封。」尚書緯：「天子社，東方青，南方赤，西方白，北方黑，上冒以黄土。將封諸侯，各取方土，苴以白茅，以爲社。」（文選李陵答蘇武書「陵謂足下當享茅土之薦」李注引）

〔九〕不韋，吕不韋。已見吳失篇「內崇陶侃、文信之訾」句箋。

〔一〇〕史記絳侯世家：「絳侯周勃者，沛人也。……賜爵列侯，剖符世世勿絶。食絳八千一百八十户，號絳侯。……文帝既立，以勃爲右丞相，賜金五千斤，食邑萬户。……其後人有上書告勃欲反，下廷尉。廷尉下其事長安，逮捕勃治之。勃恐，不知置辭。吏稍侵辱之。勃以千金與獄吏，獄吏乃書牘背示之，曰『以公主爲證』。公主者，孝文帝女也，勃太子勝之尚之，故獄吏教引爲證。勃之益封受賜，盡以予薄昭。及繫急，薄昭爲言薄太后，太后亦以爲無反事。文帝朝，太后以冒絮提文帝，曰：『絳侯綰皇帝璽，將兵於北軍，不以此時反，今居一小縣，顧欲反邪！』文帝既見絳侯獄辭，乃謝曰：『吏事方驗而出之。』於是使使持節赦絳侯，復爵邑。」囹圄，獄名。已見君道篇「囹圄虛陳」句箋。

〔一〕繼昌曰：「(『下鄉』)盧本作『下卿』，當從之。」照按：吉藩本、柏筠堂本、叢書、崇文本亦並作「下卿」，皆非也。史記淮陰侯傳：「淮陰侯韓信者，淮陰人也。始爲布衣時，貧無行，不得推擇爲吏，又不能治生商賈，常從人寄食飲，人多厭之者。常數從其下鄉（集解：「張晏曰：『下鄉，縣，屬淮陰也。』」索隱：「案：下鄉，鄉名，屬淮陰郡。」）南昌亭長寄食，數月，亭長妻患之，乃晨炊蓐食。食時信往，不爲具食。信亦知其意，怒，竟絕去。……漢五年正月，徙齊王信爲楚王，都下邳。信至國，召……及下鄉南昌亭長，賜百錢，曰：『公，小人也，爲德不卒。』」（風俗通義窮通略同）是下鄉爲南昌亭所在鄉名，繼說失之。（論衡定賢：「韓信寄食於南昌亭長。」易林同人之震：「楚亭晨食，韓子低頭。」又賁之剝同。）

〔二〕史記淮陰侯傳：「信釣於城下，諸母漂，有一母見信飢，飯信，竟漂數十日。信喜，謂漂母曰：『吾必有以重報母。』母怒曰：『大丈夫不能自食，吾哀王孫而進食，豈望報乎！』……漢五年正月，……信至國，召所從食漂母，賜千金。」（風俗通義窮通略同）

『先生無少伯之奇略〔一〕，專銳思乎六經〔二〕，忽絕粻原注：「陟良切。」之實禍〔三〕，慕不朽之虛名〔四〕，恥詭遇以干祿〔五〕，羞衒沽以要榮〔六〕，冀西伯之方畋〔七〕，俟黃河之將清〔八〕，甘列子之菜色〔九〕，邈全神而遺形〔一〇〕。何異圖畫騏驥以代徒行之勞，遥指海水以解口焦之渴；張魚網於峻極之巔，施釣緡於修木之末，雖自以爲得所，猶未免乎迂闊也〔一一〕。

〔一〕少伯，范蠡字。少伯奇略，已見嘉遯篇「少伯方將告退於成功」句及守塉篇「仕必霸王、居必千金」句箋。

〔二〕漢書敍傳上：「（答賓戲）鋭思於豪芒之内。」文選答賓戲張銑注：「鋭，精也。」莊子天運：「孔子謂老聃曰：『丘治詩、書、禮、樂、易、春秋六經。』」史記滑稽傳序：「孔子曰：『六藝於治，一也。禮以節人，樂以發和，書以道事，詩以達意，易以神化，春秋以義。』」

〔三〕爾雅釋言：「粻，糧也。」

〔四〕不朽，已見嘉遯篇「先生立言助教」句箋。

〔五〕詭遇，已見任命篇「君子不詭遇以毁名」句箋。論語爲政：「子張學干禄。」集解引鄭玄曰：「干，求也。禄，禄位也。」

〔六〕衒沽，已見吴失篇「安肯衒沽以進趨」句箋。

〔七〕六韜文韜文師：「文王將田，史編布卜曰：『田於渭陽，將大得焉。非龍非彲，非虎非羆，兆得公侯，天遺汝師，以之佐昌，施及三王。』文王曰：『兆致是乎？』史編曰：『編之太祖史疇，爲禹占得臯陶，兆比於此。』文王乃齋三日，乘田車，駕田馬，田於渭陽，卒見太公坐茅以漁。文王勞而問之，……文王再拜曰：『允哉！敢不受天之詔命乎！』乃載與俱歸，立爲師。」（史記齊太公世家辭句有異）

〔八〕左傳襄公八年：「子駟曰：『周詩有之曰：「俟河之清，人壽幾何？」』」杜注：「逸詩也。言人壽促而河清遲，喻晉之不可待。」文選李康運命論：「夫黄河清而聖人生。」李注引易乾鑿度曰：「聖人受命，瑞應先見於河，河水先清，清變白，白變赤，赤變黑，黑變黃，各三日。」（武英殿聚珍版本無此文）李周翰曰：「黃河千年一清，清則聖人生於時也。」

〔九〕列子菜色，已見漢過篇「故列子比屋，而門無鄭陽之恤」句箋。

〔一〇〕史記賈生傳：「（服賦）釋知遺形兮，超然自喪。」集解引服虔曰：「『絕聖弃知』（見老子第十九章）而忘其身也。」索隱：「遺形者，『形故可使如槁木』（見莊子齊物論）是也。」

〔一一〕迂闊，已見勗學篇「謂之陸沈迂闊」句箋。

「事無身後之功，物無違時之盛。今海内瓜分〔一〕，英雄力競，象恭滔天〔二〕，猾夏放命〔三〕。駑蹇星馳以兼路〔四〕，豺狼奮口而交爭。當途投袂以訟屈〔五〕，素士蒙塵以履徑。純儒釋皇道而治五霸之術〔六〕，碩生弃四科而恤月旦之評〔七〕。

〔一〕戰國策趙策三：「天下將因秦之怒，乘趙之敝而瓜分之。」（又見史記虞卿傳）吳師道注：「分其地如破瓜然。」漢書賈誼傳：「（上疏）高皇帝瓜分天下，以王功臣。」

〔二〕書堯典：「帝曰：『吁！靜言庸違，象恭滔天。』」孔傳：「靜，謀。滔，漫也。言共工自爲謀言，起用行事而違背之。貌象恭敬，而心傲很若漫天。言不可用。」（史記五帝紀作「共工善言，其用僻，似恭漫天。」）

〔三〕書舜典：「帝曰：『皋陶，蠻夷猾夏。』」孔傳：「猾，亂也。夏，華夏。」史記五帝紀集解引鄭玄曰：「猾夏，侵亂中國也。」書堯典：「方命圮族。」孔傳：「圮，毀。族，類也。言鯀性很戾，好比方名命，而行事輒毀敗善類。」正義：「鄭（玄）、王（肅）以『方』爲『放』，謂放棄教命。」漢書傅喜傳：「傅太后又自詔丞相御史曰：『高武侯喜無功而封，……

與故大司空（師）丹同心背畔，放命圮族。』」顔注引應劭曰：「放棄教令，毁其族類。」又朱博傳：「制曰：『……今（傅）晏放命圮族，干亂朝政。』」其字皆作「放」，與此同。蓋本今文尚書也。

〔四〕鶩蹇，已見吴失篇「騁鶩蹇以追風」句箋。潘岳世祖武皇帝誄：「羽檄星馳。」（藝文類聚一三引）

〔五〕當途，已見漢過篇「當塗端右」句箋。「途」、「塗」通。左傳宣公十四年：「楚子（莊王）聞之，投袂而起。」杜注：「投，振也。袂，袖也。」文選陸機門有車馬客行詩：「投袂赴門塗，攬衣不及裳。」

〔六〕漢書敍傳下：「抑抑仲舒，再相諸侯，……下帷覃思，論道屬書，讜言訪對，爲世純儒。」後漢書鄭玄傳：「玄質於辭訓，通人頗譏其繁。至於經傳洽孰，稱爲純儒，齊、魯閒宗之。」文選西都賦：「博我以皇道。」李周翰曰：「皇道，皇王之道。」孟子告子下：「五霸者，三王之罪人也。」趙注：「五霸者，大國秉直道以率諸侯，齊桓、晉文、秦穆、宋襄、楚莊是也。」荀子仲尼：「仲尼之門人，五尺之豎子，言羞稱乎五伯。」楊注：「伯，讀爲霸。」又王霸：「雖在僻陋之國，威動天下，五伯是也。……故齊桓、晉文、楚莊、吴闔閭、越句踐，是皆僻陋之國也，威動天下，彊殆中國，無它故焉，略信也。是所謂信立而霸也。」（五霸主名，言人人殊，余曾撰五霸考一文，載一九四零年燕京大學文學年報第六期。）

〔七〕文選何晏景福殿賦：「宏儒碩生。」呂向曰：「宏、碩，皆大也。」四科，已見尚博篇「而游、夏乃次四科之格」句箋。後漢書許劭傳：「許劭字子將，汝南平輿人也。……初，劭與（從兄）靖俱有高名，好共覈論鄉黨人物，每月輒更其品題，故汝南俗有『月旦評』焉。」照按：後自敍篇云：「漢末俗弊，朋黨分部。許子將之徒，以口舌取戒，爭訟論議，門宗成讎。故汝南人士無復定價，而有『月旦』之評。」注此最妥帖。

『筐篚實者〔一〕，進於草萊〔二〕；乏資地者〔三〕，退於朝廷。握黄白者〔四〕，排金門而陟玉堂〔五〕，誦方策者〔六〕，結世讎而委泥濘。贄幣濃者，瓦石成珪璋〔七〕，請託薄者，龍駿弃林坰〔八〕。黨援多者，偕鷩颷以淩雲〔九〕，交結狹者，侶跛鱉以沈泳〔一〇〕。夫丸泥已不能遏彭蠡之沸騰〔一一〕，獨賢亦焉能反流遁之失正〔一二〕？

〔一〕詩小雅鹿鳴：「承筐是將。」毛傳：「筐，篚屬，所以行幣帛也。」又序：「鹿鳴，燕羣臣嘉賓也。既飲食之，又實幣帛筐篚，以將其厚意，然後忠臣嘉賓得盡其心矣。」廣韻七尾：「篚，竹器。方曰筐，圓曰篚。」

〔二〕照按：「莱」字誤，當依魯藩本、舊寫本、文溯本、崇文本作萊。後正郭篇「甄無名之士於草萊」，其以「草萊」連文與此同。漢書蔡義傳：「徵義待詔，久不進見。義上疏曰：『臣山東草萊之人。』」草萊，猶言田野。

〔三〕照按：「乏資地」與上「筐篚實」詞性不倫，「乏」字疑當乙在「地」字下。

〔四〕史記平準書：「虞、夏之幣，金爲三品　或黃，或白，或赤。」索隱：「黃，黃金也；白，白銀也；赤，赤銅也。」漢書食貨志下：「金有三等，黃金爲上，白金爲中，赤金爲下。」

〔五〕漢書五行志中之上：「玉堂、金門，至尊之居。」又揚雄傳下：「（解謿）歷金門，上玉堂，有日矣。」顏注：「應劭曰：『金門，金馬門也。』晉灼曰：『黃圖有大玉堂、小玉堂殿也。』」文選解嘲呂延濟注：「金門，天子門也；玉堂，天子殿也。」

〔六〕方策，典籍。已見鈞世篇「然其精神布在乎方策」句箋。

〔七〕詩大雅卷阿：「顒顒卬卬，如珪如璋。」鄭箋：「體貌則顒顒然敬順，志氣則卬卬然高朗，如玉之珪璋也。」莊子馬蹄「孰爲珪璋」釋文引李頤云：「（珪璋）皆器名也。銳上方下曰珪，半珪曰璋。」

〔八〕周禮夏官廋人：「馬八尺以上爲龍。」穆天子傳一「天子之駿」郭注：「駿者，馬之美稱。」爾雅釋地：「邑外謂之郊，郊外謂之牧，牧外謂之野，野外謂之林，林外謂之坰。」文選陳琳爲曹洪與魏文帝書：「夫綠驥垂耳於林坰。」

〔九〕照按：「偕」疑「階」之誤。逸民篇「或階黨援以鳳起」，尚博篇「而螻螘怪其無階而高致」（文行篇同），廣譬篇「棲鴻階勁風以淩虚」，並其證。

〔一〇〕楚辭嚴忌哀時命：「駟跛鼈而上山兮，吾固知其不能陞。」玉篇魚部：「鱉，俗鼈字。」

〔一一〕丸泥，已見備闕篇「彈鳥則千金不及丸泥之用」句箋。書禹貢：「彭蠡既豬。」孔傳：「彭蠡，澤名。」釋文：「今在九江郡界。」史記夏紀正義引括地志云：「彭蠡湖在江州潯陽縣東南五十二里。」詩小雅十月之交：「百川沸騰。」毛傳：「沸，出。騰，乘也。」

〔一二〕流遁，已見嘉遯篇「不可放之於流遁也」句及刺驕篇「流遁遂往」句箋。

『今先生入無儋石之儲〔一〕，出無束脩之調〔二〕，徒含章如龍鳳〔三〕，被文如虎豹〔四〕，吐之如波濤〔五〕，陳之如錦繡〔六〕，而凍餓於環堵〔七〕，何計疏之可弔〔八〕！奚不汎輕舟以託迅〔九〕，御飛帆以遠之，交瑰貨於朔、南〔一〇〕，收金碧於九疑〔一一〕，迪崔烈之遐武〔一二〕，縻好爵於清時〔一三〕。徒疲勞於述作，豈蟬蛻之有期也〔一四〕？獨苦身以爲名〔一五〕，乃黃、老之所蚩也〔一六〕。』

〔一〕漢書蒯通傳：「通復説曰：『……守儋石之禄者，闕卿相之位。』」顔注：「應劭曰：『齊人名小甖爲儋，受二斛。』晉灼曰：『石，斗石也。』師古曰：『儋音都濫反。或曰：「儋者，一人之所負擔也。」』」又揚雄傳上：「家産不過十金，乏無儋石之儲，晏如也。」

〔二〕禮記少儀：「其以乘壺酒、束脩、一犬，賜人。」正義：「束脩，十脡脯也。」穀梁傳隱公元年：「束脩之肉，不行竟中。」疏：「束脩之肉者，脩，脯也。謂束脩之肉也。」論語述而：「子曰：『自行束脩以上，吾未嘗無誨焉。』」皇疏：「束脩，十束脯也。古者相見，必執物爲贄。……束脩，最是贄之至輕者也。」

〔三〕文選蜀都賦：「揚雄含章而挺生。」呂向曰：「揚雄含懷文章挺拔而生。」管子水地：「龍生於水，被五色而游，故神。」韓詩外傳八：「夫鳳五彩備明。」論衡書解：「然龍鱗有文，神鳳五色。」

〔四〕易革：「象曰：『大人虎變，其文炳也。』……象曰：『君子豹變，其文蔚也。』」正義：「其文炳者，義取文章炳著也。……其文蔚者，明其不能大變，故文細而相暎蔚也。」（文心雕龍原道：「虎豹以炳蔚凝姿。」）

〔五〕漢書敍傳上：「（答賓戲）雖馳辯如濤波。」顏注：「大波曰濤。」文選答賓戲李注引如淳曰：「潮水之激者爲濤波。」

〔六〕釋名釋言語：「文者，會集衆采以成錦繡，會集衆字以成詞誼，如文繡然也。」淮南子繆稱：「錦繡登廟，貴文也。」

〔七〕環堵，已見尚博篇「安圜堵於函夏之內」句箋。

〔八〕戰國策秦策三：「（范）睢曰：『……越人之國而攻，可乎？疏於計矣。』」（史記范睢傳作「其於計疏矣」）

〔九〕詩邶風柏舟：「汎彼柏舟，亦汎其流。」毛傳：「汎汎，流貌。」說文水部：「汎，浮皃。」

〔一〇〕文選西京賦：「瑰（今本作「瓌」，此依楊守敬影鈔日本卷子本改。）貨方至，鳥集鱗萃。」薛注：「瑰，奇貨也。方，四方也。奇貨有如鳥之集，鱗之萃也。」書禹貢：「東漸于海，西被于流沙，朔、南暨聲教。」釋文：「朔，朔北也。」史記夏紀集解引鄭玄曰：「朔，北方也。」

〔一一〕史記五帝紀：「（舜）葬於江南九疑。」集解引皇覽曰：「舜冢在零陵營浦縣。其山九谿皆相似，故曰九疑。」淮南子原道：「九疑之南，陸事寡而水事衆。」高注：「九疑，山名也。在蒼梧，虞舜所葬也。」

〔二〕崔烈，已見審舉篇「崔烈有銅臭之嗤」句箋。退武，已見守塉篇「周、孔之退武也」句箋。

〔三〕易中孚：「九二，鳴鶴在陰，其子和之。我有好爵，吾與爾靡之。」（繫辭上同）釋文：「（靡）本又作縻。」集解引虞翻曰：「靡，共也。……爵，位也。」

〔四〕淮南子精神：「蟬蜕蛇解，游於太清。」又説林：「蟬飲而不食，三十日而蜕。」史記屈原傳：「自疏濯淖汙泥之中，蟬蜕於濁穢，以浮游塵埃之外。」

〔五〕列子楊朱：「名乃苦其身，燋其心。」張注：「夫名者，因僞以求真，假虛以招實，矯性而行之，有爲而爲之者，豈得無勤憂之弊邪？」

〔六〕照按：「蚩」，當依魯藩本作「嗤」。

樂天先生荅曰：『六藝備研〔一〕，八索必該〔二〕，斯則富矣；振翰摛藻〔三〕，德音無窮，斯則貴矣。求仁仁至〔四〕，舍旃焉如〔五〕？夫棲重淵以頤靈〔六〕，外萬物而自得；遺紛埃於險塗，澄精神於玄默〔七〕，不窺牖以遐覽〔八〕，判微言而靡惑。雖復設之以台鼎〔九〕，猶確爾而弗革也，曷肯憂貧而與賈豎爭利〔一〇〕，戚窮而與凡瑣競達哉！

〔一〕六藝，已見勗學篇「孤貧而精六藝者」句箋。

〔二〕照按：「必」，疑爲「畢」之音誤。「畢該」，與上句「備研」儷。内篇極言「故能畢該祕要」，正以「畢該」爲言。八索，已見逸民篇「窮覽墳、索」句箋。

〔三〕漢書敍傳上：「（答賓戲）摛藻如春華。」顏注：「摛，布也。藻，文辭也。」

〔四〕論語述而：「（子）曰：『求仁而得仁，又何怨？』」又：「子曰：『仁遠乎哉？我欲仁，斯仁至矣。』」

〔五〕詩唐風采苓：「舍旃舍旃，苟亦無然！」鄭箋：「旃之言焉也，舍之焉，舍之焉，謂謗訕人欲使見貶退也。」廣韻二仙：「旃，之也。」後漢書蔡邕傳：「（釋誨）修業思真，弃此焉如？」文選東京賦：「獨微行其焉如？」薛注：「焉，言安也。如，往也。」呂向曰：「焉，何也。」

〔六〕易序卦：「頤者，養也。」靈，性靈。

〔七〕淮南子主術：「君人之道，其猶零星之尸也，儼然玄默，而吉祥受福。」高注：「尸不言語，故曰玄默。」文選長楊賦：「且人君以玄默爲神，澹泊爲德。」李注：「玄默，謂幽玄恬默也。魏都賦曰：『顯仁翌明，藏用玄默。』」李周翰曰：「玄默，無事也。」

〔八〕老子第四十七章：「不出户，知天下；不窺牖，見天道。其出彌遠，其知彌少。」

〔九〕星有三台，鼎有三足，故古以台鼎爲三公代稱。後漢書陳球傳：「球復以書勸（劉）郃曰：『公出自宗室，位登台鼎，天下瞻望。』」

〔一〇〕論語衛靈公：「君子憂道不憂貧。」

『吾子苟知商販可以崇寶，耕也可以免飢，不識逐麋者不顧兔〔一〕，道遠者其到遲也。且夫尚父之鼓刀，素首乃吐奇也〔二〕。萬鈞之爲重，衝飈不能移〔三〕；簫韶未九成，靈鳥不紆儀也〔四〕。是以俟扶搖而登蒼霄者〔五〕，不充詘於蓬蒿之杪〔六〕；騁蘭筋以陟六萬者〔七〕，不爭途乎蹇驢之輦〔八〕。大孝必畏辱親之險，故子春戰悸於下堂〔九〕。上智不貴難得之財，故唐、虞捐金而抵璧〔一〇〕。

〔一〕淮南子說林：「逐鹿者不顧兔。」漢書外戚上孝昭上官皇后傳：「（上官）安曰：『逐麋之狗，當顧菟邪！』」顏注：「言所求者大，不顧小也。」麋，鹿屬。爾雅釋器「兔罟謂之罝」釋文：「兔，本作菟。」

〔二〕尚父鼓刀、素首吐奇，已見逸民篇「且呂尚之未遇文王也」等句箋。素首，皓首，白頭。

〔三〕文選西京賦「洪鐘萬鈞」薛注：「三十斤曰鈞。」又九歌少司命：「與汝游兮九河，衝飇起兮水揚波。」呂延濟曰：「衝飇，暴風也。」

〔四〕書益稷：「簫韶九成，鳳皇來儀。」孔傳：「韶，舜樂名。言簫，見細器之備。雄曰鳳，雌曰皇，靈鳥也。儀，有容儀。備樂九奏而致鳳皇。」呂氏春秋古樂：「（禹）於是命皐陶作爲夏籥九成，以昭其功。」高注：「九成，九變。」紆，紆徐。紆儀，猶言儀態從容。

〔五〕爾雅釋天：「扶搖謂之猋。」郭注：「暴風從下上。」莊子逍遙遊「摶扶搖而上者九萬里」釋文引司馬彪云：「上行風謂之扶搖。」

〔六〕禮記儒行：「儒有不隕穫於貧賤，不充詘於富貴。」鄭注：「隕穫，困迫失志之貌也。充詘，歡喜失節之貌。」說文木部：「杪，木標末也。」廣雅釋詁一：「杪，末也。」

〔七〕蘭筋，已見備闕篇「騕褭能奮蘭筋以絕景」句箋。呂氏春秋離俗覽：「飛兔、要褭，古之駿馬也。」高注：「飛兔、要褭，皆馬名也，日行萬里。」淮南子齊俗：「夫待騕褭、飛兔而駕之，則世莫乘車。」許注：「騕褭，良馬。飛兔其子。」

裦、兔走，蓋皆一日萬里也。」史記司馬相如傳：「（上林賦）罥騕裦，射封狐。」集解引郭璞曰：「騕裦，神馬，日行萬里。」孫柔之瑞應圖：「飛兔者，馬名也，日行三萬里。」（開元占經一一六、藝文類聚九九、太平御覽八九六引）（李義山詩集瑤池：「八駿日行三萬里，穆王何事不重來。」））「陟六萬」，未詳。

〔八〕蹇驢，已見刺驕篇「所論薦則蹇驢蒙龍駿之價」句箋。

〔九〕禮記祭義：「曾子曰：『孝有三：大孝尊親，其次弗辱，其下能養。』」（又見大戴禮記曾子大孝）又：「樂正子春下堂而傷其足，數月不出，猶有憂色。門弟子曰：『夫子之足瘳矣，數月不出，猶有憂色，何也？』樂正子春曰：『善如爾之問也，善如爾之問也！吾聞諸曾子，曾子聞諸夫子曰：「天之所生，地之所養，無人爲大。父母全而生之，子全而歸之，可謂孝矣。不虧其體，不辱其身，可謂全矣。故君子頃步而弗敢忘孝也。」今予忘孝之道，予是以有憂色也。』」（又見大戴禮記曾子大孝、吕氏春秋孝行覽）

〔一〇〕老子第三章：「不貴難得之貨，使民不爲盜。」河上公注：「言人君不御好珍寶，黄金棄於山，珠玉捐於淵。」新語術事：「故舜棄黄金於嶄巖之山，捐珠玉於五湖之淵，將以杜淫邪之欲，絶琦瑋之情。」淮南子泰族：「故舜深藏黄金於嶄巖之山，所以塞貪鄙之心也。」鹽鐵論本議：「舜藏黄金，……所以遏貪鄙之俗而醇至誠之風也。」莊子天地：「若然者，藏金於山，藏珠於淵。」郭注：「不貴難得之物。」淮南子原道：「若然者，藏金於山，藏珠於淵。」高注：「舜藏金於嶄巖之山，藏珠於五湖之淵，以塞貪淫之欲也。」文選東京賦：「將使心不亂其所在，目不見其可欲。賤犀象，簡珠玉，藏金於山，抵璧於谷。」薛注：「藏，抵，皆謂不取之，謂儉故也。」李注：「說文（手部）曰：『抵，側擊也。』」照按：說文手部：「抵，擠也。从手，氐聲。」又：「扺，側擊也。从手，氏聲。」段注：「戰國策（秦策一）『扺掌而談』、東京賦（文選）『扺璧於谷』、解嘲（漢書揚雄傳下）『介涇陽扺穰侯』，按扺字今多譌作抵，其音義皆殊。」是抱朴此文「抵」字亦爲「扺」之譌，當校正。

『明哲消禍於未來〔一〕，知士聞利則慮害〔二〕。而吾子訊僕以汎舟，孳孳於潤屋〔三〕；勸隋珠之彈雀〔四〕，探虎口以奪肉〔五〕；輕遺體於不測〔六〕，觸重險以遠至〔七〕；忘髮膚之明戒〔八〕，尋乾没於難冀〔九〕。若乃焚輪傾巖〔一〇〕，木拔石飛，陽侯山峙〔一一〕，洪濤崒巍〔一二〕，輕艘塵漂，力與心違。徒嗟泣而罔逮，乃悟達者之見微也〔一三〕。

〔一〕漢書劉向傳：「（上封事）夫明者起福於無形，銷患於未然。」三國志魏書鍾會傳：「會移檄蜀將吏士民曰：『……明者見危于無形，智者規禍于未萌。』」

〔二〕鹽鐵論擊之：「是以聖王見利慮害。」說苑敬慎：「老子曰：『得其所利，必慮其所害。』」

〔三〕孳孳，不怠也。孳，音兹。禮記大學：「富潤屋。」正義：「言家若富則能潤其屋，有金玉，又華飾見於外也。」

〔四〕隋珠彈雀，已見嘉遯篇「隋珠彈雀」句箋。

〔五〕莊子盜跖：「孔子曰：『然。丘所謂无病而自灸也，疾走料虎頭，編虎須，幾不免虎口哉！』」史記酈生傳：「酈生曰：『足下起糾合之衆，收散亂之兵，不滿萬人，欲以徑入強秦，此所謂探虎口者也。』」

〔六〕禮記祭義：「曾子曰：『身也者，父母之遺體也。』」（又見大戴禮記曾子大孝、吕氏春秋孝行覽）

〔七〕大戴禮記曾子本孝：「故孝子之事親也，居易以俟命。不興險行以徼幸，……險塗隘巷，不求先焉，以愛其身，以不敢忘其親也。」

〔八〕孝經開宗明義章：「身體髮膚，受之父母，不敢毀傷，孝之始也。」

〔九〕乾没，已見良規篇「則不苟且於乾没」句箋。

〔一〇〕詩小雅谷風：「習習谷風，維風及頽。」毛傳：「頽，風之焚輪者也。風薄相扶而上，喻朋友相須而成。」正義：「（爾雅）釋天云：『焚輪謂頽。』李巡曰：『焚輪，暴風從上來降謂之頽。頽，下也。』……然則頽者，風從上而下之名。」

〔一一〕陽侯，已見用刑篇「金舟不能淩陽侯之波」句箋。峙，立也。莊子外物：「白波若山。」

〔一二〕春秋繁露山川頌：「山則……摧嵬崒巍。」古文苑山川頌章注：「崒，才賄反。巍，嵬字平聲。並高峻崇積貌。」世說新語言語：「孫（楚）云：『其山崒巍以嵯峨。』」

〔一三〕范子：「計然者，葵丘濮上人，姓辛，名文子。……少而明學陰陽，見微而知著。」（意林一引）韓非子說林上：「聖人見微以知萌。」（顧廣圻謂「萌」當作「明」）淮南子氾論：「唯聖人能見微以知明。」越絶書德序外傳記：「聖人見微知著。」

「昔回、憲以清苦稱高〔一〕，陳平以無金免危〔二〕，廣漢以好利喪身〔三〕，牛缺以載寶灰糜〔四〕。匹夫枉死於懷璧〔五〕，豐狐召災於美皮〔六〕。今吾子督余以誨盜之業〔七〕，敦余以召賊之策，進酖酒以獻酬〔八〕，非養壽之忠益。

〔一〕回，顏回。論語雍也：「子曰：『賢哉，回也！一簞食，一瓢飲，在陋巷。人不堪其憂，回也不改其樂。賢哉，回也！』」（孟子離婁下略同）又先進：「子曰：『回也其庶乎！屢空。』」集解：「言回庶幾聖道，雖數空匱而樂在其中。」憲，原憲。原憲清苦，已見逸民篇「子貢與原憲同門，而不能模其清苦」二句箋。

〔二〕史記陳丞相世家：「項王怒，將誅定殷者將吏。陳平懼誅，乃封其金與印，使使歸項王，而平身閒行杖劍亡。渡河，船人見其美丈夫獨行，疑其亡將，要中當有金玉寶器，目之，欲殺平。平恐，乃解衣臝而佐刺船。船人知其無有，乃止。」

〔三〕西京雜記三：「茂陵富人袁廣漢，藏鏹巨萬，家僮八九百人。於北邙山下築園，東西四里，南北五里，激流水注其內。構石爲山，高十餘丈，連延數里。養白鸚鵡、紫鴛鴦、犛牛、青兕，奇獸怪禽，委積其間。積沙爲洲嶼，激水爲波潮，其中致江鷗海鶴，孕雛產鷇，延漫林池。奇樹異草，靡不具植。屋皆徘徊連屬，重閣修廊，行之，移晷不能徧也。廣漢後有罪誅，沒入爲官園，鳥獸草木，皆移植上林苑中。」（又見三輔黃圖四苑囿）

〔四〕牛缺載寶灰糜，已見守墻篇「牛缺以載珍致寇」句箋。

〔五〕左傳桓公十年：「初，虞叔有玉，虞公求旃，弗獻。既而悔之，曰：『周諺有之：「匹夫無罪，懷璧其罪。」吾焉用此？其以賈害也！』乃獻。」又襄公十五年：「宋人或得玉，獻諸子罕。子罕弗受。……稽首而告曰：『小人懷璧，不可以越鄉。（杜注：「言必爲盜所害。」）納此以請死也。』」（杜注：「請免死。」）

〔六〕莊子山木：「市南子曰：『……夫豐狐文豹，棲於山林，伏於巖穴，靜也；夜行晝居，戒也；雖飢渴隱約，猶且胥疏於江湖之上而求食焉，定也。然且不免於罔羅機辟之患，是何罪之有哉？其皮爲之災也。』」釋文引司馬彪云：「豐，大也。」韓非子喻老：「翟人有獻豐狐玄豹之皮於晉文公，文公受客皮而歎曰：『此以皮之美自爲罪。』」說苑政理：「晉文公時，翟人有〔獻〕封狐文豹之皮者，文公喟然嘆曰：『封狐文豹何罪哉！以其皮爲罪也。』」（又見金樓子立言下）

〔七〕易繫辭上：「慢藏誨盜。」正義：「若慢藏財物，守掌不謹，則教誨於盜者，使來取此物。」

〔八〕左傳閔公元年：「宴安酖毒，不可懷也。」酖酒，毒酒。國語周語下「獻酬交酢也」韋注：「酬，勸也。」

『夫士以三墳爲金玉〔一〕，五典爲琴箏〔二〕，講肆爲鍾鼓〔三〕，百家爲笙簧〔四〕，使味道者以辭飽，酣德者以義醒。超流俗以高蹈，軼億代而揚聲。方長驅以獨往〔五〕，何貨賄之穢情？夫藏多者亡厚〔六〕，好謙者忌盈〔七〕，含夜光者速剖〔八〕，循覆車者必傾〔九〕，過載者沈其舟，慾勝者殺其生。蓋下士所用心，上德所未嘗也。』

〔一〕三墳，已見逸民篇「窮覽墳、索」句箋。

〔二〕五典，五經。漢書武帝紀：「（建元五年）置五經博士。」白虎通德論五經：「五經何謂？謂易、尚書、詩、禮、春秋也。」弘明集理惑論：「含玄妙爲酒漿，翫五經爲琴簧。」

〔三〕陳其榮曰：「榮案：『肆』當作『肄』字，以形似致誤。」照按：上二句之「三墳」、「五典」與下句之「百家」，皆屬名詞，若此句作「講肆」，則詞性不倫矣。陳説非。（朱氏翻刻本、崇文本改「肆」爲「肄」，大繆。）

〔四〕孫人和曰：「按：『笙簧』當作『簧笙』。此節『箏』、『笙』、『醒』、『聲』、『情』、『盈』、『傾』、『生』、『嘗』上下凡九韻，若作『笙簧』，則失其韻矣。此因後人用文多作『笙簧』，少作『簧笙』，故誤倒也。」照按：孫説是，當據乙。

〔五〕莊子在宥：「出入六合，遊乎九州，獨往獨來，是謂獨有。獨有之人，是謂至貴。」淮南王莊子略要：「江海之士，山谷之人也，輕天下，細萬物而獨往者也。」司馬彪注曰：「獨往自然，不復顧世。」（文選任昉齊竟陵文宣王行狀李注引）

〔六〕老子第四十四章：「多藏必厚亡。」

〔七〕易謙：「象曰：『謙亨。天道下濟而光明，地道卑而上行。天道虧盈而益謙，地道變盈而流謙，鬼神害盈而福謙，人道惡盈而好謙。謙尊而光，卑而不可踰，君子之終也。』」韓詩外傳八：「孔子曰：『易先同人後大有，承之以謙，不亦可乎？故天道虧盈而益謙，……人道惡盈而好謙。謙者，抑事而損者也。持盈之道，抑而損之，此謙德之於行也，順之者吉，逆之者凶。』」

〔八〕淮南子汜論：「明月之珠。」許注：「夜光之珠有似明月，故曰明月也。」（文選西都賦、運命論李注引）又本經：「摘蚌蜃。」高注：「摘，開也，開以求珠也。」又說林：「明月之珠，蚌之病而我之利也。」潛夫論遏利：「蚌以珠剖體。」

〔九〕覆車，已見吳失篇「而躡傾車之前軌」句箋。

於是問者茫然自失〔一〕，請備門生之末編，永寶長生之良方焉。」

〔一〕列子仲尼：「子貢茫然自失。」張注：「未能盡符至言，故遂至自失也。」

抱朴子外篇校箋卷之三十七

仁明〔一〕

抱朴子曰：「門人共論仁明之先後，各據所見，乃以諮余。余告之曰：『三光垂象者，乾也〔二〕；厚載無窮者，坤也〔三〕。乾有仁而兼明〔四〕，坤有仁而無明，卑高之數〔五〕，不以邈乎〔六〕！

〔一〕陳漢章曰：「案：此篇本徐幹中論論仁智之先後。」照按：中論見智行篇。（俞樾有説，見曲園雜纂。）

〔二〕易繫辭上：「天垂象。」又説卦：「乾，天也。」淮南子原道：「紘宇宙而章三光。」高注：「三光，日、月、星也。」漢書翟方進傳：「（李）尋奏記言：『……三光垂象，變動見端。』」

〔三〕易坤：「象曰：『……坤厚載物，德合无疆。』……象曰：『地勢坤，君子以厚德載物。』」又説卦：「坤，地也。」

〔四〕藏本、魯藩本、吉藩本、舊寫本、文溯本作「乾有明而兼仁」。照按：日月麗天，乾道本明，非兼明也。藏本等是。當據正。

〔五〕易繫辭上：「天尊地卑，乾坤定矣；卑高以陳，貴賤位矣。」（禮記樂記：「天尊地卑，君臣定矣；卑高以陳，貴賤位矣。」）

〔六〕 廣雅釋詁一：「邈，遠也。」此句謂天高地卑，相距甚遠。

『夫唯聖人與天合德〔一〕，故唐堯以欽明冠典〔二〕，仲尼以明義首篇〔三〕。明明在上，元首之尊稱也〔四〕；明哲保身，大雅之絕蹤也〔五〕。蜎飛蝡動〔六〕，亦能有仁，故其意愛弘於長育，哀傷著於啁噍〔七〕。原注：「上竹交切，下子笑切，嚼也。」然赴阬穽而無猜〔八〕，入罻羅而不覺〔九〕，有仁無明，故竝趨禍而攸失〔一〇〕。

〔一〕 易乾：「文言曰：『……夫大人者，與天地合其德，與日月合其明。』」正義：「此論大人之德无所不合，廣言所合之事。與天地合其德者，莊氏云：『謂覆載也。』與日月合其明者，『謂照臨也。』」文子精誠：「故大人與天地合德，與日月合明。」（又見淮南子泰族）

〔二〕 書堯典：「曰若稽古帝堯，曰放勳，欽明文思安定。」孔傳：「勳，功。欽，敬也。言堯放上世之功化，而以敬明文思之四德，安天下之當安者。」

〔三〕 孝經開宗明義章第一邢疏：「開，張也。宗，本也。明，顯也。義，理也。言此章開張一經之宗本，顯明五孝之義理，故曰開宗明義章也。」孝經鉤命訣：「孔子曰：『吾志在春秋，行在孝經。』以春秋屬（卜）商，以孝經屬（曾）參。』」（藝文類聚二六引）又：「子曰：『吾作孝經。』」（太平御覽六百一十引）孝經中契：「丘作孝經。」（同上）三國志蜀書秦宓傳：「宓報曰：『……故孔子發憤作春秋，大乎居正，復制孝經，廣陳德行。』」

〔四〕 詩小雅小明：「明明上天，照臨下土。」鄭箋：「明明上天，喻王者當光明如日之中也。」法言修身：「明明在上。」書益稷：「乃賡載歌曰：『元首明哉，股肱良哉，庶事康哉！』」孔傳：「先君後臣，衆事乃安，以成其義。」漢書魏相丙吉傳贊：「故經謂君爲元首，臣爲股肱。」後漢書陳蕃傳：「（上疏）君爲元首，臣爲股肱。」

〔五〕詩大雅烝民：「既明且哲，以保其身。」禮記中庸：「詩曰：『既明且哲，以保其身。』」鄭注：「保，安也。」漢書司馬遷傳贊：「夫惟大雅『既明且哲，能保其身』，難矣哉！」

〔六〕文子道德：「蜎飛蠕動，莫不親愛。」又下德：「蜎飛蝡動，莫不仰德而生」（又見淮南子本經）鬼谷子揣篇：「故觀蜎飛蠕動，無不有利害。」陶注：「蜎飛蠕動，微蟲耳。」新語道基：「蜎飛蠕動之類。」字林：「蜎，蟲貌也。」（一切經音義三引）又：「蝡，蟲動也。」（一切經音義十一引）集韻二十八獮：「蝡，或作蠕。」

〔七〕孫人和曰：「按：『意愛』與『哀傷』對文，『意』字無義，蓋『惠』字之誤。用刑篇云：『不曲法以行意。』孫星衍校舊寫本『意』作『惠』，是『意』、『惠』相誤之證。」照按：「意」字固誤，改「惠」亦未必是。禮記三年問：「凡生天地之間者，有血氣之屬，必有知，有知之屬，莫不知愛其類。今是大鳥獸，則失喪其羣匹，越月踰時焉，則必反巡，過其故鄉，翔回焉，鳴號焉，蹢躅焉，踟蹰焉，然後乃能去之，小者至於燕雀，猶有啁噍之頃焉，然後乃能去之。」（又見荀子禮論）正義：「此一經明天地之間，血氣之類，皆有所知，至於鳥獸，大小各能思其種類。」風俗通義愆禮：「凡鳥獸之微，尚有回翔之思，啁噍之痛。」據此，則「意」當作「思」矣。又按：三年問釋文：「啁，張留反。噍，子流反。啁噍，聲。」是此文原注之音、訓有誤。切韻殘卷十七尤：「啁，啁噍，鳥聲。」又四宵：「噍，啁噍，鳥聲。」廣韻十八尤：「啁，啁噍，鳥聲。」又四宵：「噍，啁噍，聲。」集韻十八尤：「啁，啁噍，鷰雀聲。」又四宵：「噍，啁噍，鳥聲。」並足證原注之非。

〔八〕周禮秋官雍氏：「春令爲阱、擭、溝、瀆之利於民者。」鄭注：「阱，穿地爲塹，所以禦禽獸，其或超踰，則陷焉，世謂之陷阱。」說文土部：「塹，阬也。」又𨸏部：「阬，閬也。」段注：「閬者，門高大之皃也。引申之，凡孔穴深大皆曰閬阬。(爾雅)釋詁云:『(阬)虛也。』地之孔穴虛處與門同,故曰閬也。」玉篇井部:「阱,才性切。穿地爲阱以陷獸。亦作穽。」廣雅釋言:「猜,疑也。」

〔九〕禮記王制:「鳩化爲鷹,然後設罻羅。」鄭注:「罻,小網也。」正義:「按説文(网部)云:『罻,捕鳥網也。』又爾雅(釋器)云:『鳥罟謂之羅。』罻羅,總是捕鳥之網。」釋文:「罻,音尉。」楚辭九章惜誦:「罻羅張而在下。」王注:「罻羅,捕鳥網也。」

〔一〇〕照按:「而攸失」三字於此費解,疑有脱誤。

『熾潛景以易咀生〔一〕,各本如此。盧本作組圭。結棟宇以免巢穴〔二〕,選禾稼以代毒烈〔三〕,制衣裳以改裸飾〔四〕,後舟楫以濟不通〔五〕,服牛馬以息負步〔六〕,序等威以鎮禍亂〔七〕,造器械以戒不虞〔八〕,創書契以治百官〔九〕,制禮律以肅風教〔一〇〕,皆大明之所爲,非偏人之所能辯也。

〔一〕孫星衍曰:「(『咀生』)各本如此。盧本作『組圭』。」照按:「咀生」二字未誤。盧本蓋不得其解而臆改耳。「咀生,猶言生喫。熾,炊也(攷工記鍾氏「三月而熾之」鄭注)。景讀爲影,喻火光。「熾潛景以易咀生」,與前省煩篇「改燒石去血食」之意同,謂炮生爲熟也。(禮含文嘉:「燧人始鑽木取火,炮生爲熟。」(風俗通義皇霸、北堂書鈔一四二、藝文類聚一一、初學記九、太平御覽七八又八六九引)禮記禮運:「昔者先王……未有火化,(鄭注:「食腥也。」)食草木之實,鳥獸之肉,飲其血,茹其毛;未有麻絲,衣其羽皮。(鄭注:「此上古之時也。」)後聖有作,然後脩火之利,……以炮,(鄭注:「裹燒之也。」)以燔,(鄭注:「加於火上。」)以亨,(鄭注:「煑之鑊也。」)以炙。(鄭

注：「貫之火上。」）古史考：「古之初，人吮露精，食草木實。……山居則食鳥獸，衣其羽皮，飲血茹毛；近水則食魚鼈螺蛤。未有火化。……於是有聖人以火德王，造作鑽燧出火，教人熟食。……民人大悅，號曰燧人。」（太平御覽七八引（初學記二五所引略））

〔二〕易繫辭下：「上古穴居而野處，後世聖人易之以宮室，上棟下宇，以待風雨。」禮記禮運：「昔者先王，未有宮室，冬則居營窟，夏則居橧巢。」鄭注：「寒則累土，暑則聚薪柴居其上。」韓非子五蠹：「上古之世，人民少而禽獸衆，人民不勝禽獸蟲蛇，有聖人作，構木爲巢以避羣害，而民悅之，使王天下，號曰有巢氏。」新語道基：「天下人民，野居穴處，未有室屋，則與禽獸同域。於是黄帝乃伐木構材，築作宮室，上棟下宇，以避風雨。」淮南子汜論：「古者，民澤處復穴，冬日則不勝霜雪露，夏日則不勝蝨蝱，聖人乃作，爲之築土構木，以爲宮室，上棟下宇，以蔽風雨，以避寒暑，而百姓安之。」高注：「處，居也。復穴，重窟也。一說：穴，毁隄防崖岸之中以爲窟室。構，架也，謂材木相乘架也。棟，屋檼也。宇，屋之垂。」（管子法法：「爲宮室臺榭，足以避燥濕寒暑。」荀子富國：「爲之宮室臺榭，使足以避燥濕。」呂氏春秋重己：「其爲宮室臺榭也，足以避燥濕而已矣。」）

〔三〕新語道基：「至於神農，以爲行蟲走獸，難以養民，乃求可食之物，嘗百草之實，察酸苦之味，教人食五穀。」淮南子脩務：「古者，民茹草飲水，采樹木之實，食蠃蛖之肉，時多疾病毒傷之害。於是神農乃始教民播種五穀，相土地〔之〕宜，燥濕肥墝高下，嘗百草之滋味，水泉之甘苦，令民知所辟就。當此之時，一日而〔遇〕七十毒。」高注：「此神農之爲也。」賈誼書：「神農以爲走禽難以久養民，乃求可食之物，嘗百草實，察鹹苦之味，教民食穀。」（太平御覽七八引）陸景典語：「神農嘗百草，嘗五穀，蒸民乃粒食。」（初學記九引（御覽七八引作「典略」誤））

〔四〕易繫辭下：「黄帝、堯、舜，垂衣裳而天下治。」正義：「垂衣裳者，以前衣皮，其制短小，今衣絲麻布，所作衣裳，其制長大，故云垂衣裳也。」呂氏春秋勿躬：「胡曹作衣。」新語道基：「（后稷）種桑麻，致絲枲，以蔽形體。」淮南子氾論：「伯余之初作衣也，……而民得以揜形。」高注：「伯余，黃帝臣也。世本曰：『伯余制衣裳。』一曰：『伯余，黃帝。』」春秋繁露度制：「凡衣裳之生也，爲蓋形煖身也。」裸飾，見後詰鮑篇「裸以爲飾，不用衣裳」二句箋。

〔五〕陳澧曰：「『後』字疑誤。」孫人和曰：「按：『後舟楫』義不可通。承訓書院本『後』作『役』，是也。『役舟楫』者，猶言用舟楫也。備闕篇云：『惠子上相之標也，而不能役舟楫以淩陽侯』，是其證。」原注：「崇文本已改作『役』。」照按：陳、孫説是。藏本、吉藩本、愼本、盧本、柏筠堂本、文溯本、叢書本並作「役」，是「後」乃平津本寫刻之誤，當改正。易繫辭下：「刳木爲舟，剡木爲楫，舟楫之利，以濟不通，致遠以利天下。」正義：「舟必用大木刳鑿其中，故云刳木也。剡木爲楫者，楫必須纖長，理當剡削，故曰剡木也。」

〔六〕易繫辭下：「服牛乘馬，引重致遠，以利天下。」正義：「今服用其牛，乘駕其馬。服牛以引重，乘馬以致遠，是以人之所用，各得其宜。」新語道基：「川谷交錯，風化未通，九州絶隔，未有舟車之用，以濟深致遠；於是奚仲乃撓曲爲輪，因直爲轅，駕馬服牛，浮舟杖檝，以代人力。」淮南子氾論：「古者，大川名谷，衡絶道路，不通往來也，……肩荷負儋之勤也，而作爲之揉輪建輿，駕馬服牛，民以致遠而不勞。」高注：「代負儋，故不勞也。」

〔七〕左傳文公十五年：「示有等威，古之道也。」杜注：「等威，威儀之等差。」又宣公十二年：「貴有常尊，賤有等威。」杜注：「威儀有等差。」荀子禮論：「人生而有欲，欲而不得，則不能無求；求而無度量分界，則不能不爭。爭則亂，亂則窮。先王惡其亂也，故制禮義以分之，以養人之欲，給人之求，使欲必不窮乎物，物必不屈於欲，兩者相持而長，是禮之所以起也。……故禮者養也，君子既得其養，又好其別。曷謂別？曰：貴賤有等，長幼有差，貧富輕重皆有稱者也。」楊注：「窮，謂計無所出。有分，然後欲可養，求可給。稱，謂各當其宜。尺證反。」（史記禮書文小異）新語道基：「民知畏法，而無禮義，於是中聖乃設辟雍庠序之教，以正上下之儀，明父子之禮，君臣之義，使強不凌弱，衆不暴寡，弃貪鄙之心，興清潔之行。」楚辭九章抽思「覽民尤以自鎮」王注：「鎮，止也。」

〔八〕易萃：「象曰：『澤上於地萃，君子以除戎器，戒不虞。』」正義：「澤上於地則水潦聚，故曰澤上於地萃也。除者，治也。人既聚會，不可无防備，故君子於此之時，修治戎器，以戒備不虞也。」又繫辭下：「弦木爲弧，剡木爲矢，弧矢之利，以威天下。」（說文弓部：「弧，木弓也。」又刀部：「剡，鋭利也。」）周禮天官司書：「以知民之財，器械之數。」賈疏：「器謂禮樂之器，械謂兵器，弓、矢、戈、殳、戟、矛。」禮記大傳：「異器械。」鄭注：「器械，禮樂之器及兵甲也。」正義：「器爲楬豆、房俎，禮樂之器也；械謂戎路、革路，兵甲之屬也。」

〔九〕易繫辭下：「上古結繩而治，後世聖人易之以書契，百官以治，萬民以察。」正義：「結繩者，鄭康成注云：『事大，大結其繩；事小，小結其繩。』義或然也。」集解引九家易曰：「古者无文字，其有約誓之事，事大大其繩，事小小其繩，結之多少，隨物衆寡。各執以相考，亦足以相治也。」韓非子五蠹：「古者蒼頡之作書也，自環者謂之私，背私者謂之公。」呂氏春秋君守：「蒼頡作書。」高注：「蒼頡生而知書，寫倣鳥跡，以造文章。」淮南子本經：「昔者蒼頡作書，而天雨粟，鬼夜哭。」高注：「蒼頡始視鳥迹之文，造書契，則詐僞萌生；詐僞萌生，則去本趨末，棄耕作之業，而務錐刀之利，天知其將餓，故爲雨粟。鬼恐爲書文所劾，故夜哭也。鬼或作兔，兔恐見取豪作筆，害及其軀，故夜哭。」說文解字敘：「黄帝之史倉頡，見鳥獸蹏迒之迹，知分理之可相別異也，初造書契，百工以乂，萬品以察。」

〔一〇〕書舜典：「帝曰：『皋陶，蠻夷猾夏，寇賊姦宄，汝作士，（孔傳：「士，理官也。」）五刑有服，五服三就，五流有宅，五宅三居，惟明克允。』」呂氏春秋君守：「皋陶作刑。」高注：「虞書曰：『皋陶，蠻夷猾夏，寇賊姦宄，女作士師，（今舜典無「師」字，此用今文。）五刑有服。』」新語道基：「於是皋陶乃立獄制罪，縣賞設罰，異是非，明好惡，檢奸邪，消佚亂。」史游急就篇四：「皋陶造獄法律存。」顏師古注：「皋陶，舜臣名，亦號庭堅。命爲士官，始制囹圄，法律備焉。」後漢書張敏傳：「（上疏）臣伏見孔子垂經典，皋陶造法律，原其本意，皆欲禁民爲非也。」風俗通義佚文：「皋陶謨虞始造律。」（北堂書鈔四五、藝文類聚五四、文選陳琳爲袁紹檄豫州李注、太平御覽六三八引）傅子：「律是咎繇遺訓，漢令蕭何廣之。」（御覽六三八引〔書鈔四五止引首句〕）皐同皋（見玉篇本部），皋乃皐之俗字。皋、咎，陶、繇，並音同得通。

「夫心不違仁而明不經國〔一〕，危亡之禍，無以杜遏，亦可知矣。夫料盛衰於未兆，探機事於無形，指倚伏於理外〔二〕，距浸潤於根生者〔三〕，明之功也。垂惻隱於昆蟲，雖見犯而不校〔四〕，覩觳觫而改牲〔五〕，避行葦而不蹈者〔六〕，仁之事也。

〔一〕論語雍也：「子曰：『回也，其心三月不違仁。』」

〔二〕倚伏，已見君道篇「料倚伏於未萌之前」句箋。

〔三〕論語顏淵：「子張問明。子曰：『浸潤之譖，膚受之愬，不行焉，可謂明也已矣。浸潤之譖，膚受之愬，不行焉，可謂遠也已矣。』」集解：「鄭（玄）曰：『譖人之言，如水之浸潤，漸以成之。』馬（融）曰：『膚受之愬，皮膚外語，非其內實。』」又：「『無此二者，非但爲明，其德行高遠，人莫能及。』」

〔四〕孟子公孫丑上：「今人乍見孺子將入於井，皆有怵惕惻隱之心。……惻隱之心，仁之端也。」趙注：「端者，首也。」又告子上：「惻隱之心，人皆有之。……惻隱之心，仁也。」韓詩外傳八：「齊莊公出獵，有螳蜋舉足將搏其輪。問其御曰：『此何蟲也？』御曰：『此是螳蜋也。其爲蟲，知進而不知退，不量力而輕就敵。』莊公曰：『以爲人，必爲天下勇士矣！』於是迴車避之，而勇士歸之。」（又見淮南子人間）論語泰伯「犯而不校」集解引包咸曰：「校，報也。言見侵犯不報。」

〔五〕孟子梁惠王上：「『臣聞之胡齕曰：王坐於堂上，有牽牛而過堂下者，王見之，曰：「牛何之？」對曰：「將以釁鐘。」王曰：「舍之！吾不忍其觳觫，若無罪而就死地。」對曰：「然則廢釁鐘與？」曰：「何可廢也？以羊易之！」不識有諸？』曰：『有之。』曰：『是心足以王矣。百姓皆以王爲愛也，臣固知王之不忍也。』王曰：『然。誠有百姓者，齊國雖褊小，吾何愛一牛？即不忍其觳觫，故以羊易之也。』」趙注：「觳觫，牛當到死地處恐貌。新鑄鐘，殺牲以血塗其釁郄，因以祭之曰釁。愛，嗇也。」

〔六〕行葦不蹈，已見嘉遯篇「非勿踐之仁也」句箋。

『爾則明者才也，仁者行也。殺身成仁之行可力爲而至〔一〕，鑒玄測幽之明難妄假。精粗之分，居然殊矣。夫體不忍之仁〔二〕，無臧否之明，則心惑僞真，神亂朱紫，思算不分，邪正不識，不逮安危，則一身之不保，何暇立以濟物乎〔三〕？

〔一〕論語衛靈公：「子曰：『志士仁人，無求生以害仁，有殺身以成仁。』」

〔二〕易乾：「文言曰：『……君子體仁足以長人。』」孟子盡心下：「孟子曰：『人皆有所不忍，達之於其所忍，仁也。』」

〔三〕照按：此二句文意不屬，疑有脱漏。論語雍也：「夫仁者，己欲立而求人。」是「立」下合有「人」字。

『昔姬公非無友于之愛，而涕泣以滅親〔一〕，石碏非無天性之慈，而割私以奉公〔二〕。蓋明見事體，不溺近情，遂爲純臣。以義斷恩〔三〕，舍仁用明，以計抑仁。仁可時廢，而明不可無也。湯、武逆取順守〔四〕，誠不仁也，應天革命〔五〕，以其明也。徐偃修仁以朝同班，外墜城池之險，内無戈甲之備，亡國破家〔六〕，不明之禍也。」

〔一〕姬公滅親，已見用刑篇「姬公友于兄弟，而不赦二叔」二句箋。（嵇康集管蔡論：「〔周公〕是以隱忍授刑，流涕行誅。」）

〔二〕石碏割私，亦見用刑篇「若石碏之割愛以滅親」句箋。（天性，已見嘉遯篇「破天性之愛」句箋。）

〔三〕禮記喪服四制：「門外之治，義斷恩。」正義：「門外，謂朝廷之間。既仕公朝，當以公義斷絶私恩。」後漢書申屠剛傳：「（對策）昔周公先遣伯禽守封於魯，以義割恩。」（李注引東觀記曰：「昔周公豫防禍首，先遣伯禽守封於魯，離斷至親，以義割恩。」）又宋意傳：「（上疏）宜割情不忍，以義斷恩。」嵇康集管蔡論：「成王大悟，周公顯復，一化齊俗，義以斷恩。」

〔四〕商子開塞：「武王逆取而貴順。」呂氏春秋原亂：「武王以武得之，以文持之，倒戈弛弓，示天下不用兵，所以守之也。」史記陸賈傳：「陸生曰：『居馬上得之，寧可以馬上治之乎？且湯、武逆取而以順守之，文武並用，長久之術也。』」後漢書袁紹傳：「劉表以書諫（袁）譚曰：『……昔三王、五伯，下及戰國，君臣相弒，父子相殺，……然或欲以成王業，或欲以定霸功，皆所謂逆取順守，而徼富強於一時也。』」

〔五〕易革：「象曰：『……湯、武革命，順乎天而應乎人。』」

〔六〕韓非子五蠹：「徐偃王處漢東，地方五百里，行仁義，割地而朝者三十有六國。荆文王恐其害己也，舉兵伐徐，遂滅之。」淮南子氾論：「徐偃王被服慈惠，身行仁義，陸地之朝者三十二國。然而身死國亡，子孫無類。」高注：「偃王於衰亂之世，脩行仁義，不設武備，楚（文）王滅之，故身死國亡也。七諫（沈江）篇曰：『荆文寤而徐亡。』是也。」又人間：「昔徐偃王好行仁義，陸地之朝者三十二國。王孫厲謂楚莊王（當作文王）曰：『王不伐徐，必反朝徐。』王曰：『偃王有道之君也，好行仁義，不可伐。』王孫厲曰：『臣聞之，大之與小，強之與弱也，猶石之投卵，虎之啗豚，又何疑焉？且夫爲文而不能達其德，爲武而不能任其力，亂莫大焉。』楚王曰：『善！』乃舉兵而伐徐，遂滅之。知仁義而不知世變者也。」説苑指武：「王孫厲謂楚文王曰：『徐偃王好行仁義之道，漢東諸侯三十二國盡服矣。王若不伐，楚必事徐。』……文王遂興師伐徐，殘之。徐偃王將死，曰：『吾賴於文德，而不明武備，好行仁義之道，而不知詐人之心，以至於此！』夫古之王者，其有備乎！」（史記秦紀又趙世家、後漢書東夷傳、潛夫論志氏姓、博物志八所載有異）

問人曰：『仲尼歎仁爲「任重而道遠〔一〕」。又云：「人而不仁，如禮何〔二〕？」「若聖與仁，則吾豈敢〔三〕！」孟子曰：「仁，宅也；義，路也〔四〕。」「人無惻隱之心，非仁也〔五〕。」「三代得天下以仁，失天下以不仁〔六〕。」此皆聖賢之格言，竹素之顯證也。而先生貴明，未見典據。小子蔽闇，竊所惑焉。』

〔一〕論語泰伯：「曾子曰：『士不可以不弘毅，任重而道遠。仁以爲己任，不亦重乎？』」集解引包咸曰：「弘，大也。毅，彊而能斷也。士弘毅，然後能負重任，致遠路。」照按此本曾參之言，稚川屬之孔子，蓋誤記。

〔二〕論語八佾：「子曰：『人而不仁，如禮何？人而不仁，如樂何？』」集解引包咸曰：「言人而不仁，必不能行禮樂。」

〔三〕論語述而：「子曰：『若聖與仁，則吾豈敢！』」集解引孔安國曰：「孔子謙，不敢自名仁、聖。」

〔四〕孟子離婁上：「孟子曰：『……仁，人之安宅也；義，人之正路也。』」（萬章下：「夫義，路也。」）

〔五〕孟子公孫丑上：「孟子曰：『……無惻隱之心，非人也。』」

〔六〕孟子離婁上：「孟子曰：『三代之得天下也以仁，其失天下也以不仁。』」趙注：「三代，夏、商、周。」朱注：「禹、湯、文、武，以仁得之；桀、紂、幽、厲，以不仁失之。」

抱朴子答曰：「古人云：『好仁不好學，其蔽也愚〔一〕。』子近之矣。曩六國相吞，豺虎力競，高權詐而下道德，尚殺伐而廢退讓〔二〕。孟生方欲抑頓貪殘〔三〕，褒隆仁義〔四〕，安得不勤勤諄諄獨稱仁邪〔五〕！然未有片言云仁勝明也。譬猶疫癘之時，醫巫爲貴，異口同辭，唯論藥石。豈可便謂鍼艾之伎〔六〕，過於長生久視之道乎〔七〕？

〔一〕論語陽貨：「子曰：『由也，女聞六言、六蔽矣乎？』對曰：『未也。』『居！吾語女：好仁不好學，其蔽也愚。』」集解引孔安國曰：「仁者愛物，不知所以裁之，則愚蕩無所適守。」

〔二〕劉向戰國策書録：「及春秋之後，衆賢輔國者既没，而禮義衰矣。……田氏取齊，六卿分晉，道德大廢，上下失序。至秦孝公捐禮讓而貴戰爭，弃仁義而用詐譎，苟以取強而已矣。……後生師之，遂相吞滅，并大兼小。……晚世益甚，萬乘之國七，千乘之國五，敵侔爭權，蓋爲戰國。貪饕無耻，競進無厭。……力功爭強，勝者爲右。兵革不休，詐僞並起。」漢書刑法志：「春秋之後，滅弱吞小，並爲戰國。……雄桀之士因勢輔時，作爲權詐以相傾覆，吳有孫武，齊有孫臏，魏有吳起，秦有商鞅，皆禽敵立勝，垂著篇籍。當此之時，合從連衡，轉相攻伐，伐爲雌雄。……若秦因四世之勝，據河山之阻，任用白起、王翦豺狼之徒，奮其爪牙，禽獵六國，以并天下。」文選潘岳爲賈謐作贈陸機詩：「六國互峙。」李注：「六國，謂韓、燕、趙、魏、齊、楚也。」

〔三〕漢書刑法志：「凡兵，所以存亡繼絶，救亂除害也。……至於末世，苟任詐力，以快貪殘，爭城殺人盈城，爭地殺人滿野。」

〔四〕孟子梁惠王上：「孟子見梁惠王。王曰：『叟！不遠千里而來，亦將有以利吾國乎？』孟子對曰：『王何必曰利？亦有仁義而已矣。……未有仁而遺其親者也，未有義而後其君者也。王亦曰仁義而已矣，何必曰利？』」

〔五〕獨稱仁，指上文門人所舉者。

〔六〕艾，藥用療疾者。鍼艾，猶言鍼灸。

〔七〕老子第五十九章：「是謂深根固柢，長生久視之道。」呂氏春秋重己：「莫不欲長生久視。」高注：「視，活也。」

「且吾以爲仁明之事，布於方策〔一〕。直欲切理示大較精神〔二〕，舉一隅耳〔三〕。而子猶日用而不知〔四〕，云明事之無據乎？乾稱「大明終始，六位時成〔五〕」。是立天以明，無不包也。坤云「至哉，萬物資生」。是地德仁，承順而已〔六〕。先後之理，不亦炳然！

〔一〕方策，已見鈞世篇「然其精神布在乎方策」句箋。

〔二〕史記貨殖傳「此其大較也」索隱：「（較）音角。大較，猶大略也。」

〔三〕論語述而：「子曰：『不憤不啓，不悱不發，舉一隅不以三隅反，則不復也。』」集解引鄭玄曰：「孔子與人言，必待其人心憤憤，口悱悱，乃後啓發爲説之。如此，則識思之深也。説則舉一隅以語之，其人不思其類，則不復重教之。」朱注：「物之有四隅者，舉一可知其三。反者，還以相證之義。」

〔四〕易繫辭上：「百姓日用而不知。」

〔五〕易乾：「彖曰：『……大明終始，六位時成。』」正義：「此二句總結乾卦之德也。以乾之爲德大明，曉乎萬物終始之道，始則潛伏，終則飛躍，可潛則潛，可飛則飛，是明達乎始終之道。故六爻之位，依時而成。」

〔六〕易坤：「彖曰：『至哉坤元，萬物資生，乃順承天。』」正義：「至哉坤元者，歎美坤德，故云至哉。……萬物資生者，言萬物資地而生，初稟其氣謂之始，成形謂之生。乾本氣初，故云資始，坤據成形，故云資生。乃順承天者，乾是剛健，能統領於天；坤是陰柔，以和順承奉於天。」

『詩云：「明明上天，照臨下土〔一〕。」「明明天子，令問不已〔二〕。」易曰：「王明，並受其福〔三〕。」「幽贊神明〔四〕。」「神而明之〔五〕。」此則明之與神合體，誠非純仁所能企擬也。

〔一〕詩小雅小明：「明明上天，照臨下土。」鄭箋：「明明上天，喻王者當光明如日之中也。照臨下土，喻王者當察理天下之事。」

〔二〕詩大雅江漢：「明明天子，令聞不已。」釋文：「聞，音問。」（禮記孔子閒居：「三代之王也，必先令聞。詩云：『明明天子，令聞不已。』」鄭注：「令，善也。言以名德善聞，天乃命之王也。不已，不倦止也。」）

〔三〕易井：「九三，……王明，並受其福。」王注：「王明則見照明，既嘉其行，又 其用，故曰王明，並受其福也。」

〔四〕易說卦：「幽贊於神明而生蓍。」韓注：「幽，深也。贊，明也。」

〔五〕易繫辭上：「化而裁之存乎變，推而行之存乎通，神而明之，存乎其人。」韓注：「體神而明之，不假於象，故存乎其人。」集解引崔憬曰：「言易神无不通，明无不照，能達此理者，存乎其人，謂文王述易之聖人。」

「孔子曰：『聰明神武〔一〕。』不云聰仁。又曰：『昔者，明王之治天下〔二〕。』不曰仁王。春秋傳曰：『明德惟馨〔三〕。』不云仁德。書云：『元首明哉〔四〕！』不曰仁哉。老子歎上士，則曰：『明白四達〔五〕。』其說衰薄，則曰：『失道而後德，失德而後仁〔六〕。』易曰：『王者南面向明〔七〕。』不云向仁也。『我欲仁，斯仁至矣〔八〕。』又曰：『爲仁由己〔九〕。』斯則人人可爲之也。至於聰明，何可督哉！

〔一〕易繫辭上：「古之聰明叡知神武而不殺者乎？」正義：「易道深遠，以吉凶禍福威服萬物，故古之聰明叡知神武之君，謂伏犧等用此易道，能威服天下，而不用刑殺而畏服之也。」

〔二〕孝經孝治章：「子曰：『昔者，明王之以孝治天下也。』」李注：「言先代聖明之王以至德要道化人，是爲孝理。」

〔三〕左傳僖公五年：「周書……又曰：『黍稷非馨，明德惟馨。』」杜注：「周書，逸書。馨，香之遠聞。」正義：「黍稷非馨、明德惟馨，君陳文也。杜不見古文，故以爲逸書。」照按：僞古文君陳杜所未見，故稱引左傳。

〔四〕書益稷：「乃賡載歌曰：『元首明哉！』」孔傳：「賡，續。載，成也。」

〔五〕老子第十章：「明白四達，能無知？」河上公注：「言達明白如日月四通，滿於天下八極之外。故曰視之不見，聽之不聞，彰布之於十方，煥煥煌煌也。」

〔六〕老子第三十八章：「故失道而後德，失德而後仁。」河上公注：「言道衰而德化生也。德衰而仁愛見也。」

〔七〕易說卦：「聖人南面而聽天下，嚮明而治。」集解：「離，南方，故南面。……離爲明，故以聽天下，向明而治也。」

「向」、「嚮」，古通用。

〔八〕照按：「我欲仁」上當有「孔子曰」三字，否則下文之「又曰」突如其來矣。論語述而：「子曰：『仁遠乎哉？我欲仁，斯仁至矣。』」集解引包咸曰：「仁道不遠，行之即是。」

〔九〕論語顏淵：「顏淵問仁。子曰：『克己復禮爲仁。一日克己復禮，天下歸仁焉。爲仁由己，而由人乎哉？』」集解引孔安國曰：「行善在己，不在人也。」

「故孟子云：『凡見赤子將入井，莫不趨而救之〔一〕。』以此觀之，則莫不有仁心。但厚薄之閒，而聰明之分，時而有耳。昔崔杼不殺晏嬰，晏嬰謂杼爲大不仁而有小仁〔二〕。然則姦臣賊子，猶能有仁矣。」

〔一〕孟子公孫丑上：「孟子曰：『人皆有不忍人之心。……今人乍見孺子將入於井，皆有怵惕惻隱之心。非所以內交於孺子之父母也，非所以要譽於鄉黨朋友也，非惡其聲而然也。由是觀之，無惻隱之心，非人也。』」趙注：「乍，暫也。孺子，未有知小子也。所以言人皆有是心，凡人暫見小小孺子將入井，賢愚皆有驚駭之情，情發於中，非爲人也，非惡有不仁之聲名，故怵惕也。」

〔二〕晏子春秋內篇雜上：「崔杼既弒莊公而立景公，杼與慶封相之，劫諸將軍大夫及顯士庶人於太宮之坎上，令無得不盟者。……所殺七人。次及晏子，……崔子謂晏子曰：『子變子言，則齊國吾與子共之；子不變子言，戟既在脰，劍既在心，維子圖之也。』晏子曰：『……曲刃鉤之，直兵推〔摧〕之，嬰不革矣。』崔杼將殺之，或曰：『不可！子以子之君無道而殺之，今其臣有道之士也，又從而殺之，不可以爲教矣。』崔子遂舍之。晏子曰：『若大夫爲大不仁，而爲小仁，焉有中乎！」趨出，授綏而乘。……按之成節而後去。」（呂氏春秋知分、韓詩外傳二、新序義勇所載略同，惟均無「或曰」及「晏子曰」各句。）

門人又曰：「易稱「立人之道，曰仁與義。」然則人莫大於仁也。」

〔一〕易説卦：「立人之道，曰仁與義。」正義：「天地既立，人生其間，立人之道，有二種之性：曰愛惠之仁與斷割之義也。」

抱朴子答曰：「所以云爾者，以爲仁在於行，行可力爲；而明入於神，必須天授之才，非所以訓故也。」

抱朴子外篇校箋卷之三十八

博喻

抱朴子曰：「盈乎萬鈞，必起于錙銖〔一〕；竦秀凌霄，必始於分毫〔二〕。是以行潦集，而南溟就無涯之曠〔三〕；尋常積，而玄圃致極天之高〔四〕。」

〔一〕萬鈞，已見安貧篇「萬鈞之爲重」句箋。錙銖，喻細微。

〔二〕秀，秀出。竦秀凌霄，謂聳立入雲之木。老子第六十四章：「合抱之木，生於毫末。」

〔三〕詩大雅洞酌：「洞酌彼行潦。」毛傳：「行潦，流潦也。」鄭箋：「流潦，水之薄者也。」正義：「行者，道也。潦者，雨水也。行道上雨水流聚，故云流潦也。」左傳隱公三年「潢汙行潦之水」正義引服虔云：「行潦，道路之水。」南溟，已見逸民篇「未浮南溟而涉天漢」句箋。

〔四〕左傳成公十二年「爭尋常以盡其民」杜注：「八尺曰尋，倍尋曰常。」正義：「周禮考工記（廬人）云：人長八尺，殳長尋有四尺，崇於人四尺；車戟常，崇於殳四尺。（引文有增改）是「八尺曰尋，倍尋曰常」，喻其少。玄圃極天，已見務正篇「玄圃崇本（木）石以致極天之峻」句箋。

抱朴子曰：「騁逸策迅者，雖遺景而不勞〔一〕；因風凌波者，雖濟危而不傾。是以元凱分職，而則天之勳就〔二〕，伊、呂既任，而革命之功成〔三〕。」

〔一〕「景」讀爲「影」。遺景，形容駿馬奔馳疾速。

〔二〕元凱，已見嘉遯篇「而使聖朝乏乎元凱之用哉」句箋。論語泰伯：「子曰：『大哉堯之爲君也！巍巍乎！唯天爲大，唯堯則之。』」集解引孔安國曰：「則，法也。美堯能法天而行化。」

〔三〕伊，伊尹。已見嘉遯篇「論榮貴則引伊、周以救溺」句箋。呂，呂尚。已見逸民篇「呂尚長於用兵」句箋。易革：「彖曰：『……湯、武革命，順乎天而應乎人。』」

抱朴子曰：「瓊艘瑤檝，無涉川之用〔一〕；金弧玉弦，無激矢之能〔二〕。是以介潔而無政事者，非撥亂之器〔三〕；儒雅而乏治略者，非翼亮之才〔四〕。」

〔一〕易需：「彖曰：『……利涉大川，往有功也。』」楚辭九章哀郢：「江與夏之不可涉。」王注：「分隔兩水，無以渡也。」

〔二〕鶡冠子世兵：「矢激則遠。」（史記賈生傳〔服賦〕、淮南子兵略、說苑談叢同）呂氏春秋去宥：「夫激矢則遠。」

〔三〕撥亂，已見嘉遯篇「英逸者貴於吐奇撥亂」句箋。

〔四〕翼亮，已見臣節篇「猶俟羣后之翼亮」句箋。

抱朴子曰：「閬風、玄圃，不借高於丘垤〔一〕；懸黎、結緑，不假觀於瓊、琨〔二〕。是以英偉不羣，而幽蕙之芬駭〔三〕；峻概獨立，而衆禽之響振〔四〕。」

〔一〕閬風，已見逸民篇「未登閬風而臨雲霓」句箋。玄圃，已見務正篇「玄圃崇本石以致極天之峻」句箋。孟子公孫丑上：「泰山之於丘垤。」趙注：「垤，蟻封也。」

〔二〕結綠、懸黎，已見擢才篇「夫結綠、玄黎，非陶、猗不能市也」二句箋。詩衛風：「報之以瓊琚。」毛傳：「瓊，玉之美者。」荀子法行：「子貢問於孔子曰：『君子之所以貴玉而賤珉者，何也？』」楊注：「珉，石之似玉者。」

〔三〕說文馬部：「駭，驚也。」

〔四〕文選謝莊月賦：「聆皋禽之夕聞。」李注：「詩（小雅鶴鳴）曰：『鶴鳴九皋。』皋禽，鶴也。抱朴子曰：『峻槩獨立，而皋禽之響振』也。」是今本「衆」爲「皋」之誤。此云「皋禽」，上云「幽蕙」，文本相對。若作「衆禽」，則不諧矣。當據改。詩「鶴鳴于九皋，聲聞于野」毛傳：「興也。皋，澤也。言身隱而名著也。」鄭箋：「皋，澤中水溢出所爲坎，自外數至九，喻深遠也。鶴在中鳴焉，而野聞其鳴聲。興者，喻賢者雖隱居，人咸知之。」說文音部：「響，聲也。」又手部：「振，一曰奮也。」

抱朴子曰：「冰炭不衒能於冷熱，瑾瑜不證珍而體著〔一〕。疑有誤是以君子恭己，不恤乎莫與，至人尸居，心遺乎毀譽〔二〕。」

〔一〕孫星衍曰：「（此句）疑有誤。」照按：瑾瑜不證珍而體著，即瑾瑜固有其珍，不待證而後知之意。孫說非。左傳宣公十五年：「瑾瑜匿瑕。」正義：「瑾瑜，玉之美名。」陶淵明集讀山海經詩：「白玉凝素液，瑾瑜發奇光。」

〔二〕莊子庚桑楚：「吾聞至人尸居環堵之室。」集解引宣穎曰：「隱居不耀。」淮南子俶真：「毀譽之於己，猶蚊虻之一過也。」

抱朴子曰：「衝飆傾山，而不能效力於拔毫〔一〕，火鑠金石，而不能耀烈以起溼〔二〕。是以淮陰善戰守，而拙理治之策〔三〕，絳侯安社稷，而乏承對之給〔四〕。」

〔一〕淮南子俶真：「夫疾風教木，而不能拔毛髮。」高注：「教亦拔也。」新序善謀：「衝風之衰也，不能起毛羽。」爾雅釋天：「扶搖謂之猋。」郭注：「暴風从下上。」說文風部：「飆，扶搖風也。」「飆」與「猋」同。

〔二〕楚辭招魂：「十日代出，流金鑠石些。」王注：「鑠，銷也。」淮南子詮言：「大熱，鑠石流金，火弗爲益其烈。」易乾：「文言曰：『……水流濕，火就燥。』」說文水部：「溼，幽溼也。从一，覆也；覆土而有水，故溼也。」（潮濕字本作溼，漢隸多作濕，後遂通用不別。）

〔三〕淮陰拙理治之策，已見備闕篇「淮陰良將之元也，而不能修農商，免飢寒」三句箋。

〔四〕絳侯乏承對之給。亦見備闕篇「周勃社稷之鯁也，而不能答錢穀，責獄辭」三句箋。

抱朴子曰：「徇名者，不以授命爲難〔一〕；重身者，不以近欲累情。是以紀信甘灰糜而不恨〔二〕，楊朱同一毛於連城〔三〕。」

〔一〕鶡冠子世兵：「列士徇名。」陸注：「以身逐物曰徇。」（史記賈生傳（服賦）「列」作「烈」。集解引應劭曰：「徇，營也。」）論語憲問：「見危授命。」皇疏：「若見其君之危，則當授命竭身，不苟免也。（禮記）曲禮（上）云：『臨財無苟得，臨難無苟免。』是也。」朱注：「授命，言不愛其生，持以與人也。」

〔二〕紀信灰糜，已見嘉遯篇「紀信赴燔以誑楚」句箋。

〔三〕楊朱一毛，亦見嘉遯篇「楊朱吝其一毛」句箋。連城，已見擢才篇「聶直連城」句箋。

抱朴子曰：「小鮮不解靈虯之遠規〔一〕，鳧鷖不知鴻鵠之非匹〔二〕。是以耦耕者笑陳勝之投耒〔三〕，淺識者嗤孔明之抱膝〔四〕。」

〔一〕老子第六十章：「治大國若烹小鮮。」河上公注：「鮮，魚。」史記司馬相如傳（上林賦）「六玉虬」集解引郭璞曰：「虬，龍屬也。」漢書揚雄傳下：「（解難）獨不見夫翠虬絳螭之將登虖天，必聳身於倉梧之淵。」龍爲四靈之一（見禮記禮運），故稱虬爲靈虬。

〔二〕詩大雅鳧鷖「鳧鷖在涇」毛傳：「鳧，水鳥也。鷖，鳧屬。」鳧，俗省作凫。鴻鵠，見下句箋。

〔三〕史記陳涉世家：「陳勝者，陽城人也，字涉。……陳涉少時，嘗與人傭耕，輟耕之壟上，悵恨久之，曰：『苟富貴，無相忘。』傭者笑而應曰：『若爲傭耕，何富貴也？』陳涉太息曰：『嗟乎，燕雀安知鴻鵠之志哉！』」索隱：「尸子云：『鴻鵠之鷇，羽翼未合，而有四海之心。』是也。按：鴻鵠是一鳥，若鳳皇然，非謂鴻鴈與黃鵠也。（顏師古漢書陳勝傳注即分釋爲二鳥）鵠，音户酷反。」

〔四〕三國志蜀書諸葛亮傳：「諸葛亮字孔明，琅邪陽都人也。……亮躬畊隴畝，好爲梁父吟，……每自比於管仲、樂毅，時人莫之許也。惟博陵崔州平、潁川徐庶元直與亮友善，謂爲信然。」裴注引魏略曰：「亮在荆州，以建安初與潁川石廣元、徐元直、汝南孟公威等俱游學，三人務於精熟，而亮獨觀其大略。每晨夜從容，常抱膝長嘯，而謂三人曰：『卿三人仕進可至刺史郡守也。』三人問其所至，亮但笑而不言。」（太平御覽三七二引同〔藝文類聚十九、御覽三九二所引略〕）

抱朴子曰：「淳鈞之鋒，驗於犀兕〔一〕；宣慈之良，效於明試〔二〕。是以同否，則元凱與斗筲無殊〔三〕；竝仕，則騄騏與駑駘不異〔四〕。」

〔一〕淳鈞，已見勗學篇「則純鈞之劲不就」句箋。爾雅釋獸：「兕，似牛。」郭注：「重千斤。」又：「犀，似豕。」郭注：「形似水牛，猪頭。」（犀、兕皮質堅厚，可爲甲。）淮南子脩務：「苗山之鋌（鋋），羊頭之銷，雖水斷龍舟，陸剸兕甲。」漢書王褒傳：「（聖主得賢臣頌）及至巧冶鑄干將之樸，……水斷蛟龍，陸剸犀革。」李尤寶劍銘：「龍淵曜奇，太阿飛名，陸斷犀光（兕之俗），水截鯨鯢。」（北堂書鈔一二二引）王粲刀銘：「陸剸犀兕，水截鯨鯢。」（初學記二二引）陳琳武軍賦：「其刃也……陸陷玄犀，水截輕鴻。」（北堂書鈔一二二、藝文類聚五九引）

〔二〕左傳文公十八年：「高辛氏有才子八人：伯奮、仲堪、叔獻、季仲、伯虎、仲熊、叔豹、季貍，忠肅共懿，宣慈惠和，天下之民，謂之八元。……（舜）舉八元，使布五教於四方，父義，母慈，兄友，弟共，子孝，內平外成。」杜注：「宣，徧也。元，善也。內，諸夏。外，夷狄。」

〔三〕元凱，已見嘉遯篇「而使聖朝乏乎元凱之用哉」句箋。論語子路：「子曰：『噫！斗筲之人，何足算也。』」集解引鄭玄曰：「筲，竹器，容斗二升。」漢書敍傳上：「（王命論）斗筲之子，不秉帝王之業。」顏注：「斗筲，言小器也。」後漢書郭太傳：「林宗（太字）曰：『大丈夫焉能處斗筲之役乎？』」

〔四〕呂氏春秋貴卒：「所爲貴驥者，爲其一日千里也，旬日取之，與駑駘同。」高注：「十日爲旬，駑駘十日亦至千里，故曰與駑駘同也。」楚辭九辯：「却騏驥而不乘兮，策駑駘而取路。」文選九辯五臣注劉良曰：「騏驥，良馬，喻賢才也。駑駘，喻不肖。」

抱朴子曰：「器非瑚、簋，必進鋭而退速〔一〕，量擬伊、呂，雖發晚而到早〔二〕。是以鵾鵬倦翮，猶不越乎蓬杪〔三〕，駑雛徐起，顧眄而戾蒼昊〔四〕。」

〔一〕瑚、簋，已見任命篇「器不陳於瑚、簋之末」句箋。孟子盡心上：「其進鋭者，其退速。」趙注：「不審察人而過進不肖越其倫，悔而退之必速矣。」論衡狀留：「呂望之徒，白首乃顯；百里奚之知，明於黄髮。深爲國謀，因爲王輔，皆夨沈重難進之人也。輕躁早成，禍害暴疾，故曰：『其進鋭者，退速。』」後漢書李固傳：「（對策）先帝（順帝）龍遇閻氏，位號太疾，故其受禍，曾不旋時。老子曰：『其進鋭，其退速』也。」（李注：「案：孟子有此文。謝承書亦云孟子，而續漢書復云老子。」）

〔二〕韓非子難言：「上古有湯至聖也，伊尹至智也。夫至智説至聖，然且七十説而不受，身執鼎俎爲庖宰，昵近習親，而湯乃僅知其賢而用之。」韓詩外傳七：「呂望……九十乃爲天子師，則遇文王也。」淮南子説林：「呂望使老者奮。」高注：「呂望……年七十始學讀書，九十爲文王作師。」説苑尊賢：「太公望……年七十而相周，九十而封齊。」列女傳辯通齊管妾婧傳：「昔者太公望……八十爲天子師，九十而封於齊。」（鬼谷子忤合：「故伊尹五就湯，五就桀，然後合於湯。呂尚三就文王，三入殷，而不能有所明，然後合於文王。」）

〔三〕莊子逍遥遊：「鷦鷯巢於深林，不過一枝。」釋文：「李（頤）云：『鷦鷯，小鳥也。』郭璞云：『鷦鷯，桃雀。』」文選張華鷦鷯賦序：「鷦鷯，小鳥也。生於蒿萊之間，長於藩籬之下，翔集尋常之内，而生生之理足矣。」

〔四〕山海經南山經：「（南禺之山）有鳳皇、鵷雛。」郭注：「（鵷雛）亦鳳屬。」莊子秋水：「南方有鳥，其名鵷鶵。」釋文引李頤云：「鵷鶵，鸞鳳之屬也。」文選江賦：「鴛雛弄翮乎山東。」鴛，鵷之借字。詩小雅四月：「翰飛戾天。」鄭箋：「翰，高。戾，至。」文選答賓戲：「超忽荒而躆昊蒼也。」李注引項岱曰：「忽荒，天上也。昊、蒼，皆天名也。」

抱朴子曰：「否終，則承之以泰〔一〕，晦極，則清輝晨耀〔二〕。是以垂耳吴阪者，騁千里之逸軌〔三〕，縈鱗九淵者，淩虹霓以高蹈〔四〕。」

〔一〕易雜卦："否泰，反其類也。"吳越春秋句踐入臣外傳："范蠡曰：'……天道祐之，時過於期，否終則泰。'"

〔二〕晦，夜也（左傳昭公元年"晦淫惑疾"杜注）。極，猶終（吕氏春秋制樂"衆人焉知其極"高注）；終，盡（同上音律"數將幾終"注）。是晦極，謂夜盡也。文選謝靈運石壁精舍還湖中詩："昏旦變氣候，山水含清暉。"是清輝，謂朝日光輝也。"輝"、"暉"古通用。

〔三〕垂耳吳阪，騁千里逸軌，已見崇教篇"所謂千里之足，困於鹽車之下"二句、名實篇"汗血驅放而垂耳"句、清鑒篇"料逸足乎吳坂之間"句箋。

〔四〕縈鱗九淵，謂潛龍。莊子列禦寇："夫千金之珠，必在九重之淵，而驪龍頷下。"虹霓，已見嘉遯篇"思眇眇焉若居乎虹霓之端"句箋。左傳哀公二十一年"使我高蹈"杜注："高蹈，猶遠行也。"此以高蹈喻高飛。

抱朴子曰："九斷四屬者，藴藻所以表靈〔一〕；摧柯碎葉者，茝蕙所以增芬。是以夷吾桎檻，而建匡合之績〔二〕；應侯困辱，而著入秦之勳〔三〕。"

〔一〕九斷四屬，未詳。（抱朴子外篇仙藥："參成芝，赤色有光，扣之（茅君內傳作"其"）枝葉，如金石之音，折而續之，即復如故。"折續如故，與九斷四屬相類似。）

〔二〕夷吾桎檻，已見交際篇"管仲所以免誅戮而立霸功"句箋。匡合，已見君道篇"射鉤之賊臣，著匡合之弘勳"二句箋。

〔三〕應侯困辱，已見任命篇"范生來辱於溺簀（簣）"句箋。入秦之勳，已見欽士篇"秦邵（昭）拜昌於張生"句箋。

抱朴子曰："所競者細，則利同而讎結；善否殊塗，則事異而□生〔一〕。藏本作結生，舊寫本空白一字。是以嫫母、宿瘤，惡見西施之豔容〔二〕；商臣、小白，憎聞延州之退耕〔三〕。」

〔一〕孫星衍曰：「（『□生』）藏本作『結生』，舊寫本空白一字。」照按：吉藩本作「妬生」，蓋臆改也。

〔二〕呂氏春秋遇合：「若人之於色也，無不知說美者，而美者未必遇也，故嫫母執乎黃帝。（抱朴子內篇辨問：「人情莫不愛紅顏豔姿，輕體柔身，而黃帝逑篤醜之嫫母。」即本呂子爲說。）黃帝曰：『厲女德而弗忘，與女正而弗衰，雖惡奚傷！』」高注：「惡，醜也。奚，何也。」論衡逢遇：「嫫母進於黃帝。」說文女部：「嫫，嫫母，古帝妃，都醜也。」段注：「都猶冣也。民所聚曰都，故凡數曰都，詣極亦曰都。」楚辭七諫怨世：「嫫母勃屑而日侍。」王注：「嫫母，醜女也。勃屑，猶媻姍膝行貌。」文選四子講德論：「嫫姆、倭傀，善譽者不能掩其醜。」劉子殊好：「軒皇愛嫫母之魗貌。」袁注：「魗，醜貌也。」宿瘤，已見勗學篇「而宿瘤以藏醜」句箋。西施，亦見勗學篇「粉黛至則西施以加麗」句箋。

〔三〕商臣，已見嘉遯篇「以商臣之凶逆」句及刺驕篇「所中傷則孝己受商臣之談」句箋。小白（齊桓公名），已見任能篇「齊桓殺兄而立」等句箋。延州，已見嘉遯篇「延州守節」句箋。

抱朴子曰：「精鈍殊迹，則淩遲者愧恨〔一〕；壯弱異科，則扛鼎者見忌〔二〕。是以淮陰顯擢，而庸隸悒懊以疾其超〔三〕；武安功高，而范雎飾談以破其事〔四〕。」

〔一〕淩遲，淹滯之意。古文苑揚雄逐貧賦：「朋友道絕，進宦淩遲。厥咎安在？職女爲之。」晉書卞壼傳：「（父）粹遂以不訓見譏議，陵遲積年。」皆謂仕途淹滯也。「陵遲」與「淩遲」同。

〔二〕史記項羽紀：「籍長八尺餘，力能扛鼎。」集解引韋昭曰：「扛，舉也。」

〔三〕史記淮陰侯傳：「淮陰侯韓信者，淮陰人也。……淮陰屠中少年有侮信者，曰：『若雖長大，好帶刀劍，中情怯耳。』衆辱之曰：『信能死，刺我；不能死，出我袴下。』於是信孰視之，俛出袴下，蒲伏。一市人皆笑信，以爲怯。……漢五年正月，徙齊王信爲楚王，都下邳。信至國，……召辱己之少年令出袴下者以爲楚中尉。告諸將相曰：『此壯士也。方辱我時，我寧不能殺之邪？殺之無名，故忍而就於此。』」

〔四〕史記白起傳：「白起者，郿人也。善用兵，事秦昭王。……白起遷爲武安君。……（趙）括軍敗，卒四十萬人降武安君。……乃挾詐而盡阬殺之，……趙人大震。四十八年十月，秦復定上黨郡。……於是應侯言於秦王曰：『秦兵勞，請許韓、趙之割地以和，且休士卒。』王聽之，割韓垣雍、趙六城以和。正月，皆罷兵。武安君聞之，由是與應侯有隙。……秦昭王與應侯羣臣議曰：『白起之遷，其意尚怏怏不服，有餘言。』秦王乃使使者賜之劍，自裁。……太史公曰：『……白起料敵合變，出奇無窮，聲震天下，然不能救患於應侯。』」

抱朴子曰：「必死之病，不下苦口之藥〔一〕；朽爛之材，不受雕鏤之飾〔二〕。是以比干匪躬，而剖心於精忠〔三〕；田豐見微，而夷戮於言直〔四〕。」

〔一〕說苑正諫：「孔子曰：『良藥苦口利於病。』」（家語六本同（史記留侯世家又淮南王安傳亦並有此語，惟未言出自孔子。））

〔二〕論語公冶長：「宰予晝寢。子曰：『朽木不可雕也。』」集解引包咸曰：「朽，腐也。雕，雕琢刻畫。」

〔三〕「精」，顧廣圻校「情」。照按：顧校是。藏本、魯藩本、吉藩本、正作「情」，未誤。當據改。比干剖心，已見嘉遯篇「逢、比有令德之罪」句箋。易蹇：「六二，王臣蹇蹇，匪躬之故。」正義：「盡忠於君，匪以私身之故而不往濟君，故

曰匪躬之故。」荀綽冀州記：「(崔)贊子洪，字良伯，清恪有匪躬之志。」(三國志魏書夏侯玄傳裴注引)

〔四〕後漢書袁紹傳：「(建安)五年，左將軍劉備殺徐州刺史車冑，據沛以背曹操。操懼，乃自將征備。田豐說紹曰：『與公爭天下者，曹操也。操今東擊劉備，兵連未可卒解，今舉軍而襲其後，可一往而定。兵以幾動，斯其時也。』紹辭以子疾，未得行。豐舉杖擊地曰：『嗟乎，事去矣！夫遭難遇之幾，而以嬰兒病失其會，惜哉！』紹聞而怒之，從此遂疏焉。曹操畏紹過河，乃急擊備，遂破之。備奔紹，紹於是進軍攻許。田豐以既失前幾，不宜便行，諫紹曰：『曹操既破劉備，則許下非復空虛。且操善用兵，變化無方，衆雖少，未可輕也。今不如久持之。……今釋廟勝之策而決成敗於一戰，若不如志，悔無及也。』紹不從。豐強諫忤紹，紹以爲沮衆，遂械繫之。……(紹)短於從善，故至於敗。……紹還，曰：『吾不用田豐言，果爲所笑。』遂殺之。」(三國志魏書袁紹傳略同)

抱朴子曰：「嶧陽孤桐，不能無絃而激哀響〔一〕；大夏孤竹，不能莫吹而吐清聲〔二〕。是以官卑者，稷、禼不能康庶績〔三〕；權薄者，伊、周不能臻升平〔四〕。」

〔一〕嶧陽孤桐，已見擢才篇「嶧陽、雲和」句箋。淮南子齊俗：「故瑟無弦，雖師文不能以成曲。」許注：「師文，樂師。」應瑒正情賦：「動哀響而餘歎。」(藝文類聚十八引)

〔二〕呂氏春秋古樂：「昔黃帝令伶倫作爲律，伶倫自大夏之西，乃之阮隃〔昆侖或崐崘之誤〕之陰，取竹於嶰谿之谷，以生空竅厚鈞者，斷兩節間，其長三寸九分而吹之，以爲黃鐘之宮，吹曰舍少。次制十二筒，以之阮隃之下，聽鳳皇之鳴，以別十二律。其雄鳴爲六，雌鳴亦六，以比黃鐘之宮適合。黃鐘之宮皆可以生之，故曰黃鐘之宮，律呂之本。」高注：「伶倫，黃帝臣。大夏，西方之山。阮隃，山名。山北曰陰。竹生谿谷者，取其厚鈞，斷兩節間以爲律管。法鳳之雌雄，故律有陰陽。上下相生，故曰黃鐘之宮，皆可以生之。」（又見說苑修文、漢書律曆志上、風俗通義音聲、晉書律曆志上）古文苑揚雄太玄賦：「聽素女之清聲兮。」

〔三〕稷、卨，已見審舉篇「雖抱稷、卨之器」句箋。庶績，已見臣節篇「庶績其凝」句箋。

〔四〕伊、周，已見嘉遯篇「論榮貴則引伊、周以救溺」句箋。升平，已見勗學篇「馳升平之廣塗」句箋。

抱朴子曰：「登峻者，戒在於窮高；濟深者，禍生於舟重。是以西秦有思上蔡之李斯〔一〕；東越有悔盈亢（藏本作抗，今從舊寫本。）之文種〔二〕。」

〔一〕史記李斯傳：「李斯者，楚上蔡人也。……二世二年七月，具斯五刑，論腰斬咸陽市。斯出獄，與其中子俱執，顧謂其中子曰：『吾欲與若復牽黃犬俱出上蔡東門逐狡兔，豈可得乎？』遂父子相哭，而夷三族。」

〔二〕史記越王句踐世家：「范蠡遂去，自齊遺大夫種書曰：『蜚鳥盡，良弓藏；狡兔死，走狗烹。越王爲人長頸鳥喙，可與共患難，不可與共樂。子何不去？』種見書，稱病不朝。人或讒種且作亂，越王乃賜種劍曰：『子教寡人伐吳七術，寡人用其三而敗吳，其四在子，子爲我從先王試之。』種遂自殺。」又淮陰侯傳：「蒯生曰：『……大夫種、范蠡存亡越，霸句踐，立功成名而身死亡。野獸已盡而獵狗亨。』」吳越春秋句踐伐吳外傳：「於是種仰天歎曰：『嗟乎！吾聞大恩不報，大功不還，其謂斯乎？吾悔不隨范蠡之謀，乃爲越王所戮。吾不食善言，故哺以人惡。』越王遂賜文種屬盧之劍。種得劍，又歎曰：『南陽之宰，而爲越王之擒。』自笑曰：『後百世之末，忠臣必以吾爲喻矣。』遂伏劍而死。」

抱朴子曰：「剛柔有不易之質，貞橈有天然之性〔一〕。是以百鍊而南金不虧其真〔二〕，危困而烈士不失其正。」

〔一〕廣雅釋詁一：「貞，正也。」又：「橈，曲也。」

〔二〕詩魯頌：「大賂南金。」毛傳：「賂，遺也。南，謂荆、揚也。」鄭箋：「荆、揚之州，貢金三品。」文選劉琨重贈盧諶詩：「何意百鍊剛，化爲繞指柔。」李注引應劭漢書注曰：「説者以金取堅剛，百鍊不耗。」

抱朴子曰：「不以其道，則富貴不足居〔一〕；違仁舍義，雖期頤不足吝〔二〕。是以卞隨負石以投淵〔三〕，仲由甘心以赴刃〔四〕。」

〔一〕論語里仁：「子曰：『富與貴是人之所欲也，不以其道得之，不處也。』」集解引孔安國曰：「不以其道得富貴，則仁者不處。」（論語「不處」，鹽鐵論褒賢、論衡問孔又刺孟、後漢書陳蕃傳〔上疏〕、呂氏春秋有度高注並作「不居」，與抱朴此文同。蓋齊、古、魯三家之異。）

〔二〕禮記曲禮上：「百年曰期頤。」鄭注：「期，猶要也。頤，養也。不知衣服食味，孝子要盡養道而已。」

〔三〕卞隨投淵，已見逸民篇「成湯非不能録卞隨、務光也」句箋。

〔四〕仲由赴刃，已見嘉遯篇「仲由投命而葅醢」句箋。

抱朴子曰：「卑高不可以一槩齊〔一〕，餐廩不可以勸沮化〔二〕，是以惠施患從車之苦少〔三〕，莊周憂得魚之方多〔四〕。」

〔一〕一槩，已見守塉篇「夫好尚不可以一槩杚」句箋。

〔二〕勸沮，已見逸民篇「子誠喜懼於勸沮」句箋。

〔三〕惠施患從車苦少，已見交際篇「昔莊周見惠子從車之多，而弃其餘魚」二句箋。

〔四〕莊周憂得魚方多，亦見交際「昔莊周見惠子從車之多，而弃其餘魚」二句箋。

抱朴子曰：「出處有冰炭之殊，躁靜有飛沈之異。是以墨翟，以重繭怡顏〔一〕，箕叟以遺世得意〔二〕。」

〔一〕戰國策宋策：「公輸般爲楚設機，將以攻宋。墨子聞之，百舍重繭，往見公輸般，謂之曰：『吾自宋聞子吾欲藉子殺王。』公輸般曰：『吾義固不殺王。』墨子曰：『聞公爲雲梯將以攻宋，宋何罪之有？義不殺王而攻國，是不殺少而殺衆。敢問攻宋何義也？』公輸般服焉，請見之王。墨子見楚王曰：『……。』王曰：『善哉！請無攻宋。』」高注：「百舍，百里一舍也。重繭，累胝也。」淮南子脩務：「昔者楚欲攻宋。墨子聞而悼之，自魯趍而〔往〕，十日十夜，足重繭而不休息，裂（衣）裳裹足，至於郢見楚王。……於是乃偃兵輟不攻宋。」（墨子公輸、呂氏春秋愛類均無「重繭」之文，故未援引。）

〔二〕箕叟，謂許由。已見嘉遯篇「故堯、舜在上，而箕、潁有巢棲之客」二句箋。

抱朴子曰：「適心者，交淺而愛深；忤神者，接久而彌乖。是以聲同，則傾蓋而居昵；道異，則白首而無愛〔一〕。」

〔一〕陳其榮曰：「（『居昵』）盧本作『若昵』。」照按：覆刻慎本、柏筠堂本、文溯本、崇文本亦並作「若昵」，蓋是。韓詩外傳二：「傳曰：孔子遭齊程本子於郯之間，傾蓋而語終日。」（又見說苑尊賢、家語致思〔僞子華子亦襲之〕）史記鄒陽傳：「（獄中上書）諺曰：『有白頭如新，傾蓋如故。』何則？知與不知也。」索隱：「服虔云：『人不相知，自初交至白頭，猶如新也。』」又志林云：『傾蓋者，道行相遇，軿車對語，兩蓋相切，小欹之，故曰傾也。』」漢書鄒陽傳顏注引孟康曰：「初相識至白頭不相知。」又引文穎曰：「傾蓋，猶交蓋駐車也。」

抱朴子曰：「艅艎、鷁首，涉川之良器也〔一〕；櫂之以北狄，則沈漂於波流焉〔二〕。蒲梢、汗血，迅趨之駿足也〔三〕；御非造父，則傾僨於嶮塗焉〔四〕。青萍、豪曹，剡鋒之精絶也〔五〕；操者非羽、越，則有自傷之患焉〔六〕。勁兵鋭卒，撥亂之神物也〔七〕；用者非明哲，則速自焚之禍焉〔八〕。」

〔一〕左傳昭公十七年：「楚師繼之，大敗吳師，獲其乘舟餘皇。」杜注：「餘皇，舟名。」文選江賦：「運艅艎。」李善引左傳及杜注並作「艅艎」，蓋改字以就賦文也。鷁首，已見崇教篇「或浮文艘於滉瀁」句及吴失篇「鷁首滯潢汙而不櫂矣」句箋。涉川，已見本篇上文「瓊艘瑶楫，無涉川之用」句箋。

〔二〕徐濟忠校删「櫂」下「之」字。照按：「之」字實不應有，下文「御非造父」句可證。徐删是。

〔三〕史記樂書：「（武帝）後伐大宛得千里馬，馬名蒲梢。」集解引應劭曰：「大宛舊有天馬種，蹋石汗血，汗從前肩髆出，如血，號一日千里。」漢書西域傳贊：「蒲梢、龍文、魚目、汗血之馬充於黄門。」顔注引孟康曰：「四駿馬名也。」文選東京賦：「駙承華之蒲梢。」薛注：「駙，副馬也。承華，廄名也。言取華廄之蒲梢以爲副馬也。」汗血，已見君道篇「止汗血之求，於絶域之外」句箋。穆天子傳一「天子之駿」郭注：「駿者，馬之美稱。」

〔四〕荀子王霸：「王良、造父者，善服馭者也。」楊注：「馭與御同也。」

〔五〕文選陳琳答東阿王牋：「秉青萍、干將之器。」李注：「張叔〔升〕及〔反〕論曰：『青萍砥礪於鋒鍔。』」吕延濟曰：「萍、干將，皆劍名也。」豪曹，已見清鑒篇「豪曹之劍」句箋。說文刀部：「剡，銳利也。」

〔六〕羽，項羽。已見君道篇「劉、項之倫，揮戈而飈駭」句箋。越，彭越。史記彭越傳：「彭越者，昌邑人也，字仲。常漁鉅野澤中，爲羣盜。陳勝、項梁之起，少年或謂越曰：『諸豪桀相立畔秦，仲可以來，亦效之。』居歲餘，澤間少年相聚百餘人，往從彭越，曰：『請仲爲長。』越謝曰：『臣不願與諸君。』少年彊請，乃許。……乃行略地，收諸侯散卒，得千餘人。沛公之從碭北擊昌邑，彭越助之。……漢元年秋，齊王田榮畔項王，(漢)乃使人賜彭越將軍印，使下濟陰以擊楚。……於是漢王乃發使使彭越，如留侯策。使者至，彭越乃悉引兵會垓下，遂破楚。五年，項籍已死。春，立彭越爲梁王，都定陶。……呂后白上曰：『彭王壯士，今徙之蜀，此自遺患，不如遂誅之。妾謹與俱來。』於是呂后乃令其舍人告彭越復謀反。廷尉王恬開奏請族之。上乃可，遂夷越宗族，國除。」

〔七〕撥亂，已見嘉遯篇「英逸者貴於吐奇撥亂」。

〔八〕左傳隱公四年：「(衆仲)對曰：『……夫兵，猶火也，弗戢，將自焚也。』」

抱朴子曰：「天秩有不遷之常尊〔一〕，無禮藏本有猶字，今從舊寫本删。犯遄死之重刺〔二〕。是以玄洲之禽獸，雖能言而不得厠貴牲〔三〕；蛩蛩之負蹷，雖寄命而不得爲仁義〔四〕。」

〔一〕書臯陶謨：「天秩有禮，自我五禮有庸哉。」孔傳：「庸，常。自，用也。天次秩有禮，常用我公、侯、伯、子、男五等之禮以接之，使有常。」正義：「天次敘有禮，謂使賤事貴，卑承尊，是天道使之然也。天意既然，人君當順天意，用我公、侯、伯、子、男五等之禮以接之，使之貴賤有常也。」禮記大傳：「有百世不遷之宗。」鄭注：「遷，猶變易也。」

〔二〕詩鄘風相鼠：「相鼠有體，人而無禮！人而無禮，胡不遄死！」毛傳：「體，支體也。遄，速也。」禮記禮運：「夫禮，先王以承天之道，以治人之情，故失之者死，得之者存。詩云：『相鼠有體，人而無禮！人而無禮，胡不遄死！』」鄭注：「相，視也。遄，疾也。言鼠之有身體，如人而無禮者矣。人之無禮，可憎賤如鼠，不如疾死之愈。」

〔三〕照按：「牲」當作「性」。「不得廁貴性」者，謂不得列於人類也。禮記曲禮上：「鸚鵡能言，不離飛鳥；猩猩能言，不離禽獸。」（釋文：「禽獸，盧（植）本作『走獸』。」）孝經聖治章：「子曰：『天地之性，人爲貴。』」荀子王制：「人有氣，有生，有知，亦且有義，故最爲天下貴者也。」春秋繁露人副天數：「天地之精所以生物者，莫貴於人。」鹽鐵論刑德：「凡生之物，莫貴於人。」內篇論仙：「有生最靈，莫過乎人，貴性之物。」又黄白：「人之爲物，貴性最靈。」是人始爲貴性之物也。前識惑篇：「夫唯無禮，不廁貴性。」文意與此同，尤爲切證。又按：十洲記玄洲一節，文字比其它各節簡短，亦未道及任何禽獸。此文非緣稚川誤記，卽今本十洲記有闕脫。

〔四〕爾雅釋地：「西方（韓詩外傳五、說文虫部同。山海經海外北經作北海。呂氏春秋不廣、淮南子道應、說苑復恩則又作北方。）有比肩獸焉，與邛邛、岠虛比，爲邛邛、岠虛齧甘草，卽有難，邛邛、岠虛負而走。其名謂之蟨。」呂氏春秋不廣：「北方有獸，名曰蹶，鼠前而兔後，趨則跲，走則顛，常爲蛩蛩、距虛取甘草以與之。蹶有患害也，蛩蛩、距虛必負而走。此以其所能託其所不能。」（又見淮南子道應）韓詩外傳五：「西方有獸，名曰蟨，前足鼠，後足兔，得甘草必銜以遺蛩蛩、距虛，其性非愛蛩蛩、距虛，將爲假足之故也。」說苑復恩：「孔子曰：『北方有獸，其名曰蟨，前足鼠，後足兔。是獸也，甚矣其愛蛩蛩、巨虛也，食得甘草，必齧以遺蛩蛩、巨虛，蛩蛩、巨虛見人將來，必負蟨以走。蟨非性之愛蛩蛩、巨虛也，爲其假足之故也。二獸者，亦非性之愛蟨也，爲其得甘草而遺之故也。』」潛夫論實邊：「蛩蛩、距虛，更相恃仰，乃俱安存。」劉子審名：「故狐、貍二獸，因其名便，合二爲一；蛩蛩巨虛，其實一獸，因其詞煩，分而爲二。」（周書王會：「獨鹿邛邛，善走也。孤竹距虛。」孔注：「邛邛獸似距虛，負蟨而走也。距虛，䝰也，騸騾之屬。」史記司馬相如傳：「（子虛賦）轔邛邛，蹵距虛。」張揖曰：「蛩蛩，青獸，狀如馬。距虛，似羸而小。」（漢書相如傳上顔注引）皆以邛邛、距虛爲二獸。（爾雅翼二一：「邛邛、距虛，蓋二獸。」）而爾雅釋地釋文引李巡、孫炎、漢書相如傳上顔注引郭璞說，則又以邛邛距虛爲一獸。）説文虫部：「蛩，蛩蛩獸也。」又：「蟨，蟨鼠也（依段校）。」是「蛩」、「蟨」正字，「邛」、「蹷」借字。

抱朴子曰：「謗讟不可以巧言弭〔一〕，實恨不可以虛事釋。釋之非其道，弭之不由理，猶懷冰以遺冷，重鑪以却暑，逐光以逃影，穿舟以止漏矣。」

〔一〕左傳昭公元年：「民無謗讟。」杜注：「讟，誹也。」正義：「説文（言部）云：『謗，毁也。誹，謗也。』然則謗、讟、誹，其義同。皆是非毁人。古人重言之，猶『險阻艱難』（出左傳僖公二十八年）也。」國語周語上「吾能弭謗矣」韋注：「弭，止也。」

抱朴子曰：「明主官人，不令出其器；忠臣居位，不敢過其量。非其才而妄授，非所堪而虛任，猶冰碗之盛沸湯，葭莩之包烈火〔一〕，綴萬鈞於腐索，加倍載於扁舟。」

〔一〕葭莩，已見吳失篇「其接士也無葭莩之薄」句箋。

抱朴子曰：「豹狐之裘，不爲負薪施〔一〕；九成、六變，不爲聾夫設〔二〕；高唱遠和，不爲庸愚吐〔三〕；忘身致果，不爲薄德作〔四〕。」

〔一〕淮南子説山：「魏文侯之見（依王念孫校）反被裘而負芻也。」高注：「知其皮盡則毛無所傅也。」又：「貂裘而負籠，甚可怪也。」高注：「籠，土籠也。」鹽鐵論非鞅：「無異於愚人反裘而負薪，愛其毛，不知其皮盡也。」新序雜事二：「魏文侯出遊，見路人反裘而負芻。文侯曰：『胡爲反裘而負芻？』對曰：『臣愛其毛。』文侯曰：『若不知其裏盡而毛無所恃邪？』」漢書匡衡傳：「長安令楊興説（史）高曰：『……夫富貴在身而列士不譽，是有狐白之裘而反衣之也。』」顔注：「反衣之者，以其毛在內也，今人則以背毛爲裘而棄其白，蓋取厚而温也。」

〔二〕九成，已見安貧篇「簫韶未九成，靈鳥不紆儀也」句箋。周禮春官大司樂：「凡六樂者，一變而致羽物，及川澤之示；再變而致贏物，及山林之示；三變而致鱗物，及丘陵之示；四變而致毛物，及墳衍之示；五變而致介物，及土示；六變而致象物，及天神。」鄭注：「變，猶更也。樂成，則更奏也。」莊子逍遥遊：「聾者無以與乎鐘鼓之聲。」中論貴言：「使彼有金石絲竹之樂，則不奏乎聾者之側。」

〔三〕文選陸機演連珠：「絶節高唱，非凡耳所悲。」（西京雜記一：「高帝戚夫人善鼓瑟擊筑，……夫人善爲翹袖折腰之舞，歌出塞、入塞、望歸之曲，侍婢數百皆習之。後宮齊音高唱，聲入雲霄。」）

〔四〕致果，已見漢過篇「勇者不爲致其果毅」句箋。左傳僖公十九年：「司馬子魚曰：『……齊桓公存三亡國，以屬諸侯，義士猶曰薄德。』」杜注：「謂欲因亂取魯，緩救邢、衛。」

抱朴子曰：「民財匱夫，而求不已；下力竭羣書治要作極矣，而役不休。欲怨歎之本作難而，從羣書治要改。不生，規其寧之惟永〔一〕，猶斷根以續枝，割背以裨腹，刻目以廣明，剜耳以開聽也。」

〔一〕書呂刑：「一人有慶，兆民賴之，其寧惟永。」孔傳：「天子有善，則兆民賴之，其乃安寧長久之道。」左傳襄公十三年：「君子曰：『……一人刑善，百姓休和，可不務乎！書曰：「一人有慶，兆民賴之，其寧惟永。」其是之謂乎？』」杜注：「一人，天子也。寧，安也。永，長也。義取上有好善之慶，則下賴其福。」周書五權：「實惟永寧。」

抱朴子曰：「法無一定，而慕權宜之隨時，功不倍前，而好屢變以偶俗〔一〕。猶剸高馬以適卑車〔二〕，削附踝以就褊履〔三〕，斷長劍以赴短鞞〔四〕，割尺璧以納促匣也。」

〔一〕文子道德：「聖人者，應時權變，見形施宜，世異則事變，時移則俗易。論世立法，隨時舉事。」淮南子齊俗：「夫以一世之變，欲以耦化應時，譬猶冬被葛而夏被裘。……是故世異則事變，時移則俗易。故聖人論世而立法，隨時而舉事。」稚川此文，立意有異。

〔二〕禮記文王世子：「其刑罪則纖剸。」鄭注：「剸，割也。」

〔三〕繼昌曰：「『附踝』治要（五十）作『跗踝』。」照按：「跗」字是。玉篇足部：「跗，足上也。」（足上，猶今言脚背。）

〔四〕說文革部：「鞞，刀室也。」

抱朴子曰：「止波之修鱗，不出窮谷之隘〔一〕；鸞棲之峻木，不秀培塿之卑〔二〕。九疇之格言，不吐庸猥之口〔三〕；金版之高算，不出恒民之懷〔四〕。覩百抱之枝，則足以知其本之不細〔五〕；覩汪濊之文，則足以覺其人之淵邃〔六〕。」

〔一〕修鱗，長魚。止波修鱗，極言魚之長大。左傳昭公四年：「深山窮谷。」

〔二〕鸞，鸞鳥，鳳屬。易林需之坤：「溫山松柏，常茂不落。鸞、鳳以庇，得其歡樂。」左傳襄公二十四年：「大叔曰：『不然。部婁無松柏。』」杜注：「部婁，小阜。松柏，大木。」「部婁」，風俗通義山澤、文選魏都賦李注引作「培塿」。

〔三〕九疇，已見審舉篇「故披洪範而知箕子有經世之器」句箋。荀子哀公：「孔子對曰：『所謂庸人者，口不能道善言。』」（韓詩外傳五同）家語五儀：「孔子曰：『所謂庸人者，心不存愼終之規，口不吐訓格之言。』」王注：「格，法。」三國志魏書崔琰傳：「琰書諫曰：『蓋聞盤於游田，書之所戒（見書無逸），魯隱觀魚，春秋譏之（見左傳隱公五年）。此周、孔之格言，二經之明義。』」

〔四〕周書大聚：「維武王勝殷，撫國綏民，乃觀於殷政，告周公旦曰：『嗚呼！殷政總總若風草，有所積，有所虛，和此如何？』周公曰：『……王若欲求天下民，先設其利，而民自至。譬之若冬日之陽，夏日之陰，不召而民自來，此謂歸德。五德既明，民乃知常。』武王再拜曰：『嗚呼，允哉！天民側側，余知其極有宜。』乃召昆吾冶而銘之金版。」孔注：「昆吾，古之利冶。」六韜武韜：「文王在岐周，召太公曰：『爭權於天下者，何先？』太公曰：『先人。人與地稱，則萬物備矣。今君之位尊矣，待天下之賢士，勿臣而友之，則君以得天下矣。』……太公曰：『……屈一人之下，則申萬人之上者，唯聖人而後能爲之。』文王曰：『善！請著之金板。』」（羣書治要三一引）「恒民」，常人。

〔五〕說文木部：「本，木下曰本。」呂氏春秋先己「是故百仞之松，本傷於下」高注：「本，根也。」

〔六〕汪濊，已見鈞世篇「然不及上林、羽獵、二京、三都之汪濊博富也」句箋。淵邃，深奧。

抱朴子曰：「桑林鬱藹，無補柏木之凄冽〔一〕，膏壤帶郭，無解黔敖之蒙袂〔二〕；然繭纊綈紈，此之自出〔三〕，千倉萬箱，於是乎生〔四〕。故識遠者貴本，見近者務末。」

〔一〕鬱藹，茂盛。凄冽，寒冷。

〔二〕膏壤，謂土地肥沃。已見嘉遯篇「讓膏壤於陸海」句箋。史記貨殖傳：「及名國萬家之城，帶郭千畝畝鐘之田。」

膏壤帶郭，謂近城肥沃土地。禮記檀弓下：「齊大饑，黔敖爲食於路，以待餓者而食之。有餓者，蒙袂輯屨，貿貿然來。黔敖左奉食，右執飲，曰：『嗟來食！』揚其目而視之，曰：『子唯不食「嗟來」之食，以至於斯也。』從而謝焉。終不食而死。曾子聞之曰：『微與！其嗟也可去，其謝也可食。』」（新序節士同）鄭注：「蒙袂，不欲見人也。輯，斂也。斂屨，力憊不能屨也。貿貿，目不明之貌。嗟來食，雖閔而呼之，非敬辭。微，猶無也。無與，止其狂狷之辭。」釋文：「而食，音嗣。下奉食同。」

〔三〕 繭、纊、綈、紈，皆由蠶絲所成品物。此二句承上「桑林鬱藹」句。

〔四〕 千倉萬箱，已見守堉篇「收粹秬之千倉」句箋。此二句承上「膏壤帶郭」句。

抱朴子曰：「體粗者繫形，知精者得神；原始見終者〔一〕，有可推之緒；得之未眹者〔二〕，無假物之因。是以晝見天地，未足稱明〔三〕；夜察分毫，乃爲絕倫。」

〔一〕 三國志魏書臧洪傳：「洪答曰：『……僕雖不敏，又素不能原始見終，覩微知著。』」

〔二〕 「眹」，藏本、吉藩本、崇文本作「眹」，魯藩本、盧本、舊寫本、柏筠堂本、文溯本、叢書本作「朕」。照按：「眹」不成字，當改作「眹」（有兆、迹二訓）或「朕」（有兆訓）。

〔三〕 孫子形：「見日、月不爲明目。」鶡冠子度萬：「見日、月者不爲明。」

抱朴子曰：「芳藻春耀，不能離柯以久鮮〔一〕；吞舟之魚，不能舍水而攝生〔二〕。是以名美而實不副者，必無沒世之風〔三〕；位高而器不稱者，不免致寇之敗〔四〕。」

〔一〕 廣雅釋木：「柯，莖也。」

〔二〕莊子至樂：「魚處水而生。」尸子：「水積則生吞舟之魚。」（意林一、文選子虛賦李注引〔勵志詩注則又引作「水積成川，則吞舟之魚生焉。」〕）淮南子主術：「吞舟之魚，蕩而失水，則制於螻蟻，離其居也。」（說苑談叢同）高注：「魚能吞舟，言其大也。其居，水也。」（漢書刑法志「網漏吞舟之魚」顏注：「吞舟，謂大魚也。」）

〔三〕論語衛靈公「君子疾没世而名不稱焉」皇疏：「没世，謂身没以後也。」無没世之風，蓋即「没則已焉」之意。

〔四〕易解：「六三，負且乘，致寇至。」又繫辭上：「易曰『負且乘，致寇至。』負也者，小人之事也；乘也者，君子之器也。小人而乘君子之器，盜思奪之矣。」正義：「負者，擔負於物，合是小人所爲也。乘也者君子之器者，言乘車者君子之器物，言君子合乘車，今應負之人而乘車，是小人乘君子之器也。則盜竊之人，思欲奪之矣。」

抱朴子曰：「忍痛苦之藥石者，所以除伐命之疾〔一〕。嬰甲冑之重冷者，所以扞鋒鏑之集。潔操履之拘苦者，所以全拔萃之業〔二〕。納拂心之至言者，所以無易方之惑也〔三〕。」

〔一〕韓非子六反：「夫彈痤者痛，飲藥者苦，爲苦憊之故，不彈痤、飲藥，則身不活，病不已矣。」淮南子詮言：「割痤疽，非不痛也；飲毒藥，非不苦也。然而爲之者，便於身也。」呂氏春秋本生：「靡曼皓齒，鄭、衛之音，務以自樂，命之曰伐性之斧。」「伐性」，意林二引作「伐命」。伐命之疾，謂重病。

〔二〕拔萃，已見鈞世篇「不可督以拔萃之獨見」句箋。

〔三〕孫人和曰：「按：『所以無易方之惑』，文義不安。承訓書院本『無』作『悟』，近是。」照按：藏本、吉藩本、舊寫本亦並作「悟」，當據改。詩大雅皇矣：「四方以無拂。」鄭箋：「拂，猶佹也，言無復佹戾文王者。」漢書杜欽傳：「欽對曰：『……臣竊有所憂，言之則拂心逆指。』」顏注：「拂，謂違戾也。音佛。」韓非子難言：「且至言忤於耳而倒於心，非聖賢莫能聽。」史記商君傳：「商君曰：『語有之矣，貌言，華也；至言，實也。』」莊子駢拇：「夫小惑易方。」鶡冠子天權：「惑故疾視，愈亂惇而易方。」

抱朴子曰：「鸞、鳳競粒於庭場，則受褻於鷄、鶩；龍、麟雜廁於芻豢，則見黷於六牲〔一〕。是以商老棲峻，以播遯世之操〔二〕；卞隨赴深，以全遺物之聲〔三〕。」

〔一〕禮記月令「案芻豢」鄭注：「養牛羊曰芻，犬豕曰豢。」周禮天官膳夫：「膳用六牲。」鄭注：「六牲，馬、牛、羊、豕、犬、雞也。」

〔二〕商老，商山四皓。史記留侯世家：「漢十二年，……及燕，置酒，太子侍。四人從太子，年皆八十有餘，鬚眉皓白，衣冠甚偉。上怪之，問曰：『彼何爲者？』四人前對，各言名姓，曰東園公，甪里先生，綺里季，夏黄公。上乃大驚，曰：『吾求公數歲，公辟逃我，今公何自從吾兒游乎？』四人皆曰：『陛下輕士善罵，臣等義不受辱，故恐而亡匿。竊聞太子爲人仁孝，恭敬愛士，天下莫不延頸欲爲太子死者，故臣等來耳。』上曰：『煩公幸卒調護太子。』」（又見新序善謀下）漢書王貢兩龔鮑傳序：「漢興有園公、綺里季、夏黄公、甪里先生，此四人者，當秦之世，避而入商雒深山，以待天下之定也。……四人既至，從太子見，高祖客而敬焉。」顏注：「四皓稱號，本起於此，更無姓名可稱知。此蓋隱居之人，匿跡遠害，不自標顯，祕其氏族，故史傳無得而詳。至於後代皇甫謐（高士傳）、圈稱（陳留志）之徒，及諸地理書説，競爲四人施安姓字，自相錯互，語又不經，班氏不載於書。諸家皆臆説，今並棄略，一無取焉。（商雒深山）即今之商州商雒縣山也。」（内篇釋滯「四老鳳戢於商洛」語，亦指商山四皓。）

〔三〕卞隨赴深，已見逸民篇「成湯非不能録卞隨、務光也」句箋。

抱朴子曰：「浚井不渫，則泥濘滋積〔一〕。嘉穀不耘，則荑莠彌蔓〔二〕。學而不思，則疑閡實繁〔三〕。講而不精，則長惑喪功。」

〔一〕孟子萬章上「使浚井」，史記五帝紀「浚」作「穿」。是浚井即穿井也。易井：「九三，井渫不食。」王注：「渫，不停污之謂也。」正義：「渫，治去穢污之名也。」

〔二〕書呂刑：「稷降播種，農殖嘉穀。」孔傳：「后稷下教民播種，農畝生善穀。」孟子告子上：「孟子曰：『五穀者，種之美者也。苟爲不熟，不如荑稗。』」又盡心下：「孔子曰：『惡似而非者，惡莠恐其亂苗也。』」朱注：「荑，音蹄。稗，蒲賣反。荑、稗，草之似穀者。」又：「莠，音有。莠，似苗之草也。」

〔三〕論語爲政：「子曰：『學而不思，則罔。』」集解引包咸曰：「學不尋思其義，則罔然無所得。」

抱朴子曰：「積萬金於篋匱，雖儉乏而不用，則未知其有異於貧窶〔一〕。懷逸藻於胷心，不寄意於翰素，則未知其有別於庸猥〔二〕。」

〔一〕詩邶風北門：「終窶且貧，莫知我艱。」毛傳：「窶者，無禮也。貧者，困於財。」釋文：「窶，謂貧無可爲禮。」爾雅釋言：「窶，貧也。」蒼頡篇：「無財備禮曰窶。」（一切經音義一引）

〔二〕翰，筆。素，縑帛（古無紙前用以書寫者）。文選張衡歸田賦：「揮翰墨以奮藻。」又典論論文：「是以古之作者，寄身於翰墨，見意於篇籍。」

抱朴子曰：「南威、青琴，姣冶之極，而必俟盛飾以增麗〔一〕。回、賜、游、夏，雖天才雋朗，而實須墳、誥以廣智〔二〕。」

〔一〕南威，已見尚博篇「而威、施有超世之容」句箋。史記司馬相如傳：「（上林賦）若夫青琴、宓妃之徒，絶殊離俗，姣冶嫺都，靚莊刻飭，便嬛綽約，柔橈嬛嬛，嫵媚姌嫋，抴獨繭之褕袘，眇閻易以戌削，……皓齒粲爛，宜笑的皪，長眉連娟，微睇緜藐，色授魂與，心愉於側。」索隱：「伏儼曰：『青琴，古神女也。』郭璞曰：『姣，好也。都，雅也。靚莊，粉白黛黑也。閻易，衣長皃。恤（漢書作恤）削，言如刻畫作也。（的皪）鮮明皃也。連娟，眉曲細也。緜藐，遠視皃也。』」

〔二〕回、賜、游、夏，已見尚博篇「故顔、閔爲上，而游、夏乃次四科之格」二句箋。墳、誥，泛指經典著作。

抱朴子曰：「丹幃接網，組帳重陰，則醜姿翳矣〔一〕；朱漆致飾，錯塗炫燿，則枯木隱矣〔二〕。是以六蓺備則卑鄙化爲君子〔三〕，衆譽集則孤陋邈乎貴遊〔四〕。」

〔一〕楚辭九歌湘夫人：「罔薜荔兮爲帷。」王注：「罔，結也。言結薜荔爲帷帳。」洪補注：「罔，讀若網。在旁曰帷。」文選潘岳悼亡詩「幃屏無髣髴」李注：「廣雅（釋器）曰：『帷，帳也。』聲類作幃。」又嵇康贈秀才入軍詩「組帳高褰」李注：「周禮（天官幕人）曰：『幕人掌帷、幕、幄、帟、綬之事。』鄭司農（衆）曰：『帟，平帷也。綬，組綬，所以繫帷也。』王逸楚詞（招魂）注曰：『以幕（纂）組結束玉璜爲帷帳（之飾）也。』」內篇暢玄：「綺榭俯臨乎雲雨，藻室華緑以參差，組帳霧合，羅幬（唐寫本作幃）雲離。」是此文「丹幃接網，組帳重陰」，謂室內帷帳豪華也。方言十三：「翳，掩也。」

〔二〕錯塗，已見崇教篇「比錯塗之好惡」句箋。

〔三〕六蓺，已見勗學篇「孤貧而精六蓺者」句箋。

〔四〕禮記學記：「獨學而無友，則孤陋而寡聞。」鄭注：「不相觀也。」貴遊，已見崇教篇「而貴游子弟」句箋。

抱朴子曰：「繁林翳薈，則羽族雲萃；玄淵浩汗，則鱗羣競赴〔一〕。德盛業廣，則宅心者衆；舍瑕録用，卽遠懷近集〔二〕。」

〔一〕孫子行軍：「葭葦、山林翳薈者。」曹操曰：「翳薈者，可屏蔽之處也。」文選鷦鷯賦：「翳薈蒙籠，是焉游集。」李注：「孫子兵法曰：『林木翳薈，草樹蒙籠。』」（今本孫子無，當是佚文〔似非行軍篇脱句〕。）李周翰曰：「翳薈、蒙籠，蒿草密貌。」又海賦：「瀇滉浩汗。」李周翰曰：「瀇滉、浩汗，廣大貌。」又孫楚爲石仲容與孫皓書：「三江五湖，浩汗無涯。」劉良曰：「三江五湖之水，浩大無涯。」周書大聚：「泉深而魚鼈歸之，草木茂而鳥獸歸之。」文子上德：「水積而魚聚，木茂而鳥集。」（淮南子説山同）荀子致士：「川淵深而魚鼈歸之，山林茂而禽獸歸之。」呂氏春秋功名：「水泉深則魚鼈歸之，樹木盛則飛鳥歸之，庶草茂則禽獸歸之。」

〔二〕文選劉琨勸進表：「純化既敷，則率土宅心；義風既暢，則遐方企踵。」三國志吳書陸瑁傳：「瑁與（暨豔）書曰：『夫聖人嘉善矜愚，忘過記功，以成美化。加今王業始建，將一大統，此乃漢高棄瑕録用之時也。』」

抱朴子曰：「尋飛絶景之足，而不能騁逸放於呂梁〔一〕；淩波泳淵之屬，而不能陟峻而攀危〔二〕。故離朱剖秋毫於百步，而不能辯八音之雅俗〔三〕；子野合通靈之絶響，而不能指白黑於咫尺〔四〕。」

〔一〕尋飛絶景，指駿馬。已見勗學篇「彼雖尋飛絶景」句箋。呂梁，已見擢才篇「其淵澤不唯呂梁之深也」句箋。

〔二〕照按：「峻」下疑脱一字，上文「而不能騁逸放於呂梁」句可證。（疑脱「極」字，嘉遯、勗學、安貧、窮達等篇並有

「峻極」之文。)凌波泳淵，指大魚。

〔三〕離朱，已見嘉遯篇「咸瞑則離朱與矇瞽不殊矣」句、吴失篇「世無離朱，皁白混焉」二句箋。八音，已見君道篇「耳精八音之清濁」句箋。

〔四〕左傳襄公十四年「師曠侍於晉侯」杜注：「師曠，晉樂大師子野。」又昭公八年「子野之言」杜注：「子野，師曠字。」孟子離婁上：「師曠之聰。」趙注：「師曠，晉平公之樂太師也。其聽至聰。」左傳襄公十八年：「丙寅，晦，齊師夜遁。師曠告晉侯曰：『鳥烏之聲樂，齊師其遁。』」杜注：「鳥烏得空營，故樂也。」又：「晉人聞有楚師。師曠曰：『不害。吾驟歌北風，又歌南風；南風不競，多死聲，楚必無功。』」杜注：「歌者吹律以詠八風，南風音微，故曰不競也。師曠唯歌南、北風者，聽晉、楚之強弱。」韓非子十過：「酒酣，（衛）靈公起曰：『有新聲，願請以示。』（晉）平公曰：『善。』乃召師涓，令坐師曠之旁，援琴鼓之。未終，師曠撫止之，曰：『此亡國之聲，不可遂也。』平公曰：『此道奚出？』師曠曰：『此師延之所作，與紂爲靡靡之樂也。及武王伐紂，師延東走，至於濮水而自投。故聞此聲者，必於濮水之上。先聞此聲者，其國必削。不可遂。』」（又見史記樂書、論衡紀妖（桓譚新論較略，見後漢書陳元傳李注引。））師曠知新聲出師延所作，即此文所謂「合通靈之絶響」也。周書太子晉：「平公將歸之。師曠不可，曰：『請使瞑臣往與之言。』」孔注：「師曠，晉大夫。無目，故稱瞑。」說苑建本：「平公曰：『安有爲人臣而戲其君乎？』師曠曰：『盲臣安敢戲君！』」師曠目盲，故不能辨白黑。

抱朴子曰：「四聰廣闢，則羲和納景〔一〕；萬仞虛己，則行潦交赴〔二〕。故博采之道弘，則異聞畢集；庭燎之耀輝，則奇士叩角〔三〕。誹謗之木設，則有過必知；敢諫之鼓懸，則直言必獻〔四〕。」

〔一〕 書舜典：「闢四門，明四目，達四聰。」左傳文公十八年：「賓于四門。」杜注：「闢四門，達四聰，以賓禮衆賢。」釋文：「聰，本亦作窻，七工反。」釋名釋宮室：「窻，聰也，於內窺外爲聰明也。」」風俗通義十反：「蓋人君者，闢門開窻，號咷博采。」應劭、杜預皆用舜典文，是「聰」之作「窻」，蓋今、古文之異。 羲和，已見交際篇「羲和照則曲影覺矣」句箋。 說文日部：「景，日光也（依段校）。」

〔二〕 行潦，已見勗學篇「運行潦而勿輟」句箋。

〔三〕 「耀輝」，藏本、魯藩本、吉藩本、舊寫本作「輝舉」。照按：嘉遯篇「庭燎之舉」，廣譬篇「明燎宵舉」，又「庭燎揩舉」，並足證藏本等爲是。 庭燎，已見嘉遯篇「庭燎之舉」句箋。 奇士叩角，亦見嘉遯篇「或扣角以鳳歌」句及擢才篇「奇士扣角而見遏」句箋。 叩，擊也。 與扣同。

〔四〕 鄧析子轉辭：「堯置敢諫之鼓，舜立誹謗之木。」呂氏春秋自知：「堯有欲諫之鼓，舜有誹謗之木。」高注：「欲諫者，擊其鼓也。 書其過失以表木也。」淮南子主術：「故堯置敢諫之鼓，舜立誹謗之木。」高注：「欲諫者，擊其鼓。 書其善否於表木也。」尸子：「堯立誹謗之木。」（史記文帝紀索隱引）史記文帝紀：「上曰：『古之治天下者，朝有進善之旌，誹謗之木。』」集解：「服虔曰：『堯作之，橋梁交午柱頭。』應劭曰：『橋梁邊板，所以書政治之愆失也。』」帝王世紀：「帝堯置欲諫之鼓。」又：「舜立誹謗之木。」（羣書治要十一載史記五帝紀注）劉子貴言：「昔帝堯建招諫之鼓，舜樹誹謗之木。」諸書所言不盡相同，蓋傳聞之異。

抱朴子曰：「能言莫不褒堯，而堯政不必皆得也；舉世莫不貶桀，而桀事不必盡失也〔一〕。故一條之枯，不損繁林之蓊藹〔二〕；蒿麥冬生，無解畢發之肅殺〔三〕。西施有所惡，而不能減其美者，美多也；嫫母有所善，而不能救其醜者，醜篤也〔四〕。」

〔一〕淮南子説山：「桀有得事，堯有遺道。」高注：「（得事）謂若作瓦，以蓋屋遺後世也。（遺道）遺，失。謂不能放四凶、用十六相，是也。一説：不傳丹朱而傳舜，天下有『不慈』之名。故曰有遺道也。」

〔二〕文選閑居賦：「竹木蓊藹，靈果參差。」劉良曰：「蓊藹，參差，鬱茂皃。」

〔三〕照按：「蒿」當作「薺」。内篇論仙：「謂夏必長，而薺、麥枯焉。」又微旨：「若以薺、麥之生死。」又道意：「不可以薺、麥之細碎。」又抱朴子佚文：「薺、麥、大蒜仲夏而枯。」（藝文類聚九七、太平御覽九四二引）是稚川屢以薺、麥連言也。淮南子天文：「陰生於午，故五月爲小刑。薺、麥、亭歷枯，冬生草木必死。」墜形：「麥秋生夏死，薺冬生夏死。」脩務：「薺、麥夏死。」並其證。詩豳風七月：「一之日觱發。」毛傳：「觱發，風寒也。」釋文：「觱，音必。説文（水部）作畢。發音如字。觱發，寒也。」漢書禮樂志：「（郊祀歌）西顥沆碭，秋氣肅殺。」

〔四〕淮南子説山：「嫫母有所美，西施有所醜。」高注：「嫫母，古之醜女，而行貞正。故曰有所美。嫫讀模範之模。西施，古之好女，雖容儀光豔，未必貞正。故曰有所醜也。」

抱朴子曰：「身與名難兩濟，功與神尠竝全〔一〕。支離其德者，苦而必安〔二〕；用以適世者，樂而多危。故鷙禽以奮擊拘縶〔三〕，言鳥以智慧見籠〔四〕，瓊瑤以符采剖判〔五〕，三金以琦玩冶鑠〔六〕，蘭茝以芬馨剪刈〔七〕，文梓以含音受伐〔八〕。是以翠虬覩化益而登玄雲〔九〕，靈鳳值孟戲而反丹穴〔一〇〕。子永歎天倫之偉〔一一〕，漆園悲被繡之犧〔一二〕。」

〔一〕韓詩外傳十：「行不兩全，名不兩立。」說苑立節：「名不可兩立，行不可兩全也。」

〔二〕莊子人間世：「支離疏者，頤隱於臍，肩高於頂，會撮指天，五管在上，兩髀爲脅。挫鍼治繲，足以餬口。鼓筴播精，足以食十人。……上與病者粟，則受三鍾與十束薪。夫支離其形者，猶足以養其身，終其天年。又況支離其德者乎！」釋文引司馬彪云：「支離，形體不全貌。疏，其名也。」成疏：「夫支離其形，猶忘形也。支離其德，猶忘德也。……夫忘形者猶足以養身終年，免乎人間之害，何況忘德者耶！」

〔三〕說文鳥部：「鷙，擊殺鳥也。」文選鷦鷯賦：「蒼鷹鷙而受緤。」李注：「王逸楚詞（離騷）注曰：『緤，繫也。』呂延濟曰：『鷙，猛也。』」左傳成公九年「南冠而縶者」，杜注：「縶，拘執。」

〔四〕文選禰衡鸚鵡賦：「性辯慧而能言兮，……閉以雕籠。」李注：「禮記（曲禮上）曰：『鸚鵡能言，不離飛鳥。』……淮南子（原道）曰：『〔張〕天下以爲之籠，又何失鳥之有乎？』然籠所以盛鳥。」又鷦鷯賦：「鸚鵡惠而入籠。」「惠」、「慧」古通。

〔五〕詩衛風木瓜「報之以瓊瑤」，毛傳：「瓊瑤，美玉。」文選蜀都賦：「符采彪炳，暉麗灼爍。」劉注：「符采，玉之橫文也。」又七啟：「符采照爛，流景揚輝。」劉良曰：「符，光也。」又曹丕與鍾大理書李注引王逸正部論：「或問玉符。曰：『赤如雞冠，黄如蒸栗，白如猪肪，黑如純漆，玉之符也。』」（意林四亦引此文）周書周祝：「石有玉而傷其山。」文子符言：「石有玉傷其山。」論衡累害：「夫採玉者，破石拔玉。」（劉子韜光：「石以抱玉碎質。」）

〔六〕漢書食貨志下：「有司言曰：『……金有三等：黄金爲上，白金爲中，赤金爲下。』」顏注引孟康曰：「白金，銀也。赤金，丹陽銅也。」

〔七〕楚辭九歌湘夫人：「沅有茝兮澧有蘭。」文選張銑注：「茝蘭，皆香草也。」又九章悲回風：「蘭茝幽而獨芳。」

〔八〕詩鄘風定之方中：「樹之榛、栗、椅、桐、梓、漆，爰伐琴瑟。」毛傳：「椅，梓屬。」鄭箋：「爰，曰也。樹此六木於宮者，曰其長大可伐以爲琴瑟，言豫備也。」

〔九〕易井釋文：「世本云：『化益作井。』宋衷云：『化益，伯益也。堯臣。』」呂氏春秋勿躬：「伯益作井。」淮南子本經：「伯益作井，而龍登玄雲，神棲昆侖。」高注：「伯益佐舜，初作井，鑿地而求水，龍知將決川谷，漉陂池，恐見害，故登雲而去，棲其神於昆侖之山也。」（論衡感虛有説）郭璞井賦：「益作井，龍登天。」（藝文類聚九、初學記七引）

〔一〇〕照按：史記秦紀：「大廉玄孫曰孟戲、仲衍，鳥身人言。」括地志：「孟虧人首鳥身，其先爲虞氏馴百禽。夏后之末，民始食卵，孟虧去之。鳳皇隨焉，止於丹山。」（太平御覽九一五、事類賦十八引）是「戲」、「虧」二字，必有一誤（「戲」隸書作「戱」（見韓勑造禮器碑），「虧」俗作「虧」（見干祿字書），左形相似，故易致誤。（博物志八又作「孟舒」））呂氏春秋本味：「流沙之西，丹山之南，有鳳之丸，沃民所食。」高注：「丸，古卵字也。流沙……在燉煌西八百里。丹山在南方，丹澤之山也。二處之表，有鳳皇之卵。（所食）食鳳卵也。」山海經大荒西經：「有沃之國，沃民是處。沃之野，鳳鳥之卵是食。」又南山經：「丹穴之山，……有鳥焉，其狀如雞，五采而文，名曰鳳皇。」

〔一一〕莊子大宗師「子祀」條釋文引崔譔云：「淮南作『子永』。」顧廣圻曰：「（淮南）『求』當作『永』。抱朴子博喻篇曰：『子永歎天倫之偉。』字正作『永』。『永』、『求』形近，經傳中互誤者，不可枚舉。」（淮南校勘記）陳漢章曰：「『子永』本淮南精神訓，今本作『子求』。莊子人間世（當作大宗師）釋文作『永』，與此同。」（俞樾諸子平議卷三十謂當作「子來」，文長不具録。）照按：顧、陳説是。淮南子精神：「子求行年五十有四，而病傴僂，脊管高於頂，腸下迫頤，兩脾在上，燭營（管）指天。匍匐自闚於井，曰：『偉哉！造化者其以我爲此拘拘邪？』」高注：「偉哉，猶美哉也。造化，謂天也。拘拘，好貌。」稚川此文作「子永」，與崔譔所見淮南同，足證今本淮南作「求」爲誤當無疑義，其稱子永爲「歎天倫之偉」，似亦承用高注也。（注莊諸家，未見有解「拘拘」爲「好貌」者。）莊子刻意：「一之精通，合於天倫。」郭注：「精者，物之真也。」成疏：「倫，理也。既與神爲一，則精智無礙，故冥乎自然之理。」

〔三〕漆園，謂莊子。悲被繡之犧，已見嘉遯篇「同被繡於犧牛哉」句箋。

抱朴子曰：「萬麋傾角，猛虎爲之含牙；千禽鱗萃，鷙鳥爲之握爪〔一〕。是以四國流言，公旦不能遏〔二〕；謗者盈路，而藏本而字在子產下，今從舊寫本。子產無以塞〔三〕。」

〔一〕說苑雜言：「麋鹿成羣，虎豹避之；飛鳥成列，鷹鷙不擊。」金樓子立言下：「故麋鹿成羣，虎豹所避；衆鳥成列，鷹隼不游。」

〔二〕四國流言，已見嘉遯篇「周成賢而信流言，公旦聖而走南楚」等句及良規篇「然周公之放逐狼跋，流言載路」二句箋。

〔三〕「而」，吉藩本、慎本、盧本、柏筠堂本、文溯本、叢書本、崇文本無。照按：無「而」字，與上文「公旦不能遏」句一律。左傳襄公三十年：「（子產）從政一年，輿人誦之曰：『取我衣冠而褚之，取我田疇而伍之。孰殺子產，吾其與之！』」（又見呂氏春秋樂成）又昭公四年：「鄭子產作丘賦，國人謗之，曰：『其父死於路，己爲蠆尾，以令於國，國將若之何？』」杜注：「謗，毀也。（其父）謂子國爲尉氏所殺。（蠆尾）謂子產重賦，毒害百姓。」孔叢子陳士義：「子順曰：『……古之善爲政者，其初不能無謗。子產相鄭，三年而後謗止。』」

抱朴子曰：「威、施之豔，粉黛無以加〔一〕；二至之氣，吹噓不能增〔二〕。是以懷英逸之量者，不務風格以示異〔三〕；體邈俗之器者，不恤小譽以徇通〔四〕。」

〔一〕威，南威。已見尚博篇「而威、施有超世之容」句箋。施，西施。已見勗學篇「粉黛至則西施以加麗」句箋。淮南子脩務：「曼頰皓齒，形夸骨佳，不待脂粉芳澤，而性可說者，西施、陽文也。」高注：「曼頰，細理也。夸，弱也。佳，好也。性，猶姿也。西施、陽文，古之好女。」

〔二〕左傳昭公二十一年「二至、二分」杜注：「二至，冬至、夏至。」方言十二：「吹，扇動也。」郭注：「吹噓扇拂相佐助也。」此二句謂冬至、夏至節氣之變化，非緣吹噓扇拂相佐助也。

〔三〕「務」，藏本、魯藩本、吉藩本、愼本、盧本、舊寫本、柏筠堂本、文溯本、叢書本、崇文本作「矜」。照按：「矜」字較勝，當據改。公羊傳僖公九年：「矜之者何？猶曰莫我若也。」何注：「色自美大之貌。」詁此正合。

〔四〕漢書韋玄成傳「恤我九列」顏注：「恤，安也。」墨子公孟：「身體強良，思慮徇通。」徇通，猶敏達。

抱朴子曰：「麟止鳳儀〔一〕，所患在少；狐鳴梟呼〔二〕，世忌其多。是以俊乂盈朝，而求賢者未倦〔三〕；讒佞作威，而忠貞者切齒〔四〕。」

〔一〕詩周南麟之趾序：「麟之趾，關雎之應也。」釋文：「序『麟之止』，本或直云『麟止』，無『之』字。『止』，本亦作『趾』，兩通。」廣雅釋獸：「麒麟，步行中規，折還中榘，不履生蟲，不折生草。」書益稷：「鳳皇來儀。」孔傳：「儀，有容儀。」山海經南山經：「丹穴之山，……有鳥焉，其狀如雞，五采而文，名曰鳳皇。首文曰德，翼文曰義，背文曰禮，膺文曰仁，腹文曰信。是鳥也，飲食自然，自歌自舞，見則天下安寧。」

〔二〕梟呼，已見君道篇「則鵂梟化爲鸑鷟」句及疾謬篇「猶鴟梟之來鳴也」句箋。

〔三〕書皋陶謨：「俊乂在官。」孔傳：「則俊德治能之士竝在官。」釋文引馬融曰：「千人曰俊，百人曰乂。」呂氏春秋士節：「賢主勞於求人，而佚於治事。」高注：「得賢而任之，故佚於治事也。」鹽鐵論刺復：「故君子勞於求賢，逸於用之。」新序雜事四：「故王者勞於求人，佚於得賢。」

〔四〕作威，已見君道篇「獨任則悟鹿、馬之作威」句箋。忠貞，已見臣節篇「則竭忠貞而不迴」句箋。

抱朴子曰：「多力，何必孟賁、烏獲〔一〕。逸容，豈唯鄭旦、毛嬙〔二〕。飈迅，非徒驊騮驌驦〔三〕。立斷，未獨沈閭、干將〔四〕。是以能立素王之業者，不必東魯之丘〔五〕。能洽（藏本作治，今從舊寫本。）掩枯之仁者，不必西鄰之昌〔六〕。」

〔一〕賁，孟賁。已見君道篇「非賁、獲之壯，不可以舉兼人之重」二句及刺驕篇「後知賁、育之壯勇」句箋。獲，烏獲。亦見君道篇「非賁、獲之壯，不可以舉兼人之重」二句箋。

〔二〕吳越春秋句踐陰謀外傳：「（越王）乃使相者國中得苧蘿山鬻薪之女，曰西施、鄭旦。飾以羅縠，教以容步，習於土城，臨於都巷，三年學服，而獻於吳。……吳王（夫差）大悅曰：『越貢二女，乃句踐盡忠於吳之證也。』」越絕書內經九術：「越乃飾美女西施、鄭旦，使大夫種獻之於吳王。吳王大悅。」管子小稱：「毛嬙、西施，天下之美人也。」莊子齊物論：「毛嬙、麗姬，人之所美也。」釋文：「司馬（彪）云：『毛嬙，古美人。一云：越王美姬也。』」淮南子說林：「西施、毛嬙，狀貌不可同，世稱其好。」文選宋玉神女賦：「毛嬙鄣袂，不足程式；西施掩面，比之無色。」李注：「慎子曰：『毛嬙、先施，天下之姣也。』先施、西施，一也。嬙，音牆。」

〔三〕驊騮，已見官理篇「騄駬之騁逸迹」句箋。驌驦，亦見官理篇「若乃臧獲之乘驌驦」句箋。

〔四〕荀子性惡：「闔閭之干將、莫邪、鉅闕、辟閭，此皆古之良劍也。」楊注：「辟閭，未詳。……或曰：辟閭，即湛盧也。」

閭、盧聲相近。盧，黑色也。湛盧，言湛然如水而黑也。」新序雜事二：「故所以尚干將、莫邪者，貴其立斷也。」吳越春秋闔閭内傳：「風湖子曰：『臣聞吳王得越所獻寶劍三枚：一曰魚腸，二曰磐郢，三曰湛盧。』」越絶書外傳記寶劍：「歐冶乃因天之精神，悉其伎巧，造爲大刑三：……一曰湛盧。」文選吳都賦：「吳鈎、越棘，純鈞、湛盧。」「沈」、「湛」，「閭」、「盧」，古通用不別。

〔五〕素王，謂孔子。已見刺驕篇「仲尼陪臣，謂爲素王」二句箋。史記孔子世家：「孔子生魯昌平鄉陬邑。……（叔梁紇）禱於尼丘得孔子。……生而首上圩頂，故因名曰丘云。字仲尼。」後漢紀靈帝紀上：「（宋）子俊（當作浚）曰：『魯人謂仲尼東家丘，蕩蕩體大，民不能名。』」家語：「魯人不識孔子聖人，乃曰：『彼東家丘者，吾知之矣。』」（施顧注蘇詩代書答梁先首施注引）文選陳琳爲曹洪與魏文帝書：「怪乃輕其家丘，謂爲倩人。」李注引邴原別傳曰：「原遊學，詣孫崧。崧曰：『君以鄭君（玄）而舍之，以鄭君爲東家丘也。』原曰：『君以鄭君爲東家丘，以僕爲西家愚夫邪？』」（三國志魏書邴原傳裴注所引詳）顏氏家訓慕賢：「所以魯人謂孔子爲東家丘。」

〔六〕掩枯之仁，謂文王葬枯骨。已見君道篇「昔周文掩未埋之骨，而天下稱其仁」二句箋。禮記孔子閒居：「易（既濟）曰：『東鄰殺牛，不如西鄰之禴祭，寔受其福。』」鄭注：「東鄰，謂紂國中也。西鄰，謂文王國中也。」史記周紀：「公季卒，子昌立，是爲西伯。」

抱朴子曰：「靈鳳振響於朝陽〔一〕，未有惠物之益，而莫不澄聽於下風焉；鴟梟宵集於垣宇〔二〕，未有分氂之損，而莫不掩耳而注鏑焉。故善言之往，無遠不悅；惡辭之來，靡近不忤〔三〕。猶日月無謝於貞明〔四〕，枉矢見忘於暫出〔五〕。」

〔一〕靈鳳振響朝陽，已見嘉遯篇「朝陽繁鳴鳳之音」句箋。

〔二〕鴟梟宵集垣宇，已見君道篇「則鵂梟化爲鶯鸞」句及疾謬篇「猶鴟梟之來鳴也」句箋。

〔三〕易繫辭上：「子曰：『君子居其室，出其言善，則千里之外應之，況其邇者乎？居其室，出其言不善，則千里之外違之，況其邇者乎？』」

〔四〕易繫辭下：「日月之道，貞明者也。」正義：「言日月照臨之道，以貞正得一而爲明也。」

〔五〕王廣恕曰：「『忘』，疑『惡』、『忌』等字之誤。」陳澧曰：「『忘』，疑當作『忌』。」照按：本篇上文有「壯弱異科，則扛鼎者見忌」語，則此當以作「忌」爲是。（廣譬篇：「繩墨之匠，獲忌於曲木之肆。」亦用「忌」字。）史記天官書：「枉矢，類大流星，虵行而倉黑，望之如有毛羽然。」釋名釋天：「枉矢，齊、魯謂光景爲枉矢，言其光行若射矢之所至也；亦言其氣枉暴，有所災害也。」

抱朴子曰：「影無違形之狀〔一〕，名無離實之文〔二〕。故背源之水，必不能揚長流以東漸〔三〕；非時之華，必不能稽輝藻於冰霜〔四〕。」

〔一〕管子宙合：「景不爲曲物直。」尹注：「物曲則影曲。」文子上德：「使影曲者，形也。」淮南子繆稱：「身曲而景直者，未之聞也。」又兵略：「夫景不爲曲物直。」列子說符：「列子顧而觀影，形枉則影曲，形直則影正。」

〔二〕管子九守：「修（循）名而督實，按實而定名。名實相生，反相爲情。名實當則治，不當則亂。名生於實，實生於德；德生於理，理生於智；智生於當。」莊子逍遥遊：「名者，實之賓也。」劉子審名：「言以譯理，理爲言本；名以訂實，實爲名源。有理無言，則理不可明；有實無名，則實不可辨。」

〔三〕淮南子說林：「塞其源者竭，背其本者枯。」說苑談叢：「水倍源則川竭。」（左傳昭公二十六年「倍奸齊盟」正義：「倍卽背也。」）書禹貢：「東漸于海。」孔傳：「漸，入也。」

〔四〕荀子君道：「狂生者，不胥（韓詩外傳五作「須」）時而落。」文子上德：「華太早者，不須霜而落。」淮南子說林：「華大旱（早）者，不胥時落。」高注：「不胥時落，不待秋時而零落也。」（史記趙奢傳索隱：「『胥』、『須』，古通用。」）

抱朴子曰：「鋸牙之獸，雖低伏而見憚〔一〕；揮斧之蟲，雖跧形而不威〔二〕。故君子被褐，窮而不可輕〔三〕；小人軒冕，達而不足重〔四〕。」

〔一〕爾雅釋畜：「駮，如馬，倨牙，食虎豹。」釋文：「倨，音鋸。」周書王會：「茲白者，若白馬，鋸牙，食虎豹。」孔注：「茲白，一名駮者也。」山海經西山經：「中曲之山，……有獸焉，其狀如馬，而白身黑尾，一角，虎牙爪，音如鼓，其名曰駮，是食虎豹。」又海外北經：「北海內……有獸焉，其名曰駮，狀如白馬，鋸牙，食虎豹。」

〔二〕爾雅釋蟲「蟷蜋」郭注：「螗蜋，有斧蟲。」（方言十一「螳蜋」郭注同）呂氏春秋仲夏紀「螳蜋生」高注：「（螳蜋）兗州謂之拒斧也。」（淮南子時則高注作「巨斧」）郭璞爾雅圖贊：「螳蜋飛蟲，揮斧奮臂。」（藝文類聚九七、太平御覽九四六引）又郭璞爾雅釋蟲「蟷蠰」注：「蟷蠰，螳蜋別名。」集韻十一唐：「螳，通作螗。」是「蟷」、「螗」、「螳」三字通。廣雅釋詁三：「跧，伏也。」

〔三〕老子第七十章：「知我者希，則我者貴。是以聖人被褐懷玉。」河上公注：「被褐者，薄外；懷玉者，厚內。匿寶藏懷，不以示人也。」後漢書文苑下趙壹傳：「（刺世疾邪賦）被褐懷珠玉。」李注：「言處卑賤而懷德義也。」三國志魏書武帝紀：「（建安）十五年春下令曰：『……今天下得無有被褐懷玉而釣於渭濱者乎？』」晉書庾峻傳：「（上疏）

山林之士，被褐懷玉。」嵇康集卜疑集：「超世獨步，懷玉被褐。」

〔四〕管子法法：「是故先王制軒冕，所以著貴賤。」莊子繕性：「古之所謂得志者，非軒冕之謂也。」成疏：「軒，車也。冕，冠也。」

抱朴子曰：「逸麟逍遥大荒之表，故無機穽之禍〔一〕；靈鵠振翅玄圃之峯，以違罝羅之患〔二〕。何必曲穴而永懷怵惕〔三〕？何必銜蘆而慘慘畏容〔四〕？故充乎宰割之用者，必愛乎芻豢者也〔五〕；給乎煎熬之膳者，必安乎庭立者也〔六〕。」

〔一〕麟，已見嘉遯篇「麟不墮穽」句箋。大荒之表，極言其遠。（山海經大荒西經：「大荒之中，有山名曰大荒之山，日月所入，……是謂大荒之野。」）列女傳賢明周南之妻傳：「夫鳳皇不罹於蔚（當作罻）羅，麒麟不入於陷穽，……鳥獸之智，猶知避害。」

〔二〕爾雅釋鳥：「鶬，麋鴰。」郭注：「今呼鶬鴰。」釋文：「鴰，古活切。」史記司馬相如傳：「（子虛賦）雙鶬下。」正義引司馬彪云：「鶬似鴈而黑，亦呼爲鶬括。」列子湯問：「蒲且子之弋也，……連雙鶬於青雲之際。」釋文：「鶬，音倉。」楚辭招魂：「煎鴻、鶬些。」王注：「鶬，鶬鶴也。」是鶬屬鶴類（或謂即白頂鶴），能高飛。玄圃之峯，極言其高。（淮南子墬形：「縣圃、涼風、樊桐，在昆侖閶闔之中。」高注：「閶闔，昆侖虚門名也。縣圃、涼風、樊桐，皆昆侖之山名也。」文選東京賦：「右睨玄圃。」李注：「（淮南子墬形）又曰：『懸圃，在崑崙閶闔之中。』」「玄」與「懸」古字通。）家語王言「田獵罝弋」王注：「罝，掩網。」爾雅釋器：「鳥罟謂之羅。」郭注：「謂羅絡之。」

〔三〕淮南子脩務：「貛貉爲曲穴。」後詰鮑篇有「貛曲其穴以避徑至之鋒」語，可作此文注脚。

〔四〕淮南子脩務：「夫鴈順風〔而飛〕，以愛氣力；銜蘆而翔，以備矰弋。」高注：「未秀曰蘆，已秀曰葦。矰，矢。弋，繳。銜蘆，所以令繳不得截其羽也。」說苑談叢：「〔雁〕順風而飛，以助氣力；銜葭而翔，以備矰弋。」（文選鷦鷯賦：「徒銜蘆以避繳，終爲戮於此世。」）

〔五〕芻豢，已見本篇上文「龍、麟雜廁於芻豢」句箋。

〔六〕照按：「立」當作「粒」。本篇上文「鸞鳳競粒於庭場者，則受褻於鷄鶩」；逸民篇「盛務於庭粒者，安知鴛鸞之遠指」。並其證。

抱朴子曰：「聽者貴於理遺音於千載之外，而得興亡之迹〔一〕；明者珍於鑒逸羣於寒瘁之中，而抽匡世之器。若夫聆繁會之響，而顧問於庸工，非延州之清聽也〔二〕；枉英遠之才，而諮之於常人，非獨見之奇識也〔三〕。故與不賞物者而論用淩儕之器，是使瞽者指五色也〔四〕；與妬勝己者而謀舉疾惡之賢，是與狐議治裘也〔五〕。」

〔一〕淮南子主術：「延陵季子聽魯樂，而知殷、夏之風（見左傳襄公二十九年），論近以識遠也。作之上古，施及千歲，而文不滅，況於並世化民乎？」文心雕龍樂府：「是以師曠覘風於盛衰，季札鑒微於興廢，精之至也。」

〔二〕楚辭九歌東皇太一：「五音紛兮繁會。」王注：「五音，宮、商、角、徵、羽也。紛，盛皃。繁，衆也。」延州，謂吳季札。

〔三〕孫人和曰：「按：『英遠』，疑當作『英逸』。上文云：『懷英逸之量者，不務風格以示異。』擢才篇云：『英逸之才，非淺短所識。』接疏篇云：『以英逸而遭大明。』是本書多以『英逸』連文，不作『英遠』也。」照按：孫說是。文子上義：

「必有獨見之明，獨聞之聰，然後能擅道而行。」淮南子氾論：「必有獨聞之耳（聰），獨見之明，然後能擅道而行矣。」

〔四〕莊子逍遥遊：「瞽者无以與乎文章之觀，聾者无以與乎鐘鼓之聲。」成疏：「既瞽既聾，不可示之以聲、色也。」牟子理惑論：「譬對盲者説五色，爲聾者奏五音也。」

〔五〕照按：「狐」上疑脱「羣」字。知止篇「議治裘不於羣狐之中」句可證。符子：「魯侯欲以孔子爲司徒，將召三桓而議之，乃謂左丘明曰：『寡人欲以孔丘爲司徒，而授以魯政焉。寡人將欲詢諸三子。』……丘明曰：『周人有愛裘而好珍羞，欲爲千金之裘，而與狐謀其皮；欲具少牢之珍，而與羊謀其羞。言未卒，狐相率逃於重丘之下，羊相呼藏於深林之中。故周人十年不制一裘，五年不具一牢。何者？周人之謀失之矣。今君欲以孔丘爲司徒，召三桓而議之，亦以狐謀裘，與羊謀羞哉！』於是魯侯遂不與三桓謀，而召孔丘爲司徒。」（太平御覽二百八引）

抱朴子曰：「驡、駮危苦於嶮峻之端〔一〕，不樂咈守之役〔二〕；吉光飢渴於冰霜之野〔三〕，不顧犧牲之飽〔四〕。孤竹不以絶粒〔五〕，易鹿臺之富〔六〕；子廉不以困匱〔七〕，貿銅山之豐〔八〕。」

〔一〕玉篇馬部：「驡，音龍，野馬也。」駮，已見清鑒篇「駮子有吞牛之容」句及本篇上文「鋸牙之獸」句箋。

〔二〕王廣恕曰：「案：（『咈』）當作『吠』。逸民『麟不吠守』，與此同意。」照按：王説是。務正篇有「牛馬不能吠守」語，亦其證。

〔三〕吉光，傳説中神馬。十洲記：「（鳳麟洲）武帝天漢三年，帝幸北海，祠恒山。四月，西國王使至，獻……吉光毛裘。……吉光毛裘黃色，蓋神馬之類也。」（西京雜記一：「武帝時，西域獻吉光裘，入水不濡。上時服此裘以聽朝。」）吉光有騰黃、吉良、乘黃、吉黃、飛黃、吉量、訾黃、翠黃、紫黃等異名，已詳逸民篇「騰黃不引轝」句箋。

〔四〕犧牲，謂供祭祀用牲畜。

〔五〕孤竹絕粒，已見逸民篇「夷、齊一介，不合變通」二句及任命篇「柏成〔伯夷〕一介之夫，採薇何足多慕乎？」二句箋。

〔六〕周書克殷：「乃命南宮忽振鹿臺之財。」孔注：「忽即振散之以施惠也。」管子版法解：「武王伐紂，……入殷之日，決鉅橋之粟，散鹿臺之錢，殷民大說。」呂氏春秋愼大覽：「武王於是復盤庚之政，發巨橋之粟，賦鹿臺之錢，以示民無私。」高注：「鹿臺，紂錢府。賦，布也。私，愛也。」史記殷紀：「（紂）厚賦稅以實鹿臺之錢。」

〔七〕風俗通義愆禮：「太原郝子廉，飢不得食，寒不得衣，一介不取諸人。」

〔八〕史記佞幸鄧通傳：「文帝曰：『能富通者在我也。何謂貧乎？』於是賜鄧通蜀嚴道銅山，得自鑄錢，『鄧氏錢』布天下。其富如此。」

抱朴子曰：「志合者，不以山海爲遠；道乖者，不以咫尺爲近。故有跋涉而游集，亦或密邇而不接〔一〕。」

〔一〕淮南子說山：「行合趨同，千里相從；行不合，趨不同，對門不通。」高注：「詩（鄭風東門之墠）所謂室邇人遠。故曰對門不通也。」說苑雜言：「孔子曰：『……敏其行，修其禮，千里之外，親如兄弟；若行不敬，禮不合，對門不通矣。』」（又見家語六本）

抱朴子曰：「華衮粲爛，非隻色之功〔一〕；嵩、岱之峻，非一簣之積〔二〕。故九子任，而庶凝之績熙〔三〕；四七授，而佐命之勳著〔四〕。」

〔一〕衮，衮衣。詩豳風九罭：「衮衣繡裳。」毛傳：「衮衣，卷龍也。」正義：「畫龍於衣謂之衮。」左傳桓公二年「衮、冕、黻、珽」杜注：「衮，畫衣也。」正義：「畫衣，謂畫龍於衣。」書益稷「作會」正義：「會者，合聚之名。下云『以五采彰施於五色，作服』。知會謂五色也。禮，衣畫而裳繡，五色備謂之繡。知畫亦備五色，故云以五采成此畫焉。謂畫之於衣。」

〔二〕嵩，嵩山。岱，岱宗，即泰山。論語子罕「未成一簣」集解：「包（咸）曰：『簣，土籠也。』」

〔三〕淮南子道應：「昔堯之佐九人。」許注：「禹、皋陶、稷、契、伯夷、倕、益、夔、龍也。」説苑君道：「當堯之時，舜爲司徒，契爲司馬，禹爲司空，后稷爲田疇，夔爲樂工，倕爲工師，伯夷爲秩宗，皋陶爲大理，益掌歐禽。堯體力便巧，不能爲一焉。堯爲君而九子爲臣，其何故也？堯知九職之事，使九子者各受其事，皆勝其任，以成九功，堯遂成厥功以王天下。」漢書劉向傳：「（上封事）臣聞舜命九官，濟濟相讓，和之至也。」顔注：「尚書（舜典）禹作司空，棄后稷，契司徒，咎繇作士，垂共工，益朕虞，伯夷秩宗，夔典樂，龍納言，凡九官也。」書益稷「庶事康哉」孔傳：「衆事乃安。」又皋陶謨「庶績其凝」傳：「凝，成也。」又舜典「庶績咸熙」傳：「衆功皆廣。」（史記五帝紀作「衆功咸興」。）

〔四〕「四七」，慎本、盧本、柏筠堂本、文溯本、叢書本、崇文本作「四士」。照按：「四七」，謂漢光武帝二十八將也。作「四士」非。文選東京賦：「我世祖忿之，……授鉞四七。」薛注：「四七，二十八將也。」又魏都賦：「將猛四七。」張

注：「四七者，二十八將也。」並其證。後漢書朱景王杜馬劉傅堅馬傳論：「中興二十八將，前世以爲上應二十八宿，未之詳也。然咸能感會風雲，奮其智勇，稱爲佐命，亦各志能之士也。」

抱朴子曰：「翠虯無翅而天飛〔一〕，螣蛇無足而電鶩〔二〕，鼈無耳而善聞〔三〕，蚓無口而揚聲〔四〕。故皋繇瘖而與辯者同功，晉野瞽而與離朱齊明〔五〕。」

〔一〕 翠虯，已見名實篇「翠虯淪乎九泉」句箋。天飛，已見貴賢篇「淵虯之天飛者」句箋。

〔二〕 螣蛇，已見任命篇「螣蛇不能無霧而電征」句箋。電鶩，喻疾速。

〔三〕 文子上德：「鼈無耳，而目不可以蔽，精於明也。」淮南子說林：「鼈無耳，而目不可以瞥，精於明也。」高注：「不可以瞥，瞥之則見也。」即此文之所自出，則「聞」字不能以常訓解釋。「善聞」，應是「精於明」之意。

〔四〕 蚓，蚯蚓。古今註魚蟲：「蚯蚓，一名蜿蟺，一名曲蟺。善長吟於地中。江東謂之歌女，或曰吟砌。」（太平御覽九四七引作鳴砌）酉陽雜俎續集支諾皋中：「上都渾瑊宅戟門內，一小槐樹，樹有穴大如錢。每夜月霽後，有蚓如巨臂，長二尺餘，白頸紅斑，領數百條如索，緣樹枝條。及曉，悉入穴。或時衆鳴，往往成曲。」

〔五〕 文子精誠：「皋陶瘖而爲大理，天下無虐刑，何貴乎言者也？師曠瞽而爲太宰，晉國無亂政，何貴乎見者也？不言之令，不視之見，聖人所以爲師也。」淮南子主術：「故皋陶瘖而爲大理，天下無虐刑，有貴於言者也？師曠瞽而爲太宰，晉無亂政，有貴於見者也？故不言之令，不視之見，此伏犧、神農之所以爲師也。」高注：「雖瘖，平獄理訟，能得人之情，故貴於多言者也。雖盲，而大治晉國，使無有亂政，故貴於有所見。不言之令，皋陶瘖也。不視之見，師曠瞽也。」（易林遯之需：「皋陶瘖、聾。」）說文口部：「喑，宋、齊謂兒泣不止曰喑。」段注：「喑之言瘖也，謂啼極無聲。」又疒部：「瘖，不能言也。」是「暗」、「瘖」可通用。師曠字子野，晉人，故稱爲晉野。離朱，已見吳失篇「世無離朱」句箋。

抱朴子曰：「官達者，才未必當其位；譽美者，實未必副其名。故鋸齒不能咀嚼，箕舌不能別味〔一〕，壺耳不能理音，屩鼻不能識氣〔二〕，釜目不能攎望舒之景〔三〕，牀足不能有尋常之逝〔四〕。」

〔一〕禮記少儀：「執箕膺擖。」鄭注：「膺，親也。擖，舌也。持箕將去糞者，以舌自鄉。」正義：「膺，謂人之胸前。擖，箕之舌也。箕是去物之具，賤者執之，不得持嚮尊者，當持箕舌自嚮胸前。」釋文：「膺，胸前也。擖，以涉反，舌也。」管子弟子職：「執箕膺揲，厥中有帚。」尹注：「揲，舌也。既灑水將掃之，故執箕以舌自當，執帚於箕中也。」箕舌，蓋以箕底之形似舌得名。說文舌部：「舌在口，所以言、別味者也。」（依段校）

〔二〕史記孟嘗君傳：「馮驩聞孟嘗君好客，躡蹻而見之。」索隱：「蹻，音脚。字又作屩。」又虞卿傳：「躡蹻（范雎傳作屩）檐簦。」集解引徐廣曰：「蹻，草履也。」釋名釋衣服：「屩，草屨也。屩，蹻也。出行著之，蹻蹻輕便，因以爲名也。」玉篇履部：「屩，居略切。草履也。」（廣韻十八藥同）是屩即今之草鞋。其前端有隆起之鼻，故曰屩鼻（今蜀中俗呼爲草鞋鼻子）。大戴禮記四代：「食爲味，味爲氣。」不能識氣，謂無嗅覺。（金樓子立言下「鋸齒不能咀嚼，箕口不能別味，榼耳不能理音樂，屩鼻不能達芬芳」四句，即出自此文。）

〔三〕釜目，蓋指釜口兩邊提舉處兩孔如兩目然，故曰釜目。楚辭離騷：「前望舒使先驅兮。」王注：「望舒，月御也。」後漢書蔡邕傳：「（釋誨）元首寬則望舒朓。」李注：「望舒，月也。」廣雅釋詁一：「攎，引也。」

〔四〕尋常，已見本篇上文「尋常積而玄圃致極天之高」句箋。廣雅釋詁一：「逝，行也。」

抱朴子曰：「路人不能挽勁命中，而識養由之射〔一〕；顏子不能控轡振策，而知東野之敗〔二〕。故有不能下棊，而經目識勝負；不能徽絃，而過耳解鄭、雅者〔三〕。」

〔一〕戰國策西周策：「（蘇厲）謂白起曰：『楚有養由基者，善射。去柳葉者百步而射之，百發百中。左右皆曰善。有一人過，曰：「善射，可教射也矣。」養由基曰：「人皆善，子乃曰『可教射』，子何不代我射之也？」客曰：「我不能教子支左屈右。夫射柳葉者，百發百中而不已，善息，少焉氣力倦，弓撥矢鉤，一發不中，前功盡矣。」』」（又見史記周紀）

〔二〕顏子知東野之敗，已見君道篇「馬極則變態生，而傾僨惟憂矣」二句箋。

〔三〕文選文賦：「猶絃么（「幺」之俗體）而徽急，故雖和而不悲。」李注：「淮南子（主術）曰：『鄒忌一徽琴，而威王終夕悲。』許慎注曰：『鼓琴循絃謂之徽。』」（今本高注：「徽，鶩彈也。」）雅鄭，已見守塉篇「夫瞶者不可督之以分雅鄭」句箋。

抱朴子曰：「垂蔭萬畝者，必出峻極之嶺〔一〕；滔天襄陵者，必發板桐之源〔二〕；邈世之動，必由絶倫之器〔三〕；定傾之算，必吐冠俗之懷〔四〕。是以蟭螟之巢，無乘風之羽〔五〕；溝澮之中，無宵朗之琦〔六〕。」

〔一〕文選西京賦：「布葉垂陰。」「陰」、「蔭」古通。垂蔭萬畝，謂樹木高大，枝葉峻茂。峻極，已見嘉遯篇「摧高則峻極積淪」句箋。

〔二〕書堯典："帝曰：'……湯湯洪水方割，蕩蕩懷山襄陵，浩浩滔天。'"孔傳："懷，包。襄，上也。包，山上陵，浩浩盛大若漫天。"楚辭嚴忌哀時命："望閬風之板桐。"王注："板桐，山名也，在閬風之上。"洪補注："博（廣）雅（釋山）云：'崑崙虛有三山：閬風、板桐、玄圃。'……淮南（墬形）云：'懸圃、涼風、樊桐，在崑崙閶闔之中。'樊，讀如飯。"（讀音本高注）

〔三〕史記龜策傳："通一伎之士咸得自效，絶倫超奇者爲右。"漢書揚雄傳贊："而桓譚以爲絶倫。"顔注："無比類。"三國志蜀書關羽傳："（諸葛亮）乃答之曰：'孟起（馬超字）兼資文武，雄烈過人，一世之傑，……當與益德（張飛字）並驅爭先，猶未及髯（謂羽）之絶倫逸羣也。'"

〔四〕定傾，已見貴賢篇"定傾之器"句箋。冠俗，猶冠世。

〔五〕蟭螟之巢，已見刺驕篇"蟭螟屯蚊眉之中"句箋。急就篇二："乘風縣鐘華洞樂。"顔注："乘風，一名爰居，一名雜縣，蓋海鳥也。"

〔六〕孟子離婁下："苟爲無本，七八月之間雨集，溝澮皆盈。"朱注："澮，古外反。……澮，田間水道也。"宵朗之琦，指夜間發光珍寶，如明月珠、夜光璧之類。

抱朴子曰："衝飆焚輪，原火所以增熾也〔一〕；而螢燭值之而反滅。甘雨膏澤，嘉生所以繁榮也〔二〕；而枯木得之以速朽。朱輪華轂，俊民之大寶也〔三〕；而負乘竊之而召禍〔四〕。鼎食萬鍾，宣力之弘報也〔五〕；而近才受之以覆餗〔六〕。"

〔一〕文選九歌少司命："衝飆起兮水揚波。"呂延濟曰："衝飆，暴風也。"（"衝飆"，楚辭作"衝風"。）焚輪，已見安貧篇

「若乃焚輪傾巖」句箋。書盤庚上：「若火之燎于原，不可嚮邇。」左傳隱公六年杜注：「如火焚原野，不可鄉近。」

〔二〕詩小雅甫田：「以祈甘雨，以介我稷黍。」鄭箋：「介，助。……以求甘雨，佑助我禾稼。」爾雅釋天：「甘雨時降，萬物以嘉，謂之醴泉。」邢疏：「嘉，善也。甘雨，卽時雨也。」（論衡是應：「爾雅又言『甘露時降，萬物以嘉，謂之醴泉。』醴泉，乃謂甘露也。……甘露必謂其降下時，適潤養萬物，未必露味甘也。」）曹子建集贈徐幹詩：「良田無晚歲，膏澤多豐年。」嘉生，已見吳失篇「嘉生不遂」句箋。

〔三〕史記張耳陳餘傳：「蒯通曰：『……令范陽令乘朱輪華轂，使驅馳燕、趙郊。』」漢書劉向傳：「向遂上封事極諫曰：『……今王氏一姓，乘朱輪華轂者二十三人。』」文選丘遲與陳伯之書：「朱輪華轂，擁旄萬里。」呂向曰：「朱輪華轂，謂以丹漆飾之也。」俊民，已見嘉遯篇「安可令俊民全其獨善之分」句箋。

〔四〕負乘，已見本篇上文「位高而器不稱者，不免致寇之敗」二句箋。

〔五〕鼎食，已見守塉篇「而足於鼎食矣」句箋。孟子滕文公下：「兄戴蓋祿萬鍾。」又告子上：「萬鍾於我何加焉？」趙注：「鍾，量器也。」宜力，已見君道篇「明哲宜力於攸莅」句箋。

〔六〕覆餗，已見嘉遯篇「言亢悔則諱覆餗而不記」句箋。

抱朴子曰：「屠犀爲甲，給乎專征之服〔一〕；裂翠爲華，集乎后妃之首〔二〕。雖出幽谷，遷于喬木〔三〕，然爲二物之計，未若棲竄於林薄〔四〕，攝生乎榛藪也〔五〕。故靈龜寧曳尾於塗中，而不願巾笥之寶〔六〕；澤雉樂十步之啄，以違鷄、鶩之禍〔七〕。」

〔一〕周禮考工記函人：「犀甲壽百年，……凡爲甲，必先爲容，然後制革。」鄭注：「（容）服者之形容也。鄭司農（衆云：「容謂象式。」裁制札之廣袤。」荀子議兵：「楚人鮫革、犀、兕以爲甲，鞈如金石。」楊注：「鞈，堅貌。以鮫魚皮及犀、兕爲甲，堅如金石之不可入。」楚辭九歌國殤：「操吳戈兮被犀甲。」王注：「戈，戟也。甲，鎧也。言國殤始從軍之時，手持吳戟，身被犀鎧而行也。」

〔二〕古文苑揚雄太玄賦：「翠羽媺而殃身兮。」章注：「媺，古美字。」蘇子：「翠以羽殃身。」（太平御覽九八三引）劉子韜光：「是故翠以羽自殘。」金樓子立言下：「翠飾羽而體分。」異物志：「翠鳥似燕，翡赤而翠青，其羽可以爲飾。」（太平御覽九二四引）釋名釋首飾：「王后首飾曰副。副，覆也，以覆首，亦言副貳也，兼用衆物成其飾也。」徐廣車服志：「皇后首飾，步搖、八雀、九革加翡翠。」（太平御覽九二四引）

〔三〕嚴可均曰：「北堂書鈔寫本一百二十一作『雖出自于幽谷。』此脫『自』字。」照按：有「自」字是。詩小雅伐木：「出自幽谷，遷于喬木。」毛傳：「幽，深。喬，高也。」鄭箋：「遷，徙也。謂鄉時之鳥出從深谷，今移處高木。」

〔四〕林薄，已見尚博篇「則林薄之裨嵩嶽也」句箋。

〔五〕老子第五十章：「蓋聞善攝生者，陸行不遇兕虎，入軍不避甲兵。」河上公注：「攝，養也。」淮南子原道：「木處榛巢。」高注：「聚木曰榛。」廣雅釋木：「木叢生曰榛。」陸士龍集榮啟期讚：「遂放志一丘，滅景榛藪。」

〔六〕鼉龜二句，已見嘉遯篇「故漆園垂綸，而不顧卿相之貴」二句箋。

〔七〕莊子養生主：「澤雉十步一啄，百步一飲，不蘄畜乎樊中。」郭注：「蘄，求也。樊，所以籠雉也。」釋文：「蘄，音祈。樊，李（頤）云：『藩也。所以籠雉也。』」

抱朴子曰：「偏才不足以經周用，隻長不足以濟衆短。是以雞知將旦，不能究陰陽之歷數；鵠識夜半，不能極晷景之道度〔一〕。山鳩知晴雨於將來，不能明天文〔二〕；蛇蟺知潛泉之所居，不能達地理〔三〕。」

〔一〕「鵠」，慎本、盧本、柏筠堂本、文溯本、叢書本、崇文本作「鶴」。照按：「鶴」字是。淮南子説山：「雞知將旦，鶴知夜半。」高注：「鶴夜半而鳴也。」論衡變動：「夜及半而鶴唳，（文選鮑照舞鶴賦：「唳清響於丹墀。」李注：「唳，鶴聲也。」呂向曰：「唳，鶴鳴也。」）晨將旦而雞鳴。」春秋考異郵：「鶴知夜半，雞應旦明。」（文選陸機擬今日良宴會詩李注引（崇賢有注云：「『明』與『鳴』同，古字通。」））又説題辭：「鶴知夜半。」（藝文類聚九十、太平御覽九一六（原有宋注從略）引）陸璣毛詩草木鳥獸蟲魚疏：「鶴形狀大如鵝，……當夜半鳴。」（詩小雅鶴鳴正義、太平御覽九一六引）並其證。內篇至理：「猶鶴知夜半。」尤切證也。禮記祭義：「陰陽長短。」正義：「陰謂夜也。陽謂晝也。夏則陽長而陰短，冬則陽短而陰長。」書洪範：「五曰曆數。」孔傳：「曆數，節氣之度以爲曆，敬授民時。」正義：「算日月行道所歷，計氣朔早晚之數，所以爲一歲之曆。」文選張華雜詩：「晷度隨天運，四時互相承。」李注：「説文（日部）曰：『晷，（日）景也。』」劉良曰：「度，度數也。」

〔二〕山鳩，鳲鳩，一作尸鳩。即布穀鳥。爾雅釋鳥：「鳲鳩，鴶鵴。」郭注：「今之布穀也。江東呼爲穫穀。」山海經西山經：「（南山）鳥多尸鳩。」郭注：「尸鳩，布穀類也。」後漢書襄楷傳：「（上疏）臣聞布穀鳴於孟夏。」杜工部集洗兵馬：「田家望望惜雨乾，布穀處處催春種。」郝懿行曰：「（布穀）其身灰色，翅、尾末俱雜黑色。農人候此鳥鳴，布種其穀矣。」（爾雅義疏下之五）

〔三〕蛇蟺知潛泉，已見譏惑篇「虵蟺遠泉流」句箋。

抱朴子曰：「禁令不明，而嚴刑以靜亂；廟筭不精〔一〕，而窮兵以侵鄰。猶釤禾以討蝗蟲〔二〕。伐木以殺蠹蝎〔三〕，羣書治要作蛣蝎。食毒以中蚤蝨，徹舍以逐雀鼠也〔四〕。」

〔一〕孫子計：「夫未戰而廟算勝者，得算多也。」杜牧曰：「廟算者，計算於廟堂之上也。」

〔二〕玉篇金部：「釤，山鑒切，大鐮也。」（「鐮」與「鎌」同）此文以釤作動詞用。呂氏春秋不屈：「匡章謂惠子於魏王之前曰：『蝗螟，農夫得而殺之。奚故？爲其害稼也。』」高注：「蝗，螽也。食心曰螟，食葉曰蟘。今兗州謂蝗爲蟘。」

〔三〕蠹蝎，已見疾謬篇「蠹蝎所以仆連抱之木也」句箋。

〔四〕淮南子說山：「發屋而求狸，掘室而求鼠，……桀、跖之徒，君子不與。」高注：「舉事所施如是者，則桀、跖之徒也，君子不與也。」

抱朴子曰：「銳鋒産乎鈍石〔一〕，明火熾乎闇木，貴珠出乎賤蚌〔二〕，美玉出乎醜璞〔三〕。是以不可以父母限重華〔四〕，不可以祖禰量衞、霍也〔五〕。」

〔一〕吳越春秋佚文：「越王允常聘歐冶子作名劍五枚，三大二小，一曰純鈎，……五曰鉅闕。……秦客薛燭見純鈎之劍曰：『臣聞王之初造此劍，赤堇之山破而出錫，若耶之溪涸而出銅，太一下觀，天精下降。於是歐冶子因天地之精，悉其伎巧，造爲此劍。』」（北堂書鈔一二二、藝文類聚六十、太平御覽三四三引）越絕書記寶劍略同。

〔二〕貴珠出賤蚌，已見尚博篇「珠玉之居蚌、石」句箋。

〔三〕孟子梁惠王下：「今有璞玉於此，雖萬鎰，必使玉人彫琢之。」趙注：「彫琢，治飾玉也。」尹文子大道下：「鄭人謂玉未理者爲璞。」（又見戰國策秦策三）

〔四〕書堯典：「師錫帝曰：『有鰥在下，曰虞舜。』帝曰：『俞，予聞。如何？』岳曰：『瞽子。父頑，母嚚，象傲。克諧以孝，烝烝乂，不格姦。』」孔傳：「無目曰瞽。舜父有目不能分別好惡，故時人謂之瞽，配字曰瞍。瞍，無目之稱。心不則德義之經爲頑。象，舜弟之字，傲慢不友。言並惡。諧，和。烝，進也。言能以至孝和諧頑嚚昏傲，使進進以善自治，不至於姦惡。」大戴禮記五帝德：「宰我曰：『請問帝舜。』孔子曰：『蟜牛之孫，瞽叟之子也，曰重華。』」史記五帝紀：「虞舜者，名曰重華。」

〔五〕史記衛將軍驃騎傳：「大將軍衛青者，平陽人也。其父鄭季，爲吏，給事平陽侯（曹壽）家，與侯妾衛媼通，生青。青同母兄衛長子，而姊衛子夫自平陽公主家得幸天子（武帝），故冒姓爲衛氏。……元朔之五年春，……天子使使者持大將軍印，卽軍中拜車騎將軍青爲大將軍，諸將皆以兵屬大將軍，大將軍立號而歸。……是歲也（元朔六年），大將軍姊子霍去病年十八，幸，爲天子侍中。善騎射，再從大將軍，受詔與壯士，爲剽姚校尉，……再冠軍，以千六百户封去病爲冠軍侯。……冠軍侯去病既侯三歲，元狩二年春，以冠軍侯去病爲驃騎將軍。」漢書霍去病傳：「霍去病，大將軍青姊少兒子也。其父霍仲孺先與少兒通，生去病。」公羊傳隱公元年「隱之考也」何注：「生稱父，死稱考，入廟稱禰。」釋文：「禰，乃禮反。」

抱朴子曰：「志得則顏怡，意失則容戚，本朽則末枯，源淺則流促。有諸中者，必形乎表〔一〕，發乎邇者，必著乎遠〔二〕。」

〔一〕孟子告子下：「有諸內必形諸外。」文子精誠：「情於中，發於外，在所以感之矣。」淮南子繆稱：「情繫於中，行形於外。」許注：「情，誠也。」

〔二〕易繫辭上：「行發乎邇見乎遠。」釋文：「見，賢遍反。」

抱朴子曰：「妍姿媚貌，形色不齊，而悅情可均〔一〕；絲、竹、金、石，五聲詭韻，而快耳不異〔二〕。繳飛鉤沈，罾舉罝抑〔三〕，而有獲同功；樹勳立言，出處殊塗〔四〕，而所貴一致。」

〔一〕淮南子説林：「佳人不同體，美人不同面，而皆説於目。」高注：「佳，美。」又：「西施、毛嬙，狀貌不可同，世稱其好，美鈞也。」

〔二〕禮記樂記：「金、石、絲、竹，樂之器也。」淮南子齊俗：「譬若絲、竹、金、石之會樂同也。」五聲快耳，已見尚博篇「衆音雜而韶、濩和也」句箋。

〔三〕文選陸機演連珠：「是以鳥栖雲而繳飛，魚藏淵而網沈。」劉孝標曰：「由求鳥必高其繳，須魚必沈其網也。」張銑曰：「繳，射也。」淮南子説林：「罝者抑之，罾者舉之，爲之異，得魚一也。」孟子告子上「思援弓繳而射之」朱注：「繳，音灼。射，食亦反。」史記陳涉世家「置人所罾魚腹中」集解：「漢書音義曰：『罾，音曾。』文穎曰：『罾，魚網也。』」漢書陳勝傳顔注：「罾，魚網也。形如仰繖蓋，四維而舉之。」

〔四〕易繫辭上：「子曰：『君子之道，或出或處。』」又下：「子曰：『……天下同歸而殊塗，一致而百慮。』」

抱朴子曰：「利豐者害厚，質美者召災。是以南禽殲於藻羽〔一〕，穴豹死於文皮〔二〕，鱣鯉積而玄淵涸，麋鹿聚而繁林焚，金玉崇而寇盜至，名位高而憂責集〔三〕。」

〔一〕周書王會：「成周之會，……倉吾（太平御覽九二四引作蒼梧）翡翠。翡翠者，所以取羽。」三國志吳書薛綜傳：「（上疏）日南郡……貴致遠珍名珠、……翡翠、孔雀奇物，充備寶玩。」郭璞爾雅圖贊：「翠雀麋鳥，越在南海。

……懷璧其罪，買害以采。」（藝文類聚九二引）是南禽謂翡翠也。殲於藻羽，已見本篇上文「裂翠爲華」句箋。

〔二〕爾雅釋地：「東北之美者，有斥山之文皮焉。」（淮南子墬形同）郭注：「虎豹之屬，皮有縟綵者。」莊子應帝王：「且也虎豹之文來田。」釋文引李頤云：「虎豹以皮有文章見獵也。田，獵也。」文子符言：「其文好者，皮必剥。」又上德：「虎豹之文來射。」（淮南子繆稱同）淮南子說林高注：「虎豹以有文章，來使人射取之。」

〔三〕說苑談叢：「官尊者憂深，禄多者責大。」漢書李尋傳：「乃說（王）根曰：『……憂責甚重，要在得人。』」

抱朴子曰：「商風宵肅，則絺扇廢；登危陟峻，則輕舟棄；干戈雲擾，則文儒退；喪亂既平，則武夫黜〔一〕。」

〔一〕漢書揚雄傳下：「（長楊賦）豪俊麋沸雲擾，羣黎爲之不康。」又敍傳上：「時隗囂據壟擁衆，招輯英俊，而公孫述稱帝於蜀漢，天下雲擾。」顏注：「言盜賊擾亂如雲而起。」論衡齊世：「及至秦、漢，兵革雲擾，戰力角勢。」詩小雅常棣：「喪亂既平，既安且寧。」（淮南子氾論：「一世之間，而文武代爲雌雄，有時而用也。」）

抱朴子曰：「假直萬金者，不待見其物，而好惡可別矣。條枝連抱者，不俟圍其木，而巨細可論矣。故望洪濤之滔天，則知其不起乎潢汙之中矣〔一〕。觀翰草之汪濊，則知其不出乎章句之徒矣〔二〕。」

〔一〕滔天，已見守堉篇「重陰則滔天淩丘」句箋。潢汙，已見嘉遯篇「潢洿足以汎龍鱗」句箋。

〔二〕「草」，藏本、吉藩本、慎本、盧本、柏筠堂本、文溯本、叢書本、崇文本作「章」。照按：「章」字較勝。汪濊，已見鈞世篇「然不及上林、羽獵、二京、三都之汪濊博富也」句箋。章句之徒，已見疾謬篇「蓋是窮巷諸生章句之士」

句箋。

抱朴子曰：「丹華綠草，不拘於曲瘁之株；紫芝芳秀，不限於斥鹵之壤〔一〕。是以受玄珪以告成者，生於四罪之門〔二〕；承歷數於文祖者，出於頑、嚚之家〔三〕。」

〔一〕斥鹵，已見嘉遯篇「爰躬耕乎斥鹵」句及君道篇「芳穎秀於斥鹵」句箋。

〔二〕書禹貢：「東漸于海，西被于流沙，朔、南暨聲教訖于四海。禹錫玄圭，告厥成功。」孔傳：「玄，天色。禹功盡加於四海，故堯賜玄圭以彰顯之，言天功成。」史記夏紀正義：「玄，水色。以禹理（治）水功成，故錫玄圭以表顯之。」禹父鯀爲四罪之一，故云生於四罪之門。四罪，已見嘉遯篇「有虞舉則四凶戮」句及用刑篇「而不原四罪」又「竄、殛、放、流天下乃服」二句箋。

〔三〕論語堯曰：「堯曰：『咨！爾舜！天之歷數在爾躬。』」集解：「歷數，謂列次也。」皇疏：「天，天位也。歷數，謂天位列次也。」朱注：「歷數，帝王相繼之次第，猶歲時氣節之先後也。」書舜典：「帝曰：『格汝舜；詢事考言，乃言厎可績，三載。汝陟帝位。』舜讓于德，弗嗣。正月上日，受終于文祖。」孔傳：「終，謂堯終帝位之事。文祖者，堯文德之祖廟。」頑嚚之家，已見本篇上文「是以不可以父母限重華」句箋。

抱朴子曰：「善言居室，則靡遠不應〔一〕；枉直不中，則無近不離〔二〕。是以宋野有退舍之熒惑〔三〕，殷朝有外奔之昵屬〔四〕，四環至自少廣之表〔五〕，鹿馬變於蕭牆之裏〔六〕。」

〔一〕善言二句，已見本篇上文「故善言之往」二句箋。

〔二〕論語爲政：「哀公問曰：『何爲則民服？』孔子對曰：『舉直錯諸枉，則民服；舉枉錯諸直，則民不服。』」集解引包咸曰：「錯，置也。舉正直之人用之，廢置邪枉之人，則民服其上。」釋文：「錯，七路反。鄭（玄）本作措。」又子路：「刑罰不中，則民無所措手足。」釋文：「中，丁仲反。」

〔三〕呂氏春秋制樂：「宋景公之時，熒惑在心。公懼，召子韋而問焉，曰：『熒惑在心，何也？』子韋曰：『熒惑者，天罰也，心者，宋之分野也。禍當於君。雖然，可移於宰相。』公曰：『宰相，所與治國家也，而移死焉，不祥。』子韋曰：『可移於民。』公曰：『民死，寡人將誰爲君乎？寧獨死。』子韋曰：『可移於歲。』公曰：『歲害則民饑，民饑必死。爲人君而殺其民以自活也，其誰以我爲君乎？是寡人之命固盡已。子無復言矣。』子韋還走，北面載拜，曰：『臣敢賀君。天之處高而聽卑，君有至德之言三，天必三賞君。今昔，熒惑其徙三舍。』……是昔，熒惑果徙三舍。」（又見淮南子道應、新序雜事四、論衡變虛（史記宋微子世家略））。高注：「熒惑，五星之一，火之精也。心，東方宿，宋之分野。」

〔四〕論語微子：「微子去之。」集解引馬融曰：「微子，紂之庶兄。……微子見紂無道，早去之。」史記殷紀：「帝乙長子曰微子啓，啓母賤，不得嗣。少子辛，辛母正后，辛爲嗣。……天下謂之紂。……紂愈淫亂不止。微子數諫不聽，乃與大師、少師謀，遂去。」又宋微子世家：「微子開（避漢景帝諱改啓爲開）者，殷帝乙之首子而帝紂之庶兄也。紂既立，不明，淫亂於政，微子數諫，紂不聽。……太師若曰：『……爲死，終不得治，不如去。』遂亡。」爾雅釋詁：「暱，近也。」郭注：「暱，親近也。」「昵」，「暱」之或體。

〔五〕照按：句有誤字。莊子大宗師：「西王母得之，坐乎少廣。」是此文所指爲西王母事矣。則「四環」當作「白環」。世本：「舜時，西王母獻白環。」（藝文類聚六七、文選何晏景福殿賦又丘遲與陳伯之書李注引）帝王世紀：「西王母慕舜之德，來獻白環。」（開元占經一一三、後漢書馬融傳李注、初學記二十、太平御覽六二六引）後漢書馬融傳：「（廣成頌）受王母之白環。」梁書陳伯之傳：「白環西獻。」中論爵禄：「故舜……則西王母來獻白環。」文選景福殿賦：「納虞氏之白環。」並其證也。本書君道篇作「瑶環」，詰鮑篇作「玉環」，字雖不同，其義則一（它書亦有作「白琯」者）。皆足證「四環」之誤。

〔六〕鹿馬事，已見君道篇「獨任則悟鹿馬之作威」句及用刑篇「趙高之弑秦」句箋。蕭牆，已見漢過篇「微煙起於蕭牆」句箋。

抱朴子曰：「荆卿、朱亥，不示勇於怯弱之閒〔一〕。孟賁、馮婦，不奮戈戟於俚俠之羣〔二〕。英儒碩生，不飾細辯於淺近之徒。達人偉士，不變晈察於流俗之中〔三〕。」

〔一〕「勇」下，吉藩本有「敢」字。照按：有「敢」字始能與下「不奮戈戟於俚俠之羣」句相儷。内篇辨問：「荆軻、聶政，勇敢之聖也。」正以「勇敢」連文。太平御覽三五一引作「小勇」，蓋所見本有異。荆卿，已見嘉遯篇「荆卿絶臏以報燕」句箋。史記魏公子傳：「公子引車入市，侯生下見其客朱亥，俾倪，故久立與其客語，微察公子。……侯生謂公子曰：『臣所過屠者朱亥，此子賢者，世莫能知，故隱屠間耳。』……侯生曰：『將在外，主令有所不受，以便國家。公子即合符，而晉鄙不授公子兵而復請之，事必危矣。臣客屠者朱亥可與俱，此人力士。晉鄙聽，大善；不聽，可使擊之。』……公子遂行。至鄴，矯魏王令代晉鄙。晉鄙合符，疑之，……欲無聽。朱亥袖四十斤鐵椎，椎殺晉鄙，公子遂將晉鄙軍。」列士傳：「秦召公子無忌。無忌不行，使朱亥奉璧。秦王大怒，將朱亥著虎圈中。亥瞋目視虎，虎不敢動。」（太平御覽一九七又四三六又四八三引〔三六六誤作列仙傳〕）

〔二〕「俚俠」，太平御覽三五一引作「貍豺」。照按：孟賁水行不避蛟龍，陸行不避虎兕（見尸子〔史記袁盎傳索隱引〕、說苑佚文（文選馬融長笛賦、鄒陽上吳王書、司馬相如上書諫獵李注引）、新序佚文（太平御覽四三七引），能生拔牛角（見帝王世紀（孟子公孫丑上孫疏引）及漢書音義（後漢書馮衍傳上李注引））；馮婦善搏虎（見孟子盡心下）。則此文當以御覽所引作「貍豺」爲是。若如今本，便空泛矣。抱朴子佚文：「怯者得馮婦之刀戟，不能以格兕虎也。」（太平御覽四九九引）亦可證「俚俠」二字之非。

〔三〕楚辭九歌東君：「夜晈晈兮既明。」洪補注：「晈字从日，與皎同。」

抱朴子曰：「盤旋揖讓〔一〕，非禦寇之容；擐甲纓胄〔二〕，非廟堂之飾。垂紳振佩〔三〕，不可以揮刃爭鋒；規行矩步，不可以救火拯溺〔四〕。」

〔一〕盤旋，已見行品篇「盤旋成規矩」句箋。揖讓，已見譏惑篇「訓以揖讓」句箋。

〔二〕擐甲，已見用刑篇「擐犀兕之甲」句箋。說文糸部：「纓，冠系也。」段注：「冠系，可以系冠者也。系者，係也，以二組系於冠卷結頤下是謂纓。」又冃部：「胄，兜鍪也。」段注：「㒳部兜下曰：『兜鍪，首鎧也。』按：古謂之胄，漢謂之兜鍪，今謂之盔。」

〔三〕左傳桓公二年「鞶厲游纓」杜注：「鞶，紳帶也。」正義：「以帶束要（腰）垂其餘爲飾，謂之紳。」禮記玉藻：「古之君子必佩玉。」又：「凡帶必有佩玉。」孟子萬章下「金聲而玉振之也」趙注：「振，揚也。」

〔四〕晉書潘尼傳：「（釋奠頌）二學儒官，搢紳先生之徒，垂纓佩玉，規行矩步者，皆端委而陪於堂下，以待執事之命。」鹽鐵論大論：「今欲以敦朴之時，治抏弊之民，是猶遷延而拯溺，揖讓而救火也。」文選王融永明十一年策秀才文：「拯溺無待於規行。」

抱朴子曰：「乾坤陶育，而庶物不識其惠者，由乎其益無方也。大人神化，而羣細不覺其施者，由乎治之於未有也〔一〕。故可知者，小也；易料者，少也〔二〕。」

〔一〕文子精誠：「老子曰：『天設日月，列星辰，張四時，調陰陽，日以暴之，夜以息之，風以乾之，雨露以濡之，其生物也，莫見其所養而萬物長。……此謂神明。是故聖人象之，其起福也，不見其所以而福起。』」（又見淮南子泰族）尸子貴言：「天地之道，莫見其所以長物而物長。……聖人之道亦然，其興福也，人莫之見而福興矣。」（羣書治要三六引）

〔二〕淮南子泰族：「凡可度者，小也；可數者，少也。」

抱朴子曰娥、英、任、姒，不以蠶織爲首稱〔一〕；湯、武、漢高，不以細行招近譽〔二〕。故澄視於三辰者〔三〕，不遑紆鑒於井谷；清聽於韶、濩者，豈暇垂耳於桑閒〔四〕。」

〔一〕尸子：「堯妻舜以娥皇，媵之以女英。」（太平御覽八一又一三五引（藝文類聚十一引作「妻之以媓，媵之以娥」））列女傳母儀有虞二妃傳：「有虞二妃者，帝堯之二女也。長娥皇，次女英。……舜猶內治，靡有姦意。……堯乃妻以二女，以觀厥內。」（史記五帝紀祇云「妻之二女」）詩大雅思齊：「思齊大任，文王之母。……大姒嗣徽音，則百斯男。」毛傳：「大姒，文王之妃也。」列女傳母儀周室三母傳：「大任者，文王之母，摯任氏中女也。王季娶爲妃。……大姒者，武王之母，禹後有莘姒氏之女。仁而明道，文王嘉之，親迎於渭。」禮記祭統：「王后蠶於北郊，以共純服。」穀梁傳桓公十四年傳：「王后親蠶以共祭服。」國語魯語下：「王后親織玄紞。」孟子滕文公下：「夫人蠶繅，以爲衣服。」

〔二〕湯，成湯。已見君道篇「則思桑林之引咎」句又「識弛網而悦遠」句及仁明篇「湯、武逆取而順守」句又「應天革命」句箋。武，武王。已見嘉遯篇「姬發所以革命」句箋。漢高，已見逸民篇「漢高雖細行多闕」等句箋。

〔三〕三辰，已見尚博篇「則景星之佐三辰也」句箋。

〔四〕韶、濩，亦見尚博篇「衆音雜而韶、濩和也」句箋。文選七發：「野獸聞之，垂耳而不能行。」桑閒，已見崇教篇「濮上北里」句箋。

抱朴子曰：「膚表或不可以論中，望貌或不可以核能。仲尼似喪家之狗〔一〕，公旦類朴斲之材〔二〕，咎繇面如蒙倛〔三〕，伊尹形若槁骸〔四〕，及龍陽、宋朝，猶土偶之冠夜光〔五〕，藉孺、董、鄧，猶錦紈之裹塵埃也〔六〕。」

〔一〕史記孔子世家：「孔子適鄭，與弟子相失，孔子獨立郭東門。鄭人或謂子貢曰：『東門有人，其顙似堯，其項類皋陶，其肩類子產，然自要以下不及禹三寸，纍纍若喪家之狗。』子貢以實告孔子。孔子欣然笑曰：『形狀，末也。而謂似喪家之狗，然哉！然哉！』」（又見論衡骨相、白虎通德論、家語困誓〔韓詩外傳九較詳，文亦有異，故未徵引。〕）集解：「王肅（家語注）曰：『喪家之狗，主人哀荒，不見飲食，故纍然而不得意。孔子生於亂世，道不得行，故纍然不得志之貌也。』韓詩外傳（九）曰：『喪家之狗，既斂而槨，有席而祭，顧望無人也。』」

〔二〕「斲」，祕府略八六八引作「斷」。照按：荀子非相：「周公之狀，身如斷菑。」楊注：「爾雅（釋木）云：『木立死曰椔。』椔與菑同。」則此以作「斷」爲是。愼本、盧本、柏筠堂本、叢書本、崇文本並作「斷」，未誤。當據改。（郝懿行曰：「〔大雅〕皇矣詩傳：『木立死曰菑。』菑者，植立之貌。周公背傴（當作僂，見論衡骨相、白虎通德論聖人、説文人部「僂」字下」，或曰韉僂（亦見說文「僂」字下」。其形曲折不能直立，故身如斷菑矣。」）

〔三〕 荀子非相：「仲尼之狀，面如蒙倛。」楊注：「倛，方相也。其首蒙茸然，故曰蒙倛。……韓侍郎（愈）云：『四目爲方相，兩目爲倛。』倛，音欺。」又：「皋陶之狀，色如削瓜。」楊注：「如削皮之瓜青綠色。」淮南子脩務：「皋陶馬喙。」高注：「喙若馬口。」論衡骨相：「皋陶馬口。」白虎通德論聖人：「皋陶鳥喙。」（劉子命相同）此文謂「咎繇面如蒙倛」，與上引諸書不同，蓋別有所本。咎繇、皋陶、皐陶，音讀無異，古多混用。

〔四〕 荀子非相：「伊尹之狀，面無須麋。」楊注：「麋與眉同。」「形若槁骸」與「面無須麋」亦不一致，未詳出自何書。

〔五〕 戰國策魏策四：「魏王與龍陽君共船而釣。龍陽君得十餘魚而涕下。王曰：『有所不安乎？如是何不相告也？』對曰：『臣無敢不安也。』王曰：『然則何爲涕出？』曰：『臣爲王之所得魚也。』王曰：『何謂也？』對曰：『臣之始得魚也，臣甚喜，後得又益大，今臣直欲棄臣前之所得矣。今以臣凶惡，而得爲王拂枕席。……四海之內，美人亦甚多矣，聞臣之得幸於王也，必褰裳而趨王，臣亦猶曩臣之前所得魚也，臣亦將棄矣。臣安能無涕出乎？』魏王曰：『誤有是心也，何不相告也？』於是布令於四境之內，曰：『有敢言美人者，族！』」左傳定公十四年：「衛侯（靈公）爲夫人南子召宋朝。」杜注：「南子，宋女也。朝，宋公子，舊通於南子。」論語雍也：「子曰：『不有祝鮀之佞，而有宋朝之美，難乎免於今之世矣！』」集解：「宋朝，宋之美人而善淫。」史記陳丞相世家：「平爲人長（大）美色。……絳侯、灌嬰等咸讒陳平曰：『平雖美丈夫，如冠玉耳，其中未必有也。』」集解：「漢書音義曰：『飾冠以玉，光好外見，中非所有。』」

〔六〕 「藉」，太平御覽八一五、事類賦十引作「籍」。照按：作「籍」與史記、漢書佞幸傳合，當據改。史記佞幸傳：「昔以色幸者多矣。至漢興，高祖至暴抗也，然籍孺以佞幸；孝惠時有閎孺。此兩人非有材能，徒以婉佞貴幸，與上卧起。……孝文時中寵臣，士人則鄧通。……鄧通，蜀郡南安人也，以濯船爲黄頭郎。……文帝説焉，尊幸之日異。……然鄧通無他能，不能有所薦士，獨自謹其身以媚上而已。」漢書佞幸董賢傳：「董賢字聖卿，雲陽人也。……爲人美麗自喜，哀帝望見，説其儀貌，識而問之，曰：『是舍人董賢邪？』因引上與語，拜爲黄門郎，繇是始幸。……賢寵愛日甚，爲駙馬都尉侍中，出則參乘，入御左右，旬月間賞賜絫鉅萬，貴震朝廷。常與上卧起。嘗晝寢，偏藉上褎，上欲起，賢未覺，不欲動賢，乃斷褎而起。其恩愛至此。賢亦性柔和便辟，善爲媚以自固。」莊子逍遥遊「塵埃也」成疏：「揚土曰塵，塵之細者曰埃。」

抱朴子曰：「勛、華不能化下愚，故教不行於子、弟〔一〕。辛、癸不能改上智，故惡不染於三仁〔二〕。」

〔一〕勛，放勛，帝堯。華，重華，帝舜。論語陽貨：「子曰：『唯上知與下愚不移。』」集解引孔安國曰：「上知不可使爲惡，下愚不可使彊賢。」孟子萬章上：「丹朱之不肖，舜之子亦不肖。」國語楚語上：「（士亹）對曰：『夫善在大子。大子欲善，善人將至；若不欲善，善則不用。故堯有丹朱，舜有商均。』」韋注：「朱，堯子，封於丹。均，舜子，封於商。」韓非子説疑：「其在記曰：『堯有丹朱，而舜有商均。』」淮南子脩務：「沈湎耽荒，不可教以道，不可喻以德，嚴父弗能正，賢師不能化者，丹朱、商均也。」高注：「丹朱，堯子。商均，舜子。」漢書劉向傳：「（上疏）雖有堯、舜之聖，不能化丹朱之子。」弟，謂舜弟象。已見本篇上文「是以不可以父母限重華」句箋。

〔二〕辛，殷紂。癸，夏桀。並已見崇教篇「辛、癸染乎推、崇，其亡忽焉」二句箋。三仁，已見官理篇「殷辛之臨三仁」句箋。

抱朴子曰：「至大有所不能變，極細有所不能奪。故冰霜肅殺，不能凋菽、麥之茂〔一〕；熾暑鬱陰〔二〕，不能消雪山之凍；飈風蕩海，不能使潛泉揚波；春澤榮物，不能使枯卉發華。」

〔一〕照按：「菽」字於此與時令不合，疑爲「薺」之誤。淮南子墜形：「菽夏生冬死，麥秋生夏死，薺冬生中〔而〕夏死。」高注：「豆，火也。夏火王而生，冬水王而死。麥，金也。金王而生，火王而死也。薺，水也。水王而生，土王而死也。」是冰霜肅殺季節，正爲薺生長期，而菽則已被刈取，何茂之有？菽麥連文，本書屢見（崇教〔此依藏本〕、交際、吴失等篇，均有菽麥連文辭句）。寫者蓋據以妄改，而昧其上下文意之不屬也。漢書禮樂志：「（郊祀歌）西顥沆碭，秋氣肅殺。」顏注：「沆碭，白氣之貌也。」文選西京賦：「於是孟冬作陰，寒風肅殺。」薛注：「寒氣急殺於萬物。孟冬十月，陰氣始盛，萬物彫落。」

〔二〕陳其榮曰：「（『鬱陰』）盧本作『鬱隆』。榮案：鬱隆，即詩雲漢篇所謂蘊隆也。當據改。」照按：藏本、吉藩本、慎本、舊寫本、文溯本並作鬱隆，未誤。陳説是。前用刑篇有「袗㕁寒之裘，以禦鬱隆之暑」語，其切證也。詩大雅雲漢：「旱既大甚，蘊隆蟲蟲。」毛傳：「蘊蘊而暑，隆隆而雷，蟲蟲而熱。」釋文：「蘊，韓詩作鬱。」馬瑞辰毛詩傳箋通釋：「爾雅釋言：『鬱，氣也。』李巡曰：『鬱，盛氣也。』荀子富國篇『使夏不宛暍』楊注：『宛讀爲鬱，暑氣也。』……蘊隆，謂暑氣鬱積而隆盛也。」

抱朴子曰：「泣血之寶，仰礛礑以擿景〔一〕；沈閭、孟勞，須楚砥以斂鋒〔二〕。騷駬待王、孫而致遠〔三〕，令質俟隱括而成德〔四〕。」

〔一〕泣血之寶，已見擢才篇「和氏所以抱璞而泣血」句箋。文子上德：「璧瑗之器，礛礑之功也。」淮南子説山：「玉待礛諸而成器。」高注：「礛諸，攻玉之石。……礛，廉，或直言藍也。」又説林：「璧瑗成器，礛諸之功。」高注：「礛諸，治玉之石。詩（小雅鶴鳴）云：『他山之石，可以爲錯。』礛，讀一曰廉氏之廉。」又脩務：「玉堅無敵，鏤以爲獸，首尾成形，礛諸之功。」高注：「礛諸，治玉之石。……是礛讀廉氏之廉。一曰：濫也。」説文厂部：「厱，厱諸，治玉石也。从厂，僉聲。讀若藍。」廣雅釋器：「礛礸，礪也。」

〔二〕沈閭，已見本篇上文「立斷未獨沈閭、干將」句箋。穀梁傳僖公元年：「孟勞者，魯之寶刀也。」釋文：「孟勞，寶刀名。」廣雅釋器：「孟勞，刀也。」文子上德：「鏌鋣之斷割，砥礪之力也。」荀子性惡：「桓公之葱，大公之闕，……闔閭之干將、……辟閭，此皆古之良劍也，然而不加砥厲，則不能利。」淮南子脩務：「劍待砥而後能利。」高注：「砥，厲石也。」

〔三〕照按：「駟」字於此不可解，當爲「駬」之形誤。騮，華騮，一作華駵或驊騮。駬，綠耳，一作騄耳或騄駬。華騮、綠耳，並古駿馬名。華騮，已見尚博篇「故不得騁驊騄之迹於千里之塗」句箋。綠耳，已見官理篇「騄駬之騁逸迹」句箋。王，王良。左傳哀公二年：「郵無恤御簡子。」杜注：「郵無恤，王良也。」孟子滕文公下：「昔者趙簡子使王良與嬖奚乘。」趙注：「王良，善御者也。」孫，孫陽，伯樂姓名。已見嘉遯篇「孫陽之恥也」句箋。漢書敘傳上：「（答賓戲）良、樂軼於相馭。」顔注：「良，王良也。樂，伯樂也。軼與逸同。相，相馬也。馭，善馭也。」孟堅以良、樂並舉，與稚川以王、孫並舉同。（俞正燮癸巳存稿七伯樂條有説，可參閱。）

〔四〕隱括，已見交際篇「隱括修則枉刺之疾消矣」句箋。

抱朴子曰：「棲鸞戢鷟〔一〕，雖飢渴而不顧籠委於庖人之室；乘黄、天鹿〔二〕，雖幽飢而不樂蒭秣於濯龍之廏〔三〕。是以掇蜩之叟，忘萬物於芳林〔四〕；垂綸之生，忽執珪於南楚〔五〕。」

〔一〕鸑，鸑鳥，鳳皇屬。已見嘉遯篇「夫鸑不絓網」句箋。國語周語上：「周之興也，鸑鷟鳴於岐山。」韋注：「三君（賈逵、虞翻、唐固）云：『鸑鷟，鸑鳳之別名也。』」詩小雅鴛鴦：「鴛鴦在梁，戢其左翼。」鄭箋：「戢，斂也。」

〔二〕乘黃，傳說中神馬，有騰黃、吉光等異名。已見逸民篇「騰黃不引犁」句及本篇上文「吉光飢渴於冰霜之野」句箋。天鹿，傳說中神獸。海內十洲記：「聚窟洲……又有獅子、辟邪、鑿齒、天鹿、長牙、銅頭、鐵額之獸。」抱朴子內篇祛惑：「又有神獸：名獅子、辟邪、天鹿、焦羊、銅頭、鐵額、長牙、鑿齒之屬。」

〔三〕照按：「蒭」，「芻」之俗（芻已从艸，不必再加艸頭）。它篇之「芻蕘」、「芻豢」皆作「蒭」，此亦應爾。當校正。周禮天官大宰：「以九式均節財用：……七曰芻秣之式。」鄭注：「芻秣，養牛馬禾穀也。」又夏官廋人：「馬八尺以上爲龍。」文選顏延之赭白馬賦：「處以濯龍之奧。」李注：「盧植集曰：『詔給濯龍廏馬三百匹。』鄭玄尚書注曰：『奧，內也。』」（當是堯典「厥民隩」注）張銑曰：「濯龍，內廏名。」

〔四〕莊子達生：「仲尼適楚，出於林中，見痀僂者承蜩，猶掇之也。仲尼曰：『子巧乎！有道邪？』曰：『我有道也。五六月，累丸二而不墜，則失者錙銖；累三而不墜，則失者十一；累五而不墜，猶掇之也。吾處身也，若厥株拘；吾執臂也，若槁木之枝。雖天地之大，萬物之多，而唯蜩翼之知。吾不反不側，不以萬物易蜩之翼，何爲而不得？』孔子顧謂弟子曰：『用志不分，乃凝於神。其痀僂丈人之謂乎！』」（又見列子黃帝）釋文：「蜩，音條。蟬也。掇，拾也。五六月，司馬（彪）曰：『黏蟬時也。累，謂累之於竿頭也。』」

〔五〕垂綸之生，已見嘉遯篇「故漆園垂綸，而不顧卿相之貴」句箋。

抱朴子曰：「方圓舛狀，逝止異歸〔一〕。故渾象尊於行健〔二〕，坤后貴於安貞〔三〕。七政四氣，以周流成功〔四〕。五嶽六柱，以峙靜作鎮〔五〕。是以宋墨、楚申，以載馳存國〔六〕；干木、胡明，以無爲折衝〔七〕。」

〔一〕尹文子大道上：「圓者之轉，非能轉而轉，不得不轉也；方者之止，非能止而止，不得不止也。」淮南子原道：「員者常轉，自然之勢也。」（文心雕龍定勢：「圓者規體，其勢也自轉；方者矩形，其勢也自安。」）

〔二〕渾象，指天。易說卦：「乾，天也。」又乾：「象曰：『天行健，君子以自强不息。』」正義：「行者，運動之稱；健者，强壯之名。……萬物壯健，皆有衰怠。唯天運動，日過一度。蓋運轉混沒，未曾休息，故云天行健。」

〔三〕坤后，指地。易說卦：「坤也者，地也。」左傳僖公十五年：「晉大夫三拜稽首曰：『君（秦穆公）履后土而戴皇天。』」是后土亦指地。易坤：「象曰：『……安貞之吉，應地无疆。』」正義：「安，謂安靜。貞，謂貞正。地體安靜而貞正，人若得靜而能正，即得其吉，應合地之无疆，是慶善之事也。」

〔四〕七政，已見君道篇「是以七政不亂象於玄極」句箋。禮記樂記：「動四氣之和，以著萬物之理。」正義：「動四氣之和者，謂感動四時之氣序之和平，使陰陽順序也。以著萬物之理者，樂既和平，故能成萬物之道理，謂風雨順，寒暑時，鬼神降其福，萬物得其所也。」易繫辭下：「變動不居，周流六虛。」正義：「言陰陽周徧流動。」

〔五〕爾雅釋山：「泰山爲東嶽，華山爲西嶽，霍山爲南嶽，恆山爲北嶽，嵩高爲中嶽。」尚書大傳：「五嶽，謂岱山、霍山、華山、恆山、嵩山也。」（白虎通德論巡守引）照按：「六」當作「八」。古籍中無言「六柱」者。楚辭天問：「八柱何當？」王注：「天有八山爲柱。」洪補注：「河圖言：『崑崙者，地之中也。地下有八柱。』淮南子云：『天有九部八紀，地有九州八柱。』（今本墬形篇誤作八極）」河圖括地象：「崑崙山之東北地轉下三千六百里，有八玄幽都，方二十萬里，地下有八柱。」（太平御覽三六引，博物志一、文選海賦李注引作四柱）又：「天有九部八紀，地有九州八柱。」（藝文類聚六、初學記五又八、太平御覽三六又一五七引）並其證也。（河圖始開圖作四柱（見古微書），因與上「七政四氣」句複四字，故不取。）抱朴子佚文：「地有八柱。」（事類賦六引）是此文原作「八柱」無疑也。峙靜，言其巋然不動。

〔六〕宋墨，已見本篇上文「是以墨翟以重繭怡顏」句箋。左傳定公四年：「初，伍員與申包胥友。（杜注：「包胥，楚大夫。」）其亡也，謂申包胥曰：『我必復楚國！』（杜注：「復，報也。」）申包胥曰：『勉之！子能復之，我必能興之。』及昭王在隨，申包胥如秦乞師，曰：『吳爲封豕長蛇，以薦食上國，虐始於楚，寡君失守社稷，越在草莽，使下臣告急，曰：「夷德無厭，若鄰於君，疆埸之患也。……若以君靈，撫之，世以事君。」』秦伯使辭焉，曰：『寡人聞命矣。子姑就館，將圖而告。』對曰：『寡君越在草莽，未獲所伏，下臣何敢即安？』立依於庭牆而哭，日夜不絕聲。勺飲不入口七日。秦哀公爲之賦無衣。九頓首而坐。秦師乃出。」又定公五年：「申包胥以秦師至。秦子蒲、子虎帥車五百乘以救楚。……楚子（昭王）入于郢。」淮南子脩務：「吳與楚戰，……（申包胥）於是乃贏糧跣走，……曾繭重胝，七日七夜至於秦庭。鶴跱而不食，晝吟宵哭，……涕液交集，以見秦王，曰：『吳爲封豨脩蛇，蠶食上國，虐始於楚。寡君失社稷，越在草茅，……使下臣告急。』秦王乃發車千乘，步卒七萬，屬之子虎。踰塞而東，擊吳濁水之上，果大破之，以存楚國。」（又見新序節士。戰國策楚策一文略同，申包胥作棼冒勃蘇。）詩鄘風載馳：「載馳載驅，歸唁衛侯。」毛傳：「載，辭也。弔失國曰唁。」漢書敘傳上：「（幽通賦）申重繭以存荆。」顏注：「申謂申包胥。荆即楚也。」

〔七〕干木，已見逸民篇「軾陋巷以退秦兵者」句箋。三國志魏書管寧傳：「潁川胡昭，字孔明。……昭乃轉居陸渾山中，躬耕樂道，以經籍自娛，閭里敬而愛之。建安二十三年，陸渾長張固被書調丁夫，當給漢中。百姓惡憚遠役，並懷擾擾。民孫狼等因興兵殺縣主簿，作爲叛亂，縣邑殘破。固率將十餘吏卒，依昭住止，招集遺民，安復社稷。狼等遂南附關羽。羽授印給兵，還爲寇賊，到陸渾南長樂亭，自相約誓言：『胡居士賢者也，一不得犯其部落。』一川賴昭，咸無怵惕。」折衝，已見君道篇「韓、白畢力以折衝」句箋。

抱朴子曰：「得意於丘園者，身否而神泰；役己以恤物者，形逸而心勞。故抱甕灌園者，歡於台宰〔一〕；嘔餐茹薇者，美乎鼎食〔二〕；仗策去幽者，形如腒腊〔三〕，夜以待旦者，勤憂損命〔四〕。」

〔一〕莊子天地：「子貢南遊於楚，反於晉，過漢陰，見一丈人方將爲圃畦，鑿隧而入井，抱甕而出灌。」釋文：「李（頤）云：『菜蔬曰圃。……埒中曰畦。』」說文（田部）云：「五十畝曰畦。」史記鄒陽傳：「（獄中上書）於陵子仲辭三公爲人灌園。」集解引列士傳曰：「楚於陵子仲，楚王欲以爲相，而不許，爲人灌園。」台，已見安貧篇「雖復設之以台鼎」句箋。宰，宰相。

〔二〕玉篇口部：「嘔，歌也。」文選王儉褚淵碑文：「餐東野之祕寶。」李注：「餐，美也。」廣雅釋詁二：「茹，食也。」陸璣毛詩草木鳥獸蟲魚疏：「薇，山菜也。莖葉皆似小豆，蔓生，其味亦如小豆藿，可作羹，亦可生食。」（詩召南草蟲正義、史記伯夷傳正義引）嘔餐茹薇，蓋用伯夷、叔齊采薇、作歌事。史記伯夷傳：「其傳曰：『伯夷、叔齊，孤竹君之二子也。……義不食周粟，隱於首陽山，采薇而食之。及餓且死，作歌。其辭曰：「登彼西山兮，采其薇矣。以暴易暴兮，不知其非矣。神農、虞、夏忽焉没兮，我安適歸矣？于嗟徂兮，命之衰矣！」遂餓死於首陽山。』」（論語季氏：「伯夷、叔齊餓於首陽之下，民到於今稱之。」）漢書王貢兩龔鮑傳序：「昔武王伐紂，遷九鼎於雒邑，伯夷、叔齊薄之，餓於首陽，不食其祿。」鼎食，已見守塉篇「而足於鼎食矣」句箋。

〔三〕「仗」，魯藩本作「杖」。照按：「杖」字是。諸書言太王避狄去豳事，或云「杖策」（見莊子讓王、呂氏春秋審爲、淮南子道應又泰族、孔叢子居衛），或云「策仗」（見尚書大傳〔詩大雅緜正義引〕）。若原是「仗」字，作「仗策」固可，作「策仗」，則不可解矣。逸民篇「古公杖策而捐之」，尤爲切證（交際、内篇暢玄並有「杖策」之文）。說文木部：「杖，持也。」方言二：「木細枝曰策。」杖策去豳，已見逸民篇「古公杖策而捐之」句箋。形如腒腊，未詳所出。（論衡道虚：「世稱堯若腊，舜若腒，心愁憂苦，形體羸癯。」又語增：「傳語曰：『聖人憂世深，思事勤，愁擾精神，感動形體，故稱堯若腊，舜若腒。』」傅子：「堯如腊，舜如腒。」〔北堂書鈔一四五引〕張顯析言論：「古諺云：『堯、舜至聖，身如脯腊。』」〔太平御覽八十又三七八引〕）說文肉部：「腒，北方謂鳥腊腒。从肉，居聲。傳曰：『堯如腊，舜如腒。』」又日部：「昔，乾肉也。……腊，籀文从肉。」

〔四〕孟子離婁下：「周公思兼三王，以施四事；其有不合者，仰而思之，夜以繼日；幸而得之，坐以待旦。」趙注：「坐以待旦，言欲急施之也。」

抱朴子曰：「仁忍有天淵之絶，善否猶有無之覺。騶虞側足以蹈虚〔一〕，豺狼掩羣以害生，虞卿捐相印以濟窮〔二〕，華公讓三事以推賢〔三〕，李斯疾勝己而殺韓非〔四〕，龐涓患不如而刑孫臏〔五〕。」

〔一〕騶虞，已見吳失篇「騶虞翳於冥昧」句箋。側足蹈虚，指「不履生草」。文選西都賦：「接翼側足。」

〔二〕史記虞卿傳：「虞卿者，游説之士也。躡蹻擔簦，説趙孝成王。一見，賜黄金百鎰，白璧一雙；再見，爲趙上卿，故號爲虞卿。……虞卿既以魏齊之故，不重萬户侯、卿相之印，與魏齊閒行，卒去趙，困於梁。」又范雎傳：「昭王乃遺趙王書曰：『王之弟（平原君）在秦，范君（范雎）之仇魏齊在平原君之家。王使人疾持其頭來；不然，吾舉兵而伐趙，又不出王之弟於關。』趙孝成王乃發卒圍平原君家，急，魏齊夜亡出，見趙相虞卿。虞卿度趙王終不可説，乃解其相印，與魏齊亡，閒行，念諸侯莫可以疾抵者，乃復走大梁，欲因信陵君以走楚。」（又見風俗通義窮通）漢書叙傳上：「（答賓戲）虞卿以顧眄而捐相印也。」顔注引應劭曰：「魏齊爲秦所讎，迫急走趙，趙相虞卿與齊有故，然愍其窮，於是解相印，閒行與奔魏公子無忌也。」文選答賓戲李周翰注：「言以義相眄之間，乃棄相印而去也。」

〔三〕華公，謂華歆。三國志魏書華歆傳：「華歆字子魚，平原高唐人也。……魏國既建，爲御史大夫。文帝即王位，拜相國，封安樂鄉侯。及踐阼，改爲司徒。……黄初中，詔公卿舉獨行君子，歆舉管寧，帝以安車徵之。」魚豢魏略：「及（華）歆爲司徒，上書讓（管）寧。」（世説新語德行「管寧、華歆共園中鋤菜」條劉注引）詩小雅雨無正「三事大夫」正義：「故知三事大夫，唯三公耳。」司徒爲三公之一，故此文云讓三事以推賢。

〔四〕李斯殺韓非，已見時難篇「若乃李斯之誅韓非」句箋。

〔五〕龐涓刑孫臏，亦見時難篇「龐涓之刖孫臏」句箋。

抱朴子曰：「用得其長，則才無或棄；偏詰其短，則觸物無可。故輕羅霧縠〔一〕，治服之麗也，而不可以禦流鏑；沈閭、巨闕〔二〕，斷斬之良也，而不可以挑脚刺。」

〔一〕史記司馬相如傳：「（子虛賦）襞積褰縐，紆徐委曲」……

〔一〕史記司馬相如傳：「（子虛賦）襌纖羅，垂霧縠。」集解引郭璞曰：「言細如霧，垂以覆頭。」漢書司馬相如傳上顏注：「張揖曰：『縠縐如霧，垂以爲裳也。』師古曰：『纖，細也。霧縠者，言其輕靡如霧，非謂縐文。』」文選宋玉神女賦：「動霧縠以徐步兮。」李注：「縠，今之輕紗，薄如霧也。」

〔二〕沈閭，已見本篇上文「立斷未獨沈閭、干將」句箋。荀子性惡：「闔閭之干將、莫邪、鉅闕、辟閭，此皆古之良劍也。」新序雜事五：「辟閭、巨闕，天下之利器也。擊石不闕，刺石不銼。」越絶書越絶外傳記寶劍：「王（句踐）曰：然巨闕初成之時，吾坐於露壇之上，宮人有四駕白鹿而過者，車奔馬驚，吾引劍而指之，四駕上飛揚，不知其絶也，穿銅釜，絶鐵鑹，胥中決如粢米。故曰巨闕。」」曹子建集寶刀賦：「踰南越之巨闕。」

抱朴子曰：「小疵不足以損大器〔一〕，短疢不足以累長才〔二〕。日月挾蟲鳥之瑕，不妨麗天之景〔三〕；黄河合泥滓之濁，不害淩山之流〔四〕。樹塞不可以棄夷吾〔五〕，奪田不可以薄蕭何〔六〕，竊妻不可以廢相如〔七〕，受金不可以斥陳平〔八〕。」

〔一〕易繫辭上：「悔吝者，言乎其小疵也。」漢書平帝紀：「（元壽二年）大司馬莽秉政，百官總己以聽於莽。詔曰：『……令士厲精鄉進，不以小疵妨大材。』」顏注：「鄉讀曰嚮。疵，病也。」

〔二〕文子上義：「夫人情莫不有所短。成〔誠〕其大略是也，雖有小過，不以爲累也。」（又見淮南子氾論）

〔三〕照按：「鳥」當作「烏」，字之誤也。淮南子精神：「日中有踆烏，而月中有蟾蜍。」高注：「踆猶蹲也。謂三足烏。蟾蜍，蝦蟆。」又説林：「月照天下，蝕於詹諸。……烏力勝日。」高注：「詹諸，月中蝦蟆。食月，故曰食於詹諸。……烏在日中而見，故曰勝日。」春秋元命苞：「陽成於三，故日中有三足烏。」（開元占經五、藝文類聚一、太平御覽三引）又：「月之爲言闕也。兩設以蟾蜍與兔者，陰陽雙居，明陽之制陰，陰之倚陽。」（初學記三、太平御覽四引）史記褚補龜策傳：「日爲德而君於天下，辱於三足之烏。月爲刑而相佐，見食於蝦蟆。」並足證此文「烏」字之誤。易離：「彖曰：『離，麗也。日月麗乎天。』」又繫辭上：「縣象著明，莫大乎日月。」

〔四〕「合」，顧廣圻校改「含」。照按：「含」字是。本篇末段「滄海滉瀁，不以含垢累其無涯之廣」，廣譬篇「北溟以含垢稱大」，喻蔽篇「山海所以爲富者，含受雜錯也」，並其旁證。淩山之流，喻其洶涌奔騰。

〔五〕夷吾，管仲字。樹塞，已見逸民篇「樹塞反坫」句箋。

〔六〕史記蕭相國世家：「客有説相國曰：『君滅族不久矣。……上（高祖）所爲數問君者，畏君傾動關中。今君胡不多買田地，賤貰貸以自汙？上心乃安。』於是相國從其計，上乃大説。……何置田宅必居窮處，爲家不治垣屋。」

〔七〕相如竊妻，已見疾謬篇「王孫不嚴，有杜門之辱」二句箋。

〔八〕史記陳丞相世家：「絳侯、灌嬰等咸讒陳平曰：『……今日大王（高祖）尊官之，令護軍。臣聞平受諸將金，金多者得善處，金少者得惡處。……願王察之。』漢王疑之，召讓魏無知。無知曰：『臣所言者，能也；陛下所問者，行也。……楚、漢相距，臣進奇謀之士，顧其計誠足以利國家不耳。且盜嫂受金又何足疑乎？』……平曰：『……臣躶身來，不受金無以爲資。誠臣計畫有可采者，顧（願）大王用之；使無可用者，金具在，請封輸官，得請骸骨。』漢王乃謝，厚賜，拜爲護軍中尉，盡護諸將。」

抱朴子曰：「虎豹不能搏噬於波濤之中，螣蛇盧本作騰蛇不能登淩於不霧之日〔一〕，摯雉兔則鸞鳳不及鷹鷂，引耕犂則龍麟不逮雙峙〔二〕。故武夫勇士，無用乎晏如之世〔三〕；碩生逸才，不貴乎力競之運。」

〔一〕螣蛇游霧，已見任命篇「騰蛇不能無霧而電征」句箋。

〔二〕雙畤，謂頭上兩角。此指耕牛。

〔三〕史記司馬相如傳：「(難蜀父老)及臻厥成，天下晏如也。」漢書司馬相如傳下顏注：「晏，安也。」

抱朴子曰：「兩絆而項領，則騏騄與蹇驢同矣〔一〕。失林而居檻，則猨狖與貛貉等矣〔二〕。韜鋒而不擊，則龍泉與鉛刀均矣〔三〕。才遠而任近，則英俊與庸瑣比矣。若乃求千里之迹於縶維之駿〔四〕，責匠世之勳於劇碎之賢〔五〕，謂之不惑，吾不信也。」

〔一〕淮南子俶真：「是猶兩絆騏驥，而求其致千里也。」高注：「兩者，雙也。」文選吳質答東阿王書：「猶絆良驥之足，而責以千里之任。」項領，已見嘉遯篇「空谷有項領之駿者」句箋。騏、騄，駿馬名。商子畫策：「騏驎、騄耳，每一日走千里，有必走之勢也。」蹇驢，已見刺驕篇「所論薦則蹇驢蒙龍駿之價」句箋。

〔二〕韓非子說林下：「惠子曰：『置猿於柙中(意林一引「柙中」二字作「檻」)，則與豚同。』故勢不便，非所以逞能也。」淮南子俶真：「置猨檻中，則與豚同。非不巧捷也，無所肆其能也。」高注：「肆，極。」楚辭嚴忌哀時命：「置猨狖於櫺檻兮，夫何以責其捷巧。」王注：「言猨狖當居高木茂林，見其才力，而置之櫺檻之中，迫局之處，責其捷巧，非其理也。」說文木部：「檻，櫳也。从木，監聲。一曰圈。」段注：「圈者，養獸之閑。」猨、猿正俗字。狖，猿類(文選吳都賦「狖、鼯、猓然」劉注引異物志)。說文豸部：「貛，野豕也。」列子湯問「貉踰汶則死矣」釋文：「貉音鶴。似狐，善睡獸也。」

〔三〕照按：戰國策韓策一、史記蘇秦傳、淮南子人間、吴越春秋佚文（史記蘇秦傳集解引）、越絶書記寶劍並作「龍淵」。本書逸民、任命、尚博、文行四篇，亦作「龍淵」。內篇至理「龍泉（意林四引作「龍淵」）以不割常利」，則又作「龍泉」，與此同。蓋唐避高祖諱改而未校復者，當校正。鉛刀，已見尚博篇「龍淵、鉛鋌」句箋。

〔四〕詩小雅白駒：「皎皎白駒，食我場苗。縶之維之，以永今朝。」毛傳：「縶，絆。維，繫也。」

〔五〕照按：「匠」當作「匡」，已詳備闕篇「則匠世濟民之勳不著矣」條。

抱朴子曰：「捐荼茹蒿者，必無識甘之口。棄瓊拾礫者，必無甄珍之明。薄九成而悦北鄙者，吾知其不能格靈祇而儀翔鳳矣〔一〕。舍英秀而杖常民者，吾知其不能敘彝倫而臻升平矣〔二〕。」

〔一〕九成、儀翔鳳，已見安貧篇「簫韶未九成，靈鳥不紆儀也」二句箋。史記樂書：「紂爲朝歌北鄙之音，身死國亡。……夫朝歌者，不時也。北者，敗也。鄙者，陋也。紂樂好之，與萬國殊心。」説苑修文：「紂爲北鄙之聲，其廢也忽焉，至今王公以爲笑。」家語辯樂：「殷紂好爲北鄙之聲，其廢也忽焉，至于今，王公大人舉以爲誡。」周禮春官大司樂：「凡樂，函鍾爲宫，……咸池之舞，夏日至，於澤中之方丘奏之。若樂八變，則地示皆出，可得而禮矣。」又大宗伯：「大宗伯之職，掌建邦之天神、人鬼、地示之禮。」釋文：「示，音祇，本或作祇。」詩大雅抑：「神之格思。」毛傳：「格，至也。」

〔二〕照按：「杖」當作「仗」。史記春申君傳：「（上書）王（頃襄王）若負人徒之衆，仗兵革之彊，……臣恐其有後患也。」「仗常民」之「仗」與「仗兵革」之「仗」，意相若也。本書嘉遯篇「仗獨是以彈衆非」，疾謬篇「而仗氣力以求畏」，廣誓篇「仗法度者」，內篇論仙「仗其短淺之耳目」，又微旨「仗其短見」，並足證此文「杖」字之誤。書洪範：「彝倫攸敍。」孔傳：「常道所以次敍。」（史記宋微子世家作「常倫所序」）爾雅釋詁：「臻，至也。」升平，已見勗學篇「馳升平之廣塗」句箋。

抱朴子曰：「達乎通塞之至理者，不悁悒於窮否〔一〕；審乎自然之有命者，不逸豫於道行〔二〕。故縈抑淵洿，則遺慍悶之心；振耀宸扆〔三〕，而無得意之色。三仕三已，則其人也〔四〕。」

〔一〕楚辭九思憫上：「忿悁悒兮孰訴告。」（悁悒，亦作悁邑。後漢書文苑下邊讓傳：「議郎蔡邕深敬之，以爲讓宜處高任，乃薦於何進曰：『……邕竊悁邑，怪此寶鼎未受犧牛大羹之和，久在煎熬臠割之間。』」李注：「悁邑，憂憤也。」）

〔二〕詩小雅白駒：「爾公爾侯，逸豫無期。」毛傳：「爾公爾侯邪，何爲逸樂無期以反也。」漢書成帝紀：「（永始四年詔）或乃奢侈逸豫。」

〔三〕振耀宸扆，猶言顯揚於王庭。（後自敍篇有「耀藻九五」語）

〔四〕論語公冶長：「子張問曰：『令尹子文三仕爲令尹，無喜色；三已之，無慍色。舊令尹之政，必以告新令尹。何如？』子曰：『忠矣。』曰：『仁矣乎？』曰：『未知，焉得仁？』」集解引孔安國曰：「令尹子文，楚大夫，姓鬬，名穀，字於菟。」皇疏：「令尹，楚官名也。子文爲楚令尹，故曰令尹子文也。……已，謂黜止也。」（莊子田子方：「肩吾問於孫叔敖曰：『子三爲令尹，而不榮華；三去之，而無憂色。吾始也疑子，今視子之鼻間栩栩然，子之用心獨奈何？」成疏：「栩栩，歡暢之貌也。」呂氏春秋知分：「孫叔敖三爲令尹而不喜，三去令尹而不憂。」史記循吏傳：「(孫叔敖)故三得相而不喜，知其材自得之也；三去相而不悔，知非己之罪也。」(淮南子氾論：「孫叔敖三去令尹而無憂色，爵祿不能累也。」史記鄒陽傳：「(獄中上書)是以孫叔敖三去相而不悔。」)

抱朴子曰：「否泰繫乎運，窮達不足以論士〔一〕；得失在乎適偶，舊寫本無偶字 營辱不可以才量〔二〕。當作量才 時命不可以力求，遭遇不可以智違〔三〕。故尚父者，老婦之棄夫〔四〕。韓信者，乞食之餓子〔五〕。蕭公者，斗筲之吏〔六〕。黥布者，刑黜之亡隸〔七〕。當其行龍姿於虺蜥之中〔八〕，卷鳳翅乎斥鷃之羣〔九〕，則彼龍后〔一〇〕，謂爲其倫。」

〔一〕照按：「運」下當有「命」字，始能與下「得失在乎適偶」句相儷。漢書揚雄傳上：「遇不遇，命也。」又敘傳上：「(王命論)是故窮達有命。」宋書羊玄保傳：「太祖(文帝)嘗曰：『人仕宦非唯須才，然亦須運命。』」又沈攸之傳：「嘗歎曰：『早知窮達有命，恨不十年讀書。』」論衡命祿：「凡人遇偶及遭累害，皆由命也。」又：「貴賤在命。」劉子通塞：「命有否泰。」文選李康運命論：「夫治亂，運也；窮達，命也。」並足證此文「運」下合有「命」字。後應嘲篇「否泰有命」及窮達篇「通塞命也」二語，尤爲切證。

〔二〕孫星衍曰：「舊寫本無『偶』字。(『才量』)當作『量才』。」照按：「偶」字於此實不可少，舊寫本蓋鈔者誤漏(藏本原有「偶」字)耳。論衡幸偶：「夫足所不蹈，火所不及，未必善也，舉火行道，有適然也。……非工伎之人有愛憎也，刀斧(之)如(加)，有偶然也。……非庖廚、酒人有意異也，手指之調，有偶適也。」是此文之「適偶」，即論衡「適然」、「偶然」之省；「適偶」與「偶適」，辭意亦復相同，蓋皆謂其非必然也。又按：「才量」二字確係誤倒。書中言「量才」者不一而足，（本篇下文相隔僅一節，首句卽爲「量才而授者」。）當據乙。

〔三〕鄧析子無厚：「死生自命，貧富自時。怨夭折者，不知命也；怨貧賤者，不知時也。故臨難不懼，知天命也；貧窮無懾，達時序也。」列子力命：「死生自命也，貧窮〔富〕自時也。怨夭折者，不知命者也；怨貧窮者，不知時者也。當死不懼，在窮不戚，知命安時也。」劉子通塞：「命有否泰，遇有屈伸。……命至於屈，才通卽壅；遇及於伸，才壅卽通。通之來也，非其力所招；壅之至也，豈其智所迴？」（漢書敍傳上：「〔王命論〕不知神器有命，不可以智力求也。」）

〔四〕尚父老婦逐夫，已見逸民篇「且呂尚之未遇文王也，……老婦逐之」等句箋。

〔五〕韓信乞食餓子，已見備闕篇「淮陰良將之元也，而不能修農商，免飢寒」三句箋。

〔六〕照按：上下皆五字句，此句僅四字，當有闕脫。史記蕭相國世家：「蕭相國何者，……以文無害爲沛主吏掾。」是「吏」下合有「掾」字（或「吏」上脫去「小」字）。斗筲，已見本篇上文「則元凱與斗筲無殊」句箋。

〔七〕史記黥布傳：「黥布者，六人也，姓英氏。秦時爲布衣。少年，有客相之曰：『當刑而王。』及壯，坐法黥。布欣然笑曰：『人相我當刑而王，幾是乎？』人有聞者，共俳笑之。布已論輸麗山，麗山之徒數十萬人，布皆與其徒長豪桀交通，迺率其曹偶，亡之江中爲羣盜。陳勝之起也，布迺見番君，與其衆叛秦，聚兵數千人。……楚兵常勝，功冠諸侯。諸侯兵皆以服屬楚者，以布數以少敗衆也。……布欲引兵走漢，恐楚王殺之，故閒行與（隨）何俱歸漢。……項籍死，天下定。……布遂剖符爲淮南王。」

〔八〕國語吳語：「爲虺弗摧，爲蛇將若何！」韋注：「虺小，蛇大也。」說文虫部：「蝘，在壁曰蝘蜓（俗稱爲壁虎），在艸曰蜥易（俗稱爲四脚蛇）。」

〔九〕斥鷃，已見逸民篇「夫斥鷃不以蓬榛易雲霄之表」句箋。

〔一〇〕爾雅釋詁：「后，君也。」古以龍喻帝王。（易乾：「象曰：『……飛龍在天，大人造也。』」正義：「飛龍在天，猶聖人之在王位。」）龍后，指周文王、漢高祖。

抱朴子曰：「四靈翳逸，而爲隆平之符〔一〕；幽人嘉遁，而爲有國之寶〔二〕。何必司晨而銜鑣〔三〕，羈紲於憂責哉〔四〕！有用人之用也，無用，我之用也〔五〕。徇身者，不以名汨和；修生者，不以物累己。」

〔一〕禮記禮運：「何謂四靈？麟、鳳、龜、龍，謂之四靈。」正義：「謂之靈者，謂神靈。以此四獸皆有神靈，異於他物，故謂之靈。」文選東都賦：「卽土之中，有周成隆平之制焉。」李注：「春秋命歷序曰：『成、康之隆，醴泉涌出。』孝經鉤命決曰：『倶在隆平，優劣殊跡。』」呂向曰：「言我今就洛陽而都，有成王太平之制度。」

〔二〕幽人，隱士。已見嘉遯篇「養浩然於幽人之忤」句箋。易遯：「九五，嘉遯，貞吉。」正義：「嘉，美也。」釋文：「遯，又作遁，同。隱退也。」荀子大略：「口能言之，身能行之，國寶也。……治國者，敬其寶。」

〔三〕尸子：「使星司夜，月司時，猶使雞司晨也。」（藝文類聚一、海録碎事一引）淮南子說山：「雞知將旦。」論衡變動：「晨將旦而雞鳴。」陶淵明集述酒詩：「傾耳聽司晨。」文選陸機擬今日良宴會詩：「譬彼伺晨鳥，揚聲當及旦。」李注：「春秋考異郵曰：『……雞應旦明。』明與鳴同，古字通。」說文金部：「銜，馬勒口中也。」段注：「也當作者。革部曰：『勒，馬頭落銜也。』落謂絡其頭，銜謂關其口，統謂之勒也。其在口中者謂之銜。落以輅爲之，輅、生革也。銜以鐵爲之，故其字从金。」又：「鑣，馬銜也。」段注：「馬銜橫毌口中，其兩耑外出者系以鑾鈴。」司晨銜鑣，猶言雞鳴即起。

〔四〕左傳僖公二十四年：「子犯以璧授公子（重耳），曰：『臣負羈絏，從君巡於天下。』」杜注：「羈，馬羈。絏，馬繮。」釋文：「羈，說文（网部）云：『馬絡（今本作落）頭也。』絏，說文（糸部）云：『繫（今本作糸）也。』」正義：「巡於天下，用馬爲多，故主於馬耳。」阮元校勘記：「『臣負羈絏』，案說文（糸部）引作『臣負羈紲』，……石經避廟諱偏傍作絏。」國語晉語四：「從者爲羈紲之僕。」韋注：「馬曰羈，犬曰紲。言此二者臣僕之役。」憂責，已見本篇上文「名位高而憂責集」句箋。

〔五〕莊子人間世：「人皆知有用之用，而莫知無用之用也。」文子符言：「人皆以無用害有用。」（又見淮南子泰族）

抱朴子曰：「量才而授者，不求功於器外〔一〕；揆能而受者，不負責於力盡。故減熒燭者，不煩滄海；扛斤兩者，不事烏獲〔二〕。運薪葦鹽，不宜枉騏驥之脚；碎職瑣任，安足屈獨行之俊矣。」

〔一〕荀子儒效：「量能而授官。」（君道同）漢書董仲舒傳：「仲舒對曰：『……毋以日月爲功，試賢能爲上，量材而授官。』」「才」、「材」古通。禮記王制「各以其器食之」鄭注：「器，能也。」

〔二〕烏獲，已見臣節篇「非賁、獲之壯，不可以舉兼人之重」二句箋。

抱朴子曰：「甽澮之流，不能運大白之艘〔一〕；升合之器，不能容千鍾之物。熠燿不能竝表微之景〔二〕，常才不能別逸倫之器〔三〕。蓋造化所假〔四〕，聰明有本根也。」

〔一〕書益稷：「濬畎澮距川。」史記夏紀作「浚畎澮致之川。」集解引鄭玄曰：「畎澮，田間溝也。」漢書劉向傳：「（上封事）念忠臣雖在甽畝，猶不忘君。」顏注：「甽者，田中之溝也。……甽音工犬反，字或作畎，其音同耳。」畎，古文作甽。見廣韻二十七銑。莊子佚文：「今以木爲舟，則𥛢衛舟大白。」（司馬彪）注：『大白，舡（玉篇舟部：「舡，火江切，船也。」名也。』（北堂書鈔一三七引。（一切經音義八九引「𥛢」作「稱」、「大」作「太」，並引有注：「太白，亦船名也。」））蜀王本紀：「秦爲大白舡萬艘，欲以攻楚。」（書鈔一三七引。（初學記二五引「舡」作「船」，並引有注：「大白，船名。」）嚴輯全漢文五三僅據初學記而漏書鈔。）

〔二〕詩豳風東山：「熠燿宵行。」毛傳：「熠燿，燐也；燐，熒火也。」廣雅釋蟲：「景天、螢火，燐也。」古今註魚蟲：「螢火，一名耀夜，一名夜光，一名宵燭，一名景天，一名熠燿，一名燐。」表微之景，蓋指日月之光。孟子盡心上：「日月有明，容光必照焉。」趙注：「容光，小御也。言大明照幽微也。」纂要：「日光曰景。」注：「星月之光，通謂之景。」（初學記一、太平御覽三引）

〔三〕逸倫，猶絶倫，謂其才能超羣也。（文選赭白馬賦有「伊逸倫之妙足」語）

〔四〕淮南子精神「偉哉造化者」高注：「造化，謂天地也。」

抱朴子曰：「郢人美下里之淫鼃，而薄六莖之和音〔一〕；庸夫好悦耳之華譽，而惡利行之良規〔二〕。故宋玉舍其延靈之精聲〔三〕，智士招其獨見之遠謀〔四〕。」

〔一〕下里，已見審舉篇「令濮上、巴人反安樂之正音」句箋。淫鼃，已見擢才篇「以競顯於淫哇」句箋。漢書禮樂志：「顓頊作六莖。」白虎通德論禮樂：「顓頊曰六莖者，言和律麻以調陰陽；莖者，萬物也。」

〔二〕說苑正諫：「孔子曰：『……忠言逆於耳利於行。』」（史記留侯世家又淮南王安傳、鹽鐵論國疾、家語六本均有

此語）

〔三〕照按：「靈」疑「露」之誤。文選宋玉對楚王問：「其爲陽阿、薤露，國中屬而和者數百人。」（新序雜事一「薤露」作「采薇」〔「薇」字疑誤〕）「延露」，蓋卽「薤露」。淮南子人間：「夫歌采菱，發陽阿，鄙人聽之，不若延露以和（今本作「延路陽局」，此據文選吳都賦、長笛賦李注所引改）。」許注：「延露，鄙歌曲也。」文選吳都賦：「或超延露而駕辯。」又長笛賦：「下采制於延露、巴人。」又謝靈運擬鄴中詠（擬應瑒首）：「始奏延露曲。」並作「延露」。後知止篇「口吐采菱、延露之曲」，尤爲切證。文選七啟「紹陽阿之妙曲」，李注引淮南子人間篇文，誤「露」爲「靈」，與此同。

〔四〕「招」，舊寫本作「拓」。照按：「招」字與文意不符，作「拓」是。當據改。獨見，已見本篇上文「非獨見之奇識也」句箋。左傳莊公十年：「肉食者鄙，未能遠謀。」

抱朴子曰：「瓊、珉山積，不能無挾瑕之器〔一〕；鄧林千里，不能無偏枯之木〔二〕。論珍則不可以細疵棄巨美，語大則不可以少累廢其多。故叛主者良、平也，而吐六奇以安上〔三〕；羣盜者彭越也，而建弘勳於佐命〔四〕。」

〔一〕說文玉部：「瓊，亦（依段校）玉也。」又：「珉，石之美者。」禮記聘義：「瑕不揜瑜，瑜不揜瑕。」鄭注：「瑕，玉之病也。」管子水地：「（玉）瑕適，皆精也。」尹注：「瑕適，玉病也。以其精純，故不掩瑕適。」呂氏春秋舉難：「寸之玉必有瑕瓋（適）。」淮南子說林：「若珠之有纇，玉之有瑕，置之而全，去之而虧。」高注：「置其纇、瑕也。」文選潘尼贈陸機出爲吳王郎中令詩：「崑山何有？有瑤有珉。」又贈侍御史王元貺詩：「崑山積瓊玉。」

〔二〕鄧林，已見嘉遯篇「而錐鑽不可以伐鄧林」句箋。莊子盜跖：「禹偏枯。」成疏：「治水勤勞，風櫛雨沐，致偏枯之疾，半身不遂也。」荀子非相：「禹跳、湯偏。」楊注：「鄭（玄）注尚書大傳云：『湯半體枯。』」是此文謂鄧林之木中有枝榦偏枯者。

〔三〕史記留侯世家：「留侯張良者，其先韓人也。……居下邳，爲任俠。項伯常殺人，從良匿。後十年，陳涉等起兵，良亦聚少年百餘人。景駒自立爲楚假王，在留。良欲往從之，道遇沛公。沛公將數千人，略地下邳西，遂屬焉。沛公拜良爲廄將。……及沛公之薛，見項梁。項梁立楚懷王。良乃説項梁曰：『……而韓諸公子横陽君成賢，可立爲王，益樹黨。』項梁使良求韓成，立以爲韓王。以良爲韓申徒，與韓王將千餘人西略韓地，得數城，秦輒復取之。往來爲游兵潁川。沛公之從雒陽南出轘轅，良引兵從沛公，……與良俱南，攻下宛，西入武關。……漢元年正月，沛公爲漢王，王巴蜀。漢王賜良金百溢，珠二斗，良具以獻項伯。……漢六年正月，封功臣。良未嘗有戰鬬功，高帝曰：『運籌策帷帳中，決勝千里外，子房功也。自擇齊三萬户。』……乃封張良爲留侯。」又陳丞相世家：「陳丞相平者，陽武户牖鄉人也。……從少年往事魏王咎於臨濟，魏王以爲太僕。説魏王不聽，人或讒之，陳平亡去。久之，項羽略地至河上，陳平往歸之，從入破秦，賜平爵卿。……項王使項悍拜平爲都尉，賜金二十溢。居無何，漢王攻下殷（王）。項王怒，將誅定殷者將吏。陳平懼誅，乃封其金與印，使使歸項王，而平身閒行杖劍亡。……平遂至修武降漢。……用其奇計策，卒滅楚。……於是與平剖符，世世勿絶，爲户牖侯。……其後常以護軍中尉從攻陳豨及黥布。凡六出奇計，輒益邑，凡六益封。奇計或頗祕，世莫能聞也。」文選序：「留侯之發八難，曲逆之吐六奇。」張良無出六奇計事，稚川蓋連類及之，非史實也。

〔四〕彭越，已見本篇上文「操者非羽、越，則有自傷之患焉」二句箋。後漢書朱景王杜等傳論「稱爲佐命」李注：「易通卦讖曰：『黃佐命。』鄭玄注云：『黃者，火之子。佐命，張良是也。』」文選李陵答蘇武書：「其餘佐命立功之士，賈誼、亞夫之徒，皆信命世之才，抱將相之具。」張銑曰：「佐命，謂佐王命也。」李周翰曰：「命，名也。言其名流播於時代。」

抱朴子曰：「五嶽巍峩，不以藏疾傷其極天之高〔一〕；滄海滉瀁，不以含垢累其無涯之廣〔二〕。故九德尚寬以得衆〔三〕，宣尼汎愛而與進〔四〕。」

〔一〕五嶽，已見本篇上文「五嶽六柱，以峙靜作鎮」句箋。文選西京賦：「狀巍峩以岌嶫。」張銑曰：「嵬（與巍同）峩、岌嶫，高壯貌。」藏疾，已見君道篇「則匿瑕藏疾」句箋。極天之高，已見嘉遯篇「摧高則峻極穳淪」句箋。

〔二〕滄海，泛指大海。三國志吳書薛綜傳：「（上疏）加又洪流滉瀁，有成山之難，海行無常，風波難免。」（劉子觀量：「是以達者之懷，則滉瀁而無涯。」）曹子建集節遊賦：「望洪池之滉瀁。」玉篇水部：「瀁，余掌切，无涯際也。」廣韻三十七蕩：「滉，滉瀁，水皃。」集韻三十六養：「瀁，滉瀁，水皃。」又三十七蕩：「滉，水深廣皃。」通鑑魏紀四青龍元年（薛綜上疏）「加又洪流滉瀁」胡注：「滉瀁，水深廣貌。滉，户廣翻。瀁，以兩翻，又余亮翻。」

〔三〕書皋陶謨：「皋陶曰：『都！亦行有九德，亦言其人有德。』乃言曰：『載采采。』禹曰：『何？』皋陶曰：『寬而栗，柔而立，愿而恭，亂而敬，擾而毅，直而温，簡而廉，剛而塞，彊而義。彰厥有常，吉哉！』」（又見史記夏紀）論語堯曰：「寬則得衆。」

〔四〕宣尼，已見嘉遯篇「宣尼任則少卯梟」句箋。汎愛、與進，亦見嘉遯篇「汎愛與進」句箋。

抱朴子外篇校箋卷之三十九

廣譬

抱朴子曰：「立德踐言〔一〕，行全操清，斯則富矣，何必玉帛之崇乎〔二〕？高尚其志〔三〕，不降不辱〔四〕，斯則貴矣，何必青紫之兼拕也〔五〕？俗民不能識其度量，庸夫不得揣其銓衡，是則高矣，何必淩雲而蹈霓乎〔六〕？問者莫或測其淵流，求者未有覺其短乏，是則深矣，何必洞河而淪海乎？四海苟備〔七〕，雖室有懸磬之寠〔八〕，可以無羨乎鑄山而煑海矣〔九〕。身處鳥獸之羣〔一〇〕，可以不渴乎朱輪而華轂矣〔一一〕。」

〔一〕左傳襄公二十四年：「豹聞之：大上有立德，其次有立功，其次有立言，雖久不廢，此之謂不朽。」禮記曲禮上：「脩身踐言，謂之善行。」鄭注：「踐，履也，言履而行之。」

〔二〕照按：「崇」上疑脱「並」字，下文「何必青紫之兼拕也」句可證。（「並」、「兼」對舉，本書屢見。）並崇，謂璧玉與束帛。禮記禮器：「束帛加帛，尊德也。」又郊特牲：「束帛加璧，往德也。」穆天子傳一：「勞用束帛加璧。」郭注：「五兩爲一束。兩，今之二丈。」史記儒林申公傳：「於是天子（武帝）使使束帛加璧，安車駟馬迎申公。」

〔三〕易蠱：「上九，不事王侯，高尚其事。象曰：『不事王侯，志可則也。』」

〔四〕論語微子：「子曰：『不降其志，不辱其身，伯夷、叔齊與？』」集解引鄭玄曰：「言其直己之心，不入庸君之朝。」

〔五〕漢書揚雄傳下：「（解謿）紆青拕紫，朱丹其轂。」顏注：「青、紫，謂綬之色也。紆，縈也。拕，曳也。」文選解嘲李注引東觀漢記曰：「印綬，漢制：公侯紫綬，九卿青綬。」劉良曰：「紆，帶也。拕，服也。……青、紫，並貴者服飾也。」

〔六〕淩雲、蹈霓，皆喻其高。

〔七〕「海」，吉藩本、舊寫本作「德」。照按：「德」字極是。「海」蓋涉上句而誤。大戴禮記衛將軍文子：「孔子曰：『孝，德之始也；弟，德之序也；信，德之厚也；忠，德之正也。參（曾參）也，中夫四德者矣哉！』」（易乾文言之四德，似與此不洽，故未援引。）

〔八〕國語魯語上：「室如縣磬。」韋注：「縣磬，言魯府藏空虛，但有榱梁，如縣磬也。」（左傳僖公二十六年作「縣罄」。釋文：「縣，音玄。罄，亦作磬。」）爾雅釋言：「窶，貧也。」

〔九〕史記吳王濞傳：「吳有豫章郡銅山，濞則招致天下亡命者益（當依漢書濞傳作「盜」）鑄錢，煮海水爲鹽，以故無賦，國用富饒。」

〔一〇〕論語微子「鳥獸不可與同羣」集解引孔安國曰：「隱於山林是同羣。」

〔一一〕朱輪華轂，已見博喻篇「朱輪華轂」句箋。

抱朴子曰：「潛靈俟慶雲以騰竦〔一〕，棲鴻階勁風以凌虛，素鱗須姬發而躍〔二〕，白雉待公旦而來〔三〕，姜老值西伯而投磻溪之綸〔四〕，韓、英遭漢高乃騁撥亂之才〔五〕。」

〔一〕潛靈，謂龍。易乾：「（文言）雲從龍。」慶雲，一曰景雲。淮南子天文：「龍舉而景雲屬。」高注：「龍，水物也。雲生於水，故龍舉而景雲屬。屬，會也。」論衡寒温：「龍興而景雲屬。」楚辭七諫謬諫：「龍舉而景雲往。」王注：「景雲，大雲而有光者。……言神龍將舉陞天，則景雲覆而扶之，輔其類也。」

〔二〕素鱗，白魚。尚書大傳：「太子發上祭于畢，下至于盟津之上。……太子發升于舟，中流，白魚入于舟，王跪取出，俟以燎。羣公咸曰：『休哉！』」（太平御覽一四六引）史記周紀：「九年，武王上祭于畢，東觀兵，至于盟津。……武王渡河，中流，白魚躍入王舟中，武王俯取以祭。……是時，諸侯不期而會盟津者八百諸侯。」

〔三〕白雉事，已見尚博篇「召環、雉於大荒之外」句箋。

〔四〕尚書大傳：「周文王至磻溪，見呂望，文王拜之。尚父曰：『望釣得玉璜，刻曰：「周受命，呂佐檢，德合於今昌來提。」』」（初學記二二、太平御覽八三四引）韓詩外傳八：「太公望少爲人壻，老而見去。……釣於磻溪。文王舉而用之，封於齊。」水經渭水注：「渭水之右，磻溪水注之。水出南山茲谷，乘高激流，注于溪中，溪中有泉，謂之茲泉。泉水潭積，自成淵渚。卽呂氏春秋（謹聽）所謂『太公釣茲泉』也。……東南隅有一石室，蓋太公所居也。水次平石釣處，卽太公垂釣之所也。其投竿跽餌，兩膝遺跡猶存，是有磻溪之稱也。」

〔五〕韓，韓信，已見逸民篇「不可以爲不及韓、白矣」句箋。英，黥布，已見博喻篇「黥布者刑黜之亡隸」句箋。

抱朴子曰：「澄精神於玄一者，則形器可忘；邈高節以外物者，則富貴可遺。故支離之□，舊寫本空白一字，藏本不空，盧本作支離甕㼜。偉造化而怡顏〔一〕；北人、箕叟，棲嵩岫而得意焉〔二〕。」

〔一〕孫星衍曰：「〔『之』下〕舊寫本空白一字，藏本不空，盧本作『支離甕瓮』。」照按：吉藩本作「支離之徒」，是也。莊子人間世：「支離疏者，頤隱於臍，肩高於頂，會撮指天，五管在上，兩髀爲脅。挫鍼治繲，足以餬口；鼓筴播精，足以食十人。上徵武士，則支離攘臂而遊於其間；上有大役，則支離以有常疾不受功；上與病者粟，則受三鍾與十束薪。夫支離其形者，猶足以養其身，終其天年，又況支離其德者乎！」即此文所指。盧本作「支離甕瓮」，蓋據莊子德充符妄改。柏筠堂本、文溯本、叢書本、崇文本尤而效之，亦非。

〔二〕莊子讓王：「舜以天下讓其友北人无擇，北人无擇曰：『異哉！后之爲人也，居於畎畝之中，而遊堯之門，不若是而已，又欲以其辱行漫我。吾羞見之。』因自投清冷之淵。」（又見呂氏春秋離俗覽）淮南子齊俗：「北人無擇非舜，而自投清冷之淵。」許注：「北人無擇，古隱士也。非舜，非其德之衰也。」箕叟，謂許由。已見嘉遯篇「故堯、舜在上，而箕、潁有巢棲之客」二句箋。

抱朴子曰：「粗理不可浹全，能事不可畢兼〔一〕。故懸象明而可蔽〔二〕，山川滯而或移〔三〕，金玉剛而可柔，堅冰密而可離。公旦不能與伯氏跟絓於馮雲之峻〔四〕，仲尼不能與呂梁較伎於百仞之溪〔五〕。」

〔一〕呂氏春秋首時：「能不兩工。」說苑談叢：「能不兩隆。」

〔二〕易繫辭上：「縣象著明，莫大乎日月。」漢書敍傳下：「（天文志述）炫炫上天，縣象著明。」顏注：「縣，古懸字。」管子形勢解：「日月昭察萬物者也。天多雲氣，蔽蓋者衆，則日月不明。」文子上德：「日月欲明，浮雲蔽之。」淮南子齊俗：「日月欲明，浮雲蓋之。」又說林：「日月欲明，而浮雲蓋之。」

〔三〕莊子大宗師：「夫藏舟於壑，藏山於澤，謂之固矣；然而夜半有力者負之而走，昧者不知也。」淮南子俶真：「夫藏舟於壑，藏山於澤，人謂之固矣；雖然，夜半有力者負而趨，寐者不知。」高注：「趨，走。夜半有力者負舟與山走，故寐者不知也。」

〔四〕照按：「氏」爲「昏」之殘。莊子田子方：「列御寇爲伯昏无人射，引之盈貫，措杯水其肘上，發之，適矢復沓，方矢復寓。當是時，猶象人也。伯昏无人曰：『是射之射，非不射之射也。嘗與汝登高山，履危石，臨百仞之淵，若能射乎？』於是无人遂登高山，履危石，臨百仞之淵，背逡巡，足二分垂在外，揖御寇而進之。御寇伏地，汗流至踵。伯昏无人曰：『……今汝怵然有恂目之志，爾於中也殆矣夫！』」列子黃帝同。是伯氏當作伯昏，審矣。內篇釋滯：「伯昏躡億仞而企踵。」隸事同出一源，正作伯昏，尤爲切證。

〔五〕莊子達生：「孔子觀於呂梁，縣水三十仞，流沫四十里，黿鼉魚鼈之所不能游也。見一丈夫游之，以爲有苦而欲死也，使弟子並流而拯之。數百步而出，被髮行歌，而游於塘下。孔子從而問焉，曰：『吾以子爲鬼，察子則人也。請問蹈水有道乎？』曰：『亡，吾无道。吾始乎故，長乎性，成乎命，與齊俱入，與汨偕出。從水之道，而不爲私焉，此吾所以蹈之也。』孔子曰：『何謂始乎故，長乎性，成乎命？』曰：『吾生於陵而安於陵，故也；長於水而安於水，性也；不知吾所以然而然，命也。』」（又見列子黃帝〔說苑雜言、家語致思、列子說符有異〕）郭注：「此章言人有偏能，得其所能而任之，則天下無難矣。用夫無難，以涉乎生生之道，何往而不通也？」

抱朴子曰：「震雷不能細其音以協金石之和，日月不能私其耀以就曲照之惠〔一〕，大川不能促其涯以適速濟之情，五岳不能削其峻以副陟者之欲〔二〕。故廣車不能脅其轍以苟通於狹路〔三〕，高士不能撙其節以同塵於隘俗〔四〕。」

〔一〕禮記孔子閒居：「日月無私照。」周書周祝：「日之出也無私照。」呂氏春秋去私：「日月無私燭也。」

〔二〕爾雅釋山：「泰山爲東嶽，華山爲西嶽，霍山爲南嶽，恆山爲北嶽，嵩高爲中嶽。」「岳」、「嶽」同。

〔三〕戰國策西周策：「昔智伯欲伐厹由，遺之大鍾，載以廣車。」高注：「廣大車也。」

〔四〕禮記曲禮上：「是以君子恭敬撙節退讓以明禮。」鄭注：「撙，猶趨也。」釋文：「撙，祖本反。就也，向也。」老子第四章：「和其光，同其塵。」河上公注：「言雖有獨見之明，當知闇昧，不當以擢亂人也。常與衆庶同垢塵，不當自別殊。」

抱朴子曰：「陰陽以廣陶濟物，三光以普照著明〔一〕，嵩、華以藏疾爲曠，北溟以含垢稱大〔二〕，碩儒以與進弘道〔三〕，遠數以博愛容衆〔四〕。」

〔一〕淮南子原道：「紘宇宙而章三光。」高注：「章，明也。三光，日、月、星。」

〔二〕嵩，嵩山。華，華山。莊子逍遥遊「北冥有魚」釋文：「北冥，本亦作溟。北海也。」左傳宣公十五年：「諺曰：『高下在心，川澤納汙，山藪藏疾，瑾瑜匿瑕，國君含垢。』天之道也。」

〔三〕與進，已見嘉遯篇「汎愛與進」句箋。論語衛靈公：「子曰：『人能弘道，非道弘人。』」

〔四〕論語子張：「子張曰：『異乎吾所聞：君子尊賢而容衆，嘉善而矜不能。』」

抱朴子曰：「靈龜之甲，不必爲戰施；麟角鳳爪，不必爲鬬設。故雋生不釋劔於平世〔一〕，擊柝不輟備於思危〔二〕。」

〔一〕漢書雋不疑傳：「雋不疑字曼倩，勃海人也。治春秋，爲郡文學，進退必以禮，名聞州郡。武帝末，郡國盜賊羣起，暴勝之爲直指使者，衣繡衣，持斧，逐捕盜賊，督課郡國，東至海，以軍興誅不從命者，威振州郡。勝之素聞不疑賢，至勃海，遣吏請與相見。不疑冠進賢冠，帶櫑具劍，佩環玦，褒衣博帶，盛服至門上謁。門下欲使解劍，不疑曰：『劍者君子武備，所以衞身，不可解。請退。』吏白勝之。勝之開閤延請。」

〔二〕易繫辭下：「重門擊柝，以待暴客，蓋取諸豫。」韓注：「取其豫備。」釋文：「柝，他洛反。馬（融）云：『兩木相擊以行夜。』」集解引干寶曰：「卒誠之客，爲奸寇也。」（易林師之頤：「重門擊柝，備不速客。」左傳襄公十一年：「書（杜注：『逸書。』）曰：『居安思危。』思則有備，有備無患。」

抱朴子曰：「南金不爲處幽而自輕〔一〕，瑾瑶不以居深而止潔〔二〕。志道者不以否滯而改圖，守正者不以莫賞而苟合〔三〕。」

〔一〕南金，已見博喻篇「是以百鍊而南金不虧其真」句箋。

〔二〕說文玉部：「瑾，瑾瑜，美玉也。」又：「瑶，石（依段校）之美者。」

〔三〕漢書劉向傳：「（上封事）君子獨處守正，不撓衆枉。」說苑臣術：「義不苟合，位不苟尊。」

抱朴子曰：「登玄圃者〔一〕，悟丘阜之卑；浮溟海者〔二〕，識池沼之褊。披九典乃覺牆面之篤蔽〔三〕，闚至道乃知拘俗之多迷〔四〕。」

〔一〕玄圃，已見博喻篇「靈鶬振翅玄圃之峯」句箋。

〔二〕文選張協七命：「溟海渾濩涌其後。」李注引十洲記（扶桑蓬丘）曰：「東王所居處山外有員海，員海水色正黑，謂之溟（今本作冥）海。」呂向曰：「溟海，海名。」

〔三〕照按：「牆面」當作「面牆」，始能與下句之「拘俗」相儷。勗學篇「然後覺面牆之至困也」，崇教篇「面牆之徒」，交際篇「雖面牆庸瑣必及也」，疾謬篇「雖心覺面牆之困」，守堉篇「未喻面牆之巨拙」，內篇遐覽「鄙人面牆」，並作「面牆」，亦可證。九典，已見勗學篇「遊神九典」句箋。

〔四〕莊子漁父：「故聖人法天貴真，不拘於俗。」

抱朴子曰：「渾沌之原，無皎澄之流；毫釐之根，無連抱之枝；分寸之燼，無炎遠之熱；隙穴之中，無炳蔚之羣〔一〕；鈎曲之形，無繩直之影〔二〕；參差之上，無整齊之下〔三〕。」

〔一〕炳蔚，謂虎豹，已見安貧篇「被文如虎豹」句箋。

〔二〕管子宙合：「景不爲曲物直。」尹注：「物曲則影曲。」文子上德：「使影曲者，形也。」鹽鐵論申韓：「曲木惡直繩。」

〔三〕物理論：「語曰：『上不正，下參差。』」（意林五引）

抱朴子曰：「不覩瓊琨之熠爍，則不覺瓦礫之可賤；不覿虎豹之彧蔚，則不知犬羊之質漫。聆白雪之九成，然後悟巴人之極鄙〔一〕；識儒雅之汪濊〔二〕，爾乃悲不學之固陋。」

〔一〕新序雜事一：「客有歌於郢中者，其始曰下里、巴人，國中屬而和者，數千人；……其爲陽春、白雪，國中屬而和者，數十人而已也；引商刻角，雜以流徵，國中屬而和者，不過數人。是其曲彌高者，其和彌寡。」文選宋玉對楚王問李周翰曰：「下里、巴人，下曲名也。陽春、白雪，高曲名也。」九成，已見安貧篇「簫韶未九成」句箋。

〔二〕汪濊，已見鈞世篇「然不及上林、羽獵、二京、三都之汪濊博富也」句箋。

抱朴子曰：「無當之玉盌，不如全用之埏埴〔一〕；寸裂之錦黻，未若堅完之韋布〔二〕。故夏姬之無禮，不如孤逐之皎潔〔三〕；富貴之多罪，不如貧賤之履道。」

〔一〕韓非子外儲說右上：「堂谿公謂（韓）昭侯曰：『今有千金之玉巵，通而無當，可以盛水乎？』昭侯曰：『不可。』『有瓦器而不漏，可以盛酒乎？』昭侯曰：『可。』對曰：『夫瓦器至賤也，不漏，可以盛酒。雖有乎千金之玉巵，至貴，而無當，漏，不可盛水，則人孰注漿哉？』」說文皿部：「盌，小盂也。」玉篇皿部：「盌，亦作椀。」（俗作碗）當，底也。老子第十一章：「埏埴以爲器。」河上公注：「埏，和也。埴，土也。和土以爲飲食之器。」荀子性惡：「故陶人埏埴而爲器。」楊注：「陶人，瓦工也。埏，擊也。埴，黏土也。擊黏土而成器。埏，音羶。」

〔二〕韋布，已見安貧篇「而韋布不改」句箋。

〔三〕穀梁傳宣公十年：「陳靈公通於夏徵舒之家，公孫寧、儀行父亦通其家。或衣其衣，或衷其襦，以相戲於朝。」左傳宣公十年：「陳靈公與孔寧、儀行父飲酒於夏氏，公謂行父曰：『徵舒似女。』對曰：『亦似君。』徵舒病之。公出，自其廄射而殺之。」列女傳孽嬖陳（鄭）女夏姬傳：「陳女夏姬者，大夫夏徵舒之母也。其狀美好無匹，內挾伎術，蓋老而復壯者。三爲王后，七爲夫人，公侯爭之，莫不迷惑失意。」（陳漢章列女傳斠注下：「繼史通（雜說下）而攻此傳者，沈氏欽韓曰：『莊王未納，亦不稱后，大夫之妻，不稱夫人。……。』漢章謂『三』字屬上斷句，『老而復壯者三』，即『雞皮三少』也。『爲王后』、『爲夫人』上並當有『未』字，言未爲王后、未爲夫人，而公侯爭之。即謂陳靈公、楚莊王及楚令尹子反、申公巫臣等人。是王后、夫人皆爲公侯爭之，而有此稱。後人妄加『三』字『七』字，其誤已在唐以前，故集矢於中壘矣。」）又辯通齊孤逐女傳：「孤逐女者，齊即墨之女，齊相之妻也。初，逐女孤，無父母，狀甚醜。三逐於鄉，五逐於里，過時無所容。齊相婦死，逐女造襄王之門而見謁者，曰：『妾三逐於鄉，五逐於里，孤無父母，擯棄於野，無所容止。願當君王之盛顏，盡其愚辭。』……王曰：『善。』遂尊相，敬而事之，以逐女妻之。」

抱朴子曰：「猛獸不奮搏於度外，鷹鷂不揮翮以妄擊。若廟筭既內不揆德，進取又外不量力〔一〕，猶輕羽之没洪鑪〔二〕，飛雪之委沸鑊，朝菌之試干將〔三〕，羔犢之犯虣虎也〔四〕。」

〔一〕廟筭，已見博喻篇「廟筭不精」句箋。左傳隱公十一年：「度德而處之，量力而行之。」釋文：「度，待洛反。量，音良。」爾雅釋言：「揆，度也。」

〔二〕史記刺客荆軻傳：「鞠武曰：『……夫以鴻毛燎於爐炭之上，必無事矣。』」

〔三〕桓譚新論：「雍門周說孟嘗君曰：『以強秦之勢伐弱燕（韓），譬猶磨蕭斧以伐朝菌也。』」（文選魏都賦張注引）說苑善說：「雍門子周曰：『……夫以秦、楚之強，而報讎於弱薛，譬之猶摩蕭斧而伐朝菌也。』」朝菌，已見嘉遯篇「無朝菌之榮」句箋。干將，已見博喻篇「立斷未獨沈閭、干將」句箋。

〔四〕漢書鄒陽傳：「公孫獲遂見梁王（孝王）曰：『……夫以區區之濟北而與諸侯爭彊，是以羔犢之弱而扞虎狼之敵也。』」顏注：「區區，小貌也。」說文羊部：「羔，羊子也。」又牛部：「犢，牛子也。」玉篇虎部：「虣，步到切。今作暴。」廣韻三十七號：「暴，侵暴，猝也；急也。……虣，上同。周禮（地官大司徒）曰：『以刑教中，則民不虣。』」（集韻三十七號：「虣，強侵也。……通作暴。」）

抱朴子曰：「三辰蔽於天，則清景暗於地〔一〕；根荄蹷於此，則柯條瘁於彼〔二〕。道失於近，則禍及於遠；政繆於上，而民困於下。」

〔一〕三辰，已見尚博篇「則景星之佐三辰也」句箋。景，同影。

〔二〕韓詩外傳二：「草木根荄淺，未必撅也；飄風興，暴雨墜，則撅必先矣。」（說苑建本略同〔字句有衍、誤〕）漢書禮樂志：「（郊祀歌）青陽開動，根荄以遂。」顏注：「草根曰荄。……荄，音該。」左傳襄公十九年「是謂蹷其本」杜注：「蹷，猶拔也。」

抱朴子曰：「務於遠者，或失於近〔一〕；治其外者，或患生乎內。覆頭者，不必能令足不濡；蔽腹者，不必能令背不傷。故秦始築城遏胡〔二〕，而禍發幃幄〔三〕；漢武懸旌萬里〔四〕，而變起蕭牆〔五〕。」

〔一〕照按：以下文「或患生乎內」句例之，「於」上疑脫一字。

〔二〕史記秦始皇紀：「三十二年，……燕人盧生入海還，以鬼神事，因奏錄圖書，曰『亡秦者胡也』。始皇乃使將軍蒙恬發兵三十萬人北擊胡，略取河南地。……三十四年，適治獄吏不直者，築長城及南越地。」又蒙恬傳：「秦已并天下，乃使蒙恬將三十萬衆北逐戎、狄，收河南。築長城，因地形，用制險塞，起臨洮，至遼東，延袤萬餘里。」又淮南王安傳：「（伍）被曰：『……（秦）遣蒙恬築長城，東西數千里。』」又匈奴傳：「後秦滅六國，而始皇帝使蒙恬將十萬之衆北擊胡，悉收河南地。因河爲塞，築四十四縣臨河，徙適戍以充之。而通直道，自九原至雲陽，因邊山險塹谿谷可繕者治之，起臨洮至遼東萬餘里。」淮南子人間：「秦皇挾錄圖，見其傳曰：『亡秦者胡也。』因發卒五十萬，使蒙公、楊翁子將築修城，西屬流沙，北擊遼水。」許注：「挾，銷也。秦博士盧生使人海還，奏圖錄於始皇帝。蒙公，蒙恬也。楊翁子，秦將。」又秦族：「趙政……築修城以守胡。」許注：「趙政，秦始皇帝。」後漢書張衡傳：「(思玄賦)嬴擿讖而戒胡兮，備諸外而發內。」

〔三〕史記秦始皇紀：「三十七年，……七月丙寅，始皇崩於沙丘平臺。丞相斯爲上崩在外，恐諸公子及天下有變，乃祕之，不發喪。……趙高故嘗教胡亥書及獄律令法事，胡亥私幸之。高乃與公子胡亥、丞相斯陰謀破去始皇所封書賜公子扶蘇者，而更詐爲丞相斯受始皇遺詔沙丘，立子胡亥爲太子。更爲書賜公子扶蘇、蒙恬，數以罪，賜死。……行從直道至咸陽，發喪。太子胡亥襲位，爲二世皇帝。」又李斯傳：「其年(三十七年)七月，始皇帝至沙丘，病甚，令趙高爲書賜公子扶蘇曰：『以兵屬蒙恬，與喪會咸陽而葬。』書已封，未授使者，始皇崩。書及璽皆在趙高所，獨子胡亥、丞相李斯、趙高及幸宦者五六人知始皇崩，餘羣臣皆莫知也。……趙高因留所賜扶蘇璽書，而謂公子胡亥曰：『上崩，無詔封王諸子而獨賜長子書。長子至，卽立爲皇帝，而子無尺寸之地，爲之奈何？』……胡亥既然高之言，高曰：『不與丞相謀，恐事不能成，臣請爲子與丞相謀之。』……於是斯乃聽高。高乃報胡亥曰：『臣請奉太子之明命以報丞相，丞相斯敢不奉令！』於是乃相與謀，詐爲受始皇詔丞相，立子胡亥爲太子。……至咸陽，發喪，太子立爲二世皇帝。」

〔四〕漢書武帝紀：「孝武皇帝，景帝中子也。……(元朔)五年春，……大將軍衛青將六將軍兵十餘萬人出朔方、高闕，獲首虜萬五千級。……(元狩)二年，……遣驃騎將軍霍去病出隴西，至皋蘭，斬首八千餘級。……將軍去病、公孫敖出北地二千餘里，過居延，斬首虜三萬餘級。……三年，……大將軍衛青將四將軍出定襄，將軍去病出代，各將五萬騎。步兵踵軍後數十萬人。青至幕北圍單于，斬首萬九千級，至闐顏山乃還。去病與左賢王戰，斬獲首虜七萬餘級，封狼居胥山乃還。……元封元年冬十月，詔曰：『……西蠻北夷頗未輯睦，朕將巡邊垂，擇兵振旅，躬秉武節，置十二部將軍，親帥師焉。」行自雲陽，北歷上郡、西河、五原，出長城，北登單于臺，至朔方，臨北河。勒兵十八萬騎，旌旗徑千餘里，威震匈奴。」（漢書陳湯傳：「故宗正劉向上疏曰：『……〔湯〕縣旌萬里之外，揚威昆山之西。』」佚名獻帝傳：「〔進魏公爵爲魏王詔〕遏定西陲，懸旌萬里。」〔三國志魏書武帝紀裴注引〕）

〔五〕漢書武帝紀：「征和元年，……巫蠱起。二年，……按道侯韓説、使者江充等掘蠱太子宮。壬午，太子與皇后謀斬充，以節發兵與丞相劉屈氂大戰長安，死者數萬人。庚寅，太子亡，皇后自殺。」又戾太子據傳：「武帝末，衛后寵衰，江充用事。充與太子及衛氏有隙，恐上晏駕後爲太子所誅，會巫蠱事起，充因此爲姦。……充典治巫蠱，……充遂至太子宮掘蠱，得桐木人。……征和二年七月壬午，（太子）乃使客爲使者捕充等。按道侯説疑使者有詔〔詐〕，不肯受詔，客格殺説。御史章贛被創突亡，自歸甘泉。太子使舍人無且持節夜入未央宮殿長秋門，因長御倚華具白皇后，發中廄車載射士，出武庫兵，發長樂宮衛，告令百官曰江充反。乃斬充以徇，炙胡巫上林中。遂部賓客爲將率，與丞相劉屈氂等戰。長安中擾亂，言太子反，以故衆不肯附。太子兵敗，亡，不得。」蕭牆，已見漢過篇「微煙起於蕭牆」句箋。

抱朴子曰：「人才無定珍，器用無常道。進趨者以適世爲奇，役御者以合時爲妙。故玄冰結則五明捐〔一〕，隆暑熾則裘、鑪退〔二〕，高鳥聚則良弓發，狡兔多則盧、鵲走〔三〕，干戈興則武夫奮，韶、夏作則文儒起〔四〕。」

〔一〕文選李陵答蘇武書：「胡地玄冰。」劉良曰：「冰厚，故色玄。」崔豹古今註輿服：「五明扇，舜作也。……漢公卿士大夫皆得用之，晉非乘輿不得用也。」陸士衡集羽扇賦：「五明圓而風熲。」

〔二〕文選陸機從軍行詩：「隆暑固已慘，涼風嚴且苛。」李注引賈誼旱雲賦曰：「隆暑盛其無聊。」（古文苑三載有此賦）

〔三〕盧，韓盧。 鵲，宋鵲。 皆古代著名駿犬。 已見崇教篇「縱盧、猎以噬狡獸」句箋。

〔四〕韶（亦作招、九韶、簫韶），舜樂。 夏（亦作大夏），禹樂。 淮南子氾論：「舜九韶，禹大夏，……此樂之不同者也。」漢書禮樂志：「舜作招，禹作夏。」顏注：「招讀曰韶。」白虎通德論禮樂：「舜樂曰簫韶，禹樂曰大夏。」樂緯：「舜曰簫韶，禹曰大夏。」（禮記樂記正義、太平御覽五六六引）

抱朴子曰：「激脩流、揚朝宗者，不可以背五城而跨積石〔一〕；舒翠葉、吐丹葩者，不可以舍洪荄而去繁柯。 敗源失本，尠不枯汔〔二〕；叛聖違經，理不弘濟。」

〔一〕書禹貢：「江、漢朝宗于海。」孔傳：「二水經此州（荆州）而入海，有似於朝。 百川以海爲宗。 宗，尊也。」又：「浮于積石。」孔傳：「積石山在金城西南，河所經也。」五城，未詳。（內篇袪惑之「五城」係虛構，非此文所指。）

〔二〕淮南子說林：「塞其源者竭，背其本者枯。」說文水部：「汽，水涸也。」玉篇水部「汽」作「汔」，與此同。 廣雅釋詁一：「汔，盡也。」

抱朴子曰：「四瀆辯源，五河分流，赴卑注海，殊塗同歸〔一〕。 色不均而皆艷，音不同而咸悲〔二〕，香非一而竝芳，味不等而悉美〔三〕。」

〔一〕爾雅釋水：「江、河、淮、濟爲四瀆。 四瀆者，發源注海者也。」白虎通德論巡狩：「謂之瀆何？瀆者，濁也，中國垢濁，發源東注海，其功著大，故稱瀆也。」風俗通義山澤：「謹按：尚書大傳、禮三正記：『江、河、淮、濟爲四瀆』。瀆者，通也，所以通中國垢濁，民陵居，殖五穀也。」釋名釋水：「天下大水四，謂之四瀆，江、河、淮、濟是也。瀆，獨也，各獨出其所而入海也。」辯，別也（淮南子要略「好色無辯」許注）。淮南子說山：「江出岷山，河出昆侖，濟出王屋，潁出少室，漢出嶓冢，分流舛馳，注於東海。所行則異，所歸則一。」高注：「一，同也。」易繫辭下：「天下同歸而殊塗。」

〔二〕鶡冠子環流：「五色不同采，然其爲好齊也。五聲不同均，然其可喜一也。」

〔三〕鶡冠子環流：「酸鹹甘苦之味相反，然其爲善均也。」

抱朴子曰：「物貴濟事，而飾爲其末；化俗以德，而言非其本。故繇布可以禦寒，不必貂、狐；淳素可以匠物〔一〕，不在文辯〔二〕。」

〔一〕照按：「匠」疑「匡」之誤。爾雅釋言：「匡，正也。」匡物，謂匡正事物。（此誤匡物爲匠物，與前備闕篇之誤匡世爲匠世同。）

〔二〕文子微明：「治國有禮，不在文辯。」纘義：「治國有禮之初，不在於文華之辯。」淮南子道應：「治國有禮，不在文辯。」（王念孫謂「有禮」當作「在禮」）

抱朴子曰：「衝飈謐氣，則轉蓬山峙〔一〕；脩綱既舒，則萬目齊理〔二〕。故未有上好謙而下慢，主賤寶而俗貧。」

〔一〕照按：「飈」當作「飆」。从三犬之「飈」與从三火之「飆」，音義俱別，不能淆混。他篇皆作「衝飆」，惟此有誤，當校正。文選九歌少司命：「衝飆起兮水揚波。」呂延濟曰：「衝飆，暴風也。」（「衝飆」，楚辭作「衝風」。）爾雅釋詁：

「謐，靜也。」說文言部：「謐，一曰無聲也。」文選曹植雜詩：「轉蓬離本根，飄颻隨長風。」

〔二〕韓非子外儲說右下：「善張網者引其綱，不一一攝萬目而後得；一一攝萬目而後得，則是勞而難，引其綱而魚已囊矣。」

抱朴子曰：「事有緣微而成著〔一〕，物有治近而致遠。故修步武之池，而引沈鱗於江海〔二〕；豐朝陽之林，而延靈禽於丹穴〔三〕。設象於槃盂，而翠虯降於玄霄〔四〕；委灰於尺水，而望舒變於太極〔五〕。是以晉文回輪於勇蟲，而壯士雲赴〔六〕；句踐曲躬於怒鼃，而戎卒輕死〔七〕。九九顯，而扣角之俊至〔八〕；枯骨掩，而參分之仁洽〔九〕。」

〔一〕荀子大略：「積微者著。」

〔二〕國語周語下：「夫目之察度也，不過步武尺寸之間。」韋注：「六尺爲步，賈君（賈逵）以半步爲武。」沈鱗，指魚。

〔三〕爾雅釋山：「山東曰朝陽。」郭注：「旦即見日。」詩大雅卷阿：「鳳皇鳴矣，于彼高岡。梧桐生矣，于彼朝陽。」易林觀之謙：「高岡鳳皇，朝陽梧桐。」靈禽，指鳳皇。山海經南山經：「丹穴之山，……有鳥焉，其狀如雞，五采而文，名曰鳳皇。」

〔四〕莊子佚文：「子張見魯哀公，哀公不禮。去，曰：『君之好士，有似葉公子高之好龍也。葉公好龍，室屋彫文，盡以寫龍。於是天龍聞而下之，窺頭於牖，拖尾於堂。葉公見之，棄而退走，失其魂魄，五色無主。是葉公非好真龍也，好夫似龍而非龍也。今君之好士也，好夫似士而非士者也。』」（文選〔涵芬樓景印六臣注本〕任昉天監三年策秀才文李注引〔藝文類聚九六、白帖九五、太平御覽三八九又四七五又九二九、事類賦二八、合璧事類別集六三所引互有詳略」）新序雜事五：「子張見魯哀公，七日而哀公不禮。託僕夫而去，曰：『臣聞君好士，故不遠千里之外，犯霜露，冒塵垢，百舍重趼，不敢休息以見君，七日而君不禮。君之好士也，有似葉公子高之好龍也。葉公子高好龍，鉤以寫龍，鑿以寫龍，屋室雕文以寫龍。於是夫〔天〕龍聞而下之，窺頭於牖，拖尾於堂。葉公見之，棄而還走，失其魂魄，五色無主。是葉公非好龍也，好夫似龍而非龍者也。今臣聞君好士，故不遠千里之外以見君，七日不禮。君非好士也，好夫似士而非士者也。』」論衡亂龍：「楚葉公好龍，牆壁盂樽皆畫龍象，真龍聞而下之。」翠虯，謂龍，已見名實篇「翠虯淪乎九泉」句箋。玄霄，猶言高空。

〔五〕淮南子覽冥：「畫隨灰而月運闕。」高注：「運讀連圍之圍也。運者，軍也。將有軍事相圍守，則月運出也。以蘆草灰隨牖下月光中令圜畫，缺其一面，則月運亦缺於上也。」許注：「有軍事相圍守則月暈，以蘆灰隨暈環，闕其一面，則月暈亦闕於上也。」（藝文類聚一、初學記一、太平御覽四引）博物志二：「凡月暈隨灰畫之，隨所畫而闕。淮南子云，未詳其法。」漢書天文志「暈適背穴」顏注：「孟康曰：『暈，日旁氣也。』如淳曰：『暈讀曰運。』」後漢書蔡邕傳「（釋誨）元首寬則望舒朓」李注：「望舒，月也。」望舒變於太極，猶言月暈變於天上。

〔六〕韓詩外傳八：「齊莊公出獵，有螳蜋舉足將搏其輪。問其御曰：『此何蟲也？』御曰：『此是螳蜋也。其爲蟲知進而不知退，不量力而輕就敵。』莊公曰：『以爲人，必爲天下勇士矣！』於是迴車避之，而勇士歸之。」淮南子人間：「齊莊公出獵，有一蟲舉足將搏其輪。問其御曰：『此何蟲也？』對曰：『此所謂螳螂者也。其爲蟲也知進而不知却，不量力而輕敵。』莊公曰：『此爲人而必爲天下勇武矣！』迴車而避之。勇武聞之，知所盡死矣。……齊莊公避一螳螂，而勇武歸之。」（成公綏螳蜋賦：「距車輪而軒翥，固齊侯之所尚。」〔藝文類聚九七、太平御覽九四六引〕）據此，則「晉文」當作「齊莊」。（晉文公出獵遇大蛇事〔見新書春秋、新序雜事二、風俗通義怪神、博物志八〕，與此文不合。)列女傳辯通齊孤逐女傳:「逐女對曰:『……越王敬螳蜋之怒，而勇士死之。』」所屬之人亦非。

〔七〕句踐軾怒鼃，已見君道篇「軾怒鼃以勸勇」句箋。

〔八〕韓詩外傳三:「齊桓公設庭燎，爲使人欲造見者，朞年而士不至。於是東野鄙人有以九九見者，桓公使戲之曰:『九九足以見乎?』鄙人曰:『臣不以九九足以見也。臣聞君設庭燎以待士，朞年而士不至。夫士之所以不至者，君，天下之賢君也，四方之士，皆自以爲不及君，故不至也。夫九九薄能耳，而君猶禮之，況賢於九九者乎?夫太山不讓礫石，江海不辭小流，所以成其大也。詩(大雅板)曰:「先民有言，詢於芻蕘。」言博謀也。』桓公曰:『善。』乃因禮之。朞月，四方之士相導而至矣。」(又見說苑尊賢)戰國策佚文:「有以九九求見齊桓公，桓公不納。其人曰:『九九小術而君納之，況大於九九者乎?』於是桓公設庭燎之禮而見之。居無幾何，隰朋自遠而至，齊遂以霸。」(三國志魏書劉廙傳裴注引)列女傳辯通齊孤逐女傳:「逐女對曰:『昔者齊桓公尊九九之人，而有道之士歸之。』」漢書梅福傳:「(上書)臣聞齊桓之時有以九九見者，桓公不逆，欲以致大也。」顏注:「九九，算術，若今九章、五曹之輩。」扣角，已見嘉遯篇「或扣角以鳳歌」句及擢才篇「奇士扣角而見遏」句箋。

〔九〕掩枯骨，已見君道篇「昔周文掩未埋之骨，而天下稱其仁」二句箋。論語泰伯:「三分天下有其二，以服事殷。周之德，其可謂至德也已矣。」集解引包咸曰:「殷紂淫亂，文王爲西伯而有聖德，天下歸周者三分有二，而猶以服事殷，故謂之至德。」釋文:「參分，七南反。一音三，本又作三。」皇疏:「參，三也。天下有九州，文王爲雍州西伯，六州化屬文王，故云三分天下有二猶服事於殷也。」劉寶楠正義:「後漢書伏湛傳述此語，文選典引注引此文，並作參，則舊本皆爲參字。」

抱朴子曰:「膏壤在茇，而枯葉含榮;率俗以身，則不言而化〔一〕。故有唐以鹿裘臻太平〔二〕，齊桓以捐紫止奢競〔三〕，章華構而豐屋之過成〔四〕，露臺輟而玄默之風行〔五〕。」

〔一〕老子第二章：「是以聖人處無爲之事，行不言之教。」河上公注：「以身師導之也。」莊子知北遊：「夫知者不言，言者不知，故聖人行不言之教。」文子精誠：「聖人在上，懷道而不言，澤及萬民。故不言之教，芒乎大哉！」淮南子主術：「人主之術，處無爲之事，而行不言之教。」高注：「教，令也。謂不言而事辦也。」

〔二〕有唐鹿裘，已見君道篇「遵放勛之麤裘」句箋。

〔三〕尹文子大道上：「昔齊桓好衣紫，闔境不鬻異采。」韓非子外儲說左上：「齊桓公好服紫，一國盡服紫。當是時也，五素不得一紫。桓公患之，謂管仲曰：『寡人好服紫，紫貴甚，一國百姓好服紫不已，寡人奈何？』管仲曰：『君欲止之，何不試勿衣紫也。謂左右曰：「吾甚惡紫之臭。」』於是左右適有衣紫而進者，公必曰：『少卻，吾惡紫臭。』公曰：『諾。』於是日，郎中莫衣紫；其明日，國中莫衣紫；三日，境內莫衣紫也。」劉子從化：「昔齊桓公好衣紫，闔境不（原誤作「盡」，據法藏敦煌本改。）被異綵。」

〔四〕章華，已見君道篇「鑒章華之召災」句箋。易豐：「象曰：『豐，大也。』」又：「上六，豐其屋。」

〔五〕露臺，亦見君道篇「熾露臺之不果」句箋。漢書刑法志：「及孝文即位，躬脩玄默。」

抱朴子曰：「聰者料興亡於遺音之絶響〔一〕，明者覿機理於玄微之未形〔二〕。故越人見齊桓不振之徵，於未覺之疾〔三〕，箕子識殷人鹿臺之禍，於象箸之初〔四〕。」

〔一〕料興亡於遺音之絶響，已見清鑒篇「延州審清濁於千載之外」句及博喻篇「聰者貴於理遺音於千載之外，而得興亡之迹」二句箋。

〔二〕金匱：「明者見兆於未萌，智者避危於無形。」（文選司馬相如上書諫獵、阮瑀爲曹公作書與孫權、鍾會檄蜀文李注引）史記司馬相如傳：「（上疏）蓋明者遠見於未萌，而智者避危於無形。」後漢書馮衍傳上：「復說（廉）丹曰：『蓋聞明者見於無形，智者慮於未萌。』」

〔三〕史記扁鵲傳：「扁鵲者，勃海郡鄭（鄚）人也，姓秦氏，名越人。……（長桑君）乃悉取其禁方書盡與扁鵲，……扁鵲以其言飲藥三十日，視見垣一方人。以此視病，盡見五藏癥結，特以診脈爲名耳。爲醫或在齊，或在趙。在趙者名扁鵲。……扁鵲過齊，齊桓侯客之。入朝見，曰：『君有疾在腠理，不治將深。』桓侯曰：『寡人無疾。』扁鵲出，桓侯謂左右曰：『醫之好利也，欲以不疾者爲功。』後五日，扁鵲復見，曰：『君有疾在血脈，不治恐深。』桓侯曰：『寡人無疾。』扁鵲出，桓侯不悅。後五日，扁鵲復見，曰：『君有疾在腸胃間，不治將深。』桓侯不應。扁鵲出，桓侯不悅。後五日，扁鵲復見，望見桓侯而退走。桓侯使人問其故。扁鵲曰：『疾之居腠理也，湯熨之所及也；在血脈，鍼石之所及也；其在腸胃，酒醪之所及也；其在骨髓，雖司命無奈之何。今在骨髓，臣是以無請也。』後五日，桓侯體病，使人召扁鵲，扁鵲已逃走。桓侯遂死。」（又見新序雜事二〔韓非子喻老齊桓侯作蔡桓公〕）韋昭國語周語下「踣斃不振」注：「振，救也。」（魯語上「陷而不振」注同）

〔四〕史記宋世家：「箕子者，紂親戚也。」索隱：「馬融、王肅以箕子爲紂之諸父，服虔、杜預以爲紂之庶兄。」韓非子喻老：「昔者紂爲象箸而箕子怖。以爲象箸必不加於土鉶，必將犀玉之杯；象箸玉杯，必不羹菽藿，則必旄象豹胎；旄象豹胎，必不衣短褐而食於茅屋之下，則錦衣九重，廣室高臺。吾畏其卒，故怖其始。居五年，紂爲肉圃，設炮烙，登糟邱，臨酒池，紂遂以亡。故箕子見象箸以知天下之禍。」又說林上：「紂爲象箸而箕子怖。以爲象箸必不盛羹於土鉶，則必犀玉之杯；玉杯象箸，必不盛菽藿，則必旄象豹胎；旄象豹胎，必不衣短褐而舍茅茨之下，則必錦衣九重，高臺廣室也。稱此以求，則天下不足矣。聖人見微以知萌，見端以知末，故見象箸而怖，知天下不足也。」鹿臺之禍，見本篇下文「非徒牧野之功，倒戈之敗，鹿臺之禍」等句箋。

抱朴子曰：「二儀不能廢春秋以成歲，明主不能舍刑德以致治〔一〕。故誅貴所以立威，賞賤所以勸善。罰上達則姦萌破，而非藏本脫非字，各本有。懦弱所能用也；惠下逮則遠人懷，而非儉吝所能辦也。」

〔一〕 二儀，即兩儀。易繫辭上：「是故易有太極，是生兩儀。」正義：「不言天地而言兩儀者，指其物體；下與四象相對，故曰兩儀，謂兩體容儀也。」曹子建集惟漢行詩：「太極定二儀，清濁始以行。」范甯穀梁傳集解序：「該二儀之化育。」楊疏：「二儀，謂天地。」管子形勢解：「故春夏生長，秋冬收藏，四時之節也；賞賜刑罰，主之節也。四時未嘗不生殺也，主未嘗不賞罰也。」韓非子二柄：「明主之所導制其臣者，二柄而已矣。二柄者，刑、德也。」說苑政理：「治國有二機，刑、德是也。……故德化之崇者至於賞，刑罰之甚者至於誅。夫誅賞者，所以別賢不肖而列有功與無功也。故誅賞不可以繆，誅賞繆，則善惡亂矣。夫有功而不賞，則善不勸；有過而不誅，則惡不懼。善不勸，惡不懼，而能以行化乎天下者，未嘗聞也。」桓範政要論：「夫治國之本有二：刑也，德也。二者相須而行，相待而成矣。天以陰陽成歲，人以刑德成治。」（羣書治要四七引）楊泉物理論：「天地成歲也，先春而後秋；人君之治也，先禮而後刑。」（意林五引）

抱朴子曰：「浮滄海者，必精占於風氣，故保利涉之福〔一〕。善莅政者，必戰戰於得失，故享惟永之慶〔二〕。故闇君之所輕，蓋明主之所重也。亡國之所棄，則治世之所行也。」

〔一〕易需：「彖曰：『……利涉大川，往有功也。』」

〔二〕詩小雅小旻「戰戰兢兢」毛傳：「戰戰，恐也。」廣雅釋訓：「戰戰，懼也。」惟永之慶，已見博喻篇「規其寧之惟永」句箋。

抱朴子曰：「毫釐蹉於機，則尋常違於的〔一〕；與奪失於此，則善否亂於彼。邪正混倴，則彝倫攸斁〔二〕；功過不料，則庶績以崩〔三〕。故明君賞猶春雨，而無霖淫之失〔四〕；罰擬秋霜，而無詭時之嚴〔五〕。」

〔一〕古文苑揚雄并州牧箴：「宗周罔職，日用爽蹉。」章注：「蹉，跌也。」楊倞荀子王霸「此夫過舉蹞步而覺跌千里者夫」注：「跌，差也。」鬼谷子飛箝「爲之樞機」陶注：「機，所以主弩之放發。」左傳成公十二年「爭尋常以盡其民」杜注：「八尺曰尋，倍尋曰常。」荀子勸學「是故質的張而弓矢至焉」楊注：「的，正鵠也。」（正鵠，箭靶中心。）此二句以射喻也。文子精誠：「故君子〔人〕者其猶射者也，於此毫末，於彼尋丈矣。」淮南子主術：「故君人者其猶射者乎？於此豪末，於彼尋常矣。」箋此正合。

〔二〕書洪範：「帝乃震怒，不畀洪範九疇，彝倫攸斁。」孔傳：「畀，與。斁，敗也。」釋文：「斁，多路反。」范甯穀梁傳集解序「彝倫攸斁」釋文：「彝，常。倫，理也。」

〔三〕庶績，已見臣節篇「庶績其凝」句箋。

〔四〕韓非子主道：「是故明君之行賞也，曖乎如時雨。」左傳隱公元年：「凡雨，自三日以往爲霖。」爾雅釋天：「久雨謂之淫，淫謂之霖。」無霖淫之失，喻賞有節制。

〔五〕申鑒雜言上：「故人主以義申，以義屈也。喜如春陽，怒如秋霜。」漢書五行志中之下：「武帝元光四年四月，隕霜殺草木。」又：「元帝永光元年三月，隕霜殺桑。」無詭時之嚴，喻罰不妄加。

抱朴子曰：「明銓衡者，所重不可得誣也〔一〕；仗法度者，所愛不可得私也。故得人者，先得之於己者也；失人者，先失之於己者也。未有得己而失人，失己而得人者也〔二〕。」

〔一〕禮記經解：「故衡誠縣，不可欺以輕重。」鄭注：「衡，稱也。縣，謂錘也。」釋文：「縣，音玄。稱，尺證反。」正義：「衡，謂稱。衡縣，謂稱錘。誠，審也。若稱衡詳審，縣錘則輕重必正。」孟子梁惠王上：「權，然後知輕重。」趙注：「權，銓衡也，可以稱輕重。」荀子禮論：「衡誠縣矣，則不可欺以輕重。」文子下德：「老子曰：『衡之於左右，無私輕重，故可以爲平。』」（又見淮南子主術）劉子明權：「權者，揆輕重之勢。量有輕重，則形之於衡。今加一環於衡左，則右蹶；加之於右，則左蹶。唯莫之動，則平正矣。」

〔二〕文子下德：「老子曰：『勝人者有力，自勝者強。能強者，必用人力者也；能用人力者，必得人心者也；能得人心者，必自得者也。未有得己而失人者也，未有失己而得人者也。』」（淮南子詮言又泰族略同）呂氏春秋先己：「孔子曰：『……丘聞之：得之於身者，得之人；失之於身者，失之人。』」

抱朴子曰：「明主躬操威恩，不假人以利器〔一〕；暗主倒執干戈〔二〕，雖名尊而勢去。故制慶賞而得衆者，田常所以奪齊也〔三〕；擅威福而專朝者，王莽所以篡漢也〔四〕。」

〔一〕老子第三十六章：「國之利器，不可以示人。」河上公注：「利器，權道也。治國權者，不可以示執事之臣也。」王注：「利器，利國之器也。……示人者，任刑也。」胡三省通鑑靈帝紀下（中平六年）注：「利器，謂兵柄也。」

〔二〕漢書梅福傳：「(上書)倒持泰阿，授楚其柄。」顏注：「泰阿，劍名，歐冶所鑄也。言秦無道，令陳涉、項羽乘間而發，譬倒持劍而以把授與人也。」後漢書何進傳：「主簿陳琳入諫曰：『……所謂倒持干戈，授人以柄。』」

〔三〕韓非子二柄：「何謂刑、德？曰：殺戮之謂刑，慶賞之謂德。……今人主非使賞罰之威利出於己也，聽其臣而行其賞罰，則一國之人皆畏其臣而易其君，歸其臣而去其君矣。……故田常上請爵祿而行之羣臣，下大斗斛而施於百姓，此簡公失德，而田常用之也。故簡公見弒。」史記田完世家：「田常既殺簡公，……脩公行賞，親於百姓，以故齊復定。田常言於齊平公曰：『德施人之所欲，君其行之；刑罰人之所惡，臣請行之。』行之五年，齊國之政皆歸田常。」又齊太公世家：「田常曾孫田和始爲諸侯，遷康公海濱。……康公卒，呂氏遂絶其祀，田氏卒有齊國。」

〔四〕王莽篡漢，已見逸民篇「王莽與二龔共世」句及良規篇「致令王莽之徒生其姦變」句箋。

抱朴子曰：「常制不可以待變化，一塗不可以應無方，刻船不可以索遺劍〔一〕，膠柱不可以諧清音〔二〕。故翠蓋不設於晴朗〔三〕，朱輪不施於涉川〔四〕。味淡則加之以鹽〔五〕，沸溢則增水而減火。」

〔一〕呂氏春秋察今：「楚人有涉江者，其劍自舟中墜於水，遽契其舟，曰：『是吾劍之所從墜。』舟止，從其所契者入水求之。舟已行矣，而劍不行，求劍若此，不亦惑乎？」舊校云：「契，一作刻。」淮南子說林：「以一世之度制治天下，譬猶客之乘舟，中流遺其劍，遽契其舟桅，暮薄而求之。其不知物類亦甚矣。」高注：「契，刻也。」後漢書張衡傳：「(應閒)世易俗異，事埶舛殊，不能通其變，而一度以揆之，斯契船而求劍，守株而伺兔也。」(史通因習：「夫事有貿遷，而言無變革，此所謂膠柱而調瑟，刻船以求劍也。」)

〔二〕文子道德：「老子曰：『執一世之法籍，以非傳代之俗，譬猶膠柱調瑟。』」淮南子齊俗：「今握一君之法籍，以非傳代之俗，譬由膠柱而調瑟也。」鹽鐵論相刺：「堅據古文以應當世，猶辰參之錯，膠柱而調瑟，固而難合矣。」法言先知：「或曰：『以往聖之法治將來，譬猶膠柱而調瑟，有諸？』曰：『有之。』」(史記趙奢傳有「膠柱而鼓瑟」語)

〔三〕淮南子原道：「馳要褭，建翠蓋。」高注：「要褭，馬名，日行萬里。……翠蓋，以翠鳥羽飾蓋也。」漢書揚雄傳上：「(甘泉賦)流星旄以電燭兮，咸翠蓋而鸞旗。」顏注：「如星之流，如電之照也。咸，皆也。」文選宋玉高唐賦：「簡輿玄服，建雲旆，蜺爲旌，翠爲蓋。」李注：「翠，翡翠也，以羽飾蓋。」又東京賦：「結飛雲之袷輅，樹翠羽之高蓋。」薛注：「袷輅，次車也。次車樹翠羽爲蓋，如雲飛也。」又：「羽蓋葳蕤。」薛注：「羽蓋，以翠羽覆車蓋也。」據此，「不」字與文意不符，疑涉上下諸「不」字而誤。

〔四〕朱輪，已見博喻篇「朱輪華轂」句箋。

〔五〕論衡譴告：「狄牙之調味也，淡則加之以鹽。」

抱朴子曰：「丹書鐵券〔一〕，刺牲歃血〔二〕，不能救違約之弊，則難以結繩檢矣〔三〕。五刑九伐，赤族之威〔四〕，藏本作盛，從舊寫本改。不足以止覬覦之姦〔五〕，則不可以舞干化矣〔六〕。是以書有世重之文〔七〕，易有隨時之宜〔八〕。」

〔一〕漢書高帝紀下：「又與功臣剖符作誓，丹書鐵契，金匱石室，藏之宗廟。」楚漢春秋：「高祖初，封侯者皆賜丹書鐵券，曰：『使黃河如帶，太山如礪，漢有宗廟，爾無絕世。』」(太平御覽六三三引〔五九八所引者有脫落〕)三輔故事：「婁敬爲高車使者，持節至匈奴，與其分土定界。作丹書鐵券，曰：『自海以南，冠蓋之士處焉；自海以北，控弦之士處焉。』」（北堂書鈔一百四、太平御覽七七九引）文心雕龍書記：「券者，束也。明白約束，以備情僞，字形半分，故周稱判書（見周禮秋官朝士）。古有鐵券，以堅信誓。」通鑑漢紀四高皇帝下胡注：「丹書鐵契者，以鐵爲契，以丹書之。……蓋謂以丹書盟誓之言於鐵券。」

〔二〕刺，殺也（爾雅釋詁）。歃，口含血也（左傳隱公七年「歃如忘」正義）。周禮秋官司盟：「掌盟載之灋。」鄭注：「載，盟辭也。盟者書其辭於策，殺牲取血，坎其牲加書於上而埋之，謂之載書。」穀梁傳桓公九年：「葵丘之會，陳牲而不殺。」范注：「所謂無歃血之盟。鄭君（鄭玄）曰：『盟牲，諸侯用牛，大夫用豭。』」淮南子齊俗：「故胡人彈骨，……中國歃血也，所由各異，其於信一也。」許注：「殺牲歃血。」史記平原君傳：「毛遂謂楚王（頃襄王）之左右曰：『取雞狗馬之血來。』毛遂奉銅槃而跪進楚王曰：『王當歃血而定從，次者吾君，次者遂。』」索隱：「按：盟之所用牲貴賤不同，天子用牛及馬，諸侯用犬及豭，大夫已下用雞。今此總言盟之用血，故云『取雞狗馬之血來』耳。」漢書功臣表序：「於是申以丹書之信，刑以白馬之盟。」顏注：「白馬之盟，謂刑白馬歃其血以爲盟也。」

〔三〕易繫辭下：「上古結繩而治，後世聖人易之以書契。」正義：「結繩者，鄭康成注云：『事大大結其繩，事小小結其繩。』事或然也。」（說文解字敍：「古者庖犧氏之王天下也，……及神農氏結繩爲治，而統其事。」）莊子胠篋：「昔者容成氏、大庭氏、……伏戲氏、神農氏，當是時也，民結繩而用之。」郭注：「足以紀要而已。」釋文：「戲，音羲。」檢，檢括，約束。

〔四〕國語魯語上：「臧文仲言於僖公曰：『……大刑用甲兵，其次用斧鉞，中刑用刀鋸，其次用鑽笮，薄刑用鞭扑，以威民也。故大者陳之原野，小者致之市朝，五刑三次，是無隱也。』」韋注：「五刑，甲兵、斧鉞、刀鋸、鑽笮、鞭扑也。」

次，處也。三處，野、朝、市。」（又見漢書刑法志）周禮夏官司馬：「大司馬之職，……以九伐之灋正邦國：馮弱犯寡，則眚之；賊賢害民則伐之；暴内陵外，則壇之；野荒民散，則削之；負固不服，則侵之；賊殺其親，則正之；放弑其君，則殘之；犯令陵政，則杜之；外内亂，鳥獸行，則滅之。」漢書揚雄傳下：「（解謿）客徒欲朱丹吾轂，不知一跌將赤吾之族也！」顏注：「跌，足失厝也。見誅殺者必流血，故云赤族。」文選解嘲李注：「赤，謂誅滅也。」

〔五〕左傳桓公二年：「是以民服事其上，而下無覬覦。」杜注：「下不冀望上位。」釋文：「覬，音冀。覦，羊朱反。」説文（見部）云：「『欲也。』」

〔六〕舞干，已見用刑篇「舞干戈以平赤眉」句箋。

〔七〕書呂刑：「刑罰世輕世重。」孔傳：「言刑罰隨世輕重也。『刑新國用輕典，刑亂國用重典，刑平國用中典』。」（見周禮秋官大司寇）

〔八〕易隨：「彖曰：『……隨，大亨貞无咎，而天下隨時。隨時之義大矣哉！』」王注：「爲隨而令大通利貞，得於時也。得時，則天下隨之矣。隨之所施，唯在於時也。時異而不隨，否之道也。故隨時之義大矣哉！」集解：「蜀才曰：『相隨而大亨无咎，得於時也。得時，則天下隨之矣。故曰隨時之義大矣哉！』」

抱朴子曰：「人有識真之明者，不可欺以僞也；有揣深之智者，不可誑以淺也。不然，以虺、蛇爲應龍〔一〕，狐、鴟爲麟、鳳矣。」

〔一〕虺蛇，已見博喻篇「當其行龍姿於虺蜥之中」句箋。應龍，已見尚博篇「夫應龍徐舉」句箋。

抱朴子曰：「世有雷同之譽〔二〕，而未必賢也；俗有讙譁之毁，而未必惡也。是以迎而許之者，未若鑒其事而試其用；逆而距之者，未若聽其言而課其實〔二〕。則佞媚不以虛談進，良能不以孤弱退。駑蹇輟望於大輅〔三〕，戎虯揚鑣而電騁〔四〕，則功胡大而不可建，道胡遠而不可到。」

〔一〕禮記曲禮上：「毋雷同。」鄭注：「雷之發聲，物無不同時應者。人之言當各由己，不當然也。」春秋繁露竹林：「今諸子所稱，皆天下之常，雷同之義也。」漢書劉歆傳：「（移書讓太常博士）雷同相從，隨聲是非。」（陶淵明集飲酒詩：「雷同共譽毀。」）

〔二〕六韜文韜大禮：「文王曰：『主聽如何？』太公曰：『勿妄（「妄猶望」，見易无妄釋文引馬融、王肅注。）而許，勿逆而拒，許之則失守，拒之則閉塞。』」管子九守：「聽之術，曰：『勿望而距，勿望而許，許之則失守，距之則閉塞。』」鬼谷子符言：「德之術，曰：『勿堅（「堅」疑「望」之誤）而拒之，（此句上有脫落），許之則防守，拒之則閉塞。』」說苑政理：「宓子賤為單父宰，辭於夫子。夫子曰：『毋迎而距也，毋望而許也，許之則失守，距之則閉塞。』」說文言部：「課，試也。」

〔三〕駑蹇，已見吳失篇「驥騄蹇以追風」句箋。輟，止也（論語微子「耰而不輟」集解引鄭玄注）。書顧命：「大輅在賓階面。」孔傳：「大輅，玉。」禮記樂記：「所謂大輅者，天子之車也。」白虎通德論：「玉輅，大輅也。」（隋書禮儀志五引）釋名釋車：「天子所乘曰玉輅，以玉飾車也。輅，亦車也。謂之輅者，言行於道路也。」

〔四〕詩周頌烈文「念茲戎功」毛傳：「戎，大也。」史記司馬相如傳：「（上林賦）六玉虯。」集解引郭璞曰：「虯，龍屬也。」周禮夏官廋人：「馬八尺以上為龍。」是此句之戎虯，謂高大之馬也。故云揚鑣而電騁。

抱朴子曰：「淯朽之木，不能當傾山之風；含隳之崖，難以值滔天之濤。故七百之祚，三十之世，非徒牧野之功；倒戈之敗，鹿臺之禍，不始甲子之朝。其彊久矣，其亡尚矣〔一〕。」

〔一〕左傳宣公三年：「（王孫滿）對曰：『……商紂暴虐，鼎遷于周。……成王定鼎于郟鄏，卜世三十，卜年七百，天所命也。』」杜注：「郟鄏，今河南也。武王遷之，成王定之。」周書克殷：「周車三百五十乘，陳于牧野。帝辛從。武王使尚父與伯（百）夫致師，王既誓，以虎賁戎車馳商師，商師大敗。商辛奔內，登于廩臺之上，屏遮而自燔于火。」孔注：「牧野，商郊。紂出朝歌二十里而迎戰也。（致師）挑戰也。屏遮，目障。」史記殷紀：「周武王於是遂率諸侯伐紂，紂亦發兵距之牧野。甲子日，紂兵敗。紂走，入登鹿臺，衣其寶玉衣，赴火而死。」集解：「鄭玄曰：『牧野，紂南郊地名也。』徐廣曰：『鹿，一作廩。』」又周紀：「帝紂聞武王來，亦發兵七十萬人距武王。武王使師尚父與百夫致師，以大卒馳帝紂師，紂師雖衆，皆無戰之心，心欲武王亟入。紂師皆倒兵（卽倒戈）以戰，以開武王。武王馳之，紂兵皆崩畔紂。紂走，反入登鹿臺之上，蒙衣其珠玉，自燔于火而死。」管子制分：「武王非於甲子之朝而後勝也，其前政多善矣。」尹注：「由前政多善，故甲子之朝，一戰大勝。」荀子議兵：「故湯之放桀也，非其逐之鳴條之時也；武王之誅紂也，非以甲子之朝而後勝之也。皆前行素脩也。」楊注：「前行素脩，謂前已行之，素已脩之。」淮南子氾論：「夫夏之將亡，太史令終古先奔於商，三年而桀乃亡；殷之將敗也，太史令向藝先歸文王，朞年而紂乃亡。故聖人之見存亡之迹，成敗之際也，非待鳴條之野，甲子之日也。」高注：「終古、向藝，二賢人名。湯伐桀，禽於鳴條。武王誅紂，以甲子尅之。」

抱朴子曰：「貴遠而賤近者〔一〕，常人之用情也；信耳而疑目者〔二〕，古今之所患也。是以秦王歎息於韓非之書，而想其爲人；漢武慷慨於相如之文，而恨不同世。乃既得之，終不能拔。或納讒而誅之，或放之本無之字，從羣書治要補。乎冗散〔三〕。此蓋葉公之好僞形，見真龍而失色也〔四〕。」

〔一〕貴遠賤近，已見鈞世篇「貴遠賤近」句箋。

〔二〕文選東京賦：「若客所謂末學膚受，貴耳而賤目者也。」李注引桓譚新論曰：「世咸尊古卑今，貴所聞賤所見。」

〔三〕史記韓非傳：「韓非者，韓之諸公子也。……觀往者得失之變，故作孤憤、五蠹、內外儲、說林、說難十餘萬言。……人或傳其書至秦。秦王見孤憤、五蠹之書，曰：『嗟乎，寡人得見此人與之游，死不恨矣！』李斯曰：『此韓非之所著書也。』秦因急攻韓。韓王（安）始不用非，及急，迺遣非使秦。秦王悅之，未信用。李斯、姚賈害之，毀之曰：『韓非，韓之諸公子也。今王欲并諸侯，非終爲韓不爲秦，此人之情也。今王不用，久留而歸之，此自遺患也，不如以過法誅之。』秦王以爲然，下吏治非。李斯使人遺非藥，使自殺。韓非欲自陳，不得見。秦王後悔之，使人赦之，非已死矣。」又司馬相如傳：「司馬相如者，蜀郡成都人也，字長卿。……蜀人楊得意爲狗監，侍上（武帝）。上讀子虛賦而善之，曰：『朕獨不得與此人同時哉！』得意曰：『臣邑人司馬相如自言爲此賦。』上驚，乃召問相如。相如曰：『有是。然此乃諸侯之事，未足觀也。請爲天子游獵賦，賦成奏之。』上許，令尚書給筆札。……賦奏，天子以爲郎。……其後人有上書言相如使時受金，失官。居歲餘，復召爲郎。……其進仕宦，未嘗肯與公卿國家之事，稱病閒居，不慕官爵。……相如既病免，家居茂陵。」（文心雕龍知音：「昔儲說始出，子虛初成，秦皇、漢武，恨不同時。既同時矣，則韓囚而馬輕。」）

〔四〕葉公好龍，已見本篇上文「設象於槃盂，而翠虯降於玄霄」二句箋。

抱朴子曰：「摩尼不宵朗，則無別於磧礫〔一〕。化鯤不凌霄，則靡殊於桃蟲〔二〕。綿駒吞聲，則與喑人爲羣〔三〕。逸才沈抑，則與凡庸爲伍。故鉏鰍褻絳虯於淵洿〔四〕，駑蹇黷駿騄於坰野者〔五〕，不識彼物靜與之同，動與之異。」

〔一〕玄應音義二三：「末尼，亦云摩尼，此云珠寶，謂珠之總名也。」慧苑音義上：「摩尼，正云末尼。末謂末羅，此云垢也，尼謂離也。謂此寶光淨不爲垢穢所染也。」說文石部：「磧，水陼有石者。」又：「礫，小石也。」文選西京賦：「爛若磧礫。」薛注：「石細者曰礫。」又吳都賦：「翫其磧礫而不窺玉淵者。」劉注：「磧礫，淺水見沙石之貌也。」

〔二〕莊子逍遥遊：「北冥有魚，其名爲鯤。鯤之大，不知其幾千里也。化而爲鳥，其名爲鵬。鵬之背，不知其幾千里也。怒而飛，其翼若垂天之雲。」詩周頌小毖：「肇允彼桃蟲，拚飛維鳥。」毛傳：「桃蟲，鷦也，鳥之始小終大者。」鄭箋：「肇，始。允，信也。始者信以彼管、蔡之屬，雖有流言之罪，如鷦鳥之小，不登誅之，後反叛而作亂，猶鷦之翻飛爲大鳥也。」陸璣草木鳥獸蟲魚疏：「（桃蟲）今鷦鷯是也。微小於黃雀，其雛化而爲鵰，故俗語鷦鷯生鵰。」（詩小毖正義引）

〔三〕孟子告子下：「緜駒處於高唐，而齊右善歌。」趙注：「緜駒，善歌者也。高唐，齊西邑，緜駒處之，故曰齊右善歌。」文選馬融長笛賦：「緜駒吞聲。」說文口部：「喑，宋、齊謂兒泣不止曰喑。」段注：「按喑之言瘖也，謂啼極無聲。」是此句之喑字，亦應作無聲解。

〔四〕玉篇魚部：「鉏，市演切。魚，似蛇。鱓，同上。」今通作鱔。俗稱鱔魚。爾雅釋魚：「鰼，鰌。」郭注：「今泥鰌。」釋文：「鰼，音習。鰌，音秋。」玉篇魚部：「鰼，似立切。泥鰌。」又：「鰍，七由切。與鰌同。」今通作鰍，俗仍稱泥鰍。虯，龍屬。漢書敍傳上：「（答賓戲）應龍潛於潢汙，魚黿媟之。」顏注：「應龍，龍有翼者。潢汙，停水也。媟，謂侮狎之也。」文選答賓戲李注引服虔左傳（隱公三年）注曰：「蓄小水謂之潢，不流謂之汙。」玉篇水部：「洿，行潦也。汙，同上。」

〔五〕駑蹇，已見吳失篇「騁駑蹇以追風」句箋。駿、騄，並良馬。詩魯頌駉：「駉駉牡馬，在坰之野。」毛傳：「坰，遠野也。邑外曰郊，郊外曰野，野外曰林，林外曰坰。」古文苑揚雄太僕箴：「詩好牡馬，牧於坰野。」

抱朴子曰：「棄金璧於塗路，則行人止足。委錦紈於泥濘，則見者驚咄。若夫放高世之士於庸鹵之伍〔一〕，捐經國之器於困滯之地，而談者不訟其屈，達者不拯其窮；或貴其文而忽其身，或用其策而忘其功。斯之爲病，由來久矣。」

〔一〕風俗通義過譽：「（段）遼叔太〔大〕子名舊，才操鹵鈍。」文選劉楨贈五官中郎將詩：「小臣信頑鹵，僶俛安能追！」李注：「李尤東觀賦曰：『臣雖頑鹵，慕小雅斯干歎詠之美。』……論語（先進）曰：『參也魯。』孔安國曰：『魯，鈍也。』魯與鹵同。」

抱朴子曰：「開源不億仞，則無懷山之流〔一〕；崇峻不凌霄，則無彌天之雲〔二〕。財不豐，則其惠也不博；才不遠，則其辭也不贍。故覩盈丈之牙，則知其不出徑寸之口〔三〕；見百尋之枝，則知其不附毫末之木。」

〔一〕書堯典「蕩蕩懷山襄陵」孔傳：「懷，包。襄，上也。」正義：「包裹高山，乘上丘陵。」

〔二〕文子上德：「老子曰：『山致其高，而雲雨起焉。』」（淮南子人間「雲」下脫「雨」字）說苑貴德：「山致其高，雲雨起焉。」（淮南子泰族：「故丘阜不能生雲雨，……小也。」）彌天，滿天。

〔三〕淮南子氾論：「象見其牙，而大小可論也。」（清鑒篇有「象牙不出鼠口」語）

抱朴子曰：「靈鳳所以晨起丹穴〔一〕，夕萃軒丘〔二〕，日未移晷〔三〕，周章九陔〔四〕，凌風蹈雲，不蹶不閡者〔五〕，以其六翮之輕勁也〔六〕。夫良才大智，亦有國之六翮也。」

〔一〕丹穴，已見本篇上文「豐朝陽之林，而延靈禽於丹穴」二句箋。

〔二〕文選西京賦：「悵懷萃。」薛注：「萃，猶至也。」軒丘，所在未詳。

〔三〕漢書王莽傳上：「人不還踵，日不移晷。」顏注：「還，讀曰旋。晷，景（讀曰影）也。言其疾速。」

〔四〕楚辭九歌雲中君：「聊翺遊兮周章。」王注：「周章，猶周流也。」九陔，猶九天。已見鈞世篇「不可問以九陔之無外」句箋。

〔五〕玉篇足部：「蹶，徵劣切。跳行也。」（廣韻十七薛：「蹶，跳也。」）又門部：「閡，五載切，止也。與礙同。」不蹶，言未下地跳行。不閡，言未停息。

〔六〕戰國策楚策四：「莊辛對曰：『（黃鵠）奮其六翮而凌清風，飄搖乎高翔。』」韓詩外傳六：「盍胥對曰：『夫鴻鵠一擧千里，所恃者六翮爾。……今君之食客，門左門右各千人，亦有六翮在其中矣。』」新序雜事一：「固桑對曰：『今夫鴻鵠高飛衝天，然其所恃者六翮耳。』」說文羽部：「翮，羽莖也。」段注：「莖，枝柱也，謂衆枝之柱。翮，亦謂一羽之柱。」文選古詩十九首：「昔我同門友，高舉振六翮。」呂向曰：「六翮，鳥羽之飛者。」

抱朴子曰：「淇衛忘歸，不能無絃而遠激〔一〕；振塵之音，不能無器而興哀〔二〕。超俗拔萃之德，不能立功於未至之時。」

〔一〕「忘歸」，吉藩本作「之竹」。照按：「之竹」與下「之音」對，似是而實非也。（本書雖係儷體，究不若後代之對仗精工。）公孫龍子跡府：「龍聞楚王張繁弱之弓，載忘歸之矢，射蛟兕於雲夢之圃。」（新序佚文（文選嵇康贈秀才入軍詩、曹植七啟李注、事類賦十三引）孔叢子公孫龍同）文選嵇康贈秀才入軍詩：「右接忘歸。」又曹植七啟：「捷忘歸之矢。」是忘歸爲矢名矣。淮南子原道：「射者扜烏號之弓，彎綦衛之箭。」高注：「棊，美箭所出地名也。衛，利也。」又兵略：「夫栝淇衛箘簵。」許注：「淇衛箘簵，箭之所出也。」藝文類聚六十引此注作「箘簵，箭竹也，出於淇地。衛，箭羽。」（「羽」下，太平御覽三四七引有「也」字。）列子仲尼：「引烏號之弓，綦衛之箭。」張注：「綦，地名，出美箭。衛，羽也。」釋文：「綦，音其。」綦、棊、淇三字，並音同通假。釋名釋兵：「（矢）其旁曰羽，……齊人曰衛，所以導衛矢也。」是淇爲出箭之地，衛乃箭羽，非二字皆地名也。文子上德：「張弓而射，非弦不能發發〔矢〕。」（淮南子説林：「引弓而射，非弦不能發矢。」高注：「引，張弓也。發，遣也。」）呂氏春秋具備：「今有羿、蠭蒙、繁弱於此，而無弦則必不能中也。中非獨弦也，而弦爲（弓）中之具也。」又按：「遠激」二字誤倒，當乙轉。鶡冠子世兵：「矢激則遠。」（又見史記賈生傳（服賦）、淮南子兵略、説苑談叢）呂氏春秋去宥：「夫激矢則遠。」

〔二〕七略：「漢興，善歌者魯人虞公，發聲動梁上塵。」（文選嘯賦、陸機擬古詩（擬東城一何高首）、七啟李注，白帖六一引）器，樂器。

抱朴子曰：「朱綠之藻，不秀於枯柯；傾山之流，不發乎涸源〔一〕。熠燿之宵燄〔二〕，不能使萬品呈形；志盡勢利，不能使芳風邈世。」

〔一〕文子上德：「江海之源，深而不竭。」淮南子說林：「江水之原，淵泉不能竭。」高注：「竭，盡也。」爾雅釋詁：「涸，竭也。」廣雅釋詁一：「涸，盡也。」

〔二〕照按：「之」涉上文兩「之」字衍，當删。熠燿，已見尚博篇「雖三光、熠燿不足以方其巨細」句及博喻篇「熠燿不能竝表微之景」句箋。書洛誥：「無若火始燄燄。」孔傳：「無令若火始然，燄燄尚微。」釋文：「燄，音豔。」說文炎部：「燄，火行微燄燄也。」

抱朴子曰：「重淵不洞地，則不能含螭龍，吐吞舟〔一〕。峻山不極天，則不能韜琳琅，播雲雨〔二〕。立德不絕俗，則不能收美聲，著厚實。執志不絕羣，則不能臻成功，銘弘勳。而凡夫朝爲蜩翼之善〔三〕，夕望丘陵之益，猶立植黍稷，坐索於豐收也。」

〔一〕洞地，極言其深。呂氏春秋舉難「螭食乎清而游乎濁」高注：「螭，龍之別也。」後漢書馬融傳「（廣成頌）逐罔、螭」李注：「螭，龍屬。」吞舟，已見博喻篇「吞舟之魚」句箋。

〔二〕詩大雅崧高：「崧高維嶽，駿極于天。」毛傳：「駿，大。極，至也。」釋文：「駿，音峻。」禮記孔子閒居引「駿」作「峻」。莊子天地「則韜乎其事心之大也」釋文引廣雅云：「（韜）藏也。」琳琅，已見嘉遯篇「含琳琅而不吐」句箋。播雲雨，已見本篇上文「崇峻不凌霄，則無彌天之雲」二句箋。

〔三〕莊子齊物論「吾待蛇蚹蜩翼邪」成疏：「蜩翼者，是蜩翅也。」又達生「而唯蜩翼之知」釋文：「蜩，音條。蟬也。」

抱朴子曰：「行無邈俗之標，而索高世之稱；體無道藝之本，而營朋黨之末。欲以收清貴於當世，播德音於將來，猶褰裳以越滄海〔一〕，企佇而躍九玄〔二〕。」

〔一〕詩鄭風褰裳：「褰裳涉溱。」毛傳：「溱，水名也。」鄭箋：「我則揭衣渡溱水往告難也。」後漢書崔駰傳：「（達旨）與其有事，則褰裳濡足，冠挂不顧。」李注：「褰裳，涉水也。」滄海，泛指大海。

〔二〕通俗文：「舉踵曰企。」（一切經音義十五引）楚辭離騷：「延佇乎吾將反。」王注：「佇，立皃。」洪補注：「佇，久立也。」九玄，猶九天，極言其高。

抱朴子曰：「泥龍雖藻繪炳蔚，而不堪慶雲之招〔一〕。撩禽雖琱琢玄黃，而不任淩風之舉〔二〕。芻狗雖飾以金翠，而不能躡景以頓逸〔三〕。近才雖豐其寵禄，而不能令天清而地平〔四〕。」

〔一〕藻繪，文采。文心雕龍原道：「龍鳳以藻繪呈瑞。」炳蔚，已見安貧篇「被文如虎豹」句箋。慶雲，已見本篇上文「潛靈俟慶雲以騰竦」句箋。

〔二〕「撩」，吉藩本作「橑」。照按：「橑」字是。當據改。說文木部：「橑，椽也。」又玉部：「琱，治玉也。」（段注：「經傳以雕、彫爲琱。」）又：「琢，治玉也。」琱琢，刻鏤。玄黃，彩飾。此二句謂椽上所刻而有彩飾之鳥，不能起飛。

〔三〕照按：以下文「而不能令天清而地平」句例之，「躡」上疑脫一字。莊子天運「夫芻狗之未陳也」釋文引李頤云：「（芻狗）結芻爲狗。」淮南子說林：「芻狗能立，而不能行。」文選七啟：「忽躡景而輕騖，逸奔驥而超遺風。」李注：「景，日景也。躡之言疾也。」李周翰曰：「躡景，言躡步日景也。輕，疾。騖，馳。逸、奔，皆過也。驥與遺風，皆良馬名。」內篇序：「騁足，則能遺風、躡景。」皆以「躡景」形容馬馳騁之疾速，此亦宜然。（古今註鳥獸：「秦始皇有名馬七：……三曰躡景。」蓋「躡景」一詞之所自出。）

〔四〕左傳文公十八年：「舜臣堯，舉八愷，使主后土，以揆百事，莫不時序，地平天成。」杜注：「成，亦平也。」（僞大禹謨有「地平天成」語，枚傳：「水土治曰平。五行敍曰成。」）淮南子覽冥：「天清地定。」

抱朴子曰：「毒粥既陳，則旁有爛腸之鼠。明燎宵舉，則下有聚死之蟲〔一〕。芻豢之豐，則鼎俎承之〔二〕。才小任大，則泣血漣如〔三〕。桑、霍爲戒厚矣〔四〕，范、疏之鑒明矣〔五〕。」

〔一〕漢書食貨志上「所以省費燎火」顏注：「燎，所以爲明。」古今註魚蟲：「飛蛾，善拂燈。一名火花，一名慕光。」符子：「不安其昧，而樂其明，是猶飛蛾去闇，赴燈而死者也。」（藝文類聚九七、太平御覽八七〇又九五一引〔玉函山房輯佚書所輯符子漏此條〕）梁書到溉傳：「（高祖）因賜溉連珠曰：『……如飛蛾之赴火，豈焚身之可吝！』」文選張協雜詩：「飛蛾拂明燭。」

〔二〕禮記月令：「孟秋之月……案芻豢。」鄭注：「養牛羊曰芻，犬豕曰豢。」正義：「食草曰芻，食穀曰豢。」鼎俎，鼎，烹飪器。俎，宰割用具。孟子萬章上：「萬章問曰：『人有言「伊尹以割烹要湯」，有諸？』」趙注：「人言伊尹負鼎俎而干湯，有之否？」戰國策趙策四：「伊尹負鼎俎而干湯。」韓非子難言：「（伊尹）身執鼎俎爲庖宰。」韓詩外傳七：「（伊尹）負鼎操俎，調五味，而立爲相，其遇湯也。」史記殷紀：「（伊尹）負鼎俎，以滋味說湯，致於王道。」

〔三〕易屯：「上六，乘馬班如，泣血漣如。」釋文：「漣如，音連。說文云：『泣下也。』」（按：說文水部：「瀾，大波爲瀾。漣，瀾或从連。」無「泣下也」三字〔大、小徐本皆然〕。）詩衛風氓：「泣涕漣漣。」釋文：「漣，音連。泣貌。」（可證易

釋文所引說文有誤）

〔四〕桑，桑弘羊。史記平準書：「（桑）弘羊，雒陽賈人子，以心計，年十三侍中。」漢書昭帝紀：「（元鳳元年）九月，鄂邑長公主、燕王旦與左將軍上官桀、桀子票騎將軍安、御史大夫桑弘羊皆謀反，伏誅。……冬十月，詔曰：『左將軍安陽侯桀、票騎將軍桑樂侯安、御史大夫弘羊皆數以邪枉干輔政，大將軍不聽，而懷怨望，與燕王（旦）通謀，置驛往來相約結。……共謀令長公主置酒，伏兵殺大將軍光，徵立燕王爲天子，大逆毋道。』」又燕王旦傳：「旦姊鄂邑蓋長公主、左將軍上官桀父子與霍光爭權有隙，皆知旦怨光，卽與燕交通。旦遣孫縱之等前後十餘輩，多齎金寶走馬，賂遺蓋主。上官桀及御史大夫桑弘羊等皆與交通，數記疏光過失與旦，令上書告之。」霍，霍禹。已見崇教篇「霍禹受率意之禍」句箋。漢書張延壽傳：「（張）臨亦謙儉，每登閣殿，常歎曰：『桑、霍爲我戒，豈不厚哉！』」顏注：「桑，桑弘羊也。霍，霍禹也。言以驕奢致禍也。」三國志魏書文帝紀：「（黃初三年冬十月甲子）作終制曰：『……「桑、霍爲我戒」，不亦明乎？』」

〔五〕范，范蠡。已見清鑒篇「范子所以絕迹於五湖者，以句踐蜂目而鳥喙也」二句箋。疏，疏廣、疏受。漢書疏廣傳：「疏廣字仲翁，東海蘭陵人也。少好學，明春秋，家居教授，學者自遠方至。徵爲博士太中大夫。……廣徙爲太傅。廣兄子受字公子，亦以賢良舉爲太子家令。受好禮恭謹，敏而有辭。……上（宣帝）甚讙說。頃之，拜受爲少傅。……太子每朝，因進見，太傅在前，少傅在後。父子並爲師傅，朝廷以爲榮。在位五歲，皇太子年十二，通論語、孝經。廣謂受曰：『吾聞「知足不辱，知止不殆」（見老子第四十四章），「功遂身退，天之道」（見老子第九章）也。今仕官至二千石，宦成名立，如此不去，懼有後悔，豈如父子相隨出關，歸老故鄉，以壽命終，不亦善乎？』受叩頭曰：『從大人議。』卽日父子俱移病。滿三月賜告，廣遂稱篤，上疏乞骸骨。上以其年篤老，皆許之。」

文選張協詠史詩：「昔在西京時，朝野多歡娛。藹藹東都門，羣公祖二疏。朱軒曜金城，供帳臨長衢。達人知止足，遺榮忽如無。抽簪解朝衣，散髮歸海隅。行人爲隕涕，賢哉此丈夫！」

抱朴子曰：「滄海揚萬里之濤，不能歛山峯之塵；驚風摧千仞之木，不能拔弱草之荄〔一〕。貙虎虓闞〔二〕，不能威蚊虻；冠世之才，不能合流俗。」

〔一〕爾雅釋草：「荄，根。」說文艸部：「荄，艸根也。」

〔二〕字林：「貙，虎屬。」（北堂書鈔一五五引）虓，已見本篇上文「羔犢之犯虓虎也」句箋。詩大雅常武：「進厥虎臣，闞如虓虎。」毛傳：「虎之自怒虓然。」鄭箋：「前其虎臣之將，闞然如虎之怒。」說文門部：「闞，望也。」段注：「大雅『闞如虓虎』，謂其怒視。」

抱朴子曰：「堅志者，功名之主也。舊寫本作柱也不惰者，衆善之師也。登山不以艱險舊寫本作難險而止，則必臻乎峻嶺矣；積善藏本作清苦，從舊寫本改。不以窮否而怨，則必永其令問矣〔一〕。」

〔一〕易坤：「（文言）積善之家，必有餘慶。」（荀子勸學：「積善成德。」）詩大雅文王：「亹亹文王，令聞不已。」鄭箋：「令，善。……其善聲聞日見稱歌，無止時也。」釋文：「聞，音問。」周書和寤：「行有令問。」文選蔡邕郭有道碑文：「俾芳烈奮于百世，令問顯於無窮。」「問」、「聞」古通。

抱朴子曰：「和、鵲雖不長生，而針、石不可謂非濟命之器也〔一〕。儒者雖多貧賤，而墳、典不可謂非進德之具也〔二〕。播種有不收者矣，而稼穡不可廢〔三〕。仁義有遇禍者矣，而行業不可惰〔四〕。」

〔一〕和，春秋時秦醫名。已見用刑篇「若廢和、鵲之方」句箋。鵲，扁鵲，戰國趙簡子時人，姓秦名越人。已見嘉遯篇「則無以效越人之絶伎」句箋。針石，已見用刑篇「則不得不攻之以鍼石」句箋。「針」、「鍼」同，見玉篇金部鍼字下。

〔二〕左傳昭公十二年「是能讀三墳、五典、八索、九丘」杜注：「皆古書名。」此泛指典籍。易乾：「（文言）君子進德脩業。」

〔三〕書洪範：「土爰稼穡。」孔傳：「種曰稼。斂曰穡。」

〔四〕三國志魏書武帝紀：「太祖少機警，有權數，而任俠放蕩，不治行業，故世人未之奇也。」

抱朴子曰：「重載不止，所以沈我舟也。昧進忘退，所以危我身也。聚蝎攻本雖權安，然必傾之徵也〔一〕。」

〔一〕蝎，木中蠹蟲。已見疾謬篇「蠹蝎所以仆連抱之木也」句箋。呂氏春秋先己：「是故百仞之松，本傷於下，而末槁於上。」高注：「本，根也。」

抱朴子曰：「玄雲爲龍興，非虺蜓所能招也〔一〕；飆風爲虎發，非狐狢之能致也〔二〕。是以大人受命，則逸倫之士集；玉帛幽求，則丘園之俊起〔三〕。」

〔一〕易乾：「（文言）雲從龍。」淮南子覽冥：「若乃至於玄雲（之）素朝。」高注：「玄，黑。素，白也。黑雲升合於明朝也。」虺，已見博喻篇「當其行龍姿於虺蜥之中」句箋。說文虫部：「蜓，蝘蜓也。」古今註魚蟲：「蝘蜓，一曰守宮。」（今

俗呼守宮爲壁虎)

〔二〕易乾：「(文言)風從虎。」爾雅釋天：「扶搖謂之猋。」郭注：「暴風從下上。」飆與猋同。說文豸部：「貐，似狐，善睡獸也。」段注：「凡狐貉連文者，皆當作此貐字。今字乃皆假貉爲貐，造貊爲貉矣。」玉篇豸部：「貐，何各切。似狐。……(貉)又貐同。」廣韻十九鐸：「貐……貉、狢，並上同。」

〔三〕呂氏春秋觀世：「故欲求有道之士，則於江河之上，山谷之中，僻遠幽閒之所。若此，則幸於得之矣。」玉帛、丘園，已見勗學篇「旅束帛乎丘園」句箋。

抱朴子曰：「金以剛折〔一〕，水以柔全〔二〕，山以高陊〔三〕，谷以卑安。是以執雌節者，無爭雄之禍〔四〕，多尚人者，有召怨之患〔五〕。」

〔一〕說苑敬慎：「桓公曰：『金剛則折。』」

〔二〕老子第七十八章：「天下莫柔弱於水，而攻堅強者莫之能勝。」文子道原：「水爲道也，廣不可極，深不可測，……行不可得而窮極，微不可得而把握。擊之不創，刺之不傷，斬之不斷，灼之不熏，綽約流循，而不可靡散。……夫水所以能成其至德者，以其綽約潤滑也。故曰：『天下之至柔，馳騁天下之至堅，無有入於無間。』(見老子第四十三章)」淮南子原道略同。

〔三〕說文自部：「陊，落也。」段注：「艸部曰：『艸曰苓，木曰落。』引申之，凡自上而下皆曰落。」廣雅釋詁一：「陊，壞也。」玉篇阜部：「陊，徒可切。壞也，小崩也。」

〔四〕淮南子原道：「是故聖人守清道而抱雌節，因循應變，常後而不先。柔弱以靜，舒安以定，攻大礦堅，莫能與之爭。」（文子道原「抱」誤「拘」）高注：「清，和淨也。雌，柔弱也。攻大礲堅，喻難也，無與聖人之爭也。」說苑敬愼：「君子知天下之不可蓋也，故後之下之，使人慕之。執雌持下，莫能與之爭者。」（家語觀周文有異）

〔五〕左傳桓公五年：「君子不欲多上人。」「尚」與「上」同（荀子致仕「莫不明通方起以尙盡矣」楊注）。召，招致。

抱朴子曰：「淮陰隱勇於跨下，不損其龍躍而虎視也〔一〕；應侯韜奇於溺簀，不妨其鸞翔而鳳起也〔二〕。或南面稱孤〔三〕，或宰總台鼎〔四〕。故一抑一揚者，輕鴻所以凌虛也；乍屈乍伸者，良才所以俟時也。」

〔一〕史記淮陰侯傳：「淮陰侯韓信者，淮陰人也。……淮陰屠中少年有侮信者，曰：『若雖長大，好帶刀劍，中情怯耳。』衆辱之曰：『信能死，刺我；不能死，出我袴下。』於是信孰視之，俛出袴下，蒲伏。一市人皆笑信，以爲怯。」集解：「徐廣曰：『「袴」，一作「胯」。胯，股也。音同。』又云：『漢書作「跨」，同耳。』」漢書韓信傳顏注：「跨下，兩股之間也。」韓信龍躍虎視史績，已見逸民篇「不可以爲不及韓、白矣」句、任命篇「淮陰投竿而稱孤」句及接疏篇「則陳、韓不録於漢矣」句箋。

〔二〕應侯二句，已見欽士篇「秦邵（昭）拜昌於張生」句及任命篇「范生來辱於溺簀（簀）」句箋。

〔三〕南面稱孤，指韓信。信曾封齊王、楚王，故云。（莊子盜跖：「凡人有此一德者，足以南面稱孤矣。」戰國策齊策四：「當今之世，南面稱孤者乃二十四。」）

〔四〕宰總台鼎，指范雎。雎曾爲相，故云。（台鼎，已見安貧篇「雖復設之以台鼎」句箋。）

抱朴子曰：「焦螟之卑棲〔一〕，不肯爲銜鼠之喉天〔二〕；舊寫本作戾天玄蟬之潔飢〔三〕，不願爲蜣螂之穢飽〔四〕。是以禦寇不納鄭陽之惠〔五〕，曾參不美晉、楚之寶〔六〕。」

〔一〕焦螟，已見刺驕篇「蟭螟屯蚊眉之中」句箋。（焦螟，晏子春秋外篇八作「焦冥」，列子湯問作「焦螟」，莊子佚文〔一切經音義八六引〕、文選張華鷦鷯賦作「鷦螟」，皆音同得通。）

〔二〕孫星衍曰：「〔『唳天』〕舊寫本作『戾天』。」照按：愼本、盧本、柏筠堂本、文溯本、叢書本、崇文本亦並作「戾天」。尋繹上下文意，當以作「戾天」爲是（顧廣圻於「戾」字左側加一圓圈）。「銜鼠」，蓋用莊子秋水篇「鴟得腐鼠」故實。詩大雅旱麓「鳶飛戾天」鄭箋：「鳶，鴟之類，鳥之貪惡者也。」又小雅采芑「鴥彼飛隼，其飛戾天」毛傳：「戾，至也。」然則「銜鼠之戾天」，猶言貪惡之鴟高飛至天耳。

〔三〕荀子大略：「飲而不食者，蟬也。」淮南子墬形：「蟬飲而不食。」（說林同）

〔四〕爾雅釋蟲：「蛣蜣，蜣蜋。」郭注：「黑甲蟲，噉糞土。」邢疏：「蛣蜣，一名蜣螂。黑甲，翅在甲下，噉糞土，喜取糞作丸而轉之。」古今註魚蟲：「蜣蜋，一名轉丸，一名弄丸。能以土包屎轉而成丸，圓正無斜角。」

〔五〕禦寇不納鄭陽之惠，已見漢過篇「故列子比屋，而門無鄭陽之恤」二句箋。

〔六〕曾參不美晉、楚之寶，已見守塉篇「曾參不以其貧，而易晉、楚之富」二句箋。

抱朴子曰：「微飆不能揚大海之波，毫芒不能動萬鈞之鍾〔一〕。是以漆園思惠，有捐斤之歎〔二〕。伯氏哀朞，有剿絃之慣〔三〕。短唱不足以致弘麗之和，勢利不足以移淡泊之心。」

〔一〕文選西京賦：「洪鐘萬鈞。」薛注：「三十斤曰鈞。」「鍾」、「鐘」古通。

〔二〕漆園捐斤之歎，已見尚博篇「郢人所以格斤不運也」句箋。

〔三〕伯氏剿絃之憤，亦見尚博篇「斯伯牙所以永思鍾子」句箋。

抱朴子曰：「熊羆不校捷於狐狸〔一〕，金鶚不競擊於小鶡〔二〕。是以張耳掩壯於抱關〔三〕，朱亥竄勇於鼓刀〔四〕。」

〔一〕爾雅釋獸：「羆，如熊，黃白文。」郭注：「似熊而長頭，高脚，猛憨多力，能拔樹木。」詩小雅斯干「維熊維羆」釋文：「羆，彼宜反。」

〔二〕蒼頡解詁：「鶚，金喙鳥也。見則天下兵。能擊殺麞、鹿。」（太平御覽九二六引）漢書鄒陽傳：「（上書吳王）臣聞鷙鳥絫百，不如一鶚。」顏注：「孟康曰：『鶚，大鵰也。』師古曰：『鷙擊之鳥，鷹鸇之屬也。鶚自大鳥而鷙者耳，非鵰也。絫，古累字。鶚，音愕。』」

〔三〕史記張耳陳餘傳：「張耳者，大梁人也。……陳餘者，亦大梁人也。……秦滅魏數歲，已聞此兩人魏之名士也，購求有得張耳千金，陳餘五百金。張耳、陳餘乃變名姓，俱之陳，爲里監門以自食。兩人相對。里吏嘗有過笞陳餘，陳餘欲起，張耳躡之，使受笞。吏去，張耳乃引陳餘之桑下而數之曰：『始吾與公言何如？今見小辱而欲死一吏乎？』陳餘然之。秦詔書購求兩人，兩人亦反用門者以令里中。」集解：「張晏曰：『監門，里正衛也。』」漢書張耳陳餘傳顏注：「監門，卒之賤者，故爲卑職以自隱。」孟子萬章下：「辭尊居卑，辭富居貧，惡乎宜乎？抱關擊柝。」趙注：「辭尊富安所宜乎？宜居抱關擊柝監門之職也。」荀子榮辱：「或監門御旅，抱關擊柝，而不自以爲寡。」楊注：「監門，主門也。……抱關，門卒也。」

〔四〕朱亥鼓刀，已見博喻篇「荆卿、朱亥，不示勇於怯弱之間」二句箋。

抱朴子曰：「懸魚惑於芳餌〔一〕，檻虎死於籠狐〔二〕。不可以鈎緡致者，必蚪螭也〔三〕。不可以機穽誘者，必麟、虞也〔四〕。」

〔一〕魚惑芳餌，已見嘉遯篇「淵魚之引芳餌」句箋。

〔二〕淮南子主術：「故夫養虎豹犀象者，爲之圈檻。」說文木部：「檻，櫳也。……一曰圈。」段注：「圈者，養獸之閑。」

〔三〕說文糸部：「緡，釣魚繁也。」段注：「繁本施於鳥者，而鉤魚之繩似之，故曰釣魚繁。召南（何彼襛矣）曰：『其釣維何？維絲伊緡。』傳曰：『緡，綸也。』謂糾絲爲繩也。」淮南子覽冥：「今夫赤螭青虬之游冀州也。」高注：「赤螭青虬，皆龍屬也。」

〔四〕麟，麒麟。已見嘉遯篇「驎（麟之借字）不墮穽」句箋。虞，騶虞。已見逸民篇「不識騶虞之用心」句箋。

抱朴子曰：「夫雲翔者，不知泥居之洿；處貴者，尟恕羣下之勞。然根朽者，尋木不能保其千日藏本作里，今從舊寫本改。之茂也〔一〕；民怨者，堯、舜不能恃其長世之慶也〔二〕。」

〔一〕孫星衍曰：「〔日〕藏本作『里』，從舊寫本改。」照按：「里」字未誤（魯藩本、吉藩本、愼本、盧本等並作「里」）。後辭義篇亦有「尋木千里」語。山海經海外北經：「拘纓之國，……尋木長千里，在拘纓南，生河上西北。」即尋木千里之所自出，孫改非是。文選曹冏六代論：「根朽則葉枯。」又吳都賦：「西蜀之於東吳，小大之相絕也，亦猶棘林螢燿，而與夫尋木龍燭也。」李周翰曰：「尋木，大木。」

〔二〕禮記樂記：「宮亂則荒，其君驕；……角亂則憂，其民怨。……如此，則國之滅亡無日矣。」文選陸機辯亡論下：「曹氏雖功諸華，虐亦深矣，其民怨矣。」左傳襄公三十一年：「故能有其國家，令聞長世。」

抱朴子曰：「凡木結根於靈山，而匠石爲之寢斤斧〔一〕；小鮮寓身於龍池〔二〕，而漁父爲之息網罟。蚊集鷹首，則鳸鵦不敢啄〔三〕；鼠住虎側，則狸犬不敢睨藏本作議，從舊寫本改。〔四〕。」

〔一〕匠石，出莊子齊物論及徐无鬼篇。此泛指木匠。

〔二〕老子第六十章「治大國若烹小鮮」河上公注：「鮮，魚。」文選蜀都賦：「龍池濡瀑濆其限。」劉注：「龍池在朱堤南十里，地周四十七里。」

〔三〕爾雅釋鳥：「鳸，鴳。」郭注：「今鴳雀。」釋文：「鳸，音户。鴳，音晏。」（七鳸之名不再録列）玉篇鳥部：「鵦，盧谷切。鳥名。」

〔四〕説文目部：「睨，衺視也。」廣雅釋詁一：「睨，視也。」（禮記中庸「睨而視之」釋文：「睨，徐（邈）音詣。睥睨也。」）

抱朴子曰：「靈蔡默然〔一〕，而吉凶昭晳於無形〔二〕；春靁長譁，而醜音見患於聒耳〔三〕。故聲希者，響必巨〔四〕；辭寡者，信必著〔五〕。」

〔一〕論語公冶長：「子曰：『臧文仲居蔡。』」集解引包咸曰：「蔡，國君之守龜。出蔡地，因以爲名焉。」淮南子説山：「大蔡神龜，出於溝壑。」高注：「大蔡，元龜之所出地名，因名其龜爲大蔡。臧文仲所居蔡，是也。」説苑權謀：「漆雕馬人對曰：『臧氏家有龜焉，名曰蔡。』」（又見家語好生）龜爲四靈之一，故稱靈蔡。

〔二〕「晳」，藏本、吉藩本、慎本、盧本、柏筠堂本、文溯本、叢書本、崇文本作「晢」。照按：説文日部：「晢，昭晢，明也。」段注：「晢字日在下，或日在旁作晣，同耳。」又白部：「晳，人色白也。」段注：「今字皆省作晳，非也。」玉篇日部：「晣，之逝切。明也。晢、晰並同上。」是此文「晳」字當依藏本作「晢」。史記司馬相如傳：「（封禪文）闇昧昭晢。」

漢書（百衲本）司馬相如傳下顔注：「素昧者皆得光明也。晣，之舌反。」後漢書張衡傳贊：「孰能昭晣？」李注：「晣，音制。」文選何晏景福殿賦：「猶眩曜而不能昭晣也。」李注：「説文（日部）曰：『（晢）昭晣、明也。』晣，之逝切。」又文賦：「物昭晣而互進。」並「昭晣」連文之證。

〔三〕聒耳，已見刺驕篇「爲春蜩夏蠅之聒耳」句箋。

〔四〕老子第四十一章：「大音希聲。」河上公注：「大音，猶雷霆待時而動。喻常愛氣希言也。」

〔五〕易繫辭下：「吉人之辭寡。」正義：「以其吉善辭直，故辭寡也。」

抱朴子曰：「箕踞之俗，惡盤旋之容〔一〕；被髮之域，憎章甫之飾〔二〕。故忠正者見排於讒勝之世，雅人不容乎惡直之俗〔三〕。」

〔一〕淮南子齊俗：「胡貉匈奴之國，縱體拖髮，箕倨反言。」史記陸賈傳：「陸生至，尉他魋結箕倨見陸生。」漢書陸賈傳「尉佗魋結箕踞見賈」顔注：「箕踞，謂伸其兩脚而坐。亦曰：箕踞其形似箕。」盤旋，已見行品篇「盤旋成規矩」句箋。

〔二〕被髮二句，已見審舉篇「夫不用譬猶售章甫於夷越」句箋。

〔三〕左傳昭公二十八年：「叔游曰：『鄭書有之：「惡直醜正，實蕃有徒。」』」杜注：「鄭書，古書名也。言害正直者，實多徒衆。」釋文：「惡，如字，又烏故反。」

抱朴子曰：「升水不能救八藪之燔爇〔一〕，撮壤不能遏砥柱之沸騰〔二〕，寸刃不能刊長洲之林〔三〕，獨是不能止朋黨之非。」

〔一〕爾雅釋地：「魯有大野，晉有大陸，秦有陽陓，宋有孟諸，楚有雲夢，吳越之間有具區，齊有海隅，燕有昭余祁，鄭有圃田，周有焦護，十藪。」（藪之名、藪，周禮夏官職方氏、呂氏春秋有始覽、淮南子墜形、說文艸部藪字下、風俗通義山澤所言互有異同，茲不具列。）阮元校勘記：「周禮（地官序官）澤虞注云：『爾雅有八藪。』賈公彥說：九州州各一藪，周、秦同在雍州，又除畿內不數，故八。按：今本作十，係淺人依數增加。」（郝懿行有說，見爾雅義疏中之五。）照按：抱朴此文，不曰九藪、十藪，而曰八藪，是所見爾雅與鄭玄同。中論智行：「水能勝火，豈一升之水灌一林之火哉！」說文火部：「爇，燒也。」又：「燔，爇也。」左傳僖公二十八年「爇僖負羈氏」釋文：「爇，如悅反。」

〔二〕書禹貢：「導河積石，至于龍門，南至于華陰，東至于底柱。」孔傳：「底柱，山名。河水分流，包山而過，山見水中，若柱然。」釋文：「見，賢遍反。」底柱，史記夏紀作砥柱。詩小雅十月之交：「百川沸騰。」毛傳：「沸，出。騰，乘也。」淮南子說林：「土勝水者，非以一墣塞江也。」後漢書朱浮傳：「（與彭寵書）此猶河濱之民，捧土以塞孟津，多見其其不知量也。」

〔三〕長洲之林，已見鈞世篇「長洲之林」句箋。

抱朴子曰：「千羊不能扞獨虎〔一〕，萬雀不能抵一鷹〔二〕。庭燎攢舉，不及羲和之末景〔三〕；百鼓竝伐，未若震霆之餘聲〔四〕。是以庸夫盈朝，不能使彝倫攸敘〔五〕；英俊孤任，足以令庶事根長〔六〕。」

〔一〕「扞」，太平御覽九二二引作「捍」。照按：玉篇手部：「扞，何旦切。……捍，同上。」戰國策西周策「而設以國爲王扞秦」高注：「扞，禦也。」

〔二〕說文手部：「抵，擠也。从手，氐聲。」段注：「(擠)排而相歫也。」又：「扺，側擊也。从手，氏聲。」段注：「戰國策(秦策一)扺掌而談」，(文選)東京賦「扺璧於谷」，解嘲「介(漢書揚雄傳下作『界』)涇陽扺穰侯」。按：『扺』字今多譌作『抵』，其音義皆殊。」照按：玉篇手部：「抵，多禮切。擠也。」又：「扺，之是切。側擊也；扺掌也。」是抱朴此處之「抵」當作「扺」，始合文意。

〔三〕庭燎，已見嘉遯篇「庭燎之舉」句箋。蒼頡篇：「攢，聚也。」(文選西都賦李注引)羲和，已見交際篇「羲和照則曲影覺矣」句箋。

〔四〕詩小雅采芑：「鉦人伐鼓。」毛傳：「伐，擊也。」漢書揚雄傳下：「(長楊賦)擊如震霆。」顏注：「霆，雷之急者。音廷。」說文雨部：「霆，雷餘聲鈴鈴(依段校)，所以挺出萬物。」

〔五〕彝倫攸敘，已見博喻篇「吾知其不能敘彝倫而臻升平矣」句箋。

〔六〕書益稷「庶事康哉」孔傳：「衆事乃安。」

抱朴子曰：「非分之達，猶林卉之冬華也〔一〕；守道之窮，猶竹柏之履霜也〔二〕。故識否泰於獨見者，雖劫以鋒鋭，猶不失正而改塗焉，安肯諂笑以偶俗乎〔三〕？體方貞以居直者，雖誘以封國，猶不違情以趨時焉，安肯躐徑以取容乎〔四〕？」

〔一〕林卉冬華，即博喻篇「非時之華，必不能稽輝藻於冰霜」之意。

〔二〕莊子讓王：「孔子曰：『……君子通於道之謂通，窮於道之謂窮。今丘抱仁義之道，以遭亂世之患，其何窮之爲！

故內省而不窮於道，臨難而不失其德。天〔大〕寒既至，霜露既降，吾是以知松柏之茂也。」」（又見呂氏春秋愼人、風俗通義窮通）淮南子俶眞：「夫大寒至，霜雪降，然後知松柏之茂也。」

〔三〕晏子春秋內篇雜上：「崔杼既弒莊公而立景公，杼與慶封相之，劫諸將軍、大夫及顯士、庶人于太宮之坎上，令無得不盟者。……晏子奉桮血，仰天歎曰：『嗚呼！崔子爲無道，而弒其君，不與公室而與崔、慶者，受此不祥。』俛而飲血。崔子謂晏子曰：『子變子言，則齊國吾與子共之；子不變子言，戟既在脰，劍既在心，維子圖之也。』晏子曰：『劫吾以刃，而失其志，非勇也；回吾以利，而倍其君，非義也。……曲刃鉤之，直兵推之，嬰不革矣。』崔杼將殺之，或曰：『不可！子以子之君無道而殺之，今其臣有道之士也，又從而殺之，不可以爲教矣。』崔子遂舍之。」（左傳襄公二十五年、呂氏春秋知分、韓詩外傳二、史記齊太公世家、新序義勇均不如晏子詳）淮南子精神：「晏子與崔杼盟，臨死地而不易義。」

〔四〕左傳哀公十六年：「白公（勝）欲以子閭爲王，子閭不可，遂劫以兵。子閭曰：『王孫若安靖楚國，匡正王室，而後庇焉，啓之願也。敢不從命！若將專利，以傾王室，不顧楚國，有死不能。』遂殺之。」杜注：「子閭，平王子啓，五辭王者。」新序義勇：「（白公勝）欲立王子閭以爲王，王子閭不肯，劫之以刃。……白公勝曰：『楚國之重，天下無有。天以與子，子何不受也？』王子閭曰：『吾聞辭天下者，非輕其利也，以明其德也；不爲諸侯者，非惡其位也，以潔其行也。今吾見國而忘主，不仁也；劫白刃而失義，不勇也。子雖告我以利，威我以兵，吾不爲也。』白公彊之，不可。遂殺之。」

抱朴子曰：「震雷輷磕，而不能致音乎聾聵之耳〔一〕；重光麗天，而不能曲景於幽岫之中〔二〕；凝冰慘慄，而不能凋款冬之華〔三〕；朱飆鑠石，而不能靡蕭丘之木〔四〕。故至德有所不能移也。」

〔一〕說文車部：「轟，轟轟（從段補），羣車聲也。从三車。」廣雅釋訓：「輷輷，聲也。」玉篇車部：「輷，呼萌切。車聲也。軥、轟同上。」又：「輵，口盍切。車（聲）也。」類篇車部：「輵，克盍切。車聲。」（盍，說文血部作盇，隸變作盍。）國語晉語四：「（胥臣）對曰：『……聾聵不可使聽。』」韋注：「耳不別五聲之和曰聾，生而聾曰聵。」法言問明：「吾不見震風之能動聾聵也。」李注：「雷風非不猛，不能動聾聵。」

〔二〕重光，已見君道篇「運重光以表微」句箋。麗天，已見嘉遯篇「則麗天之明不著」句箋。爾雅釋山：「山有穴爲岫。」郭注：「謂巖穴。」

〔三〕易坤：「象曰：『履霜堅冰，陰始凝也。』」文選古詩十九首：「孟冬寒氣至，北風何慘慄。」劉良曰：「慘慄，寒極也。」爾雅釋草：「菟奚，顆凍。」郭注：「款凍也，紫赤，華生水中。」釋文：「凍，音東。」郭璞爾雅圖贊：「吹萬不同，陽煦陰蒸。款冬之生，擢穎堅冰。物體所安，焉知渙凝。」（藝文類聚八一引）西京雜記五：「（董）仲舒對曰：『……葶藶死於盛夏，款冬華於嚴寒。』」傅咸款冬賦：「余曾逐禽，登于北山，于時仲冬之月也。冰凌盈谷，積雪被崖，顧見款冬，煒然始敷，華豔春暉，既麗且殊。以堅冰爲膏壤，吸霜雪以自濡。」（太平御覽九九二、重修政和證類本草九引）戴延之述征記：「洛水至歲末凝厲，則款冬花茂悅層冰之中。」（藝文類聚八一、太平御覽九九二引）顏師古急就篇四「款東貝母薑狼牙」注：「款東生水中，華紫赤色。」

〔四〕說文木部：「朱，赤心木，松柏屬。」段注：「朱本木名，引伸假借爲純赤之字。」廣雅釋器：「朱，赤也。」「飆」與「猋」同，（文選曹植雜詩「何意迴飆舉」李注：「爾雅（釋天）曰：『扶搖謂之猋。』飆與猋同。」）而「猋」又與「熛」通。（文選答賓戲「其餘猋飛景附」李注：「說文（火部）曰：『熛，火飛也。』猋與熛古字通。」）是朱飆猶赤熛矣。文選吳都賦

「火烈熛林」劉注：「熛，火爓（焰）也。」又思玄賦「揚芒熛而絳天兮」舊注：「熛，風熾也。」淮南子詮言：「大熱鑠石流金。」楚辭招魂：「流金鑠石些。」王注：「鑠，銷也。」（說文金部：「鑠，銷金也。」）說文非部：「靡，披（依段校）靡也。」蕭丘之木，已見嘉遯篇「尺水不能却蕭丘之熱」句箋。此二句謂暴風烈火能令石熔化，却不能使蕭丘之木倒伏。

抱朴子曰：「彍弩危機〔一〕，嚴鏃銜弦，至可忌也，而勇雉觸之而不猜〔二〕。闇政亂邦，惡直妬能，甚難測也，而貪人競之而不避。故飛鋒暴集而不覺，禍敗奄及而不振〔三〕。是以愚夫之所悦，乃達者之所悲也；凡才之所趨，乃大智之所去也。」

〔一〕孫子勢：「勢如彍弩，節如發機。」杜牧曰：「彍，張也。如弩已張，發則殺人。……機者，固須以近，節量之然後必能中。」梅堯臣曰：「彍，音霍。彍，張也。如弩之張，勢不逡巡；如機之發，節近易中也。」漢書吾丘壽王傳：「丞相公孫弘奏言：『民不得挾弓弩，十賊彍弩，百吏不敢前。』」顏注：「張晏曰：『彍，音郭。』師古曰：『引滿曰彍。』」

〔二〕周禮春官大宗伯「士執雉」鄭注：「雉取其守介而死，不失其節。」儀禮士相見禮「摯冬用雉」鄭注：「士摯用雉者，取其耿介，交有時，別有倫也。必用死者，爲其不可生服也。」韓詩章句：「雉，耿介之鳥也。」（文選潘岳射雉賦李注引）

〔三〕方言二：「奄，遽也。……陳、潁之間曰奄。」廣雅釋詁一：「振，動也。」

抱朴子曰：「風不輟則扇不用，日不入則燭不明，華不墮則實不結，岸不虧則谷不盈。九有乂安〔一〕，則韓、白之功不著〔二〕；長君繼軌〔三〕，則伊、霍之勳不成〔四〕。故病困乃重良譽，世亂而貴忠貞〔五〕。」

〔一〕詩商頌玄鳥：「方命厥后，奄有九有。」毛傳：「九有，九州也。」文選應貞晉武帝華林園集詩：「六府孔修，九有斯靖。」九有，泛指全國。乂安，已見省煩篇「往者天下乂安」句箋。

〔二〕韓，韓信。白，白起。已見逸民篇「不可以爲不及於韓、白矣」句箋。

〔三〕左傳文公六年：「晉襄公卒，靈公少，晉人以難故，欲立長君。」杜注：「立少君，恐有難。」釋文：「少，詩照反。難，乃旦反。長，丁丈反。」又哀公六年：「少君不可以訪，是以求長君。」文選劉琨勸進表：「伏惟高祖宣皇帝肇基景命，世祖武皇帝遂造區夏，三葉重光，四聖繼軌。」李注：「廣雅（釋詁三）曰：『軌，跡也。』」

〔四〕伊，伊尹。霍，霍光。已見良規篇「伊尹之黜太甲，霍光之廢昌邑」二句箋。

〔五〕老子第十八章：「國家昏亂有忠臣。」

抱朴子曰：「好榮，故樂譽之欲多；畏辱，則憎毁之情急〔一〕。若夫通精元一〔二〕，合契造化〔三〕，混盈虛以同條〔四〕，齊得失於一指者〔五〕。愛惡未始有所繫，窮通不足以滑和〔六〕。」

〔一〕荀子榮辱：「好榮惡辱，好利惡害，是君子小人之所同也。」呂氏春秋適音：「人之情，……欲榮而惡辱。」

〔二〕老子第三十九章「昔之得一者」河上公注：「一，無爲。」文子下德：「一者，無爲也。」淮南子原道：「所謂一者，無匹合於天下者也。卓然獨立，塊然獨存。」（文子道原作「一者，無心合於天下也」。疑「心」字誤。）

〔三〕淮南子原道：「是故大丈夫恬然無思，澹然無慮，……與造化逍遥（今本作「與造化者俱」，此依文選東都賦、魏都賦、郭璞游仙詩、繆襲挽歌、張華女史箴李注引改）。」高注：「大丈夫，喻體道者也。造化，天地；一曰道也。」漢書敍傳上：「（班）嗣報（桓譚）曰：『若夫嚴子（莊子）者，絕聖棄智，修生保真，清虛澹泊，歸之自然，獨師友造化，而不爲世俗所役者也。』」

〔四〕漢書董仲舒傳：「制曰：『……夫帝王之道，豈不同條共貫與？』」

〔五〕荀子王霸：「明一指。」楊注：「指，指歸也。」

〔六〕莊子讓王：「子貢曰：『……古之得道者，窮亦樂，通亦樂；所樂非窮通也，道德〔得〕於此，則窮通爲寒暑風雨之序矣。』」（呂氏春秋慎人：「子貢曰：『……古之得道者，窮亦樂，達亦樂；所樂非窮達也，道得於此，則窮達一也，爲寒暑風雨之序矣。』」）又德充符：「日夜相代乎前，而知不能規乎其始者也，故不足以滑和。」釋文：「滑，音骨。」成疏：「滑，亂也。雖復事變命遷，而隨形任化，淡然自若，不亂於中和之道也。」文子道原：「真人者……不以物滑和。」又：「故聖人不以智役物，不以欲滑和。」又九守：「不便於生者，不以滑和。」淮南子原道：「聖人不以身役物，不以欲滑和。」高注：「不以身爲物役，不以情欲亂中和之道也。」又精神：「生，寄也；死，歸也，何足以滑和。」高注：「滑，亂也。和，適也。」又：「不便於性者，不以滑和。」高注：「滑，亂。」

抱朴子曰：「與奪不汩其神者，至粹者也；利害不染其和者，極醇者也。浩浩乎非瓢觶所校矣〔一〕，茫茫乎非跬步所尋矣〔二〕。聲希所以爲大音〔三〕，和寡所以崇我貴〔四〕。玄黃邃邈〔五〕，而不與□（藏本擠接，舊寫本空白一字。）其曠；死生大矣，而不以改其守〔六〕。常分細碎，將胡恤焉〔七〕？」

〔一〕書堯典「浩浩滔天」孔傳：「浩浩盛大若漫天。」管子小問：「浩浩者水。」（列女傳辯通齊管妾婧傳作「浩浩白水」）

玉篇水部：「浩，胡道切。浩浩，水盛也，大也。」論語雍也「一瓢飲」集解引孔安國曰：「瓢，瓠也。」（此三字今集解本脱，皇疏本有。）皇疏：「瓢，瓠片也。」莊子逍遥遊：「惠子謂莊子曰：『魏王貽我大瓠之種，我樹之成而實五石，以盛水漿，其堅不能自舉也。剖之以爲瓢，則瓠落無所容。』」成疏：「剖，分割之也。瓢，勺也。瓠落，平淺也。……分剖爲瓢，平淺不容多物。」儀禮士冠禮：「實勺觶。」鄭注：「爵三升曰觶。」釋文：「觶，之豉反。爵容三升也。字林音至。」禮記禮器：「宗廟之祭，……尊者舉觶，卑者舉角。」鄭注：「凡觴一升曰爵，……三升曰觶。」漢書揚雄傳下：「（長楊賦）校武票禽。」顔注：「校，計量也。」此句以大水爲喻，言浩浩之水非瓢、觶所能量其盛大也。

〔二〕文選古詩十九首：「四顧何茫茫。」吕延濟曰：「茫茫，廣遠也。」又阮籍詠懷詩：「曠野莽茫茫。」一切經音義六十：「茫茫，莽光反。集訓云：『茫茫者，闊遠皃也。』」類篇艸部：「茫，謨郎切。茫茫，廣大皃。」荀子勸學：「故不積蹞步，無以至千里。」楊注：「半步曰蹞。蹞與跬同。」（大戴禮記勸學作跬）方言十二：「半步爲跬。」（小爾雅廣度：「跬，一舉足也。」淮南子説林「跬步不休」高注：「跬，猶咫尺也。」）又一：「尋，長也。……自關而西秦、晉、梁、益之間，凡物長謂之尋。周官之法，度廣爲尋。」郭注：「度，謂絹帛横廣。」此句以曠野爲喻，言茫茫之野非跬步所能度其横廣也。

〔三〕聲希大音，已見本篇上文「聲希者響必巨」句箋。

〔四〕和寡，已見本篇上文「聆白雪之九成，然後悟巴人之極鄙」二句箋。

〔五〕玄黄，指天地。易坤：「（文言）夫玄黄者，天地之雜也，天玄而地黄。」玄黄遼邈，猶言天地闊廣。

〔六〕莊子德充符：「仲尼曰：『死生亦大矣，而不得與之變。雖天地覆墜，亦將不與之遺。審乎无假（瑕），而不與物遷，命物之化，而守其宗也。』」又田子方：「仲尼聞之曰：『……死生亦大矣，而无變乎己，況爵禄乎？』」淮南子精神：「是故死生亦大矣，而不爲變。……審乎無瑕，而不與物糅，見事之亂，而能守其宗。」高注：「不爲變者，同死生也。瑕，猶釁也。其見利欲之來也，能審順之，故不與物相雜糅。見事亂者止之，亂不能眩惑，故能守其宗。宗，本也。」

〔七〕爾雅釋詁：「恤，憂也。」

抱朴子曰：「林繁則匠入矣〔一〕，珠美則蚌裂矣〔二〕。石含金者焚鑠〔三〕，草任藥者剪掘〔四〕。刃利則先缺，絃哀則速絕〔五〕。用以適己，真人之寶也；才合世求，有伎之災也。」

〔一〕文子上德：「林木茂而斧斤入。」（淮南子說林同）荀子勸學：「林木茂而斧斤至焉。」（大戴禮記勸學同）

〔二〕珠美蚌裂，已見尚博篇「珠玉之居蚌石」句及安貧篇「含夜光者速剖」句箋。廣韻三講：「蚌，蛤也。蜯，上同。」

〔三〕文子符言：「老子曰：『山生金，石生玉，反相剥。』」淮南子說林：「山生金，反自刻。」石含金者，謂含有金屬礦石。

〔四〕重修政和證類本草所列草部上、中、下三品，皆草之任藥者。

〔五〕文選張衡南都賦：「清角發徵，聽者增哀。」李注引許慎淮南子（俶真）注曰：「清角絃急，其聲清也。」（高注有異）又顏延之秋胡詩：「高張生絕絃。」又陸機演連珠：「繁會之音，生於絕絃。」李注：「絃以特絕而流響。」（說苑尊賢：「應侯與賈午子坐，聞其鼓琴之聲。應侯曰：『今日之琴，一何悲也？』賈午子曰：『夫張急調下，故使之悲耳！』」）

抱朴子曰：「準的陳則流鏑赴焉〔一〕，美名起則謗讟攻焉〔二〕。瑰貨多藏，則不招怨而怨至矣；器盈志驕，則不召禍而禍來矣。」

〔一〕文子上德：「質的張而矢射集。」（淮南子説林作「質的張而弓矢集」）荀子勸學：「是故質的張而弓矢至焉。」（大戴禮記勸學作「是故正鵠張而弓矢至焉」）釋名釋兵：「矢……又謂之鏑。鏑，敵也，可以禦敵也。」史記匈奴傳「乃作爲鳴鏑」集解引漢書音義曰：「鏑，箭也。」又引韋昭曰：「矢鏑飛則鳴。」

〔二〕謗讟，已見博喻篇「謗讟不可以巧言弭」句箋。

抱朴子曰：「連城之寶〔一〕，非貧寒所能市也；高世之器，非淺俗所能識也。然盈尺之珍，不以莫知而暗其質；逸倫之士，不以否塞而薄其節。樂天任命〔二〕，何怨何尤〔三〕。」

〔一〕連城之寶，已見擢才篇「纍直連城」句箋。

〔二〕易繫辭上：「樂天知命，故不憂。」正義：「順天道之常數，知性命之始終，任自然之理，故不憂也。」文子符言：「知命者不憂。」孔叢子連叢子上鶚賦：「聽天任命，愼厥所修。」

〔三〕論語憲問：「子曰：『不怨天，不尤人。下學而上達。知我者其天乎！』」集解引馬融曰：「孔子不用於世而不怨天，人不知己亦不尤人。」邢疏：「尤，非也。」淮南子繆稱：「是故知己者不怨人，知命者不怨天。」（宋書謝晦傳：「（悲人道）苟成敗其有數，豈怨天而尤人。」）

抱朴子曰：「大鵬無戒旦之用〔一〕，巨象無馳逐之才。故蔣琬敗績於百里，而爲三台之標〔二〕；陳平困瘁於治家，而懷六奇之略〔三〕。」

〔一〕淮南子説山：「雞知將旦。」文選趙至與嵇茂齊書：「雞鳴戒旦，則飄爾晨征。」李注引陳琳武軍賦曰：「啟明戒旦。」

〔二〕蔣琬二句，已見備闕篇「蔣生憤慢於百里，而獨步三槐」二句箋。

〔三〕陳平二句，已見嘉遯篇「祕六奇以括囊」句、臣節篇「羨張、陳之奇畫」句、清鑒篇「張負知將貴之陳平」句及安貧篇「曲逆所以下席扉而享茅土」句箋。

抱朴子曰：「明闇者才也，自然而不可飾焉；窮達者時也，有會而不可力焉〔一〕。呂尚非早蔽而晚智，然振素而僅遇〔二〕；韓信非初怯而末勇，然危困而後達〔三〕。」

〔一〕荀子宥坐：「夫遇不遇者，時也；賢不肖者，材也。」韓詩外傳七：「賢不肖者，材也；遇不遇者，時也。」說苑雜言：「賢不肖者，才也；……遇不遇者，時也。」論衡逢遇：「賢不肖，才也；遇不遇，時也。」「材」、「才」古通用不別。

〔二〕呂尚二句，已見逸民篇「且呂尚之未遇文王也，……屠釣無獲」等句箋。振素，已見尚博篇「訖于振素」句箋。

〔三〕韓信二句，已見逸民篇「不可以爲不及於韓、白矣」句、備闕篇「淮陰上將之元也，而不能修農商免飢寒」二句、接疏篇「則陳、韓不録於漢矣」句、博喻篇「是以淮陰顯擢，而庸隸悒懊以疾其超」二句及本篇上文「淮陰隱勇於跨下，不損其龍躍而虎視也」二句箋。

抱朴子曰：「奔驥不能及既往之失〔一〕，千金不能救斯言之玷〔二〕。故博其施者，未若防其微；勤其求者，不如寡其辭。」

〔一〕奔驥，已見酒誡篇「奔駟不能追既往之悔」句箋。

〔二〕詩大雅抑：「白圭之玷，尚可磨也；斯言之玷，不可爲也。」毛傳：「玷，缺也。」鄭箋：「斯，此也。玉之缺尚可磨鑢而平，人君政教一失，誰能反覆之。」釋文：「玷，丁簟反。」禮記緇衣：「詩云：『白圭之玷，尚可磨也；斯言之玷，不可爲也。」鄭注：「玷，缺也。言圭之缺，尚可磨而平之；言之缺，無如之何。」

抱朴子曰：「烈士之愛國也如家，奉君也如親〔一〕，則不忠之事不爲其罪矣；仁人之視人也如己，待疏也猶密，則不恕之怨不爲其責矣。」

〔一〕說苑建本：「賢臣之事君也，受官之日，以主爲父，以國爲家。」漢書翟方進傳：「上（成帝）遂賜册曰：『……憂國如家，務便百姓以輔朕。』」後漢書胡廣傳：「尚書史敞等薦廣曰：『……忠貞之性，憂公如家。』」（後漢書陳龜傳：「上疏曰：『……陛下以百姓爲子，品庶以陛下爲父。』」）

抱朴子曰：「玄冰未結，白雪不積，則青松之茂不顯。俗化不弊，風教不穢，則皎潔之操不別。在危國而沈賤，故莊、萊抗遺榮之高〔一〕；居亂邦而飢寒，故曾、列播忘富之稱〔二〕。」

〔一〕莊，莊子。萊，老萊子。並已見嘉遯篇「擲莊、萊之友」句箋。

〔二〕曾，曾參。已見守塉篇「曾參不以其貧，而易晉、楚之富」二句箋。列，列禦寇。已見漢過篇「故列子比屋，而門無鄭陽之恤」二句箋。

抱朴子曰：「天居高而鑒卑〔一〕，故其網雖踈而不漏〔二〕；神聽明而正直〔三〕，故其道賞真而罰僞。是以惠和暢於九區〔四〕，則七耀得於玄昊〔五〕；殘害著於品物〔六〕，則二氣謬於四、八〔七〕。」

〔一〕呂氏春秋制樂：「（子韋）北面載拜曰：『臣敢賀君，天之處高而聽卑。』」（新序雜事四同（史記宋微子世家作「天高聽卑」」）新書耳痺：「故曰天之處高其聽卑。」說苑正諫：「鮑叔曰：『天處甚高，其聽甚下。』」

〔二〕老子第七十三章：「天網恢恢，踈而不失。」（河上公注：「天所網羅恢恢甚大，雖踈遠，司察人善惡無有所失。」）河上公、王弼本下句均作「踈而不失」，帛書甲、乙本亦然。後漢書杜林傳：「林奏曰：『……蠲除苛政，更立疏網。』」李注引老子曰：「天網恢恢，疏而不漏。」則「失」字又作「漏」，當是所見本有異。晉書劉頌傳：「（上疏）苟不至於害政，則皆天網之所漏。」內篇勤求：「天網雖踈，終不漏也。」與此文之「故其網雖踈而不漏」，遣辭似皆出自老子，亦並用「漏」字，與李賢所見之本同。（踈，䟽之俗（見廣韻九魚䟽字注）說文疋部部首：「疋，足也。……亦以爲足字。」故「疏」可作「䟽」。）

〔三〕左傳莊公三十二年：「史嚚曰：『……神聰明正直而壹者也，依人而行。』」杜注：「唯德是與。」

〔四〕左傳文公十八年：「宣慈惠和。」漢書刑法志：「溫慈惠和，以效天之生殖長育也。」文選陸機皇太子宴玄圃宣猷堂有令賦詩：「九區克咸，讌歌以詠。」李注引劉騊駼郡太守箴曰：「大漢遵周，化洽九區。」劉良曰：「咸，和也。言九州能和，謳歌以詠我王之德。」九區，泛指全國。

〔五〕七燿，已見勗學篇「考七燿之盈虛」句箋。詩小雅巷伯「投畀有昊」毛傳：「昊，昊天也。」「天玄而地黃」，故稱天曰玄昊。

〔六〕易乾：「彖曰：『……雲行雨施，品物流形。』」又坤：「彖曰：『……坤厚載物，德合无疆，含弘光大，品物咸亨。』」集解：「荀爽曰：『天地交，萬物生，故咸亨。』崔憬曰：『含育萬物爲弘，光華萬物爲大。動植各遂其性，故言品物咸亨也。』」（說文品部部首：「品，衆庶也。」又牛部：「物，萬物也。」是品物即衆物也。）禮記月令：「（孟春之月）是月也，……禁止伐木，毋覆巢，毋殺孩蟲，胎夭飛鳥，毋麛毋卵，……孟春行夏令，則雨水不時，草木蚤落，國時有恐，行秋令，則其民大疫，猋風暴雨總至，藜莠蓬蒿並興；行冬令，則水潦爲敗，雪霜大摯，首種不入。」（又見呂氏春秋孟春紀、淮南子時則〔字句間有不同〕）仲春至季冬十一月從略。文子下德：「春肅秋榮，冬雷夏霜，皆賊氣之所生。」（又見淮南子本經）

〔七〕二氣，謂陰陽之氣。四，四時。八，八節。書堯典：「朞，三百有六旬有六日，以閏月定四時成歲。」爾雅釋天：「春爲蒼天，夏爲昊天，秋爲旻天，冬爲上天。——四時。」又：「春爲發生，夏爲長嬴，秋爲收成，冬爲安寧。」郭注：「此亦四時之別號。」尸子：「伏羲氏始畫八卦，列八節，而化天下。」（北堂書鈔一五三引）又：「神農氏治天下，……正四時之制，萬物咸利。」（藝文類聚二引）周髀算經下「凡爲八節」趙君卿注：「二至（冬至、夏至）者，寒暑之極；二分（春分、秋分）者，陰陽之和；四立（立春、立夏、立秋、立冬）者，生、長、收、藏之始。是爲八節。」杜預長曆：「四時、八節無違，乃得成歲。」（續漢律曆志中劉注、晉書律曆志下引）

抱朴子曰：「天秩有罔極之尊〔一〕，人爵無違德之貴〔二〕。故仲尼雖匹夫，而饗祀於百代〔三〕，辛、癸爲帝王，而僕豎不顧以見比〔四〕。商老身愈賤而名愈貴〔五〕，幽、厲位彌重而罪彌著〔六〕。故齊王之生，不及柳惠之墓〔七〕，秦王之宮，未若康成之閭〔八〕。」

〔一〕天秩，已見博喻篇「天秩有不遷之常尊」句箋。罔極，猶言無窮盡。

〔二〕孟子告子上：「孟子曰：『有天爵者，有人爵者。仁義忠信，樂善不倦，此天爵也；公卿大夫，此人爵也。古之人修其天爵，而人爵從之。今之人修其天爵，以要人爵；既得人爵，而棄其天爵，則惑之甚者也，終亦必亡而已矣。』」趙注：「天爵以德，人爵以祿。要，求也。棄善忘德，終必亡之。」

〔三〕史記孔子世家：「孔子葬魯城北泗上，弟子皆服三年。……魯世世相傳以歲時奉祠孔子冢，而諸儒亦講禮鄉飲大射於孔子冢。孔子冢大一頃。故所居堂、弟子內，後世因廟，藏孔子衣冠琴車書，至於漢二百餘年不絕。高皇帝過魯，以太牢祠焉。諸侯卿相至，常先謁然後從政。」漢書高帝紀下：「（十二年）十一月，……過魯，以大牢祠孔子。」又平帝紀：「元始元年，……（封）孔子後孔均爲褒成侯，奉其祀。追謚孔子曰褒成宣尼公。」後漢書光武帝紀上：「（建武五年）冬十月，還，幸魯，使大司空（宋弘）祠孔子。」又明帝紀：「（永平十五年）又徵廣陵侯及其三弟會魯，……幸孔子宅，祠仲尼及七十二弟子。」又章帝紀：「（元和二年）三月己丑，進幸魯，……庚寅，祠孔子於闕里，及七十二弟子。」又安帝紀：「（延光三年三月）戊戌，祀孔子及七十二弟子於闕里。」三國志魏書文帝紀：「（黃初二年春正月）詔曰：『昔仲尼資大聖之才，……其以議郎孔羨爲宗聖侯，邑百户，奉孔子祀。』」又齊王芳紀：「（正始）二年春二月，帝初通論語，使太常以太牢祭孔子於辟雍，以顏淵配。」晉書武帝紀：「（泰始三年）十二月，徙宗聖侯孔震爲奉聖亭侯。」（孔氏祖庭廣記五：「西晉武帝泰始三年，詔太學及魯國，四時備三牲以祀先聖。」）百代，言歷時長久。

〔四〕史記夏紀：「帝發崩，子帝履癸立，是爲桀。」又殷紀：「帝乙崩，子辛立，是爲帝辛，天下謂之紂。」莊子盜跖：「子張曰：『昔者桀、紂貴爲天子，富有天下，今謂臧聚曰：「汝行如桀、紂。」則有怍色，有不服之心者，小人所賤也。』」後漢書左雄傳：「雄復諫曰：『……桀、紂貴爲天子，而庸僕羞與爲比者，以其無義也。』」

〔五〕商老，商山四皓。已見博喻篇「是以商老棲峻，以播邈世之操」二句箋。

〔六〕孟子離婁上：「孔子曰：『道二：仁與不仁而已矣。』暴其民甚，則身弒國亡；不甚，則身危國削。名之曰『幽』、『厲』，雖孝子慈孫，百世不能改也。』」趙注：「仁則國安，不仁則國危亡。甚謂桀、紂，不甚謂幽、厲。厲王流於彘，幽王滅於戲，可謂身危國削矣。名之，謂謚之也，謚以幽、厲以章其惡。百世傳之，孝子慈孫，何能改也。」國語周語上：「厲王虐，國人謗王。召公告王曰：『民不堪命矣。』王怒，得衛巫，使監謗者，以告則殺之。國人莫敢言，道路以目。……於是國人莫敢出言。三年，乃流王於彘。」（呂氏春秋達鬱略同。末句，史記周紀作「乃相與畔，襲厲王。厲王出奔於彘。」）又晉語一：「周幽王伐有褒，褒人以褒姒女焉。褒姒有寵，生伯服。於是乎與虢石甫比，逐大子宜咎而立伯服。大子出奔申。申人、繒人召西戎以伐周，周於是亡。」（韋注：「殺幽王於戲。」）史記周紀：「幽王嬖愛褒姒。……褒姒不好笑，幽王欲其笑萬方，故不笑。幽王爲烽燧大鼓，有寇至則舉烽火。諸侯悉至，至而無寇，褒姒乃大笑。幽王說之，爲數舉烽火。其後不信，諸侯益亦不至。幽王以虢石父爲卿，用事，國人皆怨。……又廢申后，去太子也。申侯怒，與繒、西夷犬戎攻幽王。幽王舉烽火徵兵，兵莫至。遂殺幽王驪山下。」

〔七〕戰國策齊策四：「齊宣王見顏斶曰：『斶前！』斶亦曰：『王前！』宣王不悅。……王忿然作色曰：『王者貴乎？士貴乎？』對曰：『士貴耳。王者不貴！』王曰：『有說乎？』斶曰：『有。昔者秦攻齊，令曰：「有敢去柳下季壟五十步而樵采者，死不赦！」令曰：「有能得齊王頭者，封萬户侯，賜金千鎰。」由是觀之，生王之頭，曾不若死士之壟也！』宣王默然不悅。」柳惠，柳下惠之省。（柳下惠姓展，其名、字與號，鄭玄（論語微子注）、趙岐（孟子公孫丑上注）、高誘（淮南子說林注）、韋昭（國語魯語上注）、杜預（左傳僖公二十六年注）諸家，所說各異，茲不具列。）

〔八〕秦王之宮。指阿房宮。已見崇教篇「近效阿房、林光」句及君道篇「悟阿房之速禍」句箋。（史記項羽紀：「項羽引兵西屠咸陽，殺秦降王子嬰，燒秦宮室，火三月不滅。」）後漢紀獻帝紀：「（建安三年）徵鄭玄爲大司農，不至。

玄字康成，北海高密人也。爲嗇夫，隱恤孤苦，閭里安之。……會黨事起，而玄教授不輟，弟子數百人。中平初，悉解禁固，玄已六十餘矣。始爲王公所命，一無所就者。玄身長八尺，秀眉朗目，造次顛沛非禮不動。黄巾賊數萬人經玄廬，皆爲之拜。高密一縣，不被抄掠。」「閭」與「廬」音同得通。（左傳襄公十七「皆有闔廬以辟燥溼寒暑」之「廬」，晏子春秋諫下作「閭」，又哀公元年「闔廬能用其民」之「廬」，國語楚語下作「閭」是。）

抱朴子曰：「影響不能無形聲以著〔一〕，餘慶不可以無德而招〔二〕。故唐堯爲政，七十餘載，然後景星摛耀〔三〕；羊公積行，黄髮不倦，而乃墜金雨集〔四〕。塗遠者其至必遲，施後者其報常晚。」

〔一〕管子心術上：「若影之象形，響之應聲也。」莊子在宥：「大人之教，若形之於影，聲之於響。」文子精誠：「天下從之，如響之應聲，影之象形，所修者本也。」（又見淮南子主術）

〔二〕易坤：「（文言）積善之家，必有餘慶。」招，至也（呂氏春秋本生「招蹷之機」高注）；來也（廣雅釋言）。

〔三〕書堯典：「帝曰：『咨！四岳：朕在位七十載，汝能庸命，巽朕位？』」孔傳：「堯年十六，以唐侯升爲天子，在位七十年，則時年八十六，老將求代。」尚書中候握河紀：「堯即位七十年，景星出翼。」鄭注：「景，大也；明也。翼，朱鳥宿也。」（開元占經七七引（藝文類聚一、太平御覽七又八十又八七二所引均有删節））景星，已見尚博篇「則景星之佐三辰也」句箋。文選答賓戲「摛藻如春華」李注引韋昭曰：「摛，布也。」

〔四〕「而」，藏本、魯藩本、吉藩本、舊寫本作「爾」。照按：「爾」字是。「爾乃」連文，語詞叠用也（書經中多有其例）。俞樾古書疑義舉例四有語詞叠用例，可參閲。内篇微旨：「羊公積德布施，詣乎皓首，乃受天墜之金。」所言與此文同。惟羊公其人其事，則未詳出自何書。搜神記十一：「楊公伯雍（太平御覽四七九又八百五引並作「羊公雍伯」），雒陽縣人也。本以儈賣爲業，性篤孝，父母亡，葬無終山，遂家焉。山高八十里，上無水，公汲水作義漿於坂頭，行者皆飲之。三年，有一人就飲，以一斗石子與之，使至高平好地有石處種之，云：『玉當生其中。』楊公未娶。又語云：『汝後當得好婦。』語畢不見。乃種其石，數歲，時時往視，見玉子生石上，人莫知也。有徐氏者，右北平著姓，女甚有行，時人求，多不許。公乃試求徐氏。徐氏笑以爲狂，因戲云：『得白璧一雙來，當聽爲婚。』公至所種玉田中，得白璧五雙以聘。徐氏大驚，遂以女妻公。」「玉子生石上」，與「墜金雨集」，事相近似，姑挹注焉。述異記下：「漢世翁仲孺，家人貧，力作，居渭川。一旦，天雨金十斛於其家。」與抱朴此文亦不甚合。）王明微旨篇釋「羊公」爲羊祜，杜撰堙責，無乃自欺欺人乎？

抱朴子曰：「理盡者不可責有餘，一至者不可求兼濟。故洪濤之末，不能蕩浮萍；衝風之後，不能颺輕塵；勁弩之餘力，不能洞霧縠〔一〕；西穨之落暉，不能照山東。」

〔一〕史記韓長孺傳：「安國曰：『……且彊弩之極，矢不能穿魯縞；衝風之末，力不能漂鴻毛。非初不勁，末力衰也。』」集解引許慎（淮南子説山注）曰：「魯之縞尤薄。」漢書韓安國傳顏注：「衝風，疾風之衝突者也。縞，素也。曲阜之地，俗善作之，尤爲輕細，故以取喻也。」淮南子説山：「矢之於十步貫兕甲，於三百步不能入魯縞。」高注：「猶矢於三百步不能穿魯縞，言力竭勢盡也。」説苑談叢：「飄風雖急，不能以陰雨揚其塵。」漢書禮樂志：「（郊祀歌）廁霧縠。」顏注：「霧縠，言其輕細若雲霧也。」又司馬相如傳上：「（子虛賦）垂霧縠。」顏注：「張揖曰：『縠縐如霧。』師古曰：『霧縠者，言其輕靡如霧，非謂縐文。』」

抱朴子曰：「懸象雖薄蝕，不可以比螢燭之貞耀〔一〕；黃河雖混渾，不可以方沼沚之清澄〔二〕。山雖崩，猶峻於丘垤〔三〕；虎雖瘠，猶猛於豺狼。」

〔一〕易繫辭上：「縣象著明，莫大乎日月。」漢書敍傳下：「（天文志述）炫炫上天，縣象著明。」顏注：「縣，古懸字。」文子九守：「日月失行，薄蝕無光。」淮南子精神同。高注：「薄者，迫也。」史記天官書：「日月薄蝕。」集解：「孟康曰：『日月無光曰薄。京房易傳曰日月赤黃爲薄。或曰不交而蝕曰薄。』韋昭曰：『〔日〕氣往迫之爲薄，虧損爲蝕。』」文選曹植求自試表：「螢燭末光，增暉日月。」晉書劉頌傳：「（上疏）願以螢燭，增暉重光。」螢燭，喻光之微弱。

〔二〕爾雅釋水：「河出崑崙虛，色白。所渠並千七百一川，色黃。」郭注：「潛流地中，汨漱沙壤，所受渠多，衆水溷淆，宜其色黃。」水經河水注引楊泉物理論曰：「河色黃者，衆川之流，蓋濁之也。」左傳隱公三年「澗谿沼沚之毛」杜注：「沼，池也。沚，小渚也。」釋名釋水：「小渚曰沚。沚，止也，小可以止息其上也。」

〔三〕孟子公孫丑上：「泰山之於丘垤。」趙注：「垤，蟻封也。」詩豳風東山：「鸛鳴于垤。」毛傳：「垤，螘塚也。」釋文：「垤，田節反。螘，又作蟻。」說文土部：「垤，螘封也。」段注：「螘封者，其土似封界之高，故謂之封。周禮（地官序官封人鄭玄）注：『聚土曰封。』此亦其意也。」（螘，蟻之本字。）

抱朴子曰：「神農不九疾，則四經之道不垂〔一〕；大禹不胼胝，則玄珪之慶不集〔二〕。故久憂爲厚樂之本〔三〕，暫勞爲永逸之始〔四〕。」

〔一〕四經，謂本草四卷。（本草之名，最先見漢書平帝紀（元始五年）及游俠樓護傳（漢書藝文志惜未著錄）。淮南子脩務：「古者，民茹草飲水，采樹木之實，食蠃蛖之肉，時多疾病毒傷之害。於是神農乃始教民播種五穀，相土地宜，燥濕肥墝高下，嘗百草之滋味，水泉之甘苦，令民知所辟就。當此之時，一日而遇七十毒。」牟子理惑論：「神農嘗草，殆死者數十。」帝王世紀：「炎帝神農氏長於江水，始教天下耕種五穀而食之，以省殺生。（五行大義五引帝王世紀云：「嘗别草木，令人食穀，以代犧牲之命。」）嘗味草木，宣藥療疾，救夭傷之命。百姓日用而不知，著本草四卷。」（太平御覽七二一引）內篇仙藥亦引神農四經文。陶弘景本草序：「舊説皆稱神農本經，余以爲信然。昔神農氏之王天下也，畫八卦以通鬼神之情，造耕種以省殺生之弊，宣藥療疾以拯夭傷之命。此三道者，歷衆聖而滋彰。……秦皇所焚，醫方卜術不預，故猶得全録。而遭漢獻遷徙，晉懷奔迸，文籍焚靡，千不遺一。今之所存，有此四卷。」（重修政和證類本草卷一序例上）是陶隱居與葛稚川所見本草，皆四卷本。（「一日而遇七十毒」、「殆死者數十」，與此文之「九疾」皆虚數。）

〔二〕書禹貢：「禹敷土，隨山刊木，奠高山大川。……東漸于海，西被于流沙，朔、南暨聲教，訖于四海。禹錫玄圭，告厥成功。」孔傳：「玄，天色。禹功盡加於四海，故堯賜玄圭以彰顯之。言天功成。」史記夏紀正義：「玄，水色。以禹理水功成，故錫玄圭，以表顯之。」淮南子脩務：「禹沐浴霪雨，櫛扶風，決江疏河，……隨山栞木，平治水土，定千八百國。……蓋聞傳書曰：『神農憔悴，……禹胼胝。』由此觀之，則聖人之憂勞百姓，甚矣。」史記李斯傳：「而二世責問李斯曰：『吾有私議而有所聞於韓子也，曰：「……禹鑿龍門，通大夏，疏九河，曲九防，決渟水致之海，而股無胈，脛無毛，手足胼胝，面目黎黑，遂以死于外，葬於會稽，臣虜之勞不烈於此矣。」』」世説新語言語「夏禹勤王，手足胼胝」劉注引帝王世紀曰：「禹治洪水，手足胼胝。」玉篇肉部：「胼，步田切。胼胝，皮厚也。胝，竹尼切。手胼足胝也。」廣韻一先：「胼，胼胝，皮上堅也。」又六脂：「胝，皮厚也。」漢書貢禹傳「手足胼胝」顔注：「胼，併也。胝，繭也。」

〔三〕「久」，吉藩本作「先」。照按：「先」字是。大戴禮記曾子立事：「先憂事者後樂事。」即此文之所自出（説苑談叢亦有「先憂事者後樂」語）。「厚」，亦當據改爲「後」。

〔四〕漢書匈奴傳下：「黄門郎揚雄上書諫曰：『……以爲不壹勞者不久佚，不暫費者不永寧。』」後漢書竇憲傳：「令班固作銘曰：『……茲所謂一勞而久逸，暫費而永寧者也。』」

抱朴子曰：「金鉤桂餌雖珍，而不能制九淵之沈鱗〔一〕；顯寵豐禄雖貴，而不能致無欲之幽人〔二〕。故呂梁有鵠立之夫〔三〕，河湄繁伐檀之民〔四〕，玉帛徒集於子陵之巷〔五〕，蒲輪虚反於徐生之門〔六〕。」

〔一〕闕子：「魯人有好釣者，以桂爲餌，黄金之鉤，錯以銀碧，垂翡翠之綸，其持竿處位即是，然其得魚不幾矣。故曰：釣之務不在芳飾，事之急不在辯言。」（太平御覽八三四引）史記賈生傳（弔屈原賦）「襲九淵之神龍兮」索隱：「莊子（列禦寇）曰：『千金之珠必在九重之淵，而驪龍頷下。』」漢書賈誼傳顔注：「九淵，九旋之川，言至深也。」鱗，謂魚。

〔二〕幽人，隱士。已見嘉遯篇「養浩然於幽人之忤」句箋。

〔三〕呂梁鵠立之夫，已見本篇上文「仲尼不能與呂梁較伎於百仞之溪」句箋。

〔四〕伐檀之民，已見審舉篇「山林無伐檀、罝兔之賢」句箋。

〔五〕後漢書逸民嚴光傳：「嚴光字子陵，一名遵，會稽餘姚人也。少有高名，與光武同遊學。及光武即位，乃變名姓，隱身不見。帝思其賢，乃令以物色訪之。後齊國上言：『有一男子，披羊裘釣澤中。』帝疑其光，乃備安車玄纁，遣使聘之。三反而後至。舍於北軍，給牀褥，太官朝夕進膳。……車駕即日幸其館。光臥不起，帝即其臥所。……復引光入，論道舊故，相對累日。……除爲諫議大夫，不屈。乃耕於富春山。……建武十七年，復特徵，不至。年八十，終於家。」玉帛，已見逸民篇「昔安帝以玄纁玉帛聘周彥祖」句箋。

〔六〕後漢書徐穉傳：「徐穉字孺子，豫章南昌人也。家貧，常自耕稼，非其力不食。恭儉義讓，所居服其德。屢辟公府，不起。……後舉有道，家拜太原太守，皆不就。……桓帝乃以安車玄纁，備禮徵之，並不至。……穉嘗爲太尉黃瓊所辟，不就。……靈帝初，欲蒲輪聘穉，會卒，時年七十二。」（高士傳徐穉傳：「徐穉……少以經行高於南州。……汝南陳蕃爲豫章太守，因推薦穉於朝廷，由是五舉孝廉、賢良皆不就，連辟公府，不詣。……後公車三徵，不就。以壽終。」）漢書武帝紀：「（建元元年）遣使者安車蒲輪，束帛加璧，徵魯申公。」顏注：「以蒲裹輪，取其安也。」（徐生，徐先生之省，且係尊稱。）

抱朴子曰：「觀聽殊好，愛憎難同。飛鳥覩西施而驚逝〔一〕，魚鼈聞九韶而深沈〔二〕。故衮藻之粲焕，不能悦裸鄉之目〔三〕；采菱之清音，不能快楚隸之耳〔四〕；古公之仁，不能喻欲地之狄〔五〕；端木之辯，不能釋繫馬之庸〔六〕。」

〔一〕莊子齊物論：「毛嬙、麗姬，人之所美也，魚見之深入，鳥見之高飛。」釋文：「司馬（彪）云：『毛嬙，古美人。一云：越王美姬也。』麗姬，晉獻公之嬖，以爲夫人。崔（譔）本作西施。」西施，已見勗學篇「粉黛至則西施以加麗」句箋。

〔二〕淮南子齊俗：「九韶、六英，人之所樂也，鳥獸聞之而驚。」許注：「（九韶）舜樂。（六英）帝顓頊樂。」淳化閣帖二鍾繇雜帖：「蓋張樂於洞庭之野，鳥値而高翔，魚聞而深潛。」

〔三〕詩豳風九罭：「袞衣繡裳。」毛傳：「袞衣，卷龍也。」正義：「畫龍於衣謂之袞，故云袞衣卷龍。」袞藻，謂衣之有文采者。呂氏春秋求人：「羽人裸民之處。」高注：「裸民，不衣衣裳也。」淮南子齊俗：「雖之夷狄徒倮之國。」許注：「徒倮（與「裸」同），不衣也。」嵇康集答向子期難養生論：「黼黻貴乎華夏，裸國得而棄之。」

〔四〕淮南子説山：「欲美和者，必先始於陽阿、采菱。」高注：「陽阿、采菱，樂曲之和聲。」許注：「（陽阿、采菱）楚樂之名也。」（太平御覽五六五引）又人間：「夫歌采菱，發陽阿，鄙人聽之，不若延露以和。」許注：「延露，鄙歌曲也。」（今本正文及注衍、誤，據王念孫説改正。）文選吳都賦「或超延露而駕辯」李注引高誘曰：「延露，鄙曲也。」列子仲尼「隸人之生」張注：「隸，猶羣輩也。」

〔五〕古公二句，已見逸民篇「古公杖策而去之」句箋。

〔六〕論語先進：「言語：宰我，子貢。」孟子公孫丑上：「宰我、子貢，善爲説辭。」史記仲尼弟子傳：「端沐賜，衛人，字子貢。……子貢利口巧辭。」索隱：「（沐）家語（七十二弟子解）作「木」。」呂氏春秋必己：「孔子行道而息，馬逸，食人之稼。野人取其馬。子貢請往説之，畢辭，野人不聽。有鄙人始事孔子者，（曰）請往説之，因謂野人曰：『子不耕於東海，吾不耕於西海也，吾馬何得不食子之禾？』其野人大説。相謂曰：『説亦皆如此其辯也，獨如嚮之人！』解馬而與之。」（又見淮南子人間）論衡逢遇：「馬圄之説無方，而野人説之；子貢之説有義，野人不聽。」（劉子適才：「昔野人棄子貢之辨，而悦馬圉之辭。」）文選演連珠：「東野有不釋之辯。」呂向曰：「釋，解也。」荀子脩身「庸衆而野」楊注：「庸，凡庸也。」

抱朴子曰：「般旋之儀，見憎於裸踞之鄉〔一〕；繩墨之匠，獲忌於曲木之肆〔二〕。貪婪饕餮者〔三〕，疾素絲之皎潔〔四〕；比周實繁者〔五〕，讐高操之孤立。猶賈豎之惡同利，醜女之害國色〔六〕。」

〔一〕般，讀與盤同。盤旋，已見行品篇「盤旋成規矩」句箋。裸，已見本篇上文「不能悅裸鄉之目」句箋。踞，亦見本篇上文「箕踞之俗」句箋。

〔二〕孟子盡心上：「孟子曰：『大匠不爲拙工改廢繩墨。』」趙注：「大匠不爲新學拙工，故爲之改鑿，廢繩墨之正也。」荀子王霸：「猶繩墨之於曲直也。」楊注：「繩墨所以辨曲直。」韓非子有度：「繩直而枉木斲。」鹽鐵論箴石：「語曰：『枉木惡直繩。』」又申韓：「曲木惡直繩。」（潛夫論考績同）楚辭離騷「背繩墨以追曲兮」王注：「繩墨所以正曲直。」洪補注：「墨，度名也，五尺曰墨。」

〔三〕離騷：「衆皆競進以貪婪兮」王注：「愛財曰貪，愛食曰婪。」文選李周翰注：「言衆在朝者，皆競爲進趣，貪婪財利。」饕餮，已見審舉篇「清節羞入饕餮之貫」句箋。

〔四〕詩召南羔羊序：「召南之國，化文王之政，在位皆節儉正直，德如羔羊也。」後漢書循吏王渙傳：「故洛陽令王渙，秉清脩之節，蹈羔羊之義，盡心奉公，務在惠民。」李注：「韓詩羔羊曰：『羔羊之皮，素絲五紽。』薛君章句曰：『小者曰羔，大者曰羊。素喻潔白，絲喻屈柔。紽，數名也。詩人賢仕爲大夫者，言其德能，稱有潔白之性，屈柔之行，進退有度數也。』」楚辭九思遭厄：「士莫志兮羔裘。」舊注：「言政穢則士貪鄙，無有素絲之志，皎潔之行也。」

〔五〕左傳文公十八年：「醜類惡物，頑嚚不友，是與比周。」杜注：「比，近也。周，密也。」釋文：「比，毗志反。」管子立政：「羣徒比周之說勝，則賢不肖不分。」又任法：「羣黨比周，以立其私。」淮南子主術：「朋黨比周，以弄其上。」漢書谷永傳「無用比周之虛譽」顔注：「比周，言阿黨親密也。比，音頻寐反。」左傳昭公二十八年：「叔游曰：『鄭書有之：「惡直醜正，實蕃有徒。」』」杜注：「鄭書，古書名也。言害正直者，實多徒衆。」釋文：「蕃，音煩。」「蕃」與「繁」古字通（文選上林賦「彎蕃弱」李注）。

〔六〕說苑尊賢：「夫美女者，醜婦之讎也。」國色，已見鈞世篇「俱體國色」句箋。

抱朴子曰：「君子之升騰也，則推賢而散祿；庸人之得志也，則矜貴而忽士。施惠隆於佞幸，用才當作財出乎小惠〔一〕。不與智者共其安，而望有危而見救；不與奇士同其歡，而欲有戚之見恤。猶災火張天，方請雨於名山〔二〕；洪水凌空，而伐舟於東甌〔三〕，不亦晚乎！」

〔一〕孫星衍曰：「（『才』）當作『財』。」王廣恕曰：「（『用才』）當作『財』。」晏子內篇諫下：「用財甚費。』管子版法：「審用財。』禮記聘義：『古之用財者，不能均如此。』」照按：孫、王說是。

〔二〕請，請求。請雨，求雨。古人「遭旱仰天」，率有求雨之舉。詩大雅雲旱所稱美者，即其事也。春秋繁露則有求雨專篇，文中如「令民禱社稷山川」、「禱山川以助之」、「禱於名山以助之」等語，挹注此處「請雨於名山」句正合。

〔三〕東甌，泛指今浙江金華、紹興一帶，其地夥以林木蕃茂著稱。晉書王羲之傳：「（蘭亭詩序）此地有崇山峻嶺，茂林修竹。」宋書謝靈運傳：「（山居賦）其木則松柏檀櫟，梗楠桐榆，檿柘穀楝，楸梓檉樗。……榦合抱以隱岑，杪千仞而排虛。凌岡上而喬竦，蔭澗下而扶疏。沿長谷以傾柯，攢積石以插衢。」「伐舟於東甌」，謂伐木東甌以造舟也。

抱朴子外篇校箋卷之四十

辭義

或曰：「乾坤方圓，非規矩之功〔一〕；三辰摛景，非瑩磨之力〔二〕；春華粲煥，非漸染之采；茝蕙芬馥，非容氣所假〔三〕。知夫至真，貴乎天然也。義以罕覿爲異，辭以不常爲美。而歷觀古今屬文之家，尠能挺逸麗於毫端，多斟酌於前言〔四〕，何也？」

〔一〕易說卦：「乾，天也。……坤，地也。」大戴禮記曾子天圓：「參嘗聞之夫子曰：『天道曰圓，地道曰方。』」盧注：「道曰方圓耳，非形也。」呂氏春秋圜道：「天道圜，地道方。」淮南子天文：「天道曰圓，地道曰方。」太玄玄圖：「天道成規，地道成矩。」范注：「矩，方。規，圓。」孟子告子上「大匠誨人必以規矩」趙注：「規所以爲圓也，矩所以爲方也。」

〔二〕三辰，日、月、星。已見尚博篇「則景星之佐三辰也」句箋。說文日部：「景，光也。」摛景，發光。瑩磨，猶琢磨。

〔三〕左傳定公八年：「陽虎僞不見冉猛者，曰：『猛在此必敗！』猛逐之，顧而無繼，僞顛。虎曰：『盡客氣也。』」杜注：「言皆客氣，非勇。」史記天官書：「日月暈適，雲風，皆天之客氣。」此二句言芬馥之氣爲茝蕙所固有，非由外假也。是「容」爲「客」之形誤，當校正。

〔四〕國語周語上：「耆艾修之，而後王斟酌焉。」韋注：「斟，取也。酌，行也。」吕氏春秋達鬱：「而後王斟酌焉」，高注：「斟酌，取其善而行。」漢書敘傳下：「（揚雄傳述）斟酌六經，放易象論。」顏注：「放，音甫往反。論，論語也。」易大畜：「象曰：『……君子以多識前言往行，以畜其德。』」

抱朴子曰：「清音貴於雅韻克諧〔一〕，著作珍乎判微析理。故八音形器異而鍾律同〔二〕，黼黻文物殊而五色均〔三〕。徒閑澀有主賓〔四〕，妍蚩有步驟〔五〕。是則總章無常曲〔六〕，大庖無定味〔七〕。夫梓、豫山積，非班、匠不能成機巧〔八〕；衆書無限，非英才不能收膏腴〔九〕。何必尋木千里，乃構大廈；鬼神之言，乃著篇章乎？」

〔一〕書舜典：「八音克諧，無相奪倫，神人以和。」孔傳：「倫，理也。八音能諧，理不錯奪，則神人咸和。」

〔二〕周禮春官大師：「掌六律六同，以合陰陽之聲。陽聲：黃鍾，大蔟，姑洗，蕤賓，夷則，無射。陰聲：大吕，應鍾，南吕，函鍾，小吕，夾鍾。皆文之以五聲：宮，商，角，徵，羽。皆播之以八音：金，石，土，革，絲，木，匏，竹。」漢書律曆志：「五聲之本，生於黃鍾之律。九寸爲宮，或損或益，以定商、角、徵、羽。九六相生，陰陽之應也。律十有二，陽六爲律，陰六爲吕。律以統氣類物，一曰黃鍾，二曰太族，三曰姑洗，四曰蕤賓，五曰夷則，六曰亡射。吕以旅陽宣氣，一曰林鍾，二曰南吕，三曰應鍾，四曰大吕，五曰夾鍾，六曰中吕。有三統之義焉。」風俗通義聲音：「天地之風氣正而十二律定，五聲於是乎生，八音於是乎出。聲者，宮、商、角、徵、羽也；音者，土曰塤、匏曰笙、革曰鼓、竹曰管、絲曰絃、石曰磬、金曰鐘、木曰柷。」

〔三〕考工記畫繢：「畫繢之事，雜五色。……青與赤謂之文，赤與白謂之章，白與黑謂之黼，黑與青謂之黻。」左傳桓公二年：「火、龍、黼、黻，昭其文也。」杜注：「白與黑謂之黼，形若斧；黑與青謂之黻，兩己相戾。」正義：「白與黑謂之黼，黑與青謂之黻，考工記文也。其言形若斧，兩己相戾，相傳爲說。孔安國虞書（益稷）傳亦云：『黼若斧形，黻爲兩己相背。』是其舊說然也。」均，均勻，協調。

〔四〕此句承上「故八音形器異而鍾律同」句，謂演奏技藝與所肄之業有關。

〔五〕此句承上「黼黻文物殊而五色均」句，謂繪畫成就有發展過程。

〔六〕後漢書獻帝紀：「（建安）八年冬十月己巳，公卿初迎冬於北郊，總章始復，備八佾舞。」李注：「總章，樂官名。古之安代樂。」（「代」本作「世」，此李賢避太宗諱改也。安世樂見漢書禮樂志。）晉書劉弘傳：「時總章太樂伶人，避亂多至荆州。」文選陸雲爲顧彥先贈婦詩：「西城善雅舞，總章饒清彈。」李注：「孫盛晉陽秋傳隆議曰：『其總章伎，卽古之女樂。』」呂延濟曰：「西城、總章，皆出伎樂。」此句蓋謂總章伶人所演唱樂章，非一曲也。

〔七〕呂氏春秋貴公：「大庖不豆。」高注：「但調和五味，使神人享之而已，不復自列簠簋籩豆也。」此句蓋謂大庖所調和食品，非一味也。

〔八〕梓、豫，二木名。已見吴失篇「梓、豫忽而莫識」句箋。文選王褒洞簫賦：「於是般、匠施巧。」李注：「墨子（公輸）曰：『公輸（盤）爲雲梯。』鄭玄（禮記檀弓下注）曰：『般（多）伎巧者。』莊子（人間世）曰：『匠石之齊，見櫟社樹，匠伯不顧。』司馬彪曰：『匠石，字伯。』」「班」與「般」同。

〔九〕文心雕龍事類：「夫經典沉深，載籍浩瀚，實羣言之奥區，而才思之神皐也。揚、班以下，莫不取資，任力耕耨，縱意漁獵，操刀能割，必列膏腴。」所言與此文略同。

抱朴子曰：「夫才有清濁〔一〕，思有修短〔二〕，雖竝屬文，參差萬品。或浩瀁而不淵潭〔三〕，或得事情而辭鈍，違物理而文工。藏本作言功，今從舊寫本。蓋偏長之一致，非兼通之才也。闇於自料，强欲兼之，違才易務，故不免嗤也。」

〔一〕後漢書文苑下酈炎傳：「作詩二篇曰：『……賢愚豈常類，稟性在清濁。』」文選典論論文：「文以氣爲主，氣之清濁有體，不可力強而致。」

〔二〕前勗學篇：「才性有優劣，思理有修短。」與此意同。

〔三〕玉篇水部：「浩，浩浩，水盛也，大也。」又：「瀁，余掌切。无涯際也。」又：「淵，又深也。」廣韻四十一漾：「瀁，水溢蕩皃。」此句喻文辭浮華而無深意。

抱朴子曰：「五味舛而竝甘〔一〕，衆色乖而皆麗〔二〕。近人之情，愛同憎異，貴乎合己，賤於殊途〔三〕。夫文章之體，尤難詳賞。苟以入耳爲佳，適心爲快，尠知忘味之九成〔四〕，雅頌之風流也〔五〕。所謂考鹽梅之鹹酸〔六〕，不知大羹之不致〔七〕；明飄飆之細巧，蔽於沈深之弘邃也。」

〔一〕禮記禮運：「五味六和十二食。」鄭注：「五味，酸、苦、辛、鹹、甘也。」管子宙合：「五味不同物而能和。」尹注：「五味，宰夫能和之。」鶡冠子環流：「酸、鹹、甘、苦之味相反，然其爲善均也。」陸注：「南華（莊子天運）曰：『柤、梨、橘、柚，其味相反，而皆可於口。』」說文甘部部首：「甘，美也。」段注：「甘爲五味之一，而五味之可口者皆曰甘。」

〔二〕書益稷：「以五采彰施于五色。」孔傳：「以五采明施于五色。」正義：「以五種之彩，明施於五色。」國語鄭語：「（史伯）對曰：『……物一無文。』」韋注：「五色雜，然後成文。」鶡冠子環流：「五色不同采，然其爲好齊也。」（文心雕龍情采：「五色雜而成黼黻。」）

〔三〕莊子在宥：「世俗之人，皆喜人之同乎己，而惡人之異於己也；同於己而欲之，異於己而不欲者，以出乎衆爲心也。」文子道德：「老子曰：『天下是非無所定，世各是其所善，而非其所惡。夫求是者，非求道理也，求合於己者也；非去邪也，去迕於心者。』」呂氏春秋誣徒：「人之情，惡異於己者。」淮南子齊俗：「天下是非無所定，世各是其所是，而非其所非。所謂是與非各異，皆自是而非人。由此觀之，事有合於己者，而未始有是也；有忤於心者，而未始有非也。故求是者，非求道理也，求合於己者也；去非者，非批邪施也，去忤於心者也。」（文心雕龍知音：「夫篇章雜沓，質文交加，知多偏好，人莫圓該。……會己則嗟諷，異我則沮棄。」）

〔四〕論語述而：「子在齊聞韶，三月不知肉味。曰：『不圖爲樂之至於斯也！』」集解引周生烈曰：「孔子在齊，聞習韶樂之盛美，故忽忘於肉味。」漢書禮樂志：「舜作招（顏注：「招讀曰韶。下皆類此。」）。……至春秋時，陳公子完犇齊。陳，舜之後，招樂存焉。故孔子適齊聞招，三月不知肉味。曰：『不圖爲樂之至於斯！』美之甚也。」書益稷：「簫韶九成，鳳皇來儀。」孔傳：「韶，舜樂名。言簫，見細器之備。……儀，有容儀。備樂九奏而致鳳皇。」正義：「成，謂樂曲成也。鄭（玄）云：『成，猶終也。』每曲一終，必變更奏，故經言九成，傳言九奏，周禮（春官大司樂）謂之九變，其實一也。」說文是部：「尟，是少也。」

〔五〕此句緊接上「尟知忘味之九成」句，則「雅頌」二字當與上句含義同，專就其音律言，非指二雅三頌之詩也。論語子罕：「子曰：『吾自衛反魯，然後樂正，雅頌各得其所。』」集解引鄭玄曰：「是時道衰樂廢，孔子來還乃正之，故雅頌各得其所。」禮記樂記：「先王惡其亂也，故制雅頌之聲以道之。」（釋文：「以道，音導。」）又：「故聽其雅頌之聲，志意得廣焉。」（荀子樂論並同）淮南子泰族：「因其喜音，而正雅頌之聲。」又：「音不調乎雅頌者，不可以爲樂。」

史記樂書：「凡作樂者，所以節樂。……故博采風俗，協比聲律，……故云雅頌之音理而民正。」又孔子世家：「三百五篇孔子皆弦歌之，以求合韶武雅頌之音。」又儒林傳：「（孔子）適齊聞韶，三月不知肉味。自衛返魯，然後樂正，雅頌各得其所。」（史公所敘與稚川此處行文，何其相似乃爾！）漢書禮樂志：「劉向因是說上（成帝）：『……隆雅頌之聲，盛揖攘（讓）之容，以風化天下。』」又：「然自雅頌之興，而所承衰亂之音猶在。」又董仲舒傳：「仲舒對曰：『……教化之情不得，雅頌之樂不成。』」並足證此文「雅頌」二字，非指二雅三頌之詩。又按：「風流」，當乙作「流風」，始合文意。

〔六〕「醎」，魯藩本作「鹹」。照按：「醎」，「鹹」之俗（見廣韻二十六咸）。當據改爲「鹹」。鹽鹹、梅酸，皆調味所需者。（書僞說命下：「若作和羹，爾惟鹽梅。」枚傳：「鹽鹹，梅醋，羹須鹹、醋以和之。」）

〔七〕左傳桓公二年：「大羹不致。」杜注：「大羹，肉汁，不致五味。」正義：「大羹者，大古初食肉者，煮之而已，未有五味之齊。」禮記禮器：「大羹不和。」釋文：「大羹，音泰。和，胡卧反。」正義：「大羹，肉汁也。不和，無鹽梅也。大古初變腥，但煮肉而飲其汁，未知調和。」（又郊特牲、樂記均有「大羹不和」語）

其英異宏逸者，則網羅乎玄黄之表〔一〕；其拘束齷齪者，則羈紲於籠罩之内〔二〕。振翅有利鈍，則翔集有高卑〔三〕；騁迹有遲迅，則進趨有遠近〔四〕。駑鋭不可疑此下有脱文膠柱調也〔五〕。文貴豐贍，何必稱善如一口乎？」

〔一〕易坤：「（文言）夫玄黄者，天地之雜也。天玄而地黄。」考工記畫繢：「天謂之玄，地謂之黄。」玄黄之表，猶言天地之表。（文選皇甫謐三都賦序：「大者罩天地之表。」）

〔二〕文選西京賦：「獨儉嗇以齷齪。」李注：「漢書注曰：『齷齪，小節也。』」（此韋昭漢書酈食其傳注，史記酈生傳索隱明引爲韋注。）又吳都賦：「齷齪而筭，固亦曲士之所歎也。」李注：「漢書（酈食其傳）酈食其曰：『其將齷齪好苛禮（今漢書作「握齱好荷禮」）。』齪，楚角切。」張銑曰：「齷齪，局小皃。」又鮑照放歌行：「小人自齷齪，安知曠士懷。」呂延濟曰：「齷齪，短狹皃。」羈紲，已見博喻篇「羈紲於憂責哉」句箋。籠罩之内，喻範圍小。（内篇暢玄「其曠則籠罩乎八隅」，則謂範圍大。）

〔三〕振翅，以鳥喻。論語鄉黨：「色斯舉矣，翔而後集。」集解引周生烈曰：「迴翔審觀而後下止。」此二句指搆思。

〔四〕騁迹，以馬喻。此二句指行文。

〔五〕孫星衍曰：「疑此（『不可』）下有脱文。」照按：孫説是。文選劉峻辯命論：「非可以一途驗。」李注：「抱朴子曰：『篤鋭不可以一塗驗，箏琴不可以膠柱調也。』」崇賢所引，即此處文也。當據補「以一塗驗箏琴不可以」九字，文義乃足。急就篇三：「竽瑟空侯琴筑箏。」顔注：「瑟，庖犧氏所作也。長七尺二寸，二十七弦，今則二十四。……琴，神農所作也。長三尺六寸六分，五弦曰宫、商、角、徵、羽，周文王增二弦曰少宫、少商。……箏，亦瑟類也。本十二弦，今則十三。」（風俗通義聲音可參閲）淮南子氾論：「事猶琴瑟，每絃（「絃」，宋本作「終」，是。終，謂曲一終也。）改調。」高注：「琴瑟絃有數急，柱有前却，故調事亦如之也。」又：「譬猶師曠之施瑟柱也，所推移上下者，無寸尺之度，而靡不中音。」箏琴之弦，皆各有一柱繫之。改調時，鼓者就柱推移上下，以定聲音之清濁高低。故曰箏琴不可以膠柱調也。

不能拯風俗之流遯〔一〕，世塗之凌夷〔二〕，通疑者之路，賑貧者之乏。何異春華不爲肴糧之用，茝蕙不救冰寒之急。古詩刺過失〔三〕，故有益而貴；今詩純虚譽〔四〕，故有損而賤也。」

〔一〕流遯，已見嘉遯篇「不可放之於流遁也」句及刺驕篇「流遁遂往」句箋。

〔二〕凌夷，亦見刺驕篇「道化凌遲」句箋。

〔三〕毛詩序：「上以風化下，下以風刺上，主文而譎諫，言之者無罪，聞之者足以戒，故曰風。至於王道衰，禮義廢，政教失，國異政，家殊俗，而變風、變雅作矣。國史明乎得失之迹，傷人倫之廢，哀刑政之苛，吟詠情性，以風其上，達於事變而懷其舊俗者也。」論語陽貨：「（詩）可以怨。」集解引孔安國曰：「怨刺上政。」皇疏：「詩可以怨刺諷諫之法，言之者無罪，聞之者足以戒，故可以怨也。」淮南子泰族：「詩之失愚。」（禮記經解有此語）許注：「詩人怒怒近愚。」（莊逵吉曰：「怒，疑當作怨。」顧廣圻曰：「注怒怒，疑當作怨思。」）漢書禮樂志：「周道始缺，怨刺之詩起。」風、雅中刺過失之詩舉不勝舉，玆從略。

〔四〕漢末至西晉各家詩作，單就登選樓者論之，如獻詩、公讌、祖餞、游覽、贈答、行旅、軍戎諸類中篇什，率皆爲文造情，以歌頌功德，粉飾升平。稚川評其「純虛譽」，絕不爲過。

抱朴子曰：「屬筆之家，亦各有病：其深者，則患乎譬煩言冗，申誡廣喻，欲棄而惜，不覺成煩也；其淺者，則患乎妍而無據，證援不給〔一〕，皮膚鮮澤，而骨骾迥弱也〔二〕。繁華暐曄，則並七曜以高麗〔三〕；沈微淪妙，則儕玄淵之無測〔四〕。人事靡細而不浹，王道無微而不備〔五〕，故能身賤而言貴，千載彌彰焉〔六〕。」

〔一〕不給，不足。（國語周語上「事之共給」韋注：「給，足也。」）

〔二〕此二句以人體喻文，謂其華而不實也。（晉書曹志傳：「乃奏議曰：『……骨骾不存，皮膚不充。』」以骨骾、皮膚對舉，與此同。）

〔三〕七曜，已見君道篇「則炳若七曜之麗天」句箋。

〔四〕玄淵，深淵。

〔五〕「𢟍」，藏本、魯藩本、吉藩本、愼本、盧本、柏筠堂本、文溯本、叢書本、崇文本作「備」。照按：說文心部：「𢟍，憋也。」通俗文：「疲極曰𢟍。」（一切經音義七引）廣雅釋詁一：「𢟍，極也。」廣韻十六怪：「𢟍，病也。蒲拜切。憊，同上。」詁此均不合。當據藏本等改爲備。史記十二諸侯年表序：「是以孔子明王道，干七十餘君，莫能用，故西觀周室，論史記舊聞，興於魯而次春秋，……以制義法，王道備，人事浹。」春秋繁露玉杯：「春秋論十二世之事，人道浹而王道備。」說苑至公：「（夫子）退而修春秋，采毫毛之善，貶纖介之惡，人事浹，王道備。」論衡正說：「說春秋者曰：『二百四十二年，人道浹，王道備。』」（公羊傳哀公十四年何注：「人道浹，王道備。」）並足證此文「𢟍」當作「備」。

〔六〕文心雕龍指瑕：「文章歲久而彌光。」

抱朴子外篇校箋卷之四十一

循本

抱朴子曰：「玄寂虛靜者，神明之本也〔一〕。陰陽柔剛者，二儀之本也〔二〕。巍峩巖岫者，山嶽之本也〔三〕。德行文學者，君子之本也。莫或無本而能立焉。是以欲致其高，必豐其基〔四〕；欲茂其末，必深其根〔五〕。

〔一〕文選皇甫謐三都賦序「玄晏先生」李注：「玄，靜也。」說文宀部：「宋，無人聲也。」玉篇宀部：「宋，無聲也。寂，同上。」嵇康集知慧用有爲詩：「大人玄寂無聲，鎮之以靜自正。」莊子刻意：「夫恬惔寂漠，虛无无爲，此天地之平，而道德之質也。」文子九守：「老子曰：『靜漠恬惔，所以養生也；和愉虛無，所以據德也。』」淮南子精神：「氣志虛靜恬愉而省嗜欲。」文子九守：「故靜漠者，神明之宅。」（又見淮南子精神）淮南子俶真：「此皆失其神明，而離其宅也。」高注：「離宅，離精神之宅也。」是此文之神明亦當作精神解。

〔二〕易說卦：「是以立天之道，曰陰與陽；立地之道，曰柔與剛。」又繫辭下：「剛柔者，立本者也。」二儀，即兩儀。已見廣譬篇「二儀不能廢春秋以成歲」句箋。

〔三〕文選西京賦：「疏龍首以抗殿，狀巍峩以岌嶪。」「巍」，六臣本作「嵬」。張銑曰：「嵬峩、岌嶪，高壯貌。」廣雅釋詁四：「巘，高也。」（巘與巖同）爾雅釋山：「山有穴爲岫。」郭注：「謂巖穴。」左傳莊公二十二年：「山嶽則配天。」正義：「詩（大雅崧高）云：『崧高維嶽，駿極于天。』言其大能至天，故山嶽則配天也。」

〔四〕文子上義：「不廣其基，而增其高者，覆。」（淮南子泰族同）

〔五〕說文木部：「末，木上曰末。」木上，蓋統指木之枝葉。君道篇：「夫根深則末盛矣。」（博喻篇有「本朽則末枯」語）文意與此二句同。是「末茂」、「末盛」，皆謂枝葉茂盛也。（文心雕龍宗經篇：「至根柢槃深，枝葉峻茂。」）

「鄉黨之友不洽，而勤遠方之求；涖官之稱不著，而索不次之顯〔一〕。是以雖佻虛譽，猶狂華干霜以吐曜，不崇朝而零瘁矣〔二〕；雖竊大寶於不料，冒惟塵以負乘，猶鮮介附騰波以高凌，顧眄已枯株於危陸矣〔三〕。

〔一〕禮記曲禮上：「涖官行法。」鄭注：「涖，臨也。」正義：「官，謂卿、大夫、士各有職掌。」廣雅釋詁四：「偁，譽也。」「偁」通作「稱」。漢書東方朔傳：「武帝初卽位，徵天下舉方正賢良文學材力之士，待以不次之位。」顏注：「不拘常次，言超擢也。」

〔二〕博喻篇：「非時之華，必不能稽輝藻於冰霜。」與此「猶狂華干霜以吐曜，不崇朝而零瘁矣」二句意同。皆謂不合節令而開之華易凋謝也。晉書五行志上：「元帝太興四年，王敦在武昌，鈴下儀仗生華如蓮華，五六日而萎落。此木失其性。干寶以爲狂華生枯木，又在鈴閤之間，言威儀之富，榮華之盛，皆如狂華之發，不可久也。」所言可備一證，姑迻録之。（易大過象辭有「枯楊生華，何可久也」語。）說文干部部首：「干，犯也。」文選西京賦：「干雲霧而上達。」薛注：「干，犯也。」呂延濟曰：「干，觸也。言高觸雲霧。」詩鄘風：「崇朝其雨。」毛傳：「崇，終也。從旦至食時爲終朝。」公羊傳僖公三十一年：「不崇朝而徧雨乎天下者，唯泰山爾。」何注：「崇，重也。不重朝，言一朝也。」

〔三〕易繫辭下：「聖人之大寶曰位。」此泛指高位。詩小雅無將大車：「無將大車，維塵冥冥。」鄭箋：「冥冥者，蔽人目明，令無所見也。猶進舉小人，蔽傷己之功德也。」荀子大略：「君人者不可以不慎取臣，匹夫不可以不慎取友。……取友善人，不可不慎，是德之基也。詩曰：『無將大車，維塵冥冥。』言無與小人處也。」楊注：「將，猶扶進也。將車，賤者之事。塵冥冥蔽人目明，令無所見。與小人處，亦然也。」韓詩外傳七：「魏文侯之時，子質仕而獲罪焉，去而北游，謂簡主曰：『從今已後，吾不復樹德於人矣。』簡主曰：『何以也？』質曰：『吾所樹堂上之士半，吾所樹朝廷之大夫半，吾所樹邊境之人亦半。今堂上之士惡我於君，朝廷之大夫恐我以法，邊境之人劫我以兵，是以不復樹德於人也。』簡主曰：『噫！子之言過矣。夫春樹桃李，夏得陰其下，秋得食其實。春樹蒺藜，夏不可採其葉，秋得其刺焉。由此觀之，在所樹也。今子所樹，非其人也。故君子先擇而後種也。詩曰：「無將大車，惟塵冥冥。」』」易林井之大有：「大輿多塵，小人傷賢。」「惟」、「維」古通。負乘，已見博喻篇「位高而器不稱者，不免致寇之敗」二句箋。鮮，魚（老子第六十章「治大國若烹小鮮」河上公注）。介，龜、鼈之屬（禮記月令「〔孟冬之月〕其蟲介」鄭注）。顧眄，猶轉眼，言其速。枯株，王先謙曰：「列子黄帝篇『若槷株駒』釋文：『李頤云：「槷，豎也。株駒，枯樹本也。」』莊子（達生）作『厥株拘』。（今本莊子釋文引李頤云：『厥，豎也。豎若株拘也。』似有譌脱。）則株有枯誼。」（見釋名疏證補八釋喪制罪及餘人曰誅條）若然，是此文之「枯株」二字一實。「枯株於危陸」，蓋謂魚與龜鼈因在高陸（莊子盜跖「去其危冠」釋文引李頤云：「危，高也。」）失水而乾死也。（前良規篇有「則蕩然若巨魚之枯崇陸」語）

聖賢孜孜勉之若彼〔一〕，淺近蹻蹻忽之如此〔二〕。積習則忘鮑肆之臭〔三〕，裸鄉不覺呈形之醜〔四〕。自非遁世而無悶〔五〕，齊物於通塞者〔六〕，安能棄近易而尋迂濶哉〔七〕！將救斯弊，其術無他？徒擢民於巖岫，任才而不計也。」

〔一〕書益稷：「禹拜曰：『都，帝，予何言！予思日孜孜。』」孔傳：「言己思日孜孜不怠。」釋文：「孜，音兹。」大戴禮記曾子制言中：「日孜孜上仁。」漢書成帝紀：「（建始元年詔）羣公孜孜，帥先百寮，輔朕不逮。」顏注：「孜孜，不怠之意。」文選何晏景福殿賦：「然而聖上猶孜孜靡忒，求天下之所以自悟。」李注：「孟子（盡心上）曰：『鷄鳴而起，孳孳爲善者，舜之徒也。』孳與孜同。」

〔二〕詩大雅板：「老夫灌灌，小子蹻蹻。」毛傳：「灌灌，猶款款也。蹻蹻，驕貌。」正義：「（爾雅）釋訓又云：『蹻蹻，驕也。』孫炎曰：『謂驕慢之貌。』……小子是幼弱無知之稱，以其不可教誨，故謂之小子。」釋文：「蹻，其略反。」新序雜事五：「（楚丘先生曰）：『噫！將使我出正辭而當諸侯乎？決嫌疑而定猶豫乎？吾始壯矣，何老之有！』孟嘗君逡巡避席，而有愧色。詩曰：『老夫灌灌，小子蹻蹻。』言老夫欲盡其謀，而少者驕而不受也。」

〔三〕春秋繁露天地施：「積習漸靡，物之微者也。其入人不知，習忘乃爲常然若性，不可不察也。」蔡中郎集述行賦：「唐虞眇其既遠兮，常俗生於積習。」文選左思三都賦序：「積習生常，有自來矣。」劉注：「傳（左傳昭公十六年）曰：『習實生常。』」大戴禮記曾子疾病：「曾子曰：『……與君子游，苾乎如入蘭芷之室，久而不聞，則與之化矣；與小人游，貸乎如入鮑魚之次，久而不聞，則與之化矣。是故君子慎其所去就。』」說苑雜言：「（孔子）又曰：『與善人居，如入蘭芷之室，久而不聞其香，則與之化矣；與惡人居，如入鮑魚之肆，久而不聞其臭，亦與之化矣。』」

（家語六本同，亦以爲孔子語。）

〔四〕裸鄉，已見廣譬篇「故衰藻之粲焕，不能悦裸鄉之目」二句箋。

〔五〕易乾：「（文言）子曰：『龍德而隱者也，不易乎世，不成乎名，遯世无悶。』」正義：「遯世无悶者，謂逃遯避世，雖逢无道，心无所悶。」集解引崔憬曰：「道雖不行，達理，无悶也。」又大過：「象曰：『……君子以獨立不懼，遯世无悶。』」釋文：「遯，本又作遁。同。」玉篇辵部：「遁，隱也。遯，同上。」

〔六〕莊子齊物論郭注：「夫自是而非彼，美己而惡人，物莫不皆然，是非雖異，而彼我均也。」子玄解齊物之義，挹注此文正合。又按：法言君子：「或曰：『人有齊死生同貧富，等貴賤，何如？』」李注：「齊死生，莊子所謂齊物者。」嵇康集卜疑：「將如莊周之齊物。」夏侯湛莊周贊：「遁時放言，齊物絶尤。」（藝文類聚三六引）世説新語文學：「（羊）孚雅善理義，乃與（殷）仲堪道齊物。」劉注：「（齊物）莊子篇也。」文選左思魏都賦：「萬物可齊於一朝。」劉注：「莊子有齊物之論。」又劉琨答盧諶詩并書：「遠慕老、莊之齊物。」李注：「莊子有齊物論。」文心雕龍論説：「是以莊周齊物，以論爲名。」皆以齊物二字連讀，與抱朴此文同。

〔七〕迂濶，已見勗學篇「謂之陸沈迂濶」句箋。

抱朴子外篇校箋卷之四十二

應嘲

抱朴子曰：「客嘲余云：『先生載營抱一〔一〕，韜景靈淵〔二〕，背俗獨往〔三〕，邈爾蕭然。計決，而猶豫不棲於心術〔四〕；分定，而世累無繫於胸閒〔五〕。伯陽以道德爲首〔六〕，莊周以逍遥冠篇〔七〕，用能標峻格於九霄〔八〕，宣芳烈於罔極也〔九〕。

〔一〕老子第十章：「載營魄抱一，能無離？」河上公注：「營魄，魂魄也。人載魂魄之上得以生，當愛養之。……言人能抱一，使不離於身，則長存。一者，道始所生，大和之精氣也，故曰一。」（楚辭遠遊「載營魄而登霞兮」王注：「抱我靈魂而上升也。」）又第二十二章「是以聖人抱一爲天下式」河上公注：「抱，守。」莊子庚桑楚：「老子曰：『衞生之經，能抱一乎？』」郭注：「不離其性。」釋文引李頤云：「（衞生）防衞其生，令合道也。」成疏：「（不離其性）守真不二也。」

〔二〕韜景，猶韜光。（說文日部：「景，光也。」）此句即「潛龍勿用」之意。

〔三〕背俗，離俗。淮南王莊子略要：「江海之士，山谷之人也，輕天下，細萬物而獨往者也。」司馬彪注曰：「獨往自然，不復顧世。」（文選任昉齊竟陵文宣王行狀李注引）南齊書高逸傳序：「次則揭獨往之高節。」梁書沈約傳：「（郊居賦）實有心於獨往。」又處士諸葛璩傳：「將幽貞獨往。」文選謝靈運入華子岡是麻源第三谷詩：「且申獨往意。」又江淹雜體詩（許徵君首）資神任獨往。」並以獨往爲言。

〔四〕禮記曲禮上：「卜筮者……所以使民決嫌疑，定猶與也。」釋文：「與，音預，本亦作豫。」慧琳音義三：「猶豫，上翼州反，下餘據反。考聲云：『猶豫，不定之辭。』集訓云：『心疑惑也。』」黃生義府下猶豫條：「猶豫，猶容與也。容與者，閒適之貌，猶豫者，遲疑之情。字本無義，以聲取之爾。俗人妄生解說，謂獸性多疑，此何異以蹲鴟爲怪鳥哉！考諸傳記，惟（漢書）文帝紀作『猶豫未定』，楊敞傳『猶豫無決』，陳湯傳『將卒猶與』，後漢來歙、伏隆傳皆作『冘（即尤字）與未決』。蓋以聲狀意，初無一定之字。妄解獸名，有眼縫自未開爾。」（王念孫廣雅疏證釋訓、王引之經義述聞通説猶豫條，論證甚詳，可參閱。）禮記樂記：「應感起物而動，然後心術形焉。」鄭注：「言在所以感之也。術，所由也。形，猶見也。」釋文：「見，賢遍反。」漢書禮樂志「應感而動，然後心術形焉」顏注：「言人之性感物則動也。術，道徑也。心術，心之所由也。形，見也。」

〔五〕「繫」，藏本、魯藩本、吉藩本作「餘」，慎本、盧本、舊寫本、柏筠堂本、文溯本、叢書本、崇文本作「係」。照按：「繫」、「餘」二字於此並通。然由慎本等作「係」推之，此必原是「餘」字。嵇康集東方朔至清詩：「不爲世累所攖，所欲不足無營。」

〔六〕列仙傳老子傳：「老子姓李名耳，字伯陽。」史記老子傳：「老子脩道德，其學以自隱無名爲務。……於是老子迺著書上下篇，言道德之意五千餘言而去。」葛玄老子道德經序：「（老子）西遊天下，關令尹喜曰：『大道將隱乎？願爲我著書。』於是作道德二篇，五千文上下經焉。」（文心雕龍諸子：「及伯陽識禮，而仲尼訪問，爰序道德，以冠百氏。」）

〔七〕史記莊子傳：「莊子者，蒙人也，名周。」莊子內篇逍遥遊第一郭注：「夫小大雖殊，而放於自得之場，則物任其性，事稱其能，各當其分，逍遥一也。豈容勝負於其間哉！」釋文：「逍遥者，篇名。義取閒放不拘，怡適自得。」世說新語文學：「莊子逍遥篇，舊是難處，諸名賢所可鑽味，而不能拔理於郭、向（秀）之外。」劉注：「向子期、郭子玄逍遥義曰：『「夫大鵬之上九萬，尺鷃之起榆枋，小大雖差，各任其性。苟當其分，逍遥一也。」（今本郭注有異，首二句亦無。）「然物之芸芸，同資有待，得其所待，然後逍遥耳。唯聖人與物冥而循大變，爲能無待而常通，豈獨自通而已。又從有待者不失其所待，不失，則同於大通矣。」』（「然物之芸芸」至「則同於大通矣」等句，逍遥遊篇題下郭注無，惟見篇中「彼且惡乎待哉」句下郭注〔辭句間有不同〕。此蓋孝標合引爲一，非篇題郭注有闕脱也。）

〔八〕九霄，猶九天，極言其高。

〔九〕罔極，謂無窮盡。

今先生高尚勿用〔一〕，身不服事，而著君道、臣節之書〔二〕，不交於世，而作譏俗、救生之論〔三〕，甚愛骭毛〔四〕，而綴用兵戰守之法〔五〕，不營進趨，而有審舉、窮達之篇〔六〕。蒙竊惑焉〔七〕。」

〔一〕易蠱：「上九，不事王侯，高尚其事。」又乾：「初九，潛龍勿用。……（文言）初九曰『潛龍勿用』，何謂也？子曰：『龍德而隱者也。』」正義：「此夫子以人事釋潛龍之義，聖人有龍德隱居者也。」

〔二〕君道篇見卷五，臣節篇見卷六。

〔三〕譏俗如爲篇名，當是譏惑篇；如非篇名，則指交際、酒誡、疾謬、刺驕諸篇。救生似非篇名。專論救生之文，今本五十二篇中未見，它書亦無徵引之者。其詳已難得知矣。（今本内外篇亡佚甚多，詳後自敍篇「凡著内篇二十卷，外篇五十卷」二句箋。）

〔四〕孟子盡心上：「孟子曰：『楊子取爲我，拔一毛而利天下，不爲也。』」趙注：「楊子，楊朱也。爲我，爲己也。拔己一毛以利天下之民，不肯爲也。」淮南子氾論：「全性保真，不以物累形，楊子之所立也，而孟子非之。」高注：「全性保真，謂不拔骭毛以利天下。弗爲，不以物累己身形也。」又俶真：「明於死生之分，達於利害之變，雖以天下之大，易骭之一毛，無所槩於志也。」高注：「骭，自膝以下脛以上也。」孔叢子抗志：「故明於死生之分，通於利害之變，雖以天下易其脛毛，無所槩於志矣。」

〔五〕用兵戰守之法，謂軍術篇也。北堂書鈔一百二十（三見）、藝文類聚九十、太平御覽七四又三百四十又九一四又九四七、文選江淹詣建平王上書李注、海録碎事十九所引用兵戰守之文凡十條，均冠有軍術篇名，可證。

〔六〕審舉篇見卷十五，窮達篇見卷四十九。

〔七〕文選西京賦：「蒙竊惑焉，願聞所以辯之之說也。」李注：「蒙，謙稱也。」

抱朴子曰：「君臣之大，次於天地〔一〕。思樂有道，出處一情，隱顯任時，言亦何繫〔二〕？大人君子，與事變通。老子無爲者也〔三〕，鬼谷終隱者也〔四〕，而著其書，咸論世務〔五〕。何必身居其位，然後乃言其事乎？

〔一〕國語晉語五：「宋人弑昭公，趙宣子請師於靈公以伐宋。公曰：『非晉國之急也。』對曰：『大者天地，其次君臣，所以爲明訓也。今宋人弑其君，是反天地而逆民則也，天必誅焉。晉爲盟主而不修天罰，將懼及焉。』公許之。」（又見韓詩外傳一（後漢書董卓傳有「大者天地」二句））

〔二〕易繫辭上：「子曰：『君子之道，或出或處，或默或語。』」

〔三〕老子第二章：「是以聖人處無爲之事，行不言之教。」河上公注：「以道治也。以身師導之也。」又第三章：「爲無爲，則無不治。」河上公注：「不造作，動因循。德化厚，百姓安。」又第三十七章：「道常無爲而無不爲。」河上公注：「道以無爲爲常也。」文子道原：「老子曰：『……是以聖人內修其本而不外飾其末，厲其精神，偃其知見。故漠然無爲而無不爲也，無治而無不治也。所謂無爲者，不先物爲也；無治者，不易自然也；無不治者，因物之相然也。』」（又見淮南子原道）史記老子傳：「李耳無爲自化，清靜自正。」索隱：「老子（第五十七章）曰：『我無爲而民自化，我好靜而民自正。』」

〔四〕史記蘇秦傳：「東事師於齊，而習之於鬼谷先生。」集解引徐廣曰：「潁川陽城有鬼谷，蓋是其人所居，因爲號。」索隱：「鬼谷，地名也。扶風池陽、潁川陽城並有鬼谷墟，蓋是其人所居，因爲號。」鬼谷子序：「周時有豪士隱者居鬼谷，自號鬼谷先生，無鄉里族姓名字。」（意林二引）又：「周時有豪士隱於鬼谷者，自號鬼谷子，言其自遠也。」（文選郭璞遊仙詩「云是鬼谷子」句李注引）袁淑真隱傳：「鬼谷先生不知何許人也，隱居韜智，居鬼谷山，因以爲號。蘇秦、張儀師之，遂立功名。」（藝文類聚三六、太平御覽五百十引）

〔五〕老子如第五、第十二、第十八、第三十一、第五十三、第五十七、第七十四、第七十五等章，鬼谷子如捭闔、內揵、抵巇、飛箝、忤合、揣、摩、權、決、符言諸篇，皆論世務之尤著者。

「夫器非瓊瑤，楚和不泣〔一〕；質非潛虯，風雲不集〔二〕。余才短德薄，幹不適治，出處同歸，行止一致。豈必達官乃可議政事，居否則不可論治亂乎？

〔一〕詩衛風木瓜「報之以瓊瑤」毛傳：「瓊瑤，美玉。」楚和氏抱璞泣血，已見擢才篇「和氏所以抱璞而泣血」句箋。

〔二〕潛虯，潛龍。（史記司馬相如傳（上林賦）「六玉虯」集解引郭璞曰：「虯，龍屬也。」）易乾：「（文言）雲從龍。」「風」字由「雲」字連類而及。

常恨莊生言行自伐，桎梏世業〔一〕。身居漆園〔二〕，而多誕談〔三〕。好畫鬼魅，憎圖狗馬〔四〕。狹細忠貞〔五〕，貶毀仁義〔六〕。可謂彫虎畫龍，難以徵風雲；空板億萬〔七〕，不能救無錢；孺子之竹馬〔八〕，不免於脚剥；土柈之盈案〔九〕，無益於腹虛也。」

〔一〕易蒙：「初六，發蒙，利用刑人，用說桎梏。」釋文：「桎，音質。梏，古毒反。在足曰桎，在手曰梏。」莊子德充符：「彼且蘄以諔詭幻怪之名聞，不知至人之以是爲己桎梏邪？」又在宥：「而儒墨乃始離跂攘臂乎桎梏之間。」（桎梏本械手足刑具，此則應作束縛解，引申誼也。）

〔二〕史記莊子傳：「周嘗爲漆園吏。」嵇康聖賢高士傳莊周傳：「莊周少學老子，梁惠王時爲蒙縣漆園吏。」（藝文類聚三六引）漆園所在地舊有三說：一謂在今山東曹縣；二謂在今河南商丘；三謂在今安徽定遠。皆各執一辭，難於指實。存而不論，可也。

〔三〕莊子天下：「古之道術有在於是者，莊周聞其風而悅之。以謬悠之說，荒唐之言，無端崖之辭，時恣縱而不儻，不以觭見之也。」釋文：「謬悠，謂若忘於情實者也。荒唐，謂廣大無域畔者也。」成疏：「恣縱，猶放任也。觭，不偶也。」「謬悠之說，荒唐之言」，今本三十三篇中尚多有之，蓋卽此文所謂之「誕談」也。

〔四〕韓非子外儲說左上：「客有爲齊王畫者。齊王問曰：『畫孰最難者？』曰：『犬馬最難。』『孰易者？』曰：『鬼魅最易。』夫犬馬人所知也，旦暮罄於前。不可類之，故難。鬼魅無形者，不罄於前。故易之也。」淮南子氾論：「今夫圖工好畫鬼魅，而憎圖狗馬者，何也？鬼魅不世出，而狗馬可日見也。」後漢書張衡傳：「衡以圖緯虛妄，非聖人之法，乃上疏曰：『……譬猶畫工惡圖犬馬，而好作鬼魅，誠以實事難形，而虛僞不窮也。』」

〔五〕莊子天運：「夫孝悌、仁義、忠信、貞廉，此皆自勉以役其德者也，不足多也。」又外物：「人主莫不欲其臣之忠，而忠未必信。故伍員流於江，萇弘死於蜀。」又盜跖：「介子推至忠也，自割其股以食文公，文公後背之。子推怒而去，抱木而燔死。……世之所謂忠臣者，莫若王子比干、伍子胥，子胥沈江，比干剖心。此二子者，世謂忠臣也，然卒爲天下笑。」

〔六〕莊子駢拇：「屈折禮樂，呴俞仁義，以慰天下之心者，此失其常然也。……自虞氏招仁義以撓天下也，天下莫不奔命於仁義，是非以仁義易其性與？」又馬蹄：「毁道德以爲仁義，聖人之過也。……及至聖人屈折禮樂，以匡天下之形，縣企仁義，以慰天下之心，而民乃始踶跂好知，爭歸於利，不可止也。此亦聖人之過也。」又胠篋：「爲之仁義以矯之，則並與仁義而竊之。……削曾、史之行，鉗楊、墨之口，攘棄仁義，而天下之德始玄同矣。」又在宥：「說仁邪？是亂於德也；說義邪？是悖於理也。」又天地：「至治之世，不尚賢，不使能，上如標枝，民如野鹿，端正而不知以爲義，相愛而不知以爲仁。」

〔七〕史記高祖紀：「沛中豪桀吏聞令有重客，皆往賀。蕭何爲主吏，主進，令諸大夫曰：『進不滿千錢，坐之堂下。』高祖爲亭長，素易諸吏，乃紿爲謁曰『賀錢萬』，實不持一錢。謁人，呂公大驚，起，迎之門。呂公者，好相人，見高祖狀貌，因重敬之，引入坐。」漢書高帝紀上顏注：「素，故也，謂舊時也。易，輕也。爲謁者，書刺自言爵里，若今參見尊貴而通名也。蓋當時自陳姓名，并列賀錢數耳。（迎之門）以其錢多，故特禮之。」晉書隱逸魯褒傳：「（錢神論）昔呂公欣悅於空板，……空板至虛，而況有實。」錢神論「呂公欣悅於空板」、「空板至虛」，即本高祖紀之「紿爲謁曰『賀錢萬』，實不持一錢」爲言。是此文之「空板億萬」，謂板上虛列億萬錢數，而實無一錢也。

〔八〕竹馬，兒童游戲時當爲馬騎之短小竹竿。後漢書郭伋傳：「始至行部，到西河美稷，有童兒數百，各騎竹馬，道次迎拜。」世說新語方正：「（諸葛靚）與（晉）武帝有舊，……帝就太妃閒相見。禮畢，酒酣，帝曰：『卿故復憶竹馬之好不？』」又品藻：「殷侯（浩）既廢，桓公（溫）語諸人曰：『少時與淵源（浩字）共騎竹馬，我棄去，己輒取之，故當出我下。』」

〔九〕玉篇木部：「槃，步干切。器也。或作盤、鎜。柈，同上。」廣韻二十六桓：「槃，器名。柈，俗。」土柈盈案，蓋用嬰兒以塵飯、塗羹、木胾相與爲戲事。韓非子外儲說左上：「夫嬰兒相與戲也，以塵爲飯，以塗爲羹，以木爲胾，然至日晚必歸饟者，塵飯、塗羹可以戲而不可食也。」

或人又曰：『然吾子所著，彈斷風俗，言苦辭直〔一〕，吾恐適足取憎在位，招擯於時，非所以揚聲發譽〔二〕，見貴之道也。』

〔一〕史記商君傳：「商君曰：『語有之矣，……苦言藥也，甘言疾也。』」越絕書越絕外傳計倪：「古人云：『苦藥利病，苦言利行。』」言苦與苦言意同。

〔二〕鄧析子無厚：「因勢而發譽，則行等而名殊。」史記司馬相如傳：「（上林賦）此不可以揚名發譽，而適足以貶君自

損也。」文選孔融論盛孝章書：「今孝章實丈夫之雄也，天下談士依以揚聲。」（三國志吳書孫韶傳裴注引會稽典錄同）

抱朴子曰：『夫制器者珍於周急〔一〕，而不以采飾外形爲善；立言者貴於助教〔二〕，而不以偶俗集譽爲高。若徒阿順諂諛〔三〕，虛美隱惡，豈所匡失弼違〔四〕，醒迷補過者乎〔五〕？

〔一〕淮南子氾論：「器械者，因時變而制宜，適也。」

〔二〕左傳襄公二十四年：「豹聞之：大上有立德，其次有立功，其次有立言，雖久不廢，此之謂不朽。」

〔三〕蔡中郎集鼎銘：「罔不阿順。」韋昭國語吳語「無阿孤」注：「阿，曲從也。」左傳昭公六年：「左右諂諛。」荀子脩身：「以不善先人者謂之諂，以不善和人者謂之諛。」楊注：「諂之言陷也，謂以佞言陷之。諛與俞義同，故爲不善和人也。」

〔四〕書益稷「予違汝弼」孔傳：「我違道，汝當以義輔正我。」晉書武帝紀：「（泰始二年詔）古者百官，官箴王闕。……今之侍中、常侍實處此位。擇其能正色弼違匡救不逮者，以兼此選。」

〔五〕易繫辭上：「无咎者，善補過也。」左傳宣公十二年：「（荀）林父之事君也，進思盡忠，退思補過。」又昭公七年：「仲尼曰：『能補過者，君子也。』」

『慮寡和而廢白雪之音〔一〕，嫌難售而賤連城之價〔二〕，余無取焉〔三〕。非不能屬華豔以取悅，非不知抗直言之多吝〔四〕，然不忍違情曲筆〔五〕，錯濫真僞。欲令心口相契，顧不愧景〔六〕，冀知音之在後也〔七〕。否泰有命，通塞聽天〔八〕，何必書行言用，榮及當年乎？

〔一〕白雪寡和，已見廣譬篇「聆白雪之九成，然後悟巴人之極鄙」二句箋。

〔二〕連城之價，已見擢才篇「曩直連城」句箋。

〔三〕法言問道：「及搥提仁義，絶滅禮學，吾無取焉耳。」

〔四〕說文口部：「吝，恨惜也。」段注：「慳吝，亦恨惜也。」又辵部：「遴，行難也。从辵，粦聲。易（蒙初六爻辭）曰：『以往遴。』」今易「遴」作「吝」。漢書王莽傳下：「多封爵人，性實遴嗇。」顏注：「遴，讀與吝同。」是「吝」與「遴」通。吝嗇、慳吝，皆含有難意。行路難曰遴，文之受阻難相類似，故亦曰吝。抗直言多吝者，蓋謂其文好直言而頗招物議也。

〔五〕後漢書臧洪傳：「洪答（陳琳）曰：『……昔晏嬰不降志於白刃，南史不曲筆以求存，故身傳圖象，名垂後世。』」

〔六〕晏子春秋外篇八：「嬰聞之，君子獨立不慚于影，獨寢不慚于魂。」文子精誠：「聖人不慚於影，君子慎其獨也。」淮南子繆稱：「夫察所夜行，周公不（不字據王念孫說補）慚乎景，故君子慎其獨也。（劉子慎獨：「獨立不慚影，獨寢不愧衾。」）

〔七〕呂氏春秋長見：「晉平公鑄爲大鐘，使工聽之，皆以爲調矣。師曠曰：『不調。請更鑄之！』平公曰：『工皆以爲調矣。』師曠曰：『後世有知音者，將知鐘之不調也。臣竊爲君恥之。』至於師涓，而果知鐘之不調也。是師曠欲善調鐘，以爲後世之知音者也。」（又見淮南子脩務）漢書揚雄傳下：「（解難）師曠之調鐘，竢知音者之在後也。」

〔八〕墨子非儒：「貧富治亂，固有天命，不可損益。」漢書揚雄傳上：「遇不遇，命也。」又敍傳上：「（王命論）故窮達有命。」後漢書張奐傳：「遺命曰：『……通塞命也。』」劉子通塞：「命有否泰。」又：「否泰由命。」文選潘岳西征賦：「位有通塞之遇。」李注：「通塞，猶窮達也。」

「夫君子之開口動筆，必戒悟蔽，式整雷同之傾邪〔一〕，磋礱流遁之闇穢〔二〕。而著書者徒飾弄華藻，張磔迂濶〔三〕，屬難驗無益之辭〔四〕，治靡麗虛言之美〔五〕，有似堅白厲修之書，公孫刑名之論〔六〕。雖曠籠天地之外，微入無閒之內〔七〕，立解連環〔八〕，離同合異〔九〕，鳥影不動〔一〇〕，雞卵有足〔一一〕，犬可爲羊〔一二〕，大龜長蛇之言〔一三〕，適足示巧表奇以誑俗。

〔一〕雷同，已見廣譬篇「世有雷同之譽」句箋。

〔二〕流遁，已見嘉遯篇「不可放之於流遁也」句及刺驕篇「流遁遂往」句箋。

〔三〕通俗文：「張申曰磔。」（一切經音義十四引）廣雅釋詁一：「磔，張也。」又釋詁三：「磔，開也。」（廣韻二十陌並同）通鑑漢紀五四獻帝丁：「〔孔融〕但能張磔網羅，而目理甚疎」胡注：「磔，陟格翻，開也。」

〔四〕新語懷慮：「世人不學詩書，行仁義，乃論不驗之語，學不然之事。」淮南子氾論：「故不用之法，聖王不行；不驗之言，聖王不聽。」高注：「聽，受。」

〔五〕史記司馬相如傳：「恐後世靡麗，遂往而不反。」漢書司馬相如傳贊：「揚雄以爲靡麗之賦，勸百而風一。」顏注「奢靡之辭多，而節儉之言少也。」靡麗，就辭藻言。虛言，就內容言。

〔六〕照按：「厲」當作「廣」，字之誤也。公孫龍子堅白論：「曰：『石之白，石之堅，見與不見，二與三，若廣修而相盈也。』」謝希深注：「修，長也。白雖自有實，然是石之白也；堅雖自有實，然是石之堅也。二物與石爲三，見與不見共爲體，其堅白廣修皆與石均而滿。」即其誼也。本書窮達亦有「論廣修堅白無用之說」語，是此原作「廣修」無疑。墨子經下：「廣與脩（原誤作「循」，孫氏閒詁據俞樾說改正。下同）。」又經說下：「廣脩堅白。」並其旁證。

公孫龍子跡府：「公孫龍六國時辯士也，疾名實之散亂，因資材之所長，爲守白之論。假物取譬，以守白辯，謂白馬爲非馬也。白馬爲非馬者，言白，所以名色；言馬，所以名形也。色非形，形非色也。夫言色，則形不當與；言形，則色不宜從。今合以爲物，非也。如求白馬於廄中，無有，而有驪色之馬，然不可以應有白馬也。不可以應有白馬，則所求之馬亡矣。亡，則白馬竟非馬。欲推是辯以正名實，而化天下焉。」又堅白論：「『堅白石三，可乎？』曰：『不可。』曰：『二，可乎？』曰：『可。』曰：『何哉？』曰：『無堅得白，其舉也二；無白得堅，其舉也二。』曰：『得其所白，不可謂無白；得其所堅，不可謂無堅。而之石也之於然也，非三也。』曰：『視不得其所堅而得其所白者，無堅也；拊不得其所白而得其所堅者，無白也。』」謝注：「堅也，白也，石也，三物合體，而不謂之三者，人目視石，但見石之白，而不見其堅，是舉所見石與白二物，故曰無堅得白。其舉也二矣。人手觸石，但知石之堅，而不知其白，是舉石與堅二物，故曰無白得堅。其舉也二矣。之石，猶此石。堅白共體，不可謂之無堅白，既得其堅白，不曰非三而何？堅非目之所見，故曰無堅；白非手之所知，故曰無白也。」荀子脩身：「夫堅白、同異、有厚、無厚之察，非不察也。」楊注：「堅白，謂離堅白也。公孫堅白論曰：『「堅白石三，可乎？」曰：「不可。」「二，可乎？」曰：「可。」』謂目視石，但見白不知其堅，則謂之白石；手觸石，則知其堅而不知其白，則謂之堅石。是堅白終不可合爲一也。」（莊子齊物論「故以堅白之昧終」釋文：「堅白，司馬〔彪〕云：『謂堅石白馬之辨也。』」（荀子脩身楊注引作「堅白，謂堅石非石，白馬非馬也。」）與公孫龍子堅白論異。）又按：此文「刑名」指名家形名，非謂法家之刑名也。因「形」、「刑」音同得通，故古籍中往往混作。如戰國策趙策二：「夫刑名之家，皆曰白馬非馬也。」孔叢子公孫龍：「好刑名，以白馬爲非馬。」其字皆作「刑」，與此文同。

〔七〕淮南子原道：「入於無閒。」文選揚雄解嘲：「細者入無閒。」李注：「無閒，言至微也。」又皇甫謐三都賦序：「大者罩天地之表，細者入毫纖之內。」

〔八〕莊子天下：「連環可解也。」成疏：「夫環之相貫，貫於空處，不貫於環也。是以兩環貫空，不相涉入，各自通轉，故可解者也。」顧實曰：「此舉一物之同者而異之也。連環始終如一，同也。而解之，是異也。然連環之解，名可能而實不可能也。兒說者，名家也。呂覽君守篇曰：『如兒說之弟子者，以不解解之也。』此名家法也。」（莊子天下篇講疏）

〔九〕莊子秋水：「公孫龍問於魏牟曰：『龍少學先王之道，長而明仁義之行，合同異，離堅白，然不然，可不可，困百家之知，窮衆口之辯，吾自以爲至達已。』」成疏：「（公孫龍）著守白之論，以博辯知名。故能合異爲同，離同爲異，可爲不可，然爲不然，雖百氏之書皆困，窮衆口之辯咸屈。」荀子脩身「夫堅白同異」楊注：「同異，謂使異者同，同者異。」

〔一〇〕顧實莊子天下篇講疏：「墨子經下篇曰：『景不徙，說在改爲。』經說下篇曰：『光至景亡，若在，盡古息。』胡適曰：『如看活動寫真（即看電影），雖見人物生動，其實都是片片不動之影片也。影已改爲，前影仍在原處，故曰盡古息。』（中國哲學史大綱）秦毓鎏曰：『光蔽於鳥而成影，影待鳥而動，未嘗自動也。』（讀莊窮年録）胡、秦說皆是也。飛鳥之影不動之理由，甚爲簡單。鳥影嘗隨鳥而生，鳥動而影隨鳥，固未嘗動。故曰飛鳥之影未嘗動也。」

〔一一〕照按：此句疑有脱誤。公孫龍子通變論：「雞有羽。」又：「雞足三。」莊子天下：「卵有毛，雞三足。」荀子不苟：「卵有毛，是說之難持者也，而惠施、鄧析能之。」（韓詩外傳三同）並其證。（莊子天下「卵有毛」釋文：「司馬〔彪〕云：『胎卵之生，必有毛羽。雞伏鵠卵，卵不爲雞，則生類於鵠也。毛氣成毛，羽氣成羽，雖胎卵未生，而毛羽之性已著矣。』」）顧實曰：「墨子大取篇曰：『以類取，以類予。』類固名家法也。鳥獸爲類，恆言謂鳥獸，名也。鳥有卵，獸有毛，實也。合名實而通言之，則可曰：『卵有毛。』然詭辭也。釋文引司馬云：『胎卵之生，必有毛羽。』說亦近是，特尚未明其法耳。」（莊子天下篇講疏）公孫龍子通變論：「謂雞足，一；數足，二。二而一，故三。謂牛羊足，一；數足，四。四而一，故五。牛羊足五；雞足三。」顧實曰：「夫謂雞足一者，名也。數雞足二者，實也。合名實而通言之，則可曰『雞足三。』雞足三，即『雞三足』也。然詭辭也。……釋文引司馬（彪）曰：『雞雖兩足，須神而行，故三足也。』此以意附會之說，非名家法也。」（莊子天下篇講疏）

〔一二〕莊子天下：「犬可以爲羊。」釋文：「司馬（彪）云：『名以名物，而非名也。犬羊之名，非犬羊也。非羊可以名爲羊，則犬可以名羊。鄭人謂玉未理者曰璞，周人謂鼠腊者亦曰璞。（見尹文子大道下、戰國策秦策三）故形在於物，名在於人。」顧實曰：「犬羊爲類，恆語謂犬羊，名也。犬是犬，羊是羊，實也。就名實而通言之，則『犬可以爲羊。』亦詭辭也。」（莊子天下篇講疏）

〔一三〕莊子天下：「龜長於蛇。」釋文：「司馬（彪）云：『蛇形雖長，而命不久；龜形雖短，而命甚長。』」顧實曰：「夫龜智而爲人所寶，故雖短而長；蛇毒而爲人所殺，故雖長而短。是辯者之愛智而存仁也，情見乎辭矣。」（莊子天下篇講疏）

何異乎畫敖倉以救飢〔一〕，仰天漢以解渴〔二〕。說昆山之多玉〔三〕，不能賑原憲之貧〔四〕；觀藥藏之簿領〔五〕，不能治危急之疾。墨子刻木雞以厲天〔六〕，不如三寸之車鎋〔七〕；管青鑄駃騠於金象〔八〕，不如駑馬之周用。言高秋天而不可施者〔九〕，丘不與易也〔一〇〕。」

〔一〕史記酈食其傳：「酈生因曰：『……據敖倉之粟，塞成皋之險。』」正義：「秦始皇時置倉於敖山上，故名之曰敖倉也。」淮南子精神：「今贛人敖倉，予人河水，飢而餐之，渴而飲之。」高注：「贛，賜也。敖，地名。倉者，以其常滿倉也。在今滎陽縣北。」

〔二〕詩小雅大東：「維天有漢。」毛傳：「漢，天河也。」廣雅釋天：「天河謂之天漢。（天河即銀河）」

〔三〕韓詩外傳六：「晉平公游於河而樂，曰：『安得賢士與之樂此也？』船人盍胥跪而對曰：『……夫珠出於江海，玉出於崑山（新序雜事一作「珠產江漢，玉產昆山」），無足而至者，猶（由）主君之好也。』」鹽鐵論崇禮：「崑山之下，以玉璞抵烏鵲。」（書僞胤征：「火炎崑岡，玉石俱焚。」枚傳：「山脊曰岡，崑山出玉。」）

〔四〕原憲，已見逸民篇「子貢與原憲同門，而不能模其清苦」二句箋。

〔五〕玉篇艸部：「藏，又才浪切。庫藏。」（廣韻在四十二宕）藥藏，儲存藥物之處。藥藏簿領，謂登記藥物文簿。文選劉楨雜詩：「沈迷簿領書。」李注：「簿領，謂文簿而記錄之。史記（張釋之傳）曰：『（上）問上林尉諸禽獸簿。』司馬彪莊子（漁父）注曰：『（錄）領錄也。』」

〔六〕韓非子外儲說左上：「墨子爲木鳶，三年而成，蜚一日而敗。」淮南子齊俗：「魯般、墨子以木爲鳶而飛之，三日不集。」論衡儒增：「儒書稱魯般、墨子之巧，刻木爲鳶，飛之三日而不集。」又亂龍：「魯般、墨子刻木爲鳶，蜚之三日而不集，爲之巧也。」列子湯問：「墨翟之飛鳶。」張注：「墨子作木鳶，飛三日不集。」按：上引諸書皆作「木鳶」，疑此「雞」字有誤。詩小雅四月「匪鶉匪鳶」釋文：「鳶，鴟也。」蒼頡解詁：「鳶即鴟也。」（詩大雅旱麓正義引）玉篇鳥部：「鴟，鳶屬。鵄，同上。」廣韻六脂：「鴟，一名鳶也。鵄，亦同。」「雞」蓋由「鵄」或「鴟」致誤（雞之籀文作鷄（見說文隹部））。內篇暢玄「俯無倨鵄之呼」句，用莊子秋水篇「鴟得腐鼠」故實而「鴟」作「鵄」，是此文之「雞」字原亦或作「鵄」也。又按：「厲」當作「戾」。詩小雅采芑：「歍彼飛隼，其飛戾天。」毛傳：「戾，至也。」又小宛：「宛彼鳴鳩，翰飛戾天。」又大雅旱麓：「鳶飛戾天。」鄭箋：「鳶，鴟之類。」並以「戾天」爲言。前廣瞽篇「不肯爲銜鼠之戾（此據舊寫本，藏本、平津本作「唳」）天」，尤爲切證。

〔七〕淮南子繆稱：「故終年爲車，無三寸之鎋，不可以驅馳。」又人間：「夫車之所以能轉千里者，以其要在三寸之轄。」說文車部：「轄，鍵也。」又金部：「鍵，一曰車轄。」玉篇車部：「轄，又胡瞎切。車鍵也。」又金部：「鎋，下戛切。車鎋也。」廣韻十五鎋：「鎋，車軸頭鐵。轄，上同。」是車鎋即插入軸端孔穴銷釘，用以控制車輪者。（尸子「文軒六駃，無四寸之鍵，則車不行。」〔藝文類聚七一、太平御覽七七三引〕文心雕龍事類：「譬寸轄制輪。」）

〔八〕呂氏春秋觀表：「古之善相馬者：寒風是相口齒，麻朝相頰，……管青相臏肳，陳悲相股脚，秦牙相前，贊君相後。凡此十人者，皆天下之良工也。」淮南子齊俗：「伯樂、韓風、秦牙、管青，所相各異，其知馬一也。」許注：「四子，皆古善相馬者。」按：管青鑄騏驥於金象事，未詳所出，或亦想當然耳。後漢書馬援傳：「援好騎，善別名馬，於交阯得駱越銅鼓，乃鑄爲馬式，還上之。因表曰：『……昔有騏驥，一日千里，伯樂見之，昭然不惑。近世有西河子輿，亦明相法。子輿傳西河儀長孺，長孺傳茂陵丁君都，君都傳成紀楊子阿，臣援嘗師事子阿，受相馬骨法。考之於〔行〕事，輒有驗效。臣愚以爲傳聞不如親見，視景不如察形。今欲形之於生馬，則骨法難備具，又不可傳之於後。孝武皇帝時，善相馬者東門京鑄作銅馬法獻之，有詔立馬於魯班門外，則更名魯班門曰金馬門。臣謹依儀氏輢，中帛氏口齒，謝氏脣鬐，丁氏身中，備此數家骨相以爲法。』（李注曾引援銅馬相法，今略。）馬高三尺五寸，圍四尺五寸。有詔置於宣德殿下，以爲名馬式焉。」此鑄作銅馬之見於史傳者，聊備錄之。金象，銅鑄之像。（史記平準書：「金有三等：黃金爲上，白金爲中，赤金爲下。」集解引漢書音義曰：「白金，銀也。赤金，丹陽銅也。」說文金部：「銀，白金也。」又：「銅，赤金也。」）

〔九〕鹽鐵論相刺：「大夫曰：『文學言治尚於唐、虞，言義高於秋天，有華言矣，未見其實也。』」

〔一〇〕論語微子：「子路行以告。夫子憮然曰：『鳥獸不可與同羣，吾非斯人之徒與而誰與？天下有道，丘不與易也。』」

抱朴子外篇校箋卷之四十三

喻蔽

抱朴子曰："余雅謂王仲任作論衡八十餘篇〔一〕，爲冠倫大才〔二〕。"有同門魯生難余曰："夫瓊瑶以寡爲奇，磧礫以多爲賤〔三〕。故庖犧卦不盈十，而彌綸二儀〔四〕；老氏言不滿萬，而道德備舉〔五〕。王充著書，兼箱累袠〔六〕，而乍出乍入〔七〕，或儒或墨〔八〕。屬詞比義，又不盡美〔九〕。所謂陂原之蒿莠〔一〇〕，未若步武之黍稷也〔一一〕。"

〔一〕論衡自紀："王充者，會稽上虞人也，字仲任。……又傷僞書俗文，多不實誠，故爲論衡之書。"謝承後漢書："王充於宅内門户壚柱，各置筆硯簡牘，見事而作，著論衡八十五篇。"（藝文類聚五八、初學記二一引）范曄後漢書王充傳："充好論説，始若詭異，終有理實。以爲俗儒守文，多失其真，乃閉門潛思，絶慶弔之禮，户牖牆壁各置刀筆。箸論衡八十五篇，二十餘萬言。"（抱朴子佚文："王充好論説，始詭異，終有理。乃閉門潛思，絶慶弔之禮，户牖牆壁各置筆類。著論衡八十五篇。"（事文類聚别集二引）

〔二〕謝承後漢書："（謝）夷吾薦充曰：'充之天才，非學所加，雖前世孟軻、孫卿，近漢揚雄、劉向、司馬遷，不能過也。』」（後漢書王充傳李注引）會稽典録：「……（虞）翻對（王朗）曰：『……有道山陰趙曄，徵士上虞王充，各洪才淵懿，學究道源，著書垂藻，絡驛百篇，釋經傳之宿疑，解當世之槃結，或上窮陰陽之奧祕，下攄人情之歸極。』」（三國志吳書虞翻傳裴注引）

〔三〕論衡自紀：「充書文重。或曰：『文貴約而指通，言尚省而趨明。……玉少石多，多者不爲珍。』」（禮記聘義：「子貢問於孔子曰：『敢問君子貴玉而賤碈者，何也？爲玉之寡而碈之多與？』」（又見荀子法行）〕瓊瑤，已見應嘲篇「夫器非瓊瑤」句箋。碛礫，已見廣譬篇「則無別於碛礫」句箋。

〔四〕易繫辭下：「古者庖犧氏之王天下也，仰則觀象於天，俯則觀法於地，觀鳥獸之文與地之宜，近取諸身，遠取諸物，於是始作八卦，以通神之德，以類萬物之情。」又上「四象生八卦」正義：「若謂震木、離火、兌金、坎水，各主一時；又巽同震木，乾同兌金，加以坤、艮之土，爲八卦也。」（說文解字敍：「古者庖犧氏之王天下也，仰則觀象於天，俯則觀法於地，視鳥獸之文與地之宜，近取諸身，遠取諸物，於是始作易八卦，以垂憲象。」）又：「易與天地準，故能彌綸天地之道。」韓注：「作易以準天地。」集解引虞翻曰：「彌，大。綸，絡。論易在天地，包絡萬物，『以言乎天地之間則備矣』。」二儀，卽兩儀。已見廣譬篇「二儀不能廢春秋以成歲」句箋。

〔五〕老氏二句，已見應嘲篇「伯陽以道德爲首」句箋。

〔六〕說文巾部：「帙，書衣也。从巾，失聲。袠，帙或从衣。」段注：「書衣，謂用裹書者。……今人曰函。」

〔七〕法言君子：「乍出乍入，淮南也。」李注：「或出經，或入經。」（淮南子要略：「若劉氏之書，〔許注：「淮南王自謂也。」觀天地之象，通古今之事，權事而立制，度形而施宜，原道〔德〕之心，合三王之風，以儲與扈冶，玄眇之中，精摇靡覽，棄其畛挈，斟其淑靜，以統天下，理萬物，應變化，通殊類，非循一迹之路，守一隅之指，拘繫牽連之物，而不與世推移也。」）西京雜記三：「淮南王安著鴻烈二十一篇，……自云：『字中皆挾風霜』，揚子雲以爲一出一入。」

〔八〕韓非子顯學：「世之顯學，儒、墨也。儒之所至，孔丘也。墨之所至，墨翟也。」吕氏春秋當染：「（孔、墨）從（徒）屬彌衆，弟子彌豐，充滿天下。」又有度：「孔、墨之弟子徒屬，充滿天下，皆以仁義之術，教導於天下。」淮南子要略：「孔子脩成、康之道，述周公之訓，以教七十子，使服其衣冠，脩其篇籍，故儒者之學生焉。墨子學儒者之業，受孔子之術，以爲其禮煩擾而不説（悦），厚葬靡財而貧民，服傷生而害事，故背周道而用夏政。……故節財、薄葬、閑（簡）服生焉。」

〔九〕禮記經解：「屬辭比事，春秋教也。」詞、辭古通用不別。論衡自紀：「充書不能純美。或曰：『口無擇言，筆無擇文。文必麗以好，言必辯以巧。言瞭於耳，則事味於心；文察於目，則篇留於手。故辯言無不聽，麗文無不寫。今新書既在論譬，説俗爲戾，又不美好，於觀不快。』」

〔一〇〕爾雅釋地：「廣平曰原。」（詩大雅公劉「于胥斯原」正義引李巡（爾雅注）曰：「廣平，謂土地寬博而平正也。」）又：「陂者曰阪。」郭注：「陂陀不平。」釋名釋山：「山旁曰陂，言陂陁也。」

〔一一〕步武，已見廣譬篇「故修步武之池」句箋。

抱朴子答曰：『且夫作者之謂聖，述者之謂賢〔一〕。徒見述作之品，未聞多少之限也。吾子所謂竄巢穴之沈昧，不知八紘之無外〔二〕；守燈燭之宵曜，不識三光之晃朗〔三〕；遊潢汚之淺狹，未覺南溟之浩汗〔四〕；滯丘垤之位埤，不寤嵩、岱之峻極也〔五〕。兩儀所以稱大者，以其函括八荒，緬邈無表也〔六〕。山海所以爲富者，以其包籠曠濶，含受雜錯也。若如雅論，貴少賤多，則穹隆無取乎宏燾〔七〕，而旁泊不貴於厚載也〔八〕。

〔一〕禮記樂記：「作者之謂聖，述者之謂明。明聖者，述作之謂也。」

〔二〕淮南子墬形：「八夤之外而有八紘，亦方千里。」高注：「紘，維也。維落天地而爲之表，故曰紘也。」列子湯問：「八紘九野之水。」張注：「八紘，八極也。」釋文：「紘，音宏。」管子版法解：「天覆而無外也，其德無所不在。」淮南子精神：「無外之外，至大也。」高注：「言天無有垠外，而能爲之外，喻極大也。」

〔三〕淮南子原道「紘宇宙而章三光」高注：「三光，日、月、星。」文選潘岳秋興賦：「天晃朗以彌高兮，日悠陽而浸微。」李注：「言秋日天氣高朗。晃朗，明貌。」

〔四〕潢洋，已見嘉遯篇「潢洋足以泛龍鱗」句箋。南溟，已見逸民篇「未浮南溟而涉天漢」句箋。浩汗，已見博喻篇「玄淵浩汗」句箋。

〔五〕丘垤，已見廣譬篇「山雖崩，猶峻於丘垤」二句箋。漢書五行志中之下「塞埤擁下」顏注：「埤，卑也。音婢。」又劉向傳「增埤爲高」顏注：「埤，下也。音婢。」（荀子宥坐「其流也埤下裾拘必循其理」楊注：「埤讀爲卑。」是「埤」有「婢」、「卑」兩讀。）嵩，嵩山。岱，岱宗，即泰山。峻極，已見嘉遯篇「摧高則峻極頹淪」句箋。

〔六〕老子第二十五章「天大地大」河上公注：「天大者，無所不蓋也。地大者，無所不載也。」漢書陳勝項籍傳贊「并吞八荒之心」顏注：「八荒，八方荒忽極遠之地也。」列子仲尼：「雖遠在八荒之外。」文選陸機擬古詩行行重行行：「音徽日夜離，緬邈若飛沈。」李周翰曰：「緬邈，遠也。」又陸機歎逝賦：「忽在世表。」李注：「表，外也。」又謝朓休沐重還道中詩：「林表吳岫微。」李注：「表，猶外也。」是無表卽無外，已見上文「不知八紘之無外」句箋。

〔七〕爾雅釋天：「穹蒼，蒼天也。」李巡注：「古時人質，仰視天形穹隆而高，色蒼蒼然，故曰穹蒼。」（詩大雅桑柔「以念穹蒼」正義引）郭注：「天形穹隆，其色蒼蒼，因名云。」太玄玄告：「天穹隆而周乎下。」范注：「穹隆，天之形也。」禮記中庸：「辟如天地之無不持載，無不覆幬。」鄭注：「幬亦覆也。……幬，或作燾。」左傳襄公二十九年：「（吳公子札）曰：『德至矣哉！大矣，如天之無不幬也。』」杜注：「幬，覆也。」釋文：「幬，徒報反。」（史記吳太伯世家「幬」作「燾」，集解引賈逵曰：「燾，覆也。」）後漢書朱穆傳：「（崇厚論）故夫天不崇大，則覆幬不廣。」李注：「幬亦覆。……幬與燾同。」

〔八〕荀子性惡：「雜能旁魄而毋用。」楊注：「旁魄，廣博也。……魄，音薄。」太玄玄告：「地旁薄而向乎上。」范注：「旁薄，地之形也。」文選陸機挽歌：「旁薄立四極，穹隆放蒼天。」又謝惠連西陵遇風獻康樂詩「曲汜薄停旅」李注：「泊與薄古字通。」是「旁泊」與「旁薄」同。易坤：「彖曰：『至哉坤元！萬物資生，乃順承天。坤厚載物，德合无疆。』」正義：「（坤厚載物）以其廣厚，故能載物。」集解引蜀才曰：「坤以廣厚之德，載含萬物，無有窮竟也。」後漢書朱穆傳：「（崇厚論）地不深厚，則載物不博。」

夫迹水之中，無吞舟之鱗〔一〕。寸枝之上，無垂天之翼〔二〕。蟻垤之巔，無扶桑之林〔三〕。潢潦之源，無襄陵之流〔四〕。巨鰲首冠瀛洲〔五〕，飛波淩乎方丈〔六〕，洪桃盤於度陵〔七〕，建水（當作木）竦於都廣〔八〕，沈鯤橫於天池，雲鵬戾乎玄象〔九〕。且夫雷霆之駭不能細其響，黃河之激不能局其流，騏騄追風不能近其迹，鴻鵠奮翅不能卑其飛。雲厚者雨必猛，弓勁者箭必遠。王生學博才大，又安省乎〔一〇〕？」

〔一〕迹水，蹄迹中水，極言其少。淮南子俶真：「夫牛蹏（蹄本字）之涔，無尺之鯉。」高注：「涔，潦水也。」又氾論：「夫牛蹏之涔，不能生鱣鮪。」高注：「涔，雨水也。滿牛蹏迹中，言其小也。故不能生鱣鮪也。」又繆稱：「尋常之溝，無吞舟之魚。」漢書刑法志「網漏吞舟之魚」顏注：「吞舟，謂大魚也。」

〔二〕莊子逍遥遊：「鵬之背不知其幾千里也，怒而飛，其翼若垂天之雲。」釋文：「垂天之雲，司馬彪云：『若雲垂天旁。』崔（譔）云：『垂猶邊也。其大如天一面雲也。』」

〔三〕蟻垤，已見鈞世篇「蟻垤之竝嵩、岱矣」句箋。山海經海外東經：「湯谷上有扶桑。」郭注：「扶桑，木也。」十洲記：「（聚窟洲）扶桑在碧海之中，地方萬里。……地多林木，葉皆如桑，又有椹樹。長者數千丈，大二千餘圍。樹兩兩同根偶生，更相依倚，是以名爲扶桑。」

〔四〕潢潦，已見博喻篇「是以行潦集，而南溟就無涯之曠」二句箋。襄陵，亦見博喻篇「滔天襄陵者」句箋。

〔五〕「鰲」，藏本、魯藩本、吉藩本、舊寫本作「鼇」，慎本、盧本、柏筠堂本、文溯本、崇文本作「鰲」。照按：「鰲」、「鼇」之俗體，當以作「鼇」爲正。列子湯問：「（渤海）其中有五山焉：一曰岱輿，二曰員嶠，三曰方壺，四曰瀛洲，五曰蓬萊。……而五山之根無所連箸，常隨潮波上下往還，不得蹔峙焉。仙聖毒之，訴之於帝。帝恐流於西極，失羣仙聖之居，乃命禺彊使巨鼇十五舉首而戴之。迭爲三番，六萬歲一交焉。五山始峙而不動。」楚辭天問「鼇戴山抃」王注：「鼇，大龜也。」（後漢書張衡傳「（思玄賦）鼇雖抃而不傾」李注：「鼇，大龜也。」）洪補注：「鼇，音敖。……玄中記云：『即巨龜也。一云：「海中大鼇。」』（集韻六豪：「鼇，海中大鼇。」類篇黽部：「鼇，五牢切。大鼇也。」）

〔六〕史記封禪書：「自（齊）威、宣、燕昭使人入海求蓬萊、方丈、瀛洲。此三神山者，其傅在勃海中，去人不遠，患且至，則船風引而去。蓋嘗有至者，諸僊人及不死之藥皆在焉。其物禽獸盡白，而黃金銀爲宮闕。未至，望之如雲，及到，三神山反居水下。臨之，風輒引去，終莫能至云。」（又見漢書郊祀志上）十洲記：「方丈洲在東海中心（水經河水注引作中央），西南東北岸正等方丈，方面各五千里，上專是羣龍所聚，有金玉琉璃之宮，三天司命所治之處，羣仙不欲昇天者，皆往來此洲。……泉上有九源丈人宮，主領天下水神及龍蛇巨鯨陰精水獸之輩。」又：「蓬丘，蓬萊山是也。對東海之東北岸，周迴五千里。外別有圓海繞山，圓海水正黑，而謂之冥海也。無風，而洪波百丈，不可得往來。上有九老丈人、九天真王宮，蓋太上真人所居。唯飛仙有能到其處耳。」「洪波百丈」，蓋卽此文「飛波」二字所出，其隸屬山名之異，或爲稚川誤記。

〔七〕度陵，卽度朔山。論衡訂鬼：「山海經又曰：『滄〔東〕海之中，有度朔之山，上有大桃木，其屈蟠三千里。』」（藝文類聚八六引山海經曰：「桃樹屈蟠三千里。」）今山海經佚此文。史記五帝紀集解：「海外經曰：『東海中有山焉，名曰度索。上有大桃樹，屈蟠三千里。』」又陸機挽歌詩李注：「海水經曰：『東海中有山焉，名曰度朔。上有大桃，屈盤三千里。』」文選吳都賦「洪桃屈盤」劉注：「水經曰：『東海中有山焉，名度索。上有大桃樹。』」（海外經、水經、海水經三書稱名不一，當有脫誤。度索，卽度朔。軒轅本紀：「黃帝書說東海有度索山（見風俗通義祀典，『索』作『朔』），或曰度朔山，謌呼也。」）戰國策齊策三高注：「東海中有山，名曰度朔。上有大桃，屈槃三千里。獨斷上：「海中有度朔之山，上有桃木，蟠屈三千里。」河圖括地象：「度朔山有大桃木，盤屈三千里。」

〔八〕孫星衍曰：「（『水』）當作『木』。」照按：孫說是。盧本、柏筠堂本、文溯本、叢書本、崇文本並作「木」，未誤。山海經海內南經：「窫窳……有木，其狀如牛，引之有皮，若纓黃蛇。其葉如羅，其實如欒，其木若蓲，其名曰建木。

在窫窳西，弱水上。」又海内經：「有木，青葉紫莖，玄華黃實，名曰建木。百仞無枝，上有九欘，下有九枸。」郭注：「（九欘）枝回曲也。音如斤劚之劚。（九枸）根盤錯也。音劬。」吕氏春秋有始覽：「白民之南，建木之下，日中無影，呼而無響，蓋天地之中也。」高注：「白民之國，在海外極内。建木在都廣南方，衆帝所從上下也，復在白民之南。……日正中將下，日直人下，皆無影，大相叫呼，又無音響人聲，故謂蓋天地中也。」淮南子墜形：「建木在都廣，衆帝所自上下，日中無景，呼而無響，蓋天地之中也。」高注：「都廣，南方山名也。衆帝之從都廣山上天還下，故曰上下。日中時，日直人上，無景晷，故曰蓋天地之中。」又：「南方曰都廣。」高注：「都廣，國名也。山在此國，因復曰都廣山。」文選西京賦「通天訬以竦峙」薛注：「竦，立也。」

〔九〕莊子逍遥遊：「北冥有魚，其名爲鯤。鯤之大不知其幾千里也，化而爲鳥，其名爲鵬。鵬之背不知其幾千里也，怒而飛，其翼若垂天之雲。是鳥也，海運則將徙於南冥。南冥者，天池也。」釋文：「北冥，北海也。海運，司馬（彪）云：『運，轉也。』向秀云：『非海不行，故曰海運。』簡文云：『運，徙也。』」史記賈生傳：「（弔屈原賦）横江湖之鱣鱏兮，固將制於蟻螻。」文選海賦：「魚則横海之鯨。」李注：「郭璞山海經注曰：『横，塞也。』」詩小雅采芑「其飛戾天」毛傳：「戾，至也。」玄象，猶言高空。

〔一〇〕論衡自紀：「所讀文書，亦日博多。才高而不尚苟作，口辯而不好談對，非其人終日不言。其論説始若詭於衆，極聽其終，衆乃是之。以筆著文，亦如此焉。……蓋寡言無多，而華文無寡。爲世用者，百篇無害；不爲用者，一章無補。如皆爲用，則多者爲上，少者爲下。累積千金，比於一百，孰爲富者？蓋文多勝寡，財富愈貧。世無一卷，吾有百篇；人無一字，吾有萬言，孰者爲賢？今不曰所言非，而云泰多；不曰世不好善，而云不能領，斯蓋吾書所以不得省也。」謝承後漢書：「（王充）到京師，受業太學。博覽而不守章句。家貧無書，常遊洛陽市肆，閲所賣書，一見輒能誦憶，遂至博通衆流百家之言。」（藝文類聚三五、初學記二四、太平御覽四三二又四八四又六一二引）范曄後漢書王充傳：「後到京師，受業太學，師事扶風班彪。好博覽而不守章句。家貧無書，常游洛陽市肆，閱所賣書，一見輒能誦憶，遂博通衆流百家之言。」

吾子云：『玉以少貴，石以多賤。』『夫玄圃之下，荆、華之顛〔一〕，九員之澤，折方之淵〔二〕，琳琅積而成山〔三〕，夜光煥而灼天〔四〕，顧不善也？』又引庖犧氏著作不多。『若夫周公既繇大易，加之以禮樂〔五〕，仲尼作春秋，而重之以十篇〔六〕。過於庖犧，多於老氏，皆當貶也？』

〔一〕玄圃，崑崙山名。已見博喻篇「靈鶴振翅玄圃之峯」句箋。荆，指楚人和氏得玉璞之山。已見擢才篇「和氏所以抱璞而泣血」句箋。爾雅釋地：「西南之美者，有華山之金、石焉。……西北之美者，有崑崙虛之璆、琳、琅玕焉。」郭注：「（金）黄金。（石）瓀石之屬。……璆、琳，美玉名。琅玕，狀似珠也。」山海經（海内西經）曰：「崑崙山有琅玕樹。」淮南子墬形：「西南方之美者，有華山之金、石焉。……西北方之美者，有昆侖之球、琳、琅玕焉。」高注：「金，美金也。石，含玉之石也。……球、琳、琅玕，皆美玉也。」

〔二〕尸子：「凡水其方折者有玉，其圓折者有珠。」（藝文類聚八、太平御覽五八又八百五、文選顔延之贈王太常詩李注引）淮南子墬形：「水圓折者有珠，方折者有玉。」「員」與「圓」通。

〔三〕琳琅，已見嘉遯篇「含琳琅而不吐」句箋。

〔四〕夜光，已見審舉篇「何異懸瓦礫而責夜光」句箋。

〔五〕左傳僖公十五年「史蘇占之」正義：「易之爻辭，亦名爲繇。」穆天子傳五「訟之繇」郭注：「繇，爻辭。」周易正義卷首第四論卦辭爻辭誰作：「其周易繫辭，凡有二說：一說所以卦辭、爻辭並是文王所作。……二以爲驗爻辭多是文王後事，……又左傳（昭公二年）韓宣子適魯，見易象云：吾乃知周公之德。周公被流言之謗，亦得爲憂患也。驗此諸說，以爲卦辭文王，爻辭周公。馬融、陸績等並同此說。」杜預春秋左氏傳序「韓宣子適魯，見易象與魯春秋」正義：「鄭衆、賈逵、虞翻、陸績之徒，以易有『箕子之明夷』、『東鄰殺牛』，皆以爲易之爻辭周公所作。」經典釋文序録：「文王拘於羑里作卦辭，周公作爻辭。」周公繇大易，謂易之爻辭爲周公作也。禮記明堂位：「昔殷紂亂天下，脯鬼侯以饗諸侯。是以周公相武王以伐紂。武王崩，成王幼弱，周公踐天子之位，以治天下。六年，朝諸侯於明堂，制禮作樂。」又樂記：「王者功成作樂，治定制禮。」鄭注：「功成、治定同時耳。功主於王業，治主於教民。」尚書大傳：「周公居攝六年，制禮作樂，天下和平。」（太平御覽七八五引）

〔六〕孟子滕文公下：「世衰道微，邪說暴行有作，臣弑其君者有之，子弑其父者有之。孔子懼，作春秋。春秋，天子之事也。是故孔子曰：『知我者，其惟春秋乎！罪我者，其惟春秋乎！』」又：「孔子成春秋，而亂臣賊子懼。」又離婁下：「孟子曰：『王者之迹熄而詩亡，詩亡然後春秋作。晉之乘，楚之檮杌，魯之春秋，一也。其事則齊桓、晉文，其文則史。孔子曰：「其義則丘竊取之矣。」』」史記十二諸侯年表序：「是以孔子明王道，干七十餘君，莫能用，故西觀周室，論史記舊聞，興於魯而次春秋，上記隱，下至哀之獲麟，約其辭文，去其煩重，以制義法，王道備，人事浹。」又孔子世家：「子曰：『弗乎弗乎，君子病没世而名不稱焉。吾道不行矣，吾何以自見於後世哉？』乃因史記作春秋，上至隱公，下訖哀公十四年，十二公。據魯，親周，故殷，運之三代。約其文辭而指博。……春秋之義行，則天下亂臣賊子懼焉。」漢書董仲舒傳：「（對策）孔子作春秋，先正王而繫萬事，見素王之文焉。」說苑貴德：

「(孔子)於是退作春秋，明素王之道，以示後人。」論衡定賢：「孔子不王，素王之業，在於春秋。」十篇，謂十翼也。史記孔子世家：「孔子晚而喜易，序、彖、繫、象、説卦、文言。讀易，韋編三絶。曰：『假我數年，若是，我於易則彬彬矣。』」正義：「夫子作十翼，謂上彖、下彖、上象、下象、上繫、下繫、文言、序卦、説卦、雜卦也。」漢書藝文志六藝略：「孔氏爲之彖、象、繫辭、文言、序卦之屬十篇。」周易正義卷首第六論夫子十翼：「其彖、象等十翼之辭以爲孔子所作，先儒更無異論。但數十翼，亦有多家。既文王易經本分爲上、下二篇，則區域各別，彖、象釋卦，亦當隨經而分。故一家數十翼云：上彖一，下彖二，上象三，下象四，上繫五，下繫六，文言七，説卦八，序卦九，雜卦十。鄭學之徒，並同此説。」經典釋文序録：「孔子作彖辭、象辭、文言、繫辭、説卦、序卦、雜卦，是爲十翼。」

『言少則至理不備，辭寡卽庶事不暢。是以必須篇累卷積，而綱領舉也。羲和昇光以啓旦〔一〕，望舒曜景以灼夜〔二〕，五材竝生而異用〔三〕，百藥雜秀而殊治，四時會而歲功成〔四〕，五色聚而錦繡麗〔五〕，八音諧而簫韶美〔六〕，羣言合而道藝辨。積猗頓之財，而用之甚少，是何異於原憲也〔七〕？懷無銖之量，而著述約陋，亦何別於瑣碌也？

〔一〕羲和，日也。已見交際篇「羲和照則曲影覺矣」句箋。

〔二〕望舒，月也。已見廣譬篇「而望舒變於太極」句箋。

〔三〕左傳襄公二十七年：「子罕曰：『……天生五材，民竝用之。』」杜注：「(五材)金、木、水、火、土也。」

〔四〕周書周月：「凡四時成歲，有春、夏、秋、冬。……萬物春生，夏長，秋收，冬藏。天地之正，四時之極，不易之道。」春秋繁露四時之副：「天之道：春煖以生，夏暑以養，秋清以殺，冬寒以藏。煖、暑、清、寒異氣而同功，此天之所以成歲也。」

〔五〕五色句，已見安貧篇「陳之如錦繡」句、廣譬篇「五色不均而皆豔」句及辭義篇「衆色乖而皆麗」句箋。

〔六〕八音句，已見君道篇「耳精八音之清濁」句、辭義篇「清音貴於雅韻克諧」句及安貧「簫韶未九成」句箋。

〔七〕猗頓，已見擢才篇「非陶、猗不能市也」句箋。原憲，已見逸民篇「子貢與原憲同門，而不能模其清苦」二句箋。

音爲知者珍，書爲識者傳〔一〕。瞽曠之調鍾，未必求解於同世〔二〕；格言高文，豈患莫賞而減之哉〔三〕！且夫江海之穢物不可勝計〔四〕，而不損其深也；五嶽之曲木不可訾量〔五〕，而無虧其峻也。夏后之璜，雖有分毫之瑕，暉曜符彩，足相補也〔六〕。數千萬言，雖有不豔之辭，事義高遠，足相掩也。故曰四瀆之濁，不方瓮水之清〔七〕；巨象之瘦，不同羔羊之肥矣。

〔一〕新語術事：「書爲曉者傳。」（牟子理惑論亦有此語）

〔二〕瞽曠調鍾，已見應嘲篇「冀知音之在後也」句箋。

〔三〕三國志魏書崔琰傳：「琰書諫曰：『蓋聞盤於游田，書之所戒（見書無逸）；魯隱觀魚，春秋譏之（見左傳隱公五年）。此周、孔之格言，二經之明義。』」論語比考讖：「格言成法，亦可以次序也。」（文選閒居賦、沈約奏彈王源李注引）左傳昭公十四年「不爲末減」杜注：「減，輕也。」

〔四〕淮南子要略：「夫江河之腐胔，不可勝數，然祭者汲焉，大也。」（劉子觀量：「江湖之流，爛胔漂屍，縱橫接連，而人飲之者，量大故也。」）

〔五〕五嶽，已見廣譬篇「五岳不能削其峻以副陟者之欲」句箋。淮南子原道：「息耗減益，通於不訾。」高注：「訾，量也。」史記貨殖傳：「而巴寡婦清，其先得丹穴，而擅其利數世，家亦不訾。」索隱：「案：謂其多，不可訾量。」正義：「（訾）音子兒反。言資財衆多，不可訾量。」

〔六〕左傳定公四年：「子魚曰：『……分魯公以大路，大旂，夏后氏之璜。』」杜注：「璜，美玉名。」淮南子精神：「夫有夏后氏之璜者，匣匱而藏之，寶之至也。」高注：「半壁曰璜。珍玉也。」又氾論：「夫夏后氏之璜，不能無考。……然而天下寶之者，何也？其小惡不足妨大美也。」高注：「半壁曰璜。夏后氏之珍玉也。考，瑕釁也。」符彩，已見博喻篇「瓊瑶以符采剖判」句箋。

〔七〕四瀆，已見廣譬篇「四瀆辯源」句箋。玉篇瓦部：「瓮，於貢切。大甖。甕，同上。」（瓮爲甖之大口者）

子又譏云：『乍入乍出，或儒或墨。』『夫發口爲言，著紙爲書〔一〕。書者所以代言，言者所以書事。若用筆不宜雜載，是論議當常守一物。昔諸侯訪政〔二〕，弟子問仁〔三〕，仲尼答之，人人異辭。蓋因事託規，隨時所急〔四〕。譬猶治病之方千百，而針灸之處無常〔五〕；却寒以温，除熱以冷，期藏本作其於救死存身而已〔六〕。豈可詣者逐一道，如齊、楚而不改路乎〔七〕？

〔一〕論衡書解：「出口爲言，集札爲文。」又：「出口爲言，著文爲篇。」説文解字敘：「著於竹帛謂之書。」

〔二〕禮記中庸：「哀公問政。子曰：『文、武之政，布在方策。其人存，則其政舉；其人亡，則其政息。人道敏政，地道敏樹。……天下之達道五，所以行之者三：曰君臣也，父子也，夫婦也，昆弟也，朋友之交也，五者天下之達道也。知、仁、勇三者，天下之達德也，所以行之者一也。』」論語顔淵：「齊景公問政於孔子。孔子對曰：『君君，臣臣，父父，子子。』公曰：『善哉！信如君不君，臣不臣，父不父，子不子，雖有粟，吾得而食諸？』」又：「季康子問政於孔子。孔子對曰：『政者，正也。子帥以正，孰敢不正？』」又：「季康子患盜，問於孔子。孔子對曰：『苟子之不欲，雖賞之不竊。』」又：「季康子問政於孔子曰：『如殺無道，以就有道，何如？』孔子對曰：『子爲政，焉用殺？子欲善，而民善矣。君子之德風，小人之德草。草上之風，必偃。』」又子路：「葉公問政。子曰：『近者說，遠者來。』」說苑政理：「魯哀公問政於孔子。〔孔子〕對曰：『政有〔在〕使民富且壽。』哀公曰：『何謂也？』孔子曰：『薄賦斂則民富，無事則遠罪，遠罪則民壽。』公曰：『若是，則寡人貧矣。』孔子曰：『詩云：「凱悌（今詩大雅泂酌作「豈弟」）君子，民之父母。」未見其子富而父母貧者也。』」家語賢君：「哀公問政於孔子。孔子對曰：『政之急者，莫大乎使民富且壽也。』公曰：『爲之奈何？』孔子曰：『省力役，薄賦斂，則民富矣；敦禮教，遠罪戾，則民壽矣。』公曰：『寡人欲行夫子之言，恐吾國貧矣。』孔子曰：『詩云：「愷悌君子，民之父母。」未有子富而父母貧者也。』」

〔三〕論語顏淵：「顏淵問仁。子曰：『克己復禮爲仁。一日克己復禮，天下歸仁焉。爲仁由己，而由人乎哉？』顏淵曰：『請問其目。』子曰：『非禮勿視，非禮勿聽，非禮勿言，非禮勿動。』顏淵曰：『回雖不敏，請事斯語矣。』」又：「仲弓問仁。子曰：『出門如見大賓，使民如承大祭。己所不欲，勿施於人。在邦無怨，在家無怨。』仲弓曰：『雍雖不敏，請事斯語矣。』」又：「司馬牛問仁。子曰：『仁者其言也訒。』曰：『其言也訒，斯謂之仁已乎？』子曰：『爲之難，言之得無訒乎？』」又：「樊遲問仁。子曰：『愛人。』」又子路：「樊遲問仁。子曰：『居處恭，執事敬，與人忠。雖之夷狄，不可棄也。』」又衛靈公：「子貢問爲仁。子曰：『工欲善其事，必先利其器。居是邦也，事其大夫之賢者，友其士之仁者。』」又陽貨：「子張問仁於孔子。孔子曰：『能行五者於天下，爲仁矣。』請問之。曰：『恭、寬、信、敏、惠。恭則不侮，寬則得衆，信則人任焉，敏則有功，惠則足以使人。』」

〔四〕韓非子難三：「葉公子高問政於仲尼。仲尼曰：『政在悅近而來遠。』〔魯〕哀公問政於仲尼。仲尼曰：『政在選賢。』齊景公問政於仲尼。仲尼曰：『政在節財。』三公出，子貢問曰：『三公問夫子政，一也。夫子對之不同，何也？』仲尼曰：『葉都大而國小，民有背心，故曰政在悅近而來遠。魯哀公有大臣三人，外障距諸侯四鄰之士，內比周而以愚其君，使宗廟不掃除，社稷不血食者，必是三臣也，故曰政在選賢。齊景公築雍門，爲路寢，一朝而以三百乘之家賜者三，故曰政在節財。』」（尚書大傳略說〔左海文集五〕、說苑政理、家語辯政略同）漢書武帝紀：「（元朔六年詔）朕聞五帝不相復禮，三代不同法，所繇殊路而建德一也。蓋孔子對定公以徠遠，（顏注引臣瓚曰：「論語及韓子皆言葉公問政於孔子，孔子答以悅近徠遠。今云定公，與二書異。」）哀公以論臣，景公以節用，非期不同，所急異務也。」後漢書崔寔傳：「（政論）故聖人執權，遭時定制，步驟之差，各有云設。……蓋孔子對葉公以來遠，哀公以臨人，景公以節禮，非其不同，所急異務也。」

〔五〕針灸，已見尚博篇「猶針灸者術雖殊而攻疾均焉」句箋。

〔六〕存身，指上「却寒」、「除熱」二句。

〔七〕爾雅釋詁：「如，往也。」小爾雅廣詁：「如，適也。」戰國策魏策四：「魏王欲攻邯鄲，季梁聞之，中道而反。衣焦不申，頭塵不去，往見王曰：『今者臣來，見人於大行，方北面而持其駕，告臣曰：「我欲之楚。」臣曰：「君之楚，將奚爲北面？」曰：「吾馬良。」臣曰：「馬雖良，此非楚之路也。」曰：「吾用多。」臣曰：「用雖多，此非楚之路也。」曰：「吾御者善。」此數者愈善，而離楚愈遠耳。』」

陶朱、白圭之財不一物者，豐也〔一〕。雲夢、孟諸所生萬殊者，曠也〔二〕。故淮南鴻烈始於原道、俶真，而亦有兵畧、主術〔三〕。莊周之書，以死生爲一，亦有畏犧、慕龜、請粟救飢〔四〕。若以所言不純，而棄其文，是治珠翳而剜眼〔五〕，療溼痺而刖足〔六〕，患荑莠而刈穀〔七〕，憎枯枝而伐樹也〔八〕。」

〔一〕陶朱，已見擢才篇「非陶、猗不能市也」句及守塉篇「退則參陶、白之理生」句箋。白圭，亦見守塉篇「退則參陶、白之理生」句箋。

〔二〕雲夢、孟諸，已見鈞世篇「雲夢之澤，孟諸之藪」二句箋。

〔三〕淮南子要略：「故著二十篇：有原道，有俶真，……有主術，……有兵略，……此鴻烈之泰族也。」許注：「鴻，大也。烈，功也。凡二十篇，總謂之鴻烈。」高誘原道篇解題：「原，本也。本道根真，包裹天地，以歷萬物，故曰原道。因以題篇。」又俶真篇解題：「俶，始也。真，實也。道之實始於無有，化育於有，故曰俶真。因以題篇。」又主術篇解題：「主，君也。術，道也。君之宰國，統御臣下，五帝三王以來，無不用道而興，故曰主術也。因以題篇。」許慎兵略篇解題：「兵，防也。防亂之萌，皆在略謀，解諭至論，用師之意也。故曰兵略。」

〔四〕莊子大宗師：「古之真人，不知說生，不知惡死。……無古今，而後能入於不死不生。……彼以生爲附贅縣疣，以死爲決疣潰癰。夫若然者，又惡知死生先後之所在？」又天下：「芴漠無形，變化無常，死與？生與？天地並與？神明往與？芒乎何之？忽乎何適？萬物畢羅，莫足以歸。古之道術有在於是者，莊周聞其風而悅之。以謬悠之說，荒唐之言，無端崖之辭，時恣縱而不儻，不以觭見之也。……獨與天地精神往來，而不敖倪於萬物。不譴是非，以與世俗處。其書雖瓌瑋，而連犿無傷也。其辭雖參差，而諔詭可觀，彼其充實，不可以已。上與造物者遊，而下與外死生無終始者爲友。其於本也，弘大而辟，深閎而肆。其於宗也，可謂稠適而上遂矣。」又列禦寇：「或聘於莊子，莊子應其使曰：『子見夫犧牛乎？（成疏：「犧，養也。君王預前三月，養牛祭宗廟曰犧也。」）衣以文繡，食以芻叔，（釋文：「叔，大豆也。」）及其牽而入於太廟，雖欲爲孤犢，其可得乎？』」（史記莊子傳：「楚威王聞莊周賢，使使厚幣迎之，許以爲相。莊周笑謂楚使者曰：『千金，重利；卿相，尊位也。子獨不見郊祭之犧牛乎？養食之數歲，衣以文繡，以入大廟。當是之時，雖欲爲孤豚，豈可得乎？子亟去，無污我。』」稽康聖賢高士傳莊周傳：「後齊宣王又以千金之幣迎周爲相，周曰：『子不見郊祭之犧牛乎？衣以文繡，食以芻菽，及其牽入太廟，欲爲孤豚，其可得乎？』」（藝文類聚三六引〕）又秋水：「莊子釣於濮水，楚王〔威王〕使大夫二人往先焉，曰：『願以境內累矣。』莊子持竿不顧，曰：『吾聞楚有神龜，死已三千歲矣，王巾笥而藏之廟堂之上。此龜者，寧其死爲留骨而貴乎？寧其生而曳尾於塗中乎？』二大夫曰：『寧生而曳尾塗中。』莊子曰：『往矣，吾將曳尾於塗中。』」（稽康聖賢高士傳莊周傳：「楚威王以百金聘周，周方釣於濮水之上，曰：『楚有龜，死三千歲矣，今巾笥而藏之於廟堂之上。此龜寧生而掉尾塗中耳。子往矣，吾方掉尾於塗中。』」（藝文類聚三六引〕）又外物：「莊周家貧，故往貸粟於監河侯。監河侯曰：『諾，我將得邑金，將貸子三百金，可乎？』莊周忿然作色曰：『周昨來，有中道而呼者。周顧視車轍中，有鮒魚焉。周問之曰：「鮒魚來！子何爲者邪？」對曰：「我東海之波臣也，君豈有斗升之水而活我哉？」周曰：「諾，我且南遊吳、越之王，激西江之水而迎子，可乎？」鮒魚忿然作色曰：「吾失我常，與我無所處，吾得斗升之水然活耳。君乃言此，曾不如早索我於枯魚之肆。」』」（說苑善說：「莊周貧者，往貸粟於魏文侯。〔文侯〕曰：『待吾邑粟之來而獻之。』周曰：『乃今者周之來，見道傍牛蹄中，有鮒魚焉，大息謂周曰：「我尚可活也？」周曰：「須我爲汝南見楚王，決江、淮以溉汝。」鮒魚曰：「今吾命在盆甕之中耳，乃爲我見楚王，決江、淮以溉我，汝卽求我枯魚之肆矣。』今周以貧故來貸粟，而曰須我邑粟來也而賜臣，卽來，亦求臣傭肆矣。」文侯於是乃發粟百鍾，送之莊周之室。」）

〔五〕廣雅釋詁二：「翳，障也。」珠翳，謂眼珠上所生障蔽之膜。俗呼翳子。

〔六〕説文疒部：「痹，溼病也。从疒，畀聲。」廣韻五支：「痺，下也。又音婢。」又六至：「痹，脚冷濕病。必至切。」龍龕手鏡疒部：「痹，正。痺，今必至反。脚濕冷病也。」是痹又可作痺，其音讀亦同。周禮秋官司刑「刖罪五百」鄭注：「刖，斷足也。」釋文：「刖，音月。」説文刀部：「刖，絶也。」又足部：「跀，斷足也。」段注：「經傳多以刖爲跀。」

〔七〕孟子告子上：「孟子曰：『五穀者，種之美者也，苟爲不熟，不如荑稗。』」朱注：「荑，音蹄。稗，蒲賣反。荑稗，草之似穀者。」又盡心下：「孔子曰：『惡似而非者：惡莠，恐其亂苗也。』」趙注：「莠，莖葉似苗。」朱注：「莠，音有。似苗之草也。」淮南子説山：「治疽不擇善惡醜肉（向宗魯師謂『善惡』與下『苗莠』對文，『醜肉』二字乃『惡』字之注誤入正文。）而並割之，農夫不察苗莠而並耘之，豈不虛哉！」（刈穀與耘苗義近）

〔八〕抱朴子佚文：「謝堯卿東南書士，（後漢書方術上謝夷吾字堯卿，會稽山陰人也。」）説王充以爲一代英偉，漢興以來，未有充比。若所著文，時有小疵，猶鄧林之枯枝，若滄海之流芥，未易貶也已。」（北堂書鈔一百、太平御覽五九九引）

抱朴子外篇校箋卷之四十四

百家〔一〕

抱朴子曰：「百家之言，雖不皆清翰鋭藻，弘麗汪濊〔二〕，然悉才士所寄心〔三〕，一夫澄思也〔四〕。正經爲道義之淵海，子書爲增深之川流。仰而比之，則景星之佐三辰；俯而方之，則林薄之裨嵩岳。

〔一〕顧廣圻曰：「按：四十四（百家）、四十五（文行），皆卽尚博之重出。自宋以來，莫覺其誤，今始正之。」陳其榮曰：「案：此二篇之文，大都爲尚博篇複出。顧氏廣圻謂當删并改定，合之自敍，恰得五十篇。與自敍所云，直齋書録所載，自合。」照按：百家、文行二篇，吉藩本曾删而未刻，蓋已視爲前尚博篇重出，並非自宋以來無人覺之者。自敍篇原文本作「外篇五十卷」，直齋書録引館閣書目同。（其實，隋書經籍志三雜家「抱朴子外篇三十卷，梁有五十一卷。」舊唐書經籍志下雜家「抱朴子外篇五十卷。」皆不作「篇」。）顧、陳二氏以「卷」與「篇」等同，非是。因外篇之五十卷就卷帙言，其文絶不止五十篇。今本卷四十九由知止、窮達、重言三篇組成，卽其明徵。而其它各卷之尚有闕篇（如軍術篇等是）及大量佚文（如散見於意林、書鈔、類聚、初學記、白帖、御覽、晉書天文志上、開元占經、慧琳一切經音義、文選李注等書者，往往爲今本外篇所無），亦可推知原書非皆以一篇爲一卷也。又按：百家、文行二篇，與尚博篇之遺辭用典不盡相同，今擇要箋注如左（尚博篇已見者不復贅），以示其非都爲重出也。

〔二〕汪濊，已見鈞世篇「然不及上林、羽獵、二京、三都之汪濊博富也」句箋。

〔三〕文選皇甫謐三都賦序：「是以孫卿、屈原之屬，遺文炳然，辭義可觀。存其所感，咸有古詩之意。皆因文以寄其心，託理以全其制。」又文賦序：「余每觀才士之所作，竊有以得其用心。」

〔四〕文賦：「罄澄心以凝思，眇衆慮而爲言。」

「而學者專守一業，游井忽海，遂蹎躓於泥濘之中，而沈滯乎不移之困〔一〕。子書披藏本作彼，舊寫本空白，今從盧本。引玄曠，眇邈泓窈。總不測之源，揚無遺之流。變化不繫於規矩之方圓，旁通不淪於違正之邪徑〔二〕。風格高嚴，重仞難盡。是偏嗜酸甜者〔三〕，莫能賞其味也；用思有限者，不得辯其神也〔四〕。

〔一〕游井忽海，以鼃喻也。莊子秋水：「公子牟隱机太息，仰天而笑曰：『子獨不聞夫埳井之鼃乎？謂東海之鼈曰：「吾樂與！出跳梁乎井幹之上，入休乎缺甃之崖，赴水則接腋持頤，蹶泥則没足滅跗，還虷蟹與科斗，莫吾能若也。且夫擅一壑之水，而跨跱埳井之樂，此亦至矣！夫子奚不時來入觀乎？」東海之鼈左足未入，而右膝已縶矣。於是逡巡而卻，告之海曰：「夫千里之遠，不足以舉其大；千仞之高，不足以極其深。禹之時，十年九潦，而水弗爲加益；湯之時，八年七旱，而崖不爲加損。夫不爲頃久推移，不以多少進退者，此亦東海之大樂也。」於是埳井之鼃聞之，適適然驚，規規然自失也。」」釋文：「埳，音坎。鼃，本亦作蛙。司馬（彪）云：『埳井，壞井也。鼃，水蟲，形似蝦蟆。』蹶泥則没足滅跗，司馬云：『滅，没也。跗，足跗也。』（跗，今呼爲脚背。）李（頤）云：『言踊躍於塗中。』」玉篇土部：「埳，陷也。亦與坎同。」又黽部：「鼃，蝦蟆。今作蛙。」荀子正論：「語曰：『淺不可與測深，愚不足與謀知。』坎井之鼃，不可與語東海之樂。」楊注：「言小不知大也。」鹽鐵論復古：「坎井之鼃，不知江海之大。」

〔二〕以上六句，闡述子書之廣度、深度及其通變。尚博篇「内闢不測之深源，外播不匱之遠流。其所祖宗也高，其所紬繹也妙。變化不繫滯於規矩之方圓，旁通不凝閡於一塗之逼促。」可與此文相互發明。

〔三〕尚博篇「是」下有「以」字。照按：有「以」字較勝，當據增。

「先民歎息於才難，故百世爲隨踵〔一〕。不以璞不生板桐之嶺，而捐曜夜之寶〔二〕；不以書不出周、孔之門，而癈助教之言〔三〕。猶彼操水者，器雖異而救火同焉；譬若鍼灸者，術雖殊而攻疾均焉。

〔一〕尚博篇「故」下有「謂」字。照按：有「謂」字文意始明，當據增。「謂百世爲隨踵」，已見彼篇當句箋。

〔二〕板桐，尚博篇作崑山。崑崙之墟産玉（已見尚博篇「不以璞非崑山，而棄耀夜之寶」二句箋），板桐（淮南子墬形作樊桐）其一也。故此文以板桐爲言。廣雅釋山：「崑崙虛有三山：閬風，板桐，玄圃。」水經河水注：「崑崙説曰：『崑崙之山三級，下曰樊桐，一名板桐。』」

〔三〕「癈」，尚博篇作「廢」。照按：説文广部：「廢，屋頓也。」段注：「古謂存之爲置，棄之爲廢。」又疒部：「癈，固病也。」

段注：「癈，猶廢。……癈爲正字，廢爲叚借字。亦有叚癈疾字爲興廢字者。」此癈字卽叚爲興廢字。

狹見之徒，區區執一，去博辭藏本作亂，從舊寫本改。精思〔一〕，而不識合錙銖可以齊重於山陵，聚百千可以致數於億兆。惑詩賦瑣碎之文，而忽子論深美之言。真僞顛倒，玉石混殽，同廣樂於桑閒，均龍章於素質〔二〕，可悲可慨，豈一條哉！」

〔一〕孫星衍曰：「（『辭』）藏本作『亂』，從舊寫本改。」照按：魯藩本、愼本、盧本、柏筠堂本、文溯本、叢書本、崇文本亦並作「亂」，是也。尚博篇作「或云廣博亂人思」，此句當與之同，合作「云廣博亂精思」（今本「去」爲「云」之誤，「博」上脫「廣」字），始與上下文意相屬。孫改非是。

〔二〕「素質」，尚博篇作「卉服」。此句以龍章與素質並舉，則素質謂衣之純樸者，與「袞龍之服」有天壤之別。

抱朴子外篇校箋卷之四十五

文行

或曰：「德行者，本也；文章者，末也。故四科之序，文不居上。然則著紙者，糟粕之餘事；可傳者，祭畢之芻狗。卑高之格，是可譏矣〔一〕。」

〔一〕徐濟忠曰：「（『譏』）當是『識』。」照按：「尚博篇即作『識』，徐校是也。當據改。

抱朴子答曰：「荃可棄，而魚未獲，則不得無荃；文可廢，而道未行，則不得無文。若夫翰迹韻略之廣逼，屬辭比義之妍媸，源流至到之修短，韞藉汲引之深淺〔一〕。其懸絕也，雖天外、毫內，不足以喻其遼邈；其相傾也，雖三光、熠燿，不足以方其巨細；龍淵、鉛鋌，舊寫本作刀未足以譬其銳鈍；鴻羽、積金未足以方其輕重。而俗士唯見能染毫畫紙，便槩以一例。斯伯氏所以永思鍾子，郢人所以格斤不運也。

〔一〕「韞藉」，尚博篇作「蘊藉」。照按：「蘊」、「韞」聲同得通（廣韻並在吻韻）。蘊藉之爲韞藉，猶蘊匵（後漢書周榮傳：「〔陳忠上疏〕蘊匱〔論語子罕『韞匱而藏諸』釋文：『匱，本又作櫝。』〕古今，博物多聞。」〕之爲韞櫝〔後漢書崔駰傳：「〔達旨〕今子韞櫝六經，服膺道術。」〕然也。

「夫斲削者比肩，而班、狄擅絶手之名；援琴者至多，而夔、襄專清聲之稱；廄馬千駟，而騏騮有邈羣之價；美人萬計，而威、施有超世之色者，蓋遠過衆也。且文章之與德行，猶十尺之與一丈。謂之餘事，未之前聞也。八卦生乎鷹隼之飛〔一〕，六甲出於靈龜之負。文之所在，雖且貴〔二〕。疑雖下有脱。舊寫本作具貴，亦有脱。本不必便疏，末不必皆薄。譬錦繡之因素地，珠玉之託蚌、石，雲雨生於膚寸，江河始於咫尺。理誠若茲，則雅論病矣。」

〔一〕「飛」，藏本、魯藩本、愼本、舊寫本作「被」。照按：作「被」，與尚博篇合。平津本依盧本作「飛」，非是。〔柏筠堂本、文溯本、叢書本、崇文本從盧本出，亦皆誤作「飛」。〕

〔二〕孫星衍曰：「疑『雖』下有脱。舊寫本作『具貴』，亦有脱。」照按：尚博篇作「雖賤猶貴」。此句「雖」下補「賤」字，則豁然貫通矣。〔舊寫本「具」字爲「且」之誤〕

又曰：「應龍徐舉，顧眄而凌雲；汗血緩步，呼吸而千里。故螻螘怪其無階而高致，駑蹇驚過己之不漸也〔一〕。若夫馳騄詩論之中，周旋一經之内，以常情覽巨異，以褊量測無涯，始自髫齔，詣于振素，不能得也。

〔一〕照按：以上句「故螻蟺怪其無階而高致」例之，「驚」下有脫字。尚博篇作「駑蹇患其過己之不漸也」，則當補一「其」字文意始明。

又世俗率貴古昔而賤當今，敬所聞而黷所見。同時雖有追風絶景之駿〔一〕，猶謂不及伯樂之所御也〔二〕；雖有宵朗兼城之璞〔三〕，猶謂不及楚和之所泣也；雖有斷馬指雕之劒〔四〕，猶謂不及歐冶之所鑄也；雖有生枯起朽之藥，猶謂不及和、鵲之所合也；雖有冠羣獨行之士，猶謂不及於古人也。」

〔一〕尚博篇作「雖有追風之駿」，無「絶景」二字。追風、絶景由形容馬奔馳疾速，而衍爲駿馬專名。傅毅七激：「踰埃絶影，倏忽若飛。」（藝文類聚五七引）陳琳武軍賦：「馬則飛雲絶景。」（藝文類聚九六、太平御覽三五八引）文選王融三月三日曲水詩序：「絶景、遺風之騎。」李注引王沈魏書曰：「上（太平御覽八九四引作曹公）所乘馬名絶景，爲矢所中。」（御覽引同）張銑曰：「絶景、追風之騎，良馬也。」

〔二〕尚博篇「伯樂」作「造父」。伯樂，已見嘉遯篇「孫陽之恥也」句及百里篇「審良、樂之顧眄」句箋。

〔三〕尚博篇作「雖有連城之珍」，無「宵朗」二字。宵朗，謂夜間發光也。戰國策楚策一：「（楚懷王）乃遣使車百乘獻雞駭之犀，夜光之璧於秦（惠）王。」史記鄒陽傳：「（獄中上書）白圭顯於中山，中山人惡之魏文侯，文侯投之以（漢書鄒陽傳作『賜以』，文選獄中上書自明作『投以』）夜光之璧。」（文選五臣注呂向曰：「文侯不信讒者而更親白圭，而賜以寶玉也。」）後漢書西域傳：「（大秦國）土多金銀奇寶，有夜光璧、明月珠。」是宵朗之璞指夜光璧。

〔四〕尚博篇作「雖有疑（擬）斷之劒」。漢書王莽傳下：「（莽）使虎賁以斬馬劒挫（董）忠。」顏注：「挫讀曰剉，音千卧反。」雕，籀文从鳥作鵰（見說文隹部雕字下）。漢書李廣傳「是必射鵰者也」顏注：「鵰，大鷙鳥也，一名鷲。」指雕鶚，未詳所出。

〔附按〕百家、文行二篇與尚博篇之顯著差異，均分別揭示如右。其非都爲重出，已可概見。至彼此語句之有多有少，辭義之或異或同，則無須再贅。展卷並觀，必有能辨之者。據晉書本傳載洪自敘：「大凡內、外一百一十六篇。」（外篇自敘無此語）而今本內、外纔七十二篇，佚亡竟達四十四篇之多。嚴可均謂「是書久殘缺」，「今本僅內篇之十五六，外篇之十三四耳。」（見鐵橋漫稿六代繼蓮龕爲抱朴子敘）所言蓋得其實。即以外篇而論，整篇佚亡者有之（如軍術篇等），篇中正文佚亡者亦有之，尤以殘存之短篇爲甚（其中最短者僅百六十餘字，長者亦不過二三百字）。「子論」與「文章」稚川均極重視，百家、文行二篇，是繼尚博篇之後而專論「子論」與「文章」者。惟篇中正文既多所佚亡，殘存者又大都與尚博篇合，前賢遂誤其爲重出耳。

抱朴子外篇校箋卷之四十六

正郭

抱朴子曰：「嵇生以爲『太原郭林宗竟不恭三公之命〔一〕，學無不涉〔二〕，名重於往代〔三〕，加之以知人〔四〕。知人則哲，蓋亞聖之器也〔五〕。及在衰世，棲棲惶惶，席不暇温，志在乎匡亂行道，與仲尼相似〔六〕。』

〔一〕嵇生，嵇含。詳後自敘篇「會有故人譙國嵇君道見用爲廣州刺史」句箋。後漢書郭太傳：「郭太（李注：「范曄父名泰，故改爲此『太』。」）字林宗，太原界休人也。……司徒黄瓊辟，太常趙典舉有道。」皇甫謐高士傳郭太傳（太平御覽五百八引「太」作「泰」）：「凡司徒辟，大常趙典舉有道，皆不就。」（太平御覽引作「後辟司徒府，有道徵，皆不就。」）水經汾水注：「（郭林宗碑）辟司徒，舉大尉，以疾辭。」

〔二〕後漢書郭太傳：「就成皋屈伯彥學，三年業畢，博通墳籍。」後漢紀靈帝紀上：「（建寧二年）郭泰……至成皋屈伯彥精廬，并日而食，衣不蓋形，人不堪其憂，林宗不改其樂。三年之後，藝兼游、夏。」高士傳郭太傳：「與同縣宗仲（當作『宋沖』）至京師，從屈伯彥學春秋，博洽無不通。」

〔三〕後漢書郭太傳：「乃游於洛陽，始見河南尹李膺，膺大奇之，遂相友善，於是名震京師。後歸鄉里，衣冠諸儒送至河上，車數千兩。林宗唯與李膺同舟而濟，衆賓望之，以爲神仙焉。」殷芸小説：「郭林宗來遊京師，當還鄉里，送車千許乘，李膺亦在焉。衆人皆詣大槐客舍而别，唯膺與林宗共載，乘薄笨車，上大槐坂，觀者數千人，引領望之，眇若松、喬之在霄壤。」（引文據余季豫先生論學雜著殷芸小説輯證迻録）

〔四〕後漢書郭太傳：「性明知人，好獎訓士類。……其獎拔士人，皆如所鑒。……又識張孝仲芻牧之中，知范特祖郵置之役，召公子、許偉康並出屠酤，司馬子威拔自卒伍，及同郡郭長信、王長文、韓文布、李子政、曹子元、定襄周康子、西河王季然、雲中丘季智、郝禮真等六十人，並以成名。」謝承後漢書：「泰之所名，人品乃定，先言後驗，衆皆服之。故適陳留則友符偉明，遊太學則師仇季智，之陳國則親魏德公，入汝南則交黄叔度。初，泰始至南州，過袁奉高，不宿而去；從叔度，累日不去。或以問泰。泰曰：『奉高之器，譬之泛〔氿〕濫，雖清而易挹。叔度之器，汪汪若千頃之陂，澄之不清，擾之不濁，不可量也。』已而果然，泰以是名聞天下。」（後漢書郭太傳李注引）又：「太原郭長信、王長文、長文弟子師、韓文布、李子政、曹子元、定襄周康子、西河王季然、雲中丘季智名靈舉。子師位至司徒，季然北地太守，其餘多典州郡者。」（同上）又：「泰拔申徒子陵於漆工之中，嘉許偉康於屠酤之肆。」（太平御覽八二八引）後漢紀靈帝紀上：「初，汝南袁閎盛名蓋世，泰見之，不宿而退；汝南黄憲邦邑有聲，天下未重，泰見之，數日乃去。薛恭祖（郭林宗别傳〔太平御覽四四四引〕作薛勲，當是名勲字恭祖。）曰：『聞足下見袁奉高，車不停軌，鑾不輟軛；從黄叔度，乃彌日信宿，非其望也！』林宗答曰：『奉高之器，譬諸汎〔氿〕濫，雖清易挹。叔度汪汪如萬〔千〕頃之陂，澄之而不清，撓之而不濁，其器深廣，難測量也。雖住稽留，不亦可乎！』由是憲名重於海内。」又：「其所提拔，在無聞之中，若陳元龍、何伯求，終成秀異者六十餘人。其所臨宦，若陳仲弓、夏子治者十餘人，皆名德也。」郭林宗別傳：「入潁川則友李元禮，至陳留則結符偉明，之外黃則親韓子助，過蒲亭則師仇季智，止學舍則收魏德公，觀耕者則拔茅季偉，皆爲名士。」（太平御覽四四四引）又：「林宗有人倫鑒識，題品海內之士，或在幼童，或在里肆，後皆成英彥六十餘人。自著書一卷，論取士之本末，行遭亂亡失。」（引文據惠棟後漢書補注卷十六迻録）

〔五〕書皐陶謨：「禹曰：『吁！咸若時，唯帝其難之。知人則哲，能官人。』」孔傳：「言帝堯亦以知人安民爲難。」論語先進「顏淵死」章皇疏引劉歆曰：「顏（淵）是亞聖。」桓譚新論：「昔顏淵有高妙次聖之才，聞一知十。」（文選應璩與曹長思書李注引）是亞聖卽次聖，謂其才智次於聖也。

〔六〕論語憲問：「微生畝謂孔子曰：『丘何爲是栖栖者與？』」邢疏：「栖栖，猶皇皇也。」鹽鐵論散不足：「孔子栖栖，疾固也。」論衡定賢：「孔子棲棲。」後漢書蘇竟傳：「（與劉龔書）仲尼棲棲。」「棲」與「栖」同。孟子滕文公下：「周霄問曰：『古之君子仕乎？』孟子曰：『仕。傳曰：「孔子三月無君，則皇皇如也。」』」朱注：「皇皇，如有求而弗得之意。」焦循正義：「楚辭離世（當作怨思）篇云：『征夫皇皇其孰依兮。』注云：『皇皇，惶遽貌。』廣雅釋訓云：『惶惶，劇也。』惶惶，卽皇皇也。」法言學行：「仲尼皇皇。」文子自然：「孔子無黔突，墨子無煖席。」（文選答賓戲李注引作「墨子無黔突，孔子無煖席。」）淮南子脩務：「孔子無黔突，墨子無煖席。」高注：「黔，言其突竈不至於黑，坐席不至於溫。厤行諸國，汲汲於行道也。」漢書敍傳上：「（答賓戲）是以聖喆之治，棲棲皇皇，孔席不煖，墨突不黔。」顏注：「（棲棲皇皇）不安之意也。孔，孔子；墨，墨翟也。突，竈突也。黔，黑也。言志在明道，不暇安居。」（文選答賓戲「皇」作「遑」，「煖」作「暖」。李注：「棲遑，不安居之意也。韋昭曰：『暖，溫也。言坐不暖席也。』」）抱朴子內篇塞難：「（仲尼）栖栖遑遑，務在匡時。」（長短經是非：「墨翟無黔突，孔子無煖席。」）「惶」與「皇」、「遑」通。

余答曰：「夫智與不智，存於一言〔一〕。樞機之玷，亂乎白圭〔二〕。愚謂亞聖之評，未易以輕有許也。夫所謂亞聖者，必具體而微〔三〕，命世絕倫〔四〕，與彼周、孔其間無所復容之謂也。若人者，亦何足登斯格哉！林宗拔萃翹特，鑒識朗徹，方之常人，所議固多，引之上及〔五〕，實復未足也。」

〔一〕論語子張：「子貢曰：『君子一言以爲知，一言以爲不知，言不可不慎也。』」釋文：「爲知，音智。下同。」皇疏：「言智與不智由於一言耳，今汝出此言，是不智也。」

〔二〕易繫辭上：「言行，君子之樞機。」韓注：「樞機，制動之主。」正義：「樞，謂戶樞。機，謂弩牙。言戶樞之轉，或明或闇；弩牙之發，或中或否，猶言行之動，從身而發，以及於物，或是或非也。」詩大雅抑：「白圭之玷，尚可磨也；斯言之玷，不可爲也。」毛傳：「玷，缺也。」鄭箋：「斯，此也。玉之缺尚可磨鑢而平，人君政教一失，誰能反覆之。」禮記緇衣：「子曰：『言從而行之，則言不可飾也；行從而言之，則行不可飾也。故君子寡言而行以成其信，則民不得大其美而小其惡。詩云：「白圭之玷，尚可磨也；斯言之玷，不可爲也。」』」鄭注：「玷，缺也。言白圭之缺，尚可磨而平之；言之缺，無如之何。」

〔三〕孟子公孫丑上：「昔者竊聞之：子夏、子游、子張皆有聖人之一體，冉牛、閔子、顏淵則具體而微。」趙注：「體者，四肢股肱也。……一體者，得一肢也。具體者，四肢皆具。微，小也，比聖人之體微小耳。體以喻德也。」朱注：「一體，猶一肢也。具體而微，謂有其全體，但未廣大耳。」

〔四〕命世，即名世。已見勗學篇「仲舒命世」句箋。絕倫，謂無與倫比。已見臣節篇「若乃才力絕倫」句及博喻篇「必由絕倫之器」句箋。

〔五〕「及」，吉藩本作「聖」。照按：「上及」二字費解。上文云「與仲尼相似」，則此句當以作「聖」爲是。清鑒篇：「郭泰所論，皆爲此人過上聖乎？」尤爲切證。

『此人有機辯風姿〔一〕，又巧自抗遇而善用〔二〕；且好事者爲之羽翼，延其聲譽於四方〔三〕。故能挾之見准 各本作推 慕於亂世〔四〕，而爲過聽不覈實者所推策〔五〕。及其片言所褒，則重於千金；遊涉所經，則賢愚波蕩。謂龍鳳之集，奇瑞之出也〔六〕。吐聲則餘音見法〔七〕，移足則遺迹見擬〔八〕。可謂善擊建鼓而當揭 舊寫本作揚 日月者耳〔九〕，非真隱也。

〔一〕後漢書郭太傳：「善談論，美音制。……身長八尺，容貌魁偉，褒衣博帶，周遊郡國。」後漢紀靈帝紀上：「泰身長八尺，儀貌魁岸，善談論。」高士傳郭太傳：「身長八尺餘。」郭林宗別傳：「林宗儀貌魁梧，身長八尺。」（太平御覽三八八引）又：「林宗秀立高峙，澹然淵渟。」（同上）文選蔡邕郭有道碑文：「夫其器量弘深，姿度廣大，浩浩焉，汪汪焉，奧乎不可測已。」

〔二〕後漢書郭太傳：「林宗雖善人倫，而不爲危言覈論，故宦官擅政而不能傷也。（通鑑靈帝上之上：「泰雖好臧否人物，而不爲危言覈論，故能處濁世而怨禍不及焉。」）及黨事起，知名之士多被其害，唯林宗及汝南袁閎得免焉。遂閉門教授，弟子以千數。」

〔三〕國語晉語七：「（悼公）始合諸侯於虛朾以救宋，使張老延君譽於四方。」韋注：「延，陳也，陳君之稱譽於四方。」後漢書郭太傳：「或問汝南范滂曰：『郭林宗何如人？』滂曰：『隱不違親，貞不絕俗，天子不得臣，諸侯不得友，吾不知其它。」」後漢紀靈帝紀上：「石雲考從容謂宋子俊（「俊」當作「浚」）曰：『吾與子不及郭生，譬諸由、賜不敢望回也。（見論語公冶長〈原無「由」字〉）今卿言稱宋、郭，此西河之人疑卜商於夫子者也。若遇曾參之詰，（見禮記檀弓上）何辭以對乎？』子俊曰：『魯人謂仲尼東家丘，蕩蕩體大，民不能名，子所明也。陳子禽以子貢賢於仲尼，（見論語子張）淺見之言，故然有定邪？吾嘗與杜周甫論林宗之德也：清高明雅，英達瓌瑋，學問淵深，妙有俊才。然其愷悌玄澹，格量高俊，含弘博恕，忠粹篤誠，非今之人，三代士也。漢元以來，未見其匹也。周甫深以爲然。此乃宋仲之師表也，子何言哉？』」（水經汾水注：「汾水又西南逕界休縣故城西，城東有徵士郭林宗、宋子浚二碑。宋沖以有道司徒徵。」（隸釋卷二十同）是宋沖子浚之姓、名及字，酈道元曾目睹碑文，當屬可信。）

〔四〕孫星衍曰：「『准』各本作『推』。」照按：「推」蓋涉下句「推策」之「推」衍，「准」又由「推」致誤。「故能挾之見慕於亂世」，謂林宗倚仗好事者所造輿論而爲時人羨慕也。

〔五〕史記封禪書：「（公孫）卿有札書曰：『黃帝得寶鼎宛朐，問於鬼臾區。鬼臾區對曰：「黃帝得寶鼎神策，是歲己酉朔旦冬至，得天之紀，終而復始。」於是黃帝迎日推策。（漢書郊祀志上顏注：「晉灼曰：『迎，數之也。』臣瓚曰：『日月朔望未來而推之，故曰迎日。』」）後率二十歲復朔旦冬至，凡二十推，三百八十年，黃帝僊登于天。』」「推策」二字雖出自封禪書，尋繹此句文意，則應作推衍、推廣解。

〔六〕「涉」，藏本、魯藩本、吉藩本、慎本作「步」。照按：疾謬篇：「游步不去勢利酒客之門。」疑此亦以作「步」爲是。謝承後漢書：「（符）融見林宗，便與之交。又紹介於（李）膺，以爲海之明珠，未燿其光，鳥之鳳凰，羽儀未翔。」（後漢書符融傳李注引）

〔七〕 後漢紀靈帝紀上：「（泰）聲音如鍾。」郭林宗別傳：「音聲如鍾，當時以爲准的。」（太平御覽三八八引）

〔八〕 後漢紀靈帝紀上：「（泰）所歷亭傳，不處正堂，恆止逆旅之下，先加糞除，而後處焉。及宿止，冬讓温厚，夏讓清涼。如鄉里或有爾者，父母諺曰：『欲作郭林宗邪？』」郭林宗別傳：「林宗每行宿逆旅，輒躬洒埽。及明去，後人至見之曰：『此必郭有道昨宿處也。』」（太平御覽一九五引）

〔九〕 莊子天道：「老聃曰：『……夫子亦放德而行，循道而趨，已至矣！又何偈偈乎揭仁義，若擊鼓而求亡子焉？』」釋文：「偈偈，或云：『用力之貌。』」又天運：「孔子見老聃而語仁義。老聃曰：『……吾子使天下無失其朴，吾子亦放風而動，總德而立矣。又奚傑然若負建鼓，而求亡子者邪？』」郭注：「言夫仁義以趨道德之鄉，其猶擊鼓而求逃者，無由得也。」成疏：「傑然，用力貌。」淮南子精神「嘗試爲之擊建鼓」高注：「建鼓，樂之大者。」通禮義纂：「建鼓，大鼓也。」（太平御覽五八二引）說文手部：「揭，高舉也。」揭日月，詳後知止篇「又況乎揭日月以隱形骸」句箋。

蓋欲立朝〔一〕，則世已大亂；欲潛伏，則悶而不堪〔二〕。或躍，則畏禍害〔三〕；確爾，則非所安〔四〕。彰偟不定〔五〕，載肥載臞〔六〕。而世人逐其華而莫研其實，翫其形而不究（藏本作統，今從舊寫本。）其神。故遭雨巾壞，猶復見傚〔七〕。不覺其短，皆是類也。俗民追聲，一至於是〔八〕！故其雖有缺隙〔九〕，莫之敢指也〔一〇〕。夫林宗學涉知人，非無分也。然而未能避過實之名。而闇於自料也。」

〔一〕 立朝，謂仕也。

〔二〕潛伏，謂隱也。易乾「（文言）遯世无悶」正義：「謂逃遯避世，雖逢无道，心无所悶。」然則「悶而不堪」，是謂逃遯避世而心有所悶也。說文心部：「悶，懣也。」又：「懣，煩也。」（楚辭九章惜誦：「中悶瞀之忳忳。」王注：「悶，煩也。」直訓悶爲煩。）爾雅釋詁：「堪，勝也。」

〔三〕易乾「九四，或躍在淵」正義：「躍，跳躍也。……躍在於淵，未即飛也。」或躍，喻將廁身仕途。此句言入仕後顧慮。

〔四〕易乾「（文言）確乎其不可拔」釋文引鄭玄云：「（確）堅高之貌。（拔）移也。」確爾，喻已立志隱退。此句言隱遯後顧慮。

〔五〕彰偟，同章皇。文選揚雄羽獵賦：「章皇周流。」李注：「章皇，猶彷徨也。」王逸楚辭遠遊章句序：「章皇山澤，無所告訴。」彰偟不定，卽徘徊不定。

〔六〕韓非子喻老：「子夏見曾子。曾子曰：『何肥也？』對曰：『戰勝，故肥也。』曾子曰：『何謂也？』子夏曰：『吾入見先王之義則榮之，出見富貴之樂又榮之，兩者戰於胸中，未知勝負，故臞。今先王之義勝，故肥。』」淮南子原道：「故子夏心戰而臞，得道（道勝）而肥。」又精神：「故子夏見曾子一臞一肥。曾子問其故。曰：『出見富貴之樂而欲之，入見先王之道又說之，兩者心戰，故臞。先王之道勝，故肥。』」高注：「道勝，不惑縣於富貴，精神內守，無思慮故肥也。」（尸子：「閔子騫肥。子貢曰：『何肥也？』子騫曰：『吾出見其美車馬則欲之，入聞先王之言則又欲之，兩心相與戰，今先王之言勝，故肥。』」（太平御覽三七八引）韓詩外傳二作「閔子騫始見於夫子有菜色，後有芻豢之色」，其問答辭句亦異。）爾雅釋言：「臞，瘠也。」說文肉部：「臞，少肉也。」

〔七〕後漢書郭太傳：「嘗於陳、梁間行遇雨，巾一角墊，時人乃故折巾一角，以爲『林宗巾』。其見慕皆如此。」郭林宗別傳：「林宗嘗行陳、梁間遇雨，故其巾一角坫而折，二國學士著巾，莫不折其角，云作『林宗巾』。其見儀則如此。」（北堂書鈔一二七、藝文類聚六七、太平御覽六八七引）

〔八〕呂氏春秋知士：「（齊）宣王太息動於顏色曰：『靜郭君之於寡人，一至此乎！』」高注：「一，猶乃也。」此「一」字義當與之同。

〔九〕「隟」與「隙」同。廣雅釋詁二：「隙，裂也。」劉子慎隟：「故牆之崩隤，必因其隟。」鬼谷子謀：「故牆壞於其隙。」商子修權：「隙大而牆壞。」韓非子亡徵：「牆之壞也必通隙。」淮南子人間：「夫牆之壞也於隙。」是「隟」即「隙」字也。缺隟，猶今云缺陷。

〔一〇〕詩鄘風蝃蝀：「蝃蝀在東，莫之敢指。」王先謙曰：「此詩『指』有二義：自本義言，則爲手指之指；自喻意言，則爲指斥之指。」（詩三家義集疏卷三中）此文「指」字，亦應作指斥解。

或勸之以出仕進者〔一〕。林宗對曰：『吾晝察人事，夜看乾象，天之所廢，不可支也〔二〕。方今運在明夷之爻〔三〕，值勿用之位〔四〕，蓋盤桓潛居之時〔五〕，非在天利見之會也〔六〕。雖在原陸，猶恐滄海橫流〔七〕，藏本作流橫，今從舊寫本。**吾其魚也〔八〕；況可冒衝風而乘奔波乎〔九〕？未若巖岫頤神〔一〇〕，娛心彭、老〔一一〕，優哉游哉，聊以卒歲〔一二〕。**

〔一〕郭林宗別傳：「泰以有道君子徵。同邑宋子俊（當作浚）勸使往。泰遂辭以疾，閤門教授。」（太平御覽六一六引）又：「同郡宋子浚素服其名，以爲自漢元以來，未見其匹，曾勸之仕。」

〔二〕左傳定公元年：「晉女叔寬曰：『……天之所壞，不可支也。』」國語周語下：「（衛彪傒）見單穆公曰：『萇（弘）、劉

（文公）其不没乎？周詩有之曰：「天之所支，不可壞也；其所壞，亦不可支也。」」韋注：「周詩，飫時所歌。支，柱也。」易林蒙之夬：「天之所壞，不可強支。」（蠱之艮同）風俗通義皇霸：「蓋乘天之所壞，誰能枝之？」（左傳襄公二十三年：「天之所廢，誰能興之？」」

〔三〕易明夷：「明夷，利艱貞。」正義：「明夷，卦名。夷者，傷也。此卦日『入地中』，明夷之象。施之於人事，闇主在上，明臣在下，不敢顯其明智，亦明夷之義也。」集解引鄭玄曰：「夷，傷也。日出地上，其明乃光；至其入地，明則傷矣。故謂之明夷。日之明傷，猶聖人君子有明德而遭亂世，抑在下位，則宜自艱，无幹事政，以避小人之害也。」又：「初九，明夷于飛，垂其翼。」王注：「明夷遠遯，絕跡匿形，不由軌路，故曰明夷于飛。懷懼而行，行不敢顯，故曰垂其翼也。」

〔四〕易乾：「初九，潛龍勿用。」集解引崔憬曰：「潛，隱也。龍下隱地，潛德不彰，是以君子韜光待時，未成其行，故曰勿用。」

〔五〕易屯：「初九，磐桓，利居貞。」王注：「處屯之初，動則難生，不可以進，故磐桓也。」釋文：「磐，本亦作盤。」集解引虞翻曰：「震起艮止，動乎險中，故盤桓得正得民，故利居貞。謂君子居其室，慎密而不出也。」

〔六〕易乾：「九五，飛龍在天，利見大人。」王注：「龍德在天，則大人之路亨也。」正義：「言九五陽氣盛至於天，故云飛龍在天。此自然之象，猶若聖人有龍德飛騰而居天位，德備天下，爲萬物所瞻覩，故天下利見此居王位之大人。」

〔七〕孟子滕文公上：「當堯之時，天下猶未平，洪水横流，氾濫於天下。」朱注：「横流，不由其道而散溢妄行也。」易林無妄之震：「江河横流。」范甯春秋穀梁傳集解序：「孔子覩滄海之横流。」楊疏：「滄海是水之大者。」

〔八〕左傳昭公元年：「劉子曰：『美哉禹功，明德遠矣！微禹，吾其魚乎？』」

〔九〕楚辭九歌河伯：「衝風起兮橫波。」王注：「衝，隧也。屈原設意與河伯爲友，俱遊九河之中，想蒙神祐，反遇隧風，大波涌起，所託無所也。」（文選九歌少司命「衝風」作「衝飈」，呂延濟曰：「衝飈，暴風也。」）

〔一〇〕照按：「巖岫」與「頤神」當互乙，始能與下句相儷。內篇暢玄：「頤光山林。」語法與此同，亦可證。後漢書馬融傳：「（廣成頌）夫樂而不荒，憂而不困，先王所以平和府藏，頤養精神，致之無疆。」晉書鄭沖傳：「（泰始九年詔）公宜頤精養神，保衛太和，以究遐福。」文選嵇康幽憤詩：「采薇山阿，散髮巖岫。永嘯長吟，頤性養壽。」李注：「爾雅（釋詁）曰：『頤，養也。』」

〔一一〕彭，彭祖。老，老子。照按：以用刑篇「難圖老、彭之壽也」句例之，彭、老，當乙作老、彭。後漢紀靈帝紀上：「吾將巖棲歸神，咀嚼元氣，以修伯陽、彭祖之術。」伯陽、彭祖，即此文之老、彭也，尤爲切證。論語述而：「子曰：『述而不作，信而好古，竊比於我老、彭。』」釋文引鄭玄云：「老，老聃。彭，彭祖。」史記（百衲本）老子傳：「老子者，……姓李氏，名耳，字伯陽，謚曰聃。（索隱：「許慎（說文耳部）云：『聃，耳曼也。』故名耳，字聃。今作字伯陽，非正也。」今按：李賢後漢書桓帝紀「（永壽八年）祠老子」注、李善文選遊天台山賦「躡二老之玄蹤」注所引史記亦止作「字聃」，並無「伯陽」二字。索隱說是也。）周守藏室之史也。……老子脩道德，其學以自隱無名爲務。……蓋老子百有六十餘歲，或言二百餘歲，以其脩道而養壽也。」列仙傳老子傳：「老子……生於殷時，爲周柱下史。好養精氣，貴接而不施，轉爲守藏史，積八十餘年，史記云二百餘年。時稱爲隱君子。謚曰聃。」又彭祖傳：「彭祖，殷大夫也。姓籛，名鏗。……歷夏至殷末，八百餘歲。常食桂、芝，善導引行氣。」莊子逍遙遊：「而彭祖乃今以久特聞。」釋文引李頤云：「（彭祖）名鏗，堯臣，封於彭城。歷虞、夏至商，年七百歲，故以久壽見聞。」世本云：

「姓籛，名鏗。在商爲守藏史，在周爲柱下史。年八百歲。」又引崔譔云：「堯臣，仕殷世，其人甫壽七百年。」呂氏春秋情欲：「雖有彭祖，猶不能爲也。」高注：「彭祖，殷之賢臣。治性清靜，不欲於物，蓋壽七百歲。」漢書敘傳上：「（幽通賦）若胤彭而偕老兮，（顏注：「彭，彭祖也。老，老聃也。」）訴來哲以通情。」孟堅以彭與老並舉，其爲二人甚明。前用刑篇「難圖老、彭之壽也」句箋，誤認老彭爲一人，非是。今特重箋如上以正之。

〔二〕左傳襄公二十一年：「人謂叔向曰：『子離於罪，其爲不知乎！』（釋文：「知，音智。下及注同。」）叔向曰：『與其死亡若何？詩曰：「優哉游哉，」聊以卒歲，知也。』」杜注：「詩小雅（采菽）言君子優游於衰世，所以辟害，卒其壽，是亦知也。」史記孔子世家：「孔子遂行，宿乎屯。而師己送，曰：『夫子則非罪。』孔子曰：『吾歌可夫？』歌曰：『彼婦之口，可以出走；彼婦之謁，可以死敗。蓋優哉游哉，維以卒歲。』」（家語子路初見作「優哉游哉，聊以卒歲。」王注：「言士不遇，優游以終歲也。」）（「士」字當依史記孔子世家集解所引改作「仕」。）後漢書郭太傳：「或勸林宗仕進者。對曰：『吾夜觀乾象，晝察人事，天之所廢，不可支也。』」後漢紀靈帝紀上：「（宋子俊〔浚〕）於是勸林宗仕。泰曰：『不然也。吾夜觀乾象，晝察人事，天之所廢，不可支也。方今卦在明夷〔之〕爻，直〔值〕勿用之象，潛居利貞之秋也。猶恐滄海橫流，吾其魚也。吾將巖棲歸神，咀嚼元氣，以修伯陽、彭祖之術，爲「優哉游哉，聊以卒歲」者。』遂辭王公之命，閭門教授。」文選潘岳秋興賦：「優哉游哉，聊以卒歲。」

「按林宗之言，其知漢之不不救，非其才之所辦，審矣。法當仰隮商洛〔一〕，俯泛五湖〔二〕，追巢父於峻嶺〔三〕，尋漁父於滄浪〔四〕。若不能結蹤山客〔五〕，離羣獨往〔六〕，則當掩景淵洿，韜鱗括囊〔七〕。而乃自西徂東〔八〕，席不暇温，欲慕孔、墨棲棲之事。

〔一〕玉篇阜部：「隮，子計、子兮二切。登也，升也。」商洛，指商山四皓。已見博喻篇「是以商老棲峻，以播邈世之操」二句箋。

〔二〕國語越語下：「范蠡不報於王，擊鼓興師，以隨使者至於姑蘇之宮。不傷越民，遂滅吳。反至五湖，范蠡辭於王曰：『君王勉之，臣不復入於越國矣。』……范蠡對曰：『臣聞命矣。君行制，臣行意。』遂乘輕舟以浮於五湖，莫知其所終極。」（史記越王句踐世家：「范蠡曰：『君行令，臣行意。』乃裝其輕寶珠玉，自與其私徒屬乘舟浮海以行，終不反。」）吳越春秋句踐伐吳外傳：「范蠡曰：『臣聞君子俟時，計不數謀，死不被疑，內不自欺，臣既逝矣，妻子何法乎？王其勉之！臣從此辭。』乃乘扁舟，出三江，入五湖，莫知其所適。」

〔三〕巢父，已見嘉遯篇「若令各守洗耳之高」句及「而箕、潁有巢棲之客」句箋。

〔四〕楚辭漁父：「屈原既放，游於江潭，行吟澤畔。顏色憔悴，形容枯槁。漁父見而問之，曰：『子非三閭大夫與？何故至於斯！』屈原曰：『舉世皆濁我獨清，衆人皆醉我獨醒，是以見放。』漁父曰：『聖人不凝滯於物，而能與世推移。世人皆濁，何不淈其泥而揚其波？衆人皆醉，何不餔其糟而歠其醨？何故深思高舉，自令放爲？』屈原曰：『吾聞之，新沐者必彈冠，新浴者必振衣。安能以身之察察，受物之汶汶者乎！寧赴湘流，葬於江魚之腹中，安能以皓皓之白，而蒙世俗之塵埃乎！』漁父莞爾而笑，鼓枻而去，歌曰：『滄浪之水清兮，可以濯吾纓；滄浪之水濁兮，可以濯吾足。』遂去不復與言。」（史記屈原傳、皇甫謐高士傳漁父傳略同。〔史通雜説下：「嵇康撰高士傳（其漁父傳他書未見徵引），取莊子、楚辭二漁父事，合成一篇。夫以園吏之寓言，騷人之假説，而定爲實録，斯已謬矣。況此二漁父者，較年則前後別時，論地則南北殊壤，而輒併之爲一，豈非惑哉？」洪興祖楚辭補注漁父章句序補注：「卜居、漁父，皆假設問答以寄意耳。而太史公屈原傳、劉向新序（節士較略）、嵇康高士傳或採楚詞、莊子漁父之言，以爲實録，非也。」）

〔五〕「客」，吉藩本作「谷」。照按：「谷」字是。莊子刻意「山谷之士」、晏子春秋内篇問下「退處山谷」、潛夫論賢難「山谷隱士」，皆以「山谷」指退士隱遁之處。結蹤山谷，謂安於隱居也。

〔六〕禮記檀弓上：「子夏投其杖而拜，曰：『吾過矣！吾過矣！吾離羣而索居，亦已久矣。』」釋文：「羣，朋友也。」獨往，已見應嘲篇「背俗獨往」句箋。

〔七〕此二句以潛龍爲喻。淵洿，已見吴失篇「藏器淵洿」句箋。大戴禮記易本命：「有鱗之蟲三百六十，而蛟龍爲之長。」括囊，已見刺驕篇「含章括囊」句箋。

〔八〕詩大雅緜：「自西徂東，周爰執事。」鄭箋：「徂，往也。」

「聖者憂世，周流四方〔一〕，猶爲退士所見譏彈〔二〕。林宗才非應期，器不絶倫〔三〕，出不能安上治民，移風易俗〔四〕；入不能揮毫屬筆〔五〕，祖述六藝〔六〕。行自衒耀，亦既過差；收名赫赫，受饒頗多。然卒進無補於治亂，退無迹於竹帛，覩傾視汩〔七〕，冰泮草靡〔八〕，未有異庸人也〔九〕。

〔一〕論語子罕：「大宰問於子貢曰：『夫子聖者與？何其多能也！』」呂氏春秋遇合：「孔子周流海内，再干世主，如齊至衛，所見八十餘君。」新語本行：「（夫子）閔周室之衰微，禮義之不行也，厄挫頓仆，歷説諸侯，欲匡帝王之道，反天下之政，身無其立（讀爲位），而世無其主，周流天下，無所合意。」論衡儒增：「書説：孔子不能容於世，周流游説七十餘國，未嘗得安。」

〔二〕論語憲問：「子擊磬於衛。有荷蕢而過孔氏之門者，曰：『有心哉！擊磬乎！』既而曰：『鄙哉！硜硜乎！莫己知也，斯己而已矣。深則厲，淺則揭。』子曰：『果哉！末之難矣。』」又微子：「楚狂接輿歌而過孔子曰：『鳳兮！鳳兮！何德之衰？往者不可諫，來者猶可追。已而，已而！今之從政者殆而！』孔子下，欲與之言。趨而辟之，不得與之言。」（莊子人間世文甚詳）又：「長沮、桀溺耦而耕，孔子過之，使子路問津焉。長沮曰：『夫執輿者爲誰？』子路曰：『爲孔丘。』曰：『是魯孔丘與？』曰：『是也。』曰：『是知津矣。』問於桀溺，桀溺曰：『子爲誰？』曰：『爲仲由。』曰：『是魯孔丘之徒與？』對曰：『然。』曰：『滔滔者天下皆是也，而誰以易之？且而與其從辟人之士也，豈若從辟世之士哉？』耰而不輟。子路行以告。夫子憮然曰：『鳥獸不可與同羣，吾非斯人之徒與而誰與？天下有道，丘不與易也。』」

〔三〕文選蔡邕陳太丘碑文：「含元精之和，應期運之數。」李注：「孟子（公孫丑下）謂充虞曰：『五百年必有王者興，其間必有名世者。』」呂向曰：「期運之數，謂應五百年而生賢之數也。」絶倫，已見臣節篇「若乃才力絶倫」句及博喻篇「必由絶倫之器」句箋。

〔四〕禮記經解：「孔子曰：『安上治民，莫善於禮。』」孝經廣要道章：「移風易俗，莫善於樂。安上治民，莫善於禮。」

〔五〕繼昌曰：「（『揮毫』）藏本作『彈毫』，今從舊寫本。」照按：魯藩本、吉藩本、慎本、盧本、柏筠堂本、文溯本、叢書本、崇文本亦並作「彈毫」。以嘉遯篇「殫毫騁藻」證之，「彈」蓋「殫」之誤。若原是「揮」字，不易誤爲「彈」矣。

〔六〕禮記中庸：「仲尼祖述堯、舜。」朱注：「祖述者，遠宗其道。」六蓺，六經。禮記經解：「孔子曰：『入其國，其教可知也。其爲人也，温柔敦厚，詩教也；疏通知遠，書教也；廣博易良，樂教也；絜靜精微，易教也；恭儉莊敬，禮教也；屬辭比事，春秋教也。』」史記滑稽傳：「孔子曰：『六蓺於治，一也。禮以節人，樂以發和，書以道事，詩以達意，易以神化，春秋以義。」淮南子泰族：「六藝異科，而皆同道。温惠柔良者，詩之風也；淳龐敦厚者，書之教也；清明條達者，易之義也；恭儉尊讓者，禮之爲也；寬裕簡易者，樂之化也；刺幾辯義者，春秋之靡也。」「蓺」、「藝」同。

〔七〕淮南子原道「持盈而不傾」高注：「傾，覆也。」小爾雅廣言：「汩，亂也。」

〔八〕詩邶風匏有苦葉「迨冰未泮」毛傳：「泮，散也。」淮南子俶真「冰迎春則泮而爲水」高注：「泮，釋也。」靡，披靡。史記司馬相如傳：「（上林賦）應風披靡。」文選上林賦呂向注：「披靡，謂從風傾倒也。」説苑君道：「夫上之化下，猶風靡草：東風，則草靡而西；西風，則草靡而東。在風所由，而草爲之靡。」此與上句言林宗目睹漢之亡徵。

〔九〕此句言其與庸人無異，即無所作爲之意。

「無故沈浮於波濤之閒〔一〕，倒屣於埃塵之中〔二〕，遨集京邑，交關貴游〔三〕，輪刓筴弊〔四〕，匪遑啓處〔五〕？遂使聲譽翕熠〔六〕，秦、胡景附〔七〕。巷結朱輪之軌〔八〕，堂列赤紱之客〔九〕，軺車盈街〔一〇〕，載奏連車〔一一〕。誠爲游俠之徒〔一二〕，未合逸隱之科也。

〔一〕波濤之間，謂宦海。

〔二〕倒屣，謂迎接賓客。三國志魏書王粲傳：「粲徙長安，左中郎將蔡邕見而奇之。時邕才學顯著，貴重朝廷，常車騎填巷，賓客盈坐。聞粲在門，倒屣迎之。」廣雅釋器：「屣，履也。」

〔三〕交關，交結關通。（史記佞幸傳「公卿皆因關説」索隱：「關訓通也。謂公卿因之而通其詞説。」）後漢書周章傳：「及（竇）憲被誅，公卿以下多以交關得罪。」三國志魏書司馬芝傳：「後（劉）勳以不軌誅，交關者皆獲罪。」周禮地官師氏：「凡國之貴游子弟學焉。」鄭注：「貴游子弟，王公之子弟。游，無官司者。」

〔四〕楚辭九章懷沙「刓方以爲圜兮」王注：「刓，削。」洪補注：「刓，吾官切。圓削也。」（廣韻二十六桓：「刓，圓削。」）輪刓，猶言車輪磨損。左傳文公十三年「繞朝贈之以策」杜注：「策，馬檛。」釋文：「策，本又作筴。檛，張瓜反。馬杖也。」筴弊，猶言馬鞭敗壞。

〔五〕詩小雅四牡：「不遑啓處。」毛傳：「遑，暇。啓，跪。處，居也。」

〔六〕「熠」，藏本、魯藩本、吉藩本、愼本、盧本作「習」。照按：後漢書馬融傳：「（廣成頌）翕習春風。」又蔡邕傳：「（釋誨）隆貴翕習。」文選王延壽魯靈光殿賦：「祥風翕習以颯灑。」又張華鷦鷯賦：「翔又翕習。」李注並云：「翕習，盛貌。」是此當以作「習」爲是。

〔七〕漢書敍傳上：「（答賓戲）其餘猋飛景附，煜霅其間者，蓋不可勝載。」文選答賓戲張銑注：「（景附）如影之附形。」

〔八〕朱輪，已見博喻篇「朱輪華轂」句箋。

〔九〕後漢書東平憲王蒼傳：「（上疏）誠羞負乘，辱污輔將之位，將被詩人『三百赤紱』之刺。」李注：「赤紱，大夫之服也。詩曹風（候人）曰：『彼己之子，三百赤紱。』刺其無德居位者多也。」王先謙曰：「所引蓋據韓詩。」（詩三家義集疏卷十二）

〔一〇〕史記季布傳：「朱家迺乘軺車之洛陽，見汝陰侯滕公。」索隱：「（軺車）謂輕車，一馬車也。」

〔一一〕王廣恕曰：「後漢書郭太傳注引泰別傳：『泰名顯，士爭歸之，載刺常盈車。』（太平御覽六百六引同）則『奏』字當誤。」照按：林宗於靈帝之世，未任官職，無庸「奏事上書」，當以作「刺」爲是。釋名釋書契：「爵里刺，書其官爵及郡縣鄉里也。」林宗既「好獎訓士類」，而又「周遊郡國」，則所載之刺，其爲爵里刺乎？長沙耆舊傳：「夏侯叔仁氏族胄微，丁母憂，居喪過禮。同郡徐元休弱冠知名，闚而弔焉。旬日之中，積刺盈案。」（太平御覽六百六引）夏侯叔仁旬日之中卽積刺盈案，而林宗浪得虛名有年，其載刺連車，固無足怪。王說是。

〔三〕史記有游俠傳，集解引荀悅曰：「立氣齊，作威福，結私交，以立彊於世者，謂之游俠。」（荀說他書未見徵引，嚴輯全後漢文卷六七漏此條。）

「有道之世而臻此者，猶不得復厠高潔之條貫，爲袐丘之俊民〔一〕；而修茲在於危亂之運，奚足多哉〔二〕！孰不謂之闇於天人之否泰，蔽於自量之優劣乎？空背恬默之塗，竟無有爲之益，不値禍敗，蓋其幸耳。

〔一〕丘，丘園，退士隱遁之處。蔡中郎集處士圂叔則銘：「潔耿介於丘園。」書洪範：「俊民用章。」

〔二〕史記游俠傳序：「蓋亦有足多者焉。」漢書灌夫傳：「士亦以此多之。」顏注：「多，猶重之。」

「以此爲憂世念國，希擬素王〔一〕，有似蹇足之尋龍騏〔二〕，斥鷃之逐鴻鵠〔三〕，焦冥之方雲鵬〔四〕，鼷鼬之比巨象也〔五〕。然則林宗可謂有耀俗之才，無固（藏本作用，從舊寫本改。）守之質，見無不了，庶幾大用。符采外發〔六〕，精神內虛，不勝煩躁，言行相伐，口稱靜退，心希榮利。未得□（舊寫本空白一字）玄圃之棲禽〔七〕，九淵之潛靈也〔八〕。

〔一〕素王，孔子。淮南子主術：「（孔子）專行教道，以成素王。」說苑貴德：「（孔子）於是退作春秋，明素王之道，以示後人。」論衡超奇：「然則孔子之春秋，素王之業也。」又定賢：「孔子不王，素王之業，在於春秋。」漢書董仲舒傳：「仲舒對曰：『……孔子作春秋，先正王而繫萬事，見素王之文焉。』」

〔二〕楚辭七諫謬諫「駕蹇驢而無策兮」王注：「蹇，跛也。」龍騏，高大良馬。周禮夏官廋人：「馬八尺以上爲龍。」商子畫策：「騏、驎、騄耳，每一日走千里。」

〔三〕莊子逍遥遊：「斥鴳笑之曰：『彼且奚適也？我騰躍而上，不過數仞而下，翱翔蓬蒿之間，此亦飛之至也。』」釋文：「鴳，於諫反。字亦作鷃。司馬（彪）云：『鴳，鴳雀也。』」淮南子精神：「鳳皇不能與之儷，而況斥鷃乎？」高注：「斥澤之鷃雀，飛不出頃畝，喻弱也。」（文選七啟：「山鷄、斥鷃、珠翠之珍。」李注引淮南「斥」作「尺」，又引許注曰：「鷃雀飛不過一尺，言其劣弱也。」「斥」與「尺」古字通。）

〔四〕焦冥，已見刺驕篇「蟭螟屯蚊眉之中」句箋。雲鵬，已見喻蔽篇「雲鵬戾乎玄象」句箋。

〔五〕公羊傳成公七年「鼷鼠食郊牛角」何注：「鼷鼠者，鼠中之微者。」説文鼠部：「鼷，小鼠也。从鼠，奚聲。」又：「鼬，如鼠，赤黄色，尾大，食鼠者。从鼠，由聲。」

〔六〕符采，已見博喻篇「瓊瑤以符采剖判」句箋。

〔七〕玄圃棲禽，亦見博喻篇「靈鶴振翅玄圃之峯」句箋。

〔八〕史記賈生傳：「（弔屈原賦）襲九淵之神龍兮，沕深潛以自珍。」集解：「鄧展曰：『襲，重也。』或曰：『襲，覆也，猶言察也。』徐廣曰：『沕，潛藏也。』」索隱：「莊子（列禦寇）曰：『千金之珠必在九重之淵，而驪龍頷下。』故云『九淵之神龍』也。張晏曰：『（沕）音密，又音勿也。』」漢書賈誼傳顔注：「九淵，九旋之淵，言至深也。」龍爲四靈之一（見禮記禮運），故稱龍曰潛靈。

自衒自媒，士女之醜事也〔一〕。知其不可而尤傚尤師〔二〕，亞聖之器，其安在乎？雖云知人，知人之明，乃唐、虞之所難〔三〕，尼父之所病〔四〕。夫以明竝日月〔五〕，原始見終〔六〕，且猶有失，不能常中。況於林宗螢燭之明〔七〕，得失半解，已爲不少矣。

〔一〕管子形勢：「自媒之女，醜而不信。」韓詩外傳二：「子路率爾而對曰：『昔者由也聞之於夫子，士不中道相見，女無媒而嫁者，君子不行也。』」（又見說苑尊賢、家語致思）越絕書外傳記范伯：「大夫石買〔賈〕居國有權，辯口，進曰：『衒女不貞，衒士不信。』」文選曹植求自試表：「夫自衒自媒者，士女之醜行也。」

〔二〕論語憲問：「子路宿於石門。晨門曰：『奚自？』子路曰：『自孔氏。』曰：『是知其不可而爲之者與？』」左傳僖公二十四年：「（介之推）對曰：『尤而效之，罪又甚焉。』」

〔三〕知人之明，已見本篇首段「知人則哲」句箋。

〔四〕大戴禮記五帝德：「孔子曰：『吾欲以顏色取人，於滅明邪（也）改之；吾欲以語言取人，於予邪（也）改之。』」韓非子顯學：「澹臺子羽，君子之容也，仲尼幾而取之，與處久而行不稱其貌。宰予之辭，雅而文也，仲尼幾而取之，與處久而智不充其辯。故孔子曰：『以容取人乎？失之子羽；以言取人乎？失之宰予。』故以仲尼之智，而有失實之聲。」史記仲尼弟子傳：「澹臺滅明武城人，字子羽。……狀貌甚惡。欲事孔子，孔子以爲材薄。既已受業，退而修行，行不由徑，非公事不見卿大夫。南游至江，從弟子三百人，設取予去就，名施乎諸侯。孔子聞之曰：『吾以言取人，失之宰予；以貌取人，失之子羽。』」（家語子路初見：「澹臺子羽有君子之容，而行不勝其貌；宰我有文雅之辭，而智不充其辯。孔子曰：『里語云：「相馬以輿，相士以居。」弗可廢矣。以容取人，則失之子羽；以辭取人，則失之宰予。』」）呂氏春秋任數：「孔子窮乎陳、蔡之間，藜羹不斟，七日不嘗粒。晝寢，顏回索米，得而爨之。幾熟，孔子望見顏回攫其甑中而食之。選間食熟，謁孔子而進食，孔子佯爲不見之。孔子起曰：『今者夢見先君，食潔而後饋。』顏回對曰：『不可！嚮者煤炱入甑中，棄食不祥，回攫而飯之。』孔子歎曰：『所信者目也，而目猶不可信，所恃者心也，而心猶不足恃。弟子記之，知人固不易矣。』」

〔五〕淮南子本經：「法陰陽者，德與天地參，明與日月竝。」高注：「竝，併也。」家語五儀：「孔子曰：『所謂聖者，德合於天地，……明竝日月。』」

〔六〕論衡實知：「亦揆端推類，原始見終。」越絕書德序外傳記：「聖人見微知著，覩始知終。」

〔七〕螢燭，已見廣譬篇「不可以比螢燭之貞燿」句箋。

「然則名稱重於當世，美談盛於既没，故其所得者，則世共傳聞；而所失者，則莫之有識爾。雖頗甄無名之士於草萊，指未剖之璞於丘園〔一〕，然未能進忠烈於朝廷，立禦侮於壃場〔二〕，解亡徵於倒懸〔三〕，折逆謀之競逐，若鮑子之推管生〔四〕，平仲之達穰苴〔五〕。

〔一〕尹文子大道下：「鄭人謂玉未理者爲璞。」（戰國策秦策三同）此句謂隱而未顯之士。（首段「加之以知人」句箋中所羅致者不乏其人，此不具列。）

〔二〕詩大雅緜：「予曰有禦侮。」毛傳：「武臣折衝曰禦侮。」正義：「禦侮者，有武力之臣，能折止敵人之衝突者，是能扞禦侵侮，故曰禦侮也。」左傳桓公十七年：「疆場之事，慎守其一，而備其不虞。」正義：「疆場，謂界畔也（即國界）。」釋文：「場，音亦。」「壃」，「疆」之或體，見説文畕部疆字下。

〔三〕韓非子亡徵：「亡徵者，非曰必亡，言其可亡也。」孟子公孫丑上：「當今之時，萬乘之國，行仁政，民之悦之，猶解倒懸也。」趙注：「倒懸，喻困苦也。」漢書賈誼傳：「天下之勢方倒縣。……足反居上，首顧居下，倒縣如此，莫之能解，猶爲國有人乎？」「懸」、「縣」通用不別。

〔四〕國語齊語：「桓公自莒反于齊，使鮑叔爲宰，辭曰：『臣，君之庸臣也。君加惠於臣，使不凍餒，則是君之賜也；若必治國家者，則非臣之所能也。若必治國家者，則管夷吾乎？臣之所不若夷吾者五：寬惠柔民，弗若也；治國家不失其柄，弗若也；忠信可結於百姓，弗若也；制禮義可法於四方，弗若也；執枹鼓立於軍門，使百姓加勇焉，弗若也。』」（又見管子小匡）史記齊太公世家：「桓公之立，發兵攻魯，心欲殺管仲。鮑叔牙曰：『臣幸得從君，君竟以立。君之尊，臣無以增君。君將治齊，即高傒與叔牙足也。君且欲霸王，非管夷吾不可。夷吾所居國國重，不可失也。』於是桓公從之。」

〔五〕史記司馬穰苴傳：「司馬穰苴者，田完之苗裔也。齊景公時，晉伐阿、甄，而燕侵河上，齊師敗績。景公患之。晏嬰乃薦田穰苴曰：『穰苴雖田氏庶孽，然其人文能附衆，武能威敵，願君試之。』景公召穰苴，與語兵事，大說之，以爲將軍，將兵扞燕、晉之師。……士卒次舍井竈飲食問疾醫藥，身自拊循之。悉取將軍之資糧享士卒，身與士卒平分糧食，最比其羸弱者。三日而後勒兵。病者皆求行，爭奮出爲之赴戰。晉師聞之，爲罷去。燕師聞之，度水而解。於是追擊之，遂取所亡封內故境而引兵歸。……（景公）既見穰苴，尊爲大司馬。田氏日以益尊於齊。」

『林宗名振於朝廷，敬於一時，三、九肉食〔一〕，莫不欽重。力足以拔才，言足以起滯，而但養疾京輦〔二〕，招合賓客，無所進致，以匡危蔽。徒能知人，不肯薦舉，何異知沃壤之任良田〔三〕，識直木之中梁柱，而終不墾之以播嘉穀，伐之以構梁棟，奚解於不粒〔四〕，何救於露居哉〔五〕！其距貢舉者，誠高操也；其走不休者，亦其疾也。

〔一〕三、九，三公、九卿。左傳莊公十年「肉食者謀之」杜注：「肉食，在位者。」

〔二〕京輦，京師，此指洛陽。後漢書袁紹傳：「（上書）臣備公族子弟，生長京輦。」又酷吏周紆傳：「太傅鄧彪奏紆在任過酷，不宜典司京輦。」文選潘岳在懷縣作詩：「自我違京輦，四載迄於斯。」李注：「胡廣漢官解故注曰：『轂下，喻在輦轂之下京城之中也。』」張銑曰：「京輦，謂天子所居輦轂之下也。」

〔三〕沃壤，肥沃土地。文選潘岳秋興賦：「耕東皐之沃壤兮，輸黍稷之餘稅。」

〔四〕書益稷：「烝民乃粒。」孔傳：「米食曰粒。」

〔五〕古文苑揚雄逐貧賦：「人皆重蔽，子獨露居。」章注：「（重蔽）富盛者周護以防寇盜。」是露居謂家徒壁立，無資儲也。

嵇生又曰：「林宗存爲一世之所式，沒則遺芳永播，碩儒俊士，未或指點〔一〕，而吾生獨評其短，無乃見嗤於將來乎？」

〔一〕指點，指責，評論。

抱朴子曰：「曷爲其然哉！苟吾言之允者，當付之於後；後之識者，何恤於寡和乎〔一〕？且前賢多亦譏之〔二〕，獨皇生藏本作主，從舊寫本改。褒過耳〔三〕。」

〔一〕爾雅釋詁：「恤，憂也。」漢書東方朔傳：「（答客難）詩云：『禮義之不愆，何恤人之言？』」顏注：「逸詩也。愆，過也。恤，憂也。」寡和，已見廣譬篇「聆白雪之九成，然後悟巴人之極鄙」二句箋。

〔二〕「多亦」，照按：當乙作「亦多」。

〔三〕皇生，皇甫謐，褒過，謂所撰高士傳郭太傳也。其傳文與本篇有關者，皆已分別采入當句箋中，茲不復贅。

故太傅諸葛（藏本有公字，從舊寫本删。）元遜〔一〕亦曰：「林宗隱不修遁，出不益時，實欲揚名養譽而已。街談巷議以爲辯〔二〕，訕上謗政以爲高〔三〕。時俗貴之歙然，猶郭解、原涉見趨於曩時也〔四〕。後進慕聲者，未能考之於聖王之典，論之於先賢之行，徒惑華名，咸競準的，學之者如不及〔五〕，談之者則盈耳，中人猶不覺，童蒙安能知〔六〕。」

〔一〕孫星衍曰：「（『葛』下）藏本有『公』字，從舊寫本删。」照按：下文「故零陵太守殷府君伯緒、「又故中書郎周生恭遠」，除著官銜外，並稱「府君」，稱「生」；則稱諸葛恪爲「公」，實無不合。孫删非是。三國志吳書諸葛恪傳：「諸葛恪字元遜，瑾長子也。少知名。弱冠拜騎都尉，與顧譚、張休等侍太子登講論道藝，並爲賓友。……會（陸）遜卒，恪遷大將軍，假節，駐武昌，代遜領荆州事。久之，權不豫，而太子少，乃徵恪以大將軍領太子太傅，中書令孫弘領少傅。權疾困，召恪、弘……屬以後事。」

〔二〕文選西京賦：「若其五縣遊麗辯論之士，街談巷議，彈射臧否，剖析毫氂，擘肌分理。所好生毛羽，所惡成瘡痏。」李周翰曰：「言此人彈剥善惡，雖毫氂肌理之間，亦能分擘。」張銑曰：「言此辯士所好者譽之，使生羽毛；惡者毁之，令生瘡痏。」

〔三〕論語陽貨：「子貢曰：『君子亦有惡乎？』子曰：『有惡：惡稱人之惡者，惡居下流而訕上者。』」集解：「包（咸）曰：『好稱説人之惡，所以爲惡。』孔（安國）曰：『訕，謗毁。』」

〔四〕史記游俠郭解傳：「郭解，軹人也，字翁伯，善相人者許負外孫也。……解爲人短小精悍，不飲酒。少時陰賊，慨不快意，身所殺甚衆。以軀借交報仇，藏命作姦剽攻，(不)休(及)〔乃〕鑄錢掘冢，固不可勝數。適有天幸，窘急常得脱，若遇赦。及解年長，更折節爲儉，以德報怨，厚施而薄望。然其自喜爲俠益甚。既已振人之命，不矜其功，其陰賊著於心，卒發於睚眦如故云。而少年慕其行，亦輒爲報仇，不使知也。……太史公曰：『吾視郭解，狀貌不及中人，言語不足採者。然天下無賢與不肖，知與不知，皆慕其聲，言俠者皆引以爲名。』」漢書游俠原涉傳：「『原涉字巨先。……先是涉季父爲茂陵秦氏所殺，涉居谷口半歲所，自劾去官，欲報仇。谷口豪桀爲殺秦氏，亡命歲餘，逢赦出。郡國諸豪及長安、五陵諸爲氣節者皆歸慕之。涉遂傾身與相待，人無賢不肖闐門，在所閭里盡滿客。……涉性略似郭解，外温仁謙遜，而内隱好殺。睚眦於塵中，獨〔觸〕死者甚多。王莽末，東方兵起，諸王子弟多薦涉能得士死，可用。莽乃召見，責以辠惡，赦貫，拜鎮戎大尹。……時莽州牧使者依附涉者皆得活。傳送致涉長安，更始西屏將軍申屠建請涉與相見，大重之。」荀子議兵「完全富足而趨趙」楊注：「趨，歸也。」史記商君傳「秦人皆趨令」索隱：「趨者，向也，附也。」

〔五〕論語泰伯：「子曰：『學如不及，猶恐失之。』」

〔六〕陳漢章曰：「諸葛恪有諸葛子。」照按：宋本意林卷二標目：「諸葛子一卷。」隋書經籍志三雜家蔣子萬機論下云：「梁有諸葛子五卷，吴太傅諸葛恪撰。亡(新、舊唐志卽未著録)。上所引者，當是諸葛子佚文(它書未見徵引)。陳説是也。嚴可均全三國文卷六五、馬國翰玉函山房輯佚書子編雜家類所輯諸葛子皆漏此條。(宋本意林二所引「縱盜飲酒，非翦惡之法；絶纓加賜，非防邪之萌」四句，嚴、馬二家亦漏輯，蓋緣未睹意林宋刻也。)

故零陵太守殷府君伯緒，高才篤論之士也〔一〕。亦曰：『林宗入交將相，出游方國，崇私議以動衆，闕毀譽於朝廷。其所善，則風騰雨驟，改價易姿；其所惡，則摧頓陸沈〔二〕，士人不齒。□藏本作折，舊寫本空白一字。其名賢，遭亂隱遁，含光匿景，未爲遠矣。君子行道，以匡君也〔三〕，以正俗也〔四〕。于時君不可匡，俗不可正，林宗周旋清談閭閻〔五〕，無救於世道之陵遲〔六〕，無解於天民之憔悴也〔七〕。」

〔一〕三國志吳書顧邵傳：「烏程吳粲、雲陽殷禮起乎微賤，邵皆拔而友之，爲立聲譽。……禮零陵太守，粲太子少傅。世以邵爲知人。」裴注：「禮子基作通語曰：『禮字德嗣，弱不好弄，潛識過人。少爲郡吏，年十九，守吳縣丞。孫權爲王，召除郎中。後與張溫俱使蜀，諸葛亮甚稱歎之。稍遷至零陵太守，卒官。』據此，零陵太守殷府君伯緒，即殷禮也。其字伯緒、德嗣不同，豈因改易之故而岐出耶？

〔二〕陸沈，已見嘉遯篇「孰能相擢乎陸沈哉」句箋。

〔三〕漢書武五子傳：「壺關三老茂上書曰：『……忠臣竭誠不顧鈇鉞之誅，以陳其愚，志在匡君安社稷也。』」顏注：「匡，正也，正其失也。」

〔四〕禮記曲禮上：「教訓正俗，非禮不備。」正義：「熊氏（安生）云：『教謂教人師法，訓謂訓說義理。以此教訓，正其風俗。』

〔五〕清談，已見酒誡篇「謂清談爲詆詈」句箋。閭閻，泛指里巷。漢書循吏傳序：「及至孝宣，繇仄陋而登至尊，興于閭閻，知民事之艱難。」顏注：「閭，里門也。閻，里中門也。言從里巷而即大位也。」又游俠傳序：「布衣游俠劇孟、郭解之徒，馳騖於閭閻，權行州域，力折公侯。衆庶榮其名迹，覬而慕之。」

〔六〕陵遲，與凌遲同。已見刺驕篇「道化凌遲」句箋。

〔七〕禮記王制：「少而無父者謂之孤，老而無子者謂之獨，老而無妻者謂之矜，老而無夫者謂之寡。此四者，天民之窮而無告者也。」（孟子梁惠王下作「天下之窮民而無告者」，是天民謂天下之民也。）孟子公孫丑上：「民之憔悴於虐政，未有甚於此時者也。」楚辭九歎怨思「身憔悴而考旦兮」王注「憔悴，憂皃也。」陳漢章曰：「案此或殷基通語。」照按：張隱文士傳：「（殷）禮子基，無難督，以才學知名，著通語數十篇。」（三國志吳書顧邵傳裴注引）意林卷四標目：「通語八卷。」（未含晉殷興所續者）陳説是。通語中蓋載有其父禮行事、議論，故稚川稱引之也。嚴可均全晉文卷八一（誤認殷基、殷興為一人）、馬國翰玉函山房輯佚書子編雜家類所輯通語皆漏此條（它書亦未見徵引）。

又故中書郎周生恭遠，英偉名儒也〔一〕。亦曰：『夫遇治而贊之，則謂之樂道。遭亂而救之，則謂之憂道。亂不可救而避之，則謂之守道。虞舜，樂道者也〔二〕。仲尼，憂道者也〔三〕。微子，守道者也〔四〕。漢世將傾，世務交游〔五〕，林宗法當慨然虛心，要同契君子共矯而正之，而身棲棲爲之雄伯，非救世之宜也。于時雖諸黃門，六畜自寓耳〔六〕。其陳蕃、竇武之徒〔七〕，雖鼎司牧伯，皆貴重林宗〔八〕，信其言論臧否，取定於匡危易俗，不亦可冀乎？

〔一〕陳漢章曰：「周昭字恭遠，潁川人。見吳志步騭傳。有周子九卷。」照按：陳説是。三國志吳書步騭傳：「潁川周昭著書稱步騭及嚴畯等，……周昭者，字恭遠。與韋曜（避司馬昭諱改昭爲曜）、薛瑩、華覈並造吳書，後爲中書郎。」隋書經籍志三儒家杜氏體論下云：「梁有……周子九卷，吳中書郎周昭撰。亡。」新、舊唐志均未著錄，是其佚已久矣。

〔二〕左傳文公十八年：「昔高陽氏有才子八人，……天下之民，謂之八愷。高辛氏有才子八人，……天下之民，謂之八元。此十六族也，世濟其美，不隕其名。以至於堯，堯不能舉。舜臣堯，舉八愷，使主后土，以揆百事，莫不時序，地平天成。舉八元，使布五教于四方，父義，母慈，兄友，弟共，子孝，內平外成。」史記五帝紀：「舜年二十以孝聞，年三十堯舉之，年五十攝行天子事，年五十八堯崩，年六十一代堯踐帝位。」

〔三〕論語憲問：「孔子曰：『非敢爲佞也，疾固也。』」集解引包咸曰：「病世固陋，欲行道以化之。」淮南子脩務「孔子無黔突，墨子無煖席」高注：「厤行諸國，汲汲於行道也。」又泰族：「孔子欲行王道，東西南北七十說而無所偶，故因衛夫人、彌子瑕而欲通其道。」又要略：「孔子脩成、康之道，述周公之訓，以教七十子，使服其衣冠，脩其篇籍，故儒者之學生焉。」

〔四〕論語微子：「微子去之。」集解引馬融曰：「微子，紂之庶兄。……微子見紂無道，早去之。」史記殷紀：「帝乙長子曰微子啟，啟母賤，不得嗣。少子辛，辛母正后，辛爲嗣。帝乙崩，子辛立，是爲帝辛，天下謂之紂。……紂愈淫亂不止。微子數諫不聽，乃與大師、少師謀，遂去。」又宋微子世家：「微子開（索隱：「按：尚書微子之命篇云命微子啟代殷後，今此名開者，避漢景帝諱也。」）者，殷帝乙之首子而帝紂之庶兄也。紂既立，不明，淫亂於政。微子數諫，紂不聽。……微子曰：『父子有骨肉，而臣主以義屬。故父有過，子三諫不聽，則隨而號之；人臣三諫不聽，則其義可以去矣。』於是大師、少師（集解：「時比干已死，而云少師者似誤。」）乃勸微子去，遂行。」

〔五〕「漢世」，藏本、魯藩本、吉藩本、舊寫本作「漢室」。照按：作「室」始不重出，當據改。中論譴交：「桓、靈之世，其甚者也。自公卿大夫，州牧郡守，王事不恤，賓客爲務，冠蓋塡門，儒服塞道。……星言夙駕，送往迎來，亭傳常滿，吏卒傳問，炬火夜行，閽寺不閉。……詳察其爲也，非欲憂國恤民，謀道講德也。徒槃己治私，求勢逐利而已。有策名於朝，而稱門生於富貴之家者，比屋有之；爲之師而無以教，弟子亦不受業。然其於事也，至乎懷丈夫之容，而襲婢妾之態；或奉貨而行賂，以自固結，求志屬託，規圖仕進。然擲目指掌，高談大語。若此之類，言之猶可羞，而行之者不知恥。嗟乎！王教之敗，乃至於斯乎？」

〔六〕黃門，謂宦者。續漢百官志三有小黃門、黃門令。後漢書宦者傳序「史游爲黃門令」李注引董巴輿服志曰：「禁門曰黃闥，中人主之，故曰黃門。」諸黃門，指曹節、王甫等。周禮天官庖人：「掌共六畜、六獸、六禽。」鄭注：「六畜，六牲也。始養之曰畜，將用之曰牲。」賈疏：「掌共六畜者，馬、牛、羊、豕、犬、雞。」

〔七〕陳蕃、竇武，已見嘉遯篇「以蕃、武爲厚誡」句箋。

〔八〕鼎司牧伯之貴重林宗者，如司徒黃瓊、太常趙典、河南尹李膺是。

而林宗既不能薦有爲之士，立毫毛之益，而逋逃不仕者，藏本作也，舊寫本作者也。則方之巢、許〔一〕；廢職待客者，則比之周公〔二〕；養徒避役者，則擬之仲尼〔三〕；棄親依豪者，則同之游、夏〔四〕。是以世眩名實，而大亂滋甚也。若謂林宗不知，則無以稱聰明；若謂知之而不改，則無以言憂道。昔四豪似周公而不能爲周公〔五〕，今林宗似仲尼而不得爲仲尼也。」

〔一〕左傳文公六年：「董逋逃。」說文辵部：「逋，亡也。」方之巢、許，指巢父、許由避世隱居。（嘉遯篇「各守洗耳之高」及「箕、潁有巢棲之客」二句已箋）

〔二〕比之周公，指周公禮賢下士。（嘉遯篇「悲吐握之良苦」句及逸民篇「〔周公〕從白屋之士七十人」等句已箋）

〔三〕擬之仲尼，指孔子弟子衆多。（呂氏春秋有度：「孔、墨之弟子徒屬，充滿天下。」史記孔子世家：「孔子以詩、書、禮、樂教，弟子蓋三千焉，身通六藝者七十有二人。」家語本姓解：「（孔子）其文德著矣。然凡所教誨，束脩已上三千餘人。」）

〔四〕游、夏，子游、子夏。同之游、夏，指子游吳人而爲武城宰，子夏衞人而居西河爲魏文侯師。（史記仲尼弟子傳：「言偃，吳人，字子游。……子游既已受業，爲武城宰。」（論語雍也「子游爲武城宰」集解引包咸曰：「武城，魯下邑。」）又：「卜商字子夏。……孔子既没，子夏居西河教授，爲魏文侯師。」家語七十二弟子解：「卜商，衞人。……孔子卒後，教於西河之上，魏文侯師事之，而諮國政焉。」（禮記檀弓上「退而老於西河之上」鄭注：「西河，龍門至華陰之地。」））

〔五〕四豪，謂戰國四公子。已見漢過篇「謂之四豪之匹」句箋。侯康三國志補注曰：「抱扑子正郭篇引中書郎周恭遠論郭林宗，當出此書（周子）。」照按：侯説是。此文它書未見徵引。嚴可均全三國文卷七一所輯周昭文、馬國翰玉函山房輯佚書子編雜家類所輯周子，均漏此條。

於是問者慨而嘆曰：『然則斯人乃避亂之徒，非全隱之高矣。』

抱朴子外篇校箋卷之四十七

彈禰

抱朴子曰：「漢末有禰衡者，年二十有三〔一〕，孔文舉齒過知命〔二〕，身居九列〔三〕，文學冠羣，少長稱譽，名位殊絶，而友衡於布衣，又表薦之於漢朝〔四〕，以爲宜起家作臺郎〔五〕。云『惟嶽降神，異人竝出〔六〕』。目所一見，輒誦於口；耳所瞥聞〔七〕，不忘於心。性與道合〔八〕，思若有神。』其歎之如此〔九〕。

〔一〕後漢書文苑下禰衡傳：「禰衡字正平，平原般人也。」考衡生於靈帝嘉平二年（公元一七三），被殺於獻帝建安三年（公元一九八）。其「年二十有三」，當建安元年（公元一九六）。文士傳謂「時衡未滿二十」（世説新語言語「禰衡被魏武謫爲鼓吏」條劉注引），誤矣。

〔二〕後漢書孔融傳：「孔融字文舉，魯國人，孔子二十世孫也。」論語爲政：「五十而知天命。」是融之「齒過知命」，謂其年過五十也。考融生於桓帝永興元年（公元一五三），被殺於建安十三年（公元二零八）。通鑑漢紀五四獻帝紀丁繫融薦衡事於建安元年（公元一九六）九月分内，是年融方四十四歲，不得云「齒過知命」。當作「齒過不惑」始合，蓋緣稚川行文偶疏。

〔三〕九列，九卿。漢代九卿有少府，孔融由爲將作大匠遷少府，故云身居九列。

〔四〕「漢」，太平御覽二一五引無。照按：篇首已著「漢」字，御覽所引是也。當據删。

〔五〕文選孔融薦禰衡表：「近日路粹、嚴象，亦用異才擢拜臺郎，衡宜與爲比。」李注：「典略曰：『路粹字文蔚，少學於蔡邕。高才，與京兆嚴象拜尚書郎。』」呂延濟曰：「路粹、嚴象，漢末時人，皆以高才擢拜尚書郎。言衡之才，可與此數子爲比用者也。」

〔六〕詩大雅崧高：「維嶽降神，生甫及申。」毛傳：「嶽，四嶽也。……嶽降神靈和氣，以生申、甫之大功。」文選薦禰衡表張銑曰：「此言山岳降靈，閒生異人，謂禰衡也。」漢書公孫弘卜式兒寬傳贊：「羣士慕嚮，異人並出。」

〔七〕說文目部：「瞥，過目也。」段注：「倏忽之意。」此句瞥字，亦倏忽之意。（文選薦禰衡表作「耳所暫聞」）

〔八〕文子九守：「老子曰：『所謂真人者，性合乎道也。』」淮南子精神：「所謂真人者，性合于道也。」

〔九〕後漢書文苑下禰衡傳：「禰衡字正平，平原般人也。少有才辯，而尚氣剛傲，好矯時慢物，興平中，避難荆州。建安初，來遊許下。……衡始弱冠，（文選薦禰衡表「弱冠慷慨」呂延濟曰：「弱冠，二十以上也。」）而融年四十，（照按：四十，蓋舉其成數。）遂與爲交友。上疏薦之曰：『……惟岳降神，異人並出。竊見處士平原禰衡，年二十四，字正平。淑質貞亮，英才卓礫（文選薦禰衡表作「躒」是）。初涉藝文，升堂覩奧，目所一見，輒誦於口，耳所瞥聞，不忘於心。性與道合，思若有神。……近日路粹、嚴象，亦用異才擢拜臺郎，衡宜與爲比。』」又孔融傳：「孔融字文舉，魯國人，孔子二十世孫也。……性寬容少忌，好士，喜誘益後進。……薦達賢士，多所奬進，知而未言，以爲己過，故海內英俊皆信服之。曹操既積嫌忌，而郗慮復構成其罪，遂令丞相軍謀祭酒路粹枉狀奏融曰：『……又融爲九列，不遵朝儀，……又前與白衣禰衡跌蕩放言，……既而與衡更相贊揚。』」平原禰衡傳（疑即禰衡別傳）：「衡字正平，建安初，自荆州北游許都，恃才傲逸，臧否過差，見不如己者不與語，人皆以是憎之。唯少府孔融高貴其才，上書薦之曰：『淑質貞亮，英才卓犖。……耳所暫聞，不忘於心。性與道合，思若有神。……以衡準之，誠不足怪。』衡時年二十四。」（三國志魏書荀彧傳裴注引）文士傳：「衡不知先所出，逸才飄舉，少與孔融作爾汝之交，時衡未滿二十，融已五十。（照按：「二十」、「五十」，均疑有誤。）敬衡才秀，共結殷勤，不能相違。」（世說新語言語劉注、初學記十八、太平御覽四百九引）

「衡游許下〔一〕，自公卿國士以下，衡初不稱其官，皆名之云阿某，或以姓呼之爲某兒，呼孔融爲大兒，呼楊脩爲小兒〔二〕，荀彧猶強可與語〔三〕。過此以往〔四〕，皆木梗泥偶〔五〕，似人而無人氣，皆酒瓮飯囊耳〔六〕。

〔一〕三國志魏書武帝紀：「（建安元年）秋七月，楊奉、韓暹以天子（獻帝）還洛陽。……洛陽殘破，董昭等勸太祖都許。……至是宗廟社稷制度始立。」又荀彧傳：「太祖遂至洛陽，奉迎天子都許。」

〔二〕後漢書楊脩傳：「脩字德祖，好學，有俊才，爲丞相曹操主簿，用事曹氏。……操怪其速，使廉之，知狀，於此忌脩。且以袁術之甥，慮爲後患，遂因事殺之。」李注引典略曰：「脩建安中舉孝廉，除郎中，丞相請署主簿。是時軍國多事，脩總知內外事，皆稱意。自魏太子以下，並爭與交好。」又引續漢書曰：「人有白脩與臨淄侯曹植飲醉共載，從司馬門出，謗訕鄢陵侯章。太祖聞之大怒，故遂收殺之，時年四十五矣。」照按：楊脩生於靈帝熹平四年（公元一七五），被殺於建安二十四年（公元二一九）。如果禰衡於建安元年（公元一九六）游許都，時楊脩爲二十二歲，比四十四歲之孔融剛小一半。故衡呼融爲「大兒」，呼脩爲「小兒」。

〔三〕後漢書荀彧傳：「荀彧字文若，潁川潁陰人。……彧以少有才名，故得免於譏議。南陽何顒名知人，見彧而異之，曰：『王佐才也。』……初平二年，乃去（袁）紹從（曹）操，操與語大悅，曰：『吾子房也。』以爲奮武司馬，時年二十九。……及帝都許，以彧爲侍中，守尚書令。操每征伐在外，其軍國之事，皆與彧籌焉。」

〔四〕易繫辭下：「過此以往，未之或知也。」

〔五〕木梗泥偶，謂木刻泥塑之人。戰國策齊策三：「（蘇秦）謂孟嘗君曰：『今者臣來，過於淄上，有土偶與桃梗相與語。』」論衡別通：「況庸人無篇章之業，不知是非，其爲閉闇，甚矣。此則土木之人，耳目俱足，無聞見也。」論衡別通：「人生稟五常之性，好道樂學，故辨於物。今則不然，飽食快飲，慮深求卧，腹為飯坑，腸爲酒囊，是則物也。倮蟲三百，人爲之長。『天地之性人爲貴』，貴其識知也。今閉闇脂塞，無所好欲，與三百倮蟲何以異？」（顏氏家訓誡兵：「今世士大夫，但不讀書，即稱武夫兒，乃飯囊酒甕也。」）說文瓦部：「瓮，罌也。」玉篇瓦部：「瓮，於貢切。大罌（謂罌之大口者）。甕，同上。」罌即罌字。後漢書文苑下禰衡傳：「或問衡曰：『盍從陳長文、司馬伯達乎？』對曰：『吾焉能從屠沽兒耶！』又問：『荀文若、趙稚長云何？』衡曰：『文若可借面弔喪，稚長可使監廚請客。』唯善魯國孔融及弘農楊脩。常稱曰：『大兒孔文舉，小兒楊德祖。餘子碌碌，莫足數也。』」典略：「禰衡建安初自荆州北游許都，……（或）又問曰：『當今復誰可者？』衡曰：『大兒孔文舉，小兒楊德祖。』又問：『荀令君、趙盪寇，皆足蓋世乎？』衡見荀有容儀，趙有腹尺，乃答曰：『文若可借面弔喪，稚長可使監廚請客。』其意以爲荀但有貌，趙健啖肉也。」（藝文類聚二二、太平御覽四四五引）平原禰衡傳：「（或）又問曰：『當今許中，誰最可者？』衡曰：『大兒有孔文舉，小兒有楊德祖。』又問：『曹公、荀令君、趙盪寇，皆足蓋世乎？』衡稱曹公不甚多，又

〔六〕見荀有儀容，趙有腹尺，因答曰：『文若可借面弔喪，稚長可使監廚請客。』其意以爲荀但有貌，趙健啖肉也。於

是衆人皆切齒。」（三國志魏書荀彧傳裴注引）

百官大會，衡時在坐，忽顰顣悽愴〔一〕，哀歎忼慨〔二〕。或譏之曰：『英豪樂集，非所歎也〔三〕。』衡顧眄歷視稠衆而答曰：『在此積尸列柩之間〔四〕，仁人安能不悲乎〔五〕！』

〔一〕孟子滕文公下：「己頻顣曰：『惡用是鶃鶃者爲哉？』」趙注：「己，仲子也。」頻顣不悅曰：「安用是鶃鶃者爲乎？」朱注：「頻，與顰同。顣，與蹙同。」（文選江賦「江妃含嚬而矊眇」李注引孟子注：「嚬蹙而言。」嚬蹙，憂貌。）玉篇頻部：「顰，音頻。顰蹙，憂愁不樂之狀。」「顣」字他書未見，蓋寫者因「顰」而妄加「頁」旁耳。淮南子本經：「悽愴之志。」高注：「悽愴，傷悼之貌。」

〔二〕說文心部：「慨，忼慨，壯士不得志也。」

〔三〕照按：「所歎」二字誤倒，當乙轉，始合文意。左傳桓公九年：「享曹太子，初獻樂，奏而歎。施父曰：『太子其有憂乎？非歎所也。』」即此文遣辭所本。

〔四〕禮記曲禮下：「在牀曰尸，在棺曰柩。」

〔五〕後漢書文苑下禰衡傳：「（操）於是遣人騎送之。臨發，衆人爲之祖道，先供設於城南，乃更相戒曰：『禰衡勃虐無禮，今因其後到，咸當以不起折之也。』及衡至，衆人莫肯興，衡坐而大號。衆問其故，衡曰：『坐者為冢，卧者爲屍，屍冢之間，能不悲乎！』」平原禰衡傳：「衡知衆不悅，將南還荊州。裝束臨發，衆人爲祖道，先設供帳於城南，自共相誡曰：『衡數不遜，今因其後到，以不起報之。』及衡至，衆人皆坐不起，衡乃號咷大哭。衆人問其故，衡曰：『行屍柩之間，能不悲乎！』」（三國志魏書荀彧傳裴注引）

「曹公嘗切齒欲殺之，然復無正有入法應死之罪，又惜有殺儒生之名，乃謫作鼓吏。衡了無悔情恥色，乃縛角於柱〔一〕，口就吹之，乃有異聲，竝搖鼗擊鼓〔二〕。聞者不知其一人也。而論更劇，無所顧忌〔三〕。

〔一〕角，鼓角。

〔二〕周禮春官小師：「掌教鼓、鼗、柷、敔、塤、簫、管、弦、歌。」鄭注：「鼗，如鼓而小，持其柄而搖之，旁耳還自擊。」

〔三〕後漢書文苑下禰衡傳：「融既愛衡才，數稱述於曹操。操欲見之，而衡素相輕疾，自稱狂病，不肯往，而數有恣言。操懷忿，而以其才名，不欲殺之。聞衡善擊鼓，乃召爲鼓史，因大會賓客，閱試音節。諸史過者，皆令脱其故衣，更著岑牟、單絞之服。次至衡，衡方爲漁陽參撾，蹀躡而前，容態有異，聲節悲壯，聽者莫不慷慨。衡進至操前而止。吏訶之曰：『鼓史何不改裝，而輕敢進乎？』衡曰：『諾。』於是先解衵衣，次釋餘服，裸身而立，徐取岑牟、單絞而著之，畢，復參撾而去，顔色不怍。操笑曰：『本欲辱衡，衡反辱孤。』……融復見操，説衡狂疾，今求得自謝。操喜，勑門者有客便通，待之極晏。衡乃著布單衣、疎巾，手持三尺梲杖，坐大營門，以杖捶地大罵。吏白，外有狂生，坐於營門，言語悖逆，請收案罪。操怒，謂融曰：『禰衡豎子，孤殺之猶雀鼠耳。顧此人素有虚名，遠近將謂孤不能容之，今送與劉表，視當何如？』於是遣人騎送之。」李注：「通史志曰：『岑牟，鼓角士冑也。』鄭玄注禮記（玉藻）曰：『絞，蒼黄之色也。』杜預注左傳（宣公九年）曰：『衵，近身衣也。』音女一反。」文士傳略同，見三國志魏書荀彧傳裴注、世説新語言語劉注引（後漢書禰衡傳李注所引較略）世説新語言語：「禰衡被魏武謫爲鼓吏，正月半試鼓。衡揚抱爲漁陽摻撾，淵淵有金石聲，四坐爲之改容。」舊唐書李綱傳：「魏武使禰衡擊鼓，衡先解朝服，露體而擊之。云不敢以先王法服爲伶人之衣。」

「尋亡走投荆州牧劉表〔一〕，表欲作書與孫權，討逆于時已全據江東〔二〕，帶甲百萬，欲結輔車之援〔三〕，與共（藏本作共其，無與字。今從舊寫本。）距中國〔四〕。使諸文士立草，盡思而不得表意，乃示衡。衡省之曰：『但欲使孫左右持（藏本作柱，今從舊寫本改。）刀兒視之者〔五〕，此可用爾；儻令張子布見此，大辱人也。』即摧壞投地〔六〕。

〔一〕文士傳：「太祖敕外廄急具精馬三匹，並騎二人，謂融曰：『禰衡豎子，乃敢爾！……今送與劉表，視卒當何如？』乃令騎以衡置馬上，兩騎扶送至南陽。」（三國志魏書荀彧傳裴注引）禰衡別傳：「（操）乃敕外具上廄馬三匹，並騎二人，挾將送置荆州。」（太平御覽四六六引）是衡之至荆州乃由挾送，非亡走也。豈稚川別有所據耶？

〔二〕照按：此文上云「孫權」，下稱「討逆」，殊爲可疑。考孫策於建安三年轉拜討逆將軍（見三國志吳書孫策傳裴注引江表傳），越兩年卽遇刺身死（見孫策傳）。孫權襲位後，被表爲討虜將軍（見孫權傳），非因仍其兄之銜也。時禰衡早已被殺（衡被殺於建安三年），劉表何得與之商討作書？是「權」字有誤。典略：「余曩聞劉荆州（卽劉表）嘗自作書欲與孫伯符（策字），以示禰正平，正平蚩之，言『如是爲欲使孫策帳下兒讀之邪？將使張子布見乎？』」（三國志吳書張昭傳裴注引）與此所敍同爲一事，則「權」當作「策」，審矣。

〔三〕左傳僖公五年：「宮之奇諫曰：『虢，虞之表也；虢亡，虞必從之。……諺所謂「輔車相依，脣亡齒寒」者，其虞、虢之謂也。』」杜注：「輔，頰輔。車，牙車。」呂氏春秋權勳：「宮之奇諫曰：『不可許也！虞之與虢也，若車之有輔也，車依輔，輔亦依車，虞、虢之勢是也。』」高注：「車，牙也。輔，頰也。車輔相依憑得，以近喻也。」

〔四〕「距」，與「拒」通。中國，指中原地區。共距中國，即共同抗拒曹操之意。

〔五〕持刀兒，執刀以衛左右者，即衛士。

〔六〕三國志吳書張昭傳：「張昭字子布，彭城人也。少好學，善隸書，從白侯子安受左氏春秋，博覽衆書。……孫策創業，命昭爲長史、撫軍中郎將，……文武之事，一以委昭。昭每得北方士大夫書疏，專歸美於昭，昭欲嘿而不宣則懼有私，宣之則恐非宜，進退不安。策聞之，歡笑曰：『昔管仲相齊，一則仲父，二則仲父，而桓公爲霸者宗。今子布賢，我能用之，其功名獨不在我乎！』」裴注引吳書曰：「策得昭甚悅，謂曰：『吾方有事四方，以士人賢者上，吾於子不得輕矣。』乃上爲校尉，待以師友之禮。」後漢書文苑下禰衡傳：「劉表及荆州士大夫先服其才名，甚賓禮之，文章言議，非衡不定。表嘗與諸文人共草章表，並極其才思。時衡出，還見之，開省未周，因毀以抵地。」李注：「抵，擲也。」平原禰衡傳：「衡南見劉表，表甚禮之。」（三國志魏書荀彧傳裴注引）禰衡別傳：「衡見之，便滅毀投地，曰：『作此筆者，爲食飯不？』」（太平御覽八百五十引）

「表悵然有怪色，謂衡曰：『爲了不中芸鋤乎惜之也〔一〕？』衡（藏本無衡字，從舊寫本補。）索紙筆，便更書之。衆所作有十餘通，衡凡一歷視之，而已暗記。書之畢以還表。表以還主。或有録所作之本也，以比校之，無一字錯。乃各大驚。表乃請衡更作，衡即作成，手不停輟。表甚以爲佳，而施用焉〔二〕。

〔一〕了，完全。中，讀去聲。適合。芸鋤，以種地喻，猶言修改。

〔二〕後漢書文苑下禰衡傳：「表憮然爲駭。衡乃從求筆札，須臾立成，辭義可觀。表大悅，益重之。」李注：「憮然，怪之也。音撫。」

衡驕傲轉甚，一州人士莫不憎恚。而表亦不復堪，欲殺之。或諫以爲曹公名爲嚴酷，猶能容忍；衡少有虛名，若一朝殺之，則天下游士，莫復擬足於荆楚者也〔一〕。表遂遣之〔二〕。

〔一〕漢書揚雄傳下：「（解謿）欲行者擬足而投迹。」

〔二〕後漢書文苑下禰衡傳：「後復侮慢於表，表恥不能容，以江夏太守黄祖性急，故送衡與之。」傅子：「衡辯於言而剋於論，見荆州牧劉表日，所以自結於表者甚至，表悦之以爲上賓。衡稱表之美盈口，而論表左右不廢繩墨。於是左右因形而譖之，曰：『衡稱將軍之仁，西伯不過也，唯以爲不能斷，終不濟者，必由此也。』是言實指表智短，而非衡所言也。表不詳察，遂疏衡而逐之。」（三國志魏書荀彧傳裴注引）

「衡走到夏口，依將軍黄祖，祖待以上賓。祖大兒黄射與衡偕行，過人墓下，俱讀碑銘一過而去。久之，射曰：『前所視碑文大佳，恨不寫也。』衡曰：『卿存其名耳，我一覽尚記之。』卽爲暗書之，末有一字石缺，乃不分明。衡與半字，曰：「疑此當作某字」，恐不審也。』射省可〔一〕。下缺數行

〔一〕後漢書文苑下禰衡傳：「祖亦善待焉。衡爲作書記，輕重疎密，各得體宜。祖持其手曰：『處士，此正得祖意，如祖腹中之所欲言也。』祖長子射爲章陵太守，尤善於衡。嘗與衡俱遊，共讀蔡邕所作碑文，射愛其辭，還恨不繕寫。衡曰：『吾雖一覽，猶能識之，唯其中石缺二字爲不明耳。』因書出之。射馳使寫碑還校，如衡所書，莫不歎

伏。」李注：「射，音亦。識，記也。音志。」謝承後漢書：「禰衡與黃祖子尤善。衡與俱讀蔡邕所作碑文，射愛其文，恨不寫取。衡謂射曰：『吾雖一過，猶識其言，其缺兩字不明。』因書出之。射寫還比校，皆無所誤，唯兩字缺。」（初學記十七引）禰衡別傳：「黃祖大子射作章陵太守，與衡有所之，見蔡伯喈所作石碑，正平一過視之，歎之言好。後日各歸，章陵自恨不令吏寫之。正平曰：『吾雖一過皆識，其中央第四行中石盡磨滅，兩字不分明，當是某字，恐不諦耳。』因援筆書之，初無所遺，唯兩字不着耳。章陵雖知其才明，猶嫌有所脫失，故遣往寫之。還以校正平所書，尺寸皆得，初無脫誤，所疑兩字，故如正平所遺字也。於是章陵敬服。」（太平御覽五八九引（四三二所引者較略））照按：稚川此文獨作「一字」，與謝、范兩家後漢書及禰衡別傳不同，蓋傳聞之異。又按：（射省可）下所缺者，當是衡爲黃祖所殺有關言行。

「雖藏本作難，今從舊寫本。言行輕人，密願榮顯，是以高游鳳林，不能幽翳蒿萊〔一〕，然修己駮刺〔二〕，迷而不覺。故開口見憎，舉足蹈禍。齎如此之伎倆〔三〕，亦何理容於天下而得其死哉！猶梟鳴狐嚾，人皆不喜，音響不改，易處何益〔四〕？

〔一〕鳳林，喻許都士類翔集者衆。幽翳，隱蔽。蒿萊，泛指雜草。文選張華鷦鷯賦：「生於蒿萊之間。」

〔二〕刺，名刺，猶今之名片。後漢書文苑下禰衡傳：「始達潁川，乃陰懷一刺，既而無所之適，至於刺字漫滅。」平原禰衡傳：「衡嘗書一刺懷之，字漫滅而無所適。」（三國志魏書荀彧傳裴注引）駮刺，即刺字漫滅之意。

〔三〕廣雅釋詁三：「齎，持也。」玉篇貝部：「齎，子兮切。持也。」

〔四〕說苑談叢：「梟逢鳩，鳩曰：『子將安之？』梟曰：『我將東徙。』鳩曰：『何故？』梟曰：『鄉人皆惡我鳴，以故東徙。』

鳩曰：「『子能更鳴，可矣；不能更鳴，東徙猶惡子之聲。』」魯連子：「（魯仲連）往請田巴曰：『……國亡在旦夕，先生奈之何？若不能者，先生之言，有似梟鳴，出聲而人惡之。願先生勿復言！』田巴曰：『謹聞命矣。』」（史記魯仲連傳正義、太平御覽四六四又九二七引）易林蠱之恆：「梟鳴室北，聲醜可惡。」曹子建集令禽惡鳥論：「昔荆（人）之梟將〔徙〕巢於吳，鳩遇之，曰：『何去荆而巢吳乎？』梟曰：『荆人惡予之聲。』鳩曰：『子不能革子之聲，則吳、楚之民不異情也。爲子計者，莫若宛頸戢翼，終身勿復鳴也。』」

「許下人物之海也〔一〕，文舉爲之主。任荷之足，爲至到於此〔二〕，不安已可知矣。猶必死之病，俞附、越人所無如何〔三〕；朽木、鉛鋌，班輸、歐冶所不能匠也〔四〕。而復走投荆、楚閒，終陷極害，此乃衡懵蔽之効也〔五〕。蓋欲之而不能得，非能得而弗用者矣〔六〕。於戲，才士可勿戒哉！

〔一〕後漢書文苑下禰衡傳：「是時許都新建，賢士大夫四方來集。」平原禰衡傳：「是時許都雖新建，尚饒人士。」（三國志魏書荀彧傳裴注引）

〔二〕國語齊語：「管子對曰：『……負任擔荷，服牛軺馬，以周四方。』」韋注：「背曰負，肩曰擔。任，抱也。荷，揭也。服，謂牛服車也。軺，馬車也。周，徧也。」後漢書文苑下禰衡傳：「（孔融）上疏薦之曰：『……若衡等輩，不可多得。……飛兔、騕褭，絕足奔放，良、樂之所急。臣等區區，敢不以聞。』」此二句謂衡來游許都。

〔三〕俞附、越人，並古良醫。俞附，亦作俞柎（說苑辨物）、俞跗（鶡冠子世賢、淮南子人間、鹽鐵論申韓、史記扁鵲傳、）踰跗（韓詩外傳十）、臾跗（漢書揚雄傳下〔解嘲〕）、俞夫（羣書治要四一引淮南子人間作「俞夫」，當是許本）、褕柎，皆音同或相近得通。周禮天官疾醫鄭注：「岐伯、褕柎，則兼彼數術者。」釋文：「褕，羊朱反，本亦作俞。柎，劉（昌宗）音附；徐（邈）音鈇。岐伯、褕柎，皆黃帝時醫人。」文子上德：「與死同病者（當作「與死者同病」），難爲良醫。」舊注：「必死之病，醫雖良而不救。」淮南子說林：「與死者同病，難爲良醫。」又人間：「是猶病者已惓而索良醫也，雖有扁鵲、俞跗之巧，猶不能生也。」越人，即扁鵲，已見嘉遯篇「則無以效越人之絕伎」句箋。

【四】論語公冶長：「宰予晝寢。子曰：『朽木不可雕也。』」集解引包咸曰：「朽，腐也。雕，雕琢刻畫。」班輸，魯公輸班，曾刻木爲鳶而飛之，已見名實篇「放斧斤而欲雙巧於班、墨」句箋。玉篇金部：「鉛，鉛錫。」史記賈生傳（弔屈原賦）鉛刀爲銛」索隱：「鉛者，錫也。」說文金部：「鋌，銅鐵樸也。」（段注：「樸，木素也，因以爲凡素之偁。」）鹽鐵論殊路：「干、越之鋌不厲，匹夫賤之；工人施巧，人主服而朝也。」論衡率性：「世稱利劍有千金之價，……其本鋌，山中之恆鐵也；冶工鍛鍊，成爲銛利。」歐冶，已見崇教篇「赤刀之鑛，不經歐冶之門者也」二句箋。

【五】後漢書文苑下禰衡傳：「後黃祖在蒙衝船上，大會賓客，而衡言不遜順，祖慚，乃訶之，衡更熟視曰：『死公！云等道？』祖大怒，令五百將出，欲加箠，衡方大罵，祖恚，遂令殺之。祖主簿素疾衡，即時殺焉。射徒跣來救，不及。」平原禰衡傳：「將軍黃祖屯夏口，祖子射與衡善，隨到夏口。祖嘉其才，每在坐，席有異賓，介使與衡談。後衡驕蹇，答祖言俳優饒言，祖以爲罵己也，大怒，顧伍伯捉頭出，左右遂扶以去，拉而殺之。」（三國志魏書荀彧傳裴注引）禰衡別傳：「十月朝，黃祖在艨衝舟上，賓客皆會，作黍臛。（北堂書鈔一四四曾三引別傳此文，皆作「黃祖在蒙衝舟，爲賓客作黍臛。」）既至，先在衡前。衡得便飽食，初不顧左右。既畢，復摶弄以戲。時江夏有張伯雲亦在座，調之曰：『禮教云何而食此？』」（禮記曲禮上：「侍食於長者，……毋摶飯。」鄭注：「爲欲致飽，不謙。」正義：「共器，若取飯作摶，則易得多，是欲爭飽，非謙也。」）正平不答，弄黍如故。祖曰：『處士不當答之也！』衡謂祖曰：『君子寧聞車前馬糟？』祖呵之。衡熟視祖，罵曰：『死鍛錫公！』祖大怒，令五百將出，欲杖之。而罵不止。遂令絞殺。黄射來救，無所復及。悽愴流涕曰：『此有異才，曹操及劉荆州不殺，大人奈何殺之？』祖曰：『人罵汝父作鍛錫公，奈何不殺』」（太平御覽八三三引）又：「十月朝，黄祖在艨衝舟上，會設黍臛。衡年少，在坐。黍臛至，先自飽食畢，摶以弄戲。其輕慢如此。」（同上八四二引〔書鈔所引者，皆止有三、四句。〕）說文心部：「懜，不明也。从心，夢聲。」周禮地官遂人鄭注：「甿，猶懵懵，無知貌也。」釋文：「懵，本又作懜。其萌反，又音瞢。」廣雅釋言：「効，驗也。」玉篇力部：「効，俗效字。」

〔六〕文選西京賦：「豈欲之而不能，將能之而不欲歟？」

嵇生曰：「吾所惑者，衡之虚名也；子所論者，衡之實病也。敢不寤寐於指南〔一〕，投杖於折中乎〔二〕？」

〔一〕詩周南關雎：「窈窕淑女，寤寐求之。」毛傳：「寤，覺；寐，寢也。」朱熹集傳：「或寤或寐，言無時也。」文選東京賦：「鄙哉予乎！習非而遂迷也，幸見指南於吾子。」薛注：「言己之惑不知南北，今先生指以示我，我則足以三隅反也。」李注：「桓譚上便宜曰：『管仲，桓公之指南。』」三國志蜀書許靖傳：「宋仲子於荆州與蜀郡太守王商書曰：『文休（靖字）倜儻瑰瑋，有當世之具，足下當以爲指南。』」

〔二〕禮記檀弓上：「子夏投其杖而拜，曰：『吾過矣，吾過矣！吾離羣而索居，亦已久矣。』」鄭注：「謝之，且服罪也。羣，謂同門朋友也。索，猶散也。」史記孔子世家贊：「孔子布衣，傳十餘世，學者宗之。自天子王侯，中國言六藝者，折中於夫子，可謂至聖矣！」索隱：「離騷云：『明五帝以折中。』王叔師云：『折中，正也。』宋均云：『折，斷也。』

鹽鐵論相刺：「禹又言：『……四海之內，天下之君，微孔子之言，亡所折中。』」篇中既未見嵇含評論，而篇末忽贊其謙辭，疑上文有中，當也。」漢書貢禹傳：「(孔子)作春秋，垂之萬載之後，天下折中焉。」又按：缺脫。

抱朴子外篇校箋卷之四十八

詰鮑

鮑生敬言好老、莊之書，治劇辯之言，以爲「古者無君勝於今世」。故其著論云：「儒者曰：『天生烝民，而樹之君〔一〕。』豈其皇天諄諄言〔二〕，舊寫本作然亦將欲之者爲辭哉？夫彊者凌弱，則弱者服之矣；智者詐愚，則愚者事之矣〔三〕。服之，故君臣之道起焉；事之，故力寡之民制焉。然則隸屬役御，由乎爭彊弱而校愚智，彼蒼天果無事也。

〔一〕左傳文公十三年：「邾子（文公）曰：『……天生民而樹之君，以利之也。』」（又見說苑君道〔「民」上有「烝」字〕）又襄公十四年：「（師曠）對曰：『……天生民而立之君，使司牧之。』」（又見新序雜事一）漢書文帝紀：「（二年詔）朕聞之，天生民，爲之置君以養治之。」詩大雅烝民「天生烝民」毛傳：「烝，衆。」

〔二〕孟子萬章上：「萬章曰：『堯以天下與舜，有諸？』孟子曰：『否。天子不能以天下與人。』『然則舜有天下也，孰與之？』曰：『天與之。』『天與之者，諄諄然命之乎？』曰：『否。天不言，以行與事示之而已矣。』」朱注：「諄諄，詳語之貌。」史記司馬相如傳：「（封禪文）厥之有章，不必諄諄。」集解：「徐廣曰：『諄，止純反。告之丁寧。』」騆案：漢書音義曰：『天之所命，表以符瑞，章明其德，不必諄諄然有語言也。』」

〔三〕禮記樂記：「人化物也者，滅天理而窮人欲者也。於是有悖逆詐僞之心，有淫泆作亂之事。是故強者脅弱，衆者暴寡，知者詐愚。」（又見史記樂書）管子君臣下：「古者未有君臣上下之别，未有夫婦妃匹之合，獸處羣居，以力相征。於是智者詐愚，強者凌弱。」文子精誠：「老子曰：『昔黄帝之治天下，……使強不掩弱，衆不暴寡。』」（又見淮南子覽冥）又自然：「老子曰：『古之立帝王者，……爲天下之民，強凌弱，衆暴寡，詐者欺愚，……故立天子以齊一之。』」（又見淮南子脩務）吕氏春秋觀世：「亂莫大於無天子。無天子，則彊者勝弱，衆者暴寡。」

「夫混茫以無名爲貴〔一〕，羣生以得意爲歡。故削桂刻漆，非木之願〔二〕；拔鶡裂翠，非鳥所欲〔三〕；促轡銜鑣，非馬之性〔四〕；荷軏運重，非牛之樂〔五〕。詐巧之萌，任力違真。伐生之根藏本作伐根之生，今從舊寫本。以飾無用〔六〕，捕飛禽以供華玩〔七〕。穿本完之鼻，絆天放之脚〔八〕，蓋非萬物竝生之意〔九〕。夫役彼黎烝，養此在官〔一〇〕，貴者禄厚，而民亦困矣。

〔一〕老子第一章：「無名天地之始。」河上公注：「無名者，謂道，道無形，故不可名也。始者，道本也。吐氣布化，出於虚无，爲天地本始也。」又第二十五章：「有物混成，先天地生。寂兮寥兮，獨立而不改，周行而不殆，可以爲天下〔地〕母。吾不知其名，字之曰道。」河上公注：「謂道無形，混沌而成，萬物乃在天地之前。……我不見道形容，不知當何以名之。見萬物皆從道所生，故字之曰道也。」莊子繕性：「古之人在混芒之中。」釋文引崔譔云：「混混芒芒，未分時也。」成疏：「其時淳風未散，故處在混沌芒昧之中。」「茫」、「芒」音同得通。

〔二〕桂，桂木，其皮可入藥者。急就篇四：「芎藭厚朴桂栝樓。」顔注：「桂，謂菌桂、牡桂之屬，『百藥之長』也。」（政和證類本草十二木部上品桂所言品種、功用甚詳）漆，本字作桼。說文桼部部首：「桼，木汁，可以桼物。」（漢書外戚下趙皇后傳「而殿上髤漆」顏注：「以漆漆物謂之髤。音許求反，又許昭反。……髤字或作髹，音義亦與髤同。」文選景福殿賦「於是列髤彤之繡桷」李注引韋昭曰：「刷漆爲髤。」）段注：「木汁名桼，因名其木曰桼。今字作漆，而桼廢矣。漆，水名也，非木汁也。詩、書『梓桼』（鄘風定之方中）、『桼絲』（禹貢）皆作漆，俗以今字易之也。」莊子人間世：「桂可食，故伐之。漆可用，故割之。」

【三】鶡，鶡鳥。山海經中山經：「（煇諸山）其鳥多鶡。」郭注：「似雉而大，青色，有毛，勇健，鬭死乃止。音遏。出上黨也。」史記司馬相如傳：「（上林賦）蒙鶡蘇。」集解：「徐廣曰：『蘇，尾也。』」索隱：「孟康曰：『鶡尾也。蘇，析羽也。』張揖曰：『鶡似雉，鬭死不郤。』……決疑注云：『鳥尾爲蘇也。』」續漢輿服志下：「武冠，俗謂之大冠，環纓無蕤，以靑系爲緄，加雙鶡尾，豎左右，爲鶡冠云。五官、左右虎賁、羽林、五中郎將、羽林左右監皆冠鶡冠。……鶡者，勇雉也，其鬭對一死乃止。故趙武靈王以表武士，秦施之焉。」劉注：「徐廣曰：『鶡似黑雉，出於上黨。』荀綽晉百官表注曰：『冠插兩鶡，鷙鳥之暴疏者也。每所攫撮，應爪摧衂，天子武騎故以冠焉。』郭璞山海經圖贊：『鶡之爲鳥，同羣相爲。疇類被侵，雖死不避。毛飾武士，兼厲以義。』（藝文類聚九十引）翠，翠鳥。爾雅釋鳥：「翠，鷸。」郭注：「似燕，紺色。生鬱林。」周書王會：「倉吾翡翠。翡翠者，所以取羽。」孔注：「翠羽，其色靑而有黃也。」楚辭招魂「翡翠珠被」王注：「言牀上之被，則飾以翡翠之羽及珠璣。」郭璞爾雅圖贊：「翠雀麋鳥，越在南海。……懷璧其罪，賈害以釆。」（藝文類聚九二引）古文苑揚雄太玄賦：「翠羽嫩（章注：「嫩，古美字。」）而殃身兮。」蘇子：「翠以羽殃身。」（太平御覽九八三引）金樓子立言篇下：「翠飾而體分。」劉子韜光：「是故翠以羽自殘。」

【四】說苑修文：「鑾者，所以御馬也。」禮記曲禮上「執策分轡」正義：「轡，御馬索也。」說文金部：「鑣，馬銜也。」段注：

「馬銜橫毌口中，其兩耑外出者系以鑾鈴。」莊子馬蹄：「及至伯樂，曰：『我善治馬。』……整之齊之，前有橛飾之患，而後有鞭筴之威，而馬之死者，已過半矣。」釋文引司馬彪云：「(橛)銜也。(飾)謂加飾於馬鑣也。」荀子性惡：「驊騮、騹驥、纖離、緑耳，此皆古之良馬也。然而前必有銜轡之制，後有鞭策之威，加之以造父之馭，然後一日而致千里也。」韓非子姦劫弒臣：「無捶策之威，銜橛之備，雖造父不能以服馬。」

〔五〕照按：此二句謂牛輓運重之車，其爲大車可知。則軏當作軛，始合文意。論語爲政：「大車無輗，小車無軏。」集解引包咸曰：「大車，牛車(考工記輈人「今夫大車之轅」鄭注：「大車，牛車也。」易大有「大車以載」正義，亦釋大車爲牛車)。小車，駟馬車也。」皇疏：「牛能引重，故曰大車也。……馬所載輕，故曰小車也。」荷，負荷。荷軛，猶負軛(文選古詩十九首有「牽牛不負軛」語)。玉篇車部：「軶，牛領軶也。亦作軛。」是此文之軛誤軏，蓋緣形近所致。考工記車人：「鬲長六尺。」鄭注引鄭司農(衆)云：「鬲，謂轅端厭(釋文：「厭，於甲反。」)牛領者。」(後漢書列女皇甫規妻傳「以其頭縣轅」李注引鬲作軶。)説文木部：「槅，大車枙。」(西京賦「商旅聯槅」薛注：「言賈人多，車枙相連屬。」)釋名釋車：「槅，扼也，所以扼牛頸也。」鬲，槅之省。軶、軛、枙、扼同。(皇疏於古牛車之制曾略爲論及：「古作牛車，二轅不異即時車，但轅頭安枙，與今異也。即時車枙用曲木駕於牛脰(頸項)，仍縛軛兩頭著兩轅。古時則先取一橫木縛著兩轅頭，又別取曲木爲枙縛著橫木，以駕牛脰也。」所言爲枙以駕牛脰，亦足以證此文軏字之誤。)

〔六〕孫星衍曰：「(『伐生之根』)藏本作『伐根之生』，今從舊寫本。」照按：藏本固誤，改從舊寫本亦非。以下句「捕飛禽以供華玩」例之，當作「伐生根以飾無用」，始能相儷。生根，有生之根，木也。伐生根，猶言伐木耳。飾，雕飾。飾無用，謂飾無益之用也。本篇後文有「飾無益之用」語，可證。西京雜記六：「魯恭王得文木一枚，伐以爲器，意甚玩之。中山王爲賦曰：『麗木離披，生彼高崖。……巧匠不識，王子見知。乃命班、爾，載斧伐斯，……既剥既刊，見其文章。或如龍盤虎踞，復似鸞集鳳翔。青緺紫綬，環璧珪璋。……裁爲用器，曲直舒卷，修竹映池，高松植巘。制爲樂器，婉轉蟠紆，鳳將九子，龍導五駒，制爲屏風，鬱茀穹隆。制爲杖几，極麗窮美。制爲枕案，文章璀璨，彪炳涣汗。制爲盤盂，采玩踟躕。猗歟君子，其樂只且！』」賦中於文木之生長、砍伐、麗質及其雕飾品，皆有所描繪，堪稱「伐生根以飾無用」句最好注脚。

〔七〕飛禽供華玩者繁多，鸚鵡其一也。禰衡鸚鵡賦：「惟西域之靈鳥兮，挺自然之奇姿。……性辯慧而能言兮，才聰明以識機。……紺趾丹觜，緑衣翠衿。采采麗容，咬咬好音。雖同族於羽毛，固殊智而異心。配鸞皇而等美，焉比德於衆禽？」（文選）阮瑀鸚鵡賦：「惟翩翩之艷鳥，誕嘉類於京都。穢夷風而弗處，慕聖惠而來徂。被坤文之黄色，服離光之朱形。配秋英以離緑，苞天地以耀榮。」（藝文類聚九一引）成公綏鸚鵡賦序：「鸚鵡，小鳥也。以其能言解意，故爲人所愛玩。育之以金籠，升之以堂殿，可謂珍之矣；然未得鳥之性也。」（太平御覽七六四又九二四引）傅咸鸚鵡賦：「有金商之奇鳥，處隴坻之高松。謂崇峻之可固，然以慧而入籠。披丹脣以授音，亦尋響而應聲。眄明眸以承顔，側聽耳而有聽。口纔發而輕和，密晷景而隨形。言無往而不復，似探幽而測冥。自嘉智於君子，足取愛而揚名。」（藝文類聚九一引）孫暢異物志：「鸚鵡，其毛色或蒼緑，或紫赤，喙曲如鴞而目深，行如鳩雀而能效人言，故見殊貴。」（初學記三十引）鸚鵡以外飛禽之供華玩而形諸筆端者，尚多有之，兹不再臚列。

〔八〕莊子秋水：「北海若曰：『牛馬四足，是謂天；落馬首，穿牛鼻，是謂人。』」又馬蹄：「及至伯樂，曰：『我善治馬。』燒之剔之，刻之雒之，連之以羈馽，編之以皁棧，馬之死者，十二三矣。」釋文：「馽，丁邑反。徐（邈）丁力反，絆也。」

淮南子原道：「故牛歧蹏而戴角，馬被髦而全足，天也；絡馬之口，穿牛之鼻者，人也。」莊子馬蹄「命曰天放」成疏：「天，自然也。……若有心治物，則乖彼天然，直置放任，則物皆自足。故名曰天放也。」

〔九〕莊子馬蹄：「夫至德之世，同與禽獸居，族與萬物並。」列子説符：「天地萬物與我並生，類也。」張注：「同是生類。」

〔一〇〕漢書司馬相如傳下：「（封禪文）覺寤黎烝。」顏注：「黎烝，衆庶也。」國語楚語下：「天子之田九畡，以食兆民。王取經入焉，以食萬官。」韋注：「九畡，九州之内有畡數也。食兆民，耕而食其中也。天子曰兆民。經，常也，常入征税也。」

「夫死而得生，欣喜無量，則不如向無死也。讓爵辭禄，以釣虚名〔一〕，則不如本無讓也。天下逆亂焉，而忠義顯矣；六親不和焉，而孝慈彰矣〔二〕。

〔一〕管子法法：「釣名之人，無賢士焉。」尹注：「賢士必修實而成名。」

〔二〕老子第十八章：「六親不和有孝慈，國家昏亂有忠臣。」河上公注：「六親絶，親戚不和，乃有孝慈相牧養也。政令不行，上下相怨，邪僻爭權，乃有忠臣匡正其君也。」王注：「六親，父子、兄弟、夫婦也。」

「曩古之世，無君無臣〔一〕，穿井而飲，耕田而食，日出而作，日入而息〔二〕。汎然不繫〔三〕，恢爾自得〔四〕，不競不營，無榮無辱。山無蹊徑，澤無舟梁〔五〕。川谷不通，則不相并兼；士衆不聚，則不相攻伐。是高巢不探，深淵不漉〔六〕，鳳鸞棲息於庭宇，龍鱗羣遊於園池〔七〕，飢虎可履，虺蛇可執〔八〕，涉澤而鷗鳥不飛〔九〕，入林而狐兔不驚〔一〇〕，勢利不萌，禍亂不作。干戈不用，城池不設。萬物玄同〔一一〕，相忘於道〔一二〕。疫厲不流〔一三〕，民獲考終〔一四〕。純白在胸，機心不生〔一五〕。含餔而熙，鼓腹而遊〔一六〕。其言不華〔一七〕，其行不飾〔一八〕。安得聚斂以奪民財〔一九〕，安得嚴刑以爲坑穽〔二〇〕？

〔一〕呂氏春秋恃君覽：「昔太古嘗無君矣。」高注：「太古，上古。兩儀之始，未有君臣之制。」潛夫論班祿：「太古之時，烝黎初載，未有上下，而自順序，天未事焉，君未設焉。」

〔二〕文子道原：「古者……鑿井而飲，耕田而食。」（淮南子齊俗同）莊子讓王：「舜以天下讓善卷，善卷曰：『余立於宇宙之中，……日出而作，日入而息，逍遥於天地之間，而心意自得，吾何以天下爲哉！』」論衡感虛：「堯時（天下大和，百姓無事，有）五十之民，擊壤於塗。觀者曰：『大哉，堯之德也！』擊壤者曰：『吾日出而作，日入而息，鑿井而飲，耕田而食，堯何等力？』」帝王世紀：「帝堯陶唐氏……天下大和，百姓無事，有八十老人擊壤於道。觀者歎曰：『大哉，帝之德也！』老人曰：『吾日出而作，日入而息，鑿井而飲，耕田而食，帝何力於我哉！』」（據宋翔鳳集校本逸録）

〔三〕莊子列禦寇：「巧者勞而知者憂，无能者无所求，飽食而敖遊，汎若不繫之舟，虚而敖遊者也。」成疏：「唯聖人汎然無係，泊爾忘心，譬彼虚舟，任運逍遥。」鶡冠子世兵：「至得無私，泛泛乎若不繫之舟。」陸注：「任之而已。」史記賈生傳：「（服鳥賦）澹乎若深淵之靜，氾乎若不繫之舟。」汎、泛、氾三字，音同得通（並在廣韻六十梵）。

〔四〕説文心部：「恢，大也。」荀子非十二子：「恢然如天地之苞萬物。」

〔五〕莊子馬蹄：「故至德之世，其行填填，其視顛顛。當是時也，山無蹊隧，澤无舟梁。」郭注：「（填填、顛顛）此自足於内，無所求及之貌。不求非望之利，故止於一家而足。」成疏：「蹊，徑。隧，道也。舟，舩也。當是時，即至德之世也。人知守分，物皆淳樸，不伐不奪，徑道所以可遺，莫往莫來，舩橋於是乎廢。」鶡冠子備知：「德之盛，山無徑迹，澤無橋梁，不相往來，舟車不通。」左傳莊公四年「除道梁溠」杜注：「梁，橋也。」説文木部：「梁，水橋也。」段注：「梁之字用木跨水，則今之橋也。……見於經傳者，言梁不言橋也。」

〔六〕照按：「是」下疑脱「以」字。文子上禮：「飛鳥之巢，可俯而探也。」淮南子主術：「鷩卵不得探，魚不長尺不得取。」又氾論：「鳥（烏）鵲之巢，可俯而探也。」（禮記禮運作「可俯而闚」，莊子馬蹄作「可攀援而闚」，鶡冠子備知、荀子哀公並作「可俯而窺」。）爾雅釋詁：「探，取也。」禮記月令（仲春之月）「毋漉陂池」釋文：「漉音鹿，竭也。」

〔七〕照按：「鱗」當作「麟」，字之誤也。「龍麟羣遊於園池」者，謂龍遊於池，麟遊於園也。若作「鱗」，則缺遊園之物矣。禮記禮運：「鳳皇麒麟皆在郊棷，龜龍在宫沼。」尚書中候：「帝軒提像，配永修機，麒麟在囿。」（藝文類聚九八引）尚書大傳：「堯時，麒麟在郊藪。」（詩周南麟之趾正義引）文子精誠：「昔黄帝之治天下，……鳳皇翔於庭，麒麟游於郊。」（又見淮南子覽冥）又道德：「鳳皇翔其庭，麒麟遊其郊，蛟龍宿其沼。」漢書揚雄傳上：「其十二月（永始三年）羽獵，雄從。以爲昔在二帝三王，……鳳皇巢其樹，黄龍游其沼，麒麟臻其囿，神爵棲其林。」諸書所言均有麒麟在内，足證「鱗」字之誤。

〔八〕文子道原：「欲害之心忘乎中者，即飢虎可尾也。」（又見淮南子原道）淮南子本經：「昔容成氏之時，……虎豹可尾，虺蛇可蹍，而不知其所由然。」高注：「虎豹擾人，無害人之心，故可牽尾。虺蛇不螫毒，故可蹍履也。時人謂自當然耳，故曰不知其所由然。」易履：「履虎尾，不咥人，亨。」是「飢虎可履」句，兼用易履卦辭也。

〔九〕莊子佚文：「海上之人好鷗者，每旦之海上從鷗游，鷗之至者，百數而不止。其父曰：『吾聞鷗鳥從汝游，取來玩之。』明旦之海上，鷗舞而不下。」（世說新語言語劉注、文選江淹雜體詩李注引（宋書謝靈運傳山居賦注引作「海人有機心，鷗鳥舞而不下。」）列子黃帝：「海上之人有好漚鳥者，每旦之海上從漚鳥游，漚鳥之至者，百住而不止。其父曰：『吾聞漚鳥皆從汝游，汝取來，吾玩之。』明日之海上，漚鳥舞而不下也。」釋文：「漚，音鷗。住，音數。」（呂氏春秋精論：「海上之人有好蜻者，每（朝）居海上從蜻游，蜻之至者，百數而不止，前後左右盡蜻也。終日玩之而不去。其父告之曰：『聞蜻皆從女居，取而來，吾將玩之。』明日之海上，而蜻無至者矣。」）三國志魏書高柔傳裴注引孫盛曰：「……機心內萌，則鷗鳥不下。」

〔一〇〕莊子山木：「入獸不亂羣，入鳥不亂行。鳥獸不惡，而況人乎？」郭注：「若草木之無心，故爲鳥獸所不畏。」

〔一一〕文子道原：「無所樂，無所苦，無所喜，無所怒，萬物玄同，無非無是。」又九守：「是故無所喜，無所怒，無所樂，無所苦，萬物玄同，無非無是。」淮南子原道：「是故無所喜而無所怒，無所樂而無所苦，萬物玄同（也），無非無是。」高注：「玄，天也。」（老子第五十六章：「和其光，同其塵，是謂玄同。」河上公注：「玄，天也。人能行此上事，是謂與天同道也。」）

〔一二〕莊子大宗師：「孔子曰：『魚相造乎水，人相造乎道。……故曰：魚相忘乎江湖，人相忘乎道術。』」郭注：「各自足而相忘者，天下莫不然也。至人常足，故常忘也。」淮南子俶真：「夫魚相忘於江湖，人相忘於道術。」高注：「言各得其志，故相忘也。」

〔一三〕「厲」，藏本、魯藩本、吉藩本、慎本、盧本、舊寫本、柏筠堂本、文溯本、叢書本、崇文本作「癘」。照按：「癘」字是。下文與前仁明篇及內篇道意、明本二篇並有「疫癘」之文。此平津本寫刻之誤，當據改。周禮天官膳夫：「大札則不舉。」鄭注：「大札，疫癘也。」（地官大司徒「大札」鄭注：「大札，大疫病也。」）釋文：「癘，音厲。」後漢書順帝紀：「（永建元年詔）上干和氣，疫癘爲災。」又：「詔以疫癘水潦，令人（民）半輸今年田租。」論衡命義：「饑饉之歲，餓者滿道，温氣疫癘，千户滅門。」疫癘，蓋卽後代所謂瘟疫。流，流行，傳布。

〔一四〕書洪範：「（五福）五曰考終命。」孔傳：「各成其短長之命以自終，不横夭。」

〔一五〕莊子天地：「機心存於胸中，則純白不備。」文子道原：「老子曰：『機械之心藏於中，卽純白之不粹。』」淮南子原道：「故機械之心藏于胸中，則純白不粹。」高注：「機械，巧詐也。藏之于胸臆之内，故純白之道不粹。」又泰族：「巧詐藏于胸中，則純白不備。」

〔一六〕莊子馬蹄：「夫赫胥氏之時，民居不知所爲，行不知所之，含哺而熙，鼓腹而遊（「熙」、「遊」二字當互乙），民能以此矣。」釋文引司馬彪云：「赫胥氏，上古帝王也。」淮南子俶真：「當此之時，萬民猖狂，不知東西，含哺而游，鼓腹而熙。」高注：「鼓，擊也。熙，戲也。」許注：「哺，口中嚼食也。」（一切經音義一引）後漢書岑彭傳：「含哺鼓腹，焉知凶災？」李注：「哺，食也。鼓，擊也。」

〔一七〕文子精誠：「老子曰：『神越者言華，德蕩者行僞。』」淮南子俶真：「是故神越者其言華，德蕩者其行僞。」高注：「越，散也。言不守也，故華而不實。蕩，逸。僞不誠也。」

〔一八〕呂氏春秋知度：「情者不飾，而事實見矣。此謂之至治。至治之世，其民不好空言虚辭。」高注：「飾，虚。」淮南子本經：「其心愉而不僞，其事素而不飾。」高注：「愉，和也。僞，虚詐也。素，樸也。飾也。」

〔一九〕論語先進：「季氏富於周公，而求（冉有名）也爲之聚斂而附益之。」集解引孔安國曰：「冉求爲季氏宰，爲之急賦稅。」邢疏：「時冉求爲季氏家宰，又爲之急賦稅，聚斂財物而陪附助益季氏也。」

〔二〇〕大戴禮記盛德：「故曰刑罰之所從生有源，不務塞其源，而務刑殺之，是爲民設陷以賊之也。」漢書食貨志下：「賈誼諫曰：「……夫縣法以誘民，使入陷阱，孰積於此！」顏注：「縣，謂開立之。阱，穿地以陷獸也。積，多也。阱，音才性反。」（賈太傅新書鑄錢篇無注，故未援引。）又鼂錯傳：「錯對曰：『……其立法也，非以苦民傷衆而爲機陷也。』」顏注引孟康曰：「機，發也。陷，穽也。」三國志魏書明帝紀：「（青龍四年詔）往者按大辟之條，多所蠲除，思濟生民之命，此朕之至意也。而郡國斃獄，一歲之中尚過數百，豈朕訓導不醇，俾民輕罪，將苛法猶存，爲之陷穽乎？」說文井部：「阱，陷也。……穽，阱或从穴。」

「降及杪季，智用巧生〔一〕，道德既衰，尊卑有序〔二〕，繁升降損益之禮，飾紱冕玄黃之服〔三〕；起土木於凌霄〔四〕，構丹緑於棼橑〔五〕；傾峻搜寶，泳淵採珠〔六〕。聚玉如林，不足以極其變；積金成山，不足以贍其費。澶漫於淫荒之域，而叛其大始之本〔七〕。去宗（藏本作崇，從舊寫本改。）日遠〔八〕，背朴彌增。尚賢，則民爭名；貴貨，則盜賊起；見可欲，則真正之心亂〔九〕；勢利陳，則劫奪之塗開。造剡鋭之器〔一〇〕，長侵割之患。弩恐不勁，甲恐不堅，鋒恐不利〔一一〕，盾恐不厚。若無凌暴〔一二〕，此皆可棄也。

〔一〕杪季，猶言末世。文子上禮：「施及周室，澆醇散樸，離道以爲僞，險德以爲行，智巧萌生。」淮南子俶真：「施及周室之衰，澆淳散樸，雜（離）道以僞，儉（險）德以行，而巧故萌生。」高注：「施，讀難易之易也。巧，言爲詐。」

〔二〕老子第三十八章：「故失道而後德，（河上公注：「言道衰而德化生也。」）失德而後仁，（河上公注：「言德衰而仁愛見也。」）失仁而後義，（河上公注：「言仁衰而分義明也。」）失義而後禮。」（河上公注：「言義衰則施禮聘，行玉帛。」）文子精誠：「積惠重貨，使萬民欣欣，人樂其生者，仁也。舉大功，顯令名，體君臣，正上下，明親疏，序危

國，繼絶世，立無後者，義也。……是故道散而爲德，德溢而爲仁義，仁義立，而道德廢矣。」（又見淮南子俶真）

〔三〕升降，已見譏惑篇「趨步升降之節」句箋。論語爲政：「子張問：『十世可知也？』子曰：『殷因於夏禮，所損益，可知也；周因於殷禮，所損益，可知也；其或繼周者，雖百世可知也。』」集解：「孔（安國）曰：『文質禮變。』馬（融）曰：『所因，謂三綱五常。所損益，謂文質三統。』」皇疏：「云子張問十世可知也者，十世，謂十代也。子張見五帝三王文質變易，世代不同，故問孔子從今以後方來之事。假設十代之法，可得逆知以不乎？云子曰殷因云云者，孔子舉前三代禮法相因及所損益，以爲後代可知之證也。言殷代夏立，而因用夏禮及損益夏禮，事事可得而知也。云周因云云者，又周代殷立，亦有因殷禮及有所損益者，亦事事可知也。……云所因謂三綱五常者，此是周所因於殷，殷所因於夏之事也。三綱，謂夫婦、父子、君臣也。三事爲人生之綱領，故云三綱也。五常，謂仁、義、禮、智、信也。……此五者是人性之恆，不可暫捨，故謂五常也。」朱注：「文質，謂夏尚忠，商尚質，周尚文。三統，謂夏正建寅爲人統，商正建丑爲地統，周正建子爲天統。三綱五常，禮之大體，三代相繼，皆因之而不能變。其所損益，不過文章制度小過不及之間，而其已然之迹，今皆可見。」（劉寶楠論語正義卷二論述此章甚詳，可參閱。）又泰伯：「子曰：『禹，吾無間然矣。……惡衣服，而致美乎黻冕。』」集解引孔安國曰：「損其常服，以盛祭服。」邢疏：「黻冕，皆祭服也。言禹降損其常服，以盛美其祭服也。……鄭玄注此云：『黻是祭服之衣，冕其冠也。』」朱注：「黻，蔽膝也，以韋爲之。冕，冠也。皆祭服也。」劉寶楠正義（卷九）：「說文（冖部）：『冠，豢也，所以豢髮。弁冕之總名也。』是冠爲首服之大名。冕亦是冠，故（鄭）注云：『冕其冠也。』『其』字承上句『祭服』言之，明黻是祭服之衣，冕是祭服之冠也。周官（春官）司服云：『王之吉服，祀昊天上帝，則服大裘而冕，祀五帝亦如之：「享先王則袞冕，……祭社稷五祀則希冕，祭羣小祀則玄冕。」是冕皆祭服。」列子楊朱：「（禹）卑宮室，美紱冕。」其字作「紱」，與此文同。（文選潘岳楊荆州誄「亦朱其紱」李注：「『黻』與『紱』古今字同。」）玄黄，分指衣裳之色。易坤：「（文言）夫玄黄者，天地之雜也，天玄而地黄。」又繫辭下：「黄帝、堯、舜垂衣裳而天下治，蓋取諸乾坤。」韓注：「垂衣裳以辨貴賤，乾尊坤卑之義也。」正義：「取諸乾坤者，衣裳辨貴賤，乾坤則上下殊體，故云取諸乾坤也。」詩豳風七月（載玄載黄）正義引易下繫某氏注云：「乾爲天，坤爲地，天色玄，地色黄，故玄以爲衣，黄以爲裳，象天在上，地在下。」（此注他書未見徵引）所言衣裳玄黄色之義，正與此文意合。晏子春秋外篇八：「晏子對曰：『……今孔丘盛聲樂以侈世，飾弦歌鼓舞以聚徒，繁登降（與升降同）之禮〔以示儀〕。』」（又見墨子非儒下）淮南子俶真：「弦歌鼓舞，緣飾詩書，以買名譽於天下，繁登降之禮，飾紱冕之服。」

〔四〕 國語晉語九：「知襄子爲室美，……（士茁）對曰：『……今土木勝，臣懼其不安人也。』」淮南子本經：「侈苑囿之大，以窮要妙之望。魏闕之高，上際青雲；大厦曾加，擬於昆侖。脩爲牆垣，甬道相連。殘高增下，積土爲山。」漢書元后傳：「而五侯羣弟，爭爲奢侈，……大治第室，起土山漸臺，洞門高廊閣道，連屬彌望。」後漢書梁冀傳：「冀乃大起第舍，而（妻孫）壽亦對街爲宅，殫極土木，互相誇競。堂寢皆有陰陽奥室，連房洞户。」凌霄，極言其高。

〔五〕 文選西都賦：「列棼橑以布翼，荷棟桴而高驤。」李注：「說文（林部）曰：『棼，複屋棟也。』扶云切。又（木部）曰：『橑，椽也。』梁道切。爾雅（釋宮）曰：『棟謂之桴。』音浮。」呂向曰：「棼、桴皆棟也。橑，椽也。言棟上布椽如翼也。」

〔六〕 文子上禮：「老子曰：『衰世之主，鑽山石，挈金玉，擿礱蜃。』」淮南子本經：「逮至衰世，鐫山石，鍥金玉，擿蚌蜃。」高注：「鐫猶鑿也，求金玉也。鐸，刻金玉以爲器也。擿猶開也，開以求珠也。」新語本行：「入山海採珠璣，求瑶琨。」鹽鐵論通有：「今世俗壞而競於淫靡，女極纖微，工極技巧，雕素樸而尚珍怪，鑽山石而求金銀，没深淵求珠璣。」

〔七〕照按：「始」疑「宗」之誤。文子上禮：「各欲（以）行其智僞以容於世，而失大宗之本。」淮南子俶真：「各欲行其知僞以求鑿枘於世，而錯擇名利。是故百姓曼衍於淫荒之陂，而失其大宗之本。」（文子「而失」句上當有脱文）即此文之所自出。又按：文子道原：「夫無形者，物之太祖；無音者，類之大宗。」淮南子原道：「夫無形者，物之大祖也；無音者，聲之大宗也。」高注：「無形生有形，故爲物大祖也。無音生有音，故爲聲大宗。祖、宗，皆本也。」又要略：「總要舉凡，而語不剖判純樸，靡散大宗。」許注：「純樸，太素也。大宗，事本也。」並以「大宗」爲言，亦其旁證。莊子馬蹄：「澶漫爲樂。」釋文引李頤云：「澶漫，猶縱逸也。」後漢書仲長統傳：「（昌言理亂篇）荒廢庶政，弃亡人物，澶漫彌流，無所底極。」李注：「澶漫，猶縱逸也。澶，音徒旦反。」

〔八〕孫星衍曰：「（『宗』）藏本作『崇』，從舊寫本改。」照按：吉藩本、盧本、柏筠堂本、文溯本、叢書本、崇文本作「古」，是也。當據改。（「崇」與「宗」皆由上句「大宗」之「宗」致誤）

〔九〕照按：「真」當作「貞」，始合文意。前行品篇：「不傾志於可欲者，貞人也。」即其切證。新書道術：「言行抱一謂之貞。……方直不曲謂之正。」（易坤：「（象辭）『安貞之吉』正義：『貞謂貞正。』」亦以「貞正」二字連言。）老子第三章：「不尚賢，使民不爭；不貴難得之貨，使民不爲盜；不見可欲，使心不亂。」

〔一〇〕爾雅釋詁：「剡，利也。」説文刀部：「剡，鋭利也。」剡鋭之器，指鋭利兵器。

〔一一〕釪，矛之古文。（見玉篇矛部矛字下）

〔一三〕 凌暴，謂強凌弱，衆暴寡。

「故曰：『白玉不毁，孰爲珪璋？道德不廢，安取仁義〔一〕？』」使夫桀、紂之徒，得燔人，辜舊寫本作辜諫者，脯諸侯，葅方伯，剖人心，破人脛，窮驕淫之惡，用炮烙之虐〔二〕。若令斯人，竝爲匹夫，性雖凶奢，安得施之〔三〕？使彼肆酷恣欲，屠割天下〔四〕，由於爲君，故得縱意也。

〔一〕 莊子馬蹄：「故純樸不殘，孰爲犧樽？白玉不毁，孰爲珪璋？道德不廢，安取仁義？性情不離，安用禮樂？」郭注：「凡此皆變樸爲華，弃本崇末，於其天素，有殘廢矣。世雖貴之，非其貴也。」釋文：「珪璋，音章。李（頤）云：『皆器名也。鋭上方下曰珪，半珪曰璋。』」

〔二〕 孫人和曰：「按『燔』下當脱一字。此與『辜諫者，脯諸侯，葅方伯，剖人心，破人脛』，並三字爲句，平列成文，『得』乃領句之字，且此節句意，本襲淮南子。淮南俶真篇云：『逮至夏桀、殷紂，燔生人，辜諫者云云。』今本『燔』下，殆脱『生』字歟？」照按：孫説是。六韜佚文：「紂患刑輕，乃更爲銅柱，以膏塗之，加於然炭之上，使有罪者緣焉。滑跌墮火中，紂與妲己笑以爲樂，名曰炮烙之刑。」（文選陸倕石闕銘李注引）荀子議兵：「紂刳比干，囚箕子，爲炮烙刑。」韓非子難言：「故文王説紂而紂囚之，翼侯炙，鬼侯腊，比干剖心，梅伯醢。」又喻老：「紂爲肉圃，設炮烙，登糟邱，臨酒池，紂遂以亡。」又人主：「昔關龍逄説桀而傷其四肢，王子比干諫紂而剖其心，子胥忠直夫差而誅於屬鏤。此三子者，爲人臣非不忠，而説非不當也，然不免於死亡之危者，主不察賢智之言，而蔽於愚不肖之患也。」呂氏春秋行論：「昔者紂爲無道，殺梅伯而醢之，殺鬼侯而脯之，以禮諸侯於廟。」高注：「肉醬爲醢。肉熟〔乾〕爲脯。梅伯、鬼侯，皆紂之諸侯也。梅伯説鬼侯之女美，令紂取之。紂聽妲己之譖，曰〔因〕以爲不好，故醢梅伯，脯鬼侯，以其脯燕諸侯於廟中。」又過理：「〔紂爲〕糟丘酒池，肉圃爲格，……刑鬼侯之女而取其環，截涉者脛而視其髓，殺梅伯而遺文王其醢，……作爲琁室，築爲頃宮，剖孕婦而觀其化，殺比干而視其心。」高注：「格，以銅爲之，布火其下，以人置上，人爛墮火而死，笑之以爲樂。聽妲己之譖，殺鬼侯之女以爲脯，而取其所服之環也。以其涉水能寒也，故視其髓，欲知其與人有異不也。梅伯，紂之諸侯也，説鬼侯之女美好。紂受妲己之譖，以爲不好，故殺梅伯以爲醢。醢，肉醬也。琁室，以琁玉文飾其室也。頃宮，築作宮牆，滿一頃田中，言博大也。化，育也，視其胞裹。比干，紂之諸父也。數諫紂之非，紂不能聽，故視其心，欲知其何以不與人同也。」戰國策趙策三：「魯仲連曰：『……鬼侯有子而好，故入之於紂。紂以爲惡，醢鬼侯。鄂侯爭之，急辨之疾，故脯鄂侯。』」（又見史記魯仲連傳）韓詩外傳十：「昔殷王紂殘賊百姓，絶逆天道，至斮朝涉，刳孕婦，脯鬼侯，醢梅伯。」新書君道：「紂作梏數千，睨諸侯之不諂己者，杖而梏之。文王桎梏於羑里，七年而後得免。」淮南子俶真：「逮至夏桀、殷紂，燔生人，辜諫者，爲炮烙，鑄金柱，剖賢人之心，析才士之脛，醢鬼侯之女，葅梅伯之骸。」高注：「鑄金柱，然火其下，以人置其上，墜陊火中，而對之笑也。賢人，比干也。析，解也。剥解(有)才士腳，觀其有奇異。脛，腳也。鬼侯、梅伯，紂時諸侯。梅伯説鬼侯之女美好，令紂妻之。女至，紂以爲不好，故醢鬼侯之女，葅梅伯之骸也。一曰：紂爲無道，梅伯數諫，故葅其骸也。」又道應：「(紂)乃爲炮烙，剖比干，剔孕婦，殺諫者。」又説林：「紂醢梅伯，文王與諸侯構之。桀辜諫者，湯使人哭之。」高注：「構，謀也。哭，猶弔也。」列女傳孽嬖夏桀末喜傳：「末喜者，夏桀之妃也。……桀既棄禮義，淫於婦人，求美女，積之於後宮；收倡優侏儒狎徒，能爲奇偉戲者，聚之於旁。造爛漫之樂。日夜與末喜及宮女飲酒，無有休時。置末喜於膝上，聽用其言，昏亂失道，驕奢自恣。爲酒池，可以運舟。一鼓而牛飲者三千人，輢其頭而飲之於酒池。醉而溺死者，末喜笑之以爲樂。」又殷紂妲己傳：「妲己者，殷紂之妃也。嬖幸於紂。……（紂）好酒，淫樂，不離妲己。……作新淫之聲，北鄙之舞，靡靡之樂。收珍物，積之於後宮。諛臣羣女，咸獲所欲。積糟爲邱，流酒爲池，縣肉爲林，使人裸形相逐其間，爲長夜之歡。妲己好之，百姓怨望，諸侯有畔者。紂乃爲炮烙之法，膏銅柱，加之炭，令有罪者行其上，輒墮炭中，妲己乃笑。」（史記殷紀、新序刺奢所言者，已分見上引諸書中，故不再臚列。）

〔三〕韓非子難勢：「桀、紂爲高臺深池以盡民力，爲炮烙以傷民性，桀、紂得乘四（成肆）行者，南面之威爲之翼也。使桀、紂爲匹夫，未始行一，而身在刑戮矣。」

〔四〕屠，屠宰。新書過秦上：「因利乘便，宰割天下。」

君臣既立，衆慝日滋〔一〕。而欲攘臂乎桎梏之閒〔二〕，愁勞於塗炭之中〔三〕，人主憂慄於廟堂之上〔四〕，百姓煎擾乎困苦之中，閑之以禮度〔五〕，整之以刑罰〔六〕；是猶闢滔天之源〔七〕，激不測之流〔八〕，塞之以撮壤〔九〕，障之以指掌也〔一〇〕！」

〔一〕廣雅釋詁三：「慝，惡也。」玉篇心部：「慝，他得切，惡也。」

〔二〕攘臂，喻振奮也。桎梏，刑具。（易蒙「利用刑人，用說桎梏」正義：「在足曰桎，在手曰梏。」）此引申爲束縛人之事物。（莊子德充符：「彼且蘄以諔詭幻怪之名聞，不知至人之以是爲己桎梏邪！」）莊子人間世：「上徵武士，則支離攘臂而遊於其間。」又在宥：「而儒、墨乃始離跂攘臂乎桎梏之間。」（孟子盡心下：「馮婦攘臂下車。」戰國策韓策一：「韓王（宣王）忿然作色，攘臂按劍，仰天太息曰：『寡人雖死，必不能事秦！』」）

〔三〕書僞仲虺之誥：「有夏昏德，民墜塗炭。」枚傳：「夏桀昏亂，不恤下民，民之危險，若陷泥墜火，無救之者。」後漢書光武帝紀上：「（建武元年）諸將復上奏曰：『……豪傑憤怒，兆人〔民〕塗炭。』」文選袁宏三國名臣序贊：「論時，則民方塗炭。」呂向曰：「天下禍亂，人如在塗泥炭火之中。」

〔四〕莊子在宥：「天下脊脊大亂，罪在攖人心。故賢者伏處大山嵁岩之下，而萬乘之君憂慄乎廟堂之上。」爾雅釋詁：「慄，懼也。」

〔五〕禮度，禮節儀度。左傳昭公六年：「閑之以義。」杜注：「閑，防也。」正義：「閑，謂防衛也。閑之以義，防衛之使合於事宜也。」

〔六〕左傳莊公二十三年：「曹劌諫曰：『不可！夫禮，所以整民也。』」正義：「夫禮者，所以整理天下之民。」史記禮書：「誘進以仁義，束縛以刑罰，故德厚者位尊，禄重者寵榮，所以總一海内而整齊萬民也。」

〔七〕書堯典：「湯湯洪水方割，蕩蕩懷山襄陵，浩浩滔天。」孔傳：「懷，包。襄，上也。包山上陵，浩浩盛大若漫天。」又益稷：「洪水滔天，浩浩懷山襄陵。」滔天之源，言水之大。

〔八〕新書過秦上：「（始皇）據億丈之高，臨不測之淵以爲固。」文選過秦論劉良注：「不測，言不可量測也。」不測之流，言水之深。（莊子外物有「激西江之水而迎子」語，蓋此文「激」字所本。）

〔九〕撮壤，即一撮土，言其微少。

〔一〇〕文子上禮：「不本其所以欲，而禁其所欲；不原其所以樂，而防其所樂。是猶圈獸而不塞其垣，禁其野心；決江河之流，而壅之以手。」淮南子精神：「今夫儒者不本其所以欲，而禁其所欲；不原其所以樂，而閉其所樂。是猶決江河之源，而障之以手也。」高注：「障，蔽也。言不能掩也。」

抱朴子難曰：「蓋聞沖昧既闢，降濁升清〔一〕。穹隆仰燾〔二〕，旁泊俯停〔三〕。乾坤定位，上下以形〔四〕。遠取諸物，則天尊地卑，以著人倫之體〔五〕。近取諸身，則元首股肱，以表君臣之序〔六〕，降殺之軌〔七〕，有自來矣〔八〕。

〔一〕易屯：「象曰：『……天造草昧。』」王注：「造物之始，始於冥昧，故曰草昧也。」正義：「草謂草創，昧謂冥昧。……言物之初造，其形未著，其體未彰，故在幽冥闇昧也。」易乾鑿度上：「一者，形變之始。清輕者上爲天，濁重者下爲地。」（又見列子天瑞）淮南子原道：「沖而徐盈。」高注：「沖，虚也。」又天文：「天墜未形，馮馮翼翼，洞洞灟灟，故曰太昭〔始〕。道〔太〕始于〔生〕虚霩，虚霩生宇宙，宇宙生〔元〕氣，〔元〕氣有涯垠。清陽者薄靡而爲天，重濁者凝滯而爲地。清妙之合專易，重濁之凝竭難，故天先成而地後定。」高注：「馮、翼、洞、灟，無形之貌。宇，四方上下也。宙，往古來今也。將成天地之貌也。涯垠，重安之貌也。薄靡者，若塵埃飛揚之貌。」楚辭天問：「曰遂古之初，誰傳道之？上下未形，何由考之？」王注：「遂，往也。初，始也。言往古太始之元，虚廓（與霩同）無形，神物未生，誰傳道此事也？言天地未分，溷沌無垠，誰考定而知之也？」

〔二〕穹隆仰燾，謂天也。已見喻蔽篇「則穹隆無取乎宏燾」句箋。

〔三〕旁泊俯停，謂地也。亦見喻蔽篇「而旁泊不貴於厚載也」句箋。

〔四〕易繫辭上：「天尊地卑，乾坤定矣。卑高以陳，貴賤位矣。」（禮記樂記：「天尊地卑，君臣定矣。卑高已陳，貴賤位矣。」）又説卦：「天地定位。」

〔五〕易繫辭下：「古者包犧氏之王天下也，仰則觀象於天，俯則觀法於地，觀鳥獸之文與地之宜。近取諸身，遠取諸物，於是始作八卦，以通神明之德，以類萬物之情。」又序卦：「有天地，然後有萬物；有萬物，然後有男女；有男女，然後有夫婦；有夫婦，然後有父子；有父子，然後有君臣；有君臣，然後有上下；有上下，然後禮義有所錯。」孟子滕文公上：「聖人有憂之，使契爲司徒，教以人倫：父子有親，君臣有義，夫婦有別，長幼有序，朋友有信。」新語道基：「於是先聖乃仰觀天文，俯察地理，圖畫乾坤，以定人道，民始開悟，知有父子之親，君臣之義，夫婦之別，長幼之序。於是百官立，王道乃生。」

〔六〕書益稷：「乃賡載歌曰：『元首明哉，股肱良哉，庶事康哉！』」孔傳：「先君後臣，衆事乃安，以成其義。」漢書魏相丙吉傳贊：「故經謂『君爲元首，臣爲股肱』，明其一體，相待而成也。」後漢書陳蕃傳：「（上疏）君爲元首，臣爲股肱，同體相須，共成美惡者也。」文選四子講德論：「蓋君爲元首，臣爲股肱，明其一體，相待而成。」申鑒政體：「天下國家一體也，君爲元首，臣爲股肱。」

〔七〕照按：「降」疑「隆」之誤。「隆」、「殺」二字平列，各明一義，非共爲一詞也。禮記鄉飲酒義：「至於衆賓，升受，坐祭，立飲，不酢而降，隆殺之義辨矣。」（又見荀子樂論）鄭注：「尊者禮隆，卑者禮殺，尊卑別也。」釋文：「殺，色界反。」又：「貴賤明，隆殺辨。」又檀弓上「道隆則從而隆，道污則從而污」鄭注：「污，猶殺也。有隆有殺，進退如禮。」莊子天道：「哭泣衰絰，隆殺之服，哀之末也。」荀子禮論：「禮者，……以隆殺爲要。文理繁，情用省，是禮之隆也；文理省，情用繁，是禮之殺也。」楊注：「隆，豐厚。殺，減降也。要，當也。禮或厚或薄，唯其所當爲貴也。」（史記禮書索隱：「隆，猶厚也。殺，猶薄也。」）並足爲「降」當作「隆」之證。又按：左傳襄公二十六年：「子産辭邑，曰：『自上以下，隆殺以兩，禮也。』」別本亦有以「隆」爲「降」者（見阮氏校勘記），其誤與此文同。

〔八〕左傳昭公元年：「叔出季處，有自來矣。」

「若夫太極混沌，兩儀無質〔一〕，則未若玄黃剖判〔二〕，七耀垂象〔三〕，陰陽陶冶，萬物羣分也〔四〕。由兹以言，亦知鳥聚獸散，巢栖穴竄，毛血是茹，結草斯服〔五〕。入無六親之尊卑〔六〕，出無階級之等威〔七〕。未若庇體廣厦〔八〕，粳粱嘉旨〔九〕，黼黻綺紈〔一〇〕，御冬當暑〔一一〕，明辟莅物〔一二〕，良宰匠舊寫本作匡世〔一三〕，設官分職〔一四〕，宇宙穆如也〔一五〕。

〔一〕易繫辭上：「是故易有太極，是生兩儀。」正義：「不言天地而言兩儀者，指其物體，下與四象相對，故曰兩儀，謂兩體容儀也。」易乾鑿度：「孔子曰：『易始於太極，太極分而爲二，故生天地。』」鄭玄注：「（太極）氣象未分之時，天地之所始也。」老子第二十五章：「有物混成，先天地生。」河上公注：「謂道無形，混沌而成萬物，乃在天地之前。」淮南子詮言：「洞同天地，渾沌爲樸。」論衡談天：「説易者曰：『元氣未分，渾沌爲一。』」春秋説題辭：「元氣清以爲天，渾沌無形體。」（文選思玄賦李注引作〔元氣以爲天，混沌無形。〕）宋均注：「言元氣之初如此也，渾沌未分也。」（文選七啟李注引）文選劇秦美新：「權輿天地未袪，睢睢盱盱。」李注：「言混沌之始，天地未開，萬物睢盱而不定也。爾雅（釋詁）曰：『權輿，始也。』」李周翰曰：「袪，開也。睢睢盱盱，視不分明貌。言始天地形未開之時，混沌不分也。」又七啟：「夫太極之初，渾沌未分。」「混沌」、「渾沌」同，並讀上聲。

〔二〕易坤：「（文言）夫玄黃者，天地之雜也，天玄而地黃。」正義：「天色玄，地色黃。」劇秦美新：「玄黃剖判，上下相嘔。」李注：「言天地既開，玄黃分判，故天地上下，相與嘔養萬物也。」吕向曰：「剖判，分也。上下，天地也。」陸機〔白〕雲賦：「覽太極之初化，判玄黃於乾坤。」（太平御覽一引）

〔三〕七耀，日、月、歲星、熒惑、鎮星、太白、辰星，已見勗學篇「考七耀之盈虚」句箋。易繫辭上：「天垂象，見吉凶，聖人象之。」禮記郊特牲：「天垂象，聖人則之。」

〔四〕文子道原：「夫道者，陶冶萬物。」淮南子俶真：「包裹天地，陶冶萬物。」又要略：「乃以陶冶萬物，遊化羣生。」漢書董仲舒傳「陶冶而成之」顏注：「陶以喻造瓦，冶以喻鑄金也。」虞喜志林：「大鈞，造化之神，鈞陶萬物，品授羣形者也。」（史記賈生傳（服賦）索隱引）文選張華答何劭詩：「洪鈞陶萬類，大塊稟羣生。」李注：「言天地陶化萬類，而羣生稟受其形也。」李周翰曰：「洪鈞，造化也。陶，猶作也。萬類，萬物也。大塊，自然也。言萬物皆造化所作，羣生稟自然而成。」易繫辭上：「物以羣分。」（禮記樂記同）

〔五〕禮記禮運：「昔者先王未有宮室，冬則居營窟，夏則居橧巢。未有火化，食草木之實，鳥獸之肉，飲其血，茹其毛。未有麻絲，衣其羽皮。」鄭注：「寒則累土，暑則聚薪柴居其上。」正義：「冬則居營窟者，營累其土而爲窟，地高則穴於地，地下則窟於地上，謂於地上累土而爲窟。夏則居橧巢者，謂橧聚其薪以爲巢。飲其血茹其毛者，雖食鳥獸之肉，若不能飽者，則茹食其毛以助飽也。」墨子辭過：「古之民未知爲衣服時，衣皮帶茭。」白虎通德論號：「古之時……（民人）茹毛飲血而衣皮、葦。」易繫辭下「上古穴居而野處」節正義：「案未有衣裳之前則衣獸之皮，亦是已前有用，不云上古者，雖云古者衣皮，必不專衣皮也。或衣草衣木，事無定體，故不得稱上古衣皮也。」廣雅釋詁二：「茹，食也。」

〔六〕易家人：「象曰：『……男女正，天地之大義也。家人有嚴君焉，父母之謂也。父父，子子，兄兄，弟弟，夫夫，婦婦，而家道正。」王注：「家人，即女正於內，男正於外，二儀，則天尊在上，地卑在下，同於男女正位，故曰天地之大義也。……父母一家之主，家人尊事，同於國有嚴君，故曰家人有嚴君焉，父母之謂也。父父，子子，兄兄，弟弟，夫夫，婦婦，而家道正。」老子第十八章「六親不和有孝慈」王注：「六親，父子、兄弟、夫婦也。」

〔七〕無階級，已見譏惑篇「民無階級」句箋。等威，已見仁明篇「序等威以鎮禍亂」句箋。

〔八〕爾雅釋言：「庇，蔭也。」呂氏春秋懷寵「則民知所庇矣」高注：「庇，依廕（與「蔭」通）也。」廣厦，大屋。韓詩外傳五：「傳曰：『天子居廣厦之下。』」

〔九〕照按：「粱」與「稉」並列，不倫類，疑「粱」爲「粱」之誤。說文禾部：「秔，稻屬。从禾，亢聲。稉，俗秔。」又米部：「粱，禾米也（依段校）。从米，梁省聲。」周禮天官膳夫：「凡王之饋食用六穀。」鄭注：「六穀，稌、黍、稷、粱、麥、苽。」又食醫「牛宜稌」鄭注引鄭司農（衆）云：「稌，稉也。」釋文：「稉，本亦作秔。」說文禾部：「稌，稻也。」是六穀中有稻（稉）有粱也。詩秦風權輿「每食四簋」毛傳：「四簋，黍、稷、稻、粱。」又小雅甫田：「黍、稷、稻、粱，農夫之慶。」禮記內則：「飯黍、稷、稻、粱、白黍、黄粱。」（正義：「下言『黄粱』，則上『粱』是白粱也。」）皆以「稻、粱」連言，則此文之「粱」當作「粱」，審矣。國語晉語七「夫膏粱之性難正也」韋注：「膏，肉之肥者。粱，食之精者。」漢書食貨志上「食必粱肉」顏注：「粱，好粟也，即今之粱米。」又霍去病傳「重車餘棄粱肉」顏注：「粱，粟類也，米之善者。」禮記玉藻「五俎四簋」正義：「以朔月四簋，故知日食二簋，以粱、稻美物，故知各一簋。」詩小雅頍弁：「爾酒既旨，爾殽既嘉。」鄭箋：「旨、嘉，皆美也。」稻、粱同爲穀類優良食物，故曰稉粱嘉旨。

〔一〇〕黼黻，已見省煩篇「衣冠車服之制」句箋。說文糸部：「綺，文繒也。」段注：「謂繒之有文者也。」又：「紈，素也。」段注：「素者，白致繒也。」漢書地理志下：「（齊地）織作冰紈綺繡純麗之物，號爲冠帶衣履天下。」顏注：「冰，謂布帛之細，其色鮮絜如冰者也。紈，素也。綺，文繒也，即今之所謂細綾也。」

〔一一〕詩邶風谷風「亦以御冬」毛傳：「御，禦也。」楚辭九辯「無衣裘以御冬兮」舊校：「御，一作禦。」是「御」、「禦」通。論語鄉黨：「當暑，袗絺綌。」集解引孔安國曰：「暑則單服。絺綌，葛也。」此指上句之綺紈。

〔一二〕爾雅釋詁：「辟，君也。」明辟，明君。書洛誥：「周公拜手稽首曰：『朕復子明辟。』」孔傳：「周公盡禮致敬，言我復還明君之政於子。子，成王。」禮記文王世子：「成王幼，不能涖阼。」鄭注：「涖，視也。不能視阼階行人君之事也。」釋文：「涖，本或作莅。」小爾雅廣詁：「物，事也。」是「莅物」與「視事」一實。（國語晉語一有晉獻公「使奚齊涖事」語）意卽行人君之事也。

〔一三〕孫星衍曰：「（『匠』舊寫本作『匡』。）」照按：「匡」字是。已詳備闕篇「則匠世濟民之勳不著矣」條。

〔一四〕周禮天官序官：「惟王建國，辨方正位，體國經野，設官分職，以爲民極。」鄭注引鄭司農云：「置冢宰、司徒、宗伯、司馬、司寇、司空，各有所職，而百事舉。」賈疏：「既體國經野，此須立官以治民，故云設官分職也。」

〔一五〕呂氏春秋本生：「精通乎天地，神覆乎宇宙。」高注：「宇宙，區宇之內。言其德大，皆覆被也。」又執一：「故聖人之事，廣之則極宇宙，窮日月。」高注：「窮，亦極也。」（文選沈約游沈道士館詩：「秦皇御宇宙。」亦以區宇之內爲宇宙。）詩大雅烝民「穆如清風」鄭箋：「穆，和也。」法言淵騫：「觀其行者，穆如也。」

「貴賤有章〔一〕，則慕賞畏罰；勢齊力均，則爭奪靡憚〔二〕。是以有聖人作〔三〕，受命自天〔四〕：或結罟以畋漁〔五〕，或瞻辰而鑽燧〔六〕，或嘗卉以選粒〔七〕，或構宇以仰蔽〔八〕，備物致用〔九〕，去害興利〔一〇〕，百姓欣戴，奉而尊之。君臣之道，於是乎生，安有詐愚凌弱之理？

〔一〕貴賤有章，已見省煩篇「衣冠車服之制」句及仁明篇「序等威以鎮禍亂」句箋。

〔二〕靡憚，謂有恃無恐。

〔三〕禮記禮運：「後聖有作。」鄭注：「作，起。」正義：「謂上古之後聖人作起。」

〔四〕詩大雅大明：「有命自天，命此文王。」

〔五〕易繫辭下：「古者包犧氏之王天下也，……作結繩而爲罔罟，以佃以漁。」正義：「用此罔罟，或陸畋以羅鳥獸，或水澤〔漁〕以罔魚鼈也。」釋文：「罟，音古。馬（融）姚（信）云：『猶网也。』黃（穎）本作爲网罟，云：『取獸曰网，取魚曰罟。』佃，音田。本亦作田。」「畋」、「佃」通。

〔六〕照按：「贍」當作「瞻」。尸子：「燧人上觀辰星，下察五木以爲火。」（藝文類聚八十、太平御覽八六九引。白虎通德論號、風俗通義皇霸、禮含文嘉（北堂書鈔一四二、藝文類聚八十、初學記九、太平御覽八六九引）皆止言燧人鑽木取火，而無觀星辰辭句，故未臚列。）「瞻辰」，卽「觀辰星」也。藏本、吉藩本、愼本、盧本、柏筠堂本、文溯本、叢書本、崇文本並作「瞻」，未誤。當據改。論語陽貨「鑽燧改火」皇疏：「鑽燧者，鑽木取火之名也。」（劉寶楠論語正義卷二十論證鑽燧甚詳，可參閱。）

〔七〕嘗卉選粒，已見仁明篇「選禾稼以代毒烈」句箋。

〔八〕構宇仰蔽，已見讖惑篇「故構棟宇以去鳥獸之羣」句及仁明篇「結棟宇以免巢穴」句箋。

〔九〕易繫辭上：「備物致用，立成器以爲天下利，莫大乎聖人。」正義：「謂備天下之物，招致天下所用，建立成就天下之器，以爲天下之利，唯聖人能然。故云莫大乎聖人也。」集解引虞翻曰：「（聖人）神農、黃帝、堯、舜也。」

〔一〇〕管子君臣下：「故智者假衆力以禁強虐，而暴人止；爲民興利除害，正民之德，而民師之。」尹注：「智者，卽聖王也。」尸子：「禹興利除害，爲萬民種也。」（文選曹植求自試表李注引）淮南子脩務：「若夫神農、堯、舜、禹、湯，可謂聖人乎？……此五聖者，天下之盛主，勞形盡慮，爲民興利除害而不懈。」高注：「懈，惰也。」

「三、五迭興〔一〕，道教遂隆。辯章勸沮〔二〕，德盛刑清。明良之歌作〔三〕，蕩蕩之化成〔四〕。太階既平〔五〕，七政遵度〔六〕，梧禽激響於朝陽〔七〕，麟、虞覿靈而來出〔八〕，龜、龍吐藻於河湄〔九〕，景、老摛耀於天路〔一〇〕，皇風振於九域〔一一〕，凶器戢乎府庫〔一二〕。是以禮制則君安，樂作而刑厝也〔一三〕。

〔一〕史記孔子世家：「楚令尹子西曰：『……今孔丘述三五之法，明周召之業。』」（「五」，原誤作「王」，今據文選東都賦、劉琨勸進表、王融曲水詩序、袁宏三國名臣序贊、李康運命論李注引改。）漢書郊祀志下：「谷永説上（成帝）曰：『……夫周秦之末，三五之隆。』」顏注：「三謂三皇，五謂五帝也。」後漢書班固傳：「（東都賦）勳兼乎在昔，事勤乎三五。」李注：「三五，三皇五帝也。」（文選東都賦李注：「春秋元命苞曰：『伏羲、女媧、神農爲三皇。』史記五帝本紀曰：『黄帝、顓頊、帝嚳、帝堯、帝舜也。』」）文選三國名臣序贊：「然則三五迭隆，歷世承基。」李周翰曰：「三皇五帝更遞興盛，雖歷遠代，而後帝王必繼其道也。」

〔二〕漢書敍傳上：「（答賓戲）劉向司籍，辯章舊聞。」「辯」，文選答賓戲作「辨」，同。辯，别也。（禮記樂記「樂師辯乎聲詩」鄭注：「辯，别也。」）辨，亦别也。（小爾雅廣言）章，明也。（禮記坊記「章民之别」鄭注：「章，明也。」）辯章，即辯别章明之意。勸沮，已見刺驕篇「勸沮不能干」句箋。

〔三〕明良之歌，已見本篇上文「則元首股肱，以表君臣之序」二句箋。

〔四〕蕩蕩之化，已見吴失篇「蕩蕩巍巍」句箋。

〔五〕漢書東方朔傳：「時朔在傍，進諫曰：『……願陳泰階六符，以觀天變，不可不省。』」顏注：「孟康曰：『泰階，三台也。每台二星，凡六星。符，六星之符驗也。』應劭曰：『黄帝泰階六符經曰：「泰階者，天之三階也。上階爲天子，中階爲諸侯、公卿、大夫，下階爲士、庶人。……三階平則陰陽和，風雨時，社稷神祇咸獲其宜，天下大安，是爲太平。』」（後漢書郎顗傳李注所引較略）又揚雄傳下：「（長楊賦）是以玉衡正而太階平也。」文選魏都賦：「故令斯民覩泰階之平，可比屋而爲一。」（張注所引黄帝泰階六符經末段作「三階平則陰陽和，風雨時，歲大登，民人息，天下平，是謂太平。」）「太」、「泰」古通。

〔六〕七政，已見吳失篇「七政告凶」句箋。

〔七〕梧禽，指鳳皇。激響朝陽，已見嘉遯篇「朝陽繁鳴鳳之音」句及廣譬篇「豐朝陽之林，而延鸞禽於丹穴」二句箋。

〔八〕麟，麒麟。已見嘉遯篇「郊畤獨角之獸」句又「驎（麟之借字）不墮穽」句箋。虞，騶虞。已見逸民篇「不識騶虞之用心」句箋。

〔九〕易繫辭上：「河出圖，洛出書，聖人則之。」正義：「如鄭康成之義，則春秋緯（說題辭）云：『河以通乾出天苞，洛以流坤吐地符。河龍圖發，洛龜書感。河圖有九篇，洛書有六篇。』孔安國（論語子罕注）以爲『河圖則八卦是也』，洛書則九疇是也。」（集解同（詩大雅文王序正義引說題辭前二句，羅苹路史前紀九有巢氏内所注者，蓋引用孔氏正義。））禮記禮運：「河出馬圖。」鄭注：「馬圖，龍馬負圖而出也。」正義：「按（尚書）中候握河紀：『堯時受河圖，龍銜，赤文，緑色。』（鄭玄）注云：『龍而形象馬。』故云馬圖是龍馬負圖而出。」又云：『伏羲氏有天下，龍馬負圖出於河，遂法之畫八卦。』」春秋左傳序「河不出圖」正義：「鄭玄以爲河圖洛書龜龍銜負而出，如（尚書）中候所說：『龍馬銜甲，赤文，緑色。甲似龜背，袤廣九尺，上有列宿斗正之度，帝王録紀興亡之數。』是也。」（論語子罕「河不出圖」邢疏全襲孔氏此文）論語子罕：「子曰：『鳳鳥不至，河不出圖，吾已矣夫！』」集解引孔安國曰：「河圖，八卦是也。」皇疏：「聖人王，則有龍馬及神龜負應王之圖書從河而出爲瑞也。如龍圖授伏犧，龜書畀姒禹也。八卦，則易乾、坤等八方之卦也；龍負之出，授伏犧也。」漢書五行志上：「易曰：『天垂象，見吉凶，聖人象之；河出圖，雒出書，聖人則之。』劉歆以爲虙羲氏（顏注：「虙讀與伏同。」）繼天而王，受河圖，則而畫之，八卦是也；禹治洪水，賜雒書，法而陳之，洪範是也。」後漢書方術傳序「至乃河洛之文，龜龍之圖」李注引尚書中候曰：「堯沈璧於洛，玄龜負書，背中赤文朱字，止壇。舜禮壇於河畔，沈璧，禮畢，至於下昃，黃龍負卷舒圖，出水壇畔。」詩小雅巧言：「居河之麋。」毛傳：「水草交謂之麋。」釋文：「麋，本又作湄，音眉。」又秦風蒹葭：「在水之湄。」正義：「（爾雅）釋水云：『水草交爲湄。』謂水草交際之處，水之岸也。」

〔一〇〕景，景星。史記天官書：「天精（漢書天文志作暒，顏注引孟康曰：「暒，精明也。」）而見景星。景星者，德星也。其狀無常，常出於有道之國。」正義：「景星狀如半月，生於晦朔，助月爲明。見則人君有德，明聖之慶也。」白虎通德論封禪：「景星者，大星也。月或不見，景星常見，可以夜作，有益於人民也。」晉書天文志中：「（雜星氣）瑞星：一曰景星，如半月，生於晦朔，助月爲明。……亦名德星。」尚書中候：「帝堯即政，景星出翼。」（藝文類聚一、太平御覽七又八十又八七二引）春秋佐助期：「虞舜之時，景星出房。」（太平御覽八七二引）孝經援神契：「王者德至天，則景星見。」（開元占經七七引）老，老人星。史記天官書：「狼比地有大星，曰南極老人。老人見，治安。」（集解引晉灼曰：「比地，近地也。」）晉書天文志上：「老人一星，在弧南，一曰南極。……見則治平。」春秋運斗樞：「王政和平，則老人星臨國，萬民以歐。」（太平御覽八七二引）又：「老人星臨其國，則蓂莢生。」（同上八七三引）孫氏瑞應圖：「王者承天，則老人星臨其國。」（藝文類聚一引）文選西京賦：「美往昔之松、喬，要羨門乎天路。」李注：「枚乘樂府詩曰：『美人在雲端，天路隔無期。』」

〔一一〕文選東都賦：「覲明堂，臨辟雍，揚緝熙，宣皇風。」劉良曰：「覲，見也。緝熙，光明也。宣，布也。言見羣臣於明堂，以揚光明之德，布天子之風。」漢書律曆志下：「祭典曰：『共工氏伯九域。』」（禮記祭法作「霸九州」）文選潘勗册魏公九錫文：「綏爰九域。」李注：「韓詩曰：『方命厥后，奄有九域。』」（毛詩商頌玄鳥作「九有」）薛君曰：『九域，九州也。』」（毛傳亦訓九有爲九州）徐幹中論法象：「成湯不敢怠遑，而奄有九域。」亦用韓詩字也。

〔一二〕國語越語下：「范蠡進諫曰：『……兵者凶器也。』」（又見史記越世家）韋注：「言害人也。」文子下德：「老子曰：『……兵者凶器也。』」（老子第三十一章有「夫佳兵不祥之器」語）韓非子存韓：「兵凶器也，不可不審用也。」呂氏春秋論威：「凡兵天下之凶器也。」鹽鐵論論功：「故兵者凶器，不可輕用也。」禮記樂記：「武王克殷，……車甲衅而藏之府庫，而弗復用。」鄭注：「甲，鎧也。衅，釁字也。」呂氏春秋愼大覽：「武王勝殷，……釁鼓旗甲兵，藏之府庫，終身不復用。」高注：「殺牲祭以血塗之曰釁。鼓以進衆。旗，軍械也。熊虎爲旗。甲，鎧。兵，戈、戟、箭、矢也。」詩周頌時邁「載戢干戈」毛傳：「戢，聚。」（淮南子道應：「昔武王伐紂，破之牧野。……破鼓折枹，弛弓絶絃，去舍露宿，以示平易。」）

〔一三〕禮記經解：「孔子曰：『安上治民，莫善於禮。』」（又見孝經廣要道章）又樂記：「王者功成作樂，治定制禮。」鄭注：「功成、治定同時耳。功主於王業，治主於教民。」尚書大傳：「周公居攝六年，制禮作樂，天下和平。」（太平御覽七八五引）荀子議兵：「傳曰：『威厲而不試，刑錯而不用。』」（宥坐亦有此二語）楊注：「錯，置也，如置物於地不動也。」史記周紀：「故成、康之際，天下安寧，刑錯四十餘年不用。」集解：「應劭曰：『錯，置也。民不犯法，無所置刑。』」漢書文帝紀贊：「斷獄數百，幾致刑措。」顏注：「應劭曰：『措，置也。民不犯法，無所刑也。』」師古曰：『斷獄數百者，言普天之下死罪人不過數百。幾，近也，音巨衣反。』」又司馬相如傳上：「（上林賦）刑錯而不用。」顏注：「錯，置也。……錯音千故反。」後漢書崔駰傳：「（達旨）六典陳而九刑厝。」李注：「厝，謂置之不用也。」文選劉徹賢良詔：「(元光元年)周之成、康，刑措(漢書武帝紀作錯〔顏注：「錯，置也，音千故反。」〕)不用。」李注：「紀年曰：『成、康之際，天下安寧，刑措四十年不用。』」(今本紀年無此文)說文手部：「措，置也。」段注：「置者，赦也。立之爲置，捨之亦爲置。措之義亦如是。經傳多叚錯爲之，賈誼傳叚厝爲之。」(漢書誼傳：「〔上疏〕夫抱火厝之積薪之下而寢其上。」顏注：「厝，置也，音千故反。」新書數寧『厝』作『措』)

「若夫奢淫狂暴，由乎人已，豈必有君便應爾乎？而鮑生獨舉衰世之罪，不論至治之義〔一〕，何也？

〔一〕莊子胠篋：「子獨不知至德之世乎？昔者容成氏、大庭氏、……伏羲氏、神農氏，當是時也，民結繩而用之。甘其食，美其服，樂其俗，安其居，鄰國相望，雞狗之音相聞，民至老死而不相往來。若此之時，則至治已。」(「甘其食……民至老死而不相往來」七句，與老子第八十章同)釋文：「容成氏，司馬(彪)云：『此十二氏，皆古帝王。』」成疏：「止分故甘，去華故美，混同故樂，恬淡故安居也。境邑相比，相去不遠，雞犬吠聲相聞相接，而性各自足，無求於世，卒於天命，不相往來，無爲之至。無欲無求，懷道抱德，如此時也，豈非至哉！」

「且夫遠古質朴，蓋其未變，民尚童蒙〔一〕，機心不動〔二〕。譬夫嬰孩，智慧未萌，非爲知而不爲，欲而忍之也。若人與人爭草萊之利，家與家訟巢窟之地，上無治枉之官，下有重類之黨，則私鬬過於公戰，木石銳於干戈。交尸布野，流血絳路。久而無君，噍類盡矣〔三〕。

〔一〕文子道原：「古者民童蒙不知東西。」(淮南子齊俗同)又精誠：「虙犧氏之王天下也，……其民童蒙不知西東。」

〔二〕莊子天地：「爲圃者忿然作色而笑曰：『吾聞之吾師：「有機械者，必有機事；有機事者，必有機心。機心存於胸中，則純白不備。」〔二〕淮南子原道「故機械之心藏於胸中」高注：「機械，巧詐也。」又本經：「懷機械巧故之心，而性失矣。」高注：「性失，失其純樸之性也。」

〔三〕漢書高帝紀上：「懷王諸老將皆曰：『項羽爲人慓悍禍賊，嘗攻襄城，襄城無噍類。』」顔注引如淳曰：「噍，音祚笑反。無復有活而噍食者也。青州俗呼無孑遺爲無噍類。」（史記高祖紀「噍類」作「遺類」。集解引徐廣曰：「『遺』，一作『噍』。噍，食也。音在妙反。」

「至於擾龍馴鳳〔一〕，河圖洛書〔二〕，或麟銜甲負〔三〕，或黄魚波湧〔四〕，或丹禽翔授〔五〕，或回風三集〔六〕，皆在有君之世，不出無王之時也。夫祥瑞之徵，指發玄極〔七〕；或以表革命之符，或以彰至治之盛。若令有君不合天意，彼嘉應之來，孰使之哉？子若以混冥爲美乎？則乾坤不宜分矣；若以無名爲高乎？則八卦不當畫矣〔八〕。豈造化有謬〔九〕，而太昊之闇哉〔一〇〕！

〔一〕左傳昭公二十九年：「（蔡墨）對曰：『昔有飂叔安有裔子，曰董父，實甚好龍，能求其耆欲以飲食之，龍多歸之。乃擾畜龍以服事帝舜。帝賜之姓曰董，氏曰豢龍。……故帝舜氏世有畜龍。』」杜注：「飂，古國也。叔安，其君名。裔，遠也。玄孫之後爲裔。擾，順也。豢龍，官名。官有世功，則以官氏。」釋文：「飂，力謬反。耆，時志反。食之，音嗣。」呂氏春秋古樂：「帝嚳乃令人抃，（高注：「兩手相擊曰抃。」）或鼓鼙，擊鐘磬，吹苓，展管篪，因令鳳鳥、天翟舞之。」（太平御覽九一五引呂氏春秋曰：「帝嚳有聖德，作樂六英，乃令人卞〔抃〕，使鳳皇鼓翼而舞。」與此文不同，是否爲其異文或他篇佚文，未敢肊定。）史記秦紀：「大費拜受，佐舜調馴鳥獸，鳥獸多馴服。」未審所馴之鳥，其中有鳳否？

〔二〕河圖、洛書，已見本篇上文「龜、龍吐藻於河湄」句及下文「或麟（鱗）銜甲負」句箋。

〔三〕「麟」，藏本、魯藩本、吉藩本作「鱗」。照按：「鱗」字是。大戴禮記易本命：「有甲之蟲三百六十，而神龜爲之長；有鱗之蟲三百六十，而蛟龍爲之長。」是鱗謂龍，甲謂龜也。尚書中候：「帝堯卽政七十載，修壇河洛。……榮光出，河龍馬銜甲，赤文綠色，臨壇吐甲圖。」（文選顏延之赭白馬賦李注引（太平御覽八十所引者字句微異））又：「武王觀於（洛）河，沈璧禮畢，且退，……青雲浮洛，赤龍臨壇，銜玄甲之圖吐之而去。」（初學記六引（文選江淹詣建平王上書李注所引略同，惟「武王」作「成王」，疑字有誤。））此鱗銜出典也。尚書中候：「堯沈璧於洛，玄龜負圖（書）出，背甲赤文成字，止壇。」（初學記六引）又：「堯率羣臣東沈璧於洛，……赤光起，玄龜負書出，赤文成字。」（同上（白帖七引作「堯沈璧於洛，赤光起，有靈龜負書出，赤文成字。」））此甲負出典也。

〔四〕尚書中候維（雒）予命：「天乙（史記殷紀：「主癸卒，子天乙立，是爲成湯。」）在亳，東觀於洛，黃魚雙躍出，濟於壇。」（詩商頌譜正義引（太平御覽八三所引較詳，並有鄭玄注：「濟，上也。雖祭，猶爲位告神，故有壇。」））又：「湯觀於亳，沈璧，而黑龍與之書，黃魚雙躍。」（禮記檀弓上正義引）

〔五〕尚書中候我應：「季秋之月甲子，赤雀銜丹書入豐，止於昌（史記周紀：「公季卒，子昌立，是爲西伯，西伯曰文王。」）戶，再拜稽首受。」（詩大雅文王序正義、周禮春官賈疏、公羊傳隱公元年徐疏引（史記周紀正義所引尚書帝命驗同，惟無末句。））又：「周文王爲西伯，季秋之月甲子，赤雀銜丹書入豐鄗，止於昌戶，乃拜稽首受。取（最）曰：『姬昌，蒼帝子。亡殷者，紂也。』」（太平御覽二四引）廣雅釋器：「丹，赤也。」爾雅釋鳥：「二足而羽謂之禽。」又釋鳥題下釋文：「禽卽鳥也。」文選高唐賦「衆雀嗷嗷」李注：「雀，鳥之通稱。」是丹禽翔授，謂赤雀銜丹書授文王也。

〔六〕爾雅釋天：「迴風爲飄。」（詩檜風匪風「匪風飄兮」毛傳同，集韻十五灰：「回，古作回，俗作迴。」）說文風部：「飄，回風也。」詩大雅卷阿：「飄風自南。」毛傳：「飄風，迴風也。」又小雅何人斯：「其爲飄風。」毛傳：「飄風，暴起之風。」釋文：「飄，疾風也。」老子第二十三章：「飄風不終朝。」河上公注：「飄風，疾風也。」楚辭離騷：「飄風屯其相離兮。」王注：「回風爲飄。飄風，無常之風。」是回風謂乍起迅猛之風。六韜佚文：「武王伐紂，師至氾水牛頭山，風甚雷疾，鼓旗毀折。王之驂乘，惶震而死。太公曰：『用兵者順天之道未必吉，逆之不必凶。若失人事，則三軍敗亡。……不假卜筮而事吉，不禱祀而福從。』遂命驅之前進。……乃焚龜折蓍，援枹而鼓，率衆先涉河。武王從之，遂滅紂。」（通典一六二、太平御覽三二八引）史記齊太公世家：「武王將伐紂，卜，龜兆不吉，風雨暴至。羣公盡懼，唯太公彊之勸武王，武王於是遂行。……誓於牧野，伐商紂。紂師敗績。」淮南子覽冥：「武王伐紂，渡於孟津，陽侯之波，逆流而擊；疾風晦冥，人馬不相見。於是武王左操黃鉞，右秉白旄，瞋目而撝之，曰：『余任〔在〕，天下誰敢害吾意者！』於是風濟而波罷。」（又見論衡感虛）六韜佚文：「武王伐紂，諸侯已至，未知士民何如？……太公曰：『師渡孟津，六馬仰流，赤烏降，白魚外入，此豈非天所命也？師到坶野（說文土部作坶野），天暴風電，前後不相見。車益發越，轅衡摧折，旌旄三折，旗幟飛揚者，精鋭感天也；雨以洗吾兵，雷電應天也。』」（太平御覽三二九引）據上引諸文，武王伐紂，曾遇氾水、孟津、牧野三地風暴，故曰「回風三集」。

〔七〕玄極，謂至高之天。指發玄極，猶言天之旨意。

〔八〕照按：此四句爲詰難篇首無君論「夫混茫以無名爲貴」之辭，是「混冥」與「混茫」同（冥、茫雙聲）。混茫、無名，均已見彼句箋。乾坤句，亦見上文「乾坤定位，上下以形」二句箋。八卦句，亦見上文「遠取諸物」句及「龜龍吐藻於河湄」句箋。

〔九〕淮南子原道：「乘雲陵霄，與造化者俱。」高注：「造化，天地。」又本經：「與造化者相雌雄。」高注：「造化，天地也。」此句承上「則乾坤不宜分矣」句。

〔一〇〕禮記月令：「（孟春之月）其帝大皡。」鄭注：「大皡，宓犧氏。」釋文：「大皡，上音太。皡，亦作昊。胡老反。大皡，宓戲也。此宓戲音密，又音服。戲，亦作犧，又作羲，同許宜反。」此句承上「則八卦不當畫矣」句。

「雅論所尚，唯貴自然。請問夫識母忘父，羣生之性也〔一〕；拜伏之敬，世之末飾也〔二〕。然性不可任，必尊父焉；飾不可廢，必有拜焉。任之，廢之，子安乎？

〔一〕莊子盜跖：「神農之世，臥則居居，起則于于，（成疏：「居居，安靜之容。于于，自得之貌。」）民知其母不知其父。」商子開塞：「天地設而民生之，當此之時也，民知其母而不知其父。」呂氏春秋恃君覽：「昔太古嘗無君矣，其民聚生羣處，知母不知父。」論衡齊世：「故夫宓犧之前，人民至質朴，臥者居居，坐者于于，羣居聚處，知其母不識其父。」白虎通德論號：「古之時未有三綱六紀，民人但知其母不知其父。」

〔二〕照按：「世之末飾」，疑當乙作「末世之飾」，始合文意。蓋謂拜伏之禮，起於後代，上古無有也。文子上義：「末世之衰也。」淮南子齊俗：「末世之用也。」句法並與此同，亦其旁證。拜伏之禮，已見省煩篇「拜起俯伏之無已邪」句箋。

「古者生無棟宇〔一〕，死無殯葬〔二〕，川無舟檝之器〔三〕，陸無車馬之用〔四〕。吞啖毒烈〔五〕，以至殞斃；疾無醫術〔六〕，枉死無限。後世聖人，改而垂之〔七〕，民到于今，賴其厚惠。

機巧之利，未易敗矣。

〔一〕棟宇，已見仁明篇「結棟宇以免巢穴」句箋。

〔二〕孟子滕文公上：「蓋上世嘗有不葬其親者。其親死，則舉而委之於壑。」趙注：「上世，未制禮之時。壑，路旁坑壑也。其父母終，舉而委棄之於壑中也。」荀子禮論「三月之殯」楊注：「此殯，謂葬也。」

〔三〕舟檝之器，已見仁明篇「後〔役〕舟楫以濟不通」句箋。易繫辭下「舟楫之利」釋文：「楫，本又作檝。」

〔四〕車馬之用，亦見仁明篇「服牛馬以息負步」句箋。

〔五〕呑啖毒烈，亦見仁明篇「選禾稼以代毒烈」句箋。

〔六〕醫術，已見廣譬篇「神農不九疾，則四經之道不垂」二句箋。

〔七〕垂，流傳。

「今使子居則反巢穴之陋，死則捐之中野〔一〕。限水則泳之游之〔二〕，山行則徒步負戴〔三〕。棄鼎鉉而爲生臊之食〔四〕，廢針石而任自然之病〔五〕。裸以爲飾，不用衣裳〔六〕。逢女爲偶，不假行媒〔七〕。吾子亦將曰不可也。況於無君乎！

〔一〕易繫辭下：「古之葬者，厚衣之以薪，葬之中野。」說文手部：「捐，棄也。」

〔二〕詩邶風谷風：「就其淺矣，泳之游之。」鄭箋：「潛行爲泳。」朱注：「潛行曰泳，浮水曰游。」

〔三〕負，謂負於背。戴，謂戴於首。漢書朱買臣傳：「擔束薪，行且誦書。其妻亦負戴相隨。」

〔四〕易鼎：「六五，鼎黄耳金鉉。」正義：「鉉，所以貫鼎而舉之也。」釋文引馬融云：「鉉，扛鼎而舉之也。」（鉉爲貫鼎兩耳之具，用以提舉者。）國語晉語四：「舅犯走且對曰：『……偃之肉腥臊，將焉用之！』」（史記晉世家作「犯肉腥臊，何足食！」）是臊謂肉類之腥臭氣。此二句即不烹飪而生食之意。（鼎爲古代烹飪器之一）

〔五〕針石，已見用刑篇「則不得不攻之以鍼石」句箋。「針」、「鍼」同，見玉篇金部鍼字下。

〔六〕左傳哀公七年：「（子貢）對曰：『……大伯端委以治周禮，仲雍嗣之，斷髮文身，臝以爲飾，豈禮也哉！有由然也。』」正義：「臝以爲飾者，臝其身體，以文身爲飾也。」釋文：「臝，本又作倮。」列子湯問：「南國之人，祝髮而裸。」釋文：「（裸）謂不以衣蔽之也。力果反。」漢書地理志下：「粵地，……帝少康之庶子云封於會稽，文身斷髮，以避蛟龍之害。」顏注引應劭曰：「常在水中，故斷其髮，文其身，以象龍子，故不見傷害也。」呂氏春秋求人：「羽人裸民之處。」高注：「裸民，不衣衣裳也。」文選趙至與嵇茂齊書：「表龍章於裸壤。」李注：「裸壤，文身也。」劉良曰：「裸壤，不衣之國也。」「裸」與「臝」、「倮」同。

〔七〕禮記曲禮上：「男女非有行媒，不相知名。」鄭注：「見媒往來傳昏姻之言，乃相知姓名。」正義：「相知男女名者，先須媒氏行傳昏姻之意後乃知名；見媒往來傳昏姻之言，乃相知姓名也。故昏禮有六禮，二曰問名。」（六禮，即納采、問名、納吉、納徵、請期、親迎，見儀禮士昏禮首句賈疏。）

「若令上世人如木石，玄冰結而不寒〔一〕，資（藏本作肴，從意林改。）糧絶而不飢者〔二〕，可也。衣食之情，苟在其心，則所爭豈必金玉，所競豈必榮位？橡茅（藏本作茅，今從舊寫本。）可以生鬭訟〔三〕，藜藿足用致侵奪矣〔四〕。夫有欲之性，萌於受氣之初〔五〕；厚己之情，著於成形之日〔六〕。賊殺并兼，起於自然。必也不亂，其理何居〔七〕？

〔一〕玄冰，已見廣謦篇「故玄冰結則五明捐」句箋。

〔二〕孫星衍曰：「（『資』）藏本作『肴』，從意林改。」照按辭義篇：「何異春華不爲肴糧之用。」內篇雜應：「斷穀人止可息肴糧之費。」是稚川一再以「肴糧」連文，不必據意林改「肴」爲「資」也。太平御覽八五四引作「肴」，魯藩本、吉藩本、舊寫本、愼本、盧本、柏筠堂本、文溯本、叢書本、崇文本作「殽」（與「肴」通），均足證「肴」改「資」非是。

〔三〕孫星衍曰：「（『芧』）藏本作『茅』，今從舊寫本。」照按：孫改是也。莊子齊物論：「狙公賦芧。」釋文：「芧，音序。司馬（彪）云：『橡子也。』」又徐无鬼：「武侯曰：『先生居山林，食芧栗。』」又盜跖：「於是民皆巢居以避之，晝拾橡栗，暮棲木上，故命之曰有巢氏之民。」韓非子外儲說右下：「秦大饑，應侯請曰：『五苑之草著，蔬菜、橡果、棗栗，足以活民，請發之。』」呂氏春秋恃君覽：「柱厲叔事莒敖公，自以爲不知，而去居於海上。……冬日則食橡栗。」（又見說苑立節〔作杼栗〕、列子說符）高注：「橡，皁斗也，其狀似栗。」後漢書李恂傳：「時歲荒，……徙居新安關下，拾橡實以自資。」李注：「橡，櫟實也。」晉書摯虞傳：「轉入南山中，糧絕飢甚，拾橡實而食之。」並足證「芧」確爲「茅」之誤。

〔四〕大戴禮記曾子制言下：「聚橡栗藜藿而食之。」盧注：「藜，藿。藿，豆。」六韜文韜盈虛：「糲粱之飯，藜藿之羹。」韓非子五蠹：「糲粢之食，藜藿之羹。」史記太史公自序：「糲粱之食，藜藿之羹。」正義：「藜，似藿而表赤。藿，豆葉也。」漢書司馬遷傳顏注：「藜，草似蓬也。藿，豆葉也。」

〔五〕周書文酌：「人生而有欲。」荀子禮論：「禮起於何也？曰：『人生而有欲，欲而不得，則不能無求；求而無度量分界，則不能不爭，爭則亂。』」（史記禮書：「人生有欲，欲而不得，則不能無忿；忿而無度量則爭，爭則亂。」）呂氏春秋情欲：「天生人而使有貪有欲。」傳說「人函（讀與含同）天地陰陽之氣」以生，故云「萌於受氣之初」。

〔六〕 國語晉語八：「叔魚生，其母視之，（韋注：「叔魚，晉大夫叔向母弟羊舌鮒。視，相察也。」）曰：『是虎目而豕喙，（韋注：「虎視眈眈。豕喙長而鋭。」）鳶肩而牛腹，（韋注：「鳶肩，肩井斗出。牛腹，脅張也。」）谿壑可盈，是不可饜也，（韋注：「水注川曰谿。壑，溝也。」）必以賄死。』（韋注：「後爲贊理，受雍子女而抑邢侯，邢侯殺之。」〔事見左傳昭公十四年。家語正論解同。〕）遂不視。（韋注：「不自養視。」）」

〔七〕 禮記檀弓上：「檀弓曰：『何居？我未之前聞也。』」鄭注：「居讀爲姬姓之姬，齊、魯之間語助也。」正義：「何居，居是語辭。言仲子舍適孫立庶子，是何道理乎？」又：「武子曰：『……吾許其大而不許其細，何居？』」莊子齊物論：「顔成子游立侍乎前，曰：『何居乎形固可使如槁木，而心固可使如死灰乎？』」釋文：「何居，如字。又音姬。司馬（彪）云：『猶故也。』」

「夫明王在上，羣后盡規〔一〕，坐以待旦〔二〕，昧朝旰食〔三〕，延誹謗以攻過〔四〕，責昵屬之補察〔五〕，聽輿謡以屬省〔六〕，鑒履尾而夕惕〔七〕，飈清風以埽穢，厲秋威以肅物〔八〕。制峻網密〔九〕，有犯無赦。刑戮以懲小罪，九伐以討大憝〔一〇〕，猶懼豺狼之當路〔一一〕，慼彝倫之不敘〔一二〕，憂作威之凶家，恐姦宄之害國〔一三〕。

〔一〕 「羣后」與「明王」對舉，則羣后指王侯公卿。（書舜典「班瑞于羣后」孔傳謂「還五瑞於諸侯」，與此不恰，故未徵引。）國語周語上：「近臣盡規。」（又見呂氏春秋達鬱、史記周紀、潛夫論潛歎）韋注：「盡規，盡其規計以告王也。」

〔二〕 孟子離婁下：「周公思兼三王，以施四事；其有不合者，仰而思之，夜以繼日；幸而得之，坐以待旦。」趙注：「坐以待旦，言欲急施之也。」（書僞太甲上：「伊尹乃言曰：『先王昧爽丕顯，坐以待旦。』」）

〔三〕荀子哀公：「孔子曰：『……君昧爽而櫛冠，平明而聽朝。』」楊注：「昧，闇。爽，明也。謂初曉尚暗之時。」左傳昭公二十年：「（伍）奢聞員不來，曰：『楚君大夫其旰食乎！』」杜注：「將有吳憂，不得早食。」釋文：「旰，古旦反。」小爾雅廣言：「旰，晚也。」

〔四〕大戴禮記保傅：「於是有進善之旍，有誹謗之木。」（又見新書保傅、漢書賈誼傳）盧注：「堯置之，使書政之愆失也。」（漢書賈誼傳顏注：「進善言者，立於旌下。譏惡事者，書之於木。」）鄧析子轉辭：「堯置敢諫之鼓，舜立誹謗之木。」尸子：「堯立誹謗之木。」（史記文帝紀索隱引）呂氏春秋自知：「堯有欲諫之鼓，舜有誹謗之木。」高注：「書其過失以表木也。」淮南子主術：「故堯置敢諫之鼓，舜立誹謗之木。」高注：「書其善否於表木也。」史記文帝紀：「（二年）上曰：『古之治天下，朝有進善之旌，誹謗之木，所以通治道而來諫者。』」集解：「服虔曰：『堯作之，橋梁交午柱頭。』應劭曰：『橋梁邊板，所以書政治之愆失也。至秦去之，今乃復施也。』」索隱：「誹，音非，亦音沸。韋昭云：『慮政有闕失，使書於木，此堯時然也，後代因以爲飾。今宮外橋梁頭四植木是也。』」古今注問答釋義：「程雅問曰：『堯設誹謗之木，何也？』答曰：『今之華表木也，以橫木交柱頭，狀若華也。形似楔槔，大路交衢悉施焉。或謂之表木，以表王者納諫也。亦以表識衢路也。秦乃除之，漢始復修焉。今西京謂之交午木。』」誹謗木之置傳聞有異，故諸書所言不同。

〔五〕左傳襄公十四年：「（師曠）對曰：『……是故天子有公，諸侯有卿，卿置側室，大夫有貳宗，士有朋友，庶人工商皂隸牧圉，皆有親暱，以相輔佐也。……自王以下，各有父兄子弟，以補察其政。』」杜注：「補其愆過，察其得失。」國語周語上：「親戚補察。」韋注：「補，補過。察，察政也。」（又見呂氏春秋達鬱、史記周紀、潛夫論潛歎）爾雅釋詁：「暱，近也。」郭注：「暱，親近也。」玉篇日部：「暱，女栗切，親近也。昵，同上。」

〔六〕照按：「屬省」與上句「昵屬」之「屬」字重複，不符全書行文體例。疑爲「屢省」之誤。（其作「屬省」，當是涉上句致誤。）書益稷：「屢省乃成。」（孔傳：「屢，數也。當數顧省汝成功。」釋文：「省，悉井反。數，色角反。」正義：「顧省汝成功，謂已有成功，令數顧省之。」）卽此「屢省」二字之所自出也。輿，輿誦，輿論。左傳僖公二十八年：「楚師背酅而舍，晉侯（文公）患之。聽輿人之誦，（杜注：「恐衆畏險，故聽其歌誦。」）曰：『原田每每，舍其舊而新是謀。』（杜注：「高平曰原。喻晉軍美盛若原田之草每每然，可以謀立新功，不足念舊惠。」釋文：「舍，音捨。」）公疑焉。（杜注：「疑衆謂己背舊謀新。」）子犯曰：『戰也！戰而捷，必得諸侯；若其不捷，表裏山河，必無害也。』（杜注：「晉國外河而內山。」）公曰：『若楚惠何？』欒貞子曰：『漢陽諸姬，楚實盡之。思小惠而忘大恥，不如戰也！』」國語晉語三：「惠公入而背外內之賂。（韋注：「外，秦也。內，里、丕也。」）輿人誦之，（韋注：「輿，衆也。不歌曰誦。」）曰：『佞之見佞，果喪其田。（韋注：「僞善爲佞。佞，謂里、丕受惠公賂田而納之。見佞，謂惠公入而不與也。果，猶竟也。喪，亡也。喪田，里、丕不得其賂田。」）詐之見詐，果喪其賂。（韋注：「詐，謂秦以詐立惠公，不置德而置服也。見詐，謂惠公入而背之。喪賂，秦不得其賂也。」）……既里、丕死，（韋注：「既，已也。惠公二年春殺里克，秋殺丕鄭。」）禍公隕於韓。』（韋注：「禍，謂貪惏之禍也。秦伐晉，戰於韓，獲惠公以歸，隕其師徒。」）郭偃曰：『善哉！夫衆口禍福之門也。是以君子省衆而動，（韋注：「動，行也。」）監戒而謀，謀度而行，（韋注：「監，察也。度，揆也。察衆口以爲戒，謀事揆義乃行之。」）故無不濟。內謀外度，考省不倦，（韋注：「考，校也。」）日考而習，戒備畢矣。』」（韋注：「日自考省，習而行之，戒備之道，畢於是矣。」）又楚語上：「（白公）對曰：『……近臣諫，遠臣謗，輿人誦，以自誥也。』」（韋注：「輿，衆也。誦，誦善敗也。」）三國志魏書王朗傳：「（上疏）設其傲狠，殊無入志，懼彼輿論之未暢者，並懷伊邑。臣愚以爲宜敕別征諸將，各明奉禁令，以慎守所部。」晉書王沈傳：「乃下教曰：『自古聖賢，樂聞誹謗之言，聽輿人之論，芻蕘有可録之事，負薪有廊廟之語故也。』」謡，歌謡，謡言。爾雅釋樂：「徒歌謂之謡。」説文言部：「䚻，徒歌。」玉篇言部：「謡，徒歌也。」是謡爲不合樂之歌也。左傳襄公十四年：「故夏書曰：『遒人以木鐸徇於路。』」（書僞胤征襲此文）杜注（夏書）逸書。遒人，行人之官也。木鐸，木舌金鈴。徇於路，求歌謡之言。」漢書五行志中之上：「君炕陽而暴虐，臣畏刑而柑口，則怨謗之氣，發於謌（歌或字，見説文欠部歌字下。）謡。」又藝文志詩賦略：「自孝武立樂府而采歌謡，於是有代、趙之謳，秦、楚之風，皆感於哀樂，緣事而發，亦可以觀風俗，知薄厚云。」後漢書郅壽傳：「下吏當誅。侍御史何敞上疏理之曰：『臣聞聖王闢四門，……立敢諫之旗，聽歌謡於路，爭臣七人，以自鑒照，考知政理，違失人心，輒改更之。』」又劉瑜傳：「上書陳事曰：『……臣在下土，聽聞歌謡，驕臣虐政之事，遠近呼嗟之音，竊爲辛楚，泣血漣如。幸得引録，備答聖問。』」又劉陶傳：「光和五年，詔公卿以謡言舉刺史、二千石爲民蠹害者。……由是諸坐謡言徵者悉拜議郎。」李注：「謡言，謂聽百姓風謡善惡而黜陟之也。」又蔡邕傳：「（上封事）五年制書，議遣八使，又令三公謡言奏事。」李注：「漢官儀曰：『三公聽採長史臧否人所疾苦，條奏之。是爲舉謡言者也。』」又黨錮范滂傳：「復爲太尉黄瓊所辟。後詔三府掾屬舉謡言，滂奏刺史、二千石之黨二十餘人。」李注：「漢官儀曰：『三公聽採長史臧否人所疾苦，還條奏之，是爲舉謡言也。頃者舉謡言，掾屬令史都會殿上，主者大言，州郡行狀云何，善者同聲稱之，不善者默爾銜枚。』」又循吏傳序：「然建武、永平之間，吏事刻深，亟以謡言單辭，轉易守長。」潛夫論明闇：「夫田常囚簡公，踔齒懸泯王，二世亦既聞之矣，然猶復襲其敗迹者，何也？過在於不納卿士之箴規，不受民氓之謡言。」是謡言謂民間評議時政之言論也。

〔七〕易履：「六三，……履虎尾，咥人凶。」正義：「以此履虎尾，咥齧於人，所以凶也。」又乾：「九三，君子終日乾乾，夕惕若厲。」正義：「夕惕者，謂終竟此日後至向夕之時，猶懷憂惕。」釋文：「惕，他歷反，怵惕也。鄭玄云：『懼也。』」書僞君牙：「心之憂危，若蹈虎尾，涉于春冰。」枚傳：「虎尾，畏噬。　春冰，畏陷。　危懼之甚。」文選三國名臣序贊：「仁者必勇，德亦有言。　雖遇履尾，神氣恬然。」又思玄賦：「夕惕若厲以省𠍴兮，懼余身之未勑。」

〔八〕漢書禮樂志：「（郊祀歌）西顥沆碭，秋氣肅殺。」後漢書廣陵思王荆傳：「令蒼頭詐稱東海王彊舅大鴻臚郭況書與彊曰：『……當爲秋霜，無爲檻羊。』」李注：「秋霜，肅殺於物。」申鑒雜言上：「（人主）喜如春陽，怒如秋霜。」

〔九〕漢書景帝紀贊：「周、秦之敝，罔密文峻，　而姦軌不勝。」「網」與「罔」同（見文選謝朓直中書省詩「深沈映朱網」李注）。

〔一〇〕九伐，已見廣譬篇「五刑九伐」句箋。　書康誥：「王曰：『封，元惡大憝，矧惟不孝不友！』」孔傳：「大惡之人，猶爲人所大惡（烏路反），況不善父母，不友兄弟者乎！　言人之罪惡，莫大於不孝不友。」文選西征賦：「愠韓、馬之大憝，阻關、谷以稱亂。」李注引孔安國曰：「憝，惡也。」（孔傳係意引）

〔一一〕漢書孫寶傳：「（侯）文曰：『豺狼横道，不宜復問狐狸。』」顔注：「言不當釋大而取小也。」後漢書張綱傳：「而綱獨埋其車輪於洛陽都亭，曰：『豺狼當路，安問狐狸！』」文選曹植贈白馬王彪詩：「鴟梟鳴衡扼，豺狼當路衢。」李注：「鴟梟、豺狼，以喻小人也。」

〔一二〕書洪範：「天乃錫禹洪範九疇，彝倫攸敘。」孔傳：「天與禹，洛出書，神龜負文而出，列於背，有數至於九，禹遂因而第之，以成九類，常道所以次敘。」（史記宋微子世家作「天乃錫禹鴻範九等，常倫所序。」）

〔一三〕書洪範：「惟辟作福，惟辟作威，惟辟玉食。　臣無有作福作威玉食。　臣之有作福作威玉食，其害于而家，　凶于而國，人用側頗僻，民用僭忒。」孔傳：「言惟君得專威福，爲美食。　在位不敦平，則下民僭差。」史記宋微子世家集解：「馬融曰：『辟，君也。玉食，美食。』鄭玄曰：『作福，專爵賞也。作威，專刑罰也。玉食，備珍美也。』」書舜典：「寇賊姦宄。」孔傳：「羣行攻刧曰寇。殺人曰賊。在外曰姦，在内曰宄。」釋文：「宄，音軌。」國語晉語六：「亂在内爲宄，在外爲姦。」

故嚴司鷹揚以彈違〔一〕，虎臣杖鉞於方嶽〔二〕。而狂狡之變，莫世乏之。而令放之，使無所憚，則盜跖將横行以掠殺〔三〕，而良善端拱以待禍〔四〕，無主所訴，無彊所憑。而冀家爲夷、齊〔五〕，人皆柳惠〔六〕，何異負豕而欲無臭，憑河而欲不濡〔七〕，無轡筴而御奔馬〔八〕，棄柂櫓而乘輕舟〔九〕，未見其可也。」

〔一〕嚴司，三公官署。詩大雅大明「時維鷹揚」毛傳：「鷹揚，如鷹之飛揚也。」朱注：「如鷹之飛揚而將擊，言其猛也。」（文選曹植與楊德祖書「孔璋鷹揚於河朔」，則以「鷹揚」喻其奮飛文壇。）彈違，懲治與政法相違者。此句謂三司執法嚴峻。

〔二〕詩大雅常武：「進厥虎臣，闞如虓虎。」毛傳：「虎之自怒虓然。」鄭箋：「前其虎臣之將，闞然如虎之怒。」釋文：「闞，呼減反，一音嚇。虓，火交反。虎怒貌。」又魯頌泮水：「矯矯虎臣。」鄭箋：「矯矯，武貌。」正義：「矯矯然有威武如虎之臣。」漢書趙充國傳：「上（成帝）思將帥之臣，追美充國，乃召黄門郎揚雄即充國圖畫而頌之，曰：『……先零昌狂，侵漢西疆。漢命虎臣，惟後將軍，整我六師，是討是震。』」文選趙充國頌劉良注：「虎臣，即充國也，言其猛如虎也。」說文木部：「杖，持也。」小爾雅廣器：「鉞，斧也。」淮南子兵略：「君入廟門，西面而立。將入廟門，趨至堂下，北面而立。主親操鉞持頭，授將軍其柄，曰：『從此上至天者，將軍制之。』復操斧持頭，授將軍其柄，曰：

『從此下至淵者，將軍制之。』」漢書五行志上：「故立秋而鷹隼擊，秋分而微霜降。其於王事，出軍行師，把旄杖鉞，誓士衆，抗威武，所以征畔逆止暴亂也。」左傳昭公四年「四嶽」正義：「白虎通（巡狩）云：『嶽者何？嶽之爲言捔也，捔功德也。』應劭風俗通（山澤）云：『嶽，捔也，捔考功德，黜陟也。』然則四方方有一山，天子巡狩至其下，捔考諸侯功德而黜陟之，故謂之嶽也。」（書堯典「四岳」孔傳：「四岳，卽上羲和之四子，分掌四岳之諸侯。」與抱朴文意不合，故未徵引。）世語：「王淩表（滿）寵年過耽酒，不可居方任。帝（明帝）將召寵，給事中郭謀曰：『寵爲汝南太守、豫州刺史二十餘年，有勳方岳。及鎮淮南，吳人憚之。』」（三國志魏書滿寵傳裴注引）世說新語識鑒：「王忱死，西鎮（謂荆州）未定，朝貴人人有望。時殷仲堪在門下，雖居機要，資名輕小，人情未以方嶽相許。」劉注引晉安帝紀曰：「孝武深爲晏駕後計，擢仲堪代王忱爲荆州。仲堪雖有美譽，議者未以方嶽相許也。既受腹心之任，居上流之重，議者謂其殆矣。」（晉書殷仲堪傳：「〔孝武帝〕乃授仲堪都督荆益寧三州軍事、振威將軍、荆州刺史、假節，鎮江陵。」）是「方嶽」爲一方之長，如滿寵、殷仲堪所任者。「虎臣杖鉞」，則謂所掌兵權也。

〔三〕史記伯夷傳：「盜蹠日殺不辜，肝人之肉，暴戾恣睢，聚黨數千人橫行天下。」索隱：「『蹠』及注作『跖』，並音之石反。按：盜蹠，柳下惠之弟，亦見莊子，爲篇名。」正義：「按：蹠者，黄帝時大盜之名。以柳下惠弟爲天下大盜，故世放古，號之盜蹠。」

〔四〕端拱，端身拱手。莊子山木：「木聲與人聲犂然，有當於人之心，顏回端拱還目而窺之。」釋文引司馬彪云：「犂然，猶栗然。」

〔五〕夷、齊，伯夷、叔齊。孟子公孫丑上：「孟子曰：『伯夷非其君不事，非其友不友。不立於惡人之朝，不與惡人言。立於惡人之朝，與惡人言，如以朝衣朝冠坐於塗炭。推惡惡之心，思與鄉人立，其冠不正，望望然去之，若將浼焉。』」趙注：「塗，泥。炭，墨也。浼，汙也。思，念也。與鄉人立，見其冠不正，望望然，慚愧之貌也。去之，恐其汙己也。」又萬章下：「孟子曰：『伯夷目不視惡色，耳不聽惡聲。非其君不事，非其民不使。治則進，亂則退。橫政之所出，橫民之所止，不忍居也。思與鄉人處，如以朝衣朝冠坐於塗炭也。當紂之時，居北海之濱，以待天下之清也。故聞伯夷之風者，頑夫廉，懦夫有立志。』」史記伯夷傳：「伯夷、叔齊，孤竹君之二子也。父欲立叔齊，及父卒，叔齊讓伯夷。伯夷曰：『父命也。』遂逃去。叔齊亦不肯立而逃之。……於是伯夷、叔齊聞西伯昌善養老，盍往歸焉。……武王已平殷亂，天下宗周，而伯夷、叔齊恥之，義不食周粟，隱於首陽山，采薇而食之。……遂餓死於首陽山。」

〔六〕柳惠，柳下惠。論語衛靈公「知柳下惠之賢」鄭玄注：「柳下惠，魯士師展禽也。其邑名柳下，謚曰惠也。」（太平御覽四百二引（文選陶徵士誄李注所引微異）。列女傳賢明柳下惠妻傳：「乃誄曰：『……夫子之謚，宜爲惠兮。』」）孟子公孫丑上：「孟子曰：『……柳下惠不羞汙君，不卑小官。進不隱賢，必以其道。遺佚而不怨，阨窮而不憫。故曰：「爾爲爾，我爲我，雖袒裼裸裎於我側，爾焉能浼我哉？」故由由然與之偕而不自失焉，援而止之而止。』」趙注：「憫，懣。云善己而已，惡人何能汙於我邪？由由，浩浩之貌。不憚與惡人同朝並立。偕，俱也。與之偕行於朝何傷？但不失己之正心而已耳。」朱注：「袒裼，露臂也。裸裎，露身也。由由，自得之貌。」又萬章下：「柳下惠不羞汙君，……阨窮而不憫。與鄉人處，由由然不忍去也。『爾爲爾，我爲我，雖袒裼裸裎於我側，爾焉能浼我哉？』故聞柳下惠之風者，鄙夫寬，薄夫敦。」趙注：「鄙狹者更寬優。薄淺者更深厚。」又盡心上：「孟子曰：『柳下惠不以三公易其介。』」趙注：「介，大也。柳下惠執弘大之志，不恥汙君，不以三公榮位易其大量也。」朱注：「介，有分辨之意。柳下惠進不隱賢，必以其道，遺佚不怨，阨窮不憫，直道事人，至於三黜，是其介也。」

〔七〕文子上德：「人水而憎濡，懷臭而求芳，雖善者不能爲工。」呂氏春秋勸學：「是懷腐而欲香也，是入水而惡濡也。」高注：「腐爛必臭，懷而欲其香，入水必濡，而惡之，皆不可得也。」淮南子説山：「薰燧而負彘。」高注：「燒薰，自香也。楚人謂之薰燧。」論衡譴告：「凡相溷者，或教之薰隧（燧），或令之負豕。」詩小雅小旻「不敢馮河」毛傳：「徒涉曰馮河。」釋文：「馮，符冰反。」論語述而「暴虎馮河」釋文：「馮，亦作淜。」

〔八〕韓非子姦劫弑臣：「無棰策之威，銜橛之備，雖造父不能以服馬。」又五蠹：「夫古今異俗，新故異備，如欲以寬緩之政，治急世之民，猶無轡策而御駻馬，此不知之患也。」淮南子氾論：「今世德益衰，民俗益薄，欲以樸重之法，治既弊之民，是猶無鏑銜（橛）策錣而御駻馬也。」高注：「鏑銜，口中央鐵，大如雞子中黄，所（以）制馬口也。錣，揣（當作棩。説文木部：『棩，箠也。』）頭箴也。駻馬，突馬也。」

〔九〕釋名釋船：「（舟）其尾曰柁。柁，拕也，在後見拕曳也，且弼正船，使順流不使他戾也。在旁曰櫓。櫓，旅也，用旅力然後舟行也。」玉篇舟部：「舵，徒荷切，正船木也。」廣韻三十三哿：「柁，正舟木也。俗从缶，餘同。舵，上同。」是「柂」爲「柁」之俗體。廣韻十姥：「艣，所以進船。」集韻十姥：「櫓，或从虜。艣，所以進船也。」（櫓，卽槳之長大者。）三國志吳書呂蒙傳：「蒙至尋陽，……使白衣搖櫓，作商賈人服，晝夜兼行。」其用櫓字義，與此文同。後漢書文苑下趙壹傳：「（刺世疾邪賦）奚異涉海之失柂。」李注：「柂，可以正船也。」

鮑生又難曰：「夫天地之位，二氣範物〔一〕，樂陽則雲飛，好陰則川處〔二〕，承柔剛以率性〔三〕，藏本作卒性，從舊寫本改。隨四八而化生〔四〕。各附所安，本無尊卑也。君臣既立，而變化遂滋。夫獺多則魚擾，鷹衆則鳥亂〔五〕，有司設則百姓困，奉上厚則下民貧。壅崇寶貨，飾玩臺榭〔六〕，食則方丈〔七〕，衣則龍章〔八〕，內聚曠女，外多鰥男〔九〕。採難得之寶，貴奇怪之物，造無益之器，恣不已之欲，非鬼非神，財力安出哉！

〔一〕照按：「之」當作「定」，始合文意。（「定」俗作「㝎」，寫者偶脫其「宀」耳。）易說卦：「天地定位，山澤通氣。」二氣範物，謂陰陽之氣陶育萬物。已見博喻篇「乾坤陶育，而庶物不識其惠者」二句及廣譬篇「則二氣謬於四八」句箋。

〔二〕淮南子天文：「毛羽者飛行之類也，故屬於陽。介鱗者蟄伏之類也，故屬於陰。」

〔三〕易說卦：「昔者聖人之作易也，將以順性命之理。是以立天之道，曰陰與陽。立地之道，曰柔與剛。」又雜卦：「乾剛坤柔。」集解引虞翻曰：「乾剛金堅，故剛。坤陰和順，故柔也。」禮記中庸：「天命之謂性，率性之謂道。」鄭注：「率，循也。循性行之是謂道。」正義：「率，循也。道者，通物之名。言依循性之所感而行，不令違越，是之曰道。感仁行仁，感義行義之屬，不失其常，合於道理，使得通達，是率性之謂道。」

〔四〕四，四時。八，八節。已見廣譬篇「則二氣謬於四、八」句箋。

〔五〕文子上義：「夫畜魚者，必去其蝙（猵）獺；養禽獸者，必除其豺狼。」淮南子兵略：「夫畜池魚者，必去猵獺；養禽獸者，必去豺狼。」許注：「猵獺之類，食魚者也。」鹽鐵論輕重：「水有猵獺而池魚勞。」

〔六〕禮記月令：「（仲夏之月）可以處臺榭。」鄭注：「闍者謂之臺。有木者謂之榭。」釋文：「榭，音謝。闍，音都。」爾雅釋宮：「闍謂之臺。有木者謂之榭。」郭注：「（臺）積土四方。（榭）臺上起屋。」邢疏：「積土四方而高者名臺。……於此臺上有木起屋者名榭。」

〔七〕方丈，已見嘉遯篇「而意佚於方丈」句箋。

〔八〕龍章，已見尚博篇「鈞龍章於卉服」句箋。

〔九〕孟子梁惠王上：「（孟子）對曰：『昔者太王好色，愛厥妃。詩（大雅緜）云：「古公亶父，來朝走馬，率西水滸，至于岐下。爰及姜女，聿來胥宇。」當是時也，內無怨女，外無曠夫。』」趙注：「言太王亦好色，非但與姜女俱行而已也，普使一國男女，無有怨曠。」漢書貢禹傳：「禹奏言：『……至孝宣皇帝時，陛下（元帝）惡有所言，羣臣亦隨故事，甚可痛也！故使天下承化，取女皆大過度，諸侯妻妾或至數百人，豪富吏民畜歌者至數十人。是以內多怨女，外多曠夫。』」顏注：「取讀曰娶。曠，空也。室家空也。」（他書言民間怨女曠夫者多，不具列。）釋名釋親屬：「無妻曰鰥。」鰥，故頑反。

「夫穀帛積，則民有飢寒之儉；百官備，則坐靡供奉之費。宿衛有徒食之衆，百姓養游手之人，民乏衣食，自給已劇，況加賦斂，重以苦役，下不堪命〔一〕，且凍且飢，冒法斯濫〔二〕，於是乎在〔三〕。王者憂勞於上，台鼎顰顣於下〔四〕，臨深履薄，懼禍之及〔五〕。恐智勇之不用，故厚爵重祿以誘之；恐姦釁之不虞〔六〕，故嚴城深池以備之。而不知祿厚則民匱而臣驕〔七〕，城嚴則役重而攻巧。

〔一〕下不堪命，已見百里篇「百姓不堪」句箋。

〔二〕漢書禮樂志：「習俗薄惡，民人抵冒。」顏注：「抵，忤也。冒，犯也。言無廉恥，不畏懼也。」

〔三〕左傳僖公二十七年：「先軫曰：『報施救患，取威定霸，於是乎在矣。』」

〔四〕台鼎，三公代稱，已見安貧篇「雖復設之以台鼎」句箋。 㢸顧，已見彈禰篇「忽㢸賢悽愴」句箋。

〔五〕文子上仁：「文子問曰：『何行而民親其上？』老子曰：『使之以時，而敬慎之，如臨深淵，如履薄冰。天地之間，善即吾畜也，不善即吾讎也。』」（又見淮南子道應、説苑政理〔並作成王與尹佚問答〕）呂氏春秋慎大覽：「故賢主於安思危，於達思窮，於得思喪。周書曰：『若臨深淵，若履薄冰。』以言慎事也。」高注：「若臨深淵，恐隕墜也。如履薄冰，恐陷没也。故曰以言慎事。」（詩小雅小旻有「戰戰兢兢，如臨深淵，如履薄冰」語。）

〔六〕左傳宣公十二年「會聞用師觀釁而動」杜注：「釁，罪也。」正義：「釁訓爲罪者，釁是間隙之名，今人謂瓦裂龜裂皆爲釁，既有間隙，故爲得罪也。」易萃：「象曰：『……君子以除戎器，戒不虞。』」正義：「除者，治也。人既聚會，不可无防備。故君子於此之時，修治戎器，以戒備不虞也。」左傳文公六年：「文子曰：『備豫不虞，古之善教也。』」

〔七〕陳澧曰：「『騎』當作『驕』。」照按：陳説是。「騎」乃平津本寫刻之誤，各本均作「驕」，當據改。

「故散鹿臺之金，發鉅橋之粟，莫不懽然〔一〕；況乎本不聚金，而不斂民粟乎？休牛桃林，放馬華山〔二〕，載戢干戈，載櫜弓矢〔三〕，猶以爲泰〔四〕；況乎本無軍旅，而不戰不戍乎？茅茨土階〔五〕，棄織拔葵〔六〕，雜囊爲幃〔七〕，濯衣布被〔八〕，妾不衣帛，馬不秣粟〔九〕；儉以率物，以爲美談〔一〇〕。所謂盜跖分財，取少爲讓〔一一〕；陸處之魚，相煦以沫也〔一二〕。

〔一〕周書克殷：「（武王）乃命南宫忽振鹿臺之財，巨橋之粟。」孔注：「忽，即振散之以施惠也。」管子版法解：「（武王）入殷之日，決鉅橋之粟，散鹿臺之錢，殷民大説。」呂氏春秋慎大覽：「武王於是復盤庚之政，發巨橋之粟，賦鹿臺之錢，以示民無私。」高注：「巨橋，紂倉名。鹿臺，紂錢府。賦，布也。私，愛也。」淮南子主術：「武王伐紂〔克殷〕

發鉅橋之粟，散鹿臺之錢。」高注：「鉅橋，紂倉名也。一說鉅鹿漕運之橋。」（道應同（許無注））史記周紀：「（武王）命南宮括散鹿臺之財，發鉅橋之粟，以振貧弱萌隸。」孝經孝治章：「故得萬國之懽心。」說文心部：「懽，喜歟也。」段注：「欠部曰：歡者，喜樂也。懽與歡音義皆略同。」廣韻二十六桓：「歡，喜也。懽，上同。」

〔二〕禮記樂記：「武王克殷，……濟河而西，馬散之華山之陽，而弗復乘；牛散之桃林之野，而弗復服。」鄭注：「散，猶放也。桃林，在華山旁。」呂氏春秋愼大覽：「武王勝殷，……然後濟於河，西歸報於廟。乃稅馬於華山，稅牛於桃林，馬弗復乘，牛弗復服。」高注：「稅，釋也。華山，在華陰南，西嶽也。桃林，秦晉之塞也。」韓詩外傳三：「（武王）反商，……濟河而西，馬放華山之陽，示不復乘；牛放桃林之野，示不復服也。」史記周紀：「武王至于周，自夜不寐。……營周居于雒邑而後去。縱馬於華山之陽，放牛於桃林之虛，偃干戈，振兵釋旅，示天下不復用也。」（淮南子要略：「周公繼文王之業，持天子之政，以股肱周室，輔翼成王，懼爭道之不塞，臣下之危上也，故縱馬華山，放牛桃林，敗鼓折枹，搢笏而朝，以寧靜王室，鎭撫諸侯。」所言與諸書異，故附錄之。）

〔三〕詩周頌時邁：「載戢干戈，載櫜弓矢。」毛傳：「戢，聚。櫜，韜也。」鄭箋：「載之言則也。王巡守而天下咸服，兵不復用，此文著震疊之效也。」釋文：「櫜，音羔。韜，吐刀反。」正義：「櫜者，弓衣，一名韜。故內弓於衣謂之韜弓。」國語周語上：「是故周文公之頌曰：『載戢干戈，載櫜弓矢。我求懿德，肆于時夏。允王保之！』」韋注：「文公，周公旦之謚也。頌，時邁之詩。武王既伐紂，周公爲作此詩，巡守告祭之樂歌。載，則也。干，盾也。戈，戟也。櫜，韜也。言天下已定，聚斂其干戈，韜藏其弓矢，示不復用。懿，美也。肆，陳也。于，於也。時，是也。夏，大也。言武王常求美德，故陳其功於是夏而歌之。樂章大者曰夏。允，信也。信哉武王能保此時夏之美也。」是「時邁一篇，周公所制」以歌頌武王克殷後偃武耀德也。

〔四〕論語泰伯「泰伯其可謂至德也已矣」皇疏：「泰，善大之稱也。」

〔五〕茅茨土階，已見嘉遯篇「茅茨黼於丹楹」句及崇教篇「笑茅茨爲不肖，以土階爲朴騃」二句箋。

〔六〕韓非子佚文：「公儀休相魯，其妻織布，休曰：『汝豈與世人爭利哉！』遂燔其機。」（太平御覽八百二十引）史記循吏公儀休傳：「公儀休者，魯博士也。以高弟爲魯相。奉法循理，無所變更，百官自正。使食祿者不得與下民爭利，受大者不得取小。……食茹而美，拔其園葵而弃之。見其家織布好，而疾出其家婦，燔其機，云：『欲令農士工女安所讎其貨乎？』」索隱：「（讎）音售。」

〔七〕漢書東方朔傳：「時天下侈靡趨末，百姓多離農畝。上（武帝）從容問朔：『吾欲化民，豈有道乎？』朔對曰：『……願近述孝文皇帝之時，當世耆老皆聞見之。貴爲天子，富有四海，身衣弋綈，足履革舄，……衣緼無文，集上書囊以爲殿帷。』」顏注：「集，謂合聚也。」後漢書翟酺傳：「（上疏）夫儉德之恭，政存約節。故文帝愛百金於露臺，飾帷帳於皁囊。」（益部耆舊傳：「翟酺上事曰：『漢文帝連上書囊以爲帳。』」（北堂書鈔一三二、藝文類聚六九引））潛夫論浮侈：「孝文皇帝躬衣弋綈，……集上書囊以爲殿帷。」風俗通義正失：「孝文皇帝……躬自節儉，集上書囊以爲前殿帷。」（南齊書崔祖思傳、金樓子興王均有漢文帝集上書囊以爲殿帷語）上書囊即皁囊。漢官儀：「凡章表皆啟封，其言密事得皁囊也。」（後漢書蔡邕傳、公孫瓚傳李注引）方言三：「雜，集也。」

〔八〕濯裘，前逸民、吳失二篇皆以爲晏嬰事，蓋緣誤會禮記「晏子一狐裘三十年」及「澣衣濯冠以朝」兩文而意爲之辭，未必別有所本也。史記平準書：「公孫弘以漢相，布被，食不重味，爲天下先。」又平津侯傳：「弘爲人恢奇多聞，常稱以爲人主病不廣大，人臣病不儉節。弘爲布被，食不重肉。」西京雜記二：「公孫弘起家徒步，爲丞相，故人高賀從之。弘食以脫粟飯，覆以布被。賀怒曰：『何用故人富貴爲？脫粟布被，我自有之。』弘大慚。賀告人曰：「公孫弘内服貂蟬，外衣麻枲，内厨五鼎，外膳一肴，豈可以示天下？」於是朝廷疑其矯焉。」

〔九〕左傳成公十六年：「范文子謂欒武子曰：『季孫於魯，相二君矣，（杜注：「二君，宣、成。」）妾不衣帛，馬不食粟，可不謂忠乎？』」（釋文：「衣，於既反。食，舊如字。對上句，應作飼音。」）又襄公五年：「季文子卒。……無衣帛之妾，無食粟之馬，無藏金玉，無重器備。（杜注：「器備，謂珍寶甲兵之物。」）君子是以知季文子之忠於公室也，相三君矣，（宣、成、襄。）而無私積，可不謂忠乎？」國語魯語上：「季文子相宣、成，無衣帛之妾，無食粟之馬。」說苑反質：「季文子相魯，妾不衣帛，馬不食粟。」韓非子外儲說左下：「孟〔盂〕獻伯相魯〔晉〕，……晉無衣帛之妾，居不粟馬。」又佚文：「晏嬰相齊，妾不衣帛，馬不食粟。」（北堂書鈔一二九、太平御覽六八九、事類賦十二引）史記晏嬰傳：「既相齊，食不重肉，妾不衣帛。」鹽鐵論通有：「昔孫叔敖相楚，妻不衣帛，馬不秣粟。」左傳成公十六年：「秣馬利兵。」杜注：「秣，穀馬也。」釋文：「秣，音末。」

〔一〇〕公羊傳閔公二年：「（齊）桓公使高子將南陽之甲，立僖公而城魯。……魯人至今以爲美談。」

〔一一〕莊子胠篋：「故盜跖之徒問於跖曰：『盜亦有道乎？』跖曰：『何適而无有道邪！夫妄意室中之藏，聖也；入先，勇也；出後，義也；知可否，知也；分均，仁也。五者不備，而能成大盜者，天下未之有也。』」（又見呂氏春秋當務、淮南子道應）

〔一二〕「沬」，藏本、吉藩本、舊寫本、柏筠堂本、文瀾本、叢書本、崇文本作「沫」。照按：「沫」字是。莊子大宗師：「泉涸，魚相與處於陸，相呴以濕，相濡以沫，不如相忘於江湖。」（天運同）郭注：「與其不足而相愛，豈若有餘而相忘。」釋文：「涸，爾雅（釋詁）云：『竭也。』沫，音末。」

「夫身無在公之役〔一〕，家無輸調之費〔二〕，安土樂業〔三〕，順天分地〔四〕，内足衣食之用，外無勢利之爭，操杖攻劫，非人情也。象刑之教〔五〕，民莫之犯。法令滋彰，盜賊多有〔六〕。豈彼無利性，而此專貪殘。蓋我清靜則民自正〔七〕，下疲怨則智巧生也。

〔一〕在公，詩召南采蘩：「夙夜在公。」鄭箋：「公，事也。」朱傳：「公，公所也。」此句言不服役。

〔二〕輸，輸送。漢書鼂錯傳：「錯復言：『陛下（景帝）幸募民相徙以實塞下，使屯戍之事益省，輸將之費益寡。』」顏注引如淳曰：「將，送也。或曰：『將，資也。』」調，徵調（去聲）。史記秦始皇紀：「（二世元年）復作阿房宮。……盡徵其材士五萬人爲屯衛咸陽，令教射狗馬禽獸。當食者多，度不足，下調郡縣轉輸菽粟芻藁，皆令自齎糧食。」正義：「調，謂下令調斂也。」此句言不納稅。

〔三〕漢書龔遂傳：「渤海又多劫略相隨，聞遂教令，即時解散，棄其兵弩而持鉤鉏。盜賊於是悉平，民安土樂業。」（貨殖傳有「各安其居而樂其業」語）三國志魏書賈詡傳：「太祖破荊州，欲順江東下。詡諫曰：『明公昔破袁氏，今收漢南，威名遠著，軍勢既大；若乘舊楚之饒，以饗吏士，撫安百姓，使安土樂業，則可不勞衆而江東稽服矣。』」

〔四〕孝經庶人章：「用天之道，分地之利，謹身節用，以養父母，此庶人之孝也。」

〔五〕象刑之教，已見用刑篇「唐、虞之盛，象天用刑」二句箋。

〔六〕老子第五十七章：「法令滋彰，盜賊多有。」（又見文子道原、淮南子原道、史記酷吏傳序）

〔七〕老子第五十七章：「我好靜而民自正。」

「任之自然，猶慮凌暴。勞之不休，奪之無已，田蕪倉虛，杼柚之空〔一〕，食不充口，衣不周身，欲令勿亂，其可得乎！所以救禍而禍彌深，峻禁而禁不止也。關梁所以禁非，而猾吏因之以爲非焉〔二〕；衡量所以檢僞，而邪人因之以爲僞焉〔三〕。大臣所以扶危，而姦臣恐主之不危。兵革所以靜難〔四〕，而寇者盜之以爲難。此皆有君之所致也〔五〕。

〔一〕詩小雅大東：「小東大東，杼柚其空。」毛傳：「空，盡也。」鄭箋：「小也、大也，謂賦斂之多少也。小亦於東，大亦於東，言其政偏，失砥矢之道也。譚無他貨，惟絲麻爾〔耳〕，今盡杼柚不作也。」釋文：「杼，直呂反。柚，音逐。本又作軸。」後漢書陳忠傳：「（上疏）加以百姓不足，府帑虛匱，自西徂東，杼柚將空。」李注：「杼柚，謂機也。」又劉陶傳：「陶上議曰：『……竊見比年已來，良苗盡於蝗螟之口，杼柚空於公私之求。』」三國志吳書賀邵傳：「（上疏）百姓罹杼軸之困，黎民罷無已之求。」易林復之兌：「賦斂重數，政爲民賊。杼軸空虛，去其家室。」（否之豐、晉之復同）說文木部：「縢，機持經者。」段注：「縢，即軸也。謂之軸者，如車軸也。俗作柚。」又：「杼，機持緯者。」段注：「㮨、梭皆俗字。」玉篇木部：「㮨，先和切。織具。亦作梭。」又車部：「軸，杼木作軸，捲軸也。」

〔二〕關，關門，梁，津梁。指水陸要道關卡。（漢書匈奴傳下：「（元帝）使車騎將軍（許嘉）口諭單于曰：『……中國四方皆有關梁障塞，非獨以備塞外也，亦以防中國姦邪放縱，出爲寇害，故明法度以專衆心也。』」）禮記王制：「關譏而不征。」鄭注：「譏，譏（察也）異服，識異言。征，亦稅也。」孟子梁惠王下：「關市譏而不征。」趙注：「關以譏難非常，不征稅也。」又盡心下：「孟子曰：『古之爲關也，將以禦暴。今之爲關也，將以爲暴。』」趙注：「古之爲關，將以禦暴亂，譏閉非常也。今之爲關，反以征稅，出入之人，將以爲暴虐之道也。」

〔三〕書舜典：「同律度、量、衡。」釋文：「量，力尚反。斗、斛也。衡，稱也。」禮記經解：「禮之於正國也，猶衡之於輕重也。」鄭注：「衡，稱也。」釋文：「稱，尺證反。」漢書律曆志上：「量者，龠、合、升、斗、斛也，所以量多少也。」顏注：

「龠，音籥。合，音閤。」又：「衡權者，衡，平也，權，重也，衡所以任權而均物平輕重也。」（莊子胠篋：「爲之斗、斛以量之，則並與斗、斛而竊之；爲之權衡以稱之，則並與權衡而竊之。」）

〔四〕後漢書蓋勳傳：「勳諫曰：『……今不急靜難之術，遽爲非常之事。』」又孔融傳：「融負其高氣，志在靖難。」文選陸機漢高祖功臣頌：「靖難河濟，即宮舊梁。」又王儉褚淵碑文：「以靜難之功，進爵爲侯。」是「靜難」與「靖難」一實（音同得通），謂平定禍亂也。難，讀去聲。

〔五〕致，招致。

「民有所利，則有爭心〔一〕。富貴之家，所利重矣。且夫細民之爭，不過小小〔二〕；匹夫校力，亦何所至？無疆土之可貪，無城郭之可利，無金寶之可欲，無權柄之可競；勢不能以合徒衆，威不足以驅異人。孰與王赫斯怒〔三〕，陳師鞠旅〔四〕，推無讐之民，攻無罪之國〔五〕，僵尸則動以萬計，流血則漂櫓丹野〔六〕！無道之君，無世不有，肆其虐亂，天下無邦〔七〕，忠良見害於內，黎民暴骨於外〔八〕，豈徒小小爭奪之患邪？

〔一〕左傳昭公六年：「叔向使詒子產書曰：『……民知有辟，則不忌於上，並有爭心。』」又昭公十年：「晏子謂桓子必致諸公，……凡有血氣，皆有爭心。」（又見晏子春秋內篇雜下）荀子性惡：「人之性，生而有好利焉。是故爭奪生而辭讓止焉。」

〔二〕細民，小民。莊子庚桑楚：「今以畏壘之細民，而竊竊焉欲俎豆予于賢人之間。」史記平準書：「浮食奇民欲擅管山海之貨，以致富羨，役利細民。」又司馬相如傳：「（子虛賦）臣之所見，蓋特其小小者耳。」

〔三〕詩大雅皇矣：「王赫斯怒，爰整其旅。」毛傳：「旅，師。」鄭箋：「赫，怒意。斯，盡也。五百人爲旅。」

〔四〕詩小雅采芑：「鉦人伐鼓，陳師鞠旅。」毛傳：「伐，擊也。鉦以静之，鼓以動之。鞠，告也。」鄭箋：「鉦也，鼓也，各有人焉。言「鉦人伐鼓」，互言爾。二千五百人爲師，五百人爲旅。此言將戰之日，陳列其師旅誓告之也。陳師告旅，亦互言之。」

〔五〕墨子非攻下：「今王公大人、天下之諸侯則不然，……攻伐無罪之國，入其國家邊境，芟刈其禾稼，斬其樹木，墮其城郭，……勁殺其萬民，覆其老弱。」呂氏春秋聽言：「世主多盛其歡樂，大其鐘鼓，侈其臺榭苑囿，以奪人財，輕用民死，以行其忿。……攻無辠（罪）之國以索地，誅不辜之民以求利。」淮南子本經：「晚世務廣地侵壤，並兼無已，舉不義之兵，伐無罪之國，殺不辜之民。……大國出攻，小國城守，驅人之牛馬，傒（高注：「傒，繫囚之繫，讀曰雞。」）人之子女，……流血（原作血流，據王念孫説乙。）千里，暴骸滿野，以澹貪主之欲。」

〔六〕説文人部：「僵，偃也。」孟子滕文公上「草上之風必偃」趙注：「偃，伏也。」是僵尸即伏尸也。戰國策魏策四：「秦王（始皇）曰：『天子之怒，伏尸百萬，流血千里。』」新書過秦上：「秦有餘力而制其弊，追亡逐北，伏尸百萬，流血漂櫓。」史記秦始皇紀贊作「漂鹵」，漢書陳勝項籍傳贊同。顔注：「漂，浮也。鹵，盾也。其血可以浮盾，言殺人多也。」文選過秦論作「漂櫓」。又陳琳檄吳將校部曲文：「丞相（曹操）秉鉞鷹揚，順風烈火，元戎啓行，未鼓而破。伏尸千萬，流血漂樐。」樐、櫓、鹵，音同得通。廣雅釋器：「丹，赤也。」丹野，猶言殺人盈野，遍地皆血。

〔七〕易否：「彖曰：『……上下不交，而天下无邦也。』」

〔八〕書堯典「黎民於變時雍」孔傳：「黎，衆。」左傳宣公十二年：「楚子（莊王）曰：『……今我使二國暴（步卜切）骨，暴（薄報切）矣。』」暴骨，謂屍骨暴露。（説文日部：「曓，晞也。从日出𠬞米。」段注：「攷工記（畫繢）『畫曓諸日』，孟子（告子上）「一日暴之」，引申爲表暴、暴露之義。與夲（說文本作夲，此據玉篇改。）部暴義别。凡暴疾、暴虐、暴虎，皆夲部字也。而今隸一之，經典皆作暴，難於諟正。日出而竦手舉米曬之，合四字會意。」又夲部：「暴，疾有所趣也。从日出夲廾之。」段注：「會意。廾者，竦手也。按此與暴二篆形義皆殊，而今隸不别。」）

「至於移父事君，廢孝爲忠〔一〕，申令無君，亦同有之耳。古之爲屋足以蔽風雨〔二〕，而今則被以朱紫，飾以金玉〔三〕；古之爲衣足以掩身形〔四〕，而今則玄黄黼黻，錦綺羅紈〔五〕；古之爲樂足以定人情〔六〕，而今則煩乎淫聲，驚魂傷和〔七〕；古之飲食足以充飢虚〔八〕，而今則焚林漉淵，宰割羣生〔九〕。有脱文，此下乃抱朴子駁難之辭。豈可以事之有過，而都絶之乎？

〔一〕孝經廣揚名章：「子曰：『君子之事親孝，故忠可移於君。』」李注：「以孝事君，則忠。」邢疏：「言君子之事親能孝者，故資孝爲忠，可移孝行以事君也。」

〔二〕古之爲屋句，已見譏惑篇「故構棟宇以去鳥獸之羣」句及仁明篇「結棟宇以免巢穴」句箋。

〔三〕漢書郊祀志下：「（武帝太初元年）於是作建章宫，……其南有玉堂壁門大鳥之屬。」（三輔黄圖二：「漢書曰：『建章宫南有玉堂壁門。』三層，臺高三十丈。玉堂内殿十二門，階陛皆玉爲之。鑄銅鳳高五尺，飾黄金棲屋，上下有轉樞，向風若翔。椽首薄以璧玉，因曰璧門。」）又外戚傳下孝成趙皇后傳：「皇后既立，後寵少衰，而弟絶幸，爲昭儀。居昭陽舍，其中庭彤朱，而殿上髤漆，切皆銅沓，黄金塗，白玉階，壁帶往往爲黄金釭，函藍田璧，明珠、翠羽飾之。」（又見西京雜記一、三輔黄圖三）顔注：「以漆物謂之髤，音許求反，又許昭反。切，門限也，音千結反。沓，冒其頭也。塗，以金塗銅上也。階，所由升殿陛也。壁帶，壁之横木露出如帶者也。於壁帶之中，往往以金爲釭，若車釭之形也。其釭中著玉璧、明珠、翠羽耳。」（桀爲瑶臺，紂作瓊室，已詳崇教篇「談宫殿則遠擬瑶臺、瓊室」句箋。）應璩百一詩：「奈何季世人，侈靡及宮牆，飾巧無窮極，土木被朱光。」（藝文類聚二四、初學記十八引）

〔四〕墨子辭過：「故聖人之爲衣服，適身體，和肌膚而足矣，非榮耳目而觀愚民也。」呂氏春秋重己：「其爲輿馬衣裘也，足以逸身煖骸而已矣。」淮南子氾論：「而民得以揜形御寒。」高注：「揜，蔽。御，止。」掩與揜同（文選西征賦李注）。

〔五〕玄黄黼黻，泛指衣之顏色與花紋。（黼黻，已見省煩篇「衣冠車服之制」句箋）古文苑曹植元會詩：「衣裳鮮潔，黼黻玄黄。」（章樵解「玄黄」爲「賤者之服」，與詩意及此文意均不合，非是。）錦、綺、羅、紈，皆絲織品。說文帛部：「錦，襄邑織文也。」楚辭招魂「羅幬張些」王注：「羅，綺屬也。」綺、紈，已見本篇上文「黼黻綺紈」句箋。

〔六〕禮記樂記：「是故先生之制禮樂也，非以極口腹耳目之欲也，將以教民平好惡而反人道之正也。」鄭注：「教之使知好惡也。」又：「樂也者，聖人之所樂也，而可以善民心。其感人深，其移風易俗（史記樂書作「其風移俗易」、漢書禮樂志作「其移風易俗易」），故先王著其教焉。」漢書禮樂志：「夫樂本情性，浹肌膚而臧骨髓，雖經乎千載，其遺風餘烈尚猶不絶。」又董仲舒傳：「仲舒對曰：『樂者，所以變民風，化民俗也；其變民也易，其化人也著。故聲發於和而本於情，接於肌膚，臧於骨髓。故王道雖微缺，而筦絃之聲未衰也。』」

〔七〕王國維「乎」校爲「手」。照按：王校是。左傳昭公元年：「（醫和）對曰：『……先王之樂，所以節百事也。故有五節，遲速本末以相及，中聲以降；五降之後，不容彈矣。於是有煩手淫聲，慆堙心耳，乃忘平和，君子弗聽也。』」杜注：「（五節）五聲之節。此謂先王之樂得中聲，聲成，五降而息也。降，罷退。五降而不息，則雜聲並奏，所謂鄭衛之聲。」正義：「故爲樂有五聲之節，爲聲有遲有速，從本至末緩急相及，使得中和之聲；其曲既了，以此能退。五聲既成中和罷退之後，謂爲曲已了，不容更復彈作，以爲煩手淫聲鄭衛之曲也。五降不息，則非復正聲，手煩不已，則雜聲並奏。記傳所謂鄭衛之聲，謂此也。」「煩手淫聲，慆堙心耳，乃忘平和」，卽此文所本。後重言篇：「伯牙謹於操絃，故終無煩手之累。」亦「乎」當作「手」切證。後漢書文苑下邊讓傳：「（章華賦）繁手超於北里。」文選馬融長笛賦：「律呂既和，哀聲五降。曲終闋盡，餘絃更興。繁手累發，密櫛疊重。」用典皆出左傳，「繁手」與「煩手」同。（長笛賦「繁手累發」，李注引左傳仍作「煩」，是二字可通之證。）盧本、柏筠堂本、文溯本、叢書本、崇文本並作「手」，未誤。當據改。

〔八〕文子九守：「故聖人食足以充虛接氣，衣足以蓋形禦寒，適情辭餘。」墨子辭過：「故聖人作誨：男耕稼樹藝，以爲民食。其爲食也，足以增氣充虛，彊體適腹而已矣。」又節用中：「古者聖王制爲飲食之法，曰：『足以充虛繼氣，強股肱，耳目聰明則止。』」呂氏春秋重己：「其爲飲食酏醴也，足以適味充虛而已矣。」淮南子精神：「聖人食足以接氣，衣足以蓋形，適情不求餘。」高注：「接，續也。蓋，覆也。餘，饒也。」

〔九〕禮記月令：「（仲春之月）是月也，毋竭川澤，毋漉陂池，毋焚山林。」釋文：「漉音鹿，竭也。」呂氏春秋仲春紀高注：「皆爲盡類夭物。」淮南子主術：「故先王之法：畋不掩羣，不取麛夭，不涸澤而漁，不焚林而獵。」高注：「掩，猶盡也。鹿子曰麛。麋子曰夭。涸澤，漉池也。（焚林）爲盡物也。」（呂氏春秋義賞：「雍季曰：『竭澤而漁，豈不獲得？而明年無魚；焚藪而田，豈不獲得？而明年無獸。』」說苑權謀：「雍季對曰：『焚林而田，得獸雖多，而明年無復也；乾澤而漁，得魚雖多，而明年無復也。』」）「焚林漉淵，宰割羣生」，言焚林而獵，涸澤而漁，掩取羣生以爲美食佳餚也。

若令唐、虞在上，稷、离贊事〔一〕，卑宮薄賦〔二〕，使民以時〔三〕，崇節儉之清風，肅玉食之明禁〔四〕，質素簡約者，貴而顯之，亂化侵民者，黜而戮之，則頌聲作而黎庶安矣〔五〕。何必慮火災而壞屋室，畏風波而填大川乎？」

〔一〕唐，唐堯。虞，虞舜。稷，后稷，已見臣節篇「皐陶、后稷」句箋。离，即契。（詩商頌玄鳥序箋「崩而始合祭於契之廟」釋文：「契，息列反。又作偰，同。又作离，古字也。」）書舜典：「帝曰：『契，百姓不親，五品不遜，汝作司徒，敬敷五教在寬。』」後漢書崔寔傳：「（政論）然後選稷、契爲佐，伊、呂爲輔。」又竇武傳：「（上疏）臣惟（李）膺等建忠抗節，志經王室，此誠陛下稷、离、伊、呂之佐。」又方術上謝夷吾傳：「（第五倫）令班固爲文薦夷吾曰：『臣聞堯登稷、契，政隆太平。』」潛夫論本政：「稷、离、皐陶聚而致雍熙。」均以稷、离並舉。

〔二〕論語泰伯：「子曰：『禹，吾無間然矣。……卑宮室，而盡力乎溝洫。』」薄賦，減輕賦稅。左傳成公十八年：「晉悼公即位于朝，始命百官，……薄賦斂，宥罪戾。」

〔三〕論語學而：「子曰：『道千乘之國：敬事而信，節用而愛人，使民以時。』」集解引包咸曰：「作使民必以其時（不妨奪農務。」皇疏：「使民，謂治城及道路也。以時，謂出不過三日，而不妨奪農務也。」

〔四〕玉食，已見守塉篇「入侯服而玉食」及本篇上文「憂作威之凶家，恐姦宄之害國」二句箋。

〔五〕公羊傳宣公十五年：「古者什一而籍。……什一者，天下之中正也。什一行而頌聲作矣。」何注：「什一以借民力，以什與民，自取其一爲公田。頌聲者，太平歌頌之聲，帝王之高致也。」漢書賈山傳：「（至言）昔者周蓋千八百國，以九州之民養千八百國之君，用民之力不過歲三日，什一而籍。君有餘財，民有餘力，而頌聲作。」又貢禹傳：「禹奏言：『……什一而稅，亡它賦斂繇戍之役，使民歲不過三日，千里之內自給，千里之外各置貢職而已。故天下家給人足，頌聲並作。』」論衡須頌：「天下太平，頌聲作。」

抱朴子曰：「鮑生貴上古無君之論，余既駁之矣。後所答余文，多不能盡載。余稍條其論而牒詰之云〔一〕。」

〔一〕「稍條」，藏本、魯藩本、吉藩本、慎本作「抄條」，舊寫本作「條抄」。照按：舊寫本是。此下六段，皆分條先抄鮑生之論，隨即加以詰難也。平津本從盧本改「抄」爲「稍」，非是。

鮑生曰：藏本連屬上文，今從舊寫本，以鮑生提行，後放此。「人君採難得之寶，聚奇怪之物，飾無益之用，猒無已之求〔一〕。」抱朴子詰曰：藏本以抱朴子提行，今改連上文後放此。「請問古今帝王，盡採難得之寶，聚奇怪之物乎？有不爾者也！余聞唐堯之爲君也，捐金於山；虞舜之禪也，捐璧於谷〔二〕。疏食菲服〔三〕，方之監門〔四〕，其不汔淵剖珠〔五〕，傾巖刊玉〔六〕，鑿石鑠黃白之鑛〔七〕，越海裂翡翠之羽〔八〕，網瑇瑁於絕域〔九〕，掘丹青於嶓漢〔一〇〕，亦可知矣。

〔一〕猒，滿足。（說文甘部：「猒，飽也。」）

〔二〕「禪」上，藝文類聚八四、太平御覽八百六引並有「承」字；「捐璧」，類聚作「抵璧」。嚴可均曰：「今據安貧篇『故唐、虞捐金而抵璧』，明此亦作『抵璧』。」照按：「禪」上當據補「承」字，始能與上句之「爲君」相儷。前安貧篇「抵璧」之「抵」當作「抵」，已詳彼篇該句箋，類聚未可從也。又按：唐堯捐金他書未見，豈稚川連類及之耶？

〔三〕論語述而「飯疏食」集解引孔安國曰：「疏食，菜食。」釋文：「疏，本或作蔬（皇疏本卽作蔬）。食，如字，謂菜食也。一音嗣，飯也。」（朱注：「疏食，麤飯也。」）小爾雅廣言：「菲，薄也。」此句謂衣食儉樸。

〔四〕周禮地官司門：「監門養之。」鄭注：「監門，門徒。」荀子榮辱「或監門御旅」楊注：「監門，主門也。」韓非子五蠹：「堯之王天下也，茅茨不翦，采椽不斲，糲粢之食，藜藿之羹，冬日麑裘，夏日葛衣，雖監門之服養，不虧於此矣。」

〔五〕說文水部：「汽（類篇水部、集韻九迄並引作汔），水涸也。」玉篇水部：「汔，許訖切，水涸也。」廣韻九迄：「汔，水涸盡。」

〔六〕淮南子原道：「持盈而不傾。」高注：「傾，覆也。」（文心雕龍夸飾贊：「傾崑取琰。」與此句意同。）

〔七〕黃白之鑛，謂金銀鑛石。周禮地官序官卝人鄭注：「卝之言礦也。金玉未成器（說文石部磺字段注：「未成器，謂未成金玉。」）曰礦。」釋文：「卝，徐（邈）音礦，虢猛反。」「鑛」、「礦」同。

〔八〕翡翠，已見本篇上文「拔鶡裂翠」句箋。

〔九〕史記春申君傳：「趙使欲夸楚，爲瑇瑁簪，刀劍室以珠玉飾之。」又司馬相如傳：「（子虛賦）其中則有神龜蛟鼉，瑇瑁鼈黿。」正義：「（瑇瑁）似觜觿，甲有文，出南海，可以飾器物也。」漢書東方朔傳：「朔對曰：『……宮女簪瑇瑁，垂珠璣。』」顏注：「瑇瑁，文甲也。瑇，音代。瑁，音妹。」後漢書王符傳：「（潛夫論浮侈篇）犀象珠玉，虎魄瑇瑁。」李注：「（張勃）吳録曰：『瑇瑁似龜而大，出南海。』」廣韻十九代：「瑇，瑇瑁。（譙周）異物志云：『如龜，生南海，大者如籧篨，背上有鱗，鱗大如扇，有文章。將作器，煮其鱗如柔皮。』俗又作玳。」

〔一〇〕丹青，兩種顏料礦石。管子小稱：「丹青在山，民知而取之。」史記李斯傳：「斯乃上書曰：『……西蜀丹青不爲用。』」又司馬相如傳：「（子虛賦）其土則丹青頳堊。」（漢書司馬相如傳上顏注：「張揖曰：『丹，丹沙也。青，青雘也。』師古曰：『丹沙，今之朱沙也。青雘，今之空青也。』」）續漢郡國志五巴郡：「涪陵出丹。」華陽國志蜀志：「涪陵郡，巴之南鄙，……惟出茶、丹、漆、蜜、蠟。」又巴志：「其寶則有……丹、黃、空青。」古文苑揚雄蜀都賦：「其中則有……丹青玲瓏。」章注：「丹，丹砂。青，碧石，擣汰之得青綠。」文選左思蜀都賦：「其間則有虎珀丹青。」嶓漢，代指巴蜀。猶張載劍閣銘本鐫於劍閣，而文心雕龍銘箴篇以嶓漢代劍閣然也。

夫服章無殊，則威重不著〔一〕；名位不同，則禮物異數〔二〕。是以周公辨貴賤上下之異式〔三〕：宮室居處，則有堵雉之限〔四〕；冠蓋旌旗，則有文物之飾〔五〕；車服器用，則有多少之制〔六〕；庖厨供羞，則有法膳之品〔七〕；年凶災眚，又減撤之〔八〕。無已之慾，不在有道。子之所云，可以聲桀、紂之罪，不足以定雅論之證也。

〔一〕左傳宣公十二年：「君子小人，物有服章，貴有常尊，賤有等威。」杜注：「（服章）尊卑別也。（等威）威儀有等差。」（禮記坊記：「故貴賤有等，衣服有別。」）

〔二〕左傳莊公十八年：「王命諸侯，名位不同，禮亦異數。」正義：「周禮：王之三公八命，侯、伯七命，是其名位不同也。其禮各以命數爲節，是禮亦異數也。」漢書藝文志諸子略：「名家者流，蓋出於禮官。古者名位不同，禮亦異數。」

〔三〕「異」，藏本、魯藩本、吉藩本、愼本、盧本、舊寫本、柏筠堂本、文溯本、叢書本、崇文本作「典」。照按：「典」字是。前疾謬篇有「軍國社稷之典式」語，亦足證平津本作「異」之誤。當據改。（潛夫論三式：「孝文皇帝始封外祖，因爲典式。」顏氏家訓風操：「今天下大同，須爲百代典式。」並以「典式」連文。（小爾雅廣言：「辨，別也。」易繫辭上

「辨吉凶者存乎辭」釋文引京房注：「辨，明也。」

〔四〕周禮考工記匠人：「王宮門阿之制五雉，宮隅之制七雉，城隅之制九雉。」鄭注：「阿，棟也。宮隅，城隅，謂角浮思也。雉長三丈，高一丈。度高以高，度廣以廣。」賈疏：「云王宮門阿之制五雉者，五雉謂高五丈。云宮隅之制七雉者，七雉亦謂高七丈。不言宮牆，宮牆亦高五丈也。云城隅之制九雉者，九雉亦謂高九丈。不言城身，城身宜七丈。云阿棟也者，謂門之屋兩下爲之，其脊高五丈。鄭以浮思解隅者，按漢時（書）云『東闕浮思災。』（漢書文帝紀作罘罳同）言災，則浮思者小樓也。……云雉長三丈，高一丈，度高以高，度廣以廣者，凡版廣二尺，公羊（定公十二年傳）云：『五版爲堵』，高一丈，『五堵爲雉。』書傳（尚書大傳）云：『雉長三丈。』度高以高，度長以長，廣則長也。言高一雉，則一丈。言長一雉，則三丈。引之者，證經五雉、七雉、九雉，雉皆爲丈之義。」

〔五〕說文冖部：「冠，所以絭髮，弁、冕之總名也。……冠有法制，故从寸。」段注：「析言之，冕，弁、冠三者異制；渾言之，則冕、弁亦冠也。（冠有法制）謂尊卑異服。」周禮夏官弁師：「掌王之五冕，皆玄冕朱裏延紐，五采繅，十有二就，皆五采玉十有二，玉笄朱紘；諸侯（公）之繅九就，瑉玉三采，其餘如王之事，繅斿皆就，玉瑱玉笄。王之皮弁，會五采玉璂，象邸玉笄。王之弁絰，弁而加環絰。諸侯及孤卿大夫之冕，韋弁、皮弁、弁絰，各以其等爲之。」（鄭注賈疏文多不録）蓋，車蓋。釋名釋車：「蓋，在上覆蓋人也。」考工記輪人載輪人爲蓋法度甚詳。旌旗，已見省煩篇「旗章采色之美」句箋。冠、蓋、旌旗，三禮圖均有圖與說明，可參閱。（卷一、卷九）

〔六〕左傳成公二年：「仲尼聞之曰：『……器以藏禮，禮以行義。』」杜注：「車服所以表尊卑。尊卑有禮，各得其宜。」正義：「禮明尊卑之別，車服以表尊卑。車服之器，其中所以藏禮，言禮藏於車服之中也。」國語周語上：「故爲車服旗章以旌之。」韋注：「旌，表也。車服旗章上下有等，所以明貴賤，爲之表識。」周禮春官司服：「掌王之吉凶衣服，辨其名物與其用事。王之吉服，祀昊天上帝，則服大裘而冕，祀五帝亦如之；享先王則衮冕，享先公饗射，則驚冕；祀四望山川，則毳冕，祭社稷五祀，則希冕；祭羣小祀，則玄冕。凡兵事，韋弁服。眡朝，則皮弁服。凡甸，冠弁服。凡凶事，服弁服。凡弔事，弁絰服。……公之服，自衮冕而下，如王之服；侯伯之服自驚冕而下，如公之服；子男之服，自毳冕而下，如侯伯之服；孤之服，自希冕而下，如子男之服；卿大夫之服，自玄冕而下，如孤之服，其凶服，加以大功小功；士之服，自皮弁而下，如大夫之服，其凶服，亦如之。」（鄭注賈疏詮釋甚詳，文多不録。三禮圖卷一有圖與説明，可參閱。）又巾車：「王之五路：一曰玉路，錫樊纓，十有再就，建大常，十有二斿，以祀。金路，鉤樊纓，九就，建大旂，以賓；同姓以封。象路，朱樊纓，七就，建大赤，以朝；異姓以封。革路，龍勒，條纓，五就，建大白，以即戎，以封四衛。木路，前樊鵠纓，建大麾，以田；以封蕃國。……服車五乘：孤乘夏篆，卿乘夏縵，大夫乘墨車，士乘棧車，庶人乘役車。」（鄭注賈疏詮釋甚詳，文多不録。）釋名釋車：「天子所乘曰路，路亦車也。謂之路者，言行於道路也。金路、玉路，以金玉飾車也。象路、革路、木路，各隨所以爲飾名之也。」

〔七〕周禮天官膳夫：「掌王之食、飲、膳、羞，以養王及后、世子。（鄭注：「食，飯也。飲，酒漿也。膳，牲肉也。羞，有滋味者。凡養之具，大略有四。」）凡王之饋，食用六穀，膳用六牲，飲用六清，羞用百有二十品，珍用八物，醬用百有二十罋。（鄭注：「進物於尊者曰饋，此饋之盛者，王舉之饌也。六牲：馬、牛、羊、豕、犬、雞也。羞出於牲及禽獸，以備滋味，謂之庶羞。……珍謂淳熬、淳母、炮豚、炮牂、擣珍、漬熬、肝膋也。醬謂醯醢也。……鄭司農〔衆〕云：『羞，進也。六穀：稌、黍、稷、粱、麥、苽，苽彫胡也。六清：水、漿、醴、䣼、醫、酏。』」）王日一舉，鼎十有二，物皆有俎。（鄭注：「殺牲盛饌曰舉。王日一舉，以朝食也。后與王同庖，鼎十有二，牢鼎九，陪鼎三。物謂牢鼎之實，亦九俎。』）樂侑食，膳夫授祭，品嘗食，王乃食。（鄭注：「侑猶勸也。祭謂刌肺脊也。禮，飲食必祭，示有所先。品者，每物皆嘗之，道尊者也。」）卒食，以樂徹于造。」（鄭注：「造，作也。鄭司農云：『造謂食之故所居處也。』已食，徹置故處。」）

〔八〕易復：「上六，迷復，凶，有災眚。」釋文：「眚，生傾反。子夏易傳云：『傷害曰災。妖祥曰眚。』鄭（玄）云：『害物曰災。』」又小過：「上六，弗遇過之，飛鳥離之凶，是謂災眚。」國語周語下「天災降戾」韋注：「災，謂水旱、蝗螟之屬。」又楚語下「夫誰無疾眚」韋注：「眚，猶灾也。」（災、灾均烖之重文）周禮天官膳夫：「王齊日三舉，（鄭注：「鄭司農云：『「齊必變食」。』」）（語出論語鄉黨）……大荒則不舉，大札則不舉，天地有烖則不舉。」（鄭注：「大荒，凶年。大札，疫癘也。天烖，日月晦食。地烖，崩動也。」釋文：「夭死曰札。」賈疏：「大荒則不舉已下，皆爲自貶損。……此膳夫云不「舉」在食科之中，不舉，即是不殺牲。」）禮記曲禮下：「歲凶，年穀不登，（鄭注：「登，成也。」）君膳不祭肺。」（鄭注：「禮，食殺牲則祭先。有虞氏以首，夏后氏以心，殷人以肝，周人以肺。不祭肺，則不殺也。」正義：「歲凶者，謂水旱灾害也。……君膳不祭肺者，膳，美食名。……夫盛食必祭，周人重肺，故食祭肺。歲既凶饑，故不祭肺，則不殺牲也。」）

鮑生曰：「人君後宮三千〔一〕，豈皆天意？穀帛積，則民飢寒矣。」抱朴子詰曰：「王者妃妾之數，聖人之所制也〔二〕。聖人，與天地合其德者也〔三〕。其德與天地合，豈徒異哉！夫豈徒欲以順情盈慾而已乎〔四〕？乃所以佐六宮〔五〕，理陰陽教爾〔六〕。崇陽字疑衍。藏本爾崇作肅宗，從舊寫本改。奉祖廟，祇承大祭〔七〕，供玄紞之服〔八〕，廣本支之路〔九〕。

〔一〕後漢書皇后紀序：「自武（帝）、元（帝）之後，世增淫費，至乃掖庭三千。」

〔二〕禮記曲禮下：「天子有后，有夫人，有世婦，有嬪，有妻，有妾。」又昏義：「古者，天子后立六宮，三夫人，九嬪，二十七世婦，八十一御妻，以聽天下之內治，以明章婦順，故天下內和而家理。」鄭注：「三夫人以下百二十人，周制也。」（周禮天官內宰「以陰禮教六宮」鄭注引鄭司農（衆）云：「王之妃百二十人：后一人，夫人三人，嬪九人，世婦二十七人，女御八十一人。」是先鄭後鄭所言王者妃妾之數，皆據禮記昏義爲說也。）

〔三〕易乾：「（文言）夫大人者，與天地合其德。」文子精誠：「故大人與天地合德。」淮南子泰族：「故大人者，與天地合德。」大夫卽聖人，見易乾「飛龍在天，大人造也」正義、詩小雅斯干「大人占之」鄭箋、論語季氏「畏大人」集解。

〔四〕後漢書皇后紀序：「爰逮戰國，風憲逾薄，適情任欲。」素問上古天真論：「以欲竭其精。」王注：「樂色曰欲。」慾、欲古通。

〔五〕周禮天官內宰：「以陰禮教六宮。」鄭注：「玄謂：『六宮，謂后也。婦人稱寢曰宮，宮，隱蔽之言。后象王立六宮而居之，亦正寢一，燕寢五。教者不敢斥言之，謂之六宮，若今稱皇后爲中宮矣。昏禮：母戒女曰：「夙夜毋違宮事。」』」（見儀禮士昏禮）賈疏：「先鄭意以陰禮婦人之禮教六宮之人，自后已下至女御。後鄭意以婦人之禮教后一人，六宮，卽后也。」佐六宮，謂夫人、嬪、世婦、女御皆輔佐后。

〔六〕孫星衍曰：「『陽』字疑衍。」照按：孫說是。後漢書皇后紀序：「后正位宮闈，同體天王。……所以能述宣陰化，修成內則。」典論：「欲納二女，充備六宮，佐宣陰教，聿修古義。」（文選范曄後漢書皇后紀論（序）李注引）

〔七〕文選陸機答賈謐詩：「祗承皇命，出納無違。」李注：「尚書（僞大禹謨）曰：『祗承于帝。』」呂向曰：「祗，敬也。」大祭，謂祭天地。（周禮天官酒正「大祭三貳」鄭注：「鄭司農（衆）云：『大祭，天地。』」）

〔八〕國語魯語下：「王后親織玄紞。」韋注：「說云：紞，冠之垂前後者。昭謂：紞，所以縣瑱當耳者。」詩周南葛覃「爲絺爲綌」毛傳：「古者王后織玄紞。」釋文：「紞，都覽反。紞，織五采如縚狀，用縣瑱也。」說文糸部：「紞，冕冠塞耳者。」段注：「紞所以縣瑱，瑱所以塞耳，紞非塞耳者也。……冕冠塞耳者，當作冕冠所以縣塞耳者。」冠爲首服總名，（左傳昭公元年「吾與子弁冕端委」杜注：「弁冕，冠也。」正義：「冠者，首服之總名。」）故云玄紞之服。

〔九〕詩大雅文王：「文王孫子，本支百世。」毛傳：「本，本宗也。支，支子也。」鄭箋：「其子孫適爲天子，庶爲諸侯，皆百世。」（漢書王子侯表序顏注：「子孫嫡者爲天子，支庶爲諸侯，皆不絕也。」）

「且案周典九土之記，及漢氏地理之書，天下女數，多於男焉〔一〕。王者所宗，豈足以逼當娶者哉！姬公思之，似已審矣〔二〕。

〔一〕周禮夏官職方氏：「東南曰揚州：……其民二男五女；……正南曰荆州：……其民一男二女；……河南曰豫州：……其民二男三女；……正東曰青州：……其民二男二女；……河東曰兗州：其民二男三女；……正西曰雍州：……其民三男二女；……東北曰幽州：……其民一男三女；……河内曰冀州：……其民五男三女；……正北曰并州：……其民二男三女。」漢書地理志上同。

〔二〕孟子離婁下：「周公思兼三王，以施四事，其有不合者，仰而思之，夜以繼日。」

「帝王帥百僚以藉田，后妃將命婦以蠶織〔一〕，下及黎庶，農課有限〔二〕，力佃有賞，怠惰有罰。十一而税〔三〕，以奉公用。家有備凶之儲，國有九年之積〔四〕。各得順天分地〔五〕，不奪其時，調薄役希，民無飢寒。衣食既足，禮讓以興〔六〕。

〔一〕禮記月令：「(孟春之月)乃擇元辰，天子親載耒耜，措之于參保介之御間，帥三公九卿諸侯大夫，躬耕帝藉。天子三推，三公五推，卿諸侯九推。」(又見呂氏春秋孟春紀)鄭注：「元辰，蓋郊後吉亥也。耒，耜之上曲也。保介，車右也。置耒於車右與御者之間，明己勸農非農者也。人君之車，必使勇士衣甲居右而參乘，備非常也。保，猶衣也。介，甲也。帝藉，爲天神借民力所治之田也。」釋文：「措，置也。推，謂伐也。」又：「(季春之月)后妃齊戒，親東鄉躬桑，禁婦女毋觀，省婦使，以勸蠶事。蠶事既登，分繭稱絲效功，以共郊廟之服，無有敢惰。」(又見呂氏春秋季春紀)鄭注：「后妃親採桑，示帥先天下也。東鄉者，鄉時氣也，是明其不常留養蠶也。留養者，所『卜夫人與世婦』。(見祭義)婦，謂世婦及諸臣之妻也。(周禮天官)內宰職曰：『仲春，詔后帥外內命婦始蠶于北郊。』女，外內子女也。……登，成也。敕往蠶者蠶畢，將課功以勸戒之。」釋文：「鄉，許亮反。共，音恭。」又祭統：「是故天子親耕於南郊，以共齊盛；王后蠶於北郊，以共純服。」釋文：「齊，與粢同。音咨。」穀梁傳桓公十四年：「天子親耕，以共粢盛；王后親蠶，以共祭服。」范注：「天子親耕，其禮三推。黍稷曰粢。在器曰盛。」

〔二〕國語周語上：「宣王即位，不藉千畝。……王耕一墢，班三之，庶民終于千畝。」韋注：「藉，借民力以爲之。天子田藉千畝，諸侯百畝。一墢，一耜之墢也。王無耦，以一耜耕。班，次也。三，於下各三，其上也，王一墢。公三，卿九，大夫二十七。終，盡耕之也。」

〔三〕公羊傳宣公十五年：「古者什一而藉。古者曷爲什一而藉？什一者，天下之中正也。多乎什一，大桀小桀；寡乎什一，大貉小貉。」何注：「什一以借民力，以什與民，自取其一爲公田。奢泰多取於民，比於桀也。蠻貉無社稷宗廟百官制度之費，稅薄。」穀梁傳宣公十五年：「古者什一，藉而不稅。」楊疏：「徐邈曰：『藉，借也。謂借民力治公田，不稅民之私也。』」尚書大傳：「古者十稅一。多於十稅一，謂之大桀小桀；少於十稅一，謂之大貊(貉或體)

小貊。王者十一而税，而頌聲作矣。」（困學紀聞二引）鹽鐵論取下：「用民之力，不過歲三日。（禮記王制：「用民之力，歲不過三日。」）藉斂，不過十一。」

〔四〕禮記王制：「三年耕，必有一年之食，九年耕，必有三年之食。以三十年之通，雖有凶旱水溢，民無菜色。」新書憂民：「王者之法，民三年耕而餘一年之食，九年而餘三年之食，三十歲而民有十年之蓄。」淮南子主術：「夫天地之大，計三年耕，而餘一年之食，率九年，而有三年之蓄，十八年，而有六年之積，二十七年，而有九年之積。雖涔旱災害之殃，民莫困窮流亡也。」（公羊傳宣公十五年「什一行而頌聲作矣」何注：「三年耕，餘一年之畜，九年耕，餘三年之積，三十年耕，有十年之儲。雖遇唐堯之水，殷湯之旱，民無近憂，四海之內，莫不樂其業。故曰頌聲作矣。」）

〔五〕順天分地，已見本篇上文「順天分地」句箋。

〔六〕管子牧民：「倉廩實則知禮節，衣食足則知榮辱。」輕重甲同。（又見史記管仲傳又貨殖傳序、鹽鐵論授時、説苑建本又説叢）

「昔文、景之世，百姓務農，家給户豐，官倉之米，至腐赤不可勝計〔一〕。然而士庶猶侯服鼎食〔二〕，牛馬蓋澤。由於賦斂有節，不足損下也。

〔一〕史記平準書：「至今上（武帝）即位數歲，漢興七十餘年之間，國家無事，非遇水旱之災，民則人給家足，都鄙廩庾皆滿，而府庫餘貨財。京師之錢累巨萬，貫朽而不可校。太倉之粟陳陳相因，充溢露積於外，至腐敗不可食。衆庶街巷有馬，阡陌之間成羣，而乘字牝者儐而不得聚會。爲吏者長子孫，居官者以爲姓號。故人人自愛而重犯法，先行義而後絀恥辱焉。當此之時，網疏而民富，役財驕溢，……宗室有土公卿大夫以下，爭於奢侈，室廬輿服僭於上，無限度。」漢書賈捐之傳：「捐之對曰：『……至孝武皇帝元狩六年，太倉之粟紅腐而不可食，都内之錢貫朽而不可校。』」顏注：「粟久腐壞，則色紅赤也。校，謂數計也。」

〔二〕侯服鼎食，已見守塉篇「入侯服而玉食」句及「而足於鼎食矣」句箋。

「至於季世〔一〕，官失佃課之制〔二〕，私務浮末之業〔三〕，生穀之道不廣，而游食之徒滋多，故上下同之，而犯非舊寫本作罪者衆〔四〕。鮑生乃歸咎有君。

〔一〕左傳昭公三年：「叔向曰：『齊其何如？』晏子曰：『此季世也，吾弗知，齊其爲陳氏矣。』」鹽鐵論授時：「三代之盛世無亂萌，教也；夏、商之季世無順民，俗也。」漢書儒林傳序：「陵夷二百餘年而孔子興，以聖德遭季世。」是季世謂末世、衰世也。

〔二〕玉篇人部：「佃，同見切，作田也。」廣韻三十二霰：「佃，營田。」佃課，田賦，租稅。

〔三〕史記文帝紀：「（十三年）上曰：『農，天下之本，務莫大焉。今勤身從事，而有租稅之賦，是爲本末者毋以異。』」集解引李奇曰：「本，農也。末，賈也。」漢書成帝紀：「（陽朔四年詔）間者，民彌惰怠，鄉本者少，趨末者衆。」顏注：「鄉，讀曰嚮。」又地理志下：「漢興，立都長安，……又郡國輻湊，浮食者多，民去本就末。」崔寔政論：「且世奢服僭，則無用之器貴，本務之業賤矣。農桑勤而利薄，工商逸而入厚，故農夫輟耒而雕鏤，工女投杼而刺文。躬耕者少，末作者衆。」（羣書治要四五引）潛夫論浮侈：「今舉世舍農桑，趨商賈，牛馬車輿，填塞道路，游手爲巧，充盈都邑。治本者少，浮食者衆。……今察洛陽，浮末者什於農夫，虛僞游手者什於浮末。」

〔四〕商子農戰：「夫農者寡而游食者衆，故其國貧危。……故其民農者寡，而游食者衆。衆則農者殆，農者殆則土地荒。學者成俗，則民舍農，從事於談說，高言僞議，舍農游食，而以言相高也。」漢書食貨志上：「鼂錯復說上（文帝）曰：『……地有遺利，民有餘力，生穀之土未盡墾，山澤之利未盡出也，游食之民未盡歸農也。民貧，則姦邪生。貧生於不足，不足生於不農，不農則不地著，不地著則離鄉輕家，民如鳥獸，雖有高城深池，嚴法重刑，猶不能禁也。』」

若夫藏本作未若，從舊寫本改。譏采擇之過限〔一〕，刺農課之不實〔二〕，責牛飲之三千〔三〕，貶履畝與太半〔四〕。但使後宮依周禮〔五〕，租調不橫加，斯則可矣，必無君乎？夫一日晏起，則事有失所〔六〕。『卽鹿無虞，維入于林中〔七〕。』安可終已！靡所宗統，則君子失所仰，凶人得其志。網踈猶漏，可都無網乎？」

〔一〕公羊傳宣公十五年：「初稅畝。初者何？始也。稅畝者何？履畝而稅也。初稅畝何以書？譏。何譏爾？譏始履畝而稅也。」何注：「時宣公無恩信於民，民不肯盡力於公田，故履踐案行，擇其善畝穀最好者稅取之。」（漢書五行志中之下：「宣公十五年，……是時民患上力役，解（顏注：『解讀曰懈。』）於公田。宣是時初稅畝。稅畝，就民田畝擇美者稅其什一，亂先王制而爲貪利。」）過限，謂超越規定取稅。

〔二〕詩魏風碩鼠序：「碩鼠，刺重斂也。國人刺其君重斂蠶食於民，不脩其政。貪而畏人，若大鼠也。」其「稅斂之多」，（「無食我黍」句鄭箋）貪婪之甚，躍然紙上。則原定賦稅，徒具文耳。故曰農課不實。（伐檀之取禾「三百廛」、「三百億」、「三百囷」，亦農課不實之例。）

〔三〕六韜佚文：「古之亂君，夏桀、殷紂積糟爲丘，以酒爲池，飲者常三千人。」（北堂書鈔一四七引（史記殷紀「（紂）以酒爲池」正義引太公六韜云：「紂爲酒池，迴船糟丘而牛飲者三千餘人爲輩。」與書鈔所引有異，似非一文。））韓詩外傳二：「昔者桀爲酒池糟隄，縱靡靡之樂，（一鼓）而牛飲者三千〔人〕。」又四：「桀爲酒池可以運舟，糟丘足以望十里，而牛飲者三千人。」新序刺奢：「桀作瑤臺，罷民力，殫民財，爲酒池糟隄，縱靡靡之樂，一鼓而牛飲者三千人。」

〔四〕鹽鐵論取下：「及周之末塗，德惠塞而嗜欲衆，君奢侈而上求多，民困於下，怠於公乎〔上公〕，是以有履畝之稅，碩鼠之詩作也。」潛夫論班祿：「履畝稅而碩鼠作。（履畝，已見上「譏采擇之過限」句箋。淮南子兵略：「（二世皇帝）不顧百姓之飢寒窮匱也，……收太半之賦。」許注：「貲民之三而稅二。」史記淮南王安傳：「（伍）被曰：『往者秦爲無道，殘賊天下，……收太半之賦。』漢書食貨志上：「至於始皇，遂並天下，內興功作，外攘夷狄，收泰半之賦。」顏注：「泰半，三分取其二。」（「泰」、「太」古通用不別。）

〔五〕周禮，謂周制。周制後宮妃妾人數，已見本篇上文「王者妃妾之數」句箋。（周禮天官九嬪、世婦、女御皆未言人數）

〔六〕列女傳賢明周宣姜后傳：「周宣姜后者，齊侯之女也。賢而有德，事非禮不言，行非禮不動。宣王嘗早臥晏起，后夫人不出房。姜后脫簪珥，待罪於永巷，使其傅母通言於王曰：『妾不才，妾之淫心見矣，至使君王失禮而晏朝，以見君王樂色而忘德也。夫苟樂色，必好奢窮欲，亂之所興也。原亂之興，從婢子起，敢請婢子之罪。』王曰：『寡人不德，實自生過，非夫人之罪也。』遂復姜后，而勤於政事，早朝晏退，卒成中興之名。」

〔七〕易屯：「六三，即鹿無虞，惟入于林中。君子幾不如舍，往吝。」正義：「即鹿無虞者，即，就也。虞謂虞官。如人之田獵欲從就於鹿，當有虞官助己商度形勢可否，乃始得鹿。若無虞官，卽虛入于林木之中，必不得鹿。故云唯入于林中。」集解引虞翻曰：「卽，就也。虞謂虞人，掌禽獸者。……山足稱鹿，鹿，林也。（釋文：「卽鹿，王肅作麓，云山足。」）……幾，近。舍，置。吝，疵也。」（淮南子繆稱所引易屯六三爻辭，取義與此文意不符，故未迻録。）

飽生曰：「人之生也，衣食已劇〔一〕；況又加之以斂賦，藏本作收賦，從舊寫本改。重之以力役〔二〕。飢寒竝至，下不堪命，冒法犯非，舊寫本作罪於是乎生〔三〕。」

〔一〕管子侈靡：「衣食之於人也，不可以一日違也。」又禁藏：「夫民之所生，衣與食也。」文子微明：「民之所以生活，衣與食也。」淮南子泰族：「凡人之所以生者，衣與食也。」孔叢子刑論：「孔子曰：『民之所以生者，衣食也。』」

〔二〕孟子盡心下「力役之征」趙注：「力役，民負荷斯養之役也。」荀子富國：「罕興力役，無奪農時。如是，則國富矣。」又王霸：「罕舉力役，無奪農時。如是，則農夫莫不朴力而寡能矣。」楊注：「但質朴而力作，不務他能也。」漢書揚雄傳下：「（長楊賦）矜劬勞，休力役。」

〔三〕淮南子齊俗：「夫飢寒並至，能不犯法干誅者，古今未之聞也。」漢書景帝紀：「（後二年詔）農事傷則飢之本也，女紅害則寒之原也。夫飢寒並至，而能亡爲非者，寡矣。」下不堪命，已見百里篇「百姓不堪」句箋。

抱朴子詰曰：「蜘蛛張網，蚤蝨不餒，使人智巧，役用萬物〔一〕。食口衣身，何足劇乎？但患富者無知止之心，貴者有無限之用耳。豈可以一蹶藏本作蹷，從舊寫本改。之故，而終身不行〔二〕；以桀、紂之虐，思乎無主也〔三〕。

〔一〕呂氏春秋異用：「湯見祝網者，置四面。其祝曰：『從天墜者，從地出者，從四方來者，皆離吾網。』湯曰：『嘻，盡之矣！非桀其孰爲此也？』湯收其三面，置其一面，更教祝曰：『昔蛛蝥作網罟，今之人學紓。欲左者左，欲右者右，欲高者高，欲下者下。吾取其犯命者。』漢南之國聞之曰：『湯之德及禽獸矣。』四十國歸之。人置四面，未必得鳥；湯去其三面，置其一面，以網其四十國，非徒網鳥也。」（帝王世紀〔藝文類聚十二引〕略同〔太平御覽九四八所引較略，有「昔蛛蝥作罔，今人學結」二句。〕）新書諭誠：「湯見設網者，四面張。祝曰：『自天下者，自地出者，自四方至者，皆羅我網。』湯曰：『嘻，盡之矣！非桀其孰能如此！』令去三面，舍（史記律書「七正二十八舍」索隱：「舍，止也。」）一面，而教祝之曰：『蛛蝥作網，今之〔人〕脩〔循〕緒。欲左者左，欲右者右，欲高者高，欲下者下。吾請受其犯命者。』士民聞之曰：『湯德之（當乙作「之德」）及於禽獸矣，而況我乎？』於是下親其上。」（史記殷紀載湯解網三面事，無蛛蝥作網辭句，故未徵引。）符子：「晉公子重耳奔齊，與五臣游乎大澤之中，見蜘蛛布其網，曳其繩，而執豸以食之。公子重耳乃撫僕之手，駐駟而覲之。顧謂其臣咎犯曰：『此蟲也智之薄者矣，而猶役其智，布其網，曳其繩，執豸而食之。況乎人之有智，而不能廓垂天之網，布絡地之繩，以供方丈之御，是曾不如蜘蛛之智，孰可謂之人乎！』咎犯曰：『公子慎勿言也。君終行之，則有邦有嗣矣。』」（藝文類聚九七、太平御覽九四八引）方言十一：「鼅鼄，鼄蝥也。自關而西，秦晉之間謂之鼄蝥。自關而東，趙魏之郊謂之鼅鼄。」是蛛蝥即蜘蛛也。蜘蛛爲鼅鼄或體，見說文黽部。餒，飢也（廣雅釋詁四），餓也（論語衛靈公「耕也餒在其中矣」集解引鄭玄注）。蚤蝨不餒，言蚤蝨能自覓食物而不飢餓。

〔二〕淮南子脩務：「以一蹪之難，輟足不行。」高注：「蹪，躓。楚人謂躓也。」說苑談叢：「一蹶之故，卻足不行。」呂氏春秋慎小「人之行不蹶於山」高注：「蹶，躓顛頓也。」

〔三〕照按：「思」上當有「而」字，始能與上「而終身不行」句相儷。

夫言主事，彌張賦斂之重於往古，民力之疲於末務，飢寒所緣以譏之，可也。而言有役有賦，使國亂者，請問唐、虞升平之世〔一〕，三代有道之時，爲無賦役，以相供奉；元首股肱〔二〕，躬耕以自給邪？鮑生乃唯知飢寒竝至，莫能固窮〔三〕；獨不知衣食竝足，而民知榮辱乎〔四〕？」

〔一〕升平，已見勗學篇「馳升平之廣塗」句箋。

〔二〕元首股肱，謂君與臣。已見本篇上文「則元首股肱，以表君臣之序」二句箋。

〔三〕論語衞靈公：「子曰：『君子固窮，小人窮斯濫矣。』」尸子：「守道固窮，則輕王公。」（文選謝靈運登石門最高頂詩李注引）

〔四〕衣食足知榮辱，已見上文「衣食既足，禮讓以興」二句箋。

鮑生曰：「王者臨深履尾〔一〕，不足喻危。假寐待旦〔二〕，日昃旰食〔三〕，將何爲懼禍及也。」抱朴子難曰：「審能如此，乃聖主也。王者所病，在乎驕奢〔四〕。賢者不用，用者不賢。夏癸指天日以自喻〔五〕，秦始憂萬世之同謚〔六〕，故致傾亡，取笑將來。若能懼危夕惕〔七〕，廣納規諫〔八〕，詢芻蕘以待聽〔九〕，養黃髮以乞言〔一〇〕，何憂機事之有違，何患百揆之不康〔一一〕？夫戰兢則彝倫敍〔一二〕，怠荒則姦宄作〔一三〕。豈況無君，能無亂乎？」

〔一〕臨深履尾，已見本篇上文「鑒履尾而夕惕」句及「臨深履薄」句箋。

〔二〕詩小雅小弁：「假寐永歎。」鄭箋：「不脱冠衣而寐曰假寐。」左傳宣公二年：「（趙盾）盛服將朝，尚早，坐而假寐。」杜注：「（假寐）不解衣冠而睡。」書僞太甲上：「伊尹乃言曰：『先王昧爽、丕顯，坐以待旦。』」枚傳：「爽、顯，皆明也。言先王昧明思大明其德，坐以待旦而行之。」（三國志吳書孫權傳：「（魏文帝）策命權曰：『……朕以不德，承運革命，君臨萬國，秉統天機，思齊先代，坐而待旦。』」）

〔三〕書無逸：「（文王）自朝至于日中昃，不遑暇食。」孔傳：「從朝至日昳不暇食，思慮政事。」正義：「言文王勤於政事，從朝不食，或至於日中，或至於日昃，猶不暇食。故經中、昃並言之。」釋文：「昃，音側，本亦作仄。昳，田節反。」易豐：「彖曰：『……日中則昃。』」正義：「日中至盛，過中則昃。」旰食，已見本篇上文「昧朝旰食」句箋。

〔四〕文子上仁：「生而貴者驕，生而富者奢。」

〔五〕史記夏紀：「帝發崩，子帝履癸立，是爲桀。」夏癸指日自喻，已見君道篇「而自比於天日」句箋。

〔六〕史記秦始皇紀：「（二十六年）制曰：『朕聞太古有號毋謚，中古有號，死而以行爲謚。如此，則子議父，臣議君也，甚無謂，朕弗取焉。自今已來，除謚法。朕爲始皇帝。後世以計數，二世三世至于萬世，傳之無窮。』」

〔七〕夕惕，已見本篇上文「鑒履尾而夕惕」句箋。

〔八〕墨子尚同上：「上有過則規諫之。」荀子成相：「周幽、厲，所以敗，不聽規諫忠是害。」説苑君道：「成王封伯禽爲魯公，召而告之曰：『爾知爲人上之道乎？凡處尊位者，必以敬下，順德〔聽〕規諫，必開不諱之門，蹲節安静以藉之。諫者勿振以威，毋格其言，博采其辭，乃擇可觀。』」

〔九〕照按：芻已从艸，不必再加艸頭。當依崇文本改作芻。詢芻蕘，已見省煩篇「古人詢于蒭蕘」句箋。

〔一〇〕詩大雅行葦序：「行葦，忠厚也。周家忠厚，仁及草木，故能内睦九族，外尊事黄耇，養老乞言，以成其福禄焉。」

鄭箋：「黃，黃髮也。耇，凍梨也。乞言，從求善言可以爲政者，敦史受之。」書秦誓：「尚猷詢茲黃髮，則罔所愆。」詩魯頌閟宮：「黃髮台背，壽胥與試。」鄭箋：「黃髮、台背，皆壽徵也。」爾雅釋詁：「黃髮、齯齒、鮐背、耇老，壽也。」郭注：「黃髮，髮落更生黃者。」（詩小雅南山有臺「遐不黃耇」正義引舍人曰：「黃髮，老人髮白復黃也。」）

〔一一〕書舜典：「納于百揆，百揆時敍。」孔傳：「揆，度也。度百事，總百官，納舜於此官。舜舉八凱，使揆度百事，百事時敍，無廢事業。」又益稷「庶事康哉」孔傳：「衆事乃安。」後漢書張衡傳：「（上疏）百揆允當，庶績咸熙。」

〔一二〕彝倫敍，已見本篇上文「感彝倫之不敍」句箋。

〔一三〕姦宄，已見用刑篇「則姦宄並作」句箋。

鮑生曰：「王者欽想奇瑞，引誘幽荒〔一〕，欲以崇德邁威〔二〕，厭耀未服〔三〕。藏本作朱服，從舊寫本改。白雉玉環〔四〕，何益齊民乎〔五〕！」抱朴子詰曰：「夫王者德及天，則有天瑞；德及地，則有地應〔六〕。若乃景星摛光以佐望舒之耀〔七〕，冠日含采以表羲和之晷〔八〕，靈禽嗈喈於阿閣〔九〕，金象焜晃乎清沼〔一〇〕，此豈卑辭所致，厚幣所誘哉！王莽姦猾，包藏禍心，文致太平，誑眩朝野，覘遺外域，使送瑞物〔一一〕，豈可以此謂古皆然乎？

〔一〕文選東京賦：「惠風廣被，澤洎幽荒。」薛注：「幽荒，九州外，謂四夷也。」

〔二〕爾雅釋言：「邁，行也。」

〔三〕史記高祖紀：「（秦始皇帝）於是因東游以厭之。」索隱：「厭，音一涉反，又一冉反。廣雅云：『厭，鎮也。』」漢書辛慶忌傳：「（何武上封事）故賢人立朝，折衝厭難，勝於亡形。」顏注：「厭，抑也。未有禍亂之形，豫勝之也。厭，音一葉反。」又翼奉傳：「（上疏）東厭諸侯之權，西遠羌胡之難。」顏注：「厭，抑也。音一葉反。」

〔四〕白雉，已見君道篇「靈禽貢於形庭」句、尚博篇「召環、雉於大荒之外」句及廣譬篇「白雉待公旦而來」句箋。玉環，即白環，亦見君道篇「瑤環獻自西極」句、尚博篇「召環、雉於大荒之外」句及博喻篇「四環至自少廣之表」句箋。

〔五〕管子君臣下：「齊民食於力。」呂氏春秋謹聽：「諸衆齊民。」高注：「齊民，凡民。」淮南子原道：「此齊民之所以淫泆流湎。」高注：「齊於凡民，故曰齊民。」漢書食貨志下：「所忠言：『世家子弟富人或鬭雞走狗馬，弋獵博戲，亂齊民。』」顏注引如淳曰：「齊，等也。無有貴賤，謂之齊民，若今言平民矣。」

〔六〕孝經緯援神契：「（王者）德及於天，斗極明，日月光，甘露降；德及於地，嘉禾生，蓂莢起，秬鬯出。」（禮記禮運正義引〔大戴禮記明堂盧注、文選應貞華林園集詩李注、開元占經六七、太平御覽八三九又八七二所引各以類節取，茲不具列。〕）白虎通德論封禪：「天下太平，符瑞所以來至者，以爲王者承天統理，調和陰陽，陰陽和，萬物序，休氣充塞，故符瑞並臻，皆應德而至。德至天，則斗極明，日月光，甘露降；德至地，則嘉禾生，蓂莢起，秬鬯出，太平感。」

〔七〕孝經援神契：「王者德至天，則景星見。」（開元占經七七引）景星，已見本篇上文「景、老摛耀於天路」句箋。望舒，月也。已見廣譬篇「而望舒變於太極」句箋。

〔八〕孝經援神契：「德至於天，日抱戴。」（開元占經七引作「王者德至於天，則日抱戴。」）宋注：「在上曰戴，在旁曰抱。」（太平御覽八七二引）戴抱，即冠珥也。周禮春官眡祲：「四曰監。」鄭注：「監，冠珥也。」賈疏：「云監冠珥也者，謂有赤雲氣在日旁如冠耳，珥即耳也，今人猶謂之日耳。」呂氏春秋明理：「其日有鬬蝕，有倍僪，有暈珥。」高注：「倍僪、暈珥，皆日旁之危氣也。……在上內向爲冠，兩旁內向爲珥。」淮南子覽冥：「則背譎見於天。」高注：

「日旁五色氣……內向爲珥，在上外出爲冠。」漢書天文志：「抱珥虹蜺。」顏注引如淳曰：「凡氣在日上爲冠爲戴，在旁直對爲珥。」雜占書：「日冠者，如半暈也。法當在日上有冠，又有兩珥者，尤吉。」（初學記一〔「占」作「兵」，「又」作「文」〕、太平御覽三〔無「者」字〕引）羲和，日也。已見交際篇「羲和照則曲影覺矣」句箋。說文日部：「昦，日景也。」

〔九〕靈禽，指鳳。已見嘉遯篇「朝陽繁鳴鳳之音」句、臣節篇「阿閣有鳴鳳之巢也」句及廣譬篇「豐朝陽之林，而延靈禽於丹穴」二句箋。

〔一〇〕麟、鳳、龜、龍，古稱四靈（見禮記禮運）。此文上句既指爲鳳，則下句所指者，似爲有鱗之龍（大戴禮記易本命：「有鱗之蟲三百六十，而蛟龍爲之長」）。禮記禮運：「鳳皇麒麟皆在郊棷，龜龍在宮沼。」鄭注：「沼，池也。」文子道德：「鳳皇翔其庭，……蛟龍宿其沼。」漢書揚雄傳上：「（校獵賦）以爲在昔二帝三王，……鳳皇巢其樹，黃龍游其沼。」人物志佚文：「龍神不處罔罟之水，鳳凰不翔尉羅之鄉。」（太平御覽九百三十引）四書皆以鳳、龍並言，此亦宜然。且此二句與本篇上文「鳳鸞棲息於庭宇，龍鱗〔麟〕羣遊於園池」之辭意全同，尤爲切證。金象焜晃，蓋謂黃龍之鱗光色閃耀也。河圖：「黃金千歲生黃龍。」（初學記三十、太平御覽九二九引）又：「舜以太尉即位，與三公臨觀，黃龍五采負圖出，置舜前。」（藝文類聚九八、初學記三十、太平御覽九二九引）孝經援神契：「德至深〔淵〕泉，則黃龍見。」宋注：「黃龍見者，君之象也。」（禮記禮運正義、藝文類聚九八引）瑞應圖：「黃龍者，四龍之長，四方之正色，神靈之精也。……王者不漉池而漁，則應和氣而遊於池沼。」（藝文類聚九八引〔初學記三十、太平御覽九二九所引有刪節〕）是金象焜晃清沼者之爲黃龍，信而有徵矣。

〔一一〕漢書王莽傳上：「王莽字巨君，孝元皇后之弟子也。……始風（顏注：「讀曰諷。」）益州令塞外蠻夷獻白雉。……

莽念中國已平，唯四夷未有異。乃遣使者齎黄金幣帛，重賂匈奴單于，使上書言：『聞中國譏二名，故名囊知牙斯今更名知，慕從聖制。』又遣王昭君女須卜居次入侍。所以誑燿媚事太后，下至旁側長御，方故萬端。……莽既致太平，北化匈奴，東致海外，南懷黄支，唯西方未有加。乃遣中郎將平憲等多持金幣誘塞外羌，使獻地，願内屬。……莽復奏曰：『太后秉統數年，恩澤洋溢，和氣四塞，絶域殊俗，靡不慕義。越裳氏重譯獻白雉，黄支自三萬里貢生犀，東夷王度大海奉國珍，匈奴單于順制作，去二名，今西域良願等復舉地爲臣妾，昔唐堯横被四表，亦亡以加之。』」又地理志下：「平帝元始中，王莽輔政，欲燿威德，厚遺黄支王，令遣使獻生犀牛。」又敍傳上：「平帝即位，太后臨朝，莽秉政，方欲文致太平，使使者分行風俗，采頌聲。」顔注：「（欲文致太平）言欲以文教致太平。」補注：「劉敞曰：『公羊春秋説文致太平者（定公六年何休解詁：「春秋定、哀之間，文致太平。」），以春秋亂世，但聖人作文致之如太平耳。莽政既惡，而飾虚以自章大，是亦文致也，豈謂文教致太平乎？』沈欽韓曰：『何休説定六年傳云：「定、哀之間，文致太平。」（疏云：「實不太平，但作太平文而已。」）此公羊家例，漢人常用。』」照按：抱朴此文，於「文致太平」下，即緊接「誑眩朝野」句，亦足證顔注之誤。左傳昭公元年：「子羽曰：『小國無罪，恃實其罪；將恃大國之安靖己，而無乃包藏禍心以圖之。』」三國志魏書曹爽傳：「會公卿朝臣廷議，以爲『春秋之義，「君親無將，將而必誅」。（公羊傳莊公三十二年：「君親無將，將而誅焉。」）爽以支屬，世蒙殊寵，親受先帝握手遺詔，託以天下，而包藏禍心，蔑棄顧命。』」

「夫見盈丈之尾，則知非咫尺之軀；覩尋仞之牙，則知非膚寸之口〔一〕。故王母之遺使〔二〕，明其玄化通靈，無遠不懷也〔三〕。越裳之重譯〔四〕，足知惠沾殊方，澤被無外也〔五〕。

夫絶域不可以力服〔六〕，蠻貊不可以威攝〔七〕，自非至治，焉能然哉！

〔一〕膚寸，喻微小。已見尚博篇「雲雨生於膚寸」句箋。

〔二〕王母遺使，指獻玉環。已見君道篇「瑶環獻自西極」句、尚博篇「召環、雉於大荒之外」句及博喻篇「四環至自少廣之表」句箋。

〔三〕文選曹植責躬詩：「玄化滂流，荒服來王。」李注：「廣雅（釋詁三）曰：『玄，道也。』謂道德之化也。蔡邕陳留太守頌曰：『玄化洽矣。』」檀道鸞續晉陽秋：「（顧）愷之尤好丹青，妙絶於時。曾以一厨畫寄桓玄，皆其絶者，深所珍惜，悉糊題其前。桓乃發厨後取之，好加理。後愷之見封題如初，而畫並不存，直云：『妙畫通靈，變化而去，如人之登仙矣。』」（世説新語巧藝劉注引）晉書文苑顧愷之傳略同。左傳僖公七年：「管仲言於齊侯（桓公）曰：『臣聞之，招攜以禮，懷遠以德。』」淮南子泰族：「大足以容衆，德足以懷遠。」

〔四〕越裳重譯，指獻白雉。已見君道篇「靈禽貢於彤庭」句、尚博篇「召環、雉於大荒之外」句及廣譬篇「白雉待公旦而來」句箋。

〔五〕後漢書班固傳：「（西都賦）其中乃有九真之麟，大宛之馬，……踰崑崙，越巨海，殊方異類，至三萬里。」公羊傳隱公元年：「王者無外。」何注：「明王者以天下爲家。」管子版法解：「凡人君者，覆載萬民而兼有之，燭臨萬族而事使之，……天覆而無外也，其德無所不在。」

〔六〕絶域，極遠地域。管子七法：「不遠道里，故能威絶域之民。」後漢書班超傳：「（上疏）臣伏自惟念，卒伍小吏，實願從谷吉效命絶域。」

〔七〕蠻貊，泛指少數民族。禮記中庸：「是以聲名洋溢乎中國，施及蠻貊。」論語衛靈公：「子張問行。子曰：『言忠信，行篤敬，雖蠻貊之邦行矣。』」（書僞武成：「華夏蠻貊」正義：「華夏，謂中國也。言蠻貊，則戎夷可知也。」是蠻貊不宜指實爲南蠻北狄。）

何者？鮑生謂爲不用。夫周室非乏玉，而須王母之環以爲富也；非儉膳，而渴越裳之雉以充庖也〔一〕。所以貴之者，誠以斯物爲太平，則上無苛虐之政，下無失所之人。蜎飛蠕動〔二〕，咸得其懽。有國之美，孰多於斯！而云不用，無益於齊民。源遠體大，固未易見。鮑生之言，不亦宜乎〔三〕！」

〔一〕照按：此文有錯脱。西王母獻玉環爲舜時事，越裳氏獻白雉爲周代事。二事時代不同，受者亦異，混而爲一，實不倫類。疑「周室」二字原在「非儉膳」上，「非乏玉」上似脱「虞舜」二字（本書屢以「虞舜」爲言）。

〔二〕蜎飛蠕動，已見仁明篇「蜎飛蝡動」句箋。

〔三〕論語子張：「叔孫武叔語大夫於朝，曰：『子貢賢於仲尼。』子服景伯以告子貢。子貢曰：『譬之宫牆，賜之牆也及肩，窺見室家之好。夫子之牆數仞，不得其門而入，不見宗廟之美，百官之富。得其門者或寡矣。夫子（指武叔）之云，不亦宜乎！』」

鮑生曰：「人君恐姦釁之不虞，故嚴城以備之也。」抱朴子詰曰：「侯王設險，大易所貴〔一〕。不審嚴城，何譏焉爾〔二〕。夫兩儀肇闢，萬物化生〔三〕，則邪正存焉爾。

〔一〕易習坎：「彖曰：『……天險，不可升也；地險，山川丘陵也。王公設險以守其國。險之時用大矣哉！』」王注：「國之爲衛，恃於險也。言自天地以下，莫不須險也。」

〔二〕公羊傳隱公二年：「外逆女不書，此何以書？譏。何譏爾？譏始不親迎也。」何注：「譏，猶譴也。」

〔三〕兩儀肇闢，已見本篇上文「若夫太極混沌，兩儀無質」二句箋。易咸：「彖曰：『……天地感而萬物化生。』」又繫辭下：「天地絪縕，萬物化醇；男女構精，萬物化生。」又說卦：「有天地，然後有萬物；有萬物，然後有男女；有男女，然後有夫婦；有夫婦，然後有父子。」

「夫聖人知凶醜之自然，下愚之難移〔一〕，猶春陽之不能榮枯朽，炎景之不能鑠金石。冶容慢藏，誨淫召盜〔二〕，故取法乎習坎，備豫於未萌〔三〕，重門有擊柝之警〔四〕，治戎遏暴客之變〔五〕，而欲除之，其理何居？

〔一〕論語陽貨：「子曰：『唯上知與下愚不移。』」集解引孔安國曰：「上知不可使爲惡，下愚不可使强賢。」

〔二〕易繫辭上：「慢藏誨盜，冶容誨淫。」正義：「若慢藏財物，守掌不謹，則教誨於盜者使來取此物。女子妖冶其容，身不精慤，是教誨淫者使來淫已也。」

〔三〕左傳文公六年：「文子曰：『備豫不虞，古之善教也。』」

〔四〕重門擊柝，已見廣譬篇「擊柝不輟備於思危」句箋。

〔五〕易萃：「象曰：『澤上於地，萃。君子以除戎器，戒不虞。』」正義：「除者，治也。人既聚會，不可無防。故君子於此之時，脩治戎器，以戒備不虞也。」釋文：「（除）如字。本亦作儲，又作治。」暴客，亦見廣譬篇「擊柝不輟備於思危」句箋。

兕之角也，鳯之距也，天實假之〔一〕，何必日用哉！蜂蠆挾毒以衛身〔二〕，智禽銜蘆以扞網〔三〕，貛曲其穴以備徑至之鋒〔四〕，水牛結陣以却虎豹之暴〔五〕。而鮑生欲棄甲冑以遏利刃，隳城池以止衝鋒〔六〕，藏本遏作進，止作正。今從舊寫本。若令甲冑既捐，而利刃不住，城池既壞，而衝鋒猶集，公輸、墨翟〔七〕，猶不自全。不審吾生計將安出乎？」

〔一〕爾雅釋獸：「兕，似牛。」郭注：「一角，青色，重千斤。」山海經海內南經：「（兕）其狀如牛，蒼黑，一角。」論語摘衰聖：「鳳有六像，九苞。……九苞者：……七曰距銳鉤。」（初學記三十、太平御覽九一五引）淮南子原道：「雖有鉤箴芒距。」高注：「距，爪也。」又本經：「戴角出距之獸。」又兵略：「凡有血氣之蟲，含牙帶角，前爪後距，……天之性也。」文選吳都賦：「羽族以觜距爲刀鈹，毛羣以齒角爲矛鋏。」呂向曰：「羽族，鳥也。毛羣，獸也。鈹亦刀也。鋏亦劍也。」

〔二〕左傳僖公二十二年：「臧文仲曰：『……君（魯僖公）其無謂邾小，蠭蠆有毒，而況國乎！』」正義：「說文（䖵部）云：『蠭，飛蟲螫人者也。（虫部）蠆，毒蟲也。』」釋文：「蠭，俗作蜂。」大戴禮記用兵：「蜂蠆挾螫而生，見害而校，以衛厥身者也。」國語晉語九：「蜹蟻蠭蠆，皆能害人。」

〔三〕智禽銜蘆，已見博喻篇「何必銜蘆而慘慘畏容」句箋。

〔四〕貛曲其穴，亦見博喻篇「何必曲穴而永懷怵惕」句又「則猨狖與貛貉等矣」句箋。

〔五〕尸子：「雁銜蘆而捍網，牛結陣以卻虎。」（廣博物志四四引〔汪繼培輯入「存疑」中，謂董氏「誤抱朴子爲尸子」。〕）

〔六〕詩大雅皇矣：「與爾臨衝。」毛傳：「衝，衝車也。」呂氏春秋召類：「而折衝乎千里之外者。」高注：「衝車所以突敵之軍，能陷破之也。」淮南子覽冥：「大衝車。」高注：「衝車，大鐵著其轅端，馬被甲，車被兵，所以衝於敵城也。」又說山：「故國有賢君，折衝萬里。」高注：「衝，兵車也，所以衝突敵城也。」

〔七〕公輸、墨翟，已見名實篇「放斧斤而欲雙巧於班、墨」句及博喻篇「是以墨翟以重繭怡顏」句箋。

或曰：「苟無可欲之物，雖無城池之固，敵亦不來者也。」抱朴子答曰：「夫可欲之物，何必金玉！錐刀之末，愚民競焉〔一〕。越人之大戰，由乎分蚺虵之不鈞〔二〕。吳、楚之交兵，藏本作反兵，從舊寫本改。起乎一株之桑葉〔三〕。饑荒之世，人人相食。素手裸跣〔四〕。下有脱文，疑缺一二葉。

〔一〕左傳昭公六年：「叔向使詒子產書曰：『……錐刀之末，將盡爭之。』」杜注：「錐刀末，喻小利。」文子上禮：「爭於錐刀之末。」淮南子覽冥：「而爭於錐刀之末。」高注：「錐刀之末，謂小利，言盡爭之也。」

〔二〕說文虫部：「蚦，大它（蛇），可食。」字林：「蚦，大蛇也，可食。大二圍，長二丈餘。」（一切經音義十六引）淮南子精神：「越人得髯蛇，以爲上肴。」高注：「髯蛇，大蛇也。其長數丈，俗以爲上肴。」（太平御覽九三三引「髯」並作「蚺」）嵇康集答難養生論：「蚦蛇珍於越土。」水經葉榆河注：「（交州）山多大蛇，名曰髯蛇。長十丈，圍七八尺。常在樹上伺鹿獸，鹿獸過，便低頭繞之。有頃鹿死，先濡令濕，訖便吞頭角，骨皆鑽皮出。山夷始見蛇不動時，便以大竹籤籤蛇頭至尾，殺而食之，以爲珍異。故楊氏南裔異物志（當是楊孚交州異物志）曰：『髯惟大蛇，既洪且長。采色駮犖，其文錦章。食豕吞鹿，腴成養創。賓享嘉宴，是豆是觴。』言其養創之時，肪腴甚肥。」（「髯」，御覽九三三引並作「蚺」。）蚦、蚺、蛇、虵並正俗字。

〔三〕王廣恕曰：「（『起乎』）下疑脱『爭』字。」照按：有「爭」字始能與上「由乎分蚺虵之不鈞」句相儷，王說是。呂氏春秋察微：「楚之邊邑曰卑梁，其處女與吳之邊邑處女桑於境上，戲而傷卑梁之處女。卑梁人操其傷子以讓吳人，吳人應之不恭，怒殺而去之。吳人往報之，盡屠其家。卑梁公怒，曰：『吳人焉敢攻吾邑！』舉兵反攻之，老弱盡殺之矣。吳王夷昧聞之怒，使人舉兵侵楚之邊邑，克夷而後去之。吳、楚以此大隆。」史記吳太伯世家：「公子光伐楚，拔居巢、鍾離。初，楚邊邑卑梁氏之處女與吳邊邑之女爭桑，二女家怒相滅，兩國邊邑長聞之，怒而相攻，滅吳之邊邑。吳王（僚）怒，故遂伐楚，取兩都而去。」又楚世家：「初，吳之邊邑卑梁與楚邊邑鍾離小童爭桑，兩家交怒相攻，滅卑梁人。卑梁大夫怒，發邑兵攻鍾離。楚王聞之怒，發國兵滅卑梁。吳王聞之大怒，亦發兵，使公子光因建（楚太子建）母家攻楚，遂滅鍾離、居巢。」又伍子胥傳：「楚平王以其邊邑鍾離與吳邊邑卑梁氏俱蠶，兩女子爭桑相攻，乃大怒，至於兩國舉兵相伐。吳使公子光伐楚，拔其鍾離、居巢而歸。」吳越春秋王僚使公子光傳：「吳使光伐楚，拔居巢、鍾離。吳所以相攻者，初，楚之邊邑脾梁之女與吳邊邑處女蠶，爭界上之桑，二家相攻，吳國不勝，遂更相伐，滅吳之邊邑。吳怒，故伐楚，取二邑而去。」

〔四〕素手裸跣，猶言空手赤脚。（玉篇足部：「跣，蘇殄切。跣，赤足也。」）

「遠則甫侯、子羔〔一〕，近則于公、釋之〔二〕，探情審罰，剖毫析芒〔三〕，受戮者吞聲而歌德〔四〕，刖劓者没齒無怨言〔五〕。此皆非無君之時也。

〔一〕甫侯，已見酒誡篇「未聞臯繇、甫侯、子産、釋之醉乃折獄也」句箋。韓非子外儲説左下：「孔子相衛，弟子子臯爲獄吏，刖人足，所跀者守門。人有惡孔子於衛君者，曰：『尼欲作亂。』衛君欲執孔子，孔子走，弟子皆逃。子臯從出門，跀危引之而逃之門下室中，吏追不得。夜半，子臯問跀危曰：『吾不能虧主之法令而親跀子之足，是子報仇之時也，而子何故乃肯逃我？我何以得此於子？』跀危曰：『吾斷足也，固吾罪當之，不可奈何。然方公之獄治臣也，公傾側法令，先後臣以言，欲臣之免也甚，而臣知之。及獄決罪定，公憱然不悅，形於顏色，臣見又知之，非私臣而然也。夫天性仁心固然也，此臣之所以悅而德公也。』」（又見說苑至公、家語致思〔說苑作子羔，家語作季羔〕）史記仲尼弟子傳：「高柴字子羔。」（集解引鄭玄曰：「衛人。」）家語七十二弟子解：「高柴，齊人，……字子羔。」「羔」、「皋」音同得通。

〔二〕于公，已見用刑篇「但當簡于、張之徒任以法理」句及酒誡篇「于公引滿一斛而斷獄益明」句箋。釋之，亦見用刑篇「但當簡于、張之徒任以法理」句及酒誡篇「未聞皋繇、甫侯、子產、釋之醉乃折獄也」句箋。

〔三〕文子道原：「析毫剖芒，不可爲内。」淮南子俶真：「析豪剖芒，不可爲内。」（「毫」、「豪」古通）

〔四〕受戮者吞聲歌德，指子羔所刖守門者。

〔五〕刖劓者没齒無怨言，如「張釋之爲廷尉，天下無冤民；于定國爲廷尉，民自以不冤。」論語憲問：「（管仲）奪伯氏駢邑三百，飯疏食，没齒無怨言。」集解引孔安國曰：「齒，年也。」皇疏：「没，終。齒，年也。……但食麤糲，以終餘年，不敢有怨言也。」

昔有鰥在下，而四嶽不蔽；明揚仄陋，而元凱畢舉〔一〕。或投屠刀而排金門〔二〕，或釋版築而躡玉堂〔三〕，或委芻豢而登卿相〔四〕，或自亡命而爲上將〔五〕，伯柳達讎人，解狐薦怨家〔六〕，方回叩頭以致士〔七〕，禽息碎首以推賢〔八〕。敢問於時有君否邪？」

〔一〕書堯典：「帝曰：『咨！四岳（史記五帝紀作嶽）：朕在位七十載，汝能庸命，巽朕位？』」（孔傳：「巽，順也。言四岳能用帝命，故欲使順行帝位之事。」岳曰：『否德忝帝位。』（孔傳：「否，不。忝，辱也。辭不堪。」）曰：『明明揚側陋。』（孔傳：「堯知子不肖，有禪位之志，故明舉明人在側陋者，廣求賢也。」正義：「側陋者，僻側淺陋之處。」文選思玄賦「幽獨守此仄陋兮」又七啟「采英奇於仄陋」李注引「側陋」並作「仄陋」，是「仄陋」與「側陋」同。）師錫帝曰：『有鰥在下，曰虞舜。』（孔傳：「師，衆。錫，與也。無妻曰鰥。虞，氏。舜，名。在下民之中。」）帝曰：『俞，予聞。如何？』（孔傳：「俞，然也。然其所舉。言我亦聞之。其德行如何？」）岳曰：『瞽子。父頑，母嚚，象傲，克諧以孝，烝烝乂，不格姦。』（孔傳：「無目曰瞽。舜父有目，不能分別好惡，故時人謂之瞽，配字曰瞍。瞍，無目之稱。心不則德義之經爲頑。象，舜弟之字。諧，和。烝，進也。言能以至孝和諧頑、嚚、昏、傲，使進進以善自治，不至於姦惡。」）帝曰：『我其試哉！』」（孔傳：「言欲試舜觀其行迹。」）淮南子泰族：「堯治天下、政教平，德潤洽，在位七十載，乃求所屬天下之統，令四岳揚側陋。四岳舉舜而薦之堯。」元凱，八元八凱，舜臣堯時所舉。已見嘉遯篇「而使聖朝乏乎元凱之用哉」句箋。

〔二〕投屠刀排金門，謂呂尚。已見逸民篇「（呂尚）屠釣無獲」句及時難篇「吾知渭濱呂尚之儔」句箋。金門，已見安貧篇「排金門而陟玉堂」句箋。

〔三〕釋版築躡玉堂，謂傅說。亦見時難篇「巖間傅說之屬」句箋。玉堂，亦見安貧篇「排金門而陟玉堂」句箋。

〔四〕委芻豢登卿相，謂百里奚。已見名實篇「或舉於牛口之下，而加之〔於〕羣僚之上」二句箋。（甯戚亦因飯牛干齊桓公而登仕，見嘉遯篇「或扣角以鳳歌」句及擢才篇「奇士扣角而見遏」句箋。）

〔五〕自亡命爲上將，謂陳平。已見臣節篇「羨張、陳之奇畫」句、接疏篇「若貴宿名而委任，則陳、韓不録於漢矣」二句、安貧篇「曲逆所以下席扉而享茅土」句及博喻篇「故叛主者陳平也，而吐六奇以安上」二句箋。漢書梅福傳：

「(上書)陳平起於亡命而爲謀主。」又敍傳上：「(班彪王命論)收陳平於亡命。」文選王命論呂延濟曰：「亡命，謂自楚逃歸於高祖也。」

〔六〕伯柳、解狐，已見漢過篇「靡追解狐忘私之義」句箋。

〔七〕方回，亦見漢過篇「致事〔士〕以由方回」句箋。(「致士」事未詳)

〔八〕翕息，已見擢才篇「翕息所以發憤而碎首也」句箋。

又云：「田蕪廩虛，皆由有君。」「夫君非塞田之蔓草，臣非耗倉之雀鼠也〔一〕。其蕪其虛，卒由戹運〔二〕，水旱疫癘，以臻凶荒〔三〕。豈在賦稅，藏本作求，從舊寫本改。令其然乎？

〔一〕玉篇禾部：「秏，呼到切，減也。」廣韻三十七号：「秏，減也。俗作耗。呼到切。」文選七啟「耗精神乎虛廓」李注引蒼頡篇曰：「耗，消也。」劉良曰：「耗，費。」

〔二〕照按：「卒」疑「率」之誤。(上文「承柔剛以率性」，藏本等誤「率」爲「卒」，是二字易誤之證。)

〔三〕詩大雅雲漢：「天降喪亂，饑饉薦臻。」毛傳：「薦，重。臻，至也。」

至於八政首食，謂之民天〔一〕。后稷躬稼〔二〕，有虞親耕〔三〕，豐年多黍多稌〔四〕，我庾惟億〔五〕，民食其陳〔六〕。白渠開，而斥鹵膏壤〔七〕。邵父起陽陵之陂，而積穀爲山〔八〕；叔敖創期思，而家有腐粟〔九〕；趙過造三犂之巧，而關右以豐〔一〇〕；任延教九真之佃，而黔庶殷飽〔一一〕。此豈無君之時乎？」從遠則甫侯以下二百七十字，疑當在本篇前半。未敢輒移。

〔一〕八政首食，已見守塉篇「食貨首乎八政」句箋。管子佚文：「王者以民爲天，民以食爲天。」（史記酈食其傳索隱引）禮記外傳：「國以民爲本，人以食爲天。」（太平御覽五三二引）史記酈食其傳：「酈生因曰：『……王者以民人爲天，而民人以食爲天。』」（漢書酈食其傳、新序善謀「民」下並無「人」字）漢書王莽傳中：「（莽）復下書曰：『民以食爲命，以貨爲資，是以八政以食爲首。』」

〔二〕后稷躬稼，亦見守塉篇「躬稼基克配之業」句箋。

〔三〕管子版法解：「舜耕歷山。」墨子尚賢中：「古者舜耕歷山。」韓非子難一：「歷山之農者侵畔，舜往耕焉。朞年，甽畝正。」呂氏春秋慎人：「舜耕於歷山。」淮南子原道：「昔舜耕於歷山。」史記五帝紀：「舜耕歷山，歷山之人皆讓畔。……帝舜爲有虞。」集解引皇甫謐（帝王世紀）曰：「舜嬪于虞，因以爲氏。」

〔四〕詩周頌豐年：「豐年多黍多稌。」毛傳：「豐，大。稌，稻也。」鄭箋：「豐年，大有年也。」釋文：「稌，音杜。」

〔五〕詩小雅楚茨：「我黍與與，我稷翼翼，我倉既盈，我庾維億。」毛傳：「露積曰庾。」鄭箋：「黍與與，稷翼翼，蕃廡貌。陰陽和，風雨時，則萬物成，萬物成，則倉庾充滿矣。倉言盈，庾言億，亦互辭，喻多也。」

〔六〕詩小雅甫田：「倬彼甫田，歲取十千。我取其陳，食我農人，自古有年。」毛傳：「倬，明貌。甫田，謂天下田也。十千，言多也。尊者食新，農夫食陳。」

〔七〕漢書溝洫志：「太始二年，趙中大夫白公復奏穿渠。引涇水，首起谷口，尾入櫟陽，注渭中，袤二百里，溉田四千五百餘頃，因名曰白渠。民得其饒，歌之曰：『田於何所？池陽、谷口。鄭國在前，白渠起後。舉臿爲雲，決渠爲雨。涇水一石，其泥數斗。且溉且糞，長我禾黍。衣食京師，億萬之口。』言此兩渠饒也。」顏注：「鄭氏曰：『白，姓。公，爵。時人多相謂爲公。』師古曰：『此時無公爵也，蓋相呼尊老之稱耳。』」後漢書班固傳：「（西都賦）下有鄭、白之沃，衣食之源，……決渠降雨，荷臿成雲，五穀垂穎，桑麻敷棻。」斥鹵，鹽鹹地。已見嘉遯篇「爰躬耕乎斥鹵」句箋。膏壤，肥沃土地。亦見嘉遯篇「讓膏壤於陸海」句箋。

〔八〕漢書循吏召信臣傳：「召信臣字翁卿，九江壽春人也。……遷南陽太守，……信臣爲人勤力有方略，好爲民興利，務在富之。躬勸耕農，出入阡陌，止舍離鄉亭，稀有安居時。行視郡中水泉，開通溝瀆，起水門提閼凡數十處，以廣溉灌，歲歲增加，多至三萬頃。民得其利，畜積有餘。信臣爲民作均水約束，刻石立於田畔，以防分爭。禁止嫁娶送終奢靡，務出於儉約。府縣吏家子弟好游敖，不以田作爲事，輒斥罷之，甚者案其不法，以視好惡。其化大行，郡中莫不耕稼力田，百姓歸之，户口增倍，盜賊獄訟衰止。吏民親愛信臣，號之曰召父。」顔注：「召讀曰邵。」漢紀成帝紀一作「邵父」，與抱朴此文同。詩大序「故繫之召公」釋文：「『召』，本亦作『邵』，同上照反；後『召南』、『召公』皆同。」是召父之作邵父，正如召公之作邵公然也。淮南子説林：「十頃之陂，可以灌四十頃。」高注：「畜水曰陂。」信臣任南陽太守時，修築隄堰凡數十處，陽陵陂當在其中。以其得名推之，故址蓋在今河南許昌縣西北。

〔九〕照按：以上文「邵父起陽陵之陂，而積穀爲山」例之，「期思」下當再有二字，始能相儷。淮南子人間：「孫叔敖決期思之水，而灌雩婁之野。（太平御覽七二引作「楚相作期思之陂，灌雩婁之野。」當是高本。）莊王知其可以爲令尹也。」許注：「雩婁，今廬江是。」論衡超奇：「孫叔敖決期思，令君〔尹〕之兆著。」後漢書循吏王景傳：「（廬江）郡界有楚相孫叔敖所起芍陂稻田。」李注：「陂在今壽州安豐縣東。陂徑百里，灌田萬頃。芍，音鵲。」崔寔四民月令：「孫叔敖作期思陂。」（太平御覽七二引）水經肥水注：「（芍）陂水上承澗水，……又東北逕白芍亭，積而爲湖，謂之芍陂。陂周百二十許里，在壽春縣南八十里，言楚相孫叔敖所造。」意林佚文：「叔敖作期思陂，而荆土用贍。」(天中記十引)「期思」下補「之」字後再補何字，未敢臆定。　荀子非相：「楚之孫叔敖，期思之鄙人也。」楊注：「杜元凱(左傳文公十年注)云：『期思，楚邑名。　今弋陽期思縣。』　鄙人，郊野之人也。」呂氏春秋贊能：「沈尹莖辭曰：『期思之鄙人有孫叔敖者，聖人也。』」

〔一〇〕漢書食貨志上：「武帝末年，悔征伐之事，乃封丞相爲富民侯。　下詔曰：『方今之務，在於力農。』以趙過爲搜粟都尉。　過能爲代田，一晦三甽。　歲代處，故曰代田。(顏注：「代，易也。」)古法也。……其耕、耘、下種、田器，皆有便巧。　率十二夫爲田一井一屋，故晦五頃，用耦犂，二牛三人，一歲之收常過縵田晦一斛以上，(顏注：「縵田，謂不爲甽者也。　縵，音莫幹反。」)善者倍之。(顏注：「善爲甽者，又過縵田二斛以上也。」)過使教田太常三輔，大農置工巧奴與從事，爲作田器。　二千石遣令長、三老、力田及里父老善田者受田器，學耕種養苗狀。……又教邊郡及居延城。　是後邊城、河東、弘農、三輔、太常民皆便代田，用力少而得穀多。　至昭帝時，流民稍還，田野益闢，頗有畜積。」關右，泛指函谷關以西之地。

〔一一〕後漢書循吏任延傳：「任延字長孫，南陽宛人也。……建武初，延上書願乞骸骨，歸拜王庭。　詔徵爲九眞太守。光武引見，賜馬雜繒，令妻子留洛陽。　九眞俗以射獵爲業，不知牛耕，民常告糴交阯，每致困乏。　延乃令鑄作田器，教之墾闢。　田疇歲歲開廣，百姓充給。」李注：「東觀漢記曰：『九眞俗燒草種田。』」(今本東觀漢記已非全書，故無此語，亦闕爲九眞太守事。)續漢郡國志五：「九眞郡，武帝置。」

抱朴子外篇校箋卷之四十九

知止

抱朴子曰：「禍莫大於無足〔一〕，福莫厚乎知止〔二〕。抱盈居沖者〔三〕，必全之筭也；宴安盛滿者〔四〕，難保之危也。

〔一〕老子第四十六章：「禍莫大於不知足。」（又見韓非子解老、喻老、韓詩外傳九）河上公注：「富貴不能自禁止也。」

〔二〕「莫」，藏本、魯藩本、吉藩本、舊寫本作「無」。照按：作「無」與上句「莫」字避重出，較勝。老子第四十四章：「知足不辱，知止不殆，可以長久。」（又見韓非子八反〔無末句〕、韓詩外傳九、淮南子人間〔「長」作「修」〕）河上公注：「知足之人，絶利去欲，不辱於身。知可止，則財利不累身，聲色不亂於耳目，則身不危殆也。人能知止足，則福禄在己，治身者神不勞，治國者民不擾，故可長久。」

〔三〕老子第四十五章：「大盈若沖，其用不窮。」（又見韓詩外傳九）河上公注：「謂道德大盈滿之君也。如沖者，貴不敢驕也，富不敢奢也。其用心如是，則无窮盡時也。」

〔四〕左傳閔公元年：「管敬仲言於齊侯（桓公）曰：『……宴安酖毒，不可懷也。』」杜注：「以宴安比之酖毒。」正義：「宴安自逸，若酖毒之藥，不可懷戀也。 言其當自勞也。」

若夫善卷、巢、許、管、胡之徒〔一〕，咸蹈雲物以高騖，依龍鳳以竦迹，覘韜鋒於香餌之中〔二〕，寤覆車乎來軔之路〔三〕，違險途以遐濟，故能免詹何之釣緡〔四〕。可謂善料微景於形外，覿堅冰於未霜〔五〕，徙薪曲突於方熾之火〔六〕，纚舟弭檝於衝風之前〔七〕，瞻九牿而深沈〔八〕，望密蔚而曾逝〔九〕，不託巢於葦苕之末〔一〇〕，不偃寢乎崩山之崖者也〔一一〕。

〔一〕 善卷，已見逸民篇「虞舜非不能脅善卷、石户也」句箋。 巢、許，巢父、許由。 已見嘉遯篇「各守洗耳之高」句及「而箕、潁有巢棲之客」句箋。 管，管寧字幼安。 亦見嘉遯篇「故幼安浮海而澄神」句、逸民篇「魏文帝徵管幼安不至」句箋。 胡，胡昭字孔明。 亦見嘉遯篇「胡子甘心於退耕」句箋。

〔二〕 禮記檀弓下「晉人之覘宋者」鄭注：「覘，闚視也。」釋文：「覘，勑廉反。」呂氏春秋功名：「善釣者出魚乎十仞之下，餌香也。」淮南子説山：「釣魚者務在芳其餌。……芳其餌者，所以誘而利之也。」高注：「芳，香也。」 吳越春秋句踐陰謀外傳：「深泉（當作『淵』，蓋唐避高祖諱改而未校復者。）之魚，死於芳餌。」 文選應璩與從弟君苗君胄書：「餌出深淵之魚。」

〔三〕 覆車，已見吳失篇「而躡傾車之前軌」句箋。 文選潘岳懷舊賦「水漸軔以凝沍」李注：「顏延年纂要解曰：『車跡曰軌。 軌並輪謂之軔。』（此據六臣注本）王逸楚辭（離騷）注曰：『軔，支輪木也。』」

〔四〕 淮南子原道：「加之以詹何、娟嬛之數。」 高注：「詹何、娟嬛，古善釣人名。」 又覽冥：「故蒲且子之連鳥於百仞之上，而詹何之騖魚於大淵之中，此皆得清淨之道，太浩之和也。」 高注：「詹何，楚人，知道術者也。 言其善釣，令魚馳騖來趨釣餌，故曰騖魚得其精微，故曰太浩之和也。」詩召南何彼襛矣：「其釣維何？維絲伊緡。」毛傳：「緡，綸也。」鄭箋：「釣者，以此有求於彼，何以爲之乎？以絲爲之綸，則是善釣也。」釋文：「緡，亡貧反。綸，音倫，繩也。」

〔五〕易坤：「初六，履霜堅冰至。」淮南子説山：「聖人見霜而知冰。」

〔六〕徙薪曲突，已見君道篇「勿憚徙薪之煩，以省焦爛之費」二句箋。

〔七〕後漢書張衡傳：「（思玄賦）纚朱鳥以承旗。」李注：「纚，繫也。」左傳成公十六年「若之何憂猶未弭」杜注：「弭，息也。」詩衛風竹竿「檜楫松舟」毛傳：「楫，所以櫂舟也。」釋文：「楫，本又作檝。子葉反。徐（邈）音集。」爾雅釋訓「馮河，徒涉也」郭注：「無舟檝。」釋文：「檝，本又作楫。」是「檝」與「楫」同。漢書韓安國傳「衝風之衰，不能起毛羽」顔注：「衝風，疾風之衝突者也。」

〔八〕此句以魚喻。莊子外物：「任公子爲大鉤巨緇，五十犗以爲餌。蹲乎會稽，投竿東海，旦旦而釣，期年不得魚。」釋文：「李（頤）云：『任，國名。』鉤，本作釣。巨緇，司馬（彪）云：『大黑綸也。』犗，郭（象）古邁反，云：『犍牛也。』徐（邈）音界。司馬云：『犧牛也。』」成疏：「任，國名，任國之公子。巨，大也。緇，黑繩也。犗，犍牛也。餌鉤頭肉既爲巨鉤，故用大繩懸五十頭牛以爲餌。」

〔九〕此句以鳥喻。密蔚，謂林木茂盛。曾逝，謂鳥高飛。荀子勸學：「林木茂而斧斤至焉。」（又見大戴禮記勸學）文子上德：「林木茂而斧斤入。」（淮南子説林同）淮南子覽冥「（鳳皇）還至其曾逝萬仞之上」高注：「曾，猶高也。逝，猶飛也。」「望密蔚而曾逝」，意卽鳥有先見之明也。

〔一〇〕荀子勸學：「南方有鳥焉，名曰蒙鳩，以羽爲巢，而編之以髮，繫之葦苕，風至苕折，卵破子死。巢非不完也，所繫者然也。」韓詩外傳八：「有鳥於此，架巢葭葦之顛，天喟然而風，則葭折而巢壞何？其所託者弱也。」說苑善說：「客曰：『不然！臣見鷦鷯巢於葦苕，著之〔以髮〕，（原作「髮毛」，據荀子勸學楊注引改。）〔臨危〕（二字原脫，據太平御覽九二三引補。）建之，女工不能爲也，可謂完堅矣。大風至，則苕折卵破子死者何也？其所託者使然也。』」

〔二〕莊子至樂：「人且偃然寢於巨室。」成疏：「偃然，安息貌也。」說文屵部：「崖，高邊也。」

斯皆器大量弘，審機識致，凌儕獨往〔一〕，不牽常慾，神參造化，心遺萬物〔二〕。可欲不能蠆介其純粹〔三〕，近理不能秏滑其清澄〔四〕。苟無若人之自然〔五〕，誠難企及乎絕軌也〔六〕。

〔一〕獨往，已見刺驕篇「高蹈獨往」句、應嘲篇「背俗獨往」句箋。

〔二〕淮南子原道：「是故大丈夫恬然無思，澹然無慮，……乘雲陵霄，與造化者俱。」高注：「大丈夫，喻體道者也。造化，一曰道也。」參，參合。神參造化，謂神合於道也。（文子九守：「老子曰：『所謂真人者，性合乎道也。』」淮南子精神：「所謂真人者，性合於道也。」似可作「神參造化」注脚。〔孔融薦禰衡表有「性與道合，思若有神」語，見後漢書文苑下禰衡傳及文選。〕）鶡冠子世兵：「至人遺物，獨與道俱。」史記賈生傳：「（服鳥賦）至人遺物兮，獨與道俱。」文選鵩鳥賦李注引莊子（天下）曰：「不離於真，謂之至人。」又（田子方）孔子謂老聃曰：「形體若槁木，似遺物而立於獨也。」

〔三〕史記司馬相如傳：「（子虛賦）吞若雲夢者八九，其於胸中曾不蔕芥。」索隱：「（蔕芥）張揖曰：『刺鯁也。』郭璞云：『言不覺有也。』」莊子齊物論：「大澤焚而不能熱，河漢沍而不能寒，疾雷破山、風振海而不能驚。」郭注：「夫神全形具而體與物冥者，雖涉至變而未始非我，故蕩然無蠆介於胸中也。」釋文：「蠆，勑邁反，又音豸。介，古邁反，又音界。」「蠆」與「蔕」同。「介」與「芥」通。文子道原：「故道者，虛無、平易、清靜、柔弱、純粹素樸，此五者，道之形象也。……純粹素樸者，道之幹也。……不與物雜，粹之至也。」又：「真人體之，以虛無、平易、清靜、柔弱、純粹素樸，不與物雜至德天地之道，故謂之真人。」淮南子原道：「所謂天者，純粹樸素，質直皓白，未始有與雜糅者也。」

〔四〕文子九守：「夫精神志氣者，靜而日充以壯，躁而日秏以老。是故聖人持養其神，和弱其氣，平夷其形，而與道浮沈。」（又見淮南子原道）秏，減也，消也。俗作耗。已見詰鮑篇「臣非秏倉之雀、鼠也」句箋。滑，亂也，音骨。已見廣譬篇「窮通不足以滑和」句箋。文子九守：「老子曰：『天地未形，窈窈冥冥，渾而爲一，寂然清澄。』」淮南子俶真：「汪然平靜，寂然清澄，莫見其形。」楚辭遠遊：「保神明之清澄兮，精氣入而麤穢除。」王注：「納新吐故，垢濁清也。」洪補注：「麤，物不清也。」說文水部：「澂，清也。」段注：「澂、澄古今字。」（玉篇水部：「澂，直陵切。清也。澂、澄並同上。」）

〔五〕論語公冶長：「子謂子賤，君子哉若人！」集解引包咸曰：「若人者，若此人也。」

〔六〕文選蔡邕郭林宗碑文：「將蹈鴻（洪）崖之遐跡，紹巢、許之絕軌。」李周翰曰：「紹，繼也。絕，遠也。軌亦跡也。」

徒令知功成者身退〔一〕，慮勞大者不賞〔二〕。狡兔訖舊寫本作死則知獵犬之不用，高鳥盡則覺良弓之將棄〔三〕。鑒彭、韓之明鏡〔四〕，而念抽簪之術〔五〕，覩越種之闇機〔六〕，則識金象之貴〔七〕。若范公汎艘以絶景〔八〕，薛生遜亂以全潔〔九〕，二疏投印於方盈〔一〇〕，田豫釋紱於漏盡〔一一〕。進脱亢悔之咎〔一二〕，退無濡尾之吝〔一三〕，清風足以揚千載之塵，德音足以祛將來之惑〔一四〕。方之陳、竇，不亦邈乎〔一五〕？

〔一〕老子第九章：「功成名遂身退，天之道。」文子上德：「功成名遂身退，天道然也。」淮南子道應：「故老子曰：『功成名遂身退，天之道也。』」

〔二〕周禮夏官司勳：「事功曰勞。」史記淮陰侯傳：「蒯生曰：『……且臣聞勇略震主者身危，而功蓋天下者不賞。』」（「勞大」二字見史記范雎傳）

〔三〕文子上德：「狡兔得而獵犬烹，高鳥盡而良弓藏。」（又見淮南子説林）韓非子内儲説下：「太宰嚭遺大夫種書曰：『狡兔盡則良犬烹，敵國滅則謀臣亡。』」史記越王句踐世家：「范蠡遂去，自齊遺大夫種書曰：『蜚鳥盡，良弓藏；狡兔死，走狗烹。』」（又見論衡骨相，「狗」作「犬」）、吳越春秋夫差内傳：「吳王書其矢而射種、蠡之軍，辭曰：『吾聞狡兔以死，良犬就烹；敵國如滅，謀臣必亡。』」又句踐伐吳外傳：「蠡復爲書遺種曰：『……蠡雖不才，明知進退。高鳥已散，良弓將藏；狡兔已盡，良犬就烹。』……種曰：『……昔子胥於吳矣，夫差之誅也，謂臣曰：「狡兔死，良犬烹；敵國滅，謀臣亡。」范蠡亦有斯言。』」又淮陰侯傳：「信曰：『果若人言：「狡兔死，良狗亨；高鳥盡，良弓藏；敵國破，謀臣亡。」天下已定，我固當亨！』」訖，盡也。（書秦誓「民訖自若是多盤」正義、漢書地理志上「聲教訖于四海」顔注）

〔四〕彭，彭越。已見博喻篇「操者非羽、越」句箋。韓，韓信。已見嘉遯篇「信、布陷功大之刑」句箋。明鏡，明鑑。

〔五〕文選張協詠史詩：「達人知止足，遺榮忽如無。抽簪解朝衣，散髮歸海隅。」李注：「鍾會遺榮賦曰：『散髮抽簪，永絶（沈約應詔樂游苑餞呂僧珍詩注引作「永縱」）一丘。』倉頡篇曰：『簪，笄也，所以持冠也。』」張銑曰：「簪，冠簪也。凡束髮爲從官，散髮爲罷官。」

〔六〕越種，越國文種。文種闇機，已見博喻篇「東越有悔盈亢之文種」句箋。

〔七〕國語越語下：「范蠡不報於王（句踐），擊鼓興師，以隨使者至於姑蘇之宫，不傷越民，遂滅吴。反至五湖，范蠡辭於王曰：『君王勉之，臣不復入於越國矣！』……王曰：『所不掩子之惡，揚子之美者，使其身無終没於越國。子聽吾言，與子分國；不聽吾言，身死妻子爲戮。』范蠡對曰：『臣聞命矣！君行制，臣行意。』遂乘輕舟以浮於五湖，莫知其所終極。王命工以良金寫范蠡之狀而朝禮之。」韋注：「以善金鑄其形狀而自朝禮之。」吴越春秋句踐伐吴外傳：「范蠡曰：『臣聞君子俟時，計不數謀，死不被疑，内不自欺。臣既逝矣，妻子何法乎？王其勉之，臣從此辭。』乃乘扁舟，出三江，入五湖，人莫知其所適。……越王乃收其妻子，封百里之地，有敢侵之者，上天所殃。於是越王乃使良工鑄金象范蠡之形，置之坐側，朝夕論政。」

〔八〕范公，即范蠡。汎艘絶景，謂其乘輕舟浮於五湖，莫知所終極也。已見上句箋。

〔九〕繼昌曰：「（『遜亂』）舊寫本作『遜辭』。」照按：薛生，蓋即薛方。漢書鮑宣傳：「自成帝至王莽時，清名之士，琅邪又有紀逡王思，齊則薛方子容。……薛方嘗爲郡掾祭酒，嘗徵不至，及莽以安車迎方，方因使者辭謝曰：『堯、舜在上，下有巢、由，今明主方隆唐、虞之德，小臣欲守箕山之節也。』使者以聞，莽説其言，不强致。」（嵇康聖賢高士傳略同，見太平御覽五百十引）據此，舊寫本作「遜辭」是也。文選桓温薦譙元彦表：「退無薛方詭對之譏。」詭對，即遜辭也。

〔一〇〕二疏，疏廣、疏受。 投印方盈，已見守塉篇「疏廣散金以除子孫之禍」句及廣譬篇「范、疏之鑒明矣」句箋。

〔一一〕三國志魏書田豫傳：「田豫字國讓，漁陽雍奴人也。……正始初，遷使持節護匈奴中郎將，加振威將軍，領并州刺史。外胡聞其威名，相率來獻。州界寧肅，百姓懷之。徵爲衛尉。屢乞遜位。太傅司馬宣王以爲豫克壯，書喻未聽。豫書答曰：『年過七十而以居位，譬猶鐘鳴漏盡而夜行不休，是罪人也。』遂固稱疾篤。」又陳思王植傳「（明）帝輒優文答報」裴注：「（魚豢）魏略曰：『（植）乃上書曰：「……若陛下聽臣悉還部曲，罷官屬，省監官，使解璽釋紱。」』」文選吳質答東阿王書：「思投印釋黻，朝夕侍坐。」又江淹雜體詩謝光禄郊遊首：「雲裝信解黻。」李注：「蒼頡篇曰：『紱，綬也。』黻與紱通。」 紱，繫印絲帶。釋紱，謂休官也。 獨斷下：「夜漏盡，鼓鳴則起；晝漏盡，鐘鳴則息也。」此以漏盡喻殘年。

〔一二〕易乾：「上九，亢龍有悔。」釋文：「亢，苦浪反。子夏傳云：『極也。』廣雅（釋詁四）云：『高也。』」正義：「上九亢陽之至，大而極盛，故曰亢龍。此自然之象。以人事言之，似聖人有龍德，上居天位，久而亢極，物極則反，故有悔也。」集解引王肅曰：「窮高曰亢，知進忘退，故悔也。」

〔一三〕易未濟：「未濟，亨。小狐汔濟，濡其尾，无攸利。」釋文：「汔，許訖反。説文（水部）云：『水涸也。』鄭（玄）云：『幾也。』」正義：「未濟者，未能濟渡之名也。未濟之時，小才居位，不能建功立德，拔難濟險，若能執柔用中，委任賢哲，則未濟有可濟之理，所以得通，故曰未濟亨。小狐汔濟濡其尾，无攸利者，汔者，將盡之名。小才不能濟難，事同小狐雖難渡水，而无餘力，必須水汔方可涉川，未及登岸而濡其尾，濟不免濡，豈有所利？故曰小狐汔濟，濡其尾，无攸利也。」集解引干寶曰：「小狐力弱，汔乃可濟，水既未涸，而乃濟之，故尾濡而无所利也。」又：「初六，濡其尾，吝。」王注：「處未濟之初，最居險下，不可以濟者也，而欲之，其應進則溺身。未濟之始，始於既濟之上六也。濡其首猶不反，至于濡其尾，不知紀極者也。然以陰處下，非爲進亢遂其志者也。困則能反，故不曰凶。事在已量，而必困乃反，頑亦甚矣。故曰吝也。」戰國策秦策四：「黄歇曰：『易曰：「狐濡其尾。」此言始之易，終之難也。』」（又見史記春申君傳、新序善謀）易林蒙之師：「小狐渡水，污濡其尾。利得無幾，與道合契。」濡，漬也（廣雅釋詁二）；溼也（荀子禮論「不沐則濡」楊注）。

〔一四〕文選殷仲文南州桓公九井作詩：「惑袪吝亦泯。」李注：「薛君韓詩（魯頌駉）章句曰：『袪，去也。』」又郭林宗碑文：「童蒙賴焉，用袪其蔽。」李注：「袪，猶去也。」張銑曰：「賴，利也。袪，去也。言童蒙之人利其開教，以去蔽惑。」

〔一五〕陳，陳蕃。竇，竇武。並已見嘉遯篇「以蕃、武爲厚誡」句箋。廣雅釋詁一：「邈，遠也。」

「或智小敗於謀大〔一〕，或轅弱折於載重〔二〕，或獨是陷於衆非，或盡忠訐於兼會〔三〕，或倡高筭而受晁錯之禍〔四〕，或竭心力而遭吳起之害〔五〕。故有跼高蹐厚〔六〕，猶不免焉。

〔一〕易繫辭下：「子曰：『德薄而位尊，知小而謀大，力小而任重，鮮不及矣。』」釋文：「知，音智。」

〔二〕說文車部：「轅，輈也。」段注：「攷工記：輈人爲輈，車人爲大車之轅。是輈與轅別也。許渾言之者，通偁則一也。」朱駿聲曰：「按大車、柏車、羊車，皆左右兩木曰轅，其形直，一牛在轅間；田車、兵車、乘車，皆居中，一木穹隆而上曰輈，其形曲，兩馬在輈旁。轅與輈對文則別，散文則通。」前臣節篇有「轅弱（原誤作『若』，據陳澧說改。）載重，尠不及矣」語，與此句文意同。

〔三〕論語陽貨：「惡訐以爲直者。」集解引包咸曰：「訐，謂攻發人之陰私。」釋文：「訐，居謁反。攻人陰私。說文（言部)云：『而相斥(此節引)。』字林紀列反。」皇疏「訐，謂面發人之陰私也。」兼，並也(呂氏春秋權勳「忠不可兼」高注)。會，聚也(廣雅釋詁三)。訐於兼會，謂當衆面發對方陰私。

〔四〕「倡」，藏本、魯藩本、吉藩本、舊寫本作「唱」。照按：說文人部：「倡，樂也。」又口部：「唱，導也。」此當以作「唱」爲是。鼂錯之禍，已見君道篇「孝景之誅錯」句及時難篇「進安上之計者，旋受危身之禍」二句箋。

〔五〕戰國策秦策三：「蔡澤曰：『……吳起爲楚悼(王)罷無能，廢無用，損不急之官，塞私門之請，壹楚國之俗，南攻楊越，北并陳、蔡，破橫散從，使馳說之士無所開其口。功已成矣，卒支解。』」史記蔡澤傳：「蔡澤曰：『……吳起爲楚悼王立法，卑減大臣之威重，罷無能，廢無用，損不急之官，塞私門之請，一楚國之俗，禁游客之民，精耕戰之士，南收楊越，北并陳、蔡，破橫散從，使馳說之士無所開其口，禁朋黨以勵百姓，定楚國之政，兵震天下，威服諸侯。功已成矣，而卒枝解。』」呂氏春秋貴卒：「吳起謂荆王曰：『荆所有餘者，地也；所不足者，民也。今君王以所不足益所有餘，臣不得而爲也。』於是令貴人往實廣虛之地，皆甚苦之。荆王死，貴人皆來，尸在堂上，貴人相與射吳起。吳起號呼曰：『吾示子吾用兵也！』拔矢而走，伏尸插矢而疾言曰：『羣臣亂王！』吳起死矣。且荆國之法，麗兵於王尸者，盡加重罪，逮三族。吳起之智，可謂捷矣。」史記吳起傳：「吳起者，衛人也。好用兵。……楚悼王素聞起賢，至則相楚。明法審令，捐不急之官，廢公族疏遠者，以撫養戰鬬之士。要在彊兵，破馳說之言從橫者。於是南平百越，北并陳、蔡，卻三晉，西伐秦，諸侯患楚之彊。故楚之貴戚盡欲害吳起。及悼王死，宗室大臣作亂而攻吳起，吳起走之王尸而伏之。擊起之徒因射刺吳起，并中悼王。悼王既葬，太子立，乃使令尹盡誅射吳起而并中王尸者。坐射起而夷宗死者七十餘家。」

〔六〕跼高蹐厚，已見交際篇「余代其踧蹐」句箋。

「公旦之放〔一〕，仲尼之行〔二〕，賈生逐擯於下土〔三〕，子長熏胥乎無辜〔四〕，樂毅平齊〔五〕，伍員破楚〔六〕，白起以百勝拓疆〔七〕，文子以九術霸越〔八〕，韓信功蓋於天下〔九〕，黥布滅家以佐命〔一〇〕，榮不移晷〔一一〕，辱已及之。不避其禍，豈智者哉！

〔一〕公旦之放，已見嘉遯篇「公旦聖而走南楚」等句箋。

〔二〕左傳哀公十一年：「孔文子之將攻大叔也，訪於仲尼。仲尼曰：『胡簋之事，則嘗學之矣；甲兵之事，未之聞也。』退，命駕而行。」杜注：「胡簋，禮器名。夏曰胡，周曰簋。」論語衛靈公：「衛靈公問陳於孔子。孔子對曰：『俎豆之事，則嘗聞之矣；軍旅之事，未之學也。』明日遂行。」集解：「孔（安國）曰：『軍陳行列之法。』俎豆，禮器。」鄭（玄）曰：『萬二千五百人爲軍，五百人爲旅。軍旅末事，本未立，不可教以末事。』」釋文：「問陣，直刃反，注同。本今作陳。」（玉篇阜部：「陣，直鎮切，師旅也。本作陳。」廣韻二十一震：「陳，列也。直刃切。陣，上同，見經典。陣，俗，今通用。」）又微子：「齊人歸女樂，季桓子受之。三日不朝，孔子行。」集解：「桓子，季孫斯也。使定公受齊之女樂，君臣相與觀之，廢朝禮三日。」史記孔子世家：「靈公問兵陳。孔子曰：『俎豆之事，則嘗聞之；軍旅之事，未之學也。』明日，與孔子語，見蜚鴈，仰視之，色不在孔子。孔子遂行。」（新序雜事五：「昔衛靈公問陣，孔子言俎豆，賤兵而貴禮也。」）又：「定公十四年，孔子年五十六，由大司寇行攝相事，有喜色。……於是誅魯大夫亂政者少正卯。與聞國政三月，粥羔豚者弗飾賈；男女行者別於塗；塗不拾遺；四方之客至乎邑者不求有司，皆予之以歸。齊人聞而懼，曰：『孔子爲政必霸，霸則吾地近焉，我之爲先并矣。』……於是選齊國中女子好者八十人，皆衣文衣而舞康樂，文馬三十駟，遺魯君。陳女樂文馬於魯城南高門外。季桓子微服往觀再三，將受，乃語魯君爲周道游，往觀終日，怠於政事。子路曰：『夫子可以行矣。』孔子曰：『魯今且郊，如致膰乎大夫，則吾猶可以止。』桓子卒受齊女樂，三日不聽政；郊，又不致膰俎於大夫。孔子遂行，宿乎屯。而師己送，曰：『夫子則非罪。』孔子曰：『吾歌可夫？』歌曰：『彼婦之口，可以出走；彼婦之謁，可以死敗。蓋優哉游哉，維以卒歲！』師己反，桓子曰：『孔子亦何言？』師己以實告。桓子喟然歎曰：『夫子罪我以羣婢故也夫！』」（家語相魯：「及孔子之爲政也，……三月，則鬻牛馬者不儲價，賣羊豚者不加飾；男女行者別其塗；男尚忠信，女尚貞順；四方客至於邑不求有司，皆如歸焉。」又始誅：「孔子爲魯司寇，攝行相事，有喜色。……於是朝政七日，而誅亂政大夫少正卯。」又子路初見：「孔子相魯，齊人患其將霸，欲敗其政，乃選好女子八十人，衣以文飾而舞容璣，（王注：「容璣，舞曲。」）及文馬四十駟，以遺魯君。……桓子既受女樂，君臣淫荒，三日不聽國政；郊，又不致膰俎。孔子遂行。……孔子曰：『吾歌可乎？』歌曰：『彼婦人之口，可以出走；彼婦人之請，可以死敗。優哉游哉，聊以卒歲！』」與史記略同。）

〔三〕史記賈生傳：「賈生名誼，雒陽人也。年十八，以能誦詩屬書聞於郡中。……文帝召以爲博士。是時賈生年二十餘，最爲少。每詔令議下，諸老先生不能言，賈生盡爲之對，人人各如其意所欲出。諸生於是乃以爲能不及也。孝文帝說之，超遷，一歲中至太中大夫。……諸律令所更定，及列侯悉就國，其說皆自賈生發之。於是天子議以爲賈生任公卿之位。絳（絳侯周勃）、灌（灌嬰）、東陽侯（張相如）、馮敬（時爲御史大夫）之屬盡害之，乃短賈生曰：『雒陽之人，年少初學，專欲擅權，紛亂諸事。』於是天子後亦疏之，不用其議，乃以賈生爲長沙王太傅。……賈生爲長沙王太傅三年，有鵩飛入賈生舍，止於坐隅。楚人命鵩曰『服』。賈生既以適居長沙，長沙卑溼，自以爲壽不得長，傷悼之，乃爲賦（服賦）以自廣。」集解：「徐廣曰：『適，竹革反。』」索隱：「韋昭曰：『適，譴也。』姚氏（姚察）云：『廣，猶寬也。』」漢書賈誼傳贊：「追觀孝文玄默躬行以移風俗，誼之所陳略施行矣。……誼亦天年早終，雖不至公卿，未爲不遇也。」文選鵩鳥賦李注：「漢書曰：『賈誼，洛陽人也。……於是天子疏之，以爲長沙王傅。』然賈生英特，弱齡秀發，縱橫海之巨鱗，矯沖天之逸翰，而不參謀棘署，贊道槐庭，虛離謗缺，爰傅卑土，發憤嗟命，不亦宜乎！而班固謂之『未爲不達〔遇〕』，斯言過矣。」（西京雜記五：「賈誼在長沙，鵩鳥集其承塵。長沙俗以鵩鳥至人家，主人死。誼作鵩鳥賦，齊死生，等榮辱，以遣憂累焉。」）下土、卑土，謂「長沙卑溼」也。

〔四〕「胥」，藏本、魯藩本、吉藩本、愼本、盧本、柏筠堂本、文溯本、叢書本、崇文本作「骨」；舊寫本作「肙」。照按：廣韻九魚：「胥，俗作肙。」是肙爲胥之俗體。（隸釋韓勑造孔廟禮器碑：「追惟大古，華肙生皇。」又桐柏淮源碑：「千肙樂兮，傳于萬億。」唐寫本文心雕龍樂府：「樂肙被律。」「胥」並作「肙」，與此文同。）子長，司馬遷字。法言君子：「多愛不忍，子長也。」李注：「史記敍事，但美其長，不貶其短，故曰多愛。」後漢書張衡傳：「（應問）子長諜之。」李注：「司馬遷字子長，作史記。」仲長統昌言：「子長、班固，述作之士。」（文選任昉王文憲集序李注引）此司馬遷字之見於漢人撰述者，可補史、漢之遺。（史記自序、漢書司馬遷傳均漏載史公字）史記太史公自序：「太史公（司馬談）既掌天官，不治民。有子曰遷。……太史公執遷手而泣曰：『余先周室之太史也。……今漢興，海內一統，明主賢君忠臣死義之士，余爲太史而弗論載，廢天下之史文，余甚懼焉，汝其念哉！』遷俯首流涕曰：『小子不敏，請悉論先人所次舊聞，弗敢闕。』……於是論次其文。七年（正義：「從太初元年至天漢三年，乃七年也。」）而太史公遭李陵之禍，幽於縲紲。」（漢書司馬遷傳顏注：「縲，係也。紲，長繩也。」）漢書司馬遷傳：「遷既被刑之後，爲中書令，尊寵任職。故人益州刺史任安予遷書，責以古賢臣之義。遷報之曰：『……陵未沒時，使有來報，漢公卿王侯皆奉觴上壽。後數日，陵敗書聞，主上爲之食不甘味，聽朝不怡。大臣憂懼，不知所出。僕竊不自料其卑賤，見主上慘悽怛悼，誠欲效其款款之愚。……僕懷欲陳之，而未有路。適會召問，卽以此指推言陵功，欲以廣主上之意，塞睚眥之辭。未能盡明，明主不深曉，以爲僕沮貳師（貳師將軍李廣利），而爲李陵游說，遂下於理。（李陵傳：「上以遷誣罔，欲沮貳師，爲陵游說，下遷腐刑。」）拳拳之忠，終不能自列，因爲誣上，卒從吏議。……而僕又茸以蠶室。」顏注：「沮，毀壞也。茸，音人勇反，推也。蠶室，初腐刑所居温密之室也。謂推致蠶室之中也。」又敍傳下：「烏呼史遷，薰胥以刑。」（述司馬遷傳）顏注：「晉灼曰：『齊、韓、魯詩作薰。薰，帥也，從人得罪相坐之刑也。』師古曰：『晉說近是矣。詩小雅雨無正之篇曰：「若此無罪，淪胥以鋪。」胥，相也。鋪，徧也。言無罪之人，遇於亂政，横相牽率，徧得罪也。』韓詩淪字作薰。薰者，謂相薰蒸，亦漸及之義耳。此敍言史遷因坐李陵，横得罪也。」（王念孫曰：「……淪胥以鋪，謂相率而入於刑，入於刑則病苦，故韓詩曰『薰胥以鋪』，漢書曰『薰胥以刑』，其義一也。……師古以薰胥爲相薰蒸，則又望文生義，而失其本指矣。」（經義述聞卷六毛詩中「淪胥以鋪」條）後漢書蔡邕傳：「（釋誨）下獲熏胥之辜。」李注：「詩小雅曰：『若此無罪，勳胥以痛。』勳，帥也。胥，相也。痛，病也。言此無罪之人，而使有罪者相帥而病之，是其大甚。見韓詩。前書曰：『史遷薰胥以刑。』音義云：『謂相薰蒸得罪也。』」王先謙集解：「……蔡學魯詩，據傳魯作熏。班學齊詩作薰。韓作勳。顏引晉注云然者，三字古通，三家各又有逕作本也。以文義論，熏胥以痛，仍訓牽率相引陷罪爲是。詩言陷罪者多，非必人人皆受宮刑。後人泥前書史遷之注，非也。遷之熏胥，正謂爲李陵牽率陷罪耳。」

〔五〕戰國策燕策二：「昌國君樂毅爲燕昭王合五國之兵而攻齊，下七十餘城，盡郡縣之以屬燕。三城未下（高注：「聊、卽墨、莒。」），而燕昭王死。惠王卽位，用齊人反間疑樂毅，而使騎劫代之將。樂毅奔趙。趙封以爲望諸君。」史記燕召公世家：「(昭王)二十八年，燕國殷富，士卒樂軼輕戰，於是遂以樂毅爲上將軍，與秦、楚、三晉合謀以伐齊。齊兵敗，湣王出亡於外。燕兵獨追北，入至臨淄，……齊城之不下者，獨唯聊、莒、卽墨，其餘皆屬燕，六歲。昭王三十三年卒，子惠王立。惠王爲太子時，與樂毅有隙，及卽位，疑毅，使騎劫代將。樂毅亡走趙。」又樂毅傳：「樂毅留徇齊五歲，下齊七十餘城，皆爲郡縣以屬燕，唯獨莒、卽墨未服。會燕昭王死，子立爲燕惠王。惠王自爲太子時，嘗不快於樂毅，及卽位，齊之田單聞之，乃縱反間於燕，曰：『齊城不下者兩城耳。然所以不早拔者，聞樂毅與燕新王有隙，欲連兵且留齊，南面而王齊。齊之所患，唯恐他將之來。』於是燕惠王固已疑樂毅，得齊反間，乃使騎劫代將，而召樂毅。樂毅知燕惠王之不善代之，畏誅，遂西降趙。趙封樂毅於觀津，號曰望諸君。」

〔六〕左傳定公四年：「秋，楚爲沈故圍蔡，伍員爲吳行人以謀楚。……冬，蔡侯、吳子、唐侯伐楚。……十一月，庚午，二師(杜注：「二師，吳、楚師。」)陳于柏舉。闔廬之弟夫槩王……以其屬五千先擊子常之卒。子常之卒奔，楚師亂，吳師大敗之。……五戰及郢。己卯，楚子取其妹季芈、畀我以出。……庚辰，吳入郢。」史記吳太伯世家：「於是吳王(闔廬)遂縱兵追之，比及郢，五戰，楚五敗。楚昭王出郢，……而吳兵遂入郢。子胥、伯嚭鞭平王之尸，以報父讎。」又楚世家：「吳王闔廬、伍子胥、伯嚭與唐、蔡俱伐楚，楚大敗，吳兵遂入郢，辱平王之墓，以伍子胥故也。」吳越春秋闔閭內傳：「吳王入郢，止留。伍胥以不得昭王，乃掘平王之墓，出其屍，鞭之三百，左足踐腹，右手抉其目，誚之曰：『誰使汝用讒諛之口，殺我父兄，豈不冤哉！』」左傳哀公十一年：「吳將伐齊，越子(句踐)率其衆以朝焉，王及列士皆有饋賂。吳人皆喜，唯子胥懼，曰：『是豢吳也夫！』諫曰：『越在，我心腹之疾也，壤地同而有欲於我。夫其柔服，求濟其欲也，不如早從事焉。得志於齊，猶獲石田也，無所用之。越不爲沼，吳其泯矣。……今君易之，將以求大，不亦難乎？』弗聽。使於齊，屬其子於鮑氏，爲王孫氏。反役，王聞之，使賜之屬鏤以死。將死，曰：『樹吾墓檟，檟可材也。吳其亡乎？』」史記伍子胥傳：「而吳王不聽。使子胥於齊。子胥臨行，謂其子曰：『吾數諫王，王不用。吾今見吳之亡矣。汝與吳俱亡，無益也。』乃屬其子於齊鮑牧，而還報吳。……（吳王）乃使使賜伍子胥屬鏤之劍，曰：『子以此死。』伍子胥仰天歎曰：『嗟乎！讒臣嚭爲亂矣，王乃反誅我。我令若父霸。……然今若聽諛臣言以殺長者。』乃告其舍人曰：『必樹吾墓上以梓，令可以爲器，而抉吾眼縣吳東門之上，以觀越寇之入滅吳也。』乃自剄死。吳王聞之大怒，乃取子胥尸盛以鴟夷革，浮之江中。吳人憐之，爲立祠於江上，因命曰胥山。」（吳太伯世家、越王句踐世家、吳越春秋夫差內傳所載互有詳略）

〔七〕史記白起傳：「白起者，郿人也。善用兵，事秦昭王。……白起爲左更，攻韓、魏於伊闕，斬首二十四萬，又虜其將公孫喜，拔五城。起遷爲國尉。涉河取韓安邑以東，到乾河。明年，白起爲大良造。攻魏，拔之，取城小大六十一。……昭王三十四年，白起攻魏，拔華陽，走芒卯，而虜三晉將，斬首十三萬。與趙將賈偃戰，沈其卒二萬人於河中。昭王四十三年，白起攻韓陘城，拔五城，斬首五萬。四十四年，白起攻南陽太行道，絕之。四十五年，伐韓之野王。野王降秦，上黨道絕。……（趙）廉頗堅壁以待秦，秦數挑戰，趙兵不出。……乃挾詐而盡阬殺之，遺其小者二百四十人歸趙。……諸侯攻秦軍急，秦軍數卻，使者日至。秦王乃使人遣白起，不得留咸陽中。……秦昭王與應侯羣臣議曰：『白起之遷，其意尚怏怏不服，有餘言。』秦王乃使使者賜之劍，自裁。……死而非其罪，秦人憐之，鄉邑皆祭祀焉。」

〔八〕文子，文種。史記越王句踐世家：「句踐已平吳，……范蠡遂去，自齊遺大夫種書曰：『蜚鳥盡，良弓藏；狡兔死，走狗烹。越王爲人長頸鳥喙，可與共患難，不可與共樂。子何不去？』種見書，稱病不朝。人或讒種且作亂，越王乃賜種劍曰：『子教寡人伐吳七術，寡人用其三而敗吳，其四在子，子爲我從先王試之。』種遂自殺。」越絕書內經九術：「昔者越王句踐問大夫種曰：『吾欲伐吳奈何？能有功乎？』大夫種對曰：『伐吳有九術。』王曰：『何謂九術？』對曰：『一曰尊天地事鬼神；二曰重財幣以遺其君；三曰貴糴粟槀以空其邦；四曰遺之好美以爲勞其志；（史記越王句踐世家正義引作「遺之好美以熒其志」。是今本「爲」字衍，「勞」爲「熒」之誤。吳越春秋句踐陰謀外傳作「遺美女以惑其心」。）五曰遺之巧匠使起宮室高臺，盡其財，疲其力；六曰遺（史記句踐世家正義引作「貴」）其諛臣使之易伐；七曰彊其諫臣使之自殺；八曰邦家富而備器；（史記句踐世家正義引「器」下有「利」字，吳越春秋作「利器」。）九曰堅厲甲兵以承其弊。故曰九者勿患，戒口勿傳，以取天下不難，況於吳乎？』越王曰：『善。』」（吳越春秋句踐陰謀傳所載句踐行前三術較詳，文長不具録。）史記越王句踐世家：「句踐已平吳，乃以兵北渡淮，與齊、晉諸侯會於徐州，致貢於周。周元王使人賜句踐胙，命爲伯。……當是時，越兵橫行於江、淮東，諸侯畢賀，號稱霸王。」

〔九〕史記淮陰侯傳：「淮陰侯韓信者，淮陰人也。……蒯生曰：『足下自以爲善漢王，欲建萬世之業，臣竊以爲誤矣。……且臣聞勇略震主者身危，而功蓋天下者不賞。臣請言大王功略：足下涉西河，虜魏王，禽夏說，引兵下井陘，誅成安君，徇趙，脅燕，定齊，南摧楚人之兵二十萬，東殺龍且，西鄉以報，此所謂功無二於天下，而略不世出者也。今足下戴震主之威，挾不賞之功，歸楚，楚人不信；歸漢，漢人震恐。足下欲持是安歸乎？夫勢在人臣之位而有震主之威，名高天下，竊爲足下危之。』……呂后欲召（信）恐其黨不就，乃與蕭相國謀，詐令人從上所來，言（陳）豨已得死，列侯羣臣皆賀。相國紿信曰：『雖疾，彊入賀。』信入，呂后使武士縛信，斬之長樂鍾室。信方斬，曰：『吾悔不用蒯通之計，乃爲兒女子所詐，豈非天哉！』遂夷信三族。」

〔一〇〕史記黥布傳：「黥布者，六人也，姓英氏。……布欲引兵走漢，恐楚王殺之，故閒行與（隨）何俱歸漢。……上方踞牀洗，召布入見，布甚（漢書布傳無甚字）大怒，悔來，欲自殺。出就舍，帳御飲食從官如漢王居，布又大喜過望。於是迺使人入九江。楚已使項伯收九江兵，盡殺布妻子。……布兵精甚，上迺壁庸城，望布軍置陳如項籍軍，上惡之。與布相望見，遥謂布曰：『何苦而反？』布曰：『欲爲帝耳。』上怒駡之，遂大戰。布軍敗走，渡淮，數止戰，不利，與百餘人走江南。布故與番君婚，以故長沙哀王使人紿布，僞與亡，誘走越，故信而隨之番陽。番陽人殺布兹鄉民田舍，遂滅黥布。」

〔一一〕漢書王莽傳上：「（張竦）爲（陳）崇草奏，稱莽功德，崇奏之曰：『……人不還踵，日不移晷，霍然四除，更爲寧朝。』」顔注：「還讀曰旋。晷，景（今之影字）也。言其速疾。」文選西京賦：「白日未及移晷，已獮其十七八。」薛注：「晷，景也。獮，殺也。言日景未移，禽獸什已殺七八矣。」

爲臣不易〔一〕，豈將一塗？要而言之，決在擇主〔二〕。我不足賴，其驗如此。告退避賢〔三〕，潔而且安。美名厚實，福莫大焉。能修此術，萬未有一。吉凶由人〔四〕，可勿思乎？

〔一〕論語子路：「人之言曰：『爲君難，爲臣不易。』」

〔二〕大戴禮記衛將軍文子篇：「君雖不量於臣，臣不可以不量於其君。是故君擇臣而使之，臣擇君而事之。」

〔三〕晏子春秋外篇七：「晏子對曰：『……臣愚不能復治東阿，願乞骸骨，避賢者之路。』」（又見說苑政理篇）史記萬石君傳：「（石慶）乃上書曰：『……願歸丞相侯印，乞骸骨歸，避賢者路。』」

〔四〕左傳僖公十六年：「吉凶由人。」杜注：「積善餘慶，積惡餘殃，故曰吉凶由人。」

逆耳之言，樂之者希〔一〕。獻納期藏本作斯，從舊寫本改。榮，將速身禍。救誹謗其不暇〔二〕，何信受之可必哉！夫矰繳紛紜〔三〕，則鴛雛徊翮〔四〕；坑穽充蹊〔五〕，則麟、虞斂跡〔六〕。情不可極，慾不可滿〔七〕。達人以道制情，以計遣慾。爲謀者猶宜使忠〔八〕，況自爲策而不詳哉！

〔一〕逆耳之言，已見博喻篇「庸夫好悦耳之華譽，而惡利行之良規」二句箋。

〔二〕大戴禮記保傅篇：「故今日即位，明日射人，忠諫者謂之誹謗。」（新書保傅篇同）韓非子難言篇：「大王若以此不信，則小者以爲毁訾誹謗，大者患禍災害死亡及其身。」

〔三〕孟子告子上：「一心以爲有鴻鵠將至，思援弓繳而射之。」朱注：「繳，音灼。射，食亦反。繳，以繩繫矢而射也。」淮南子説山篇：「好弋者，先具繳與矰。」高注：「繳，大綸。矰，短矢。繳，所以繫者，繳射之注飛鳥。」史記留侯世家：「戚夫人泣，上曰：『爲我楚舞，吾爲若楚歌。』歌曰：『鴻鵠高飛，一舉千里。……雖有矰繳，尚安所施！』」集解：「韋昭曰：『繳，弋射也。其矢曰矰。』」

〔四〕山海經南山經：「南禺之山，有鳳皇、鵷鶵。」郭注：「（鵷鶵）亦鳳屬。」莊子秋水篇：「南方有鳥，其名爲鵷鶵。」釋文引李頤云：「鵷鶵，鸞鳳之屬也。」「鴛」，「鵷」之借字。荀子王制篇「南海則有羽翮」楊注：「翮，大鳥羽。」

〔五〕後漢書袁紹傳上：「乃先宣檄曰：『……矰繳充蹊，阬穽塞路。』」玉篇土部：「坑，塹也，壑也。亦作阬。」説文井部：「阱，陷也。穽，阱或从穴。」漢書李廣蘇建傳贊「下自成蹊」顔注：「蹊，謂徑道也。蹊音奚。」

〔六〕公羊傳哀公十四年：「麟者，仁獸也。」爾雅釋獸：「麐，麕身，牛尾，一角。」釋文：「麐，本又作麟。」廣雅釋獸：「麔，狼題肉角，含仁懷義，……不入陷穽，不羅罘罳，文章彬彬。」玉篇鹿部：「麟，仁獸也，麒麟也。麐、麐，並同上。」列女傳賢明周南之妻傳：「夫鳳皇不離於蔚（罻）羅，麒麟不入於陷穽，……鳥獸之智，猶知避害。」詩召南騶虞：「于嗟乎騶虞。」毛傳：「騶虞，義獸也。白虎黑文，不食生物，有至信之德則應之。」正義：「陸璣（毛詩草木鳥獸蟲魚疏）云：『騶虞白虎黑文，尾長於軀，不食生物，不履生草，應信而至者也。』」說文虍部：「虞，騶虞也。白虎黑文，尾長於身，仁獸也。食自死之肉。」

〔七〕禮記曲禮上：「志不可滿，樂不可極。」

〔八〕照按：「謀」上當有「人」字，始合文意。論語學而：「曾子曰：『吾日三省吾身，爲人謀而不忠乎？』」即此文所本。

蓋知足者，常足也〔一〕；不知足者，無足也。常足者，福之所赴也；無足者，禍之所鍾也〔二〕。生生之厚，殺哉生矣〔三〕。宋氏引苗〔四〕，郢人張革〔五〕，誠欲其快，而實速萎裂。知進忘退〔六〕，斯之以（舊寫本作謂）乎〔七〕？

〔一〕老子第四十六章：「故知足之足，常足。」河上公注：「无欲心也。」

〔二〕不知足，已見本篇首句箋。

〔三〕老子第五十章：「人之生，動之死地十有三。夫何故？以其生生之厚。」河上公注：「所以動之死地者，以其求生活之事太厚，違道忤天，妄行失紀。」文子九守篇：「夫人之所以不能終其天年者，以其生生之厚。夫唯無以生爲者，卽所以得長生。」淮南子精神篇：「夫人之所以不能終其壽命，而中道夭於刑戮者，何也？以其生生之厚。夫惟能無以生爲者，則所以脩得生也。」高注：「言生生之厚者，何必極嗜欲，淫濫無猒，以傷耳目情性，故不終其壽命，中道夭殞以刑辟之戮也。無以生爲者，輕利害之鄉，除情性之欲，則長得生矣。」是此二句謂生生之厚違反攝生之道，適爲戕賊其生也。

〔四〕孟子公孫丑上：「宋人有閔其苗之不長而揠之者，芒芒然歸。謂其人曰：『今日病矣，予助苗長矣。』其子趨而往視之，苗則槁矣。天下之不助苗長者，寡矣。以爲無益而舍之者，不耘苗者也；助之長者，揠苗者也。非徒無益，而又害之。」趙注：「揠，挺拔之欲亟長也。病，罷也。芒芒，罷倦之貌。其人，家人也。其子，揠苗者之子也。趨，走也。槁，乾枯也。以喻人助情邀福也必有害，若欲急長苗而反使之枯死也。」

〔五〕文子上禮篇：「老子曰：『……故爲政以苛爲察，以切爲明，以刻下爲忠，以計多爲功。如此者，譬猶廣革者也，大敗大裂之道也。』」淮南子道應篇：「（叔向）對曰：『其爲政也，以苛爲察，以切爲明，以刻下爲忠，以計多爲功。譬之猶廓革者也，廓之大則大矣，裂之道也。』」新序雜事一：「（叔向）對曰：『中行氏之爲政也，以苛爲察，以欺爲明，以刻爲忠，以計多爲善，以聚斂爲良。譬之其猶鞟革者也，大則大矣，裂之道也。』」郢人張革未詳所出，姑舉三書以注，於文意固極爲吻合也。

〔六〕易乾：「（文言）亢之爲言也，知進而不知退。」

〔七〕孫星衍曰：「（〔以〕）舊寫本作『謂』。」照按：「謂」字較勝。當據改。

夫筴奔而不止者，尠不傾墜〔一〕；凌波而無休者，希不沈溺〔二〕。弄刃不息者，傷刺之由也〔三〕；斫擊不輟者，缺毁之原也。盈則有損，自然之理。周廟之器〔四〕，豈欺我哉〔五〕！故養由之射，行人識以弛弦〔六〕。東野之御，顏子知其方敗〔七〕。成功之下，未易久處也〔八〕。

〔一〕筴奔，謂鞭策奔馬。易繫辭上「乾之策二百一十有六」釋文：「策，字亦作筴。」是「筴」與「策」通。鄧析子轉辭篇：「明主之御民，若乘奔而無轡。」文選東京賦：「常翹翹以危懼，若乘奔而無轡。」其省稱奔馬爲奔，與此同。說文是部：「尟，是少也。」尠，尟之俗。已見百里篇「恥知己之謬舉尠矣」句箋。

〔二〕爾雅釋詁：「希，罕也。」論語公冶長「怨是用希」皇疏：「希，少也。」

〔三〕淮南子氾論：「夫以刃相戲，必有過失。」

〔四〕韓詩外傳三：「孔子觀於周廟，有欹器焉。孔子問於守廟者曰：『此謂何器也？』對曰：『此蓋爲宥坐之器。』孔子曰：『吾聞宥坐之器，滿則覆，虛則欹，中則正，有之乎？』對曰：『然。』孔子使子路取水試之，滿則覆，中則正，虛則欹。孔子喟然而嘆曰：『惡有滿而不覆者哉！』」（說苑敬慎同。周廟，荀子宥坐、家語三恕作「魯桓公之廟」；淮南子道應作「桓公之廟」。）

〔五〕孟子滕文公上：「公明儀曰：『文王我師也，周公豈欺我哉？』」

〔六〕養由之射二句，已見博喻篇「路人不能挽勁命中，而識養由之射」二句箋。

〔七〕東野之御二句，已見君道篇「馬極則變態生，而傾僨惟憂矣」二句箋。

〔八〕史記越王句踐世家：「范蠡以爲大名之下，難以久居。」又蔡澤傳：「書曰：『成功之下，不可久處。』」

「夫飲酒者不必盡亂，而亂者多焉。富貴者豈其皆危，而危者有焉。智者料事於倚伏之表〔一〕，伐木於毫末之初。吐高言不於累棊之際〔二〕，議治裘不於羣狐之中〔三〕。古人佯狂爲愚〔四〕，豈所樂哉？時之宜然，不獲已也。

〔一〕倚伏，已見君道篇「料倚伏於未萌之前」句箋。

〔二〕戰國策秦策四：「（黄歇）説（秦）昭王曰：『……物至而反，冬夏是也；致至而危，累碁（史記春申君傳作棊）是也。』」高注：「至，極也。」史記范雎傳：「魏有張禄先生，天下辯士也。曰：『秦王之國危於累卵，得臣則安。』」正義：「説苑（佚文）云：『晉靈公造九層之臺，費用千金，謂左右曰：「敢有諫者斬！」荀息聞之，上書求見。靈公張弩持矢見之。曰：「臣不敢諫也。臣能累十二博棊，加九雞子其上。」公曰：「子爲寡人作之。」荀息正顏色，定志意，以棊子置下，加九雞子其上。左右懼慴息，靈公氣息不續。公曰：「危哉，危哉！」』」（後漢書皇后紀上、呂布傳李注、藝文類聚二四又七四、太平御覽四五六又七五四、文選魏都賦、枚乘上書重諫吴王、鍾會檄蜀文、潘岳馬汧督誄李注引，互有詳略，文句亦不盡同。）

〔三〕議治裘，已見博喻篇「是與狐議治裘也」句箋。

〔四〕尸子：「箕子胥餘，漆體而爲厲，被髮佯狂，以此免也。」（文選東方朔非有先生論李注引）韓詩外傳六：「比干諫而死。箕子曰：『知不用而言，愚也；殺身以彰君之惡，不忠也。二者不可，然且爲之，不祥莫大焉。』遂被髮佯狂而去。」史記宋微子世家：「箕子曰：『爲人臣諫不聽而去，是彰君之惡而自説於民，吾不忍爲也。』乃被髮佯（史記吴太伯世家「公子光詳爲足疾」索隱：「詳即僞也。」）狂而爲奴。」

「亦有深逃而陸遭濤波，幽遁而水被焚燒，若龔勝之絶粒以殞命〔一〕，李業煎蹙以吞酖〔二〕，由乎迹之有眹〔三〕，景之不滅也。若使行如蹈冰〔四〕，身如居陰〔五〕，動無遺蹤可尋，靜與無爲爲一，豈有斯患乎？又況乎揭日月以隱形骸〔六〕，擊建鼓以徇利器者哉〔七〕！夫值明時則優於濟四海，遇險世則劣於保一身，爲此永慨，非一士也。

〔一〕漢書兩龔傳：「兩龔皆楚人也，勝字君賓，舍字君倩。二人相友，並著名節，故世謂之楚兩龔。……莽既篡國，遣五威將帥行天下風俗，將帥親奉羊酒存問勝。明年，莽遣使者即拜勝爲講學祭酒，勝稱疾不應徵。後二年，莽復遣使者奉璽書，太子師友祭酒印綬，安車駟馬迎勝，即拜，秩上卿，……使者與郡太守、縣長吏、三老官屬、行義諸生千人以上入勝里致詔。……勝自知不見聽，即謂（門人高）暉等：『吾受漢家厚恩，亡以報，今年老矣，旦暮入地，誼豈以一身事二姓，下見故主哉！』勝因敕以棺斂喪事：『衣周於身，棺周於衣。勿隨俗動吾家，種柏，作祠堂。』語畢，遂不復開口飲食，積十四日死，死時七十九矣。……有老父來弔，哭甚哀，既而曰：『嗟虖！薰以香自燒，膏以明自銷。龔生竟夭天年，非吾徒也。』遂趨而出，莫知其誰。」

〔二〕後漢書獨行李業傳：「李業字巨游，廣漢梓潼人也。少有志操，介特。……元始中，舉明經，除爲郎。會王莽居攝，業以病去官，杜門不應州郡之命。……王莽以業爲酒士，病不之官，遂隱藏山谷，絶匿名迹，終莽之世。及公孫述僭號，素聞業賢，徵之，欲以爲博士，業固疾不起。數年，述羞不致之，乃使大鴻臚尹融持毒酒奉詔命以劫業：『若起，則受公侯之位；不起，賜之以藥。』……融見業辭志不屈，復曰：『宜呼室家計之。』業曰：『丈夫斷之於心久矣，何妻子之爲？』遂飲毒而死。」華陽國志先賢士女總贊下：「巨游玉碎，高風金振。李業……公孫述累聘不應，述怒，遣鴻臚尹融持毒藥酒逼之。業笑曰：『名〔可成〕，不可毀；身可殺，不可辱也。』遂飲藥死。」（武英殿聚珍版東觀漢記李業傳僅殘存「公孫述欲徵李業，業固不起。乃遣人持鴆，不起便賜藥。業乃飲鴆而死。」五句）

〔三〕莊子齊物論「而特不得其眹」釋文：「眹，李（頤）除忍反，兆也。」

〔四〕蹈冰，猶履冰。詩小雅小旻「如履薄冰」毛傳：「恐陷也。」

〔五〕莊子漁父：「人有畏影惡迹而去之走者，舉足愈數而迹愈多，走愈疾而影不離身，自以爲尚遲，疾走不休，絶力而死，不知處陰以休影，處靜以息迹，愚亦甚矣。」説苑正諫：「孝景皇帝時，吴王濞反。……（枚乘）爲書諫王，其辭曰：『……人性有畏其影而惡其迹者，卻背而走，無益也，不如就陰而止，影滅迹絶。』」（又見漢書枚乘傳、文選）

〔六〕莊子達生：「扁子曰：『子獨不聞夫至人之自行邪？忘其肝膽，遺其耳目，芒然彷徨乎塵垢之外，逍遥乎無事之業，是謂爲而不恃，長而不宰。今汝飾知以驚愚，修身以明汙，昭昭乎若揭日月而行也。汝得全而形軀，具而九竅，無中道夭於聾盲跛蹇，而比於人數，亦幸矣！』」成疏：「汝光飾心智驚動愚俗，修營身形顯他汙穢，昭昭明白自炫其能，猶如擔揭日月而行於世也。豈是韜光匿耀以蒙養恬哉！得軀貌完全，九竅具足，復免中塗夭於聾盲跛蹇，又得預於人倫，偕於人數，慶幸矣莫甚於斯！」又山木：「孔子圍於陳、蔡之間，七日不火食。大公任往弔之，曰：『子幾死乎？』曰：『然。』『子惡死乎？』曰：『然。』任曰：『予嘗言不死之道：……直木先伐，甘井先竭。子其意者飾知以驚愚，修身以明汙，昭昭乎如揭日月而行，故不免也。』」釋文：「大，音泰。幾，音祈，又音機。惡，烏路反。知，音智。」成疏：「謂仲尼意在裝飾才智驚異愚俗，修瑩身心顯他汙染，昭昭明察炫燿己能，猶如揭日月而行，故不免於禍患也。」（文選沈約齊故安陸昭王碑文「身負日月」李注引司馬彪莊子山木篇注曰：「揭，擔也。」〔今本釋文闕〕）

〔七〕擊建鼓，已見正郭篇「可謂善擊建鼓而當揭日月者耳」句箋。倉頡篇：「徇，求也。」（一切經音義一引）廣雅釋言：「徇，營也。」利器，喻名位。

「吾聞無熾不滅，靡溢不損。焕赫有委灰之兆〔一〕，春草爲秋瘁之端。日中則昃，月盈則蝕〔二〕。四時之序，成功者退〔三〕。遠取諸物，則構高崇峻之無限，則穨壞惟憂矣；近取諸身，則嘉膳旨酒之不節，則結疾傷性矣。況乎其高概雲霄，而積之猶不止；其威震人主，而加崇又不息者乎！

〔一〕文選陸機演連珠：「臣聞郁烈之芳，出於委灰。」李注：「王逸楚辭（離騷）注曰：『委，棄也。』」

〔二〕易豐：「彖曰：『……日中則昊，月盈則食。』」說苑敬慎：「孔子讀易至於損、益，則喟然而歎。……夫豐明而動，故能大；苟大，則虧矣。吾戒之，故曰：『日中則昃，月盈則食。』」「昊」、「昃」，「蝕」、「食」皆音同得通。

〔三〕戰國策秦策三：「應侯曰：『請聞其說。』蔡澤曰：『吁，何君見之晚也！夫四時之序，成功者去。』」（又見史記蔡澤傳）後漢書梁冀傳：「（袁著）乃詣闕上書曰：『……夫四時之運，功成則退。』」李注：「易繫辭（下）曰：『寒往則暑來，暑往則寒來，寒暑相推，而歲成焉。』老子（第九章）曰：『功成名遂身退，天之道』也。」文子上德：「功成名遂身退，天道然也。」

「蚊虻墮山，適足翱翔；兕虎之墜，碎而爲虀〔一〕。」此言大物不可失所也。且夫正色彈違，直道而行〔二〕，打撲干紀〔三〕，不慮讐隟〔四〕，則怨深恨積。若舍法容非，屬託如響〔五〕，吐剛茹柔〔六〕，委曲繩墨〔七〕，則忠□（舊寫本空白一字）喪敗〔八〕。居此地者，不亦勞乎！是以身名竝全者甚希〔九〕，而折足覆餗者不乏也〔一〇〕。

〔一〕鶡冠子天權：「夫蚊虻墜乎千仞之谿，乃始翱翔而成其容。牛馬墜焉，碎而無形。由是觀之，則大者不便，重者創深。」陸注：「成其翺翔之容。高飛曰翺，布翼不動曰翔。」淮南子俶真：「雲臺之高，墮者折脊碎腦，而蟁蝱適足以翺翔。」高注：「臺高際於雲，故曰雲臺。蟁蝱微細，故翺翔而無傷毁之患。」莊子列禦寇：「今宋國之深，非直九重之淵也；宋王之猛，非直驪龍也。子能得車者，必遭其睡也。使宋王而寤，子爲齏粉夫。」釋文：「齏，子兮反。」又大宗師「齏萬物而不爲義」釋文：「齏，司馬（彪）云：『碎也。』」「蚊虻」與「蟁蝱」同。

〔二〕論語衛靈公：「子曰：『吾之於人也，誰毁誰譽？如有所譽者，其有所試矣。斯民也，三代之所以直道而行也。』」集解引馬融曰：「三代，夏、殷、周。用民如此，無所阿私，所以云直道而行。」朱注：「直道，無私曲也。」

〔三〕廣雅釋詁三：「扑，打，擊也。」玉篇：「手部：「撲，普鹿切，打也。」是打撲猶今言打擊。左傳襄公二十三年：「無或如臧孫紇干國之紀，犯門斬關。」杜注：「干亦犯也。」打撲干紀，謂打擊觸犯國家法紀者。

〔四〕管子七臣七主：「故上惛則隟不計。」尹注：「上既惛暗，雖有危亡之隟，不能計度而知之。」（劉子慎隟篇題目及正文共用四隟字）國語周語中「則可以上下無隙矣」韋注：「上下，君臣也。隙，瑕釁也。」三國志魏書劉表傳：「初表及妻愛少子琮，欲以爲後，……乃出長子琦爲江夏太守，衆遂奉琮爲嗣。琦與琮遂爲讎隙。」玉篇阜部：「隙，穿穴也，裂也。」廣韻二十陌：「隙，怨也。」「隟」、「隙」古通。（干禄字書入聲：「隟、隙通。」）

〔五〕晏子春秋外篇七：「晏子對曰：『前臣之治東阿也，屬託不行，貨賂不至。』」（又見説苑政理）漢書尹翁歸傳：「徵拜東海太守，過辭廷尉于定國。定國家在東海，欲屬託邑子兩人，令坐後堂待見。定國與翁歸語終日，不敢見其邑子。」顔注：「屬，音之欲反。」後漢書楊震傳：「（上疏）周廣、謝惲兄弟……與樊豐、王永等分威共權，屬託州郡，傾動大臣。」易繫辭上：「其受命也如響。」正義：「謂蓍受人命，報人吉凶，如響之應聲也。」管子任法：「然故下之事上也，如響之應聲也。」文子精誠：「天下從之，如響之應聲。」屬託如響，即有求必應之意。

〔六〕詩大雅烝民：「人亦有言，柔則茹之，剛則吐之。維仲山甫，柔亦不茹，剛亦不吐。不侮矜寡，不畏彊禦。」鄭箋：「柔，猶濡毳也。剛，堅強也。剛柔之在口，或茹之，或吐之，喻人之於敵強弱。」正義：「説人之恆性，莫不柔濡者則茹食之，堅彊者則吐出之。喻見前敵寡弱者則侵侮之，彊盛者則避畏之。」漢書薛宣傳：「谷永上疏曰：『……竊見少府宣，材茂行絜，達於從政，前爲御史中丞，執憲轂下，不吐剛茹柔，舉錯時當。』」顏注：「言在天子輦轂之下。大雅烝民之詩云：『惟仲山甫，剛亦不吐，柔亦不茹。』言其平正也。茹，食也，音人庶反。」

〔七〕管子七臣七主：「律者，所以定分止爭也。令者，所以令人知事也。法律政令者，吏民規矩繩墨也。夫矩不正，不可以求方，繩不信，（尹注：「音申。」）不可以求直。法令者，君臣之所共立也。」楚辭離騷：「固時俗之工巧兮，偭規矩而改錯。背繩墨以追曲兮，競周容以爲度。」王注：「偭，背也。錯，置也。追，猶隨也。繩墨，所以正曲直。周，合也。度，法也。言百工不循繩墨之直道，隨從曲木，屋必傾危而不可居也。」洪補注：「偭規矩而改錯者，反常而妄作。背繩墨以追曲者，枉道以從時。」

〔八〕孫星衍曰：「（『忠』）下舊寫本空白一字。」照按：本書屢以「忠良」、「忠貞」二字連文，「忠」下疑脱「良」字或「貞」字。

〔九〕史記蔡澤傳：「蔡澤曰：『……夫人之立功，豈不期於成全邪？身與名俱全者，上也。』」列子説符：「叔曰：『仁義使我身名並全。』」

〔一〇〕折足覆餗，已見嘉遯篇「言亢悔則諱覆餗而不記」句箋。

「然而入則蘭房窈窕〔一〕，朱帷組帳〔二〕，文茵兼舒於華第〔三〕，豔容粲爛於左右，輕體柔聲〔四〕，清歌妙舞，宋、蔡之巧〔五〕，陽阿之妍，口吐採菱、延露之曲，足躡淥水、七槃之節〔六〕，和音悦耳，冶姿娛心，密宴繼集，醽、醁不撤〔七〕。仰登綺閣，俯映清淵，遊果林之丹翠，戲蕙圃之芬馥〔八〕。文鱗瀺灂〔九〕，朱羽頡頏〔一〇〕，飛繳墮雲鴻〔一一〕，沈綸引魴鯉〔一二〕。遠珍不索而交集，玩弄紛華而自至。

〔一〕曹子建集離友詩：「迄魏都兮息蘭房，展宴好兮惟樂康。」文選潘岳哀永逝文：「委蘭房兮繁華。」又魯靈光殿賦：「旋室㛹娟以窈窕，洞房叫窱而幽邃。」張銑曰：「窈窕，深也。」玉篇穴部：「窈，於鳥切，窈窕，幽閑也，深遠也。窕，徒鳥切，窈窕也，深極也。」

〔二〕文選張衡南都賦：「朱帷連綱，曜野映雲。」又嵇康贈秀才入軍詩：「微風動袿，組帳高褰。」李注：「方言（四）曰：『袿謂之裾。』袿或爲幃。周禮（天官幕人）曰：『幕人掌帷、幕、幄、帟、綬之事。』鄭司農（衆）曰：『帟，平帷（今本作「帳」）也。綬，組綬，所以繫帷也。』王逸楚詞（招魂）注曰：『以幕（今本作「纂」）組結束玉璜爲帷帳（今本下有「之飾」二字）也。』」劉良曰：「組，所〔以〕繫帳者。褰，舉也。」

〔三〕詩秦風小戎：「文茵暢轂。」毛傳：「文茵，虎皮也。暢轂，長轂也。」釋名釋車：「文鞇（小戎正義引作「茵」），車中所坐者也。用虎皮，有文采。」玉篇革部：「鞇，於人切，車中重席。亦作茵。」方言五：「牀，陳、楚之間或謂之第。」郭注：「音滓，又音姊。」

〔四〕漢書外戚傳下孝成趙皇后傳：「孝成趙皇后，本長安宮人。……學歌舞，號曰飛燕。」顔注：「以其體輕故也。」文選西京賦：「飛燕寵於體輕。」

〔五〕楚辭招魂：「吳歈蔡謳，奏大呂些。」王注：「吳、蔡，國名也。歈、謳，皆歌也。大呂，六律名也。……奏大呂，言乃復使吳人歌謡，蔡人謳吟，進雅樂奏大呂，五音六律聲和調也。」史記司馬相如傳：「（上林賦）巴俞宋蔡，淮南于遮，文成顛歌，族舉遞奏，金鼓迭起，鏗鎗鐺鼛，洞心駭耳。」索隱：「張揖曰：『禮樂記曰：「宋音宴〔燕〕女，溺志。」蔡人謳，員三人。』」

〔六〕淮南子俶真：「足蹀陽阿之舞，而手會綠水（文選長笛賦李注引正文及高注並作淥水，七命李注引高注作淥水）之趨。」高注：「陽阿，古之名倡也。綠水，舞曲也。一曰：『綠水，古詩也。』趨，投節也。」又說山：「欲美和者，（必先）始於陽阿采菱。」高注：「陽阿采菱，樂曲之和聲。有陽阿，古之名俳，善和也。」許注：「（陽阿採菱）楚樂之名也。」（太平御覽五六五引）又人間：「夫歌采菱，發陽阿，鄙人聽之，不若（此）延路〔露〕陽局〔以和〕。非歌者拙也，聽者異也。」許注：「延路〔露〕（陽局），鄙歌曲也。」楚辭招魂：「涉江采菱，發揚荷些。」王注：「楚人歌曲也。」舊校：「文選（招魂）作陽荷，（張銑）注云：『荷當作阿。』涉江、采菱、陽阿，皆楚歌〔曲〕名。」新序雜事一：「宋玉對曰：『……客有歌於郢中者，其始曰下里巴人，國中屬而和者數千人；其爲陽陵〔阿〕採薇〔菱〕，（文選宋玉對楚王問作「陽阿薤露」，薤露即延露。）國中屬而和者數百人。』」文選馬融長笛賦：「上擬法於韶箾南籥，中取度於白雪淥水，下采制於延露巴人。」又嵇康琴賦：「初涉淥水，中度清徵。」又張協七命：「奏淥水，吐白雪。」又張衡南都賦：「悠西荆之折盤。」李注：「西荆，即楚舞也。折盤，舞貌。張衡有七盤舞賦。」張衡七盤舞賦：「歷七盤而屣躡。」（後漢書文苑下邊讓傳李注、文選傅毅舞賦、陸機擬日出東南隅行詩、鮑照數詩李注、太平御覽五七四引）王粲七釋：「七盤陳於廣庭，疇人儼其齊俟。揄皓袖以振策，竦并足而軒跱。邪睨鼓下，伉音赴節。安翹足以徐擊，馺頓身而傾折。」（文選舞賦李注引〔御覽止引首句〕）卞蘭許昌宮賦：「振華足以却蹈，若將絶而復連。鼓震動而不亂，足相續而不并。婉轉鼓側，蜲蛇丹庭。與七盤之遞奏，觀輕捷之翾翾。」（文選舞賦李注、藝文類聚六

二、初學記十五引）

〔七〕醽、醁，酒名。已見嘉遯篇「寒泉旨於醽、醁」句箋。

〔八〕史記司馬相如傳：「（子虛賦）其東則有蕙圃衡蘭。」索隱：「司馬彪云：『蕙，香草也。』」漢書司馬相如傳上顏注引張揖曰：「蕙圃，蕙草之圃也。」

〔九〕文鱗，指魚。山海經中山經：「荆山之首曰景山，……睢水出焉，東南流注於江，其中多丹粟，多文魚。」郭注：「有斑采也。」是文鱗蓋謂有斑采之魚。文選潘岳西征賦：「瀺灂驚波。」李注：「瀺灂，出没之皃。」又閑居賦：「游鱗瀺灂。」李注：「瀺灂，出没貌。」史記司馬相如傳「（上林賦）瀺灂霣墜」索隱：「上音士湛反，下音士卓反。」

〔一〇〕朱羽，指朱色飛禽。詩邶風燕燕：「燕燕于飛，頡之頏之。」毛傳：「飛而上曰頡，飛而下曰頏。」文選魏都賦：「羽翮頡頏。」

〔一一〕飛繳，已見本篇上文「夫矰繳紛紜」句箋。雲鴻，言鴻飛之高。文選文賦：「若翰鳥纓繳而墜青雲之峻。」

〔一二〕爾雅釋魚：「魴，魾。」郭注：「江東呼魴魚爲鯿。」釋文：「魴，音房。」沈綸引魴鯉，已見本篇上文「覘韜鋒於香餌之中」句及「故能免詹何之釣緡」句箋。

「出則朱輪耀路〔一〕，高蓋接軫〔二〕，丹旗雲蔚，麾節翕赩〔三〕，金口嘈囐〔四〕，戈甲璀錯〔五〕；得意託於後乘〔六〕，嘉旨盈乎屬車〔七〕；窮遊觀之娛，極畋漁之懽；聖明之譽，滿耳而入；諂悅之言，異口同辭。于時眇然〔八〕，意蔑古人〔九〕，謂伊、呂、管、晏不足算也〔一〇〕。豈覺崇替之相爲首尾〔一一〕，哀樂之相爲朝暮〔一二〕？肯謝貴盛乞骸骨〔一三〕，背朱門而反丘園哉〔一四〕！

〔一〕朱輪，已見博喻篇「朱輪華轂」句箋。

〔二〕漢書于定國傳：「始定國父于公，其閭門壞，父老方共治之。于公謂曰：『少高大閭門，令容駟馬高蓋車。……子孫必有興者。』至定國爲丞相，（定國子）永爲御史大夫，封侯傳世云。」又司馬相如傳下「（上疏）而羌夷接軫也」顔注：「軫，車後横木。」接軫，形容車之多。

〔三〕文選張衡思玄賦「前祝融使舉麾兮」舊注：「尚書（牧誓）曰：『右秉白旄以麾。』（釋文引馬融云：「白旄，旄牛尾。」）秦執旄以指撝也。秦、漢以來即以所執之旄名曰麾，謂麾幢曲蓋者也。」（崔豹古今註上輿服：「曲蓋，太公所作。武王伐紂，大風折蓋，太公因折蓋之形而制曲蓋焉。」晉書馬隆傳：「其假節、宣威將軍，加赤幢、曲蓋、鼓吹。」）史記高祖本紀：「（秦王子嬰）封皇帝璽符節，降軹道旁。」索隱引韋昭云：「節，使者所擁也。」漢書高帝紀上顔注：「節，以毛爲之，上下相重，取象竹節，因以爲名，將命者持之以爲信。」後漢書光武帝紀上：「（光武）持節北度河，鎮慰州郡。」李注：「節，所以爲信也，以竹爲之，柄長八尺，以旄牛尾爲其眊三重。」（宦者單超傳「金銀罽眊，施於犬馬」李注：「眊，以毛羽爲飾。音如志反。」）馮衍與田邑書曰：『今以一節之任，建三軍之威，豈特寵其八尺之竹，氂牛之尾哉！』（今范書衍傳衍致邑書無此四句，蓋非全文（太平御覽二七四亦引之）。山海經中山經：「（荆山）其中多犛牛。」郭注：「旄牛屬。」）又陳忠傳：「（上疏）然臣竊聞使者所過，威權翕赫，震動郡縣。」文選陸機辯亡論上：「飾法修師，則威德翕赫。」劉良曰：「翕赫，盛貌也。」

〔四〕金口，金鐸。周禮天官小宰：「徇以木鐸。」鄭注：「古者將有新令，必奮木鐸以警衆，使明聽也。木鐸，木舌也。文事奮木鐸，武事奮金鐸。」賈疏：「鐸皆以金爲之，以木爲舌則曰木鐸，以金爲舌則曰金鐸也。」文選東京賦：「總輕武於後陳，奏嚴鼓之嘈囋。」薛注：「嘈囋，鼓聲也。」張銑曰：「嘈囋，震發也。」玉篇口部：「咞，五葛、才曷二切，嘈哢。嘯，同上。」

〔五〕文選王延壽魯靈光殿賦：「下弗蔚以璀錯。」李注：「璀錯，衆盛貌。」

〔六〕後乘，後車。孟子滕文公下：「後車數十乘。」乘，讀去聲。

〔七〕文選東京賦「屬車九九」薛注：「副車曰屬車，言相連也。」

〔八〕漢書王褒傳：「（聖主得賢臣頌）眇然絶俗離世哉！」顔注：「眇然，高遠之意也。」後漢書馮衍傳下：「（自論）眇然有思陵雲之意。」

〔九〕詩大雅桑柔「國步蔑資」鄭箋：「蔑，猶輕也。」

〔一〇〕伊，伊尹。已見嘉遯篇「論榮貴則引伊、周以救溺」句箋。吕，吕尚。已見逸民篇「吕尚長於用兵」句箋。管，管仲。已見審舉篇「省夷吾之書，而明其有撥亂之幹」二句及交際篇「管仲所以免誅戮而立霸功」句箋。晏，晏嬰。已見任能篇「而晏嬰大賢，不敢不竭其誠」句箋。論語子路：「子曰：『噫！斗筲之人，何足算也。』」集解引鄭玄曰：「噫，心不平之聲。筲，竹器，容十二升。算，數也。」釋文：「數，色主反。」邢疏：「何足數也，言不足數。」（漢書公孫賀等傳贊「斗筲之徒，何足選也」顔注：「選，數也。……言其材器小劣，不足數也。」）

〔一一〕國語楚語下：「藍尹亹曰：『吾聞君子唯獨居思念前世之崇替者。』」韋注：「崇，終也。替，廢也。」文選陸機答賈謐詩：「邈矣終古，崇替有徵。」李周翰曰：「崇替，亦猶興亡也。」（韋昭解「崇」爲「終」誤，俞樾古書疑義舉例七兩字對文而誤解例有説。）

〔一二〕禮記孔子閒居：「孔子曰：『……哀樂相生。』」莊子知北遊：「山林與？皐壤與？使我欣欣然而樂與？樂未畢也，哀又繼之。」文子九守：「樂終則悲。」淮南子道應：「樂極則悲。」列女傳賢明陶答子妻傳佚文：「陶答子妻曰：『樂極必哀來。」(文選漢武帝秋風辭李注引〔魏文帝與朝歌令吳質書李注引無「來」字〕)文選張衡思玄賦:「惟般逸之無斁兮,懼樂而哀來。」又魏文帝與朝歌令吳質書:「樂往哀來,愴然傷懷。」

〔一三〕照按:「乞」上合有一字(疑是「以」字),始能與下句「背朱門而反丘園哉!」相儷。乞骸骨,已見本篇上文「告退避賢」句箋。

〔一四〕文選郭璞遊仙詩:「朱門何足榮,未若託蓬萊。」李注:「東方朔十洲記(序)曰:『臣故捨韜隱而赴王庭,藏養生而侍朱門(今本作「朱闕」)矣。』」呂延濟曰:「朱門,貴門。」丘園,已見勗學篇「旅束帛乎丘園」句箋。

若乃聖明在上,大賢讚事,百揆非我則不敘〔一〕,兆民非我則不濟〔二〕,高而不以危爲憂〔三〕,滿而不以溢爲慮者〔四〕,所不論也。」

〔一〕書舜典:「納于百揆,百揆時敘。」孔傳:「揆,度也。度百事,總百官,納舜於此官。舜舉八凱,使揆度百事,百事時敘,無廢事業。」正義:「百揆者,言百事皆度之。國事散在諸官,故度百事爲總百官也。」

〔二〕禮記內則「降德于衆兆民」鄭注:「萬億曰兆。『天子曰兆民,諸侯曰萬民』。」(語出左傳閔公元年)此以兆民泛指衆民,極言其數之多。

〔三〕易繫辭下:「是故君子安而不忘危。」左傳襄公十一年:「書(杜注:『逸書。』)曰:『居安思危。』」孝經諸侯章:「在上不驕,高而不危。」周書程典:「於安思危。」文子道德:「居上不驕,高而不危。」荀子仲尼:「平則慮險,安則慮危。」

〔四〕孝經諸侯章:「制節謹度,滿而不溢。……滿而不溢,所以長守富也。」溢,流出也。(史記封禪書「銀自山溢」集解引蘇林漢書(郊祀志上)注)

窮達

或問：「一流之才〔一〕，而或窮或達，其故何也？俊逸繫滯〔二〕，其有憾乎？」

〔一〕人物志接識：「取同體也，則接論而相得；取異體也，雖歷久而不知。凡此之類，皆謂一流之材也。……故一流之人，能識一流之善；二流之人，能識二流之美。」是一流猶第一等也。

〔二〕後漢書袁紹傳上：「乃先宣檄曰：『……故九江太守邊讓，英才儁逸（文選陳琳爲袁紹檄豫州文作「俊偉」）。』」文子上禮：「智過萬人者謂之英，千人者謂之儁。」淮南子泰族：「故智過萬人者謂之英，千人者謂之俊。」說文人部：「俊，材過千人也。」玉篇人部：「俊，才過千人也。儁，同上。」

抱朴子答曰：「夫器業不異，而有抑有揚者，無知己也。故否泰時也，通塞命也〔一〕，審時者何怨於沈潛〔二〕，知命者何恨於卑瘁乎〔三〕？故沈閭、淳鈞〔四〕，精勁之良也；而不以擊，則朝菌不能斷焉〔五〕。珧、華、黎、綠〔六〕，連城之寶也〔七〕；委之泥濘，則瓦礫積其上焉。故可珍而不必見珍也，可用而不必見用也。

〔一〕否泰、通塞，已見博喻篇「否泰繫乎運，窮達不足以論士」二句及「時命不可以力求，遭遇不可以智違」二句箋。

〔二〕鄧析子無厚：「怨貧賤者，不知時也。」列子力命：「怨貧窮者，不知時者也。」荀子宥坐：「夫遇不遇者，時也。」韓詩外傳七：「遇不遇者，時也。」說苑雜言：「遇不遇者，時也。」論衡逢遇：「遇不遇，時也。」

〔三〕易繫辭上：「樂天知命故不憂。」論語堯曰：「孔子曰：『不知命，無以爲君子也。』」（又見韓詩外傳六）集解引孔安國曰：「命，謂窮達之分。」皇疏：「窮謂貧賤，達謂富貴，並稟之於天，如天之見命爲之者也。」邢疏：「言天之賦命窮達有時，當待時而動，不知天命而妄動，則非君子也。」文子符言：「知命者不憂。」荀子榮辱：「知命者不怨天。」史記賈誼傳：「（服鳥賦）德人無累兮，知命不憂。」

〔四〕王廣恕曰：「（『渟』）疑作『淳』。」王國維校同。孫人和曰：「按『沈閭』即『湛盧』。『渟』當作『淳』，形近之誤。蔡中郎集胡公碑云：『澤洪淳，亶攸序。』高均儒校云：『喬本及他本皆作「渟」，即淳誤爲渟之證。』」照按：諸家說是。文瀾本作『淳』，不誤，當據改。沈閭，已見博喻篇「立斷未獨沈閭、干將」句箋。淳鈞，已見勗學篇「則純（與淳通）鈞（原誤作鉤）之勁不就」句箋。

〔五〕朝菌，已見守堉篇「晦朔甚促，朝菌不識」二句及廣譬篇「朝菌之試干將」句箋。

〔六〕珧，玉珧。詩小雅瞻彼洛矣「鞞琫有珌」毛傳：「鞞，容刀鞞也。琫，上飾。珌，下飾也。天子玉琫而珧珌，諸侯璗琫而璆珌，大夫鐐琫而鏐珌，士珕琫而珕珌。」釋文：「琫字又作鞛，必孔反，佩刀削上飾。珌字又作琿，賓一反，佩刀下飾。珧，音遙，以蜃者謂之珧。」正義：「古之言鞞，猶今之言鞘。……又容者，容飾。此琫有珌，即容飾也。」說文玉部：「珧，蜃甲也。所以飾物也。……佩刀，天子玉琫而珧珌。」段注：「介物之𣪊曰甲。（爾雅）釋器曰：『以蜃者謂之珧。』（郭注：『珧，小蚌。』）按爾雅（釋魚）：『蜃，小者珧。』（郭注：『珧，玉珧，即小蚌。』）（山海經）東山經：『嶧皋之水多蜃、珧。』傳（即郭注）曰：『蜃，蚌屬。珧，玉珧，亦蚌屬。然則蜃、珧二物也。許云一物者，據爾雅言之。……按天子玉琫珧珌，備物也。……珧有玉珧之偁，貴於珕。」是用玉珧作鞘下飾物，僅天子容刀有之，其爲人所重已可概見。故此文以「珧」與「華」並舉。華，昭華。尚書大傳：「堯得舜，推而尊之，贈以昭華之玉。」（文選王融三月三日曲水詩序及陸倕石闕銘李注引(太平御覽八百四、事類賦九引作「堯致舜天下，贈以昭華之玉。」))淮南子泰族：「(堯)贈(舜)以昭華之玉，而傳天下焉。」許注：「昭華，玉名。」黎，懸黎。綠，結綠。並美玉名。已見擢才篇「夫結綠、玄黎，非陶、猗不能市也」二句箋。(「懸」、「玄」同聲通假)

〔七〕連城之寶，亦見擢才篇「聶直連城」句箋。

「庸俗之夫，闇於別物，不分朱紫〔一〕，不辯菽麥〔二〕。唯以達者爲賢，而不知僥求者之所達也；唯以窮者爲劣，而不詳守道者之所窮也〔三〕。

〔一〕論語陽貨：「子曰：『惡紫之奪朱也。』」集解引孔安國曰：「朱，正色。紫，閒色之好者，惡其色好而奪正色。」孟子盡心下：「孔子曰：『惡似而非者……惡紫，恐其亂朱也。』」趙注：「紫色似朱。」後漢書陳元傳：「(上疏)夫明者獨見，不惑於朱紫。」又左雄傳：「(上疏)朱紫同色，清濁不分。」

〔二〕不辯菽麥，已見吳失篇「不別菽麥之同異」句箋。「辯」與「辨」通。

〔三〕論語衛靈公：「子曰：『君子固窮，小人窮斯濫矣。』」集解：「濫，溢也。君子固亦有窮時，但不如小人窮則濫溢爲非。」皇疏：「言君子之人，固窮亦有時耳。若不守窮而爲濫溢，則是小人。故云小人窮斯濫矣。」莊子讓王：「孔子曰：『……君子通於道之謂通，窮於道之謂窮。今丘抱仁義之道，以遭亂世之患，其何窮之爲？』」(又見呂氏春秋愼人、風俗通義窮通)尸子：「守道固窮，則輕王公。」(文選謝靈運登石門最高頂詩李注引)

「且夫懸象不麗天，則不能揚大明灼無外〔一〕；嵩、岱不託地，則不能竦峻極概雲霄〔二〕。兔足因夷塗以騁迅〔三〕，龍艘汎激流以效速〔四〕。離光非燧人不熾〔五〕，楚金非歐冶不剡〔六〕。豐華傒發春而表豔，棲鴻待衡飈而輕戾〔七〕。

〔一〕易離：「彖曰：『離，麗也。日月麗乎天。』」王注：「麗，猶著也。各得所著之宜。」釋文：「著，直略反。」又繫辭上：「縣象著明，莫大乎日月。」釋文：「縣，音玄。」管子內業：「乃能戴大圜而履大方，鑒於大清，視於大明。」尹注：「（大明）日月也。」又版法解：「天覆而無外也。」玉篇火部：「灼，明也。」

〔二〕嵩，嵩山。岱，岱宗，即泰山。詩大雅崧高：「崧高維嶽，駿極于天。」毛傳：「崧，高貌。山大而高曰崧。……駿，大。極，至也。」爾雅釋山：「東，岱。」郭注：「岱宗，泰山。」又：「山大而高，崧。」郭注：「今中嶽嵩高山，蓋依此名。」白虎通德論巡狩：「中央爲嵩高者何？嵩言其高大也。中央之嶽獨加高字者何？中央居四方之中而高，故曰嵩高山。」風俗通義山澤：「（五嶽）中央曰嵩高，嵩者，高也。詩：『嵩高惟嶽，峻極于天。』」（禮記孔子閒居引詩亦作「嵩」、「峻」）「嵩」，「崧」、「峻」、「駿」皆音同得通。楚辭惜誓：「同權概而就衡。」王注：「概，平也。」

〔三〕兔，飛兔。呂氏春秋離俗覽：「飛兔、要褭，古之駿馬也。」高注：「飛兔、要褭，皆馬名也。日行萬里，馳若兔之飛，因以爲名也。」淮南子齊俗：「夫待騕褭、飛兔而駕之，則世莫乘車〔矣〕。」許注：「騕褭，良馬，飛兔其子。褭、兔走，蓋皆一日萬里也。」後漢書文苑下禰衡傳：「（孔融）上疏薦之曰：『……飛兔、騕褭，絕足奔放。』」（文選薦禰衡表呂延濟曰：「飛兔、騕褭，皆駿馬名。」）文選西京賦：「褭岸夷塗。」薛注：「褭，謂高也。夷，平也。」

〔四〕說文木部：「㮴，船總名。」又舟部：「舟，船也。」玉篇舟部：「艘，船總名。亦作艘。」淮南子本經：「龍舟、鷁首，浮吹以虞，此遁於水也。」高注：「龍舟，大舟也。刻爲龍文，以爲飾也。」是龍艘謂大船也。

〔五〕離光，謂火也。易說卦：「離爲火。」左傳昭公五年：「離，火也。」世本作：「燧人出火。」（禮記禮運正義、一切經音義一又九引）禮含文嘉：「燧人始鑽木取火，炮生爲熟，令人無腹疾，遂天之意，故爲燧人。」（藝文類聚、初學記

九、太平御覽七八引）韓非子五蠹：「民食果蓏蜯蛤，腥臊惡臭而傷害腹胃，民多疾病。有聖人作，鑽燧取火，以化腥臊，而民說之，用王天下，號之曰燧人氏。」尸子：「燧人上士辰星，下察五木以爲火。」（藝文類聚八十、太平御覽八百七十引）白虎通德論號：「謂之燧人何？鑽木燧取火，教民熟食，養人利性，避臭去毒，謂之燧人也。」風俗通義皇霸：「燧人始鑽木取火，炮生爲熟，令人無復腹疾。有異於禽獸，遂天之意，故曰燧人也。」玉篇火部：「熾，火盛也。」

〔六〕左傳僖公十八年：「鄭伯（文公）始朝于楚。楚子（成王惲）賜之金，既而悔之。與之盟曰：『無以鑄兵。』」杜注：「楚金利故。」荀子議兵：「楚人……宛鉅鐵鉇，慘如蠭蠆。」（又見史記禮書）楊注：「宛，地名，屬南陽。徐廣（史記禮書注）曰：『大剛曰鉅。』鉇與鍦同，矛也。……言宛地出此剛鐵爲矛。慘如蠭蠆，言其中人之慘毒也。鉇音啻。」史記范雎傳：「（秦）昭王曰：『吾聞楚之鐵劍利而倡優拙。』」此楚金及所鑄銳利兵器之可考者。歐冶，歐冶子，春秋時人，以鑄純鈎、湛盧、豪曹、魚腸、巨闕五劍見稱於世。其人其事已見勗學篇「丹青不治，則純鈎〔鈎〕之劍不就」二句及博喻篇「立斷未獨沈閭、干將」句箋。爾雅釋詁：「剡，利也。」說文刀部：「剡，銳利也。」

〔七〕說文風部：「飆，扶搖風也。」（爾雅釋天：「扶搖謂之猋。」郭注：「暴風從下上。」〔飆與猋同，古字通。〕）玉篇風部：「飆，俾遙切，暴風也。」文選九歌少司命：「衝飆起兮水揚波。」呂延濟曰：「衝飆，暴風也。」詩小雅采芑：「鴥彼飛隼，其飛戾天。」毛傳：「戾，至也。」

「四嶽不明揚，則有鯀不登庸〔一〕；叔牙不推賢，則夷吾不式厚〔二〕。穰苴賴平仲以超踔〔三〕，淮陰因蕭公以鷹揚〔四〕。雋生由勝之之談〔五〕，曲逆緣無知之薦〔六〕。元直起龍縈之孔明〔七〕，公瑾貢虎卧之興霸〔八〕。故能美名垂於帝籍，弘勳著於當世也。

〔一〕四嶽明揚，有鯀登庸，已見詰鮑篇「昔有鯀在下，而四嶽不蔽，明揚仄陋」三句箋。

〔二〕叔牙，鮑叔牙。夷吾，管仲。叔牙推管仲，已見正郭篇「若鮑子之推管生」句箋。式厚二字於此費解，疑「厚」爲「序」之誤。詩周頌時邁：「明昭有周，式序在位。」鄭箋：「以其有俊乂，用次第處位。」韓詩外傳八：「故三公典其職，憂其分，舉其辯，明其隱（德），此三公之任也。……（詩）又曰：『明昭有周，式序在位。』言各稱職也。」注此均合。後漢書宦者呂強傳：「（上疏）故太尉段熲，武勇冠世，習於邊事，垂髮服戎，功成皓首。……陛下（靈帝）既已式序，位登台司。」其以「式序」爲言，與此同。

〔三〕穰苴，司馬穰苴。平仲，晏嬰。晏嬰薦穰苴，亦見正郭篇「平仲之達穰苴」句箋。後漢書蔡邕傳：「（釋誨）踔宇宙而遺俗兮。」李注：「踔，猶越也。音丑教反。」是超踔猶超越也。

〔四〕史記淮陰侯傳：「信數與蕭何語，何奇之。至南鄭，諸將行道亡者數十人，信度何等已數言上，上不我用，即亡。何聞信亡，不及以聞，自追之。人有言上曰：『丞相何亡。』上大怒，如失左右手。居一二日，何來謁上，上且怒且喜，駡何曰：『若亡，何也？』何曰：『臣不敢亡也，臣追亡者。』上曰：『若所追者誰何？』曰：『韓信也。』上復駡曰：『諸將亡者以十數，公無所追；追信，詐也。』何曰：『諸將易得耳。至如信者，國士無雙。王必欲長王漢中，無所事信；必欲爭天下，非信無所與計事者。顧王策安所決耳。』王曰：『吾亦欲東耳，安能鬱鬱久居此乎？』何曰：『王計必欲東，能用信，信即留；不能用，信終亡耳。』王曰：『吾爲公以爲將。』何曰：『雖爲將，信必不留。』王曰：『以爲大將。』何曰：『幸甚。』於是王欲召信拜之。何曰：『王素慢無禮，今拜大將如呼小兒耳，此乃信所以去也。王必欲拜之，擇良日，齋戒，設壇場，具禮，乃可耳。』王許之。諸將皆喜，人人各自以爲得大將。至拜大將，乃韓信也，一軍皆驚。……於是漢王大喜，自以爲得信晚。遂聽信計，部署諸將所擊。……漢五年正月，徙齊王信爲楚王。……上曰：『人告公反。』遂械繫信。至雒陽，赦信罪，以爲淮陰侯。」漢書循吏朱邑傳：「（張敞）與邑書曰：『……韓信雖奇，賴蕭公而後信。』」顔注：「信謂爲君上所信任也。一説信讀曰伸，得伸其材用也。」鷹揚，已見吳失篇「鞲鷄、鶩而崇鷹揚之功」句箋。

〔五〕雋生，雋不疑。勝之，暴勝之。漢書雋不疑傳：「雋不疑字曼倩，勃海人也。治春秋，爲郡文學，進退必以禮，名聞州郡。武帝末，郡國盜賊羣起，暴勝之爲直指使者，衣繡衣，持斧，逐捕盜賊，督課郡國，東至海，以軍興誅不從命者，威振州郡。勝之素聞不疑賢，至勃海，遣吏請與相見。不疑冠進賢冠，帶櫑具劍，佩環玦，褎衣博帶，盛服至門上謁。……勝之開閤延請，望見不疑容貌尊嚴，衣冠甚偉，勝之躧履起迎。登堂坐定，不疑據地曰：『竊伏海瀕，聞暴公子威名舊矣，今乃承顔接辭。凡爲吏，太剛則折，太柔則廢，威行施之以恩，然後樹功揚名，永終天禄。』勝之知不疑非庸人，敬納其戒，深接以禮意，問當世所施行。門下諸從事皆州郡選吏，側聽不疑，莫不驚駭。至昏夜，罷去。勝之遂表薦不疑，徵詣公車，拜爲青州刺史。」

〔六〕曲逆，曲逆侯陳平。史記陳丞相世家：「平遂至修武降漢，因魏無知求見漢王，漢王召入。……於是漢王與語而説之，問曰：『子之居楚何官？』曰：『爲都尉。』是日乃拜平爲都尉，使爲參乘，典護軍。……絳侯、灌嬰等咸讒陳平，……漢王疑之，召讓魏無知。無知曰：『臣所言者，能也；陛下所問者，行也。今有尾生、孝己之行，而無益處於勝負之數，陛下何暇用之乎？楚、漢相距，臣進奇謀之士，顧其計誠足以利國家不耳。且盜嫂受金，又何足疑乎？』……漢王乃謝（平），厚賜，拜爲護軍中尉，盡護諸將。諸將乃不敢復言。……於是與平剖符，世世勿絶，爲户牖侯。平辭曰：『此非臣之功也。』上曰：『吾用先生謀計，戰勝剋敵，非功而何？』平曰：『非魏無知臣安得進？』上曰：『若子可謂不背本矣。』乃復賞魏無知。……高帝南過曲逆，上其城，望見其屋室甚大，曰：『壯哉縣！吾行天下，獨見洛陽與是耳。』……於是乃詔御史，更以陳平爲曲逆侯。」漢書循吏朱邑傳：「（張敞）與邑書曰：『……昔陳平雖賢，須魏倩而後進。』」顏注：「蘇林曰：『（魏倩）魏無知也。』師古曰：『倩，士之美稱，故云魏倩也。』」

〔七〕元直，徐庶字。三國志蜀書諸葛亮傳：「諸葛亮字孔明，琅邪陽都人也。……亮躬畊隴畝，好爲梁父吟。身長八尺，每自比於管仲、樂毅，時人莫之許也。惟博陵崔州平、潁川徐庶元直與亮友善，謂爲信然。時先主屯新野。徐庶見先主，先主器之，謂先主曰：『諸葛孔明者，卧龍也。將軍豈願見之乎？』先主曰：『君與俱來。』庶曰：『此人可就見，不可屈致也。將軍宜枉駕顧之。』由是先主遂詣亮，凡三往，乃見。因屏人曰：『漢室傾頹，姦臣竊命，主上蒙塵。孤不度德量力，欲信大義於天下，而智術淺短，遂用猖獗〔蹶〕，至於今日。然志猶未已，君謂計將安出？』亮答曰：『自董卓已來，豪傑並起，跨州連郡者不可勝數。……將軍既帝室之胄，信義著於四海，總攬英雄，思賢如渴，若跨有荆、益，保其巖阻，西和諸戎，南撫夷越，外結好孫權，内修政理；天下有變，則命一上將將荆州之軍以向宛、洛，將軍身率益州之衆出於秦川，百姓孰敢不簞食壺漿以迎將軍者乎？誠如是，則霸業可成，漢室可興矣。』先主曰：『善！』於是與亮情好日密。關羽、張飛等不悦，先主解之曰：『孤之有孔明，猶魚之有水也。願諸君勿復言。』羽、飛乃止。」（又見華陽國志劉先主志）

〔八〕公瑾，周瑜字。興霸，甘寧字。三國志吳書周瑜傳：「周瑜字公瑾，廬江舒人也。」又甘寧傳：「甘寧字興霸，巴郡臨江人也。少有氣力，好游俠，招合輕薄少年，爲之渠帥。……乃往依劉表，因居南陽，不見進用，後轉托黄祖，祖又以凡人畜之。於是歸吳。周瑜、呂蒙皆共薦達，孫權加異，同於舊臣。寧陳計曰：『今漢祚日微，曹操彌憍，終爲篡盜。……寧已覩劉表，慮既不遠，兒子又劣，非能承業傳基者也。至尊當早規之，不可後操。圖之之計，宜先取黄祖。……至尊今往，其破可必。一破祖軍，鼓行而西，西據楚關，大勢彌廣，即可漸規巴蜀。」權深納之。……權舉酒屬寧曰：「興霸，今年行討，如此酒矣，決以付卿。卿但當勉建方略，令必克祖，則卿之功，何嫌張長史之言乎？」權遂西，果禽祖，盡獲其士衆。遂授寧兵，屯當口。後隨周瑜拒破曹公於烏林。……後隨魯肅鎮益陽，拒關羽。……後從攻皖，爲升城督。寧手持練，身緣城，爲吏士先，卒破獲朱光。計功，吕蒙爲最，寧次之，拜折衝將軍。」

「漢之末年，吳之季世〔一〕，則不然焉。舉士也必附己者爲前，取人也必多黨者爲決。而附己者不必足進之器也，同乎我故不能遺焉；而多黨者不必逸羣之才也，信衆口故謂其可焉。

〔一〕漢之末年，吳之季世，照按：前崇教篇已有「漢之末世，吳之晚年」二語，陳澧謂「不敢言晉朝，託之漢、吳耳。」（見前言第〔三〕注）此亦然也。（王國維又謂「漢過、吳失二篇，皆爲晉而作。」（見同上注）其言亦是。）

「或信此之庸猥，而不能遣所念之近情；或識藏本作適，從舊寫本改。彼之英異，而不能平心於至公。於是釋銓衡而以疏數爲輕重矣〔一〕，棄度量而以綸集爲多少矣〔二〕。于時之所謂雅人高韻，秉國之鈞〔三〕，黜陟決己〔四〕，褒貶由口者，尠哉免乎斯累也〔五〕。又況於胷中率藏本作卒，從舊寫本改。有憎獨立，疾非黨，忌勝己，忽寒素者乎？

〔一〕禮記經解：「故衡誠縣，不可欺以輕重。」（荀子禮論同）鄭注：「衡，稱也。縣，謂錘也。陳，設，謂彈畫也。誠，猶審也。」釋文：「縣，音玄。稱，尺證反。」文子下德：「老子曰：『衡之於左右，無私輕重，故可以爲平。』」（又見淮南子主術）三國志魏書夏侯玄傳：「太傅司馬宣王問以時事，玄議以爲：『夫官才用人，國之柄也，故銓衡專於臺閣，上之分也；孝行存乎閭巷，優劣任之鄉人，下之敘也。夫欲清教審選，在明其分敘，不使相涉而已。』」傅玄吏部尚書箴：「處喉舌者，患銓衡之無常，不患於不明。故曰無謂隱微，廢公任私；無好自專，違衆取怨。是以古之君子，無親無疏，縱心大倫，修己以道，弘道以身。易貴好爵，書慎官人。」（藝文類聚四八、初學記十一引〔錢保塘所輯傅子漏此條〕）周禮夏官大司馬：「以教坐作、進退、疾徐、疏數之節。」鄭注：「習戰法。」釋文：「數，音朔。」（劉子閱武「進退不應令，疎數不成行」二語，即出自周禮。）禮記哀公問：「孔子曰：『……非禮無以別男女、父子、兄弟之親、昏姻疏數之交也。』」釋文：「數，色角反。」家語賢君「故夫不比於數而比於疎」王注：「數，近。疎，遠也。」是疏數，謂疏與親、遠與近也。以疏數爲輕重，即以疏者遠者爲輕、親者近者爲重之意。

〔二〕書舜典：「同律度量衡。」孔傳：「律，法制及尺丈斛斗斤兩皆均同。」禮記明堂位：「頒度量，而天下大服。」鄭注：「度，謂丈尺高卑廣狹也。量，謂豆區斗斛筐筥所容受。」又大傳：「立權度量。」鄭注：「權，稱也。度，丈尺也。量，斗斛也。」釋文：「量，音亮。」管子權修：「地之生財有時，民之用力有倦，而人君之欲無窮；以有時與有倦養無窮之君，而度量不生於其間，則上下相疾也。」尹注：「度量不生，則賦役無限也。上疾下之不供，下疾上之無窮。」文子上義：「夫法者，天下之準繩也，人主之度量也。」（淮南子主術作「法者，天下之度量，而人主之準繩也。」）韓詩外傳三：「法則度量正乎官。」淮南子主術：「故法律度量者，人主之所以執下，釋之而不用，是猶無轡銜而馳也。」高注：「執，制。（不用）不用法律度量也。」爾雅釋詁：「貉縮，綸。」郭注：「綸者，繩也。」又釋言：「縎，綸也。」郭注：「緡，繩也。江東謂之綸。」是「綸」與「緡」字異義同，皆謂繩也。史記酷吏張湯傳：「排富商大賈，出告緡令。」正義：「緡音岷，錢貫也。」漢書武帝紀：「（元狩四年）初算緡錢。」顏注：「李斐曰：『緡，絲也，以貫錢也。一貫千錢，出算二十也。』師古曰：『謂有儲積錢者，計其緡貫而稅之。李說爲是。』」（李斐說，史記平準書「賈人緡錢」句集解亦引之。）又食貨志下：「賈人之緡錢。」顏注：「緡，謂錢貫也。」然則此文之綸應與緡同，亦指錢貫也。綸集，蓋謂所收得之錢貫。管子版法：「凡將之事，正彼天植，風雨無違，遠近高下，各得其宜。」尹注：「高下，猶多少也。」高下既可解爲多少，反之，則多少亦可解爲高下。以綸集爲多少，即以錢貫爲高下之意。

〔三〕秉國之鈞，已見百里篇「若秉國之鈞」句箋。

〔四〕書舜典：「三載考績，三考黜陟幽明。」孔傳：「三年有成，故以考功，九歲則能否幽明有別，黜退其幽者，升進其明者。」文選東京賦：「省幽明以黜陟。」薛注：「黜，退也。陟，昇也。謂有功者進，無功者退也。」

〔五〕尠，尟之俗，已見百里篇「恥知己之謬舉尠矣」句箋。淮南子詮言：「人能接物而不與己焉，則免於累矣。」

「悲夫！邈俗之士〔一〕，不羣之人〔二〕，所以比肩不遇，不可勝計〔三〕。或抑頓於藪澤〔四〕，或立朝而斥退也。蓋修德而道不行，藏器而時不會〔五〕。或俟河清而齒已沒〔六〕，或竭忠勤而不見知，遠用不騁於一世〔七〕，勳澤不加於生民〔八〕。席上之珍〔九〕，鬱於泥濘；濟物之才〔一〇〕，終於無施。操築而不值武丁〔一一〕，抱竿而不遇西伯〔一二〕。自曩迄今，將有何限？而獨悲之，不亦陋哉！

〔一〕三國志吳書步騭傳：「潁川周昭著書稱步騭及嚴畯等曰：『……至其純粹履道，求不苟得，升降當世，保全名行，邈然絶俗，實有所師。』」玉篇辵部：「邈，亡卓切，曠遠也。」

〔二〕漢書景十三王傳贊：「夫唯大雅，卓爾不羣，河間獻王近之矣。」後漢書劉虞公孫瓚傳論：「自帝室王公之冑，皆生長脂腴，不知稼穡，其能厲行飭身，卓然不羣者，或未聞焉。劉虞守道慕名，以忠厚自牧。美哉乎，季漢之名宗子也！」（楚辭離騷：「鷙鳥之不羣兮，自前世而固然。」王注：「言鷙鳥執志剛厲，特處不羣，以言忠正之士，亦執分守節，不隨俗人。自前世固然，非獨於今。」）

〔三〕比肩，並肩。勝，音升。此二句極言不遇者人數之多。

〔四〕莊子刻意：「就藪澤，處閒曠，釣魚閒處，無爲而已矣。此江海之士，避世之人，閒暇者之所好也。」釋文：「藪，素口反。閒，音閑。」呂氏春秋仲冬紀「山林藪澤」高注：「無水曰藪，有水曰澤。」

〔五〕易繫辭下：「君子藏器於身，待時而動。」

〔六〕左傳襄公八年：「子駟曰：『周詩有之曰：「俟河之清，人壽幾何？」』」杜注：「逸詩也。言人壽促而河清遲，喻晉之不可待。」文選張衡歸田賦：「徒臨川以羨魚，俟河清乎未期。」李注引易乾鑿度曰：「天降嘉應，河清，清三日變爲赤，赤變三日。」（運命論「夫黄河清而聖人生」句注引作「聖人受命，瑞應先見於河。河水先清，清變白，白變赤，赤變黑，黑變黄，各三日。」）論語憲問「没齒無怨言」集解引孔安國曰：「齒，年也。」皇疏：「没，終。」没齒，猶言終身。

〔七〕詩小雅鴛鴦「宜其遐福」鄭箋：「遐，遠也；遠，猶久也。」遠用，猶言久用。

〔八〕詩小雅車舝序：「德澤不加於民。」（漢書敍傳上（王命論）有「流澤加於生民」語）

〔九〕禮記儒行：「哀公命席。孔子侍曰：『儒有席上之珍以待聘。』」鄭注：「席，猶鋪陳也。鋪陳往古堯舜之善道以待見問也。」

〔一〇〕晉書嵇康傳：「康乃與(山)濤書告絕，曰：『……子文無欲卿相，而三爲令尹，是乃君子思濟物之意也。』」

〔一一〕操築，指傅説。武丁，殷高宗。已見時難篇「巖閒傅説之屬」句箋。

〔一二〕抱竿，指呂尚。西伯，周文王。亦見時難篇「吾知渭濱呂尚之儔」句箋。

瞻徑路之遠而恥由之，知大道之否而不改之〔一〕，齊通塞於一塗，付榮辱於自然者，豈懷悒悶於知希〔二〕，興永歎於川逝乎〔三〕？疑其有憾，是未識至人之用心也〔四〕。小年之不知大年〔五〕，井蛙之不曉滄海〔六〕，自有來矣〔七〕。」

〔一〕易否釋文：「否，備鄙反，塞也。」

〔二〕老子第七十章「知我者希」河上公注：「希，少也。」

〔三〕論語子罕：「子在川上，曰：『逝者如斯夫！不舍晝夜。』」集解引包咸曰：「逝，往也。言凡往也者，如川之流。」孫綽論語集注：「川流不舍，年逝不停，時已晏矣，而道猶不興，所以憂歎也。」(皇疏引)

〔四〕莊子應帝王：「至人之用心若鏡，不將不迎，應而不藏，故能勝物而不傷。」(又見文子精誠、淮南子覽冥)

〔五〕莊子逍遥遊：「小年不及大年。」

〔六〕井蛙不曉滄海，已見百里篇「游井忽海」句箋。

〔七〕「自有」，舊寫本、文溯本作「有自」。照按：作「有自」是。用刑、名實、鈞世、詰鮑四篇並有「有自來矣」語，可證。(此語左傳中凡六見)

重言

抱朴子曰：「余友人玄泊意林作伯先生者，齒在志學〔一〕，固已窮覽六略〔二〕，旁綜河、洛〔三〕，晝競羲和之末景〔四〕，夕照望舒之餘輝〔五〕，道靡遠而不究，言無微而不測。以儒、墨藏本作道，從意林改。爲城池，以機神爲干戈〔六〕。故談者莫不望塵而銜璧〔七〕，舊寫本作銜壁文士寓目而格筆〔八〕。

〔一〕論語爲政：「子曰：『吾十有五而志于學。』」廣雅釋詁一：「齒，年也。」齒在志學，謂年十有五也。

〔二〕漢書藝文志：「（劉）歆於是總羣書而奏其七略，故有輯略，有六藝略，有諸子略，有詩賦略，有兵書略，有術數略，有方技略。今删其要，以備篇籍。」顔注：「輯與集同，謂諸書之總要。六藝，六經也。」此文稱六略者，未計輯略在内。

〔三〕河、洛，本爲河圖、洛書簡稱，此則泛指六略以外有關典籍，極言其研閱廣博。

〔四〕羲和，日也。已見交際篇「羲和照則曲影覺矣」句箋。

〔五〕望舒，月也。亦見交際篇「而望舒變於太極」句箋。

〔六〕易繫辭上：「夫易，聖人之所以極深而研幾也。唯深也，故能通天下之志；唯幾也，故能成天下之務；唯神也，故不疾而速，不行而至。」韓注：「適動微之會則曰幾。」釋文：「幾，本或作機。」南齊書劉祥傳：「（連珠）大道常存，機神之智永絕。」隋書經籍志一：「夫經籍也者，機神之妙旨。」弘明集王仲欣答釋法雲與王公朝貴書：「皇帝叡聖自天，機神獨遠。」廣弘明集蕭子顯御講摩訶般若經序：「蓄機神於懷抱。」文心雕龍徵聖：「夫鑒周日月，妙極機神。」其以「機神」連文，與此同，皆用易繫別本也。

〔七〕晉書潘岳傳：「與石崇等諂事賈謐，每候其出，與崇輒望塵而拜。」又石季龍載記上：「於是（申扁）權傾內外，刺史、二千石多出其門，九卿以下，望塵而拜。」（後漢書趙咨傳：「復拜東海相，之官，道經滎陽，令敦煌曹暠，咨之故孝廉也，迎路謁候，咨不爲留。暠送至亭次，望塵不及，謂主簿曰：『趙君名重，今過界不見，必爲天下笑！』即弃印綬，追至東海。謁咨畢，辭歸家。其爲時人所貴若此。」）左傳僖公六年「許男面縛銜璧」杜注：「縛手於後，惟見其面，以璧爲贄，手縛故銜之。」

〔八〕左傳僖公二十八年：「得臣與寓目焉。」杜注：「寓，寄也。」釋文：「與，音預。」小爾雅廣詁：「格，止也。」

俄而寤智者之不言〔一〕，覺守一之無咎〔二〕，意得則齊荃蹄之可棄〔三〕，道乖則覺唱高而和寡〔四〕。於是奉老氏多敗之戒〔五〕，思金人三緘之義〔六〕，括鋒穎而如訥〔七〕，韜修翰於彤管〔八〕，含金懷玉，抑謐華辯，終日彌夕〔九〕，或無一言。

〔一〕老子第五十六章：「知者不言，言者不知。」河上公注：「知者貴行，不貴言也。駟不及舌，多言多患。」知，音智。（莊子知北遊：「夫知者不言，言者不知。」淮南子道應：「故老子曰：『天下皆知善之爲善，斯不善也。〔見第二章〕故知者不言，言者不知也。』」）

〔二〕老子第二十二章：「是以聖人抱一爲天下式。」河上公注：「抱守法式也。聖人守一，乃知萬事，故能爲天下法式也。」莊子在宥：「我守其一，以處其和。」嵇康集養生論：「曠然無憂患，寂然無思慮，又守之以一，養之以和，和理日濟，同乎大順。」

〔三〕莊子外物：「荃者所以在魚，得魚而忘荃；蹄者所以在兔，得兔而忘蹄；言者所以在意，得意而忘言。」釋文：「荃，七全反。崔（譔）音孫，香草也，可以餌魚。或云：『積柴水中，使魚依而食焉。』一云：『魚笱也。』……蹄，兔罥也。……係其脚，故曰蹄也。」成疏：「意，妙理也。夫得魚兔本因筌（成疏本「荃」作「筌」）蹄，而筌蹄實異魚兔，亦由玄理假於言説，言説實非玄理。魚兔得而筌蹄忘，玄理明而名言絶。」

〔四〕新序雜事一：「宋玉對曰：『……客有歌於郢中者，其始曰下里巴人，國中屬而和者數千人；其爲陽陵採薇，（文選對楚王問作「陽阿薤露」）國中屬而和者數百人；其爲陽春白雪，國中屬而和者數十人而已也；引商刻角，（文選作「刻羽」）雜以流徵，國中屬而和者不過數人。是其曲彌高，其和彌寡。』」

〔五〕老子第五章：「多言數窮，不如守中。」河上公注：「多事害神，多言害身，口開舌舉，必有禍患。不如守德於中，育養精神，愛氣希言。」

〔六〕金人三緘，已見疾謬篇「三緘之戒」句箋。

〔七〕老子第四十五章：「大辯若訥。」説文言部：「訥，言難也。」論語子路「剛毅、木訥，近仁」皇疏：「訥者，言語遲鈍。」

〔八〕詩邶風靜女「貽我彤管」釋文：「彤，赤也。管，筆管。」晉書夏侯湛傳：「（抵疑）入閶闔，躡丹墀，染彤管，吐洪煇。」又劉琨傳：「琨故從事中郎盧諶、崔悦等上表理琨曰：『……臣等祖考以來，世受殊遇，入侍翠幄，出簪彤管。』」應璩雜詩：「彤管珥納言，貂璫表武弁。」（藝文類聚四五、初學記十一引（類聚「珥」作「弭」，初學記「雜詩」作「新詩」)漢官儀：「尚書令、僕、丞、郎，月給赤管大筆一雙。」(類聚四五、御覽六百五引〔宋書百官志上引漢官作「天子所服五時衣以賜尚書令、僕，而丞、郎月賜赤管大筆一雙。」古今註下問答釋義：「又問：『彤管，何也？』曰：『彤者，赤漆耳。史官載事，故以彤管，用赤心記事也。』」

〔九〕爾雅釋言：「彌，終也。」終日彌夕，猶言整天整夜。

門人進曰：『先生默然，小子胡述〔一〕？且與庸夫無殊焉。竊謂號鍾不鳴，則不異於積銅〔二〕，浮磬息音，則未別乎聚石也〔三〕。』

〔一〕論語陽貨：「子曰：『予欲無言。』子貢曰：『子如不言，則小子何述焉？』」

〔二〕淮南子脩務：「鼓琴者，期於鳴廉、脩營，而不期於濫脅、號鐘。」廣雅釋樂：「號鍾，琴名。」博物志：「鑑脅、號鍾，善琴名。」(文選長笛賦李注引)楚辭劉向九歎愍命：「破伯牙之號鍾兮。」王注：「號鍾，琴名。」文選長笛賦：「若絙瑟促柱，號鍾高調。」劉良曰：「號鍾，琴名。」傅玄琴賦：「齊桓公有鳴琴曰號鍾。」(初學記十五、太平御覽五七七、楚辭九歎愍命洪補注引)蕭繹纂要：「古琴名有……濫脅、號鐘。原注：號鐘，齊桓公琴。」(初學記十六引)是號鍾爲古琴名，從無異說。且琴本木制，與金屬之鍾其質不同。而此文乃云「號鍾不鳴，則不異於積銅」，似以琴名之號鍾爲鍾鼎之鍾矣。非緣稚川假借其詞，卽行文偶有疏忽耳。「鍾」、「鐘」，古通用不別。

〔三〕「聚」，初學記五、太平御覽五一引作「衆」。照按：「衆」字是。交際篇「蓋由衆石之積」，亦以「衆石」爲言，可證。書禹貢：「泗濱浮磬。」孔傳：「泗水涯水中見石，可以爲磬。」正義：「石在水旁，水中見石，似若水中浮然；此石可以爲磬，故謂之浮磬也。」釋名釋樂器：「磬，罄也。其聲罄罄然堅緻也。」

玄泊先生答曰：『吾特收遠名於萬代，求知己於將來，豈能競見知於今日，標格於一時乎〔一〕？陶甄以盛酒〔二〕，雖美不見酣；身卑而言高，雖是不見信。徒卷舌而竭聲，將何救於流遁〔三〕！古人六十笑五十九〔四〕，不遠迷復〔五〕，乃覺有以也〔六〕。

〔一〕「標」上，吉藩本有「立」字。照按：「標格」與上句之「競見知」不相儷，確有脱字。然吉藩本亦未必是也。應嘲篇有「標峻格於九霄」語，則「格」上合補一「峻」字。「標」字係動詞，非以「標格」連爲名詞也。嘉遯篇「標退靜以抑躁競之俗」，君道篇「遣私情以標至公」，皆以「標」字爲動詞，亦可證。

〔二〕陶甄，瓦器。玉篇皿部：「盛，時征切，貯也。」盛酒，猶言裝酒。

〔三〕流遁，已見嘉遯篇「不可放之於流遁也」句及刺驕篇「流遁遂往」句箋。

〔四〕莊子則陽：「蘧伯玉行年六十而六十化，未嘗不始於是之，而卒詘之以非也；未知今之所謂是之非五十九年非也？」（淮南子原道：「故蘧伯玉年五十，而有四十九年非。」）又寓言：「莊子謂惠子曰：『孔子行年六十而六十化，始時所是，卒而非之，未知今之所謂是之非五十九年非也？』」

〔五〕易復：「初九，不遠復，无祇悔，元吉。」楚辭離騷：「回朕車以復路兮，及行迷之未遠。」王注：「迷，誤也。」文選丘遲與陳伯之書：「夫迷塗知反，往哲是與；不遠而復，先典攸高。」劉良曰：「謂迷者不遠而能迴，是不迷也。」

〔六〕詩邶風旄丘：「何其久也？必有以也。」鄭箋：「以，用也。」

『夫玉之堅也，金之剛也，冰之冷也，火之熱也，豈須自言，然後明哉〔一〕？且八音九奏，不能無長短之病〔二〕；養由百發，不能止，將有一失之蹠〔三〕。甑憑河者，數溺於水〔四〕；好劇談者，多漏於口〔五〕。伯牙謹於操絃，故終無煩手之累〔六〕；儒者敬其辭令，故終無樞機之辱〔七〕。

〔一〕周書周祝：「玉石之堅也，奚可刻？」淮南子繆稱：「若火之自熱，冰之自寒，夫有何修焉？」白虎通德論五行：「五行之性，火熱水寒。」中論貴驗：「水之寒也，火之熱也，金石之堅剛也，此數物未嘗有言，而人莫不知其然者，信著乎其體也。」

〔二〕書舜典：「三載，四海遏密八音。」孔傳：「八音：金，石，絲，竹，匏，土，革，木。」周禮春官大師：「皆播之以八音：金，石，土，革，絲，木，匏，竹。」鄭注：「金，鐘鎛也；石，磬也；土，塤也；革，鼓鼗也；絲，琴瑟也；木，柷敔也；匏，笙也；竹，管簫也。」漢書律曆志上：「八音：土曰塤，匏曰笙，皮曰鼓，竹曰管，絲曰絃，石曰磬，金曰鐘，木曰柷。五聲和，八音諧，而樂成。」（顏注從略）周禮春官大司樂：「凡樂圜鍾爲宮，黄鍾爲角，大蔟爲徵，姑洗爲羽，靁鼓，靁鼗，孤竹之管，雲和之琴瑟，雲門之舞，冬日至，於地上之圜丘奏之；若樂六變，則天神皆降，可得而禮矣。凡樂函鍾爲宮，大蔟爲角，姑洗爲徵，南呂爲羽，靈鼓，靈鼗，孫竹之管，空桑之琴瑟，咸池之舞，夏日至，於澤中之方丘奏之；若樂八變，則地示皆出，可得而禮矣。凡樂黄鍾爲宮，大呂爲角，大蔟爲徵，應鍾爲羽，路鼓，路鼗，陰竹之管，龍門之琴瑟，九德之歌，九磬之舞，於宗廟之中奏之；若樂九變，則人鬼可得而禮矣。」書益稷：「簫韶九成，鳳皇來儀。」孔傳：「備樂九奏而致鳳皇。」正義：「成，謂樂曲成也。鄭（玄）云：『成，猶終也。』每曲一終，必變更奏，故經言九成，傳言九奏，周禮謂之九變，其實一也。」長短，猶言得失。

〔三〕照按：此二句與上二句不相儷，似有衍、誤。「不能止」之「不能」，蓋涉上文而衍者；「止」疑爲「必」之誤，屬下句讀。「失」亦當作「矢」。戰國策西周策：「（蘇厲）謂白起曰：『楚有養由基者，善射。去柳葉者百步而射之，百發百中。左右皆曰善。……（客曰）夫射柳葉者，百發百中而不已，善息，少焉氣力倦，弓撥矢鉤，一發不中，前功盡矣。』」（又見史記周紀〔「氣力倦」作「氣衰力倦」，「前功盡矣」作「百發盡息」〕。）「一矢之疏」，即「一發不中」也。若作「失」，則嫌泛矣。

〔四〕詩小雅小旻：「不敢馮河。」毛傳：「馮，陵也。徒涉曰馮河。」釋文：「馮，符冰反。」爾雅釋訓：「馮河，徒涉也。」郭注：「無舟楫。」李巡曰：「無舟而渡水曰徒涉。」（詩小旻正義引）論語述而「暴虎馮河」集解引孔安國曰：「馮河，徒涉。」釋文：「馮，字亦作憑。」「馮」、「憑」，古今字。文子符言：「善游者溺，善騎者墮。各以所好，反自爲禍。」淮南子原道：「夫善游者溺，善騎者墮。各以其所好，反自爲禍。」高注：「禍，害也。」數，頻也。（史記游俠郭解傳「每至踐更，數過」索隱：「數音朔，謂頻免之也。又音色主反，數亦頻也。」）屢也。（漢書賈山傳「賦斂重數」顏注：「數，屢也。」）

〔五〕漢書揚雄傳上：「口吃不能劇談。」顏注：「鄭氏曰：『劇，甚也。』晉灼曰：『或作遽。遽，疾也。』師古曰：『劇亦疾也。無煩作遽也。』」論衡本性：「恢諧劇談，甘如飴蜜。」文選蜀都賦：「劇談戲論。」又廣絶交論：「騁黄馬之劇談，縱碧雞之雄辯。」公羊傳文公六年「君漏言也」釋文：「漏，泄也。」

〔六〕伯牙謹於操絃，已見尚博篇「斯伯牙所以永思鍾子」句箋。煩手，已見詰鮑篇「而今則煩乎〔手〕淫聲，驚魂傷和」二句箋。

〔七〕周禮天官九嬪「婦言」鄭注：「婦言，謂辭令。」言既可解爲辭令，則辭令亦可解爲言矣。易繫辭上：「子曰：『君子居其室，出其言善，則千里之外應之，况其邇者乎？出其言不善，則千里之外違之，况其邇者乎？言出乎身，加乎民，行發乎邇，見乎遠。言行，君子之樞機。樞機之發，榮辱之主也。言行，君子之所以動天地也，可不愼乎！」（又見說苑君道、金樓子戒子）韓注：「樞機，制動之主。」釋文：「樞，王廙（注）云：『戶樞也。』機，王廙云：『弩牙也。』」集解引翟玄曰：「樞主開閉，機主發動，開閉有明暗，發動有中否，主於榮辱也。」說苑談叢：「口者關也，舌者機也，出言不當，四馬不能追也。口者關也，舌者兵也，出言不當，反自傷也。言出於己，不可止於人；行發於邇，不可止於遠。夫言行者，君子之樞機。樞機之發，榮辱之本也，可不愼乎！故蒯子羽曰：『言猶射也，栝既離弦，雖有所悔焉，不可從而追已。』」劉子愼言：「舌者，門戶之關鑰。關鑰動，則門戶開；門戶開，則言語出。出言之善，則千里應之；出言之惡，則千里違之。言失於己，不可遏於人；情發於近，不可止於遠。是以君子愼其關鑰，以密言語。」

「淺近之徒，則不然焉：辯虛無之不急〔一〕，爭細事以費言；論廣修、堅白無用之說〔二〕，誦（藏本作訟，從舊寫本改。）諸子非聖過正之書〔三〕；損教益惑，謂之深遠；委棄正經〔四〕，競治邪學。或與闇見者較脣吻之勝負〔五〕，爲不識者吐淸商之談〔六〕。對非敵力之人，旁無賞解之客，何異奏雅樂於木梗之側，陳玄黃於土偶之前哉〔七〕！

〔一〕漢書揚雄傳贊：「（桓）譚曰：『……昔老聃著虛無之言兩篇，（顏注：「謂道德經也。」）薄仁義，非禮學，然後世好之者尚以爲過於五經。』」潛夫論務本：「今學問之士，好語虛無之事。」晉書裴頠傳：「頠深患時俗放蕩，不尊儒術，何晏、阮籍素有高名於世，口談浮虛，不遵禮法，尸祿耽寵，仕不事事；至王衍之徒，聲譽太盛，位高勢重，不以物務自嬰。遂相放效，風教陵遲。乃著崇有之論以釋其蔽。」又王衍傳：「魏正始中，何晏、王弼等祖述老莊，立論以爲『天地萬物皆以無爲本。無也者，開物成務，無往不存者也。陰陽恃以化生，萬物恃以成形，賢者恃以成德，不肖恃以免身。故無之爲用，無爵而貴矣。』衍甚重之。惟裴頠以爲非，著論以譏之，而衍處之自若。」陸機惠帝起居注：「（裴）頠理具淵博，贍於論難，著崇有、貴無二論，以矯虚誕之弊。」（三國志魏書裴潛傳裴注引〔世說新語文學劉注所引無首二句；「貴無」二字缺，蓋後人妄删。〕）晉諸公贊：「（裴）頠疾世俗尚虚無之理，故著崇有、〔貴無〕二論以折之。」（世說新語文學「裴成公作崇有論」條劉注引）文選干寶晉紀總論：「風俗淫僻，恥尚失所：學者以莊老爲宗而黜六經，談者以虚薄爲辯而賤名儉。」李注：「干寶晉紀劉弘教曰：『太康以來，天下共尚無爲，貴談莊老，少有說事。』王隱晉書曰：『王衍不治經史，唯以莊老虚談惑衆。』劉謙晉紀應瞻表曰：『元康以來，以儒術清儉爲羣俗。』」

〔二〕廣修、堅白之說，已見應嘲篇「有似堅白、厲〔廣〕修之書」句箋。

〔三〕漢書揚雄傳下：「雄見諸子各以其知舛馳，大氐詆訾聖人，即爲怪迂，析辯詭辭，以撓世事，雖小辯，終破大道而或衆，使溺於所聞而不自知其非也。」

〔四〕正經，指儒家經典。兩漢至晉所稱之五經、六經、七經，皆正經也。詳尚博篇「正經爲道義之淵海」句箋。

〔五〕此句謂與不如己者比口辯。下文之「對非敵力之人」（盧本以「對」字屬上句讀，而另增一「此」字彌縫其闕，〔柏筠堂本、崇文本同〕皆誤。）即承此句而言。

〔六〕「商」，愼本、盧本、柏筠堂本、崇文本作「高」。照按：清商，歌曲也。「高」字非是。淮南子道應：「（甯戚）擊牛角而疾商歌。」許注：「商，金聲清，故以爲曲。」（文選成公綏嘯賦「甯子檢手而歎息」句李注引）楚辭賈誼惜誓：「二子擁瑟而調均兮，余因稱乎清商。」王注：「清商，歌曲也。言赤松、王喬見己歡喜，持瑟調弦而歌，我因稱清商之曲最爲善也。」又按：「吐清商之談」與上「較脣吻之勝負」不相儷，「談」上疑脱去一字（或是「高」字）。此句謂同不知音者論歌曲。下文之「旁無賞解之客」，即承此句而言。

〔七〕木梗、土偶，謂木刻泥塑之人。已詳彈禰篇「皆木梗、泥偶」句箋。玄黃，謂玄色與黃色。

徒口枯氣乏〔一〕，椎杭抵掌〔二〕，斤斧缺壞，而槃節不破〔三〕；勃然戰色〔四〕，而乖忤愈遠。致令恚容表顔〔五〕，醜言自口〔六〕，偷薄之變〔七〕，生乎其閒，既玷之謬，不可救磨〔八〕。未若希聲以全大音〔九〕，約説以俟識者矣。』」

〔一〕玉篇木部：「枯，乾也。」（淮南子氾論「乾鵠知來而不知往」高注：「乾讀乾燥之乾。」）曹子建集善哉行：「口燥脣乾。」

〔二〕照按：椎杭與抵〔扺〕掌對舉，不倫類，疑有誤字。以其字形求之，「杭」蓋「肮」之誤。説文木部：「椎，所以擊也。」（依段校）字林：「椎，擊也。」（爾雅釋訓釋文引）史記張耳陳餘傳：「（貫高）乃仰絶肮，遂死。」（漢書作「乃仰絶亢而死」）集解：「韋昭曰：『肮，咽也。』」索隱：「蘇林云：『肮，頸大脈也，俗所謂胡脈。』」又劉敬傳「不搤其亢」集解：「張晏曰：『亢，喉嚨也。』」索隱：「搤，音戹。亢，音胡朗反，一音胡剛反。」爾雅釋鳥：「亢，鳥嚨。」郭注：「嚨，謂喉嚨。亢，即咽。」（説文亢部段注：「此以人頸之稱爲鳥頸之稱也。」）説文亢部部首：「亢，人頸也。从大省。象頸脈形。」是「椎肮」謂擊喉嚨也。「肮」，「亢」之後起字。又按：「抵」當作「扺」。説文手部：「抵，擠也。从手，氐聲。扺，側擊也。从手，氏聲。」二字音、義皆殊，此應作「扺」始合文意。「扺掌」之「扺」，古籍中多誤爲「抵」；戰國策秦策一「抵掌而談」，史記滑稽優孟傳「抵掌談語」，後漢書隗囂傳「人人抵掌」，又吳蓋陳臧傳論「撫鳴劍而抵掌」，文選蜀都賦「扼腕抵掌」，又任昉爲蕭揚州薦士表「抵掌可述」，皆「扺」誤爲「抵」之例。

〔三〕槃節，槃根錯節。後漢書虞詡傳：「詡笑曰：『……不遇槃根錯節，何以別利器乎？』」

〔四〕論語鄉黨：「執圭，鞠躬如也，如不勝。上如揖，下如授。勃如戰色。」皇疏：「通謂執行及授時之顏色也。臨陳戰鬭，則色必懼怖，故今重君之玉，使己顏色恆如戰時也。」孟子萬章下「王勃然變乎色」朱注：「勃然，變色貌。」

〔五〕說文心部：「恚，怒也。」（依段校）玉篇心部：「恚，於睡切，恨怒也。」

〔六〕詩小雅正月：「莠言自口。」毛傳：「莠，醜也。」鄭箋：「自，從也。」

〔七〕後漢書廉范傳：「建初中，遷蜀郡太守，其俗尚文辯，好相持短長，范每厲以淳厚，不受偷薄之說。」又酷吏傳論：「叔世偷薄，上下相蒙。」文選桓溫薦譙元彥表：「遺黎偷薄，義聲不聞。」李注：「漢書曰：『偷薄之政，自是滋矣。』（刑法志「偷」作「媮」，古字通。）張銑曰：「偷薄，澆競也。」

〔八〕既玷之謬，不可救磨。已見廣譬篇「千金不能救斯言之玷」句箋。

〔九〕老子第四十一章：「大音希聲。」河上公注：「大音，猶雷霆待時而動，喻常愛氣希言也。」漢書揚雄傳下：「（解難）大味必淡，大音必希，……是以聲之眇者不可同於衆人之耳。」

抱朴子外篇校箋卷之五十

自敍

抱朴子者，姓葛、名洪、字稚川，丹陽句容人也〔一〕。其先葛天氏，蓋古之有天下者也〔二〕。後降爲列國，因以爲姓焉〔三〕。

〔一〕丹陽，郡名，漢置，屬揚州。統縣十一，句容其一也。見晉書地理志下。（句容今屬江蘇省，縣名仍舊。）

〔二〕呂氏春秋古樂：「昔葛天氏之樂。」高注：「葛天氏，古帝名。」（漢書古今人表上中列葛天氏於朱襄氏、陰康氏之間）史記司馬相如傳：「（上林賦）聽葛天氏之歌。」集解引漢書音義曰：「葛天氏，古帝王號也。」索隱引張揖曰：「葛天氏，三皇時君號也。」（漢書司馬相如傳上顏注引張揖說同）

〔三〕春秋經桓公十五年：「邾人、牟人、葛人來朝。」杜注：「葛國，在梁國寧陵縣東北。」孟子滕文公下：「湯居亳，與葛爲鄰。」趙注：「葛，夏諸侯，嬴姓之國。」漢書地理志上「陳留郡寧陵」顏注：「孟康曰：『故葛伯國，今葛鄉是。』」風俗通義佚文：「葛氏，葛天氏之裔，子孫氏焉。夏時葛伯，嬴姓國也，亦爲葛氏。漢有潁川太守葛興。」（元和姓纂十、通志氏族略二、路史前紀七、古今合璧事類備要續集十四引）廣韻十二曷：「葛，亦姓，後漢有潁川太守葛興。」通志氏族略二：「葛氏，夏時諸侯。……子孫以國爲姓。」

洪曩祖爲荆州刺史，王莽之篡，君耻事國賊，棄官而歸。與東郡太守翟義共起兵，將以誅莽，爲莽所敗。遇赦免禍，遂稱疾自絶於世。莽以君宗強，慮終有變，乃徙君於琅邪〔一〕。

〔一〕洪曩祖，其名不詳。漢書翟方進傳：「少子曰義，義字文仲。……起家而爲弘農太守，遷河内太守，青州牧。所居著名，有父風烈。徙爲東郡太守。數歲，平帝崩，王莽居攝，義心惡之。……義遂與東郡都尉劉宇、嚴鄉侯劉信、信弟武平侯劉璜結謀。……故義舉兵并東平，立信爲天子，義自號大司馬柱天大將軍。……移檄郡國，言莽鴆殺孝平皇帝，矯攝尊號，今天子已立，共行天罰。郡國皆震，比至山陽，衆十餘萬。……莽聞之，大懼，乃拜其黨親輕車將軍成武侯孫建爲奮武將軍，……中郎將震羌侯竇兄爲奮威將軍，凡七人，自擇除關西人爲校尉軍吏，將關東甲卒，發奔命以擊義焉。……諸將東至陳留菑，與義會戰，破之，斬劉璜首。……於是吏士精鋭遂攻圍義於圉城，破之，義與劉信棄軍庸亡。至固始界中捕得義，尸磔陳都市。」又元后傳：「平帝崩，無子，……（莽）乃風公卿奏請立（劉）嬰爲孺子，令宰衡安漢公莽踐祚居攝，如周公傅成王故事。……於是莽遂爲攝皇帝，改元稱制焉。俄而宗室安衆侯劉崇及東郡太守翟義等惡之，更舉兵欲誅莽。」又王莽傳上：「（居攝三年）莽既滅翟義，自謂威德日盛，獲天人助，遂謀即真之事矣。」潛夫論本政：「莽之篡位，惟安衆侯劉崇、東郡太守翟義思事君之禮，義勇奮發，欲誅莽。功雖不成，志節可紀。」孔融汝潁優劣論：「汝南翟文仲爲東郡太守，始舉義兵以討王莽。潁川士雖疾惡，未有能破家爲國者也。」（藝文類聚二二、太平御覽四四七引）荆州，古九州之一。漢時荆州所屬三郡，主要轄今湖南、湖北兩省地。治所在今湖北襄陽縣。東郡，郡名，秦置。漢時東郡，轄今山東、河南部分地區。治所在今河南濮陽縣。琅邪，郡名，秦置。治所在今山東諸城縣東南。漢書百官公卿表上：「監御史，秦官，掌監郡。……武帝元封五年，初置部刺史，掌奉詔條察州。……成帝綏和元年，更名牧。……哀帝建平二年，復爲刺史。……郡守，秦官，掌治其郡。……景帝中二年，更名太守。」（篇中所述地名、官名，後皆略而不注，以殺篇幅。）又按：「宗強」，當乙作「強宗」。漢官典職儀：「刺史班宣，周行郡國，省察治狀，黜陟能否，斷治冤獄，以六條問事，非條所問，卽不省。一條，強宗豪右田宅踰制，以強淩弱，以衆暴寡。」（漢書百官公卿表上「監御史」條顔注、續漢百官志五劉注引）後漢書郭伋傳：「強宗右姓，各擁衆保營，莫肯先附。」又龐參傳：「（任）棠但以薤一大本，水一盂，置户屏前，……參思其微意，良久曰：『棠是欲曉太守也：水者，欲吾清也；拔大本薤者，欲吾擊強宗也。』」並以「強宗」爲言，可證。

君之子浦盧，起兵以佐光武〔一〕，有大功。光武踐祚〔二〕，以盧爲車騎，又遷驃騎大將軍，封下邳僮縣侯，食邑五千户。

〔一〕光武，後漢光武帝。後漢書光武帝紀上：「世祖光武皇帝諱秀，字文叔，南陽蔡陽人，高祖九世之孫也。」

〔二〕踐祚，卽皇帝位。

開國初，侯之弟文隨侯征討，屢有大捷〔一〕。侯比上書爲文（藏本作文爲，從舊寫本乙轉。）訟功〔二〕，而官以文私從兄行，無軍名，遂不爲論〔三〕。侯曰：「弟與我同冒矢石〔四〕，瘡痍周身〔五〕，傷失右眼，不得尺寸之報。吾乃重金累紫〔六〕，何心以安！」乃自表乞轉封於弟。書至上請報，漢朝欲成君高義，故特聽焉。

〔一〕詩小雅采薇「一月三捷」毛傳：「捷，勝也。」穀梁傳莊公三十一年：「軍得曰捷。」

〔二〕禮記投壺「比投不釋」釋文：「比，毗志反，頻也。」左傳文公十四年：「訟周公(閱)于晉。」杜注：「訟，理之。」後漢書靈帝紀：「(熹平五年)永昌太守曹鸞坐訟黨人。」李注：「訟，謂申理之也。」

〔三〕官，官署。無軍名，謂軍籍中無葛文名姓。論，論列。

〔四〕左傳桓公五年「旝動而鼓」正義：「賈逵(左氏解詁)以旝爲發石，一曰飛石。引范蠡兵法作飛石之事(漢志兵書略有范蠡二篇)以證之。說文(㫃部)亦云：『建大木，置石其上，發其機，以追(說文作「槌」)敵。』與賈同也。」又襄公十年「親受矢石」正義：「服虔(左氏傳解)云：『古者以石爲箭鏑，引國語(魯語下)有隼集於陳侯之庭，楛矢貫之石砮(韋注：「砮，鏃也。」)』以證石爲箭鏃。」呂氏春秋貴直：「而立於矢石之所及。」高注：「矢，箭。石，砮也。」淮南子脩務：「蒙矢石。」高注：「蒙，冒。石，矢砮也，一曰發石也。」後漢書堅鐔傳：「每急，輒先當矢石。」李注：「石，謂發石以投人也。」墨子(備城門)曰：「備城者，積石(五)百枚，重十鈞已上者。」是「矢石」之「石」，有發石與石砮兩種也。

〔五〕漢書季布傳「今瘡痍未瘳」顏注：「痍，傷也。……痍音夷。」(史記布傳「瘡」作「創」)玉篇疒部：「瘡，楚羊切，瘡痍。古作創。」

〔六〕金，金印。紫，紫綬。漢書百官公卿表上：「爵：……二十(級)徹侯。皆秦制，以賞功勞。徹侯金印紫綬。」(後漢書馬援傳：「猥先諸君紆佩金紫，且喜且慚。」)

文辭不獲已受爵，即第爲驃騎營，立宅舍於博望里。于今基兆石礎存焉〔一〕。又分割租秩以供奉吏士，給如二君焉。驃騎殷勤止之而不從，驃騎曰：「此更煩役國人，何以爲讓？」乃託他行，遂南渡江，而家于句容，子弟躬耕，以典籍自娛〔二〕。文累使奉迎驃騎，驃騎終不還。又令人守護博望宅舍，以冀驃騎之反，至于累世無居之者。

〔一〕文選王延壽魯靈光殿賦序：「遂因魯僖基兆而營焉。」李注：「爾雅（釋言）曰：『兆，域也。』」淮南子説林：「山雲蒸，柱礎潤。」高注：「礎，柱下石，礩也。」

〔二〕三國志魏書管寧傳：「（胡）昭乃轉居陸渾山中，躬耕樂道，以經籍自娛。」

洪祖父學無不涉，究測精微〔一〕，文藝之高，一時莫倫〔二〕。有經國之藏本作史，從舊寫本改。才，仕吳，歷宰海鹽、臨安、山陰三縣，入爲吏部侍郎、御史中丞、廬陵太守、吏部尚書、太子少傅、中書、大鴻臚、侍中、光祿勳、輔吳將軍，封吳壽縣侯〔三〕。

〔一〕晉書葛洪傳：「祖系，吳大鴻臚。」按：三國志吳書賀卲傳：「（上疏）近鴻臚葛奚，先帝舊臣，偶有逆迕，昏醉之言耳。三爵之後，禮所不諱。陛下猥發雷霆，謂之輕慢，飲之醇（酖）酒，中毒隕命。」真一自然經：「仙公（葛玄）合（令）以所得三洞真經，一通傳弟子，一通藏名山，一通付家門子孫與從弟少傅奚。」（道藏「諸」字號道教義樞二三洞義第五引）雲笈七籤六三洞經教部三洞并序：「仙公昇化，令以所得三洞真經，一通傳弟子，一通藏名山，一通付家門子孫與從弟少傅奚。」「系」，並作「奚」。未審孰是？姑存疑俟考。抱朴子内篇仙藥：「余亡祖鴻臚少卿曾爲臨沅令，云此縣有廖氏家，世世壽考，或出百歲，或八九十。後徙去，子孫轉多夭折。他人居其故宅，復如舊，後累世壽考。由此乃覺是宅之所爲，而不知其何故，疑其井殊赤，乃試掘井左右，得古人埋丹砂數十斛，去井數尺，此丹砂汁因泉漸入井，是以飲其水而得壽。」此卽葛系「究測精微」之例。

〔二〕莫倫，猶言無與倫比。

〔三〕葛系由歷任要職而封侯，抑亦顯宦。故内篇金丹有「予忝大臣之子孫」語也。

洪父以孝友聞〔一〕，行爲士表，方册所載〔二〕，罔不窮覽。仕吳五官郎、中正，建城、南昌二縣令、中書郎、廷尉平、中護軍，拜會稽太守，未辭而晉軍順流，西境不守〔三〕。博簡秉文經武之才，朝野之論，僉然推君。於是轉爲五郡赴警，大都督給親兵五千，總統征軍〔四〕，戍遏疆埸〔五〕。天之所壞，人不能支〔六〕。

〔一〕晉書葛洪傳：「父悌，吳平後入晉，爲邵陵太守。」雲笈七籤三道教本始部靈寶略記：「孝爰（葛系字）付子護軍悌，悌卽抱朴子之父。」詩小雅六月：「張仲孝友。」周禮地官大司徒：「二曰六行：孝、友、睦、婣、任、恤。」鄭注：「善於父母爲孝，善於兄弟爲友。」爾雅釋訓：「張仲孝友。善父母爲孝，善兄弟爲友。」新書道術：「子愛利親謂之孝，兄敬愛弟謂之友。」

〔二〕方册，猶今言典籍。已見鈞世篇「然其精神布在乎方策」句箋。（文選陸倕新刻漏銘「布在方册」李注引禮記作「布在方册」，乃依正文改字。是「策」與「册」固音同得通也。）

〔三〕三國志吳書孫皓傳：「（天紀三年當晉武帝咸寧五年）冬，晉命鎮東大將軍司馬伷向涂中，安東將軍王渾、揚州刺史周浚向牛渚，建威將軍王戎向武昌，平南將軍胡奮向夏口，鎮南將軍杜預向江陵，龍驤將軍王濬、廣武將軍唐彬浮江東下，太尉賈充爲大都督，量宜處要，盡軍勢之中。陶濬至武昌，聞北軍大出，停駐不前。……（四年春）

濬、彬所至，則土崩瓦解，靡有禦者。預又斬江陵督伍延，渾復斬丞相張悌、丹揚太守沈瑩等，所在戰克。」(晉書武帝紀所敍有詳有略)

〔四〕五郡與大都督之名，皆難指實。

〔五〕「戍」，舊寫本作「式」。照按：詩大雅民勞：「式遏寇虐。」鄭箋：「式，用。遏，止也。」即「式遏」二字之所自出，作「式」是也。君道「式遏覬覦」，用刑「式遏軌忒」，内篇釋滯「違式遏之任」，並以「式遏」連文，尤爲切證。左傳桓公十七年：「疆埸之事，慎守其一，而備其不虞。」正義：「疆埸，謂界畔也。」釋文：「埸，音亦。」説文畕部：「畺，界也。从畕，三其介畫也。疆，畺或从土，彊聲。」玉篇土部：「疆，境也，界也，邊陲也。壃，同上。」

〔六〕三國志吳書孫晧傳：「(天紀四年三月)戊辰，陶濬從武昌還，即引見，問水軍消息。對曰：『蜀船皆小，今得二萬兵，乘大船戰，自足擊之。』於是合衆，授濬節鉞。明日當發，其夜衆悉逃走。而王濬順流將至，司馬伷、王渾皆臨近境。……壬申〔寅〕，王濬最先到，於是受晧之降，解縛焚櫬，延請相見。伷以晧致印綬於己，遣使送晧。」晉書武帝紀：「(太康元年)三月壬寅(原誤作申)，王濬以舟師至于建鄴之石頭，孫晧大懼，面縛輿櫬，降于軍門。濬杖節解縛焚櫬，送于京都。」天之所壞，人不能支。已見正郭篇「天之所廢，不可支也」二句箋。

故主欽若〔一〕，九有同賓〔二〕。藏本作實，從舊寫本改。君以故官赴，除郎中〔三〕，稍遷至太中大夫，歷位大中正、肥鄉令。藏本無正字，肥作肶。從舊寫本補改。縣户二萬，舉州最治，德化尤異〔四〕。恩洽刑清，野有頌聲〔五〕，路無姦跡。不佃公田，越界如市，秋毫之贈〔六〕，不入于門。紙筆之用，皆出私財。刑厝而禁止〔七〕，不言而化行〔八〕。以疾去官，發詔見用爲吳王郎中令〔九〕。正色弼違〔一〇〕，進可替不〔一一〕。舉善彈枉〔一二〕，軍國肅雍〔一三〕。遷邵陵太守，卒於官。

〔一〕故主，吳主孫晧。書堯典「欽若昊天」，史記五帝紀作「敬順昊天」。此文之「欽若」亦應作「敬順」解，謂其「委質請命」歸降也。三國志吳書孫晧傳：「晧舉家西遷，以太康元年五月丁亥集于京邑。四月甲申，詔曰：『孫晧窮迫歸降，前詔待之以不死，今晧垂至，意猶愍之，其賜號爲歸命侯。進給衣服車乘，田三十頃，歲給穀五千斛，錢五十萬，絹五百匹，緜五百斤。』晧太子瑾拜中郎，諸子爲王者，拜郎中。」

〔二〕詩商頌玄鳥：「方命厥后，奄有九有。」毛傳：「九有，九州也。」又長發：「九有有截。」鄭箋：「故天下歸鄉湯，九州齊一截然。」文選應貞晉武帝華林園集詩：「六府孔修，九有斯靖。」劉良曰：「九有，九州也。」是九有即九州，亦泛指全國。爾雅釋詁：「賓，服也。」九有同賓，謂三分歸一，舉國賓服也。（禮記樂記：「諸侯賓服。」史記秦始皇紀：「（嶧山刻石）二十有六年，初并天下，罔不賓服。」並以賓服爲言。）

〔三〕葛悌在吳時，不曾任郎中。晉書武帝紀：「（太康元年五月）吳之舊望，隨才擢敘。」是此郎中之職，爲入晉後新除也。

〔四〕肥鄉，縣名，晉世屬司州廣平郡。見晉書地理志上（今屬河北省，縣名仍舊）。葛悌在司州十二郡一百縣中，政績卓著，故曰舉州最治，德化尤異。

〔五〕頌聲，已見詰鮑篇「則頌聲作而黎庶安矣」句箋。

〔六〕秋毫，已見崇教篇「澄視於秋毫者」句箋。

〔七〕刑厝，已見詰鮑篇「樂作而刑厝也」句箋。

〔八〕不言化行，已見廣譬篇「則不言而化」句箋。

〔九〕吳王，司馬晏。晉書武帝紀：「（太康十年）立皇子……晏爲吳王。」又武十三王傳：「吳敬王晏字平度，太康十年受封，食丹楊、吳興并吳三郡。……永嘉中，爲太尉、大將軍。晏爲人恭愿，才不及中人，於武帝諸子中最劣。」

〔一〇〕書益稷：「予違，汝弼。汝無面從，退有後言。」孔傳：「我違道，汝當以義輔正我。無得面從我違，而退後有言，我不可弼。」晉書武帝紀：「（泰始二年詔）古者百官，官箴王闕。然保氏特以諫諍爲職，今之侍中、常侍實處此位。擇其能正色弼違，匡救不逮者，以兼此選。」

〔一一〕左傳昭公二十年：「晏子對曰：『……君所謂可，而有否焉，臣獻其否，以成其可；君所謂否，而有可焉，臣獻其可，以去其否。是以政平而不干，民無爭心。』」（晏子春秋外篇七同）杜注：「否，不可也。獻君之否，以成其可。」國語晉語九：「簡子曰：『良臣，人之所願也，又何問焉？』（史黯）對曰：『臣以爲不良，故也。夫事君者，諫過而賞善，薦可而替不，獻能而進賢，擇才而薦之。』」（說苑尊賢略同）韋注：「薦，進也。替，去也。（左）傳曰：『君所謂可，而有不焉，臣獻其不，以成其可；……臣獻其可，以去其不。』」是「不」、「否」義同得通。

〔一二〕論語爲政：「舉善而教不能，則勸。」集解引包咸曰：「舉用善人而教不能者，則民勸勉。」彈枉，謂糾彈不正不直之人與事。

〔一三〕詩周頌清廟「肅雝顯相」毛傳：「肅，敬。雝，和。」漢書劉向傳引詩作「肅雍」。是「雍」與「雝」音同得通。

洪者，君之第三子也〔一〕。生晚，爲二親所嬌饒，不早見督以書史〔二〕。年十有三，而慈父見背〔三〕，夙失庭訓〔四〕。飢寒困瘁，躬執耕穡〔五〕，承星履草〔六〕，密勿疇襲〔七〕。又累遭兵火，先人典籍蕩盡，農隙之暇無所讀〔八〕，乃負笈徒步行借〔九〕。又卒於一家〔一〇〕，少得全部之書。益破功日〔一一〕，伐薪賣之，以給紙筆。就營田園〔一二〕，處以柴火寫書〔一三〕。坐此之故，不得早涉藝文。常乏紙，每所寫反覆有字〔一四〕，人尠能讀也。

〔一〕第三子，即行三。其伯仲二兄名字及生平，均已不可考矣。

〔二〕「嬌」，太平御覽六一九引作「驕」。「饒」，盧本作「嬈」，柏筠堂本、文溯本、叢書本、崇文本同。照按：「嬌」，「驕」之借字。驕，驕慣，寵愛。饒，饒恕，寬容。隋書儒林劉炫傳：「乃自爲贊曰：『……性本愚蔽，家業貧窶，爲父兄所饒。』」其饒字含義與此同。後漢書鄭玄傳：「以書戒子益恩曰：『吾家舊貧，爲父母羣弟所容。』」（據涵芬樓景印本）所容，即所饒也。並足證盧改「饒」爲「嬈」之非。書史，泛指典籍。

〔三〕晉書孝友李密傳：「（上疏）生孩六月，慈父見背。」荀子解蔽：「背而走。」楊注：「背，棄去也。」廣韻十八隊：「背，棄背。」（文選陳情表張銑注：「背，死也。」乃望文生訓。）慈父見背，謂其父去世也。

〔四〕論語季氏：「陳亢問於伯魚曰：『子亦有異聞乎？』對曰：『未也。嘗獨立，鯉趨而過庭。曰：「學詩乎？」對曰：「未也。」「不學詩，無以言。」鯉退而學詩。他日又獨立，鯉趨而過庭。曰：「學禮乎？」對曰：「未也。」「不學禮，無以立。」鯉退而學禮。聞斯二者。』」晉書孫盛傳：「時盛年老還家，性方嚴有軌憲，雖子孫班白，而庭訓愈峻。」

〔五〕耕，耕作。穡，收穫。

〔六〕承星履草，喻天尚未明，行難由徑。

〔七〕照按：「疇襲」連文不倫類，亦頗費解。疑「襲」爲「壟」之誤。疇，田疇。壟，壟畝。二字皆泛指田野。漢書劉向傳：「（上封事）故其詩（小雅十月之交）曰：『密勿從事，不敢告勞。』」顔注：「密勿，猶黽勉（從事）也。」密勿，毛詩作「黽勉」，字異義同。（崇教篇有「密勿罔極」語）

〔八〕左傳隱公五年：「故春蒐、夏苗、秋獮、冬狩，皆於農隙以講事也。」杜注：「各隨時事之閒。」國語周語上：「蒐于農隙。」韋注：「農隙，仲春既耕之後。隙，閑也。」此文農隙作農事閑時解，不可拘泥。

〔九〕鹽鐵論相刺：「誦詩、書負笈。」謝承後漢書：「袁閎字夏甫，汝南人也。博覽羣書，常負笈尋師。」又：「蘇章字士成，北海人。負笈追師，不遠萬里。」又：「李固傳：「固父爲三公，而固步行負笈，千里從師。」（並太平御覽七一一引）周處風土記：「笈，謂學士所以負書箱，如冠箱面卑者也。」（一切經音義三引〔御覽七一一引作風俗記，疑「俗」字誤。〕）晉書孝友王裒傳：「北海邴春少立志操，寒苦自居，負笈遊學，鄉邑僉以爲邴原復出。」

〔一〇〕爾雅釋詁：「卒，盡也。」又：「終也。」

〔一一〕功日，日程（每日工作程序）。

〔一二〕藝文類聚五八引作「晝營園田」。照按：今本「就」上脱「晝」字（類聚「晝」下脱「就」字），文意不明，當據補。晝就營田園，謂白日往田園操作農事也。（上文有承星履草，密勿疇襲〔壟〕語。）

〔一三〕孫人和曰：「按……『處』當作『夜』，屬下爲句。蓋『夜』誤爲『処』，又轉寫爲『處』耳。書鈔一百一、類聚五十八引，並作『夜』。自注：『書鈔九十七引葛洪別傳云：「洪負薪，徒步賣薪，以給紙筆，夜燃柴火寫書。」』」照按：孫説是。（陳漢章批校亦引書鈔、類聚原文，是已覺「處」字有誤矣。）太平御覽六一九引，亦是「夜」字。晉書葛洪傳：「夜輒寫書誦習。」尤爲「處」當作「夜」切證。

〔一四〕孫人和曰：「按書鈔一百一、類聚五十八、意林(四)引，『反』上並有『皆』字；又書鈔九十七引葛洪別傳云：『所寫之書，皆反覆有字。』今本『反』上，蓋脱『皆』字耳。」照按：孫説是。太平御覽六一九、事類賦十五引，亦並有「皆」字。寫，鈔録。抱朴子佚文：「余家遭火，典籍蕩盡，困於無力，不能更得。故鈔撮衆書，撮其精要，用功少而所收多，思不煩而所見博。」(御覽六百二引)

年十六，始讀孝經、論語、詩、易。貧乏無以遠尋師友，孤陋寡聞〔一〕，明淺思短，大義多所不通。但貪廣覽，於衆書乃無不暗誦精持。曾所披涉，自正經、諸史、百家之言〔二〕，下至短雜文章，近萬卷〔三〕。既性闇善忘，又少文〔四〕，意志不專，所識者甚薄，亦不免惑。而著述時猶得有所引用，竟不成純儒〔五〕，不中爲傳授之師〔六〕。

〔一〕禮記學記：「獨學而無友，則孤陋而寡聞。」鄭注：「不相觀也。」正義：「獨學，謂獨自學習而無朋友，言有所疑無可諮問，則學識孤偏鄙陋，寡有所聞也。」

〔二〕正經，指儒家經典。已見尚博篇「正經爲道義之淵海」句箋。

〔三〕「近」下，北堂書鈔九七、太平御覽六一二引有「將」字。照按：有「將」字是。當據增。(内篇對俗：「然前哲所記，近將十人。」「近」下亦有「將」字。)

〔四〕陳澧曰：「(『少文』)當作『少年』。」照按：史記高祖紀：「周勃重厚少文，然安劉氏者必勃也。」(漢書高帝紀下同)又絳侯世家：「勃爲人木彊敦厚，……勃不好文學，每召諸生説士，東鄉坐而責之：『趣爲我語。』其椎少文如此。」集解：「瓚曰：『令直言，勿稱經書也。』韋昭曰：『椎不橈曲，直至如椎。』」索隱：「大顔(名遊秦)云：『俗謂愚爲鈍椎，音直追反。」今按：椎如字讀之。謂勃召説士東向而坐，責之云「趣爲我語」，其質樸之性，以斯推之，其少文皆如此。」（漢書周勃傳同。顔注：「椎，謂樸鈍如椎也。」）漢書刑法志：「而將相皆舊功臣，少文多質。」又王陵傳：「陵爲人少文任氣。」後漢書吳漢傳：「漢爲人質厚少文，造次不能以辭自達。」此「少文」二字之見於史傳者。是「文」字未誤。「少」讀上聲。少文，謂質樸也。陳説非。

〔五〕漢書敍傳下：「抑抑仲舒，……下帷覃思，論道屬書，讜言訪對，爲世純儒。述董仲舒傳第二十六。」後漢書鄭玄傳：「玄質於辭訓，……至於經傳洽孰，稱爲純儒，齊魯間宗之。」

〔六〕易蹇「往得中也」釋文：「（中）又張仲反。王肅云：『中，適也。』」穆天子傳二「味中麋胃而滑」郭注：「中，猶合也。」（廣韻一送：「中，當也。陟仲切。」）

其河洛圖緯〔一〕，一視便止，不得留意也。不喜星書及算術、九宮、三棊、太一、飛符之屬〔二〕，了不從焉，由其苦人而少氣味也。晚學風角、望氣、三元、遁甲、六壬、太一之法〔三〕，粗知其旨，又不研精。亦計此輩率是爲人用之事，同出身情，無急以此自勞役，不如省子書之有益〔四〕，遂又廢焉。

〔一〕河洛，已見詰鮑篇「龜龍吐藻於河湄」句及「或麟（鱗）銜甲負」句箋。後漢書張衡傳：「初，光武善讖，及顯宗、肅宗因祖述焉。自中興之後，儒者爭學圖緯，兼復附以訞言。衡以圖緯虛妄，非聖人之法。」又方術下韓説傳：「博通五經，尤善讖緯之學。」隸釋十一譙敏碑：「其先故國師譙贛深明典奧，讖録圖緯，能精微天意，傳道與京君明。」文選夏侯湛東方朔畫贊：「陰陽圖緯之學。」李注：「圖，河圖也。緯，五緯也。謝承後漢書曰：『尤明圖緯。』」

又蔡邕郭有道碑文：「遂考覽六經，探綜圖緯。」李注：「六經，五經及樂經也。圖，河圖也。緯，六經及孝經皆有緯也。」此「圖緯」一辭之散見諸書者，具列如上。文心雕龍正緯篇贊：「滎河温洛，是孕圖緯。」言簡意賅，挹注此句最确切。（圖緯子目繁多，内容龐雜，明孫瑴古微書，清趙在翰七緯、黄奭漢學堂叢書通緯逸書考、馬國翰玉函山房輯佚書經編緯書類，可參閱。）

〔二〕星書及算術，漢書藝文志數術略：「（天文）泰壹雜子星二十八卷。（王先謙補注：「泰壹，星名，即太一也。見天文志。」）五殘雜變星二十一卷。……海中日月彗虹雜占十八卷。圖書祕記十七卷。右天文二十一家，四百四十五卷。天文者，序二十八宿，步五星日月，以紀吉凶之象，聖王所以參政也。」又：「（歷譜）黄帝五家歷三十三卷。顓頊歷二十一卷。……許商算術二十六卷。杜忠算術十六卷。右歷譜十八家，六百六卷。歷譜者，序四時之位，正分至之節，會日月五星之辰，以考寒暑殺生之實。……又以探知五星日月之會，凶阨之患，吉隆之喜，其術皆出焉。」謝承後漢書：「（郎）宗……善京氏易、風角、星、算，推步吉凶。」（後漢書方術上樊英傳李注引）後漢書郎顗傳：「父宗，字仲綏，學京氏易，善風角、星、算、六日七分，能望氣占候吉凶，常賣卜自奉。」李注：「京氏，京房也，作易傳。……星、算，謂善天文、算數也。」又方術下單颺傳：「善明天官、算術。」其以「星」與「算」、「天官」與「算術」並列，含義均與此文同，表明各爲一事也。九宫、三棊，易緯乾鑿度下：「故太一取其數以行九宫，四正四維皆合於十五。」鄭注：「太一者，北辰之神名也。居其所曰太一，常行於八卦日辰之間曰天一，或曰太一。出入所游息於紫宫之内外，其星因以爲名焉。故星經曰：『天一、太一，主氣之神。』行，猶待也。四正四維，以八卦神所居，故亦名之曰宫。天一下行，猶天子出巡狩，省方岳之事，每率則復太一。下行八卦之宫，每四乃還於中央。中央者，北辰之所居，故因謂之九宫。」後漢書張衡傳：「（上疏）臣聞聖人明審律曆以定吉凶，重之以卜筮，雜之以九宮。」（李注詳引乾鑿度文）三國志吳書趙達傳：「治九宮一算之術，究其微旨，是以能應機立成，對問若神。」抱朴子內篇對俗：「運三棊以定行軍之興亡。」又雜應：「占風氣，布籌算，推三棊，步九宮。」（隋書經籍志三子部：「〔五行〕九宮行棊經三卷，鄭玄注；九宮行棊經三卷。」）又遐覽：「九宮五卷。……鄭君（鄭隱）不徒明五經、知仙道而已，兼綜九宮、三棊、推步天文、河洛讖記，莫不精研。」（五行大義卷一第五論九宮數所論甚詳，可參閱。）太一，漢書藝文志兵書略：「（陰陽）太壹兵法一篇。」太壹，即太一。（武經總要續集卷十八占候三：「太一者，天帝之神也。其星在天一之南，總十六神，知風雨水旱，金革凶饉。陰陽二局存諸祕式，星文之次舍，分野之災祥，貴於先知，逆爲之備。用軍行師，主客勝負，蓋天人之際相參焉。」）飛符，抱朴子內篇對俗：「推九符而得分野之禍福。」飛符，疑卽九符。後漢書方術傳序「鈐決之符」李注：「兵法有玉鈐篇及玄女六韜要決，曰：『太公對武王曰：「主將有陰符，有大勝得敵之符，符長一尺；有破軍禽敵之符，符長九寸；有降城得邑之符，符長八寸；有却敵執遠之符，符長七寸；有交兵驚中堅守之符，符長六寸；有請糧食益兵之符，符長五寸；有敗軍亡將之符，符長四寸；有失亡吏卒之符，符長三寸。諸奉使行符稽留，若符事聞，聞符所告者皆誅。」』」

〔三〕風角，後漢書郎顗傳：「父宗……善風角。」李注：「風角，謂候四方四隅之風，以占吉凶也。」又方術上任文公傳：「父文孫，明曉天官、風角祕要。」又謝夷吾傳：「學風角占候。」又李南傳：「少篤學，明於風角。」又段翳傳：「習易經，明風角。」又樊英傳：「習京氏易，兼明五經，又善風角、星、算。」望氣，墨子迎敵祠：「凡望氣，有大將氣，有小將氣，有往氣，有來氣，有敗氣。能得明此者，可知成敗吉凶。」史記文帝紀：「（十五年）趙人新垣平以望氣見，因說上設立渭陽五廟。」漢書郊祀志上：「趙人新垣平以望氣見上，言『長安東北有神氣，成五采，若人冠冕焉。……天瑞下，宜立祠上帝，以合符應。』於是作渭陽五帝廟。」又藝文志兵書略：「（陰陽）別成子望軍氣六篇。」（隋書經籍志三子部：「〔兵〕用兵祕法雲氣占一卷。」又：「〔五行〕望氣書七卷。」） 抱朴子佚文：「軍上氣黑如樓，將軍移軍必敗。 其將勇則氣如火，火勢如張弩，雲如日月，赤氣繞之，所見之地大勝，不可攻也。」（太平御覽十五引）又：「凡戰，觀雲如走鹿形者，敗軍之氣也。」（同上三二八引）又：「若霜氣有圍城，或入於城，則外兵得入。 若霜氣從內出，主人出戰。」（同上八七八引）此葛洪自言望氣之可考者。 （通典卷一六二兵十五風雲氣候雜占：「太公曰：「凡興軍動衆陳兵，天必見其雲氣，示之以安危，故勝敗可逆知也。」其軍中有知曉時氣者，厚寵之， 常令清朝若日午，察彼軍及我軍上氣色，皆須記之。 若軍上氣不盛，加警備守，輒勿輕戰，戰則不足，守則有餘。 察氣者，軍之大要，常令三五人參馬登高若臨下察之，進退以氣爲候。〔後略〕）三元， 晉書苻堅載記下：「〔太元七年〕從上元人皇起，至中元，窮於下元，天地一變，盡三元而止。」（十六國春秋前秦録七苻堅下同）此三元之見於史籍者。術數家以六十甲子配九宮，一百八十年一周始，第一甲子爲上元，第二甲子爲中元， 第三甲子爲下元， 合稱三元。 隋書經籍志三子部五行類著録三元九宮立成、三元遁甲上圖、三元遁甲圖、三元遁甲、三元九宮遁甲諸書，觀其命名，「三元」與「遁甲」、「九宮」之互有關聯可知矣。 遁甲、六壬、太一， 後漢書方術傳序：「其流又有風角、遁甲。」李注：「遁甲，推六甲之陰而隱遁也。」今書七志有遁甲經。」 抱朴子內篇登涉：「余少有入山之志，由此乃行學遁甲書，乃有六十餘卷。」唐六典卷十四太卜署：「太卜令掌卜筮之法，以占邦家動用之事，丞爲之貳。 一曰龜，二曰兆，三曰易，四曰式。 ……凡式占辨三式之同異。」李林甫等注：「一曰雷公〔遁甲〕式，二曰太乙式，並禁私家畜，三曰六壬式，士庶通用之。」 四庫全書總目六壬大全提要：「六壬與遁甲、太乙，世謂之三式。 而六壬其傳尤古。 ……大抵數根於五行，而五行始於水，舉陰以起陽，故稱壬焉； （淮南子天文：「壬、癸、亥、子，水也。」）舉成以該生，故用六焉。（六十甲子中有壬申、壬午、壬辰、壬寅、壬子、壬戌，故曰六壬。） 其有天地盤與神將加臨，雖漸近奇遁九宮之式，而由干支而有四課，則亦兩儀四象也；由發用而有三傳，則亦一生三，三生萬物也。以至六十四課，莫不原本羲爻，蓋亦易象之支流，推而衍之者矣。」又遁甲演義提要：「言遁甲者，皆祖洛書。……考大戴禮（明堂）載明堂古制，有『二九四、七五三、六一八』之文，此九宮之法所自昉。而易緯乾鑿度載『太乙行九宮』尤詳，遁甲之法，實從此起。……其法以九宮爲本，緯以三奇、六儀、八門、九星，視其加臨之吉凶，以爲趨避。以日生於乙，月明於丙，丁爲南極，爲星精。故乙、丙、丁皆謂之奇，而甲本諸陽首戊己下六儀分麗焉，以配九宮而起符使，故號遁甲。」太乙、太一，古籍中多混用。

〔四〕說文眉部：「省，視也。」後漢書朱穆傳：「（上疏）省尚書事。」李注：「省，覽也。」前尚博篇於子書推崇備至（百家篇略同），故此文云然。

案別録、藝文志，衆有萬三千二百九十九卷〔一〕。而魏代以來，羣文滋長，倍於往者〔二〕。乃自知所未見之多也。江表書籍，通同不具〔三〕。昔欲（藏本作故，從舊寫本改。）詣京師索奇異，而正值大亂〔四〕，半道而還，每自（藏本作具，從舊寫本改。）歎恨。今齒近不惑〔五〕，素志衰穨，但念損之又損，爲乎無爲〔六〕，偶耕藪澤〔七〕，苟存性命耳〔八〕。博涉之業，於是日沮矣。

〔一〕漢書藝文志：「至成帝時，以書頗散亡，使謁者陳農求遺書於天下。詔光禄大夫劉向校經傳諸子詩賦，步兵校尉任宏校兵書，太史令尹咸校數術，侍醫李柱國校方技。每一書已，向輒條其篇目，撮其指意，録而奏之。」廣弘明集三阮孝緒七録序：「昔劉向校書，輒爲一録，論其指歸，辨其訛謬，隨竟奏上，皆載在本書。時又別集衆録，謂之别録。即今之别録是也。」（别録已佚，嚴可均全漢文卷三八（劉向四）、洪頤煊經典集林、馬國翰玉函山房輯佚書史編雜史類有輯本。）又按：「九十」之「九」字誤，當作「六」。漢書藝文志：「會向卒，哀帝復使向子侍中奉車都尉歆卒父業。歆於是總羣書而奏其七略，故有輯略，有六藝略，有諸子略，有詩賦略，有兵書略，有術數略，有方技略。今删其要，以備篇籍。……大凡書，六略三十八種，五百九十六家，萬三千二百六十九卷。」漢紀成帝紀二：「七略……凡萬三千二百六十九卷。」七録序：「漢書藝文志書三十八種，五百九十六家，一萬三千二百六十九卷。」封氏聞見記二典籍條：「（劉）歆遂總會羣篇，著爲七略，大凡萬三千二百六十九卷。」續博物志四：「劉向校勘以來，子歆爲七略，大凡萬三千二百六十九卷。」所載數字，均爲「萬三千二百六十九卷」。足見「九十」之「九」确係誤字，當據改爲「六」。

〔二〕七録序：「魏晉之世，文籍逾廣，皆藏在祕書中外三閣。」又：「凡爲録有七，故名七録。……況總括羣書，四萬餘卷。」又：「晉中經簿四部書一千八百八十五部，二萬九百三十五卷。其中十六卷佛經，書簿少二卷，不詳所載多少。」又：「新集七録内外篇圖書，凡五十五部，六千二百八十八種，八千五百四十七袠，四萬四千五百二十六卷。」隋書經籍志四：「凡四部經傳三千一百二十七部，三萬六千七百八卷。」原注：「通計亡書，合四千一百九十一部，四萬九千四百六十七卷。」金樓子立言上：「諸子興於戰國，文集盛於二漢，至家家有制，人人有集。」均可證成稚川此説。（前尚傅篇有「漢、魏以來，羣言彌繁」語。）

〔三〕三國志吴書陸遜傳：「（上疏）昔桓王（孫策）創基，兵不一旅，而開大業，陛下（孫權）承運，拓定江表。」是江表謂吴也。二句卽吴少未見書之意。

〔四〕京師，洛陽，西晉國都。（公羊傳桓公九年：「京師者何？天子之居也。京者何？大也，師者何？衆也。天子之居，必以衆大之辭言之。」欲詣京師正值大亂史實，詳後「昔大〔太〕安中石冰作亂」等句及「事平洪投戈釋甲，徑詣洛陽」等句箋。

〔五〕論語爲政：「四十而不惑。」齒近不惑，謂年近四十也。（應璩答韓文憲書：「足下之年，正在不惑。」〔太平御覽六一四引〕其截用「不惑」二字，則謂年正四十。）前吳失篇「内崇陶侃、文信之訾」句箋，曾推斷稚川寫定抱朴子外篇時，行年約三十五、六歲，與此「齒近不惑」年數正相吻合。

〔六〕老子第四十八章：「爲學日益，爲道日損。損之又損，以至於無爲，無爲而無不爲。」河上公注：「日損者，情欲文飾日以消損。損情欲，又損之，所以漸去。當恬惔如嬰兒無所造爲。情欲斷絶，德與道合，則無所不施，無所不爲也。」莊子知北遊：「故曰：『爲道者日損。損之又損之，以至於無爲，無爲而無不爲也。』」郭注：「損華僞也。華去而朴全，則雖爲而非爲也。」

〔七〕「偶」與「耦」通。（文選文賦「徒悦目而偶俗」李注：「廣雅〔釋詁三〕曰：『耦，諧也。』耦與偶古字通。」）耦耕，泛指耕種，非謂合耕也。（呂氏春秋季冬紀「命司農計耦耕事」高注：「耦，合也。」）嵇康集答難養生論：「意得者，雖耦耕甽畝，被褐啜菽，豈不自得？」陶淵明集辛丑歲七月赴假還江陵夜行塗口詩：「商歌非吾事，依依在耦耕。」莊子刻意：「就藪澤，處閒曠，釣魚閒處，無爲而已矣。此江海之士，避世之人，閒暇者之所好也。」

〔八〕存，保全。三國志蜀書諸葛亮傳：「率諸軍北駐漢中，臨發，上疏曰：『……臣本布衣，躬耕於南陽，苟全性命於亂世，不求聞達於諸侯。』」

洪之爲人也有脱文而騃野〔一〕，性鈍口訥，形貌醜陋，而終不辯自矜飾也〔二〕。冠履垢弊，衣或襤縷〔三〕，而或不恥焉。俗之服用，俄而屢改：或忽廣領而大帶，或促身本作身促，從意林乙轉。而修袖，或長裾曳地〔四〕，或短不蔽脚。洪期於守常，不隨世變〔五〕。言則率實，杜絶嘲戲，不得其人，終日默然，故邦人咸稱之爲抱朴之士〔六〕。是以洪著書因以自號焉。

〔一〕孫星衍曰：「（『也』下）有脱文。」照按：此文當於「也」下絶句，「而」上疑脱一「朴」字。

〔二〕鹽鐵論通有：「然民淫好末，侈靡而不務本，田疇不脩，男女矜飾。」

〔三〕左傳宣公十二年「篳路藍縷，以啟山林」杜注：「藍縷，敝衣。」（「藍縷」，史記楚世家作「藍蔞」。集解引服虔（春秋左氏傳解誼）曰：「藍蔞，言衣敝壞，其蔞藍藍然也。」）方言三：「南楚凡人貧，衣服醜弊，……或謂之襤褸。故左傳曰：『篳路襤褸，以启山林。』殆謂此也。」藍縷、藍蔞、襤褸、襤縷，字形雖異（聯緜辭本無定字），音、義固不殊也。

〔四〕照按：「促」上當再有一字，始能與上句相儷。前譏惑篇有「喪亂以來，事物屢變：冠履衣服，袖袂財（裁）制，日月改易，無復一定。乍長乍短，一廣一狹，忽高忽卑，或粗或細。所飾無常，以同爲快。其好事者，朝夕放效」等語，足與此文相發。史記文帝紀：「所幸慎夫人，令衣不得曳地，幃帳不得文繡，以示敦朴。」漢書鄒陽傳：「（奏書）其辭曰：『……飾固陋之心，則何王之門不可曳長裾乎？』」文選鄒陽上書吳王李周翰注：「裾，衣裾也。」（衣之前後皆可稱裾）說文申部：「曳，臾曳也。」段注：「臾曳，雙聲，猶牽引也。引之則長，故衣長曰曳地。」

〔五〕守常，謂守其故常。淮南子詮言：「有以欲治而亂者，未有以守常而失者也。」譏惑篇曾申言：「余寔凡夫，拙於隨俗，其服物變不勝，故不變。無所損者，余未曾易也。雖見指笑，余亦不理也。」其不隨世變之堅決，即此可見。

〔六〕老子第十九章：「見素抱朴，少私寡欲。」河上公注：「見素者，當抱素守真，不尚文飾也。抱朴者，當見其篤朴以示下，故可法則。」釋文：「見，賢遍反。」

洪稟性尫羸〔一〕，兼之多疾，貧無車馬，不堪徒行〔二〕，行亦性所不好。又患弊俗捨本逐末〔三〕，交游過差〔四〕，故遂撫筆閑居，守靜蓽門〔五〕，而無趨從之所。藏本作趨所之從，今從舊寫本改。至於權豪之徒，雖在密跡，而莫或相識焉。

〔一〕內篇遐覽亦謂「唯余尫羸，不堪他勞。」與此語意同。本篇上文「形貌醜陋」及後文「居疾少健」，……「少嘗學射，但力少不能挽強」等語，可作「尫羸」二字注脚。說文尢部部首：「尩，篆文（依段校）从㞷。」段注：「尢者，古文象形字，尩者，小篆形聲字。……（尩）本从㞷聲，省作尫。」又羊部：「羸，瘦也。」玉篇尢部：「尢，烏光切，……短小也。俗作兀。尫，同上。」又羊部：「羸，弱也，病也，劣也。」廣韻十一唐：「尫，尫弱。」晉書山濤傳：「（子淳、允）並少尫病，形甚短小。……允自以尫陋，不肯行。」梁書殷鈞傳：「（答昭明太子書）但稟生尫劣，假推年歲。」謝靈運謝封康樂侯表：「豈臣尫弱，所當忝承！」（藝文類聚五一引）然則「形貌醜陋」與「稟性尫羸」，豈言其生而短小瘦弱耶？

〔二〕論語先進「吾不徒行以爲之椁」皇疏：「徒，猶步也。」邢疏：「徒，猶空也，謂無車空行也。是步行謂之徒行。」

〔三〕六韜文韜守土：「無舍本而治末。」漢書食貨志下：「棄本逐末。」

〔四〕過差，過度。書僞胤征：「羲和湎淫，廢時亂日。」枚傳：「沈湎於酒，過差非度。」釋文：「差，初賣反；又初佳反。」馮衍與婦弟任武達書：「醉飽過差，輒爲桀、紂。」（後漢書馮衍傳下李注引衍集）李尤盂銘：「飲無求辭〔醉〕，饑以相

娱，荒沈過差，可不愼與！」（文選嵆康與山巨源絶交書李注引）

〔五〕 禮記儒行：「儒有一畝之宫，環堵之室，篳門圭窬，蓬户甕牖。」鄭注：「篳門，荆竹織門也。」左傳襄公十年：「篳門閨竇之人，而皆陵其上。」杜注：「篳門，柴門。」「蓽」當作「篳」。

衣不辟寒，室不免漏〔一〕，食不充虛〔二〕，名不出户，不能憂也。貧無僮僕，籬落頓決〔三〕，荆棘叢於庭宇，蓬莠塞乎階霤〔四〕，披榛出門，排草入室，論者以爲意遠忽近，而不恕藏本作怒，從舊寫本改。其乏役也〔五〕。

〔一〕 莊子讓王：「原憲居魯，環堵之室，……上漏下溼，匡坐而弦（歌）。（又見韓詩外傳一、新序節士）成疏：「逢雨溼而弦歌自娱。」

〔二〕 墨子辭過：「其爲食也，足以增氣充虛。」文子九守：「故聖人食足以充虛接氣。」

〔三〕 「頓」，初學記十八引作「頽」。照按：「頽」字較勝，當據改。文選西京賦：「揩枳落，突棘藩。」李注：「杜預左氏傳注（哀公十二年）曰：『藩，籬也。』落，亦籬也。」李周翰曰：「藩、落，皆籬也。」

〔四〕 楚辭大招：「觀絶霤只。」王注：「觀，猶樓也。霤，屋宇也。」洪補注：「觀，音貫。……霤，音溜。說文（雨部）曰：『霤，屋水流也。』禮記（月令）中霤（鄭）注云：『古者複穴，是以名室爲霤云。』」

〔五〕 荀子脩身「程役而不録」楊注：「役，勞役。」此句言其無勞力芟夷庭宇荆棘、階霤蓬莠之故。

不曉謁〔一〕有脱文以故初不修見官長。至於弔大喪〔二〕，省困疾〔三〕，乃心欲自勉強，令無不必至，而居疾少健，恒復不周，每見譏責於論者，洪引咎而不恤也〔四〕。意苟無餘，而病使心違，顧不媿己而已，亦何理於人之不見亮乎〔五〕？唯明鑒之士，乃恕其信抱朴，非以養高也〔六〕。

〔一〕孫星衍曰：「有脱文。」照按：以下句「以故初不修見官長」文意推之，「謁」上疑脱「請」字。「不曉請謁」辭義既已完整，與下句所言亦甚吻合。管子立政：「請謁任舉之説勝，則繩墨不正。」韓非子南面：「人臣者，非名譽請謁，無以進取。」漢書楊惲傳：「郎官化之，莫不自厲，絶請謁貨賂之端。」後漢書左周黄傳論：「權門貴仕，請謁繁興。」均以「請謁」連文，可證。

〔二〕弔，弔唁。大喪，父母之喪。世説新語德行「王戎、和嶠同時遭大喪」，謂戎、嶠當時俱喪母也。

〔三〕省，省問，省視。（「問疾」、「視疾」，古籍中屢見。）困疾，垂危之疾。（論衡解除篇有「病人困篤」語）

〔四〕荀子天論：「詩曰：『禮義之不愆，何恤人之言兮。』此之謂也。」楊注：「逸詩也。以言苟守道不違，何畏人之言也。」（漢書東方朔傳「何恤人之言」顔注：「恤，憂也。」）

〔五〕人物志效難：「或身卑力微，言不見亮。」亮，信也。（見爾雅釋詁）

〔六〕三國志魏書高柔傳：「（上疏）不使知政，遂各偃息養高，鮮有進納。」文選李康運命論：「（子思）封己養高，勢動人主。」張銑曰：「（子思）但爲厚己養其高名。」

世人多慕豫親之好，推闇室藏本作至，從舊寫本改。之密〔一〕。洪以爲知人甚未易，上聖之所難〔二〕。浮雜之交，口合神疕〔三〕，舊寫本作离。無益有損。雖不能如朱公叔一切絶之〔四〕，且必須清澄詳悉〔五〕，乃處意焉。又爲此見憎者甚衆，而不改也。

〔一〕豫，爾雅釋詁：「豫，樂也。」易豫集解引鄭玄曰：「豫，喜豫說（音悅）樂之貌也。」又序卦「豫必有隨」正義引鄭玄云：「喜樂而出，人則隨從。」又引王肅云：「歡豫，人必有隨。」親，親密，親暱。漢書蕭望之傳贊：「蕭望之歷位將相，籍師傅之恩，可謂親昵亡間。」顏注：「間，隙也。」文選曹植送應氏詩：「親昵並集送，置酒此河陽。」李注：「爾雅（釋詁）曰：『昵，近也。』」好，書洪範：「無有作好，遵王之道。」釋文：「好，呼報反。」史記宋微子世家集解引馬融曰：「好，私好也。」此二句是貶辭，言臭味相投，祕密聚會也。

〔二〕書皋陶謨：「皋陶曰：『都！在知人，在安民。』禹曰：『吁！咸若時，（史記夏本紀作「皆若是」）惟帝其難之。知人則哲，能官人；安民則惠，黎民懷之。』」孔傳：「言帝堯亦以知人安民爲難。哲，智也。無所不知，故能官人。」（呂氏春秋任數：「孔子歎曰：『……弟子記之，知人固不易矣。』」）

〔三〕孫星衍曰：「（『疕』）舊寫本作『离』。」照按：周禮天官醫師：「凡邦之有疾病者，（有）疕瘍者，造焉。」鄭注：「疕，頭瘍，亦謂秃也；身傷曰瘍。」釋文：「疕，戚（袞）匹婢反；徐（邈）芳鄙反；劉（昌宗）芳指反；一音芳夷反。瘍，音羊。」說文疒部：「疕，頭瘍也。」玉篇疒部：「疕，補履切，頭瘍也。」廣韻四紙：「疕，瘡上甲；亦頭瘍。」含義均與此句文意不符，其爲誤字無疑。當據舊寫本改作「离」。易上經第三十卦爲離卦，說卦釋其義云：「離也者，明也。萬物皆相見，南方之卦也。」字皆作「離」。而廣韻五支於離字後復列离字，注云：「明也；又卦名。」是「离」與「離」音義並同。然則「神离」，即「神離」也。呂氏春秋論威「形性相離」高注：「離，違也。」詁此適合。前交際篇「不形同而神乖，不匿情而口合」二語，以「神乖」、「口合」對舉，與此文以「口合神离」成句，立意正同。亦可證。

〔四〕朱公叔，已見交際篇「於是公叔、偉長疾其若彼，……爾乃發憤著論，杜門絶交」等句箋。

〔五〕文子九守：「渾而爲一，寂然清澄。」楚辭遠遊：「保神明之清澄兮，精氣入而麤穢除。」說文水部：「澂，清也。」玉篇水部：「澂，直陵切，清也。澄，同上。」「澂」、「澄」，古今字。

馳逐苟達〔一〕，側立勢門者〔二〕，又共疾洪之異於己而見疵毁〔三〕，謂洪爲傲物輕俗〔四〕。而洪之爲人，信心而行，毁譽皆置於不聞〔五〕。藏本置作之，舊寫本作毁譽之皆如不聞，今從盧本。至患近人或恃其所長，而輕人所短〔六〕。洪忝爲儒者之末，每與人言，常度其所知而論之〔七〕，不強引之以造彼所不聞也〔八〕。

〔一〕楚辭離騷：「忽馳騖以追逐兮，非余心之所急。」王注：「言衆人所以馳騖惶遽者，爭追逐權貴求財利也，故非我心之所急。」文選離騷劉良注：「言衆人急於勢利而奔走，非我所急也。」漢書藝文志六藝略：「後進彌以馳逐。」

〔二〕側立勢門，依附權貴，即寄人籬下之意。

〔三〕異於己，呂氏春秋誣徒：「人之情，惡異於己者。」

〔四〕後漢書崔駰傳：「傳曰：『生而富者驕，生而貴者慠。』」晉書謝萬傳：「萬既受任北征，矜豪傲物，嘗以嘯詠自高，未嘗撫衆。」玉篇心部：「慠，五告切，慠慢，不恭也。」

〔五〕孫星衍曰：「藏本『置』作『也』，舊寫本作『毁譽之皆如不聞』，今從盧本。」照按：魯藩本、吉藩本、愼本，均已作「置於不聞」。孫氏所未見，故祇引盧本耳。淮南子俶真：「毁譽之於己，猶蚊虻之一過也。」漢書楊惲傳：「報(孫)會宗書曰：『……然竊恨足下不深惟其終始，而猥隨俗之毁譽也。』」後漢書蘇章傳：「性強切而持毁譽，士友咸憚之。」李注：「持，執也。執毁譽之論，謂品藻其臧否。」

〔六〕文選典論論文：「夫人善於自見，而文非一體，鮮能備善。是以各以所長，相輕所短。」

〔七〕新書道術：「以人自覦謂之度。」漢書韓信傳「信度（蕭）何等已數言上」顏注：「度，計量也，音大各反。」

〔八〕引，引伸。

及與學士有所辯識，每舉綱領，若值惜短〔一〕，難解心義，藏本作家，從舊寫本改。但粗說意之與向，使足以發寤而已〔二〕。不致苦理，使彼率不得自還也。彼靜心者，存舊寫本存字空白，疑是衍文。詳而思之〔三〕，則多自覺而得之者焉。度不可藏本無不字，從舊寫本補。與言者，雖或有問，常辭以不知，以免辭費之過也〔四〕。

〔一〕惜短，護短。

〔二〕發，啟發。文選東京賦：「盍亦覽東京之事，以自寤乎！」薛注：「自寤，自覺寤也。」

〔三〕孫星衍曰：「舊寫本『存』字空白，疑是衍文。」照按：「存」字非衍文。如乙「詳而」爲「而詳」，「存而詳思之」，不僅文從字順，且與上文「使足以發寤」及下句「則多自覺而得之」辭意，亦極吻合。

〔四〕論語衛靈公：「子曰：『可與言而不與之言，失人；不可與言而與之言，失言。知者不失人，亦不失言。』」禮記曲禮上：「禮不妄說人，不辭費。」潘勗尚書令荀彧碑：「出言則無辭費。」（藝文類聚四八引）劉義慶江左名士傳：「（王）承言理辯物，但明其旨要，不爲辭費，有識伏其約而能通。」（世說新語品藻「王夷甫以王東海比樂令」條劉注引）論語里仁「人之過也」皇疏：「過，猶失也。」

洪性深不好干煩官長。自少及長，曾救知己之抑者數人〔一〕，不得已藏本無已字，從舊寫本補。有言於在位者。然其人皆不知洪之恤也〔二〕，不忍見其陷於非理，密自營之耳。其餘雖親至者，在事秉勢，與洪無惜者〔三〕，終不以片言半字少累之也〔四〕。

〔一〕抑，冤枉。國語晉語九：「邢侯與雍子爭田，雍子納其女於叔魚以求直。及斷獄之日，叔魚抑邢侯。」韋注：「斷，決也。抑，枉也。」（左傳昭公十四年作「叔魚蔽罪邢侯。」杜注：「蔽，斷也。」）

〔二〕周禮地官大司徒「八曰以誓教恤」鄭注：「恤，謂災危相憂。」爾雅釋詁：「恤，憂也。」孫炎注：「恤救之憂也。」（一切經音義九引）

〔三〕在事，在官任事。後漢書馬成傳：「在事五六年，帝（光武帝）以成勤勞，徵還京師。」秉勢，猶言掌權。與，經傳釋詞一：「與，猶爲也。」惜，珍視，重視。無惜，不重視，輕視。此二句言爲洪輕視之在位者。

〔四〕文選陸機謝平原内史表：「片言隻字，不關其間。」少，稍也。（見詞詮五「少」字條）

至於糧用窮匱，急合湯藥，則喚求朋類，或見濟亦不讓也。受人之施，必皆久久漸有以報之，不令覺也。非類〔一〕，則不妄受其饋致焉。洪所食有旬日之儲〔二〕，則分以濟人之乏，若殊自不足，亦不割己也〔三〕。

〔一〕孫盛晉陽秋：「（王）述體道清粹，簡貴靜正，怡然自足，不交非類。」（世説新語賞譽下王藍田爲人晚成條劉注引）文選曹冏六代論：「才能之人，恥與非類爲伍。」

〔二〕旬日，十日。儲，儲蓄。漢書谷永傳：「永對曰：『……百姓無旬日之儲。』」

〔三〕戰國策秦策四「寡人欲割河東而講」高注：「割，分。」

不爲皎皎之細行〔一〕，不治察察之小廉〔二〕。村里凡人之謂舊寫本謂字空白，疑有誤。良守善者，用舊寫本用字空白，疑有誤。時或齎酒餚候洪〔三〕，雖非儔匹，亦不拒也。後有以答之，亦不登時也〔四〕。洪嘗謂史雲不食於昆弟〔五〕，華生治潔於昵客〔六〕，蓋邀名之僞行〔七〕，非廊廟之遠量也〔八〕。

〔一〕詩小雅白駒「皎皎白駒」釋文：「皎，潔白也。」後漢書楊終傳：「終與（馬）廖交善，以書戒之曰：『……詩曰：「皎皎練絲，在所染之。」』」李注：「逸詩也。皎皎，白貌也。」

〔二〕老子第二十章：「俗人察察，我獨悶悶。」王注：「（察察）分別別析也。」後漢書韋彪傳：「（上疏）尚書之選，豈可不重？而間者多從郎官超升此位，雖曉習文法，長於應對，然察察小慧，類無大能。」

〔三〕孫星衍曰：「舊寫本『用』字空白，疑有誤。」照按：「用」字誤衍，當刪。此句文意甚明，「時或齎酒餚候洪」者，謂間或送酒餚慰問葛洪也。檀道鸞續晉陽秋：「陶潛九月九日無酒，坐宅邊菊叢中，摘菊盈把，坐其側久，望見白衣至，乃王弘送酒也。即便就酌，醉而後歸。」（藝文類聚四又八　初學記四、太平御覽三二又九九六引（此條古典文學資料彙編（陶淵明卷）失收）江州刺史王弘之送酒淵明，與良守善者之送酒餚稚川，其事正相類似。齎，說文貝部：「齎，持遺也。」廣雅釋詁三：「齎，送也。」玉篇貝部：「齎，子兮切，持也，給與也。」餚，玉篇食部：「餚，胡交切，饌也。」廣韻五肴：「肴，骨體也，又葅也。凡非穀而食曰肴。餚，上同。」曹子建集七啓：「可以和神，可以娛腸，此餚饌之妙也。」

〔四〕登時，猶即時。後漢書方術下解奴辜傳：「（壽光）侯劾三人，登時仆地無氣。」管輅別傳：「然輅以爲注易之急，急於水火；水火之難，登時之驗。」（三國志魏書管輅傳裴注引）文選任昉奏彈劉整文：「苟奴登時欲捉取。」

〔五〕後漢書獨行范冉傳：「范冉（李注：『冉，或作丹。』惠棟補注：『衆漢書及貞節先生碑皆作丹，獨范史作冉，疑誤。』）字史雲，陳留外黄人也。少爲縣小吏，年十八，奉檄迎督郵，冉耻之，乃遁去。……冉好違時絶俗，爲激詭之行。」謝承後漢書：「范丹姊病，往看之。姊設食，丹以姊壻不德，出門，留二百錢。姊使人追索，還之。丹不得已，受之。聞里中芻藁僮僕更相怒曰：『言汝清高，豈范史雲輩而云不盜我菜乎？』丹聞之，曰：『吾之微志，乃在僮豎之口，不可不勉！』遂投錢去。」（太平御覽四二五引）海内先賢傳：「范丹讓財千萬與三弟。」（御覽五一六引）是丹有三弟也。不食於昆弟事，未詳。

〔六〕三國志魏書華歆傳：「華歆字子魚，平原高唐人也。……太祖在官渡，表天子（獻帝）徵歆。孫權欲不遣，歆謂權曰：『將軍奉王命，始交好曹公，分義未固，使僕得爲將軍效心，豈不有益乎？今空留僕，是爲養無用之物，非將軍之良計也。』權悦，乃遣歆。賓客舊人送之者千餘人，贈遺數百金。歆皆無所拒，密各題識，至臨去，悉聚諸物，謂諸賓客曰：『本無拒諸君之心，而所受遂多。念單車遠行，將以懷璧爲罪，願賓客爲之計。』衆乃各留所贈，而服其德。」

〔七〕章炳麟菿漢微言五：「漢、魏嬗與之際，陳羣所爲，未若華歆之甚也。及魏受禪，羣與歆皆有慼容，時人議羣者，猶曰『公慙卿，卿慙長。』（見後漢書陳寔傳）獨於歆，魏、晉間皆頌美不容口。曹植亦不慊於其兄之奪漢者。然所作輔臣論，稱歆『清素寡欲，聰敏特達，志存太虚，安心玄妙。處平則以和養德，遭變則以義斷事。』（北堂書鈔五一引）然則歆之嬌僞干譽，有非恆人所能測者矣。」是華歆之邀名僞行，更有甚於治潔昵容專者。

〔八〕戰國策秦策三：「蔡澤曰：『……今君（范雎）相秦，計不下席，謀不出廊廟，坐制諸侯，利施三川。』」（又見史記蔡澤傳）史記貨殖傳：「賢人深謀於廊廟，論議朝廷。」三國志蜀書許靖傳評：「許靖夙有名譽，……蔣濟（萬機論）以爲「大較廊廟器」也。」

洪尤疾無義之人，不勤農桑之本業〔一〕，而慕非義之姦利。持鄉論者，則賣選舉以取謝〔二〕；有威勢者，則解符疏以索財〔三〕；或有有字當誤，舊寫本空白。罪人之賂〔四〕，或當作而枉有理之家〔五〕；或爲逋逃之藪，而饗亡命之人〔六〕；疑作入或挾使民丁，以妨本作妨以，從下文乙轉。公役；或強收錢物，以求貴價；或占錮市肆〔七〕，奪百姓之利；或割人田地，劫孤弱之業。惚恫官府之間〔八〕，以窺掊尅之益〔九〕，內以誇妻妾，外以釣名位〔一〇〕。其如此者，不與交焉。

〔一〕史記文帝紀：「（十三年）上曰：『農，天下之本，務莫大焉。』」漢書食貨志上：「鼂錯復說上（文帝）曰：『……故務民於農桑，薄賦斂，廣畜積，以實倉廩。』」又揚雄傳上：「世世以農桑爲業。」後漢書章帝紀：「（建初二年詔）方春東作，宜及時務。二千石勉勸農桑，弘致勞來。」又班固傳：「（東都賦）除工商之淫業，興農桑之上務。」農桑，謂農耕與蠶桑也。

〔二〕鄉論，審議鄉里選舉有關事宜。周禮地官鄉大夫：「三年則大比，考其德行道藝，而興賢者能者。」鄭注：「賢者，有德行者；能者，有道藝者。……鄭司農（衆）云：『興賢者，謂若今舉孝廉；興能者，謂若今舉茂才。』」禮記王制：「（大司徒）命鄉論秀士，升之司徒，曰選士。」鄭注：「移名於司徒也。秀士，鄉大夫所考有德行道藝者。」國語齊語：「正月之朝，鄉長復事，君（桓公）親問焉，曰：『於子之鄉，有居處好學，慈孝於父母，聰惠質仁，發聞於鄉里者，有則以告。』」韋注：「鄉長，鄉大夫也。復，白也。周禮（地官鄉大夫）：『正月之吉，鄉大夫受法于司徒，退班於鄉吏，以考其行也。』」漢書武帝紀：「元光元年冬十一月，初令郡國舉孝、廉各一人。」顏注：「孝，謂善事父母者。廉，謂濟潔有廉隅者。」又：「（元朔元年）有司奏議曰：『……今詔書昭先帝聖緒，令二千石舉孝、廉，所以化元元，移風易俗也。不舉孝，不奉詔，當以不敬論。不察廉，不勝任也，當免。』奏可。」又：「（元封五年詔）其令州郡察吏民有茂材異等可爲將相及使絶國者。」顏注：「應劭曰：『舊言秀才，避光武諱稱茂才。』異等者，超等軼羣不與凡同也。』師古曰：『茂，美也。』」（宋書百官志下：「（秀才）後漢避光武諱改茂才，魏復曰秀才。」）後漢書章帝紀：「（建初元年詔）又選舉乖實，俗吏傷人，官職耗亂，刑罰不中，可不憂與！……夫鄉舉里選，必累功勞。今刺史守相不明真僞，茂才、孝廉歲以百數，既非能顯，而當授之政事，甚無謂也。」又和帝紀：「（永元五年詔）選舉良才，爲政之本。科別行能，必由鄉曲。而郡國舉吏，不加簡擇，故先帝（章帝）明勑在所，令試之以職，乃得充選。……在位不以選舉爲憂，督察不以發覺爲負，非獨州郡也。是以庶官多非其人，下民被姦邪之傷，由法不行故也。」晉書衛瓘傳：「瓘以魏立九品，是權時之制，非經通之道，宜復古鄉舉里選。與太尉（司馬）亮等上疏曰：『……魏氏承顛覆之運，……故立九品之制粗，且爲一時選用之本耳。其始造也，鄉邑清議，不拘爵位，褒貶所加，足爲勸勵，猶有鄉論餘風。』」前審舉篇謂：「桑梓議主，中正吏部（當乙作部吏），並爲魁儈，各責其估。」是此二句最好注脚。

〔三〕漢書五行志上：「解，舍也。」説文手部：「捨，釋也。」段注：「釋者，解也。按經傳多叚舍爲之。」玉篇亼部：「舍，又音捨。」又手部：「捨，尸社切，去也。」文心雕龍書記：「朝市徵信，則有符、契、券、疏。」又：「符者，孚也。徵召防僞，事資中孚。三代玉瑞，漢世金竹，末代從省，易以書翰矣。……疏者，布也。布置物類，撮題近意，故小券短書，號爲疏也。」是「符」、「疏」二種文體，爲「朝市徵信」專用者。然則此文之「解符、疏以索財」，蓋謂其背約勒索也。

〔四〕孫星衍曰：「『有』字當誤，舊寫本空白。」照按：「有」字蓋涉下句致誤，疑原是「受」字。

〔五〕孫星衍曰：「(『或』)當作『而』。」照按：孫蓋據下文校，甚是。

〔六〕左傳昭公七年：「昔武王數紂之罪，以告諸侯曰：『紂爲天下逋逃主，萃淵藪。』」杜注：「萃，集也。天下逋逃悉以紂爲淵藪澤而歸之。」正義：「此在尚書(僞古文)武成篇也。……是言天下罪人逋逃者以紂爲主，集而歸之，如魚入深淵，獸奔藪澤也。」書僞泰誓下：「今商王受，……乃惟四方之多罪逋逃，是崇是長，是信是使。」枚傳：「言紂棄其賢臣，而尊長逃亡罪人信用之。」史記張耳陳餘傳：「張耳嘗亡命游外黃。」索隱：「晉灼曰：『命者，名也。謂脫名籍而逃。』崔浩曰：『亡，無也。命，名也。逃匿則削除名籍，故以逃爲亡命。』」按二句一意相承，亡命之人，即逋逃者中人。孫星衍謂「人」疑作「入」，非是。前百里篇「或有藏養逋逃」語，注此正合。

〔七〕占，增修互注禮部韻略五十五豔：「占，章豔切，擅據也。」錮，漢書貨殖傳：「上爭王者之利，下錮齊民之業。」顏注：「錮，亦謂專取之也。」占錮，謂強行占有也。

〔八〕晉書八王齊王冏傳「張偉憁恫」音義：「上作弄反，下徒弄反。」集韻一送：「憁，憁恫，一曰心疾。」類篇心部：「憁，憁恫，一曰心疾。」按此文「憁恫」二字，似應作熱中解。全句則爲奔走官府之意。(官府非一，故曰憁恫官府之間。)

〔九〕詩大雅蕩「曾是掊克」釋文：「掊克，蒲侯反，聚斂也。」漢書敍傳下：「曾是強圉，掊克爲雄。」顏注：「掊克，好聚斂克害人也。」廣韻十九侯：「掊，詩曰：『曾是掊克。』謂聚斂也。」書洪範「曰克」，周禮春官大卜鄭注引作「曰尅」；詩鄭風清人序「高克好利而不顧其君」釋文：「克，一本作尅。」其引「克」作「尅」，與此文同。

〔一〇〕孟子離婁下：「施施從外來，驕其妻妾。」管子法法：「釣名之人，無賢士焉。」漢書公孫弘傳：「弘謝曰：『……夫以三公爲布被，詭飾詐欲以釣名。』」顏注：「釣，取也。言若釣魚之謂也。」

由是俗人憎洪疾己，自然疏絕。故巷無車馬之跡，堂無異志之賓〔一〕。庭可設雀羅〔二〕。而几筵積塵焉〔三〕。

〔一〕韋昭吴書：「（劉）基遭多難，嬰丁困苦，潛處味道，不以爲戚。……諸弟敬憚，事之猶父。不妄交游，門無雜賓。」（三國志吴書劉繇傳裴注引）

〔二〕史記汲黯鄭當時傳贊：「太史公曰：『夫以汲、鄭之賢，有勢則賓客十倍，無勢則否，況衆人乎！下邽翟公有言，始翟公爲廷尉，賓客闐門；及廢，門外可設雀羅。翟公復爲廷尉，賓客欲往，翟公乃大署其門曰：「一死一生，乃知交情；一貧一富，乃知交態；一貴一賤，交情乃見。」汲、鄭亦云，悲夫！』」漢書張馮汲鄭傳顏注：「（可設爵羅）言其寂静，無人行也。」

〔三〕周禮春官序官「司几筵」鄭注：「筵亦席也。鋪陳曰筵，藉之曰席。」正義：「設席之法，先設者皆言筵，後加者爲席。」（孫詒讓正義：「藉之，謂人所坐履則曰席。……凡對文則筵長席短，筵鋪陳於下，席在上，爲人所坐藉。散文則筵亦爲席。」）又考工記匠人：「室中度以几，堂上度以筵。」正義：「謂室中坐時馮（凭）几，堂上行禮用筵。」荀子禮論：「疏房、……几筵（史記禮書作席），所以養體也。」又正名：「尚机（几之俗）筵而可以養形。」（几筵，聶崇義三禮圖卷八均有圖及説明，可參閲。）几筵積塵，言其人交少與不在意也。

洪自有識以逮（藏本作逮以，從舊寫本乙轉。）將老，口不及人之非〔一〕，不説人之私，乃自然也。雖僕豎有其所短所羞之事，不以戲之也。未嘗論評人物之優劣，不喜訶譴人交（舊寫本作又人之好惡〔二〕。

〔一〕 文選崔瑗座右銘：「無道人之短。」

〔二〕 呂氏春秋愼小：「故賢主謹小物以論好惡。」高注：「好，善也。惡，惡也。」文選文賦序：「妍蚩好惡，可得而言。」李注：「文之好惡，可得而言也。」劉良曰：「妍，美也。蚩，惡也。」禮記月令：「孟秋之月，……詰誅暴慢，以明好惡。」釋文：「好惡，並如字，又上呼報反，下烏路反。」左傳成公十二年：「好惡同之。」釋文：「好惡，並如字；又上呼報反，下烏路反。」是「好惡」二字，有一音一讀及兩音兩讀之別。此句「好惡」旣與上文之「優劣」對舉，則應如字讀，作善惡解。顔氏家訓音辭：「夫物體自有精麤，精麤謂之好惡；人心有所去取，去取謂之好惡。（宋本原注：『上呼號、下烏故反。』）此音見於葛洪、徐邈。」（葛洪撰有要用字苑，見兩唐志（已佚，玉函山房輯佚書小學類輯有三十四條）。徐邈撰有毛詩、左傳音，見經典釋文敍録及隋志（已佚）。經典釋文敍録條例：「夫質有精麤，謂之好惡，（原注：『並如字。』）心有愛憎，稱爲好惡。（原注：『上呼報反，下烏路反。』）史記正義論音例同。蓋皆本之葛洪、徐邈也。（顧炎武音論下先儒兩聲各義之說不盡然條、臧琳經義雜記卷十五好惡甫條、錢大昕養新録卷五一字兩讀條、段玉裁説文注好字惡字下均有説，可參閲。）

或爲尊長所逼問，辭不獲已，其論人也，則獨舉彼體中之勝事而已〔一〕；其論文也，則撮其所得之佳者，而不指摘其病累。故無毁譽之怨。

〔一〕 荀子臣道：「迫脅於亂時，窮居於暴國，而無所避之，則崇其美揚其善，違其惡隱其敗，言其所長不稱其所短。」

貴人時或問官吏民甲乙何如？其清高閑舊寫本作賢能者〔二〕，洪指説其快事；其貪暴闇塞者，對以偶不識悉。洪由此頗見譏責，以顧護太多〔二〕，不能明辯臧否〔三〕，使皁白區分〔四〕，而洪終不敢改也。

〔一〕論衡定賢：「清高之行，顯於衰亂之世。」後漢書逸民梁鴻傳：「咸曰：『要離烈士，而伯鸞清高，可令相近。』」楚辭王逸離騷序：「凡百君子，莫不慕其清高。」爾雅釋詁：「閑，習也。」古籍中正文或注以「閑習」連用者恆見，其義猶言熟習、熟練。

〔二〕顧，顧慮、顧忌。護，袒護。

〔三〕詩大雅抑：「於乎小子，未知臧否。」鄭箋：「臧，善也。」釋文：「於，音烏。乎，音呼。否，音鄙。臧，善也。否，惡也。」左傳隱公十一年：「師出臧否，亦如之。」杜注：「臧否，謂善惡、得失也。」

〔四〕詩大雅桑柔：「匪言不能，胡斯畏忌？」鄭箋：「胡之言何也。賢者見此事之是非，非不能分別皁白，言之於王也，然不言之何也？此畏懼犯顏得罪罰。」三國志魏書鍾繇傳裴注引先賢行狀：「（李）膺謂（鍾）覲曰：『孟軻以爲「人無好惡，是非之心，非人也。」（見孟子公孫丑上，「好」作「羞」。）弟於人何太無皁白邪！』」廣雅釋器：「皁，黑也。」玉篇白部：「皁，色黑也。」（錢大昕恆言録卷二疊字類：「皁白，俗語『分清皁白』，皁白，猶言黑白也。」）

每見世人有好論人物者，比方倫匹，未必當允〔一〕，而褒貶與奪，或失準格〔二〕。見譽者自謂己分〔三〕，未必信德也〔四〕。見侵者則恨之入骨，劇於血讎。洪益以爲戒，遂不復言及士人矣。雖門宗子弟〔五〕，其稱兩皆以付邦族〔六〕，不爲輕乎當作平，舊寫本作評。其價數也〔七〕。

〔一〕左傳僖公二十八年：「軍志曰：『允當則歸。』」（釋文：「當，丁浪反。」）後漢書張衡傳：「（上疏）百揆允當，庶績咸熙。」嵇康集釋私論：「體清神正，而是非允當。」均以「允當」爲言。前行品篇：「剖猶豫以允當者，理人也。」亦作「允當」。疑此「當允」二字誤倒。

〔二〕準格，猶今言標準。

〔三〕文選盧諶贈劉琨一首并書：「處鴈乏善鳴之分。」李注：「分，謂己所當得也。」分，讀去聲。

〔四〕漢書揚雄傳上：「（甘泉賦）聖皇穆穆，信厥對兮。」顔注：「信，實也。」

〔五〕後漢書皇后紀上和熹鄧皇后紀：「今車騎將軍（鄧）騭等雖懷敬順之志，而宗門廣大，姻戚不少。」「門宗」與「宗門」同，皆宗族之謂。

〔六〕稱兩，此以權衡喻品題。邦，國。晉書地理志上：「武帝泰始元年，封諸侯王以郡爲國。」洪籍丹陽句容，是邦族謂丹陽郡之葛氏宗族也。

〔七〕孫星衍曰：「（『乎』）當作『平』，舊寫本作『評』。」王國維校「平」。照按：「乎」即「平」之形誤，自以作「平」爲是。說文言部：「訂，平議也。」詩周頌天作釋文引「平」作「評」。廣雅釋詁：「評，平也。」古籍中「平論」、「平議」字，亦作「評論」、「評議」。是「平」、「評」二字可通用也。價數，本指物品價值，（漢書薛宣傳有「價數不可知」語）此則引伸爲品題人之聲價高低。（文選沈約齊故安陸昭王碑文「監督方部之數」李注：「數，謂等差也。」）

或以譏洪，洪答曰：「我身在我者也，法當易知。設令有人問我，使自比古人及同時，令我自求輩〔一〕，則我實不能自知可與誰爲匹也。況非我安可爲取而（而字從舊寫本補）評定之耶？」

〔一〕照按：尋繹此句語勢，「輩」上似脫「儕」字。左傳宣公十一年「吾儕小人」釋文：「儕，輩也。」廣雅釋詁一：「儕，輩也。」（廣韻十四皆同）魚豢魏略：「王朝與文休（許靖字）書曰：『……儕輩略盡，幸得老與足下並爲遺種之叟。』」（三國志蜀書許靖傳裴注引：）隋書李文博傳：「不妄通賓客，恆以禮法自處，儕輩莫不敬憚焉。」並以「儕輩」爲言。

漢末俗弊，朋黨分部〔一〕。許子將之徒，以口舌取戒，爭訟論議，門宗成讎，故汝南人士無復定價，而有月旦之評〔二〕。魏武帝深亦疾之，欲取其首〔三〕，爾乃奔波亡走，殆至屠滅〔四〕。前鑒不遠〔五〕，可以得師矣。

〔一〕後漢書黨錮傳序：「逮桓靈之間，主荒政繆，國命委於閹寺，士子羞與爲伍，故匹夫抗憤，處士橫議，遂乃激揚名聲，互相題拂，品覈公卿，裁量執政，婞直之風，於斯行矣。初，桓帝爲蠡吾侯，受學於甘陵周福，及即帝位，擢福爲尚書。時同郡河南尹房植有名當朝，鄉人爲之謠曰：『天下規矩房伯武，因師獲印周仲進。』二家賓客，互相譏揣，遂各樹朋徒，漸成尤隙，由是甘陵有南北部，黨人之議，自此始矣。後汝南太守宗資任功曹范滂，南陽太守成瑨亦委功曹岑晊，二郡又爲謠曰：『汝南太守范孟博，南陽宗資主畫諾。南陽太守岑公孝，弘農成瑨但坐嘯。』因此流言轉入太學，諸生三萬餘人，郭林宗、賈偉節爲其冠，並與李膺、陳蕃、王暢更相褒重。學中語曰：『天下模楷李元禮，不畏強禦陳仲舉，天下俊秀王叔茂。』又渤海公族進階、扶風魏齊卿，並危言深論，不隱豪強。自公卿以下，莫不畏其貶議，屣履到門。……海內希風之流，遂共相標搒，指天下名士，爲之稱號。……又張儉鄉人朱並，承望中常侍侯覽意旨，上書告儉與同郡二十四人別相署號，共爲部黨，圖危社稷。……凡黨事始自甘陵、汝南，成於李膺、張儉，海内塗炭，二十餘年，諸所蔓衍，皆天下善士。」曹丕典論：「桓靈之際，閹寺專命於上，布衣横議於下。干禄者殫貨以奉貴，要名者傾身以事勢。位成乎私門，名定乎横巷。由是户異議，人殊論，論無常檢，事無定價。長愛惡，興朋黨。」（意林五引）

〔二〕後漢書許劭傳：「許劭字子將，汝南平輿人也。少峻名節，好人倫，多所賞識。若樊子昭、和陽士者，並顯名於世。故天下言拔士者，咸稱許、郭。（郭太傳李注：「范曄父名泰，故改爲此『太』。」）……（劭）又與從兄靖不睦，時議以此少之。初，劭與靖俱有高名，好共覈論鄉黨人物，每月輒更其品題，故汝南俗有『月旦評』焉。」謝承後漢書：「許邵……清論風行，高唱草偃，多所賞識。拔樊子昭於未聞，天下咸稱許、郭。」（太平御覽四四二引）三國志蜀書許靖傳：「許靖字文休，汝南平輿人。少與從弟劭俱知名，並有人倫臧否之稱，而私情不協。劭爲郡功曹，排擯靖不得齒敍，以馬磨自給。」又吴書諸葛恪傳：「與丞相陸遜書曰：『……中國士大夫如許子將輩，所以更相謗訕，或至於禍。原其本起，非爲大讎，惟坐克己不能盡如禮，而責人專以正義。夫己不如禮，則人不服。責人以正義，則人不堪。内不服其行，外不堪其責，則不得不相怨。相怨一生，則小人得容其間。得容其間，則三至之言，浸潤之譖，紛錯交至。雖使至明至親者處之，猶難以自定，況己爲隙，且未能明者乎？』」蔣濟萬機論：「許子將褒貶不平，以拔樊子昭而抑許文休。」（三國志蜀書龐統傳裴注、世説新語品藻「龐士元至吴」條劉注、太平御覽三六七引）又：「許文休者，大較廊廟器也，而子將貶之。若實不貴之，是不明也；誠令知之，蓋善人也。」（三國志蜀書許麋孫簡伊秦傳評裴注引）典論：「汝南許劭與族兄靖俱避地江東，保吴郡。爭論於太守許貢座，至於手足相及。」（太平御覽四九六引）杭世駿道古堂文集卷二二論許劭有説，可參閲。

〔三〕後漢書許劭傳：「曹操微時，常卑辭厚禮，求爲己目。（李注：「令品藻爲題目。」）劭鄙其人而不肯對，操乃伺隙脅劭，劭不得已，曰：『君清平之姦賊，亂世之英雄。』操大悦而去。」郭頒世語：「（喬）玄謂太祖曰：『君未有名，可交許子將。』太祖乃造子將，子將納焉，由是知名。」（三國志魏書武帝紀裴注引〔世説新語識鑒劉注引無『由是知名』句〕）孫盛異同雜語：「（太祖）嘗問許子將：『我何如人？』子將不答。固問之，子將曰：『子治世之能臣，亂世之姦雄。』太祖大笑。」（三國志魏書武帝紀裴注、世説新語識鑒劉注引）又按：「深亦」二字疑倒，當乙作「亦深」。疾之，憎之也。（論語泰伯「疾之已甚」，皇疏釋爲「憎疾之太甚」。）惠棟後漢書補注卷十六（許劭傳）引作「魏文帝深嫉之」，乃臆改，非是。「欲取其首」，未審出何典記。（或爲稚川想當然之辭）

〔四〕後漢書許劭傳：「或勸劭仕，對曰：『方今小人道長，王室將亂，吾欲避地淮海，以全老幼。』乃南到廣陵。徐州刺史陶謙禮之甚厚。劭不自安，告其徒曰：『陶恭祖外慕聲名，内非真正。待吾雖厚，其執必薄，不如去之。』遂復投揚州刺史劉繇於曲阿。其後陶謙果捕諸寓士。及孫策平吴，劭與繇南奔豫章而卒，時年四十六。」

〔五〕前鑒不遠，已見吴失篇「鑒亂亡之未遠，而躡傾車之前軌」二句箋。

且人之未易知也，雖父兄不必盡子弟也。同乎我者遽是乎？異於我者遽非乎〔一〕？或有始無卒，唐堯、公旦、仲尼、季札，皆有不全得之恨〔二〕。無以近人信其嘍嘍管見熒舊寫本作螢燭之明〔三〕，而輕評人藏本作人評，從舊寫本乙轉。物，是皆賣賣字疑，舊寫本空白。彼上聖大賢乎〔四〕？

〔一〕助字辨略卷四：「遽，遂也。」經傳釋詞第五：「廣韻（八語）曰：『詎，豈也。』字或作距，或作鉅，……或作渠，或作遾。」「遂」、「豈」二訓，詁此均合。

〔二〕唐堯，已見清鑒篇「陶唐稽古而失任」句箋。公旦，亦見清鑒篇「姬公欽明而謬授」句箋。仲尼，已見正郭篇「（知人）尼父之所病」句箋。季札，已見清鑒篇「延州審清濁於千載之外，而蔽奇士於咫尺之内」二句箋。

〔三〕内篇金丹：「如其嘍嘍，無所先入。」又明本：「然而嘍嘍守於局隘。」其疊用嘍字與此同，含義當亦無異。玉篇口部：「嗹，閭前切。嗹嘍，多言也。嘍，力口切。多言。」廣韻一先：「嗹，嗹嘍，言語繁絮皃。」管見，義與管窺同。莊子秋水：「是直用管窺天，用錐指地也，不亦小乎？」韓詩外傳十：「譬如以管窺天，……所窺者大，所見者小。」漢書敍傳上：「（答賓戲）若賓之言，斯所謂見勢利之華，闇道德之實，守突奧之熒燭，未卬天庭而覩白日也。」顏注：「熒燭，熒熒小光之燭也。」文選答賓戲李注：「熒，小光也。」

〔四〕孫星衍曰：「『賣』字疑，舊寫本空白。」陳澧曰：「『賣』，疑當作『邁』。」照按：陳説是。文淵閣本正作「邁」。前清鑒篇有「郭泰所論，皆爲此人過上聖乎」語，「邁」與「過」義同。詩小雅菀柳：「俾予靖之，後予邁焉。」朱傳：「邁，過也。」三國志魏書高堂隆傳：「（上疏）渙然改往事之過謬，勃然興來事之淵塞，……則三王可邁，五帝可越。」其以「邁」與「越」對舉，亦足證此文之「賣」當作「邁」也。（漢書賈誼傳「越兩諸侯」顏注：「越，過也。」玉篇辵部：「過，越也。」）

昔大安中石冰作亂，六州之地，柯振葉藏本作鎮業，從舊寫本改。靡，違正黨逆〔一〕。

〔一〕照按：「大」當作「太」。晉書惠帝紀：「（太安二年）五月，義陽蠻張昌舉兵反，以山都人丘沈爲主，改姓劉氏，僞號漢，建元神鳳。攻破郡縣，南陽太守劉彬，平南將軍羊伊，鎮南大將軍、新野王歆並遇害。六月，遣荆州刺史劉弘等討張昌於方城，王師敗績。秋七月，……張昌陷江南諸郡，武陵太守賈隆，零陵太守孔紘，豫章太守閻濟，武昌太守劉根皆遇害。昌別帥石冰寇揚州，刺史陳徽與戰，大敗，諸郡盡沒。臨淮人封雲舉兵應之，自阜陵寇徐州。八月，……庚申，劉弘及張昌戰於淯水，斬之。」又張昌傳：「張昌，本義陽蠻也。少爲平氏縣吏，武力過人，每自占卜，言應當富貴。……太安二年，昌於安陸縣石巖山屯聚，去郡八十里，諸流人及避戍役者多往從之。……山都縣吏丘沈遇於江夏，昌名之爲聖人，盛車服出迎之，立爲天子，置百官。沈易姓名爲劉尼，稱漢後，以昌爲相國。……昌別率石冰東破江、揚二州，僞置守長。當時五州之境，皆畏逼從逆。」（通鑑卷八五晉紀七：「於是荆、江、徐、揚、豫五州之境，多爲昌所據。」）

義軍大都督邀洪爲將兵都尉，累見敦迫。既桑梓恐虜，禍深憂大，古人有急疾之義，又畏軍法，不敢任志。遂募合數百人，與諸軍旅進〔一〕。

〔一〕晉書惠帝紀：「（太安二年）十一月，……丙寅，揚州秀才周玘、前南平內史王矩、前吳興內史顧祕起義軍以討石冰。」又葛洪傳：「太安中，石冰作亂，吳興太守顧祕爲義軍都督，與周玘等起兵討之，祕檄洪爲將兵都尉。」抱朴子佚文：「晉太康（繼昌所輯外篇佚文作「昔太安是」）二年，京邑始亂，三國舉兵，攻長沙王乂。小民張昌反於荆州，奉劉尼爲漢主，乃遣石冰擊定揚州，屯於建業。宋道衡說冰，求爲丹陽太守，到郡發兵以攻冰，召余爲將兵都尉。余年二十一，見軍旅，不得已而就之。」（太平御覽三二八引（吳士鑑晉書斠注：「案宋道衡不見於史，蓋爲顧祕部將。」））桑梓恐虜，稚川揚州丹陽郡句容人，故云桑梓恐虜。（桑梓出詩小雅小弁）虜，虜掠。急疾，呂氏春秋論威：「凡兵欲急疾捷先，欲急疾捷先之道，在於知緩徐遲後而急疾捷先之分也。急疾捷先，此所以決義兵之勝也。」軍法，韓非子外儲說右上：「狐子對曰：『信賞必罰，其足以戰。』（晉文）公曰：『刑罰之極安至？』對曰：「不辟親貴，法行所愛。」文公曰：「善。」明日令田於圃陸，期以日中爲期，後期者行軍法焉。於是公有所愛者曰顛頡後期，吏請其罪，文公隕涕而憂。吏曰：「請用事焉。」遂斬顛頡之脊，以徇百姓，以明法之信也。」史記司馬穰苴傳：「穰苴既辭，與莊賈約曰：『旦日日中會於軍門。』……約束既定，夕時，莊賈乃至。……召軍正問曰：『軍法期而後至者云何？』對曰：『當斬。』……於是遂斬莊賈以徇三軍。三軍之士皆振慄。」諸軍旅，晉書華譚傳：「時石冰之黨陸珪等屯據諸縣，譚遣司馬褚敦討平之。又遣別軍擊冰都督孟徐，獲其驍率。」又賀循傳：「會逆賊李辰（張昌傳：「昌乃易姓名爲李辰。」）起兵江夏，征鎮不能討，皆望塵奔走。辰別帥石冰略有揚州，……前南平內史王矩、吳興內史顧祕、前秀才周玘等唱義，傳檄州郡以討之，循亦合衆應之。」又甘卓傳：「討石冰，以功賜爵都亭侯。」（通鑑晉紀七：「太安二年……議郎周玘、前南平內史長沙王矩，起兵江東以討石冰，推前吳興太守吳郡顧祕都督揚州九郡諸軍事，傳檄州郡，殺冰所署將吏。於是前侍御史賀循起兵於會稽，廬江內史廣陵華譚及丹陽葛洪、甘卓，皆起兵以應祕。」）是起兵共討石冰者，有周玘、王矩、顧祕、華譚、賀循、甘卓及洪，故云與諸軍旅進。

曾攻賊之別將，破之日，錢帛山積，珍玩蔽地，諸軍莫不放兵收拾財物，繼轂連擔。洪獨約令所領，不得妄離行陣，士有摭得衆者，洪即斬之以徇，於是無敢委杖。而果有伏賊數百，出傷諸軍。諸軍悉發無部隊，皆人馬負重，無復戰心，遂致驚亂，死傷狼藉，殆欲不振。獨洪軍整齊轂張，無所損傷，以救諸軍之大崩，洪有力焉。後別戰斬賊小帥，多獲甲首，而獻捷幕府〔一〕。

〔一〕晉書葛洪傳：「（洪）攻冰別率，破之。」抱朴子佚文：「宋侯（謂宋道衡）不用吾計，數敗。吾令宋侯從月建住華蓋下，遂收合餘燼，從吾計破石冰焉。」（太平御覽三二八引）別將，史記陳涉世家：「陽城人鄧說將兵居郯，章邯別將擊破之。」漢書高帝紀上「項梁盡召別將」顏注：「別將，謂小將別在他所者。」（石冰原卽張昌別將）繼轂連擔，言裝運財物之車及人衆多。斬之以徇，左傳昭公元年：「荀吳之嬖人不肯卽卒，斬以徇。」史記高祖紀：「楊熊走之滎陽，二世使使者斬之以徇。」漢書高帝紀上顏注：「徇，行示也。司馬法曰：『斬以徇。』（說文彳部徇字下引同〔今司馬法無，當是佚文。〕）言使人將行徧示衆士以爲戒。」杖，泛指兵器。死傷狼藉，三國志魏書董卓傳：「（李）傕等放兵略長安老少，殺之悉盡，死者狼籍。」又蜀書後主傳：「（鍾）會既死，蜀中軍衆鈔略，死喪狼籍。」文選七命：「瀾漫狼藉。」呂延濟注：「瀾漫狼藉，言獸死者多也。」「狼藉」與「狼籍」同。轂張，照按：「轂張」二字於此不可解，蓋涉上「繼轂」而誤。當改作「彀張」，始合文意。孟子告子上：「羿之教人射，必志於彀。」趙注：「彀，張也。張弩射的者，用思專時也。」（書盤庚上「若射之有志」正義引鄭玄云：「夫射者張弓屬矢，而志在所射必中，然後發之。」說文弓部：「彀，張弩也。」玉篇弓部：「彀，古豆切，張弓弩也；弓滿也。」詁此均合。（漢書馮奉世傳「彀者」顏注引劉德曰：「彀者，謂能張弩者也。」）甲首，左傳桓公六年：「鄭大子忽帥師救齊，……大敗戎師，獲其二帥大良、少良，甲首三百，以獻於齊。」杜注：「甲首，被甲者首。」戰國策燕策二：「蘇子（蘇代）遂將，而與燕人戰於晉下，齊軍敗，燕得甲首二萬人。」漢書刑法志：「功賞相長，五甲首而隸五家。」顏注引服虔曰：「能得著甲者五人首，使得隸役五家也。」獻捷，春秋經莊公三十一年：「齊侯（齊桓公）來獻戎捷。」杜注：「捷，獲也。獻，奉上之辭。」穀梁傳僖公二十一年：「楚人（楚成王）使宜申來獻捷。捷，軍得也。」幕府，史記廉頗藺相如傳：「李牧者，趙之北邊良將也。常居代鴈門，備匈奴。以便宜置吏，市租皆輸入莫府，爲士卒費。」集解：「如淳曰：『將軍征行無常處，所在爲治，故言莫府。莫，大也。』」索隱：「崔浩云：『古者出征爲將帥，軍還則罷，理無常處，以幕帟爲府署，故曰莫府。』則『莫』當作『幕』，字之訛耳。」又馮唐傳：「唐對曰：『……（魏尚）終日力戰，斬首捕虜，上功莫府，一言不相應，文吏以法繩之。』」索隱：「按莫訓大也。又崔浩云：『古者出征無常處，以幕爲府舍，故云莫府。』『莫』當爲『幕』，古字少耳。」又李廣傳：「莫府省約文書籍事。」索隱引大顏（顏師古叔父，名遊秦，曾撰漢書決疑。）云：「凡將軍謂之莫府者，蓋兵行舍於帷帳，故稱莫府。古字通用，遂作『莫』耳。」漢書李廣傳顏注：「莫府者，以軍幕爲義，古字通單用耳。軍旅無常居止，故以帳幕言之。」「幕府」與「莫府」同。

於是大都督加洪伏波將軍〔一〕，例給布百匹。諸將多封閉之，或送還家。而洪分賜將士及施知故之貧者，餘之十匹，又徑以市肉酤酒，以饗將吏。于時竊擅一日之美談焉〔二〕。

〔一〕伏波將軍，原漢將軍名號。武帝元鼎五年以路博德爲伏波將軍（通鑑卷二十漢紀十二胡注引環濟要略曰：「伏波將軍者，船涉江海，欲使波濤伏息也。」）伐南越（見漢書武帝紀及路博德傳），光武帝建武十八年拜馬援爲伏波將軍擊交阯（見後漢書光武帝紀及馬援傳），皆史傳之可考者。大都督顧祕加洪伏波將軍，蓋亦因其曾涉江攻破石冰別率之故。

〔二〕公羊傳閔公二年：「桓公使高子將南陽之甲，立僖公而城魯。……魯人至今以爲美談。」世說新語德行：「庾（亮）云：『……昔孫叔敖殺兩頭蛇以爲後人，古之美談。』」

事平，洪投戈釋甲，徑詣洛陽，欲廣尋異書，了不論戰功〔一〕。竊慕魯連不受聊城之金〔二〕，包胥不納存楚之賞〔三〕，成功不處之義焉〔四〕。

〔一〕晉書惠帝紀：「（永興元年）三月，陳敏攻石冰，斬之，揚、徐二州平。」又葛洪傳：「冰平，洪不論功賞，徑至洛陽，欲求異書以廣其學。」

〔二〕魯連，魯仲連。史記魯仲連傳：「魯仲連者，齊人也。好奇偉俶儻之畫策，而不肯仕宦任職，好持高節。……燕將攻下聊城，聊城人或讒之燕，燕將懼誅，因保守聊城，不敢歸。齊田單攻聊城歲餘，士卒多死而聊城不下。魯連乃爲書，約之矢以射城中，遺燕將。……燕將見魯連書，泣三日，猶豫不能自決。欲歸燕，已有隙，恐誅；欲降齊，所殺虜於齊甚衆，恐已降而後見辱。喟然歎曰：『與人刃我，寧自刃。』乃自殺。聊城亂，田單遂屠聊城。歸而言魯連，欲爵之。魯連逃隱於海上，曰：『吾與富貴而詘於人，寧貧賤而輕世肆志焉。』」按：魯連義不帝秦事，平原君曾以千金爲壽，見戰國策趙策三及史記魯仲連傳。遺書燕將後，並未言以金相賞。稚川蓋連類及之，非史實也。

〔三〕包胥，申包胥。左傳定公四年：「初，伍員與申包胥友，其亡也，謂申包胥曰：『我必復（杜注：「復，報也。」）楚國。』申包胥曰：『勉之！子能復之，我必能興之。』及昭王在隨，申包胥如秦乞師，……立依於庭牆而哭，日夜不絕聲，勺飲不入口七日。秦哀公爲之賦無衣。九頓首而坐。秦師乃出。」又五年：「申包胥以秦師至，……吳師大敗。……楚子（昭王）入于郢。（戰國策楚策一、淮南子脩務所載文辭有異）……王賞鬬辛……申包胥……鬬懷，……申包胥曰：『吾爲君也，非爲身也。君既定矣，又何求？……遂逃賞。」説苑至公：「子胥將之吳，辭其友申包胥曰：『後三年，楚不亡，吾不見子矣。』申包胥曰：『子其勉之！……雖然，子亡之，我存之。』……後三年，吳師伐楚，昭王出走。……昭王反復，欲封申包胥。申包胥辭曰：『救亡，非爲名也。功成受賜，是賣勇也。』辭不受。遂退隱，終身不見。」新序節士：「申包胥者，楚人也。吳敗楚兵於柏舉，遂入郢，昭王出亡在隨。申包胥不受命，而赴於秦乞師。……吳師既退，昭王復國，而賞始於包胥，包胥曰：『輔君安國，非爲身也；救急除害，非爲名也。功成而受賞，是賣勇也。君既定，又何求焉？』遂逃賞，終身不見。」

〔四〕老子第二章：「功成而弗居。」河上公注：「功成事就，退避不居其位。」（傅奕本無「而」字，「居」作「處」。）史記蔡澤傳：「書曰：『成功之下，不可久處。』」

正遇上國大亂，北道不通〔一〕，而陳敏又反於江東，歸塗隔塞〔二〕。會有故人譙國嵇君道本作居道，從意林及晉書改。下放此。見用爲廣州刺史，乃表請洪爲參軍。雖非所樂，然利可避地於南，故黽勉就焉。見遣先行催兵，而君道於後遇害，遂停廣州。頻爲節將見邀用，皆不就〔三〕。

〔一〕晉書惠帝紀：「（永興元年）帝逼于河間王顒，密詔雍州刺史劉沈、秦州刺史皇甫重以討之。沈舉兵攻長安，爲顒所敗。張方大掠洛中，還長安。於是軍中大餒，人相食。以成都王穎爲丞相。……右衛將軍陳眕以詔召百僚入殿中，因勒兵討成都王穎。……司徒王戎、東海王越、高密王簡、平昌公模、吳王晏、豫章王熾、襄陽王範、右僕射荀藩等奉帝北征。至安陽，衆十餘萬，穎遣其將石超距戰。……六軍敗績于蕩陰，矢及乘輿，百官分散。……穎殺東安王繇。張方復入洛陽。」又：「（永興二年）成都王穎部將公師藩等聚衆攻陷郡縣，害陽平太守李志、汲郡太守張延等，轉攻鄴，平昌公模遣將軍趙驤擊破之。……以成都王穎爲鎮軍大將軍、都督河北諸軍事，鎮鄴。河間王顒遣將軍呂朗屯洛陽。……呂朗等東屯滎陽，成都王穎進據洛陽。」

〔二〕晉書惠帝紀：「（永興二年）右將軍陳敏舉兵反，自號楚公。」又陳敏傳：「陳敏字令通，廬江人也。少有幹能，以郡廉吏補尚書倉部令史。……敏以功爲廣陵相。時惠帝幸長安，四方交爭，敏遂有割據江東之志。……東海王越當西迎大駕，承制起敏爲右將軍、假節、前鋒都督。……敏因中國大亂，遂請東歸，收兵據歷陽。會吳王（吳敬王晏）常侍甘卓自洛至，教卓假稱皇太弟（成都王穎）命，拜敏爲揚州刺史。……遂據有吳越之地。敏命寮佐以己爲都督江東軍事、大司馬、楚公，封十郡，加九錫，列上尚書，稱自江入河，奉迎鑾駕。」抱朴子内篇金丹：「往者上國喪亂，莫不奔播四出，余周旋徐、豫、荆、襄、江、廣數州之間。」

〔三〕晉書葛洪傳：「洪見天下已亂，欲避地南土，乃參廣州刺史嵇含軍事。及含遇害，遂停南土多年。征鎮檄命，一無所就。」又忠義嵇含傳：「含字君道。……范陽王虓爲征南將軍，屯許昌，復以含爲從事中郎。尋授振威將軍、襄城太守。虓爲劉喬所破，含奔鎮南將軍劉弘於襄陽，弘待以上賓之禮。……屬陳敏作亂，江揚震蕩，南越險遠，而廣州刺史王毅病卒，弘表含爲平越中郎將、廣州刺史、假節。未發，會弘卒，時或欲留含領荆州。含性剛躁，素與弘司馬郭勱有隙，勱疑含將爲己害，夜掩殺之。」袁宏羅浮記：「譙國人嵇含嘗爲廣州，乃請洪參廣州軍事，洪先行到廣州，而含於此遇害，洪還留廣州。」（太平寰宇記卷一百六十引）避地，論語憲問：「子曰：『賢者辟世，其次辟地。』」集解引馬融曰：「去亂國，適治邦。」「辟」，皇本作「避」。黽勉，詩邶風谷風：「黽勉同心。」毛傳：「言黽勉者，思與君子同心也。」

永惟富貴可以漸得，而不可頓合〔一〕，其閒屑屑，亦足以勞人〔二〕。且榮位勢利〔三〕，譬如寄客，既非常物，又其去不可得留也〔四〕。隆隆者絶，赫赫者滅〔五〕，有若春華，須臾凋落〔六〕。得之不喜，失之安悲〔七〕？悔吝百端〔八〕，憂懼競戰〔九〕，不可勝言，不足爲也。

〔一〕頓 急遽，迅速。列子天瑞：「凡一氣不頓進，一形不頓虧，亦不覺其成，亦不覺其虧。」世說新語容止：「庾(亮)風姿神貌，陶(侃)一見便改觀。談宴竟日，愛重頓至。」梁書孔休源傳：「侍中范雲一與相遇，深加褒賞，曰：『不期忽覿清顏，頓祛鄙吝。』」其用「頓」字義，與此文同。

〔二〕左傳昭公五年：「(女叔齊)對曰：『……禮之本末，將於此乎在，而屑屑焉習儀以亟，言善於禮，不亦遠乎？』」杜注：「言以習儀爲急。」漢書董仲舒傳：「制曰：『……凡所爲屑屑，夙興夜寐，務法上古者，又將無補與？』」顏注：「屑屑，動作之貌。」又王莽傳上：「晨夜屑屑，寒暑勤勤，無時休息。」顏注：「屑屑猶切切，動作之意也。」後漢書王良傳：「疾篤不任進道，乃過其友人。友人不肯見，曰：『不有忠言奇謀而取大位，何其往來屑屑不憚頓也？』遂拒之。」李注：「揚雄方言(十)曰：『屑屑，不安也。秦、晉曰屑屑。』郭景純(注)曰：『往來貌。』」

〔三〕淮南子詮言：「知足者不可以勢利誘也。」又脩務：「段干木不趨勢利。」漢書張耳陳餘傳贊：「勢利之交，古人羞之。」

〔四〕莊子繕性：「物之儻來，寄也。寄之，其來不可圉，其去不可止。」成疏：「儻者，意外忽來者耳。」

〔五〕漢書揚雄傳下：「(解謿)炎炎者滅，隆隆者絶。」顏注：「炎炎，火光也。隆隆，雷聲也。」文選解嘲張銑注：「炎炎、隆隆，盛貌。滅絶者，有盛必衰也。」詩小雅正月：「赫赫宗周，褒姒威之。」毛傳：「威，滅也。」左傳昭公元年：「(叔向)對曰：『……不義而彊，其斃必速。詩曰：「赫赫宗周，褒姒滅之。」彊不義也。』」杜注：「言雖赫赫盛彊，不義足以滅之。」

〔六〕三國志魏書王昶傳：「遂書戒之曰：『朝華之草，夕而零落。』」論語子罕「唐棣之華」皇疏：「華，花也。」玉篇艸部：「花，呼瓜切，今爲華荂字。」廣韻九麻：「華，爾雅(釋草)云：『華，荂也。』花，俗，今通用。」(顧炎武唐韻正卷四九麻華字下云：「考花字自南北朝以上不見於書，（廣雅釋草：「花，華也。」是魏世著述已有花字矣。）……晉以下書中閒用花字，或是後人改易。」王引之曰：「案廣雅釋花爲華，字詁又云蘤古花字（後漢書張衡傳思玄賦「百卉含蘤」李注引）。則魏時已行此字。……則華、花並用，西晉初人已然。」（見廣雅疏證卷十上釋草蘤、葩、菁、蘂、花、華也」句下）

〔七〕文子道德：「故守分循理，失之不憂，得之不喜。」淮南子詮言：「寧守其分循其理，失之不憂，得之不喜。」（論衡自紀：「得官不欣，失位不恨。」）

〔八〕易繫辭上：「悔吝者，憂虞之象也。」韓注：「失得之微者，足以致憂虞而已，故曰悔吝。」正義：「悔者，其事已過，意有追悔之也。吝者，當事之時，可輕鄙恥，故云吝也。」後漢書馬援傳：「朱勃詣闕上書曰：『……援與妻子生訣，無悔吝之心。』」李注：「吝，猶恨也。」三國志魏書王昶傳：「遂書戒之曰：『……患人知進而不知退，知欲而不知足，故有困辱之累，悔吝之咎。』」廣韻二十一震：「吝，悔吝，又惜也，恨也。」世說新語言語：「衞洗馬（玠）初欲渡江，形神慘顇，語左右云：『見此芒芒，不覺百端交集。苟未免有情，亦復誰能遣此！』」

〔九〕詩小雅小旻：「戰戰兢兢，如臨深淵，如履薄冰。」毛傳：「戰戰，恐也。兢兢，戒也。（如臨深淵）恐隊也。（如履薄冰）恐陷也。」

且自度性篤嬾而才至短〔一〕，以篤嬾而御短才〔二〕，雖翕肩屈膝〔三〕，趨走風塵〔四〕，猶必不辦，大致名位而免患累，況不能乎？未若修松、喬之道〔五〕，在我而已，不由於人焉。

〔一〕左傳文公十八年「事以度功」杜注：「度，量也。」釋文：「度，待洛反。」

〔二〕廣雅釋詁一：「御，使也。」

〔三〕翕肩，已見刺驕篇「徒以翕肩斂迹」句箋。

〔四〕文選班固答賓戲：「商鞅挾三術以鑽孝公，李斯奮時務而要始皇，彼皆躡風塵（漢書敘傳上作「風雲」）之會，履顛沛之勢。」又干寶晉紀總論：「悠悠風塵，皆奔競之士。」後漢秦嘉與妻徐淑書：「趨走風塵，非志所慕。」（藝文類聚三二引）

〔五〕松、喬，赤松子，王子喬。已見用刑篇「而慕松、喬之道」句箋。

將登名山，服食養性〔一〕，非有廢也。事不兼濟，自非藏本作不，從舊寫本改。絶棄世務，則曷緣修習玄静哉〔二〕！且知之誠難，亦不得惜問而與人議也〔三〕。是以車馬之跡，不經貴勢之城，藏本作貴世之城，從舊寫本改。片字之書，不交在位之家。

〔一〕抱朴子内篇金丹：「余考覽養性（太平御覽六百七十又九八五引作「養生」，金汋經作「養性」）之書，鳩集久視之方，曾所披涉篇卷，以千計矣，莫不皆以還丹金液爲大要者焉。」……「是以古之道士合作神藥，必入名山。」又登涉：「凡爲道合藥及避亂隱居者，莫不入山。」

〔二〕抱朴子内篇金丹：「余所以絶慶弔於鄉黨，棄當世之榮華者，必欲遠登名山，成所著子書，次則合神藥，規長生故也。俗人莫不怪予之委桑梓，背清塗，而躬耕林藪，手足胼胝，謂予有狂惑之疾也。然道與世事不並興，若不廢人間之務，何得修如此之志乎？」又至理：「故山林養性之家，遺俗得意之徒，比崇高於贅疣，方萬物乎蟬翼，豈苟爲大言，而强薄世事哉？誠其所見者了，故棄之如忘耳。」（史記留侯世家：「『今以三寸舌爲帝者師，封萬户，位列侯，此布衣之極，於良足矣。願弃人間事，欲從赤松子游耳。』乃學辟穀，道引輕身。」（漢書張良傳作「乃學道，欲輕舉。」顏注：「道謂仙道。」）張良言行，足與稚川此文相發。）

〔三〕照按：「惜」疑「借」之誤。

又士林之中，雖不可出〔一〕，而見造之賓，意不能拒〔二〕。妨人所作，不得專一。乃嘆曰：「山林之中無道也，而古之修道者必入山林者，誠欲以違遠讙譁，使心不亂也〔三〕。今將遂本志，委桑梓，適嵩岳以尋方平、梁公之軌〔四〕。先所作子書內外篇，幸已用功夫，聊復撰次，以示將來云爾。

〔一〕韓詩外傳五：「朝廷之士爲祿，故入而不出；山林之士爲名，故往而不返。」漢書王貢兩龔鮑傳贊：「故曰：『山林之士往而不能反，朝廷之士入而不能出。』二者各有所短。」

〔二〕袁宏羅浮記：「洪還廣州，乃憩於此山。」（太平寰宇記卷一百六十引）羅浮圖志：「稚川居羅浮時，（鮑）靚爲南海太守，以道術見稱。……與稚川善，常往來山中，或語論達旦乃去。」（正統道藏洞真部「淡」字號歷世真僊體道通鑑卷二十一引）晉書葛洪傳：「後師事南海太守鮑玄。（鮑靚字太玄，此文既漏「太」字，而又誤「玄」爲名。）玄亦內學，逆占將來，見洪深重之，以女妻洪。」又藝術鮑靚傳：「鮑靚字太玄，東海人也。……靚學兼內外，明天文、河洛書。稍遷南陽中部都尉，爲南海太守。」雲笈七籤卷一百十五鮑姑傳：「鮑姑者，南海太守鮑靚之女，晉散騎常侍葛洪之妻也。……（靚）累徵至黃門侍郎，求出爲南海太守，以姑適葛稚川。」

〔三〕抱朴子內篇明本：「山林之中非有道也，而爲道者必入山林，誠欲遠彼腥膻，而即此清淨也。夫入九室以精思，存真一以招神者，既不喜諠譁而合〔交〕污穢，而合金丹之大藥，鍊八石之飛精者，尤忌利口之愚人，凡俗之聞見，明靈爲之不降，仙藥爲之不成，非小禁也。止於人中，……或有親舊之往來，牽之以慶弔，莫若幽隱一切，免於如此之臭鼠矣。彼之邈爾獨往，得意嵩岫，豈不有以乎？」

〔四〕爾雅釋山：「山大而高崧。」郭注：「今中嶽嵩高山，蓋依此名。」釋名釋山：「山大而高曰嵩。嵩，竦也；亦高稱也。」玉篇山部：「嶽，五嶽也。岳，同上。」嵩岳，泛指高山。方平，王遠字。神仙傳王遠傳：「王遠，字方平，東海人也。舉孝廉，除郎中，稍加至中散大夫。博學五經，兼明天文、圖讖、河洛之要，逆知天下盛衰之期，九州吉凶之事。漢孝桓帝聞之，連徵不出。……方平無復子孫，鄉里人累世傳事之。」梁公，梁鴻。後漢書逸民梁鴻傳：「梁鴻字伯鸞，扶風平陵人也。……後受業太學，家貧而尚節介，博覽無不通，而不爲章句。……埶家慕其高節，多欲女之，鴻並絶不娶。同縣孟氏有女，狀肥醜而黑，力舉石臼，擇對不嫁，至年三十。父母問其故。女曰：『欲得賢如梁伯鸞者。』鴻聞而娉之。……鴻大喜曰：『此真梁鴻妻也。能奉我矣！』……乃共入霸陵山中，以耕織爲業，詠詩書，彈琴以自娛。仰慕前世高士，而爲四皓以來二十四人作頌。（又見皇甫謐高士傳梁鴻傳〔續列女傳梁鴻妻傳略同〕）

洪年十五六時，所作詩賦雜文，當時自謂可行於代。本脱於代二字，從意林補。至于弱冠〔一〕，更詳省之，殊多不稱意〔二〕。天才未必爲增也，直所覽差廣，而覺妍媸之別。於是大有所製，棄十不存一。今除所作子書〔三〕，但雜尚餘百所卷〔四〕，猶未盡損益之理，而多慘憒〔五〕，不遑復料護之。

〔一〕禮記曲禮上：「二十曰弱冠。」正義：「二十成人，初加冠，體猶未壯，故曰弱也。」

〔二〕稱讀去聲。廣韻四十七證：「稱，愜意。」

〔三〕足見稚川弱冠前抱朴子內外篇已著手草創矣。

〔四〕照按：「雜」下疑脫「文」字。

〔五〕照按：「憤」疑「憒」之誤。莊子天運：「夫仁義憯然，乃憤吾心。」釋文：「憯然，七感反。乃憤，本又作憒，古內反。」郭慶藩集釋：「案『憤』釋文本又作『憒』，當從之。憤、憒形相近，故從賁從貴之字常相混。潛夫論浮侈篇『懷憂憒憒』，後漢書王符傳作『憤憤』，即其證也。」詩小雅十月之交「胡憯莫懲」釋文：「憯，七感反，亦作慘。」又大雅民勞「憯不畏明」釋文：「憯，七感反，本作慘。」爾雅釋詁：「憯，憂也。」文選風賦「狀直憯悽惏慄」李注：「鄭玄（詩小雅雨無正『憯憯日瘁』句箋）曰：『憯，憂也。』」是「慘」與「憯」音義俱同。說文心部：「憒，亂也。」楚辭九思逢尤：「心煩憒兮意無聊。」王注：「憒，亂也。」戰國策齊策四：「（孟嘗君）謝曰：『文倦於事，憒於憂。』」易林訟之井：「憒憒不說，憂從中出。」又大有之蒙：「李梅零墜，心思憒憒，懷憂少愧，亂我魂氣。」並足爲此文「憤」當作「憒」之證。晉書后妃上左貴嬪傳：「（離思賦）意慘憒而無聊兮，思纏綿以增慕。」其以「慘憒」連文，已先於稚川矣。

他人文成，便呼藏本作手便，從舊寫本改。快意〔一〕，余才鈍思遲，實不能尔。藏本作示，從舊寫本改。作文章每一更字，輒自轉勝，但患嬾又所作多，不能數省之耳。

〔一〕文選典論論文：「常人……又患闇於自見，謂己爲賢。」詩品序：「至使膏腴子弟，恥文不逮。終朝點綴，分夜呻吟，獨觀謂爲警策，衆覩終淪平鈍。」顏氏家訓文章：「今世文士，此患彌切，一事愜當，一句清巧，神厲九霄，志凌千載，自吟自賞，不覺更有傍人。」又：「必乏天才，勿強操筆。吾見世人，至無才思，自謂清華，流布醜拙，亦以衆矣。」均可證成稚川此說。

洪年二十餘，乃計作細碎小文，妨棄功日，未若立一家之言〔一〕，乃草創子書〔二〕。會遇兵亂〔三〕，流離播越〔四〕，有所亡失。連在道路，不復投筆十餘年〔五〕。至建武中，乃定〔六〕。

〔一〕左傳襄公二十四年：「豹聞之：大上有立德，其次有立功，其次有立言。」漢書司馬遷傳：「（報任安書）亦欲以究天人之際，通古今之變，成一家之言。」文選曹丕與吳質書：「（偉長）著中論二十餘篇，成一家之言。」

〔二〕論語憲問：「子曰：『爲命，裨諶草創之，世叔討論之，行人子羽脩飾之，東里子産潤色之。』」朱注：「草，略也。創，造也，謂造爲草藁也。」匡謬正俗卷四：「草創者，猶言草昧，蓋初始之謂矣。又曰：草者，藁草，亦未成之稱。」子書，謂抱朴子内外篇。周禮春官司几筵「凶事仍几」鄭注：「故書仍爲乃。鄭司農（衆）云：『……乃讀爲仍，仍，因也。』」廣雅釋詁四：「仍，重也。」又釋言：「仍，再也。」上文曾謂弱冠前已作子書，則此處「草創」二字，合作藁草未成解。「乃草創子書」，即將弱冠前所作草藁再事修訂之意，非謂其始作也。

〔三〕西晉時期，内憂外患紛至沓來，爭地爭城，無歲無之，故云會遇兵亂。

〔四〕左傳昭公二十六年：「茲不穀震盪播越，竄在荆蠻。」國語晉語二：「隱悼播越，託在草莽，未有所依。」韋注：「隱，憂也。悼，懼也。播，散也。越，遠也。依，倚也。」

〔五〕陳澧曰：「『投』字疑誤。」照按：「投」蓋「役」之誤。役，使也（淮南子本經「乘時因勢以服役人心也」高注）；事也（左傳成公二年「以役王命」杜注）。

〔六〕 建武，東晉元帝卽王位年號，僅一年，次年三月改元爲太興。是抱朴子外篇完稿之日，尚在太興元年三月前，故云建武中乃定。

凡著内篇二十卷，外篇五十卷〔一〕，碑、頌、詩、賦百卷〔二〕，軍書、檄移、章表、箋記三十卷〔三〕，又撰俗所不列者爲神僊傳十卷〔四〕，又撰高尚藏本作上，今從舊寫本。不仕者爲隱逸傳十卷〔五〕，又抄五經、七史、百家之言、兵事、方伎、短雜、奇要三百一十卷〔六〕，別有目録〔七〕。其内篇言神僊、方藥、鬼怪、變化、養生、延年、禳邪、却禍之事，屬道家；其外篇言人閒得失，世事臧否，屬儒家〔八〕。

〔一〕 今本内篇仍爲二十卷。蓋每卷一篇，有佚文。今本外篇仍爲五十卷。各篇長短相差較大，蓋長者每卷一篇，短者則其卷不止一篇（如卷之四十九卽含知止、窮達、重言三篇爲一卷）。多佚篇（如軍術篇卽佚篇之一）。有佚文。晉書本傳稱：「大凡内、外一百一十六篇。」今本内、外篇合計祇得七十二篇，是已佚四十四篇矣。全晉文卷一百十七所輯録者，均爲抱朴子佚文：計内篇佚文輯得五十一條，外篇佚文輯得一百五條。分別輯存，便於參稽。（平津館叢書本附繼昌所輯佚文，實出自嚴可均之手。鐵橋漫稿卷六代繼蓮龕敍抱朴子佚文曾明言之。）

〔二〕 晉書本傳：「所著碑、誄、詩、賦百卷。」正統道藏惟字號王松年仙苑編珠卷上注引道學傳同。碑，他書未見徵引，無由考索。晉書張闓傳：「帝（元帝）踐阼，（闓）出補晉陵内史，在郡甚有威惠。……時所郡四縣並以旱失田，闓乃立曲阿新豐塘，溉田八百餘頃，每歲豐稔。葛洪爲其頌。」世説新語規箴：「元皇帝時，廷尉張闓」條劉注引葛洪富民塘頌〔敍闓〕（此二字據唐寫本增補）曰：「闓字敬緒，丹陽人，張昭孫也。」此洪作頌之可考者。其事雖在建武元年後，然李善注選，已有「或引後以明前」之例（見兩都賦序「朝廷無事」句注），故舉富民塘頌爲證。洪之詩作，丁福保全三國晉南北朝詩晉詩卷五輯有洗藥池詩一首。逯欽立先秦漢魏南北朝詩晉詩卷二十一除輯有洗藥池詩一首外，尚輯有法嬰玄靈之曲二首，上元夫人步玄之曲一首，四非歌一首。賦僅存者，有洪之遐觀賦殘文：「吳公（蜈蚣）大者，長百步，頭如車箱，可畏惡。越人獵之，屠裂取肉，白如瓠。稱金爭買爲羹炙。」（太平御覽九四六引）嚴可均曰：「案此不似賦，疑是序或本注，未能定之。抱朴子（内篇）有遐覽篇，無此語。」（見全晉文卷一百十六）碑、頌、詩、賦，多至百卷，可謂「多文以爲賦」矣。

〔三〕晉書本傳：「所著……移檄、章表三十卷。」（道學傳作「檄、章、牋、表三十卷」）又：「（顧）祕檄洪爲將兵都尉，攻（石）冰別率，破之，遷伏波將軍。元帝（即琅邪王司馬睿）爲丞相，辟爲掾。以平賊（破石冰別率）功，賜爵關内侯。」是洪自爲將兵都尉（公元三零三年，時二十一歲）至爲關内侯（公元三一七年，時三十五歲）十四年間，曾任武職及文職，故有軍書、檄移、章表、箋記（文心雕龍書記：「公府奏記，而郡將奏〔奉〕牋。」）之作。其文辭皆不復存，可勝慨嘆！

〔四〕晉書本傳：「所著……神仙……等傳各十卷。」道學傳：「著……神仙傳十卷。」今傳世者雖仍爲十卷，但汲古閣本所録爲八十四人，王謨漢魏叢書本增至九十二人，已非原著之舊矣。三國志蜀書先主傳、吳書士燮傳又吳範劉惇趙達傳裴注均曾引神仙傳，其受重視已可概見。道藏「海」字號收有劉向列仙傳二卷，沈汾續仙傳三卷，獨無洪之神仙傳，蓋漏收也。

〔五〕孫星衍曰：「（尚）藏本作『上』，今從舊寫本。」照按：吉藩本作「士」，是也。逸民、擢才、廣譬三篇，並有「高士」之文。藏本作「上」，即「士」之殘誤。（魯藩本作「止」，又由「上」致誤。若原是「尚」字，無緣誤爲「止」也。）晉書本傳：「所著……隱逸……等傳各十卷。」道學傳：「著……隱逸傳十卷。」尋東晉前撰高士、逸士者多家，其書雖未全存，但史志既著於録，他書亦有徵引。惟洪之隱逸傳，著録、徵引，皆未之見。是著作之流傳，固有幸與不幸也。

〔六〕晉書本傳：「又抄五經、史、漢、百家之言、方技、雜事三百一十卷。」道學傳：「抄五經、史、〔漢〕、百家之言、方伎、雜事三百一十卷。」抱朴子佚文：「抄掇衆書，撮其精要，用功少而所收多，思不煩而所見博。」（太平御覽六百二引）此洪自言鈔掇衆書之益，故所鈔範圍廣，多達三百一十卷。五經，白虎通德論五經：「五經何謂？謂易、尚書、詩、禮、春秋也。」儀禮喪服，是禮經中最要篇目。晉儒多所究心，葛洪其一也。隋書經籍志一經部禮類：「喪服變除一卷，晉散騎常侍葛洪撰。」經典釋文儀禮音義喪服經傳第十一「一搤」釋文：「王肅、劉逵、袁準、孔倫、葛洪皆云：『滿手曰搤。』」通典禮四十七凶禮九五服成服及變除附中「三月而卒哭」又「十三月小祥」注，均引有葛洪説。是所鈔儀禮並下己意佚文之僅存者。其餘四經，洪所鈔已無跡可尋矣。七史中洪鈔之可考者有四：一曰史記鈔，見新唐書藝文志二乙部雜史類、通志藝文略三正史類、高似孫史略史鈔類；二曰漢書鈔，見隋書經籍志二史部雜史類、通志藝文略三正史類、史略史鈔類；三曰後漢書鈔見舊唐書經籍志上乙部雜史類、通志藝文略正史類、史略史鈔類；（按此後漢書指東觀漢記。四庫全書東觀漢記提要：「晉時以此書與史記、漢書爲三史，人多習之。」（卷五十史部六）其説甚是。如三國志蜀書孟光傳、吳書呂蒙傳裴注引江表傳所言之三史，即含有東觀漢記在内。孟光、孫權皆三國時人，所研閲者，非東觀漢記莫屬。）四曰吳志鈔，見史略史鈔類。（今本「吳志」上闕「葛洪」二字）洪先世爲吳臣民，其鈔吳志與論吳失，蓋尚有故國之思夫！（不鈔魏志、蜀志，其用意固已甚明。）百家之言，指子部書。唐釋法琳辨正論卷九引劉宋陸修靜道家書目：「莊子一部十七卷，莊子所出，葛洪修選。」（見大正藏卷五十二）目中所列標有著者之十八種書，或署曰撰，或署曰修撰，以示其差異。如「抱朴子一部二十卷，葛洪撰。」與「莊子一部十七卷，……葛洪修撰。」顯然有所不同。然則修撰者，蓋謂其照鈔原書之外而又間下己意也。洪既鈔兵事，又論軍術，（外篇中原有軍術篇，已佚。）軍旅之事必了然於心，故能臨敵制勝，屢立戰功。方伎有醫經、經方、房中、神僊四種（見漢書藝文志方技略），皆與洪之信念及內篇論述有關。惟所鈔者已佚，無緣取以爲證。短雜，謂短雜文章。上文「曾所披涉，自正經、諸史、百家之言，下至短雜文章。」辭句與此略同，可證。前鈞世篇：「且夫尚書者，政事之集也，然未若近代之優文、詔、策、軍書、奏、議之清富贍麗也。」又抱朴子佚文：「是以聖人實之於文，鑄之於學；夫文、學也者，人倫之首，大教之本也。」（太平御覽六百七引）其鈔集文章之故，昭然若揭。奇要，蓋指遁甲、醫方諸書。抱朴子內篇登涉：「按玉鈐經云：『欲入名山，不可不知遁甲之祕術。』……余少有入山之志，由此乃行學遁甲書，乃有六十餘卷，事不可卒精，故鈔集其要，以爲囊中立成。」隋書經籍志三子部五行類著録署爲洪撰之遁甲書凡五種，其重視可知矣。晉書本傳：「洪傳玄（葛玄）業，兼綜練醫術，凡所著撰，皆精覈是非。……又抄……金匱藥方一百卷，肘後要急方四卷。」道學傳：「抄……金匱藥方百卷，肘后要方四卷。」抱朴子內篇雜應：「余見戴霸、華佗所集金匱緑囊、崔中書、黃素方及百家雜方五百許卷。甘胡、呂傳、周始、甘唐通、阮河南（原誤倒作南河，今據孫人和校補說乙轉。）等，各撰集暴卒備急方，……余究而觀之，殊多不備。……余所撰百卷，名曰玉函方，皆分別病名，以類相續，不相雜錯，其救卒參卷，皆單行徑易，約而易驗，籬陌之間，顧眄皆藥，衆急之病，無不畢備，家有此方，可不用醫。」葛洪肘後備急方序：「余既窮覽墳索，以著述餘暇，兼綜術數，省仲景（張機字）、元化（華佗字）、劉（德）、戴（霸）祕要，……患其混雜煩重，有求難得。故周流華夏九州之中，收拾奇異，捃拾遺逸，選而集之，使種類殊分，緩急易簡，凡爲百卷，名曰玉函。然非有力，不能盡寫。又見周、甘唐、阮諸家，各作備急，既不能窮諸病狀，兼多珍貴之藥，豈貧家野居所能立辦？……余今採其要約，以爲肘後救卒三卷，率多易得之藥，其不獲已須買之者，亦皆賤價，草石所在皆有。」唐寫本陶弘景本草集注序録：「自晉世已來，其貴勝阮德如、張茂先、裴逸民、皇甫士安、及江左葛稚川、蔡謨、殷淵源諸名人等，並亦研精藥術。凡此諸人，各有所撰藥方。」晉書本傳稱「洪博聞深洽，江左絶倫，著述篇章，富於班、馬。」證諸上所箋疏，非過譽也。

〔七〕目録已佚。清丁國鈞、文廷式、秦榮光、黄逢元、吴士鑑均撰有補晉書藝文志，分類著録洪之各種著述，可參閲。

〔八〕晉書本傳：「其自序曰：『……故予所著子（書）言黄白之事，名曰内篇，其餘駁難通釋，名曰外篇（今本抱朴子内篇序辭句有異）。』」外篇比内篇先成（見内篇黄白），「駁難通釋」，即「言人間得失，世事臧否」二語概括之辭。

洪見魏文帝典論藏本作典目，從舊寫本改。自敘，末藏本作未，從舊寫本改。及彈棊擊劍之事〔一〕，有意於略説所知，而實不數〔二〕。少所便能，不可虚自稱揚。今將具言所不閑焉〔三〕。

〔一〕典論自敍：「余又學擊劍，閲師多矣，四方之法各異，唯京師爲善。桓、靈之間，有虎賁王越善斯術，稱於京師。河南史阿言昔與越遊，具得其法，余從阿學之精熟（太平御覽五九二作甚精）。……余於他戲弄之事少所喜，唯彈棊略盡其巧，少爲之賦（彈棊賦見藝文類聚七四）。昔京師先工有馬合鄉侯、東方安世、張公子，常恨不得與彼數子者對。」（三國志魏書文帝紀裴注、御覽五九二（有删節）引）又劍銘：「余好擊劍，善以短乘長。」（北堂書鈔一二二、初學記二二、太平御覽三四三引）史記刺客荆軻傳：「荆卿好讀書，擊劍。」又司馬相如傳：「少時好讀書，學擊劍。」漢書司馬相如傳上顏注：「擊劍者，以劍遥擊而中之，非斬刺也。」彈棊，已見崇教篇「校彈棊、樗蒲之巧拙」句箋。

〔二〕照按：尋繹上下文意，當於「數」字絶句，「數」上似脱「足」字（蜀藏本「不數」作「不敷」，蓋臆改）。論語子路「斗筲之人，何足算也」集解引鄭玄曰：「算，數也。」皇疏：「言今之小人器量，如斗筲之器耳，何足數也。」邢疏：「何足數也，言不足數。」

〔三〕爾雅釋詁：「閑，習也。」

洪體鈍性駑，寡所玩好。自總髮垂髫〔一〕，有脱句又擲瓦、手搏，不及兒童之羣。未曾鬭雞鶩，走狗馬〔二〕。見人博戲〔三〕，了不目眄。或強牽引觀之，殊不入神，有若晝睡。是以至今不知棊局上有幾道〔四〕，樗蒲齒名〔五〕。亦念此輩末伎，亂意思而妨日月，在位有損政事，儒者則廢講誦，凡民則忘稼穡〔六〕，商人則失貨財。

〔一〕總髮垂髫，指童年。文選潘岳籍田賦：「披裼振裾，垂髫總髮。」李注：「（三國志）魏志毛玠曰：『臣垂髫執簡。』（「髫」，今本毛玠傳作「齠」。〔文選七命「玄齠巷歌」李注：「埤蒼曰：『髫，髮也。』髫與齠古字通也。」〕）埤蒼曰：『髫，髦也。』大聊切。毛詩（衛風氓）曰：『總角之宴。』毛萇曰：『總角，結髮也。』」又按：孫星衍謂「自總髮垂髫」句下「有脱句」，甚是。因後文敘述者，有非童年之所爲也。

〔二〕戰國策齊策一：「臨淄甚富而實，其民無不吹竽鼓瑟，擊筑彈琴，鬭雞走犬。」（史記蘇秦傳「犬」作「狗」）史記袁盎傳：「袁盎病免居家，與閭里浮沈，相隨行，鬭雞走狗。」漢書宣帝紀：「高材好學，然亦喜游俠，鬭雞走馬。」又眭弘傳：「少時好俠，鬭雞走馬。」爾雅釋鳥：「舒鳧，鶩。」郭注：「鴨也。」釋文：「鶩，音木。」尸子：「野鴨爲鳧，家鴨爲鶩。」（證類本草卷十九陳藏器本草引）

〔三〕論語陽貨「不有博弈者乎」皇疏：「博者，十二棊對而擲采者也。」荀子大略「六貳之博」楊注：「六貳之博，即六博也。王逸注楚詞（招魂）云：『投六箸，行六棊，故曰六博。』（今本楚辭作「六簙」，「博」與「簙」同。）今之博局，亦二六相對也。」説文竹部：「簙，局戲也，六箸十二棊也。」（段注：「古戲，今不得其實。箸，韓非所謂博箭。（見韓非子外儲説左上）招魂注云：『箟簬作箸。』故其字从竹。」）鮑宏博經：「用十二棊，六棊白，六棊黑。所擲頭謂之瓊。瓊有五采，刻爲一畫者謂之塞，刻爲兩畫者謂之白，刻爲三畫者謂之黑，一邊不刻者五塞之間，謂之五塞。（後漢書梁冀傳「六博」李注、楚辭招魂「有六簙些」洪補注引）古博經：「博法：二人相對，坐向局，局分爲十二道，兩頭當中名爲水。用碁十二枚，六白六黑；又用魚二枚置於水中。其擲采以瓊爲之。瓊畟方寸三分，長寸五分，鋭其頭，鑽刻瓊四面爲眼，亦名爲齒。二人互擲采行碁。碁行到處即豎之，名爲驍碁，即入水食魚，亦名牽魚。每牽一魚獲二籌，翻一魚獲三籌。若已牽兩魚而不勝者，名曰被翻雙魚。彼家獲六籌爲大勝也。畟音則。」（列子説符「擊博樓上」釋文、楚辭招魂洪補注〔「若已牽兩魚……爲大勝也」三句無〕）西京雜記四：「許博昌，安陵人也。善陸博。……法用六箸，或謂之究，以竹爲之，長六分。或用二箸。」

〔四〕棊局，即棊盤，亦稱棊枰。棊類不同，其局上道數亦因之各異。晉以前棊局道最多者，厥惟圍棊。文選韋昭博弈論：「夫一木之枰，孰與方國之封；枯棊三百，孰與萬人之將。」李注：「（魏）邯鄲淳藝經曰：『棊局縱横各十七道，合二百八十九道；白、黑棊子，各一百五十枚。』」李周翰曰：「枯棊，棊子也。」

〔五〕樗蒲，古博戲名。已見崇教篇「校彈棊、樗蒲之巧拙」句箋。齒，樗蒲戲擲采之具，斲木爲之，凡五子，故稱五木。

馬融樗蒱賦：「齒爲號令，……排五木，散九齒。」（藝文類聚七四引）郭澄之郭子：「桓公（桓温）年少，至貧，嘗樗蒱失數百斛米。齒既惡，意亦沮。」（太平御覽七五四引）江蕤別傳：「蕤年十一，始學樗蒱。祖母爲說往事，有以博弈破業廢身者。於是卽棄五木，終身不爲戲。」（同上書引）世說新語方正：「王子敬數歲時，常看諸門生樗蒱，見有勝負，因曰：『南風不競。』」又任誕：「温太真（温嶠）位未高時，屢與揚州、淮中估客樗蒱，與輒不競。」史家謂「晉人多好樗蒱」，（見通鑑卷九三晉紀十五太寧三年「以陶侃爲征西大將軍」節胡注）證以上引四事，信然。齒名，謂擲五木所有采名。程大昌演繁露卷六投五木瓊橩玖骰：「方其用木也，五子之形，兩頭尖銳，中間廣平，狀似今之杏仁。惟其尖銳，故可轉躍。惟其廣平，故可以鏤采也。凡一子悉爲兩面，其一面塗黑，黑之上畫牛犢，……一面畫白，白之上卽畫雉。……凡投子者，五皆現黑，則其名盧，盧者，黑也，言五子皆黑也。五黑皆現，則五犢隨現，從可知矣。此在樗蒱爲最高之采。挼木爲擲，往往叱喝使致其極，故亦名呼盧也。其次五子四黑而一白，則是四犢一雉，則其采名雉，用一比盧，降一等矣。自此而降，白黑相雜，每每不同，故名爲梟，……或名爲犍，謂五木十擲輒犍，非其人不能是也。」

〔六〕書洪範：「土爰稼穡。」孔傳：「種曰稼，斂曰穡。土可以種，可以斂。」

至於勝負未分，交爭都市，心熱於中，顏愁於外，名之爲樂，而實煎悴。喪廉恥之操，興爭競之端，相取重貨，密結怨隙。昔宋閔公、吳太子致碎首之禍，生叛亂之變，覆滅七國，幾傾天朝〔一〕。作戒百代，其鑒明矣。

〔一〕公羊傳莊公十二年：「秋，八月，甲午，宋萬弒其君接（閔公名）及其大夫仇牧。……萬嘗與莊公戰，獲乎莊公。

莊公歸，散舍諸宮中。數月，然後歸之。歸反，爲大夫於宋。與閔公博，（何注：「傳本道此者，極其禍生於博戲，相慢易也。」）婦人皆在側。萬曰：『甚矣，魯侯之淑，魯侯之美也！天下諸侯宜爲君者，唯魯侯爾。』閔公矜此婦人，妒其言，顧曰：『此虜也，爾虜焉故，魯侯之美惡乎至？』萬怒，搏閔公，絶其脰。（何注：「脰，頸也。齊人語。」）仇牧聞君弒，趨而至，遇之于門，手劍而叱之。萬臂摋仇牧，碎其首，齒著乎門闔。」（又見韓詩外傳八、新序義勇）史記宋微子世家：「（湣〔與閔同〕公）十年夏，宋伐魯，戰於乘丘，魯生虜宋南宮萬。宋人請萬，萬歸宋。十一年秋，湣公與南宮萬獵，因博爭行，湣公怒，辱之，曰：『始吾敬若；今若，魯虜也。』萬有力，病此言，遂以局殺湣公于蒙澤。大夫仇牧聞之，以兵造公門。萬搏牧，牧齒著門闔死。因殺太宰華督，乃更立公子游爲君。諸公子犇蕭，公子禦說犇亳。萬弟南宮牛將兵圍亳。冬，蕭及宋之諸公子共擊殺南宮牛，弒宋新君游而立湣公弟禦說，是爲桓公。宋萬犇陳。……桓公二年，諸侯伐宋，至郊而去。」春秋繁露王道：「宋閔公矜婦人而心妒，與大夫萬博，萬譽魯莊公曰：『天下諸侯宜爲君者，唯魯侯爾。』閔公妒其言，曰：『此虜也，爾虜焉知魯侯之美惡乎？』至〔致〕萬怒，搏閔公絶脰。此以與臣博之過也。」史記吳王濞傳：「孝文時，吳太子入見，得侍皇太子飲博。吳太子師傅皆楚人，輕悍，又素驕，博，爭道，不恭，皇太子引博局提吳太子，殺之。……吳王由此稍失藩臣之禮，稱病不朝。……漢廷臣方議削吳。吳王濞恐削地無已，因以此發謀，欲舉事。念諸侯無足與計謀者，聞膠西王勇，好氣，喜兵，諸齊皆憚畏，於是乃使中大夫應高誂膠西王。……王曰：『善。』高歸報吳王，吳王猶恐其不與，乃身自爲使，使於膠西，面結之。……（膠西）遂發使約齊、菑川、膠東、濟南、濟北，皆許諾。……七國反書聞天子，天子乃遣太尉條侯周亞夫將三十六將軍，往擊吳楚；遣曲周侯酈寄擊趙；將軍欒布擊齊；大將軍竇嬰屯滎陽，監齊趙兵。」又景帝紀：「（三年）吳王濞、楚王戊、趙王遂、膠西王卬、濟南王辟光、菑川王賢、膠東王雄渠反，發兵西鄉。……上乃遣大將竇嬰、太尉周亞夫將兵誅之。」漢書景帝紀：「諸將破七國，斬首十餘萬級。追斬吳王濞於丹徒。膠西王卬、楚王戊、趙王遂、濟南王辟光、菑川王賢、膠東王雄渠皆自殺。」天朝，謂漢景帝王朝。

每觀戲者，慙恚交集，手足相及，醜詈相加，絶交壞友，往往有焉。怨不在大，亦不在小〔一〕。多召悔忞〔二〕，不足爲也。

〔一〕書康誥：「我聞曰：『怨不在大，亦不在小。』」孔傳：「不在大，大起於小；不在小，小至於大。言怨不可爲。」國語晉語九：「周書有之曰：『怨不在大，亦不在小。』夫君子能勤小物，故無大患。」（說苑貴德同）韋注：「或大而不爲怨。禍難或起於小怨。物，事也。」

〔二〕「忞」，「吝」之俗。見廣韻二十一震吝字下。「悔吝」，已見本篇上文「悔吝百端」句箋。

仲尼雖有晝寢之戒〔一〕，以洪較之，洪實未許其賢於晝寢。何者？晝寢但無益，而未有怨恨之憂，鬬訟之變。聖者猶韋編三絶，以勤經業〔二〕，凡才近人，安得兼修？惟諸戲盡，不如示一尺之書〔三〕。故因本不喜而不爲，蓋此俗人所親焉〔四〕。

〔一〕論語公冶長：「宰予晝寢。子曰：『朽木不可雕也，糞土之牆不可杇也，於予與何誅。』」集解：「包（咸）曰：『朽，腐也。雕，雕琢刻畫。』王（肅）曰：『杇，鏝也。此二者，以喻施工猶不成。』孔（安國）曰：『誅，責也。今我當何責於汝乎？深責之。』」皇疏：「寢，眠也。宰予惰學而晝眠也。……當晝而寢，不可復教，譬如爛木與糞牆之不可施功也。」

〔二〕史記孔子世家：「孔子晚而喜易，序彖、繫、象、說卦、文言，讀易，韋編三絶。曰：『假我數年，若是，我於易則彬彬矣。〕漢書儒林傳序：「(孔子)蓋晚而好易，讀之韋編三絕，而爲之傳。」顔注：「編，所以聯次簡也。言愛玩之甚，故編簡之韋爲之三絕也。傳，謂彖、象、繫辭、文言、說卦之屬。」(焦循易圖略：「孔子讀易，韋編三絕，非不能解也，正是解得其參伍錯綜之故，讀至此卦此爻，知其與彼卦彼爻相比例，遂檢彼以審之。由此及彼，又由彼及此，千脈萬絡，一氣貫通，前後互推，端委悉見，所以韋編至於三絕。若云一見不解，讀至千百度，至於韋編三絕乃解，失之矣。」)

〔三〕莊子應帝王「嘗試與來，以予示之」釋文：「示之，本亦作視。崔(譔)云：『示，視之也。』」又徐无鬼「中之質若示日」釋文：「示日，音視。司馬(彪)本作視，云視日，瞻遠也。」是「示」與「視」古字通用也。一尺之書，指當時長幅卷子本。世說新語文學：「庾子嵩(名敳)讀莊子，開卷一尺許便放去。」開卷一尺許與示一尺之書，其義皆謂所閱讀者甚少耳。

〔四〕照按：「蓋此」二字誤倒，當乙轉。前刺驕篇「此蓋左衽之所爲」，廣譬篇「此蓋葉公之好僞形」，內篇對俗「此蓋愚暗之局談」，金丹「此蓋假求於外物以自堅固」，至理「此蓋道之薄者」。並作「此蓋」，可證。

少嘗學射，但力少不能挽強，若顔高之弓耳〔一〕。意爲射既在六藝〔二〕，又可以禦寇辟劫及取鳥獸，是以習之。昔在軍旅，曾手射追騎，應弦而倒，殺二賊一馬，遂以得免死〔三〕。

〔一〕左傳定公八年：「公侵齊，門于陽州，士皆坐列，曰：『顔高之弓六鈞。』皆取而傳觀之。」杜注：「顔高，魯人。三十斤爲鈞。六鈞，百八十斤。古稱重，故以爲異強。」釋文：「稱，尺證反。強，其丈反。」

〔二〕周禮地官保氏：「乃教之六藝，……三曰五射。」鄭注：「鄭司農(衆)云：『五射，白矢、參連、剡注、襄尺、井儀也。』」

淮南子說山：「爲孔子窮於陳蔡而廢六藝，則惑。」高注：「六藝，禮、樂、射、御、書、數。」漢書司馬相如傳上：「（上林賦）游於六藝之囿。」顏注引郭璞曰：「六藝，禮、樂、射、御、書、數也。」又司馬遷傳「以拾遺補蓺」顏注：「蓺，古藝字。」

〔三〕 顏氏家訓雜藝：「河北文士，率曉兵射，非直葛洪一箭，已解追兵。」葛洪二句，即約用此文。

又曾受刀楯及單刀雙戟〔一〕，皆有口訣要術〔二〕，以待取人，乃有祕法，其巧入神。若以此道與不曉者對，便可以當全獨勝，所向無前矣。

〔一〕 方言九：「盾，自關而東或謂之瞂，或謂之干，關西謂之盾。」郭注：「（瞂）音伐。干者，扞也。」（集韻十七準：「（盾）通作楯。」）又：「戟，……凡戟而無刃，……吳揚之間謂之戈。」說文盾部部首：「盾，瞂也，所以扞身蔽目。」段注：「用扞身，故謂之干。毛傳（詩周南兔罝）曰：『干，扞也。』用扞目，故字从目。」又戈部：「戟，有枝兵也。」段注：「兵者，械也。枝者，木別生條也。戟爲有枝之兵，則非若戈之平頭，而亦非直刃似木枝之衺出也。……方言曰：『戟無刃，吳揚之間謂之戈。』然則戟者，戈之有刃者也。戟亦非直刃，謂之有刃者何？其刃幾於直也。」（聶崇義三禮圖卷九有戈、戟圖及說明，可參閱。）

〔二〕 抱朴子內篇明本：「豈況金簡玉札，神仙之經，至要之言，又多不書。登壇歃血，乃傳口訣。」是口訣謂以口語傳授也。

晚又學七尺杖術〔一〕，可以入白刃取大戟〔二〕。然亦是不急之末學，知之譬如麟角鳳距〔三〕，何必用之。過藏本脫過字，從舊寫本補。此已往，未之或知〔四〕。

〔一〕漢書西域傳上：「烏弋山離國，……以金銀飾杖。」顏注：「杖，謂所持兵器也。」（今武林中仍有習杖術者）

〔二〕禮記中庸：「白刃可蹈也。」正義：「言白刃雖利，尚可履蹈而行之。」莊子秋水：「白刃交於前，視死若生者，烈士之勇也。」

〔三〕爾雅釋獸：「麐，麕身，牛尾，一角。」詩周南麟之趾序釋文：「（陸璣）草木疏云：『（麐）麕身，牛尾，馬足，黃色，員蹄，一角。』」玉篇鹿部：「麟，仁獸也，麒麟也。麐，同上。」鳳距，已見詰鮑篇「鳳之距也」句箋。

〔四〕孫星衍曰：「藏本脱『過』字，從舊寫本補。」照按：孫補是。易繫辭下：「過此以往，未之或知也。」即此二語所自出。（彈禰篇有「過此以往」語）「以」、「已」古通用不別。

洪少有定志，決不出身〔一〕。每覽巢、許、子州、北人、石户、二姜、兩袁、法真、子龍之傳〔二〕，嘗廢書前席〔三〕，慕其爲人〔四〕。念精治五經，著一部子書，令後世知其爲文儒而已。

〔一〕漢書酷吏郅都傳：「常稱曰：『已背親而出身，固當奉職死節官下。』」（史記酷吏郅都傳作「已倍親而仕，身固當奉職死節官下。」）文選禰衡鸚鵡賦：「女辭家而適人，臣出身而事立。」

〔二〕巢、許，巢父、許由。已見嘉遯篇「各守洗耳之高」句及「而箕、潁有巢棲之客」句箋。子州，子州支父。莊子讓王：「堯以天下讓許由，許由不受。又讓於子州支父，（釋文：『支父，音甫。李（頤）云：『支父，字也，即支伯也。』』）子州支父曰：『以我爲天子，猶之可也；雖然，我適有幽憂之病，方且治之，未暇治天下也。』」（又見呂氏春秋貴生、嵇康聖賢高士傳（藝文類聚三六、太平御覽五百九引）、皇甫謐高士傳）……舜讓天下於子州支伯，子州支伯曰：『予適有幽憂之病，方且治之，未暇治天下也。』」北人，北人无擇。已見廣譬篇「北人、箕叟」句箋。石户，石户之農。已見逸民篇「虞舜非不能脅善卷、石户也」句箋。二姜，姜肱、姜岐。姜肱，已見逸民篇「（漢）桓帝以玄纁玉帛，安車軺輪聘姜伯雅〔淮〕」句箋。姜岐，皇甫謐高士傳：「姜岐字子平，漢陽上邽人也。少失父，獨與母、兄居。治書、易、春秋。恬居守道，名重西州。延熹中，沛國橋玄爲漢陽太守，召岐，欲以爲功曹，岐稱病不就。……其母死，喪禮畢，盡讓平水田與兄岑。遂隱居，以畜蜂豕爲事。……辟州從事，不詣。民從而居之者數千家。後舉賢良，公府辟以爲茂才，爲蒲坂令，皆不就。以壽終於家。」兩袁，袁安、袁閎。後漢書袁安傳：「袁安字邵公，汝南汝陽人也。祖父良，習孟氏易。……安少傳良學。爲人嚴重有威，見敬於州里。……後舉孝廉，除陰平長、任城令，所在吏人畏而愛之。」李注：「（周斐）汝南先賢傳曰：『時大雪積地丈餘，洛陽令身出案行，見人家皆除雪出，有乞食者。至袁安門，無有行路。謂安已死，令人除雪入户，見安僵卧。問何以不出？安曰：「大雪人皆餓，不宜干人。」令以爲賢，舉爲孝廉」也。』」（録異傳所載略同〔北堂書鈔七九、藝文類聚二引〕）又安玄孫閎傳：「閎字夏甫。……少勵操行，苦身修節。……累徵聘舉召，皆不應。居處仄陋，以耕學爲業。……延熹末，黨事將作，閎遂絶世，欲投迹深林。以母老不宜遠遁，乃築土室，四周於庭，不爲户，自牖納飲食而已。旦於室中東向拜母。母思閎，時往就視，母去，便自掩閉，兄弟妻子莫得見也。及母歿，不爲制服設位。……年五十七，卒於土室。」風俗通義愆禮：「公車徵士汝南袁夏甫，……閉户塞牖，不見賓客。清旦，東向再拜朝其母，〔母〕念時〔時〕往就之，子亦不得見，復踰〔踰〕拜耳。頭不著巾，身無單衣，足常木蹻，食止壇〔虀〕菜，云我無益家事，莫之能彊。」後漢紀桓帝紀下：「（延熹九年）袁閎築室於庭，日於室中東向拜母，去前後門户。及母喪，亦不制服位。如此十五年，卒以壽終。」汝南先賢傳（太平御覽五五六引）、皇甫謐高士傳均較略，茲不復贅。（西晉前袁姓高士，除袁閎外，多方弋釣未獲其人，故舉袁安備數。）法真，已見逸民篇「法高卿……三徵，皆不就」等句箋。

子龍，申屠蟠字。後漢書申屠蟠傳：「申屠蟠字子龍，陳留外黃人也。……家貧，傭爲漆工。郭林宗見而奇之。……後郡召爲主簿，不行。遂隱居精學，博貫五經，兼明圖緯。……太尉黄瓊辟，不就。……先是京師游士汝南范滂等非訐朝政，自公卿以下皆折節下之。太學生爭慕其風，以爲文學將興，處士復用。……（蟠）乃絶迹於梁碭之間，因樹爲屋，自同傭人。……大將軍何進連徵不詣。……唯蟠處亂末，終全高志。年七十四，終于家。」謝承後漢書：「陳留申屠蟠恥郡無處士，遂閉門養志，處蓬室，依大桑樹以爲棟梁。」（太平御覽九五五、事類賦二五引）皇甫謐高士傳：「申屠蟠……少有名節。……凡蒲車特徵，皆不就。」

〔三〕史記孟子荀卿傳：「太史公曰：『余讀孟子書，至梁惠王問何以利吾國，未嘗不廢書而歎也。』」

〔四〕史記司馬相如傳：「相如既學，慕藺相如之爲人，更名相如。」

後州郡及車騎大將軍辟，皆不就〔一〕。薦名琅邪王丞相府〔二〕，昔起義兵，賊平之後，了不修名詣府，論功主者〔三〕，永無賞報之冀。晉王應天順人〔四〕，撥亂反正〔五〕，結皇綱於垂絶，修宗廟之廢祀〔六〕，念先朝之滯賞，竝無報以勸來，洪隨例就彼。庚寅詔書賜爵關中侯〔七〕，食句容之邑二百户。

〔一〕晉書本傳：「後還鄉里，禮辟皆不赴。」

〔二〕晉書愍帝紀：「建興元年……五月壬辰，以鎮東大將軍、琅邪王睿爲侍中、左丞相、大都督陝東諸軍事。……（建興）三年……二月丙子，進左丞相、琅邪王睿爲〔丞相〕、大都督、督中外諸軍事。」又元帝紀：「元皇帝諱睿，字景文，宣帝曾孫，琅邪恭王覲之子也。……年十五，嗣位琅邪王。……愍帝即位，加左丞相。歲餘，進位丞相、大都督中外諸軍事。」又忠義虞悝傳：「元帝爲丞相，招延四方之士，多辟府掾，時人謂之『百六掾』。」又洪傳：「元帝爲丞相，辟爲掾。」

〔三〕起義兵、賊平、論功，已分見本篇上文「昔大（太）安中石冰作亂」句及「事平……了不論戰功」等句箋。主者，猶言主管之人。（主者二字，最先見史記陳丞相世家。）

〔四〕晉王應天順人，已見刺驕篇「今天下向平，中興有徵」二句箋。易革：「彖曰：『……湯武革命，順乎天而應乎人。』」

〔五〕撥亂反正，已見嘉遯篇「英逸者貴於吐奇撥亂」句箋。

〔六〕晉書元帝紀：「建武元年春二月辛巳，平東將軍宋哲至，宣愍帝詔曰：『遭運迍否，皇綱不振。朕以寡德，奉承洪緒，不能祈天永命，紹隆中興，至使凶胡敢帥犬羊，逼迫京輦。朕今幽塞窮城，憂慮萬端，恐一旦崩潰。卿指詣丞相，具宣朕意，使攝萬機，時據舊都，修復陵廟，以雪大恥。』三月，帝素服出次，舉哀三日。……辛卯，即王位，大赦，改元。……乃備百官，立宗廟社稷於建康。」

〔七〕晉書本傳：「（元帝）以平賊功，賜爵關内侯。」照按：關中侯與關内侯名位不同，禮亦異數。三國志魏書武帝紀：「（建安二十年）冬十月，始置名號侯至五大夫，與舊列侯、關内侯凡六等，以賞軍功。」裴注引王沈魏書曰：「置名號侯爵十八級，關中侯爵十七級，皆金印紫綬；又置關内、外侯十六級，銅印龜紐墨綬；五大夫十五級，銅印環紐，亦墨綬，皆不食租，與舊列侯關内侯凡六等。」是關中侯爵爲十七級，關内侯爵爲十六級，本有差異。晉因魏制，其名號侯爵諒皆仍舊。稚川自序平生業績，「賜爵關中侯」一語，當是實録。然則晉書之「内」字有誤，斷可知矣。（俞正燮癸巳類稿卷十一有關内侯説，考索甚詳，可參閲。）

竊謂〔藏本作詔，從舊寫本改。〕討賊以救桑梓，勞不足録，金紫之命〔一〕，非其始願。本欲遠慕魯連〔二〕，近引田疇〔三〕上書固辭，以遂微志。適有大例，同不見許。昔仲由讓應受之賜，而沮爲善〔四〕，醜虜未夷，天下多事〔五〕，國家方欲明賞必罰，以彰憲典〔六〕。小子豈敢苟潔區區之懦志，而距弘通之大制。故遂息意而恭承詔命焉。

〔一〕關中侯金印紫綬，故云金紫之命。

〔二〕魯連，魯仲連。已見本篇上文「竊慕魯連不受聊城之金」句箋。

〔三〕三國志魏書田疇傳：「田疇字子泰，右北平無終人也。好讀書，善擊劍。……疇常忿烏丸昔多賊殺其郡冠蓋，有欲討之意而力未能。建安十二年，太祖北征烏丸，未至，先遣使辟疇，又命田豫喻指。疇戒其門下趣治嚴。門人謂曰：『昔袁公（袁紹）慕君，禮命五至，君義不屈；今曹公使一來而君若恐弗及者，何也？』疇笑而應之曰：『此非君所識也。』遂隨使者到軍，署司空户曹掾，引見諮議。……太祖令疇將其衆爲鄉導，上徐無山，出盧龍，歷平岡，登白狼堆，去柳城二百餘里，虜乃驚覺。單于身自臨陳，太祖與交戰，遂大斬獲，追奔逐北，至柳城。軍還入塞，論功行封，封疇亭侯，邑五百户。疇自以始爲居難，率衆遁逃，志義不立，反以爲利，非本意也，固讓。太祖知其至心，許而不奪。」

〔四〕呂氏春秋察微：「魯國之法，魯人爲人臣妾於諸侯，有能贖之者，取其金於府。子貢贖魯人於諸侯，來而讓不取其金。孔子曰：『賜失之矣！自今以往，魯人不贖人矣。取其金，則無損於行；不取其金，則不復贖人矣。』」（又見淮南子道應（齊俗較略）、説苑政理、家語致思）諸書皆以「讓應受之賜」爲子貢事，而稚川乃屬之仲由，蓋行文偶疏也。

〔五〕詩大雅常武：「仍執醜虜。」毛傳：「仍，就也。虜，服也。」鄭箋：「醜，衆也。……就執其衆之降服者也。」漢書王莽傳下：「（地皇四年）納言將軍嚴尤，……亟進所部州郡兵凡十萬衆，迫措前隊醜虜。」後漢書和帝紀：「（永元元年）醜虜破碎，遂掃厥庭。」李注：「詩曰：『仍執醜虜。』庭，謂單于所常居也。」三國志魏書高貴鄉公髦傳：「（甘露元年）兵未極武，醜虜摧破。」是醜虜謂敵方所率之衆也。西晉自「八王」日尋干戈，凶家害國，階級矛盾與民族矛盾交相發展，愈演愈烈，烽火連年，民不聊生。故云醜虜未夷，天下多事。夷，平也（書堯典「厥民夷」孔傳）。新書過秦下：「天下多事，吏不能紀。」

〔六〕左傳襄公二十七年：「子鮮曰：『……賞罰無章，何以沮勸？』」正義：「沮，止也。罰有罪所以止人爲惡，賞有功所以勸人爲善。」漢書宣帝紀贊：「孝宣之治，信賞必罰。」顏注：「有功必賞，有罪必罰。」三國志魏書高柔傳：「魏國初建，爲尚書郎。轉拜丞相理曹掾，令曰：『……掾清識平當，明於憲典，勉恤之哉！』」廣雅釋詁四：「彰，明也。」

洪既著自敘之篇，或人難曰：「昔王充年在耳順，道窮望絶，懼身名之偕滅，故自紀終篇〔一〕。先生以始立之盛，值乎有道之運〔二〕，方將解申公之束帛〔三〕，登穆（藏本作枚，從舊寫本改）生之蒲輪〔四〕，耀藻九五〔五〕，絶聲昆吾〔六〕，何憾芬芳之不揚，而務老生之彼務〔七〕？」

〔一〕論衡自紀：「王充者，會稽上虞人也。字仲任。……又傷僞書俗文，多不實誠，故爲論衡之書。……上自黄唐，下臻秦漢而來，折衷以聖道，析理於通材；如衡之平，如鑑之開；幼老生死古今，罔不詳該。命以不延，吁嘆悲哉！」論語爲政：「六十而耳順。」漢書蕭望之傳：「（鄭）朋奏記望之曰：『將軍……至乎耳順之年，履折衝之位，號至將軍，誠士之高致也。』」此截用「耳順」二字爲六十歲代稱之最先見於史籍者。年在耳順，猶言六十之年，此乃舉其成數，亦即論衡初稿寫成之年也。（自紀篇中「年漸七十，時可懸輿，乃作養性之書，凡十六篇」諸語，蓋書成後所增補。〔別篇類此者，不具列。〕）「古人之序皆在書後」。論衡亦然，故以自紀終篇。

〔二〕論語爲政：「三十而立。」始立之盛，亦是舉其成數，不得拘泥爲三十歲也。以下句「値乎有道之運」證之：建興三年（公元三一五年），被辟爲丞相府掾（已詳上文「薦名丞相府」句箋），時年三十三歲；建武元年（公元三一七年），「賜爵關中侯」（已詳上文「賜爵關中侯」句箋），時年三十五歲。三十三歲至三十五歲，與始立之盛正合。

〔三〕史記儒林申公傳：「申公者，魯人也。……申公游學長安，與劉郢同師。已而郢爲楚王，令申公傅其太子戊。……歸魯，退居家教，終身不出門，復謝絶賓客，獨王（魯恭王）命召之乃往。弟子自遠方至受業者百餘人。申公獨以詩經爲訓以教，無傳，疑者則闕不傳。……蘭陵王臧既受詩，以事孝景帝爲太子少傅，免去。今上（武帝）初即位，臧迺上書宿衛上，累遷，一歲中爲郎中令。及代趙綰亦嘗受詩申公，綰爲御史大夫。綰、臧請天子，欲立明堂以朝諸侯，不能就其事，乃言師申公。於是天子使使束帛加璧，安車駟馬迎申公，弟子二人乘軺傳從。至，見天子。天子問治亂之事，申公時已八十餘，老，對曰：『爲治者不在多言，顧力行何如耳。』是時天子方好文詞，見申公對，默然。然已招致，則以爲太中大夫，舍魯邸，議明堂事。」易賁：「六五，賁于丘園，束帛戔戔。」釋文：「子夏傳云：『五匹爲束。』」禮記禮器：「束帛加璧，尊德也。」

〔四〕孫星衍曰：「（『穆』）藏本作『枚』，從舊寫本改。」照按：孫改非是。魯藩本、盧本、柏筠堂本、文淵本、文溯本、叢書本、蜀藏本、崇文本亦並作「枚」。吉藩本、愼本作「牧」。若原是「穆」字，無緣誤爲「牧」也。漢書枚乘傳：「武帝自爲太子聞乘名，及即位，乘年老，乃以安車蒲輪徵乘。」顏注：「蒲輪，以蒲裹輪。」（武帝紀「〔建元元年〕遣使者安車蒲輪，束帛加璧徵魯申公」顏注：「以蒲裹輪，取其安也。」）又公孫弘卜式兒寬傳贊：「始以蒲輪迎枚生。」登枚生之蒲輪，即用漢武以蒲輪徵枚乘事。三國志魏書管寧傳：「（陶丘一、孟觀等）薦寧曰：『……歷覩前世玉帛所命，申公、枚乘、周黨、樊英之儔，測其淵源，覽其清濁，未有厲俗獨行若寧者也。』」以申公、枚乘並舉與此文同。亦足證「枚」改爲「穆」之謬。（穆生見楚元王傳。其由魯至楚爲中大夫，元王並未以安車蒲輪相徵。）

〔五〕易乾：「九五，飛龍在天，利見大人。」耀藻九五，喻申公、枚生受漢武之優重徵辟也。

〔六〕後漢書崔駰傳：「（達旨）銘昆吾之冶。」李注：「墨子（耕柱）曰：『昔夏后開（啟）使飛廉析（折）金於山，以鑄鼎於昆吾。』蔡邕銘論曰：『呂尚作周太師，其功銘於昆吾之鼎』也。」（文心雕龍銘箴：「呂望銘功於昆吾。」）絕聲昆吾，與前臣節篇「昆吾彝器，能者鐫勳」之意略同，蓋謂銘其卓越之功於鼎也。

〔七〕三國志魏書方技管輅傳：「（鄧）颺曰：『此老生之常譚』。」（世説新語規箴「譚」作「談」）

洪答曰：「夫二儀彌邈〔一〕，而人居若寓〔二〕。以朝菌之耀秀，不移晷而殄瘁〔三〕；類春華之暫榮，未改旬而凋墜。雖飛飆之經霄〔四〕，激電之乍照，未必速也。夫期頤猶奔星之騰烟〔五〕，藏本作炯，從舊寫本改。黃髮如激箭之過隙〔六〕，況或未萌藏本作明，從舊寫本改。而殞籜，逆秋而零瘁者哉〔七〕？

〔一〕二儀，即兩儀。已見詰鮑篇「若夫太極混沌，兩儀無質」二句箋。彌，廣大（就空間言）。邈，久遠（就時間言）。

〔二〕國語吳語：「越王（句踐）……因使人告於吳王（夫差）曰：『……民生於地上，寓也，其與幾何？』」韋注：「寓，寄也。言幾何時。」尸子：「老萊子曰：『人生於天地之間，寄也。寄者，固歸也。』」（文選曹丕善哉行、陸機豫章行、古詩十九首、陶潛歸去來辭李注引）

〔三〕陳澧曰：「『以』當作『似』。」照按：作「似」始與下「類春華之暫榮，未改旬而凋墜」二句文意相合。朝菌，已見守塉篇「晦朔甚促，朝菌不識」二句及廣譬篇「朝菌之試干將」句箋。移晷，已見知止篇「榮不移晷」句箋。詩大雅瞻卬：「人之云亡，邦國殄瘁。」毛傳：「殄，盡。瘁，病也。」釋文：「殄瘁，似醉反，病也。」晉書外戚傳序：「黎庶於焉殄瘁。」

〔四〕爾雅釋天：「扶搖謂之猋。」郭注：「暴風從下上。」釋文：「猋，必遙反。」「飇」與「猋」同。霄，天空。

〔五〕禮記曲禮上：「百年曰期頤。」鄭注：「期，猶要也。頤，養也。不知衣服食味，孝子要盡養道而已。」爾雅釋天：「奔星爲彴約。」郭注：「流星。」爾雅舊注：「流星大而疾曰奔。」（開元占經七一引）奔星睒烔，喻其急疾之狀。

〔六〕書秦誓：「尚猷詢茲黃髮。」（史記秦紀作「古之人謀黃髮番番。」正義：「言髮白而更黃，故云黃髮番番。」）詩魯頌閟宮：「黃髮、台背。」鄭箋：「黃髮、台背，皆壽徵也。」禮記曲禮上：「故君子式黃髮。」鄭注：「敬老也。」正義：「黃髮，太老人也。人初老則髮白，太老則髮黃。髮黃彌老，宜敬之。」鶡冠子世兵：「矢激則遠。」（史記賈生傳（服鳥賦）、淮南子兵略、説苑説叢同）呂氏春秋去宥：「激矢則遠。」禮記三年問：「將由夫脩飾之君子與？則三年之喪，二十五月而畢，若駟之過隙。」鄭注：「駟之過隙，喻疾也。」釋文：「駟，馬也。隙，空隙之地也。」墨子兼愛下：「人之生地上之無幾何也，譬之猶駟馳而過隙也。」莊子知北遊：「人生天地之間，若白駒之過郤，忽然而已。」釋文：「白駒，或云日也。郤，本亦作隙，孔也。」又盜跖：「天與地無窮，人死者有時；操有時之具，而託於無窮之間，忽然無異騏驥之馳過隙也。」史記魏豹傳：「豹謝曰：『人生一世間，如白駒過隙耳。』」漢書魏豹傳顔注：「言其速疾也。白駒，謂日景也。隙，壁際也。」過隙説既有馬與日影之殊，故並録之如上。此句與上句皆言人生易老。

〔七〕詩大雅韓奕：「維筍及蒲。」鄭箋：「筍，竹萌也。」正義引孫炎（爾雅注）曰：「竹初萌生謂之筍。」爾雅釋草：「筍，竹萌。」郭注：「初生者。」邢疏：「凡草木初生謂之萌，筍則竹之初生者，故曰筍，竹萌也。」廣韻十七準：「筍，竹萌，思尹切。笋，俗。」玉篇竹部：「籜，他各切，竹籜也。」方言一：「逢、逆，迎也。自關而東曰逆，自關而西或曰迎，或曰逢。」説文辵部：「逆，迎也。……迎，逢也。」文選謝靈運於南山往北山經湖中瞻眺詩：「初篁苞緑籜。」李注：「籜，竹皮也。」（今俗名筍殼）上句喻夭折，下句喻早亡。

故項子有含穗之嘆〔一〕，揚烏有夙折之哀〔二〕。歷覽遠古逸倫之士〔三〕，或以文藝而龍躍〔四〕，或以武功而虎踞〔五〕，高勳著於盟府〔六〕，德音被乎管絃〔七〕，形器雖沈鑠於淵壤，美談飄飄而日載，故雖千百代，猶穆如也。

〔一〕抱朴子内篇微旨：「而愚人復以項託、伯牛輩，謂天地之不能辨臧否。」是項子即項託也。「託」，亦作「橐」，音同（託、橐並在鐸韻）。戰國策秦策五：「甘羅曰：『夫項橐生七歲而爲孔子師。』」（又見史記甘羅傳、春秋後語（太平御覽四百四引））淮南子説林：「項託使嬰兒矜。」高注：「項託年七歲，窮難孔子而爲之作師。」又脩務：「夫項託七歲爲孔子師，有以聽其言也。」新序雜事五：「閭丘卬對曰：『……秦項橐七歲爲聖人師。』」論衡實知：「云項託七歲，是必十歲，云教孔子，是必孔子問之。」嵇康聖賢高士傳：「孔子問項橐曰：『居何在？』曰：『萬流屋是也。』」周續之注曰：「言與萬物同流匹也。」（文選顔延年皇太子釋奠會作詩李注引）又：「大項橐與孔子俱學於老子，俄而大項爲童子，推蒲車而戲，孔子候之，遇而不識，問：『大項居何在？』曰：『萬流屋是。』到家而知向是項子也，交之，與之談。」（玉燭寶典四引）皇甫謐列女傳：「（趙昂妻王）異厲聲應曰：『……夫項託、顏淵，豈復百年！』」（三國志魏書楊阜傳裴注引）顏氏家訓歸心：「項橐、顏回之短折。」弘明集佚名正誣論：「此何異顏、項夙夭。」（天中記二五引圖經云：「項橐，魯人，十歲而亡。時人尸而祝之，號小兒神。」漢書董仲舒傳：「仲舒對曰：『……臣聞良玉不琢，資質潤美，不待刻琢，此亡異於達巷黨人不學而自知也。』」顏注引孟康曰：「人，項橐也。」謂達巷黨人爲項橐，他書未見，孟康蓋有所受之矣。詩王風黍離：「彼稷之穗。」毛傳：「穗，秀也。」論語子罕：「子曰：『苗而不秀者，有矣夫！秀而不實者，有矣夫！』」皇疏：「又爲歎顏淵爲譬也。」含德之嘆，本仲尼之歎顏淵「短命」，以嘆項子之「夙夭」也。（「歎」與「嘆」本音同義異，然古多混用。）

〔二〕法言問神：「育而不苗（當作苗而不育。注同。）者，吾家之童烏乎！九歲而與（音豫）我玄文。」李注：「童烏，子雲之子也。……子雲傷童烏育而不苗（隸釋鄭固碑有「苗而不毓」（「毓」，「育」之或體。）語）。……童烏九齡而與揚子論玄。」劉向別傳：「揚信字子烏，雄第二子，幼而聰慧。雄算玄經不會，子烏令作九數而得之。」（太平御覽三八五引）華陽國志序志益梁寧三州先漢以來士女目錄：「文學：神童揚烏，雄子也，七歲預父玄文，九歲卒。」陸雲別傳：「六歲便能賦詩，時人以爲項託、揚烏之儔也。」（世説新語賞譽「有問秀才：『吳舊姓何如』」條劉注引）抱朴子內篇塞難：「而項、揚無春彫之悲矣。」其以項託、揚烏並舉，正與此文同。爾雅釋詁：「夙，早也。」是夙折謂早逝也。

〔三〕逸倫，已見博喻篇「常才不能別逸倫之器」句箋。

〔四〕龍躍，喻升遷。（易乾：「九二，見龍在田，……九四，或躍在淵，……九五，飛龍在天，利見大人。」）

〔五〕虎踞，喻統攝重鎮。

〔六〕左傳僖公二十六年：「（展喜）對曰：『……昔周公、大公股肱周室，夾輔成王，成王勞之，而賜之盟曰：「世世子孫，無相害也。」載在盟府，大師職之。』」杜注：「載，載書也。」

〔七〕吳越春秋句踐伐吳外傳：「樂師曰：『……聲可託於絃管。』」被乎管絃，謂播之樂章也。

余以庸陋，沈抑婆娑〔一〕，用不合時，行舛於世，發音則響與俗乖，抗足則跡與衆迕〔二〕。內無金、張之援〔三〕，外乏彈冠之友〔四〕。循塗雖坦，而足無騏驎〔五〕；六虛雖曠，而翼非大鵬〔六〕。上不能鷹揚匡國〔七〕，下無以顯親垂名〔八〕，美不寄於良史〔九〕，聲不附乎鍾鼎〔一〇〕。故因著述之餘，而爲自敍之篇，雖無補於窮達，亦賴將來之有述焉。」

〔一〕管子宙合：「聖人之處亂世也，知道之不可行，則沈抑以辟罰。」楚辭九章惜誦：「情沈抑而不達兮，又蔽而莫之白。」王注：「沈，没也。抑，按也。」文選答賓戲：「婆娑乎術藝之場。」李注引項岱曰：「婆娑，偃息也。」張銑曰：「婆娑，縱逸貌也。」（漢書敍傳上無注）又潘尼贈陸機出爲吳王郎中令詩：「婆娑翰林，容與墳丘。」呂延濟曰：「婆娑、容與，皆游放之貌。」

〔二〕釋名釋姿容：「兩脚進曰行；行，抗也，抗足而前也。」文選阮籍奏記詣蔣公：「羣英翹首，俊賢抗足。」廣雅釋詁一：「抗，舉也。」

〔三〕金，金日磾。張，張安世。已見嘉遯篇「絕軌躅於金、張之閭」句箋。

〔四〕彈冠，已見交際篇「不使王（陽）、貢（禹）擅彈冠之美」句箋。

〔五〕莊子秋水：「明乎坦塗。」成疏：「坦，平也。塗，道也。」戰國策齊策四：「（魯仲連）對曰：『君（孟嘗君）之廄馬百乘，無不被繡衣而食菽粟者，豈有騏驎、騄耳哉？』」又：「王斗曰：『世無騏驎、騄耳，王（齊宣王）駟已備矣。』」商子畫策：「騏驎、騄駬，每一日走千里，有必走之勢也。」

〔六〕列子仲尼：「瞻之在前，忽焉在後，用之彌滿六虛，廢之莫知其所。」是六虛謂上下四方也。（易繫辭下之「周流六虛」與此文意不合）莊子逍遥遊：「鵬之背，不知其幾千里也，怒而飛，其翼若垂天之雲。」

〔七〕鷹揚，已見吳失篇「韝鷄、鶩而崇鷹揚之功」句箋。詩小雅六月：「以匡王國。」鄭箋：「匡，正也。」漢書蕭望之傳，「望之對曰：『外戚在位多奢淫，欲以匡正國家，非爲邪也。』」

〔八〕孝經開宗明義章：「立身行道，揚名於後世，以顯父母，孝之終也。」史記鄒陽傳：「乃從獄中上書曰：『……公聽並觀，垂名當世。』」

〔九〕文選典論論文：「是以古之作者，寄身於翰墨，見意於篇籍，不假良史之辭，不託飛馳之勢，而聲名自傳於後。」

〔一〇〕禮記祭統：「功烈、勳勞、慶賞、聲名，列於天下，而酌之祭器，自成其名焉。」鄭注：「酌之祭器，言斟酌其美，傳著於鐘鼎也。」正義：「傳，附也，言鐫勒先祖功名附著於鐘鼎。」墨子魯問：「則書之於竹帛，鏤之於金石，以爲銘於鐘鼎，傳遺後世子孫。」文選劉峻廣絶交論：「聖賢以此鏤金版而鐫盤盂，書玉牒而刻鐘鼎。」（呂氏春秋求人：「故功績銘乎金石。」高注：「金，鍾鼎也。」文選文賦：「被金石而德廣。」李注：「金，鍾鼎也。」）「鐘」、「鍾」古通。

一九九五年十二月二十四日清寫畢時年八十有六

抱朴子外篇校箋附録

傳記第一

晉書葛洪傳 吳士鑑、劉承幹斠注

葛洪字稚川，丹楊句容人也。御覽六百六十三引列仙傳，作葛洪字稚川，琅邪人。祖系，吳大鴻臚。抱朴子曰，「予祖郗爲汲令，以夏至日請主簿杜宣賜酒。」案郗與系字形不類，未知孰誤。父悌，吳平後入晉，爲邵陵太守。洪少好學，家貧，躬自伐薪，以貿紙筆，夜輒寫書誦習，書鈔九十七葛洪别傳云：「負笈徒步，賣薪以給紙筆，夜燃柴火寫書。家貧無紙，所寫之書，皆反覆有字，人少能讀。」遂以儒學知名。性寡欲，無所愛翫，不知碁局幾道，抱朴子曰：「體鈍性駑，素寡玩好。見人博戲，曾不目眄，至今不知碁局幾道。」摴蒱齒名。爲人木訥，不好榮利，閉門却掃，未嘗交游。於餘杭山見何幼道、郭文舉，御覽六百六十三引列仙傳，誤作何多道。目擊而已，各無所言。時或尋書問義，不遠數千里，崎嶇冒涉，期於必得。遂究覽典籍，尤好神仙導養之法。從祖玄，吳時學道得仙，號曰葛仙公，抱朴子曰：「葛仙公每飲酒醉，常入門前陂中，竟日乃出。」御覽六百六十二三洞珠囊曰：「葛玄善於變幻，拙於用身。初在長山近人蓋竹，亦能乘虎使鬼，但未能受職耳。常與謝稚堅、黃子陽、郭聲子相隨也。葛玄是抱朴子從祖，即鄭思遠之師也。時人莫測所處，傳言東海中仙人寄書呼爲仙公。」又六百六十四神仙傳曰：「葛玄字孝先，從左慈受九丹金液經，常餌朮。語弟子張奉曰：『當尸解去，八月十二日時當發。」至期，玄衣冠而卧，無氣，而色不變，尸解而去。」寰宇記九十曰：「葛仙公墓在句容縣西南一里。」輿地紀勝十日：「葛玄字孝先，句容人。學道於若耶山，號葛仙公。今會稽有仙公釣磯。」郡齋讀書後志云：「葛仙翁胎息術一卷。仙翁，葛洪也。」案仙翁即葛玄，非稚川也。晁氏蓋誤。以其鍊丹祕術授弟子鄭隱。御覽六百六十三列仙傳曰：「鄭隱字思遠。」洪就隱學，悉得其法焉。後以元無「以」字師事南海太守上黨鮑玄。玄亦內學，逆占將來，見洪深重之，靚本傳曰：「字太玄，東海人。學兼內外，明天文、河洛書。」御覽四十一羅浮山記曰：「鮑靚字子玄，上黨人。博究仙道，爲南海太守。晝臨民政，夜來羅浮山，騰空往還。」又六百六十三引道學傳，亦作字太玄。又六百六十四引神仙傳云：「琅邪人，一說上黨人。案靚本傳作東海人，此傳與羅浮山記作上黨人。神仙傳又云琅邪人。惟皆言爲南海太守，殆即一人。蓋此傳誤以子玄爲名，而又脱去子字也。許邁傳亦作南海太守鮑靚。以女妻洪。洪傳玄業，兼綜練醫術，凡所著撰，皆精覈是非，而才章富贍。太安中，石冰作亂，吳興太守顧祕爲義軍都督，與周玘等起兵討之。祕檄洪爲將兵都尉，攻冰別率，破之。御覽三百二十八抱朴子外篇（今本佚）曰：「張昌反于荆州，奉劉尼爲漢主，乃遣石冰擊定揚州，屯于建業。宋道衡說冰求爲丹陽太守，到郡，發兵攻冰；召余爲將兵都尉。余年二十一。見軍旅（此句有脱字）不得已而就之。宋侯不用吾計，數敗。吾令宋侯從月建住華蓋下，遂收合餘燼，從吾計破石冰。」案宋道衡不見於史，蓋爲顧祕部將。遷伏波將軍。冰平，洪不論功賞，徑至洛陽，欲搜求異書，以廣其學。洪見天下已亂，欲避地南土，乃參廣州刺史嵇含軍事。及含遇害，遂停南土多年，征鎮檄命，一無所就。後還鄉里，禮辟皆不赴。元帝爲丞相，辟爲掾。以平賊功，賜爵關內侯。咸和初，司徒導召補州主簿，轉司徒掾，遷諮議參軍。干寶深相親友，薦洪才堪國史，選爲散騎常侍，領大著作，洪固辭不就。以年老，欲鍊丹以祈遐壽。聞交阯出丹，求爲句屚令。御覽六百六十四引晉中興書作岣嶁令。案句屚或作苟漏，不得以岣嶁山當之。何書蓋誤。帝以洪資高，不許。洪曰：「非欲爲榮，以有丹耳。」帝從之。洪遂將子、姪俱行，至廣州，刺史鄧嶽留不聽去，御覽六百六十四引晉中興書，寰宇記一百六十引袁彥伯羅浮記，均作鄧岱。洪乃止羅浮山煉丹。御覽四十一茅君內傳曰：「羅浮山之洞，周迴五百里。」又羅浮山記曰：「羅，羅山也。浮，浮山也。」二山合體，謂之羅浮，在層城（即增城）博、羅二縣之境。舊説羅浮高三千丈，長八百里。寰宇記一百五十七曰：「羅浮山本名蓬萊山，一峰在海中，與羅浮山合，因名之。山有洞通句曲。裴淵廣州記云：「羅、浮二山隱天，惟石樓一路可通。」嶽表補東官太守，又辭不就。嶽乃以洪兄子望爲記室參軍。在山積年，優游閑養，著述不輟。其自序曰：「洪體乏進趣之才，偶好無爲之業。假令奮翅則能陵厲玄霄，騁足則能追風躡景，猶欲戢勁翮於鷦鷯之羣，藏逸迹於跛驢之伍，豈況大塊稟我以尋常之短羽，造化假我以至駑之蹇足？自卜者審，不能者止，又豈敢力蒼蠅而慕沖天之舉，策跛鼈而追飛兔之軌，飾嫫母之篤陋，求媒陽之美談；推沙礫之賤質，索千金於和肆哉！夫僬僥之步而企及夸父之蹤，近才所以躓礙也；要離之羸而强赳扛鼎之勢，秦人所以斷筋也。是以望絶於榮華之途，而志安乎窮圮之域；藜藿有八珍之甘，蓬蓽有藻棁之樂也。故權貴之家，雖咫尺弗從也；知道之士，雖艱遠必造也。考覽奇書，既不少矣，率多隱語，難可卒解。自非至精，不能尋究，自非篤勤，不能悉見也。道士弘博洽聞者寡，而意斷妄説者衆。至於時有好事者，欲有所修爲，倉卒不知所從，而意之所疑又無足諮。今爲此書，粗舉長生之理。其至妙者不得宣之於翰墨，蓋粗言較略以示一隅，冀悱憤之徒省之，可以思過半矣。豈謂闇塞，必能窮微暢遠乎？聊論其所先覺者耳。世儒徒知服膺周、孔，莫信神仙之書，不但大而笑之，又將謗毀真正。故予所著子言黃白之事，名曰內篇；其餘駮難通釋，名曰外篇。大凡內、外一百一十六篇。雖不足藏諸名山，且欲緘之金匱，以示識者。」自號抱朴子，因以名書。御覽七百二十二晉中興書曰：「洪幼覽衆書，自號抱朴子，善養性之術。」抱朴子自敍云：「外篇言人間得失，世間臧否。」今存者五十一卷。嚴可均鐵橋漫稿代繼蓮龕爲抱朴子敍曰（原文見後附録第四嚴可均序跋）其餘所著碑誄詩賦百卷，移檄章表三十卷，神仙、良吏、隱逸、集異等傳各十卷，案崇文總目有葛洪神仙傳略一卷，蓋宋人輯録之本，非原書也。又抄五經、史、漢、百家之言、方技雜事三百一十卷，抱朴子曰：「洪博覽諸史百家之言，下至短雜文章，近將萬卷。」金匱藥方一百卷，肘後要急方四卷。御覽七百二十二晉中興書曰：「洪撰經用救驗方三卷，號曰肘後方。又撰玉函方一百卷。」舊唐志作肘後救卒方四卷，類聚八十二引葛洪治金創方，崇文總目有葛洪黑髮酒方一卷。洪博聞深洽，江左絕倫。著述篇章，富於班、馬。又精辯玄賾，析理入微。後忽與嶽疏云：「當遠行尋師，御覽六百六十四引晉中興書，尋師，作尋藥。剋期便發。」嶽得疏，狼狽往別。寰宇記一百六十引袁彥伯羅浮記作岱疑其異，便狼狽往別。而洪坐至日中，兀然若睡而卒。嶽至，遂不及見。時年八十一。案寰宇記一百六十引袁彥伯羅浮記作時年六十一，御覽六百六十四引晉中興書亦作年八十一。則作六十一者，誤也。視其顏色如生，體亦柔軟，舉尸入棺，甚輕，如空衣，世以爲尸解得仙云。御覽四十一晉中興書曰：「顏色如平生，體輕弱，如空衣，時咸以爲神仙。」又六百六十四太清真人內傳及名山記曰：「羅浮山在會稽南行三十（十當作千）里，其山絕高，葛洪解化處。真誥謂之增城山。寰宇記九十郡國志云：「句曲有葛洪冢。」

史臣曰：「……稚川束髮從師，老而忘倦。紬奇册府，總百代之遺編；紀化仙都，窮九丹之祕術。謝浮榮而捐雜藝，賤尺寶而貴分陰，游德棲真，超然事外。全生之道，其最優乎！」贊曰：「……稚川優洽，貧而樂道。載範斯文，永傳洪藻。」

附注

傳中斠注須疏證者，依次簡述如左：

一、葛洪字稚川，丹楊句容人也句　按：葛洪「生於晉世」，則所引列仙傳非劉向撰者（後同）。又按：洪之先祖早已由琅邪遷回句容，而列仙傳仍稱爲琅邪人，非史實也。

二、祖系，吴大鴻臚句　按：斠注所引抱朴子見風俗風義怪神篇，非抱朴子文也。不思誤書，强相比附，而以應劭之祖應郴爲葛洪之祖葛系，大謬。詳後附録佚文第三第一百零三條。

三、刺史鄧嶽留不聽去句　按晉書鄧嶽傳：「鄧嶽字伯山，陳郡人也。本名岳，以犯康帝諱，改爲嶽，後竟改名爲岱焉。」是鄧岱即鄧嶽也。

四、時年八十一句　按洪之卒年，不止八十一與六十一兩説，詳後附録葛洪生卒年第七

晉袁宏羅浮記

葛洪字稚川，句容人也。譙國嵇含常爲廣州，乃請洪參廣州軍事。洪先行到廣州，而含於此遇害。洪還留廣州，乃憩於此山（羅浮山）。咸和初，司徒王導補州主簿，轉司徒掾，遷諮議參軍。干寶薦洪才器宜掌國史，當選大著作。洪固辭不就。以年老，欲煉丹自衛。聞交趾出丹砂，乃求句漏縣，於是還焉。遂將子、侄俱行。至廣州，刺史鄧岱以丹砂可致，請留之。洪遂復入此山煉神丹。於此山積年，忽與岱書云：「當遠行尋師、藥，尅期當去。」岱疑其異，便狼狽往别。既至，而洪已死，時年六十一。視

其顏色如平生，體亦柔軟。擧屍入棺，甚輕，如空衣然也。（太平寰宇記一百六十引（嚴可均全晉文卷五十七漏輯此文））

晉何法盛晉中興書

葛洪字稚川，丹陽句容人。（御覽七百二十二引）

葛洪好學，常伐薪賣，買紙墨。（初學記二十一引）

葛洪赴岣嶁令，行至廣州，其刺史鄧岱留不聽去。洪乃止羅浮山中鍊丹。在山積年，忽與岱書云：「當欲遠行尋藥。」岱得書，狼狽而至，而洪已亡，時年八十一。視其貌如平生，體亦軟弱。舉尸入棺，其輕如空衣。時咸以爲屍解得仙。（類聚七十八、御覽六百六十四引）

洪幼覽衆書，近得萬卷，自號抱朴子。善養性之術，撰經用救驗方三卷，號曰肘後方；又撰玉函方一百卷，於今行用。（御覽七百二十二引）

葛洪上羅浮山中鍊丹，在山積年，忽與廣州刺史鄧岱書云：「當欲遠行。」岱得書，狼狽（下有脱文），而洪已亡。顏色如平生，體輕弱如空衣。時咸以爲神仙。（御覽四十一引）

附注

前四條，據黃奭（漢學堂叢書本）湯球（九家晉書輯本）所輯者迻録。第五條係著者增補。

佚名葛洪別傳

洪字稚川，負笈徒步，賣薪以給紙筆。夜燃柴火寫書。家貧無紙，所寫之書皆反覆有字，人少能讀。

（書鈔九十七引）

洪常夜燃柴火寫書，至不知碁局幾道，樗蒲齒名。（同上）

陳馬樞道學傳

葛洪字稚川。讀書萬卷。求句漏令，意在丹砂。著（抱朴子）內、外篇，凡一百一十六篇。碑誄詩賦百卷，檄章牋表三十卷，神仙傳十卷，良吏傳十卷，隱逸傳十卷，集異傳十卷。抄五經、史、〔漢〕、百家之言、方伎、雜事三百一十卷。金匱藥方四卷。年八十一，兀然若睡而蛻。（正統道藏洞玄部惟字號唐王松年仙苑編珠上「葛洪兀然」條注引）

宋釋志磐佛祖統紀法運通塞志第十七之三

葛洪博究典籍，尤好神仙導養之法。……以年老，欲煉丹祈遐齡。聞交趾出丹砂，求爲句漏令，曰：「非欲爲榮，以有丹耳。」帝（晉成帝）從之。至廣州，刺史留不聽去。乃止羅浮山煉丹，著（抱朴子）內、外篇，自號抱朴子。後坐至日中，兀然若睡而卒。舉尸入棺，輕如空衣，世以爲尸解得仙。（大正藏四十九冊

神仙傳

葛洪字稚川，本始諸葛。遠祖征江漢，次丹陽句容，因止而歎曰：「獨我在此，何諸之有？」遂去諸字。葛姓之興，始於此也。究覽典籍，尤好神仙。親友薦洪才器宜掌國史，選爲散騎常侍，洪固辭不就。加以年老，欲合丹藥。聞交趾出丹砂，乃求爲句漏令，遂將子姪俱行焉。（正統道藏正乙部筵字號三

洞羣仙録十四（「葛求句漏」條注引）

附　注

按：右録神仙傳，非稚川所撰者。

著録第二

隋書經籍志三　子部　雜家類

抱朴子外篇三十卷葛洪撰　梁有五十一卷

唐書經籍志下　丙部子録　雜家類

抱朴子外篇五十卷葛洪撰

新唐書藝文志三　丙部子録　雜家類

抱朴子外篇二十卷葛洪

附　注

凡分別著録內、外篇者，皆祇録外篇。

宋史藝文志四　子類　雜家類

葛洪抱朴子內篇二十卷　又抱朴子外篇五十卷

通志藝文略六　諸子類　雜家

抱朴子外篇三十卷葛洪撰

崇文總目　子部　雜家類

抱朴子外篇二十卷葛洪撰

遂初堂書目　道家類

抱朴子內、外篇

袁州本郡齋讀書志三上　子部　道家類

抱朴子內篇二十卷　外篇十卷

右晉葛洪撰。洪字稚川，丹陽句容人。元帝時，累召不就。止羅浮山鍊丹，著書推明飛升之道，導養之理，黄白之事。二十卷名曰內篇，十卷名曰外篇。自號抱朴子，因以命書。

衢州本郡齋讀書志

抱朴子外篇十卷

右葛洪稚川撰。自號抱朴子。博聞深洽，江左絶倫，著書甚富。言黄白之事者曰內篇，其餘外篇。晉書：內、外通一百一十六篇。今世所傳者，四十篇而已。外篇言君臣理國用刑之道，故附於雜家云。

附注

按：右文謂「今世所傳者，四十篇而已。」蓋合內、外篇計之。則袁、衢二本著録之「外篇十卷」有誤，當作外篇二十卷始合(意林四抱朴子題下本注、新唐書藝文志、崇文總目均作二十卷，且外篇分量不亞於內篇，絶非十卷所能容也)。

直齋書録解題　道家類

抱朴子二十卷

晉句漏令丹陽葛洪稚川撰。洪所著書，內篇言神仙黄白變化之事，外篇駁難通釋。此二十卷者，內篇也。館閣書目有外篇五十卷，未見。

玉海　藝文

抱朴子

隋志道家抱朴子內篇二十一卷音一卷葛洪撰唐志十卷雜家外篇三十卷梁有五十一卷　唐志二十卷　晉(書)葛洪傳：內篇言黄白，外篇駁難通釋。內、外一百六十一篇。書目(館閣書目)：內篇二十卷，外篇五十卷，合內、外篇，今存共七十卷。

附注

按：「一百六十一篇」，當作「一百一十六篇」。

文獻通考　經籍考　子　雜家

抱朴子外篇十卷

晁氏(衢州本郡齋讀書志)曰：「晉葛稚川撰。……外篇言君臣理國用刑之道，故附於雜家。」

文淵閣書目　子書

抱朴子一部三册闕

菉竹堂書目　子書

抱朴子三册

世善堂藏書目録上　諸子百家

抱朴子外篇十卷

國史經籍志　諸子

抱朴子内篇二十卷葛洪又外篇三十卷

絳雲樓書目

抱朴子外篇

述古堂藏書目

抱朴子外篇五十卷

天一閣書目　子部　道家類

抱朴子外篇五十卷刊本　晉葛洪撰

汲古閣珍藏祕本書目　子部

抱朴子八本

四庫全書總目提要 子部 道家類

抱朴子内、外篇八卷

晉葛洪撰。洪有肘後備急方，已著録。是編乃其乞爲句漏令後，退居羅浮山時所作。抱朴子者，洪所自號，因以名書也。自序謂内篇二十卷，外篇五十卷。隋志載内篇二十一卷，音一卷，入道家；外篇三十卷，入雜家。外篇下註曰：「梁有五十一卷。」舊唐志亦載内篇二十卷，入道家；外篇五十一卷，入雜家。卷數已小不同。新唐志道家載内篇十卷，雜家載外篇二十卷，乃多寡迥殊。宋志則均入雜家，内篇作二十卷，與舊唐書同；外篇作五十卷，較舊唐書又少一卷。晁公武讀書志作内篇二十卷，外篇十卷，内、外篇之卷數，與新唐書互異。陳振孫書録解題但載内篇二十卷，而云館閣書目有外篇五十卷，未見。其紛紜錯互，有若亂絲。此本爲明烏程盧舜治以宋本及王府、道藏二本參校，視他本較爲完整。所列篇數，與洪自序卷數相符，知洪當時蓋以一篇爲一卷。以永樂大典所載互校，尚多丹砂法以下八篇，知爲足本矣。其書内篇論神仙吐納符籙尅治之術，純爲道家之言；外篇則論時政得失，人事臧否，詞旨辨博，饒有名理。而究其大旨，亦以黄老爲宗。故今併入之道家，不復區分焉。

附　注

一、按葛洪三十五、六歲時，抱朴子内、外篇卽已寫定（抱朴子外篇吳失「内崇陶侃、文信之訾」句校箋曾有較詳論述）。再至羅浮山煉丹，行年五十開外矣。撰著者，絶非抱朴子内、外篇。而提要謂其「退居羅浮山時所作」，殊與史實不符。

二、尤袤遂初堂書目，即將抱朴子内、外篇一併歸入道家類。是抱朴子内、外篇不分别著録，非始於四庫全書也。

四庫全書總目提要補正下 胡玉縉撰 王欣夫輯

瞿氏目録有舊鈔本内篇二十卷，外篇五十卷，云：「此明人從正統道藏本録出，外篇中百家、文行二篇，復出，顧澗薲謂當删併改定，合自序恰得五十篇，與自序篇所云、直齋書録所載自合。顧爲平津館校刻此書，即權輿於是書也。」陸氏儀顧堂續跋舊鈔本跋云：「明刊以魯藩爲善，分七十卷，此本與魯藩本異者與道藏本同，或從元刊鈔出，或從宋藏鈔出，其非從明刊鈔出無疑。平津館本大略多同，惟削别旨一篇，閒有據他書增補處。明盧舜治本亦用魯藩、道藏兩本校，惟上下篇各并爲四卷，以别旨一篇附内篇末，玉縉案：上文云别旨在内篇後外篇前，各爲起訖，不相連續。亦間有肊增一二字處，雖無删削，要不如此本之善。」丁氏藏書志云：「孫刻亦衹删内篇末之别旨一篇，及於詰鮑篇内二百七十字疑當移易云云，餘則小小校正，無大異同。」李慈銘受禮廬日記八八中云：「外篇意救衰俗，皆通正明達之言，而理淺思卑，文繁旨複，詞弱而不揚，氣漫而不整，蓋東晉文筆之最下者。内篇全是養生丹訣之説，更淺陋不足觀。」李治古今黈云：「抱朴子内篇二十卷，外篇數十卷，内篇多述仙人丹藥神變之事，外篇則文字雜著而已。唐藝文志録内篇於道家，而神仙類闕之，其外篇正宜歸之道家，而列於雜家類中，蓋皆考之不精也。」玉縉案：唐志正以外篇爲文字雜著，故列雜家，李説未允，要不如提要之併入道家。

四庫全書簡明目録　子部　道家類

抱朴子内、外篇八卷

晉葛洪撰。抱朴子，其自號也。内篇論神仙修煉符籙劾治諸事，純爲道家之言；外篇則論時政得失，人事臧否，多作排偶之體，而詞旨辨博，饒有名理。故隋志以内篇入道家，外篇入雜家。然外篇大旨，亦以黄老爲宗，今併入於道家。

四庫全書薈要目録　子部　道家

抱朴子内篇四卷　外篇四卷

晉句漏令丹陽葛洪撰。……臣謹案：九流之言，惟道家其傳最遠，而其指趣亦最雜。黄、老、莊、列之書，在於清淨無爲，尊其性，嗇其内而已。其後或變而言煉養，又變而言服食，再變而言符籙，其末也至變而言經典科教；其説愈贏，其識愈陋，而皆託於老氏。老氏，豈任受哉！漢書經籍志（卽藝文志）卽於道家外别出神仙家，使後世黄冠悠謬之談，不與寧一沖虚之旨雜厠，其意良是。今删彼存此，以備一家云。

四庫全書薈要提要　子部

抱朴子提要

臣等謹案：抱朴子内、外篇八卷，晉葛洪撰。洪字稚川，丹陽句容人。躭嗜仙術，嘗聞餌丹砂可延年，自乞爲句漏令。後退居羅浮山煉丹，著書推明導養黄白之術。自號抱朴子，因以名書。自序謂内篇二十卷，外篇五十卷。而隋志、唐志及通志、通考所載卷數，率多互異，疑傳寫者分析不同。晁公武謂洪書内、外有一百一十六篇，今世所傳者四十篇；陳振孫又謂館閣書目有外篇五十卷，未見。又永樂大典所載目校，今本失去丹砂法等八篇。是宋元間流傳，全本已尠。此本乃明烏程盧舜治以所得宋本及王府、藏經二本，參校付刊，視他本獨少闕略，所列篇數，與洪自序卷數相符。知洪當時蓋以一篇爲一卷也。特晁氏所云一百十六篇者，未知何所據耳。其書外篇言時政得失，人事臧否，旁引曲喻，饒有名理；内篇則論神仙吐納符籙之事，先儒或斥其不經，然詞旨辨博，文藻贍麗，非六朝以後所能作。未可以出於道家者言而槩置之也。

附注

一、抱朴子非以一篇爲一卷。著者於百家篇中曾論及之。

二、晁氏所云一百十六篇者，據晉書洪傳文也。衢本讀書志明作「晉書：内、外通一百一十六篇。」不知館臣何以忽視晉書二字？

孫氏祠堂書目内編　諸子

抱朴子内、外篇八卷晉葛洪撰

鄭堂讀書記補逸

抱朴子内篇二十卷　外篇五十卷平津館叢書本

晉葛洪撰。仕履見醫家類四庫全書著録，作抱朴子内、外篇八卷，據明烏程盧舜治刊本也。隋志道家載抱朴子内篇二十一卷，音一卷。又雜家載抱朴子外篇三十卷，注云：梁有五十一卷。蓋作二十一卷、三十一卷者，併目一卷數之也；作三十一卷而注梁有五十一卷者，其時偶佚其二十卷耳。舊唐書志道家始載抱朴子内篇二十卷，又雜家載抱朴子外篇五十卷。宋志雜家同。新唐書志道家作内篇十卷，又雜家外篇二十卷。崇文總目道家作抱朴子内篇二十卷，又雜家外篇二十卷。郡齋讀書志道家衢本神仙類作内篇二十卷，又雜家外篇十卷。通考同。通志略道家作内篇二十卷，又雜家外篇三十卷。卷數互有不同，皆各據所見之本，併合有異，或有闕誤不足據。至書録解題道家止載内篇二十卷，則未見外篇也。按稚川内篇自敍稱別爲此一部名曰内篇，與外篇各起次第；又外篇自敍云：「凡著内篇二十卷，外篇五十卷。」蓋其書以篇爲卷，惟外篇第四十九篇，以三篇爲一卷耳。則是舊唐志與宋志所載者，最爲可據。至隋志所載之音一卷，已久佚不傳矣。外篇自敍又云：「其内篇言神仙方藥、鬼怪變化、養生延年、禳邪卻禍之事，屬道家；其外篇言人間得失，世事臧否，屬儒家。」晁氏亦稱稚川「博聞深洽，江左絶倫，著書甚富，言黄白之事，名曰内篇；其餘外篇，頗言君臣理國用刑之道，故附於雜家。」今按外篇大旨，亦以黄老爲宗，不加分析，固亦可也。彙祕笈所收盧舜治本，蓋從道藏傳出，而合内篇、別旨、外篇爲一，并改其卷第，字句亦多脱誤。此本爲孫淵如星衍依藏本還其原次，更參以諸本，校正完善。内篇第十七卷登涉篇諸符，各本縮寫多失，此本影摹臧本，最得其真。惟盧本内篇之末所有別旨一篇，本非稚川所撰，故自敍中並未稱及。宋志道家載抱朴子別旨二卷，亦云不知作者。以在道藏，盧本誤牽連及之，淵如遂從删汰。然此書當別爲校刊，以其亦於本書有裨也。前有方維匋及淵如序。再考外篇自敍，稱著內、外篇外，尚有「碑頌詩賦百卷，軍書檄移，章表箋記三十卷，神仙傳十卷，隱逸傳十卷，又鈔五經、七史、百家之言，兵事、方伎、短雜、奇要三百一十卷，別有目録。」則晁氏引「晉書內、外通有一百一十六篇」，爲未實矣。

附注

按：晁氏援引晉書洪傳文，本止就抱朴子內、外篇言，並未含有其它著述在內。而周氏乃以碑頌詩賦，神仙傳等相詰，實則實矣，惜與抱朴子內、外篇之篇數無關。

士禮居藏書題跋記

抱朴子內篇二十卷　外篇五十卷舊鈔本

十一月十九日，閶門文秀堂書坊買得故家舊書一單，急同西席顧澗薲往觀。主人邀澗薲與余登樓觀之，皆無甚罕祕者，惟抱朴子一書，尚是舊鈔，且見卷末有吳岫小方印，及姑蘇吳岫塵外軒讀一過小長方印，知卷中點閱亦係方山筆，洵舊本也。問其值，索青蚨三金，遂手攜以歸。余家子書多善本，惟抱朴子無之。向在都中見明魯藩本內篇二十卷，外篇五十卷，後爲陶五柳主人買歸，屬澗薲校其翻刻明烏程盧氏本，澗薲復借金閶袁氏所藏道藏本爲之校勘。澗薲嘗謂余曰：「道藏本爲最勝，此外無復有善本矣。」今因得此，遂從澗薲借魯藩本相對，雖行款不同，而大段無異，間有一二處與魯藩本異者，卻與道藏本合。則鈔先於刻，明甚。且魯藩本刻於嘉靖乙丑，而余藏李文饒集爲嘉靖時人沈與文所藏，有云「壬戌五月，借方山吳上舍本校勘」，則吳方山正嘉靖時人，而魯藩雖同在嘉靖時，其所記甲子較後於壬戌三年，此本不更在先耶？爰珍之，以與諸子善本並藏焉。嘉慶丁巳十一月三日冬至前一夕，讀未見書齋主人黃丕烈書。

嘉慶辛酉冬，閑居無事，借袁氏貞節堂藏本道藏淮南子校，始知道藏較宋本雖遜，然勝於他本爲多。因思抱朴子家無宋本，即世行本亦未聞有宋刻，遂借袁氏道藏本手校於吳岫所藏舊鈔本上。舊鈔行款悉同，每半葉爲道藏本一葉，惟譌謬不少。舊有紅筆校改，未必盡與道藏合。且有脱葉三，澗蘋爲余依魯藩本補一葉，仍未知脱尚有二，倘不經余重校，何知譌謬脱落有如是耶？始信書非手校，究不可信也。蕘圃校記。

抱朴子八卷校殘鈔本

夢華屬校，云余家有宋刻，此傳聞之誤也。所藏係姑蘇吳岫家藏舊鈔本，復取袁氏五硯樓藏道藏本校者。手勘一過，無大異同，即有異字，未知可據否？仍祈酌之。蕘翁。

按道藏本正統十年刻，相傳是本最佳，魯藩本不及也。

善本書室藏書志　子部　道家類

抱朴子內篇二十卷　外篇五十卷明魯藩刊本　盧抱經校袁氏五硯樓藏書

前列洪序。內篇論神仙修煉符籙劾治諸事，純爲道家言；外篇論時政得失，人事臧否，多作排偶之體，而詞旨辨博，饒有名理。此明嘉靖乙丑魯藩從正統十年道藏本繡梓，版心題敕賜承訓書院，並爲刻序。明烏程盧氏又從而翻刻者也。顧澗蘋謂外篇中百家、文行與尚博篇文有複出，應删併改定，合自序恰得五十篇之舊。後孫淵如刻入平津館叢書，即權輿是本。然亦祇删内篇末之别旨一篇，及於詰鮑篇内二百七十字疑當移易云云，餘則小小校正，無大異同也。後有袁廷檮手記云：「此從道藏本傳刻，字句及分卷無少異。其紅筆係抱經先生所校，不知所據何本？」

附注

按：盧舜治本乃就愼懋官刻本原書上板，非翻刻魯藩本也（詳後附録序跋第五王重民中國善本書提要二三九頁）。

鐵琴銅劍樓藏書目録　子部　道家類

抱朴子内篇二十卷　外篇五十卷舊鈔本

晉葛洪撰，並序。此明人從正統道藏本録出。外篇中百家、文行二篇爲尚博篇復出，顧澗薲謂當删併改定，合自序恰得五十篇，與自序所云、直齋書録所載自合。顧爲平津館校刻此書，即權輿於是本也。舊爲葉石君藏書。卷首有樸學齋、葉樹廉、石君諸朱記。

書目答問　子部　雜家

抱朴子内、外篇八卷晉葛洪撰　兼道家

日本見在書目　雜家

抱朴子外篇五十葛洪撰

子鈔

抱朴子五十卷（子略目卷一）

意林

抱朴子四十卷外篇二十卷　內篇二十卷　葛洪字稚川

周廣業注：「案葛洪元帝時，選爲散騎常侍，領國史大著作，不就。求爲句漏令。博聞考異，著述富於班馬。自號抱朴子，因以名書。自序謂內篇言黃白之事，外篇皆駁難通釋，共一百十六篇。隋志內篇二十一卷，入道家；外篇三十卷，入雜家。舊唐志內篇二十卷，外篇五十卷。新唐志內篇十卷，外篇二十卷。晁氏讀書志外篇十卷，內篇二十卷。與（意林）本注內、外篇各二十卷，皆不合。宋濳溪（諸子辨）所說，與晁氏同。晁氏又言：今所傳者，止四十篇。陳振孫（直齋書録解題）則云：內篇二十卷，館閣書目有外篇五十卷，未見。宋志與舊唐同。明吳興愼懋官刊本，外篇四卷中析爲五十一卷，實五十一篇也。又自紀（即自敍）一卷。以意林考之，自二十八至四十六，凡十九卷，馬氏俱不之録，疑仲容所見（指子鈔），尚非足本也。」

佚文第三

抱朴子外篇案今外篇五十卷，見存不録。録其佚文。

備闕

識珍者必拾濁水之明珠，賞氣者必採意林作將穢藪之芳蕙。意林、初學記二十七、御覽八百三又白孔六帖七引上二句。案意林在備闕後，知是備闕佚句也。

按：意林四本「識珍者必拾濁水之明珠，賞氣者必將穢藪之芳蕙。自非懸鑑，誰能披泥抽淪玉，澄川掇沈珠」五句連引，而「自非懸鑑」等三句，明在擢才篇中。是「識珍者」二句亦爲擢才篇佚文無疑。嚴氏乃謂「是備闕篇佚句」，殊謬。（備闕篇後卽擢才篇，其文並不長，竟失之眉睫。）標備闕作篇名，亦非。又按：事類賦注九引首句。

篇名闕

狐白不可以當暑，龍艘不可以乘陸。意林又御覽六百九十四引上一句。案自此以下數十事，意林竝在刺驕後重言前。

軍術篇名見北堂書鈔一百二十、藝文類聚九十、文選江淹詣建平王書注、御覽七十四、三百四十又九百十四

大將民之司命，社稷存亡于是乎在。藝文類聚五十九、御覽二百七十三

大將者，凜凜乎若負重而履薄冰，戰戰若登朽木以臨萬仞也。北堂書鈔一百十五

夫良將剛則法天，可望而不可干；柔則象淵，可觀而不可入；去如收電，可見而不可追；往御覽作立又作留如丘山，可瞻而不可動。意林、御覽二又十三、二百七十三、二百七十五

兵家以計爲主，以力爲末。書鈔一百十五

昔魯連射書以下聊城，是分毫之力過百萬之衆也。書鈔一百三

韓信傳檄而定千里，是以尺素之功勝于雲梯之械也。書鈔一百十五

雞有專棲之雄，雉有擅澤之鷂，蟻有兼弱之智，蜂有攻寡御覽一作收窠之計。人相役御，亦猶是耳。藝文類聚九十七、御覽九百十七、九百四十七

附　注

按：事類賦注三十引「雞有專棲之雄，蟻有兼弱之智，蜂有攻寡之計。人相御役，亦猶是耳」五句，海錄碎事二十二下引「雞有專棲之雄，蟻有兼弱之智，蜂有攻寡之計」三句，李璧王荆公詩注四十二引「蟻有兼弱之智，蜂有攻寡之計」二句。

羊羣犬聚，轉攻略地，而所向無堅敵，所摧無堅壘。皆望景如狼駭，承響而鹿走。柯折葉落，本根亦仆。嬰城者雲徹，帶邑者席卷，猛乎黄帝五行之陣，嚴乎孫、吳率然之衆也。書鈔一百十七，又十三引嬰城者二句

武王將興，天給之旗。書鈔一百二十

春以長矛在前，夏以大戟在前，秋以弓弩在前，冬以刀盾在前，此行軍四時應天法也。意林又御覽三百四十八引秋以弓弩一句

軍之所以欲乘山依谷，視生處高也。書鈔一百十三　案生字當有誤

淮南王所著兵書，皆魁岡之陣，風氣之占，及軍中之變，象徵祥觸物之候，知敵盛衰，俟時而動之術，知行止之不測，天心之去就，使進則百勝，退則安全也。書鈔一百十二引兩條

承陰陽以并勢，協五行之自然，從計約以奮擊，常背孤而攻虚，則黄帝、吕尚、范蠡、伍員、魏武帝所據同也。書鈔一百十八

太公云：從孤擊虚，萬人無餘，一女子當百丈夫。意林

大將軍當明案九宮，視年在宮，當就三居五，五爲死，三爲生。能知三、五，横行天下。文選江文通詣建平王上書注

附注

按：海録碎事十四亦引有此文。

昔太安二年，京邑始亂，三國舉兵攻長沙王乂。小民張昌反于荆州，奉劉尼爲漢主，乃遣石冰擊定揚州，屯于建業。宋道衡説冰，求爲丹陽太守，到郡，發兵以攻冰；召余爲將兵都尉。余年二十一，見軍旅此句有脱字不得已而就之。宋侯不用吾計，數敗。吾令宋侯從月建住華蓋下，遂收合餘燼，從吾計破石冰焉。御覽三百二十八

附注

按：「安」，原誤作「康」，嚴氏改「安」，是也。

凡始立軍豎牙：春出城西門，立牙，門西向，出時令登明大吉，加東方吉；夏出城北門，立牙，門北向，出時令右登明大吉，加南方吉；秋出城東門，立牙，門東向，出時令神后登明大吉，加西方吉；冬出城南門，立牙，門南向，出時令神后登明大吉，加北方吉也。書鈔一百二十

雷天之鼓也初學記一、御覽十三又、白孔六帖二引作雷者天地之鼓

用兵之要，雄風爲急。扶揺獨鹿之風大起軍中，軍中必有反者。風高者道遠，風下者道近。風鳴葉者賊在十里，鳴條者百里，揺枝者四百里，大枝五百里，仆大木千里，折大木五千里。三日三夕，天下盡風；

二日二夕，天下半風；一日一夕，萬里風。御覽九、又意林引風鳴葉至四百里三句。又書鈔一百五十一引作拔木必千里也。

金器自鳴及焦器鳴者，軍疲也。意林

凡戰，觀雲氣如走驚鹿者，敗軍之氣也。意林又御覽三百二十八

軍始出，舉牙立旗，風氣和調，旛動飄飄，終日不息者，其軍有功也。書鈔一百二十、藝文類聚六十、御覽三百三十九

軍始發，大風甚雨起于後旌旗前指金鼓清鳴，則大勝之徵也。若旌旗亂而相繞逆風雨，敗之象也。軍始出而旌旗繞竿者，急住，更待善時而出軍。書鈔一百二十引四條、又一百二十一、御覽十又二百三十八、三百三十九、三百四十

軍始出，雨霑衣裳者，是謂潤兵，其軍有功。雨不足霑衣裳者，是謂泣軍，必敗。意林、初學記二御覽十

無雲而雨，是謂雨泣，將軍當揚兵講武以應之。大雨軍中尤甚者，將軍戰必無功也。御覽十又八百七十七、開元占經九十二末句作將軍敗死

白霧四面圍城，不出百日，大兵必至城下。書鈔一百五十一、初學記二、御覽十五、開元占經一百一

大霧繞軍霧之所住，非常而數，臣下擅行威也。書鈔一百五十一又初學記二作霧之所在，其下有寒將軍之令。

軍上氣黑如樓，將軍移軍必敗。其將勇則氣如火炎，勢如張弩，雲如日月，赤氣繞之，所見之地大勝，不可攻也。御覽十五

太一在玉帳之中，不可攻也。意林又御覽九百四十二

兵地生蟹者，宜速移軍。意林又御覽九百四十二

軍中地裂急徙，居否則軍敗，地震必大戰，或有謀反。御覽八百八十、開元占經四

麏兔入軍中，當遷徙之。御覽九百七

蚯蚓見軍中尤多者，軍罷，天宜備反叛。御覽九百四十七

附注

按：「天」字誤，當改作「又」。

軍行卒逢飛蜂及蜚蟲，若蜂尤多者，必大戰，驚于藏伏之賊。御覽九百五十

有黑氣如牛馬入其軍者，名天狗，下食血，其軍必敗。開元占經八十六

屈虹見城上，其下必大戰流血，屈虹從城外入城中者，三日内城可屠。開元占經九十八

赤虹見城上，其下必大戰流血。同上

白虹見城上，其下必大戰流血。同上

有赤光如火，從天來下，入軍亂，將死。開元占經九十九

若濛起圍城，或入于城，則外兵得入，若濛氣從内出，主人出戰。開元占經一百一

有狼狐繞軍而鳴者，軍敗。開元占經一百十六

軍無道，則狼食人。同上

螻蛄見軍中尤多有，軍罷，又宜備叛。開元占經一百二十

地生瓦礫，不去，有大禍。御覽七十四

衆鳥羣飛，徘徊軍上，不過三日，有暴兵至。鳥聚軍中，將軍當賞功增秩；鳥集將軍之旗，將軍增官；鳥集軍中，莫知其名，軍敗。藝文類聚九十、御覽九百十四

已下篇名竝闕

余嘗問嵇君道曰：「左太沖、張茂先可謂通人乎？」君道答曰：「通人者，聖人之次也，其間無所復容。」意林

歐陽生曰：「張茂先、潘正叔、潘安仁文，遠過二陸。或曰：『張、潘與二陸爲比，不徒步驟之間也。』歐陽曰：二陸文詞源流，不出俗檢。」御覽五百九十九

友人騰永叔問曰：「嵇君道何如人？」余答曰：「一代偉器也。摛毫英觀，難與竝驅也。」書鈔一百

余聞班固云：「呂氏望雲而知高祖所在。」天豈獨開呂氏之目，而掩衆人之目邪？意林

閹官無情，不得謂貞；倡獨不飲，不可謂廉。意林

文王食子羹佯不知，非甘也。意林

董仲舒學見深而天才鈍，以蜉蜂是神龍者，非但不識神龍，亦不識蜉蜂。意林、又御覽九百四十六作謂蜥蜴爲神龍者，非但不識神龍，亦不識蜥蜴。

王仲任撫班固背曰：「此兒必爲天下知名。」意林

王充所作論衡，北方都未有得之者。蔡伯喈嘗到江東，見之，歎爲高文，度越諸子，恆愛玩而獨祕之。

及還中國，諸儒覺其談論更遠，嫌得異書，搜求其帳中至隱處，果得論衡，捉取數卷將去，伯喈曰：「唯與爾共之，勿廣也。」書鈔九十八、藝文類聚五十五、御覽六百二、六百十七、六百九十九

附注

按：後漢書王充傳李注、李壁王荆公詩注四十三所引微異。

謝堯卿東南書士，句有脱誤說王充以爲一代英偉，漢興以來，未有充比。若所著文，時有小疵，猶鄧林之枯枝，又若滄海之流芥，未易貶者也。書鈔一百、御覽五百九十九

五嶺無冬殞之木，南海晉安有九熟之稻。意林、初學記二十七

案老君玉策記云：松脂入地，千年變爲茯苓，茯苓千年變爲琥珀，琥珀千年變爲石膽，石膽千年變爲威喜。千歲之狐豫知將來，千歲之狸變爲好女，千歲之猿變爲老人。意林引止威喜，御覽八百八十八　案此似内篇佚文，茯苓、威喜與仙藥篇相涉，而意林列此于外篇，姑從之。狐狸等語與對俗篇相涉，而文全異。

炙鼓使鳴，絞絃令急。實鼓使速，穿絃早絶。磨刀殺馬，立可驗也。意林

燒泥爲瓦，燔木爲炭，蜂窠爲蠟，水沫爲浮石，凡此皆去其柔脆，變爲堅剛。意林、初學記五、御覽五十一

落星岡，謂吳時星落。意林

汲郡冢中竹書，言黄帝既仙去，其臣有左徹者，削木爲黄帝之像，帥諸侯朝奉之。故司空張茂先撰博物志亦云：黄帝仙去，其臣思戀罔極，或刻木立像而朝之，或取其衣冠而葬之，或立廟而四時祀之。意林、御覽七十九、三百九十六　案内篇極言與此全異。意林列于外篇，今從之。

食鴿胎令人能夜書。意林

英葱實天雄鶴腦服之，令人能夜書。御覽七百四十七　案此即上條未可合并，或有一誤，故分録之。

河伯華陰人，以八月上庚日渡河溺死，天帝署作河伯。意林

案九鼎記及青靈經言人物之死，皆有鬼也。馬鬼常時以晦夜出行，狀如炎火。御覽八百八十三

鵝鬼，吴景帝有疾，召巫覡，帝試之，乃殺鵝埋于苑中，架小屋，施牀帳，以婦人履著其前。巫云：「但見一白鵝，不見婦人也。」帝乃重之。意林

獮猴鬼，余友人騰意林作膠永叔嘗養一大獮猴，以鐵鎖鎖之著牀閒，而犬忽齧殺之。永叔使合鎖埋之。後百許日有若鬼者，見獮猴走上承塵上，不悟是獮猴鬼也。驚指之曰：「獮猴何以被傷，流血斷走乎！」永叔曰：「始乃知獮猴死復有鬼也。」意林御覽七百一、九百十

附注

按：書鈔一百三十引較略。

獮猴之鬼，令人病瘧。御覽七百四十三

龜鼈鼉之鬼，令人病欬。御覽七百四十三

余從祖得道，能分形座上：有一葛公與人談話，又一葛公迎來送去。意林　案内篇地真有此略同。抱朴、意林二書皆爛缺不全，因有跳誤耳。今姑録入外篇。

嵇君道曰：吾在洛，與二陸離施如意，兄弟竝能觀，況身于泥蚌之中，識清意于未□之□，諸談客與二

陸言者，辭少理暢，言約事舉，莫不豁然，若春日之泮薄冰，秋風之埽枯葉也。書鈔九十八

嵇君道問二陸優劣。抱朴子曰：「吾見二陸之文百許卷，似未盡也。朱淮南嘗言二陸重規沓矩，無多少也。一手之中，不無利鈍。方之他人，若江漢之與潢汙。及其精處，妙絶漢魏之人也。」意林、書鈔一百、御覽六百二

嵇君道曰：「每讀二陸之文，未嘗不廢書而歎，恐其卷盡也。陸子十篇，案隋志道家梁有陸子十卷，陸雲撰。即此。誠爲快書。其辭之富者，雖覃意林作精思不可損也；其理之約者，雖鴻筆不可益也。觀此二人，豈徒儒雅之士，文章之人也。」意林、書鈔一百、御覽六百二

附注

按：任淵后山詩注九引「嵇生云：『每讀二陸之文，未嘗不廢書而歎，恐其卷之竟也』」三句，又引「陸子十篇，誠爲快書」二句。

陸平原作子書未成，吾門生有在陸君軍中，常在左右，説陸君臨亡，曰：「窮通，時也；遭遇，命也。古人貴立言，以爲不朽。吾所作子書未成，以此爲恨耳。」余謂仲長統作昌言未竟而亡，後繆襲撰次之。桓譚新論未備而終，班固爲其成琴道。今才士何不贊成陸公子書。御覽六百二

抱朴子曰：「秦時不覺無鼻之醜，陽翟憎無癭之人。陸君深疾文士放蕩，流遁遂往。不爲虛誕之言，非不能也。陸君之文，猶玄圃之積玉，無非夜光。吾生之不别陸文，猶侏儒測海，非所長也。御後數百年，若有幹跡如二陸，猶比肩也，不謂疏矣。」意林、書鈔一百、御覽五百五十九

盧生問曰：「蔡伯喈、張平子才足以著書，正恐言遠旨深，世人不解，故不著也。」余難曰：「如來言，子雲亦不應作太玄經也。瓦觝木杯，比門所饒，金觴玉爵，萬家無也。」御覽六百二

孔、鄭之門，耳聽口受者，皆已滅絶。唯託竹素者，可爲世寶也。意林、御覽六百二

羈鞍仁義，纓鎖禮樂。意林

仲尼經成，紫微降光。書鈔九十九

附注

按：陳善捫虱新話四引作「仲尼春秋成，紫微降光。」

汝南郡邵陵王申爲郡五官掾，太守盜割官錢，密寄申。太守暴亡，申盡買黃金還太守。汝南欲以列于先賢畫像，抱朴子曰：「不宜者也。」書鈔七十七

屈原沒汨羅之日，人竝命舟楫以迎之，至今以爲□渡，或謂之飛鳧。亦有脱文日州將士庶悉臨觀之。書鈔一百三十七

太極初構，清濁始分。故天先成而地後定。初學記、御覽三十六

太精之氣，乘雲也。書鈔一百五十一

翫榮河者，若浮南濱而涉天漢。書鈔一百五十

宣夜之書亡，而郄萌記先師相傳宣夜説云：「天穹無質，仰而瞻之，高遠無極，蒼蒼然也。譬旁望遠道黃山而皆青，俯察千仞之谷而黝黑，夫青冥色黑，非有體也。日月星辰，浮空中行止，皆須氣焉。故七

曜或住或游，逆順伏見無常，進退不同，由無所根繫，故各異也。辰極常居其所，北斗不與衆星西没焉。七曜皆東行，日日行一度，月日行十三度，遲疾任性，若綴附天體，不得爾也。」書鈔一百四十九、御覽二

周髀家云：「天圓如張蓋，地方如棋局。天旁轉如推磨而左行，日月右行，隨天左轉，天牽之西没。譬如蟻行磨石之上，磨左旋而蟻右去，磨疾而蟻遲，故蟻不得不隨磨以左迴焉。白孔六帖八十四、御覽七百六十二、九百四十七

（葛）洪造穹天論云：「天形穹隆如笠冒地，若謂天北方遠者，是北方星宜細于三方矣。」御覽五百九十五

渾天儀注云：「天如雞子，地如中黄，孤居于天内，天大而地小。天表裏有水，天地各乘氣而立，載水而行。周天三百六十五度四分度之一，又中分之，則半覆地上，半繞地下，故二十八宿半見半隱，天轉如車轂之運也。」諸論天者雖多，然精于陰陽者少。張平子、陸公紀之徒，咸以爲推步七曜之道，以度曆象昏明之證候，校以四八之氣，攷以晷刻之分，占晷影之往來，求形驗于事情，莫密于渾象也。張平子既作銅渾天儀，于密室中，以漏水轉之，與天皆合如符契也。崔子玉爲其碑銘曰：「數術窮天地，制作侔造化，高才偉蓺，與神合契。」蓋由于平子渾儀及地動儀之有驗故也。若天果如渾者，則天之出入行于水中，爲必然矣。故黄帝書曰：「天在地外，水在天外。」水浮天而載地者也。又易曰：「時乘六龍。」夫陽爻稱龍，龍者居水之物，以喻天。天，陽物也，又出入水中，與龍相似，故比以龍也。聖人仰觀俯察，審其如此，故晉卦坤下離上，以證日出于地也。又明夷之卦離下坤上，以證日入于地也。又需卦乾下坎上，此亦天入水中之象也。天爲金，金水相生之物也。天出入水中，當有何損，而謂爲不可乎？

然則天之出入水中，無復疑矣。又今視諸星出于東者，初但去地少許耳。漸而西行，先經人上，後遂轉西而下焉。不旁旋也。其先在西之星，亦稍下而没，無北轉者。日之出入亦然。若謂天如磨右轉者，衆星日月宜隨天而迴，初在于東，次經于南，次到于西，次及于北，而復還于東，不應横過去也。今日出于東，冉冉轉上，及其入西，亦復漸漸稍下，都不繞北邊去。了了如此，王生必固謂爲不然者，疏矣。今日徑千里，其中足以當小星之數十也。若日以轉遠之故，但當光曜不能復來照及人耳，宜猶望見其體，不應都失其所在也。日光既盛，其體又大于星。今見極北之小星，而不見日之在北者，明其不北行也。若日以轉遠之故，不復可見，其比入之間，應當稍小，而日方入之時，反乃更大，此非轉遠之徵也。王生以火炬喻日，吾亦將借子之矛，以刺子之𥐁焉。把火之人，去人轉遠，其光轉微，而日月自出至入，不漸小也。王生以火喻之，謬矣。又日之入西方，視之稍稍去，初尚有半，如横破鏡之狀，須臾淪没矣。若如王生之言，日轉北去者，其北都没之頃，宜先如豎破鏡之狀，不應如横破鏡也。如此言之，日入北方，不亦孤孑乎？又月之光微，不及日遠矣。月盛之時，雖有重雲蔽之，不見月體，而夕猶朗然，是月光猶從雲中而照外也。日若繞西及北者，其光故應如月在雲中之狀，不得夜便大暗也。又日入則星月出焉。明知天以日月分主晝夜，相代而照也。若日常出者，不應日始入而星月出也。又案河洛之文，皆云水火者，陰陽之餘氣也。夫言餘氣，則不能生日月可知也，顧當言日精生火者可耳。若水火是日月所生，則亦何得盡如日月之圓乎？今火出于陽燧，陽燧圓而火不圓也；水出于方諸，方諸方而水不方也。又陽燧可以取火于日，而無取日于火之理，此則日精之生火明矣。方諸可以取水于月，而無取月于水之道，此則月精之生水了矣。王生又云：「月不圓望之圓者，遠故望之圓」。若審然者，月初生之時及既虧之後，視之宜如三寸鏡，稍稍轉大，不當如初破鏡漸漸滿也。月不圓以下，隋志約文。從初學記、御覽改補。而日食或上或下，從側而起，或如鉤至盡。若遠望見圓，不宜見其殘缺左右所起也。此則渾天之體，信而有徵矣。隋書天文志上、初學記一、御覽四又五十八引兩條又八百六十九引兩條

糜氏云：「潮者，據朝來也；汐者，言夕至也。見潮來去，或有早晚，輒言有參差，非也。水從天邊來，一月之中，天再東再西，故潮來再大再小也。又夏時日居南宿，陰消陽盛，而天高一萬五千里，故夏潮大也。冬時日居北宿，陰盛陽消，而天卑一萬五千里，故冬潮小也。春日居東宿，天高一萬五千里，故春潮再起也。秋日居西宿，天卑一萬五千里，故秋潮漸減也。御覽二十三又六十八

天河從西北極分爲兩頭，至于南極。其一經南斗中過，其一經東井中過。河者，天之水也。兩河隨天而轉入地下過，而與下水相得，又與海水合，三水相蕩而天轉排之，故激涌而成潮水。御覽八又六十八

月之精生水，是以月盛滿而潮濤大。御覽四

濤水者，潮取物多者其力盛，來遠者其勢大。今浙水從東，地廣道遠，乍入狹彪，陵山觸岸，從直赴曲，其勢不泄，故隆崇涌起而爲濤。俗人云：「濤是伍子胥所作。」妄也。子胥始死耳，天地開闢，已有濤水矣。御覽六十八

何以知天上不有甘露之淵，須太平而灑之；地中不有醴泉之源，待有道而涌之邪？藝文類聚九十八

夏時，龍生于太廟之中。御覽九百二十九

夫木行爲仁，爲青，鳳頭上青，故曰戴仁也。金行爲義，爲白，鳳頸白，故曰纓義也。火行爲禮，爲赤，鳳背赤，故曰負禮也。水行爲智，爲黑，鳳胷黑，故曰向智也。土行爲信，爲黄，鳳足下黄，故曰蹈信也。夫麟、鳳以形狀爲別，聖人以心神爲異。古者太平之世，鳳皇常居其國，而生乳焉。至夏后始食卵，而鳳去之。此則鳳有種明矣。藝文類聚九十、御覽九百十五引兩條又九百二十八事類賦注十八

崑崙圖曰：「鸑鳥似鳳而白纓，聞樂則蹈節而舞，至則國安寧。」藝文類聚九十九、初學記十五、白孔六帖九十四、御覽九百十六

白雉自有種，南越尤多。案地鏡圖，今之九德，則古之越裳也，蓋白雉之所出。周成王所以爲瑞者，貴其所自來之遠，明其德化所被之廣，非謂此爲奇也。藝文類聚九十、御覽九百十七。案詰鮑篇與此全異，故是佚文。

青泠傳云：辰星水精，生玄武。歲星木精，生青龍。熒惑火精，生朱鳥。古今注所謂赤鳥者，朱鳥也。其所居高遠，日中三足烏之精。三足烏何以三足？陽，數奇也。以是有虞至孝，三足烏集其庭。曾參鋤瓜，三足烏集其冠。孝故也。藝文類聚九十二、御覽六又九百二十又九百七十八

麟、獸之聖也，壽二千歲。開元占經一百十九

附注

按：右文不似外篇中語。內篇對俗：「麒麟，壽二千歲。」開元占經所引者，卽出於此。非外篇中之佚文也。又按：占經見一百十六。「九」字誤，當改正。

通天犀角，有一白理如綖者，以盛米置羣雞中，雞輒驚，故名曰駭雞犀，得其通天。以刻爲魚，銜以入

水，當爲開方三尺，所得氣息。同上

附注

按：抱朴子內篇登涉：「得真通天犀角三寸以上，刻以爲魚，而銜之以入水，水常爲人開，方三尺，可得炁息水中。又通天犀角有一赤理如綖，有自本徹末，以角盛米置羣雞中，雞欲啄之，未至數寸，卽驚却退。故南人或名通天犀爲駭雞犀。」開元占經一百十六所引雖有刪節，然其出自內篇登涉甚明，絶非外篇佚文。

當有應劭云或風俗通云等字予祖彬爲汲令，以夏至日請主簿杜宣飲酒，北壁上有懸赤弩照于杯中，形如蛇，宣惡之，及飲得疾。後彬知之，使于宣舊處設酒，于杯中猶見有蛇。因謂宣曰：「此弩影耳。」宣遂意解。御覽二十三

附注

按：御覽三百四十八亦引此文，首句明標爲「風俗通曰」（其文今存，見怪神篇）。而於此文首句又標爲「抱朴子曰」，前後不同，定有一誤。檢御覽此條前曾引風俗通說「夏至著五綵辟兵」事（今本已佚，玉燭寶典五、書鈔一百五十五、歲時廣記二十四、御覽二十三又八百一十四等書皆曾徵引），則此條首句當作「又曰」，始合（御覽全書中脱簡、錯簡及誤書名之處，多至不勝枚舉）。嚴氏不察，欲以「當有應劭云或風俗通云等字」彌縫其闕，疏矣。

人知藥理病，不知學理身。□□□□□□□□平焉。故曰物生而蒙，事屯而養，造昧此語有脱字利有攸適，猶金之銷鑪，水之從器也。是以聖人實之于文，鑄之于學。夫文、學也者，人倫之首，大教之本也。

御覽六百七　案此疑勗學篇或尚博篇佚文

附注

按：御覽六百七引「人知藥理病，不知學理身」二句，确爲抱朴子外篇佚文（由次段所引「夫學者所以清澄性理」云云，爲勖學篇文推知）。而八白匡以下則爲王粲荆州文學官志文，亦見御覽六百七引。前後相距四十餘行，嚴氏竟混而爲一，豈緣所據之本有誤耶（如全後漢文九十一所輯王粲文荆州文學官志中，其混入文心雕龍宗經篇二百餘字，卽由所據明銅活字本或倪刻本御覽致誤〔明鈔本、四庫全書文淵閣本、四部叢刊三編本、鮑刻本御覽並未錯簡與漏書名〕）。

今頭蝨著身，皆稍變而白；身蝨著頭，皆漸化而黑。則玄素果無定質，移易在乎所漸也。御覽九百五十一

附注

按：文選嵇康養生論：「蝨處頭而黑。」李注引抱朴子曰：「今頭虱著身，皆稍變而白，身虱處頭，皆漸化而黑。則是玄素果無定質，移易存乎所漸。」

右列抱朴子外篇佚文，凡一百五條（除誤輯之三條外，實存一百二條）。皆據嚴可均全晉文一百十七所輯葛洪文迻録。其網羅未周須增補者，凡三十條。分列如左：

小（人）文雖巧，猶寸錦細碎之珍，不□得匹束之賈。祕府略（吉石盦叢書本）八百六十八引

附注

書鈔一百引作「小文雖巧，猶之寸撮玉碎之珍，不得近盈尺之賈也。」御覽八百十五引「小文雖巧，猶寸錦細碎之珍」二句。

迎龍鳳於廊廟。書鈔十一引

舜駕五龍，漢鼓六翮。同右

通虛接神。書鈔十二引

樂從規諫。書鈔二十九引

善用木者，不以膚寸之盤節，而捐干雲之梓，班（將）、匠所以構大厦。書鈔三十四引

附注

按：勗學篇：「文梓干雲，而不可名臺榭者，未加班輸之結構也。」又辭義篇：「夫梓豫山積，非班、匠不能成機巧。」是「班」謂班輸，「匠」謂匠石。「將」字爲衍文。

學如洿池注水淹焉也。書鈔八十三引

宏邈淫豔，非碑誄之施；豔直踊蹇，非詩賦之用。書鈔一百引

清明朗異。書鈔一百三十六引

夫寸□□焚雲夢，蟻穴能決大隄。書鈔一百五十八引

附注

按：百里篇：「夫百尋之室，焚於分寸之飈。」是「寸」下合補「飈」字，「焚」上合補「能」字。

時人嫌蔡邕得異書，或搜求其帳中隱處，果得論衡，抱數卷持去。邕丁寧之曰：「唯我與爾共之，勿廣也。」後漢書王充傳李注、李璧王荆公詩注四十三引

附注

按：此條與嚴可均所輯第五十六條，辭句有異，故録爲有關論衡之又一條佚文。

片玉可以琦，奚必俟盈尺也。後漢書仲長統傳李注引（楊慎均藻四十一陌亦引之（蓋轉引））

攜手而遊，接景而處。文選任昉出郡傳舍詩李注引（楊慎均藻二六語亦引之（蓋轉引））

瓠巴操琴，翔禽爲之下聽。文選謝靈運擬魏太子鄴中集詩（魏太子首）李注引

陸士龍、士衡曠世特秀，超古邈今。文選劉峻辨命論李注引

聖人體天，皆得之於自然。同右

日月之蝕，乃至於盡，又何爲故壞其眼目，以行譴人乎？文選陸機演連珠李注引

尾生與婦人期橋下，水至不去，以至溺死。雖有信，不如無也。初學記七、御覽七十三引

荆山之玉，潛光荆石之中，雖有千仞之土，不能掩其光。白帖二引

上古帝王有巢氏也，是時禽狩〔獸〕茲〔滋〕多，人民巢居，以避羣害，故號有巢氏。慧琳一切經音義十一引

上古質朴，茹毛飲血，生噉蟲魚及諸果實，多有腹疾之患。是故聖人鑽燧求火，變生作熟，因名爲燧人氏也。同右

與善人遊，如行霧中，雖不濡濕，皆自有潤。御覽十五、事類賦注三引

五玉不染而堅，寒冰不磨而朗。御覽六十八引（事類賦注八引下句）

太阿臨項，長戟指心，而操不可奪也。御覽三百五十三引

人主有道，國無粗政，則四七從度，五星不逆，日不蝕朔，月不薄望，霜不夏繁，雷不冬洩，嘉瑞並臻，災

厲寢滅，此則天喜也。御覽四百六十七引

拙者得公輸之斤斧，不能以成雲梯；怯者得馮婦之刀戟，不能以格兕虎也。同右（御覽四百九十九亦引之）

余家遭火，典籍蕩盡，困於無力，不能更得。故鈔掇衆書，撮其精要，用力少而所收多，思不煩而所見博。或謂洪曰：「流無源則乾，條離株則悴，吾恐玉屑盈車，不如金（全）璧。」余答曰：「泳圓流者，採珠而捐蚌，登荆嶺者，拾玉而棄石。余之鈔略，譬猶擿翡翠之藻羽，脱犀象之角牙。」御覽六百二引（楊慎丹鉛總録序援引此文，蓋轉引也。）

指冰室不能起暍死之熱，望炎冶不能止噤凍之寒。御覽七百四十一引（李壁王荆公詩注四十七引首句）

莽之世，賣餅小人皆得等級，斗筲之徒兼金累紫。揚子雲確然，忠貞之節形矣。御覽八百六十引

揚雄作賦，有夢腸之談；曹植爲文，有反胃之論。言勞神也。海録碎事十八、潛確類書八十一引

序跋第四

明朱務本刻抱朴子敍：「學自聖賢垂訓，立言曰經、曰傳、曰子。經以載道，傳以翼經，子則道之支流。讀子書者，通可也，執不可也；略可也，泥不可也。韓子醇乎醇，老氏玄默，荀與楊大醇而小疵；下此，莊虛列怪，申、韓刑律，管、晏機嗇，是各一道也。抱朴子玄門之肯綮也，論者以不經擯之，過矣。夫競功利者，迷而不返；甘隱苦空者，滯而不化。抱朴子晉人也，其自敍：幼以武功效用，於時不受賞，歸而論著是書。然則抱朴子豪傑士也，彼縱不言神仙，其功名亦可以垂世；不言功名，其文詞亦可以垂世。

所以諄諄者，必有所試也。編內自言受九鼎二經於鄭君，鄭君知江南將亂，負笈入霍山，不知所終。鄭君非仙，抑何以預知亂乎？黄白變化服食之事，固吾儒之所不道；然龜鶴長年，猿狐多壽，物類尚爾，軒黄已先覺矣，抱朴之言非誣也。至外篇備論時政得失，人事臧否，廣駁曲引，窮搜遠喻，鑿鑿允合於時，可以拯弊捄亂，施諸行事。非若莊、列之虛怪，申、韓之深刻，管、晏之機畜也。推而論之，用則可以輔世長民，舍則可以全身遠害，進則可以坐致王伯，隱則可以却長生，視天地爲芻狗，以古今爲逆旅。如抱朴子者，内精玄學，外諳時政，漢以來無其倫也。若泥而論之，則千載之下，抱朴子含冤多矣！況其文詞恢弘壯麗，贍充蓊鬱，如千尋之桐梓，翠干雲霄，照乘之明珠，光彩射人；山嶽不足以壯其勢，江河不足以充其氣，萬化不足以擬其富，瓊玖琳琅不足以比其珍，吳糀楚豔不足以比其麗，雷電倏忽、風雲幻化，不足以極其變，蓋六朝之文之鼻祖。韓子而下，歐、蘇不足多也。今夫館閣薦紳每耽玄竅，而操觚士子求工詞論，則是編之膾炙者，衆矣。顧所傳鈔寫，舛謬乃興，兒輩手校壽梓，以與同志者共之。」嘉靖乙丑仲秋朔，大明六代孫魯藩務本健根識（四部叢刊影印本卷首）

明王文禄慎懋官刻抱朴子序：「萬曆壬午仲秋，予至杭與吳桂軒游昭慶。偶會慎山泉賢嗣岑樓先生，贈續名山記，補山泉未備，善繼述哉罕儷也。近者不再會，允懷曷諼。甲申秋仲朔，薄暮，小伻報慎公子訪。予驚喜，倒屣迎。果岑樓先生，喜甚。懇留秉燭酌談，又贈新刊抱朴子，且問序。予昔北游燕市，得抱朴子數葉，未全也。今幸全，曷可辭。抱朴子自序：姓葛，名洪字稚川。祖玄，亦稱仙翁。皆晉人。後又自序，詳矣至矣，予何言。但岑樓先生命，不可虛。按抱朴子内篇二十卷，今併四卷，嘉遯一卷至自序五十二卷，茲全卷矣。予也業儒，罔知仙；誦習暇，頗喜延生，今閱篇目，不能不興起塵外遯心。但符篆𩕄祝由科，黄白類爐火術，惟金丹率如守中，中者有六大本也。堯、孔相傳一中，養儉養生備焉，故時多大壽。昔王文成夢呂仙翁曰：『非仙之至者不足爲真儒，非儒之至者不足爲真仙。』稚川真儒之至乎？殆真仙也已。夏五游葛嶺，麓臨湖丹井，方石甃開四竅，可汲，予汲飲清冽異常。泉某年汲乾，驗底，得石匣瓦瓶，瓶中丹一丸，漁人吞之，石匣不敢開，井氣即穢，隨投石匣，泉復初，後漁人年百餘。噫！葛井千年，其神不亡。宜葛仙翁每言，志志即神，率氣也。此仙翁訓世要言，人當深省可也。岑樓先生是刊廣行世，何仁心之公，引同蹈長生之域云。」萬曆甲申中秋丙辰　武原沂陽生王文禄拜撰

明盧舜治抱朴子序：「竊嘗謂抱朴子一書，灑灑數十萬言，其旨似南華，其目似鴻寶，蓋稚川先生以子書自命之徵也。千載而下，想見其爲人。往往披榛而出門，排草而入室；詣洛陽，則搜異聞；適嵩高，則覓奇隱。慕古巢、許、北人無擇、石户之農及魯連、田疇之流，殆神仙中人也。今其書具在，然讀之者恆以舛誤廢。如諺所云『魚成魯，虚成虎』者，不誣也已。余晚年頗嗜古文詞，偶得宋本一，殫力磨勘，藏之櫝中，已又得王府本一，藏經本一，復殫力磨勘，藏之櫝中，重櫝而珍之，未售也。迨萬曆己亥歲，古泉氏請付剞劂。余應之曰：『抱朴子一書，要眇磅礴，大類南華、鴻寶兩家，讀之者輒咯咯喉齒間，幾不可以知以識，安所得要眇磅礴而稱之哉！自余善本出，而魚成魯、虚成虎之誤，免矣。然則是書也，其塞於往而開於今耶？彼博覽之士，必有欣然於余者。』烏程志菴盧舜治撰

附　注

按：盧本實就愼懋官原刻翻版，所稱「得宋本」及「殫力磨勘」，皆欺人誑言。近人王重民已發其覆，見後中國善本書提要（二三九頁）子部道家類四種明刻本抱朴子評介。

明徐濟忠參訂抱朴子志語：「字之差訛，未有甚於此書者也。顧太史天埈鈔本，乃嘉靖乙丑魯藩板，視此互有得失，然彼善於此矣。長夏無事，遂爲參訂，所謂讀書思誤字亦一適耶？」崇禎元年徐濟忠志於崑山張氏海日樓

附　注

按：徐氏所校底本爲萬曆十二年愼懋官原刻，現藏北京圖書館。

清錢謙益牧齋有學集四十六跋抱朴子：「抱朴子內篇二十卷，宋紹興壬申歲刻，最爲精緻。其跋尾云：『舊日東京大相國寺東榮六郎家，見寄居臨安府瓦南街東，開印輸經史書籍舖。今將京師舊本抱朴子內篇校正刊行。』此二行五十字，是一部東京夢華録也。老人撫卷，爲之流涕。」

附　注

凡單跋抱朴子內篇者，後不復録。又按：牧齋所跋宋紹興本，遼寧省圖書館藏有一部。一九六四年秋，余專程前往臨校，勝處頗多。全書雖有缺卷（十一、十二兩卷均缺）缺葉（十七卷缺兩葉），然亦海內孤本善本也。

清吳德旋初月樓文鈔一書抱朴子後一：「葛洪生於衰晉之世，閔時俗之流蕩，疾貪邪之競進，故所著書辭，賤禄利，尚高節，匡世謬，貴繩檢，其説美矣，顧乃列之外篇。而內篇專論黃白變化之術，內其所當

外，外其所當内，何若斯之外也！ 夫神仙之事，周秦西漢間，海上燕齊怪迂方士，遞相祖述，以爲神奇。而其後山林全隱之徒，清虛好道者，亦往往假其術以自藏。 則如魏伯陽參同契之説，猶有可頗采者。今曰大藥成而白日沖舉，壽與天地長久，則曷若朝聞道而夕死之爲愈哉！」

又書抱朴子後二：「聞之桐城姚刑部云：『抱朴子外篇依於儒家，言多足取；其内篇，絶鄙誕可笑。 以洪之爲人核之，言不宜有是。 殆後世黄冠師僞爲之，託名洪耶？』 世傳洪家藏劉歆書與班固漢書，合刺其遺爲西京雜記，江左人謂是吳均依託爲之。 觀此，足知洪書之多僞託矣。 夫士憤志求先聖道，思著書以傳於後，然泯無聞焉甚衆；而誕者之爲反得不廢，何耶？」

附注

一、清史稿文苑二姚鼐傳：「姚鼐字姬傳，桐城人，刑部尚書文然元孫。」是姚刑部即姚文然，稱其官也。

二、酉陽雜俎語資：「庾信作詩，用西京雜記事，旋自追改，曰：『此吳均語，恐不足用也。』」 江左人蓋指庾信。 郡齋讀書志二上雜史類：「西京雜記……江左人或以爲吳均依託爲之。」此江左人句之所自出。

三、抱朴子外篇自敍及晉書洪本傳，明言抱朴子内篇爲洪所著書之一（道學傳、佛祖統紀同），隋志以下公私目録亦皆著録。 其非僞作，信而有徵。 宋黄東發始斥之爲僞書（見黄氏日抄五十五讀諸子一），明胡應麟四部正譌中已糾其謬矣（見後附録雜纂第五）。 姚、吳兩氏僞託之説，其謬與黄氏日抄同，無須再事辭費也。

清嚴可均鐵橋漫稿六代繼蓮龕（昌）爲抱朴子敍：

「隋志：道家抱朴子内篇二十一卷，音一卷；雜家抱朴子外篇三十卷，梁有五十一卷。

舊唐志：内篇二十卷，外篇五十卷。
新唐志：内篇十卷，外篇二十卷。
意林：内篇二十卷，外篇二十卷。
崇文總目：内篇二十卷，外篇二十卷。
郡齋讀書志：内篇二十卷，外篇十卷。
直齋書録解題：内篇二十卷。無外篇，引館閣書目有外篇五十卷。
天一閣書目：内篇二十卷，外篇五十卷。刊本
世善堂書目：内篇二十卷，外篇十卷。

今世見存抱朴子，以道藏本爲差善，起疲字號六訖志字號七。内篇十四册，凡二十篇，爲二十卷。外篇十九册，凡五十二篇，爲五十卷。徧問收藏家，都無宋刊本。孫觀察星衍收得舊人校本，係照天一閣所藏刊本用硃筆塗改者，驗與道藏本大同。嘉慶十七年，余以江安轉漕駐江寧，顧秀才廣圻與孫觀察適校定内篇，而方督部維甸以丁憂旋里，復校再過，余爲之付梓，而外篇未曾校也。明年，余擢陜西按察使。又四年，余以雲南布政使調任江寧。公餘之暇，復取是書讀之，内篇神仙家言，應驗與否，所未敢知。外篇駁難通釋，稽古正今，于持身接物之宜，言富而理濟，又頗通達治體，爲政者當置座右。刻内篇而不刻外篇，猶登山者未陟其巔也。乃以九月二十七日，始據盧舜治本以道藏本及照校天一閣藏本、顧秀才所藏舊寫本并意林、羣書治要，手自改正，删補千餘字。又據北堂書鈔補足酒誡篇三

十四字。浹旬蕆畢，發工寫樣。越翌日，自嫌校此殊草草也，更取外篇并往年所刻之内篇重校之，廣搜羣書所引見，攷覈異同，擇其精善，別爲校勘記一卷，凡内篇二百二十五條，外篇三十一條，尚多不可通者，闕疑未敢臆定。是書久殘缺，以隋志視梁七録，則外篇少二十一卷，以新唐志視隋志，則内篇少十一卷，外篇少十卷。以郡齋讀書志視新唐志，則外篇復少十卷。今本僅内篇之十五六，外篇之十三四耳。晉書本傳載洪自敘大凡内、外一百一十六篇。今本内、外七十二篇，往往有短篇僅二三百字，或百數十字，亦篇各爲卷。又于洪自敘删去内、外一百一十六篇之語，以泯其迹。葢由官爲購募一卷一二縑，遂虛張卷第以取賞耳。卽以外篇驗之，意林從剌驕以後重言以前，連引三十二事，今本皆無，則視馬總所據明少一二十篇，無論梁、隋本矣。古書亡者極多，抱朴僅存而殘缺如此，甚可惋惜。乃剌取羣書引見而今本所無者，省并複重，得百四十五條，爲内篇佚文、外篇佚文各一卷。略存隋、唐本梗概焉。道藏臨字號有抱朴子養生論一篇，前半卽地真篇也，後半與極言篇相輔，似字號有稚川真人校證術一卷，是後人所演；斯字號有抱朴子神仙金汋經三卷，其中、下二卷，卽金丹篇也。往年刻内篇，未曾取校。松字號有大丹問答一篇，原注云：石壁古文。未審信否？又有金木萬靈論一篇，乃删改金丹篇爲之，不足據。守字號有抱朴子別旨一篇，言導引行氣，與釋滯篇相輔。今除校證術金木萬靈論外，皆附刻于後。惜方督部先二年去世，不及見是書之全刻也。嘉慶丁丑歲（二十二年）十一月三日。」

又代繼蓮龕敘抱朴子校勘記：

曩余刻抱朴子内篇，是孫觀察星衍、方督部維甸校定，實則顧秀才廣圻之力居多。其攷覈精詳，援稽賅洽，所不待言。數年之閒，諸君子聚散存殁，風景略殊。今當續刻外篇，無從借力。不得已手握丹鉛，凡十日校畢，便發工寫刻。既又念所據僅道藏等四本，所引證僅意林及羣書治要所載之五篇，而于他書未及偏檢，心闕然也。因復取外篇并曩所刻内篇統校之，以道藏本及藏本、官本意林、舊寫本北堂書鈔、衆本藝文類聚、宋本初學記、明本白孔六帖、衆本太平御覽兼史傳志注、文選注、事類賦注所引見者，檢出比竝，凡下内篇四百許籤，下外篇數十籤。而内篇久已梓行，外篇亦既寫樣，未易更動。乃擇其尤要者爲校勘記一卷，附刻于後。計是役也，檢書二千許卷，逐條審正，至再至三，不二十日而事竣。非故速也，自念身任匈宜，非可在破書堆中曠日持久，作不急之務者。既從事焉，宜甚勤勤故速成。而罣漏或不能無，尚望海内同志，指余所未逮也。嘉慶丁丑歲十月二十六日。」

又代繼蓮龕敍抱朴子佚文：

「余手校抱朴子，因繙檢羣書所引見，往往有今本所無者。隨見隨録，省并複重，得百四十五事。輒依本書大例，以其言神仙黄白事者，爲内篇佚文；其餘駁難通釋，爲外篇佚文，各一卷。」

又繼昌校刊抱朴子跋：

「蓮龕方伯手校抱朴子外篇，並取五年前所刻内篇重校之。爲校勘記一卷，佚文二卷。刻既成，以示其同年嚴可均。可均受而讀之，具見方伯用力之勤，蒐羅之備，持擇之精，而猶歉然謂罣漏不能無也。

因爲之覆審再三：外篇博喻之九葉後十行「雖出幽谷」，北堂書鈔寫本一百二十一作「雖出自于幽谷」，此脱「自」字。廣譬之九葉後一行「不願爲蟯蜋之穢飽」，御覽九百四十六作「不羨」，兩通。詰鮑之七葉後七行「捐璧於谷」，校勘記引藝文類聚八十四作「抵璧」，今據安貧篇「故唐虞捐金而抵璧」，明此亦「抵璧」。其今本所無者，藝文類聚八十八松門柏門引「天陵偃蓋之松，大谷倒生之柏，皆爲天齊其長，地等其久」，當是内篇佚文。北堂書鈔寫本三十五德感門引「王業疏（疑當作爲）荆州卒，白虎三頭匍匐於輌下」，其爲内篇佚文、外篇佚文，未敢定之。右五事似可補采，其他罣漏實尠。世間抱朴子，必以此爲最善本無疑也。」嘉慶戊寅歲（二十三年）二月晦烏程嚴可均跋（録自朱氏覆刻平津館叢書本）

附注

嚴氏此跋撰於繼昌書刻成之後，故鐵橋漫稿未載。

清陳其榮抱朴子校勘記識：

「是書之刊，既藉孫、方、顧三家校定，繼君與嚴氏復爲審正。洵見援据該備，審勘精詳，已維是明代諸刻，故家傳詒，溯厥原本；宋元之遺，洋舶佚册，搜祕采奇，異同互見。參證攸資，拾遺訂繆，不揣管窺，鱗次比附，貂續貽嗤，裨益疏陋，跂余望之。」光緒己丑歲（十五年）春二月，嘉興陳其榮識，時在廣州南園之校書堂。（録自覆刻平津館叢書本）

清顧廣圻思適齋集九抱朴子外篇序：

「右抱朴子外篇五十卷，每篇爲一卷。所見有明正統道藏本及葉林宗鈔道藏本，又嘉靖承訓書院刻本。往者，孫伯淵、方葆巖兩先生既合校内篇而刊之，嗣見屬校此外篇，而兩先生相繼云亡。荏苒及今，尚思成此未竟，爰發而出之。細讀一過，始知各本大概相同，脱衍譌錯，往往皆是；甚至於所用經、史、諸子成語顯而易見者，每仍轉寫形近之失，以致全不可通。又甚至闌入重出之文，以當第四十四、四十五兩篇，遂致第四十七、四十八、四十九三篇本爲三卷者，積於四十九一卷之中，亦復相沿而罔覺。甚矣其誤也！於是爲之更正次第，勘定文句，補删改乙，幾及千條。合前所刊内篇存諸篋中，冀無負宿諾云爾。世閒又有明盧舜治刻本，閒有駁異，悉出臆改，是爲誤中之誤。兹既無取，故不更及也。」

又明鈔本抱朴子外篇題跋：

「嘉遁一　逸民二　勗學三　崇教四……應嘲四十二　喻蔽四十三　百家△文行△　正郭四十四

彈禰四十五　詰鮑四十六　知止四十七　窮達四十八　重言四十九　自敍五十

庚辰（嘉慶二十五年）春杪，重讀於楓江僦舍，删併重出，改定篇第如右。又校定文句，幾及千條，詳於潘本，此仍未具也。千里又記（外篇卷首）

初讀此卷（四十九卷），獨積三篇，不曉其故。近始悟四十四、五闌入重出，遂致窮達本四十八、重言本四十九無所附麗，而連於知止本四十七；又正郭本四十四、彈禰本四十五、詰鮑本四十七皆失其次敍，而相沿莫覺。甚矣，好讀書而不求解，誤人不淺也！思適居士書（重言篇後）

按四十四百家、四十五文行，皆卽三十二尚博之重出。自宋以來，莫覺其誤，今始正之。庚辰四月又記（自敍

篇後)

嘉慶丙子(二十一年)，粗覽一過，中多錯誤，未及審正也。」千里記(自敍篇後)

附注

按：抱朴子外篇五十卷，非以一篇爲一卷也。前百家篇解題，曾有較詳論述。顧氏任意删除、移動篇目，以湊五十篇之數，非是。

清鈕樹玉匪石先生文集下讀抱朴子：

「余讀抱朴，而知風氣之足以囿人心也。抱朴子之學，博矣。其言辨，而識見超悟未能絶人。內篇論神仙，似不及真誥；外篇談時事，未必過淮南也。至於文詞雕琢，華多實少，則六朝之所尚。甚矣，風氣之足以囿人也。」

清陸心源儀顧堂續跋十一舊鈔抱朴子跋：

「抱朴子內篇二十卷，外篇五十卷，前有葛洪序。每葉二十行，每行十七字。別旨在內篇之後外篇之前，各爲起訖，不相連屬。……明刊以魯藩爲善，分七十卷。此本凡與魯藩本異者，與道藏本同。或從元刊鈔出，或從宋藏鈔出，雖不可攷，其非從明刊鈔出，則無疑也。平津館本大略多同，惟削別旨一篇，閒有據他書增補處。明盧舜治本亦用魯藩、道藏兩本校，惟上下篇各分爲四卷，以別旨一篇附內篇末，亦閒有肊增一二字處，雖無删削，要不如此本之善。外篇卷四十九有姑蘇吳岫塵外軒讀過朱文方印，卷五十有吳岫方印，蕘圃手校朱文方印及朱筆題字，前後有嘉慶丁丑、癸酉兩跋。吳岫字方山，嘉靖時蘇州藏書家，與沈辨之與文友善。」

近人王國維批校四部叢刊景印魯藩本抱朴子識語：

「癸亥（一九二三年）六月，以六朝人寫本校內篇二、三卷（即論仙、對俗兩篇）；餘亦通讀一過，脫誤甚多，惜無本以校之，惟略正其可知者而已。」觀堂

附注

王氏舉正外篇中脫誤，凡三十一條。（此本現藏北京圖書館）

近人傅增湘明鈔抱朴子跋：

「此明人寫本抱朴子內篇二十卷，余昔歲得之南中，意其爲天一閣舊藏，棉紙藍格，半葉十行，行二十四字至二十七字不等。各卷標疲六至疲八守一至守十一等字，蓋從道藏本出也。惜外篇五十卷不存。余以萬曆慎山泉刊本校之，慎本亦標疲守等字，似亦源於道藏，然全書二十篇改爲四卷，文字奪漏淆亂，乃至不可爬梳。……考明代別有盧舜治刻本，其脫誤與此本同。疑當時所據藏本適多奪頁錯簡，故沿訛踵謬，至於此極耳。惟嘉靖時，魯藩承訓書院刻本獨爲完善。惜其流傳絕少，人罕得見。故盧、慎兩家刻書時，皆未能據以糾正。迨嘉慶丁丑，長白繼昌合各本重加刊定，又得孫星衍、方維甸、顧廣圻、嚴可均諸人相助勘覈，舉數千年來榛莽垢薉，一舉而廓清之。於是內、外七十篇，乃釐然可誦焉。此帙鈔自道藏，自較盧、慎諸刻爲可信。第文字淆譌，亦殊不尠。如對俗一篇，其中錯簡四處，得繼氏釐正之後，乃文從字順，秩然有序。余意其誤亦自道藏啓之，學者尊爲古本，遂循習而未之察

耳」。癸酉（一九三三年）二月下澣藏園記

近人葉景葵卷盦書跋抱朴子跋：

「壬申（一九三二年）至今不到七周，而宗氏之書盡散。沈校魯藩本抱朴子已入余書庫。自戰事以後，公私書藏，流轉散佚，慘不忍言。余於是有發起私家圖書館之宏願，誓當爲死友保存之。原書既得，此傳録本不足重，惟朱藍別異，頗醒眉目，亦不忍棄也。」己卯（一九三九年）夏日，揆初題

「桐鄉沈曉滄先生以慎懋官、盧舜治、道藏各本校魯藩本，舊藏郁泰峯家，友人宗耿吾得之，借校一過。郁藏魯藩本，舊有朱校，稱志祖案，似爲吾鄉孫頤谷先生手筆。所引諸說，有汪云、黄云、梁玉繩云及繼培案，係集各本校注而成。今以藍筆別異之。」壬申（一九三二年）仲冬校畢記。景葵

「舊校字跡，非頤谷老人書，須廣搜昔賢書札，方能審定。」己卯（一九三九年）夏記。」

近人鄧文如先生吉藩本抱朴子外篇跋：

「此本爲平津館校刻本所未引，與四部叢刊影印魯藩本字句間頗有不同之處。弭訟篇明言文不雅馴，削之。別缺百家、文行二篇，然平津校記謂顧千里以此二篇爲尚博篇複文，當刪。則是本未刻此二篇，或仍宋本之舊。使千里見之，與其説合，不知若何狂喜也。審舉等篇多缺末一段語，當亦非任意割棄。世傳抱朴子本非全書，此本有缺文，不足爲病。況尚足以正藏本之誤乎？甲戌（一九三四年）臘月二十六日燈下記。」之誠

「此本不識有内篇否？如只刻外篇，尤與自敍所言外篇爲儒家之説合。隋、唐志、直齋書録解題皆

內、外篇分別著録，則宋時外篇單刻，而此本繼之，更爲可貴。明刻內、外篇合爲一書，竊謂皆出於道藏。此本明與道藏有不同之處，自當別有所本。謂卽本於宋本，亦意中可必之事也。」

附注

一九四一年秋，借校鄧文如先生所藏明刊吉藩本抱朴子外篇一過，並録存先生之跋文兩則。今特照鈔如右，以饗讀者。

近人王重民中國善本書提要子部道家類四種抱朴子板本提要：

「抱朴子內篇四卷　外篇四卷

明萬曆間刻本〔十行二十字〕

晉葛洪撰，明愼懋官校。

王文禄序〔萬曆十二年（一五八四）〕

抱朴子內篇四卷　外篇四卷

明萬曆間刻本〔十行二十字〕

晉葛洪撰，明張可大校，愼懋官閱。按此本實翻愼懋官校刻本，盧舜治序謂曾校宋本、明藩本者，大言欺人耳。愼本約刻於萬曆十二年，此本刻於萬曆二十七年，後於愼本者蓋十五年。

盧舜治序

新鍥葛稚川內篇四卷　外篇四卷

明萬曆間刻本（十行二十字）

晉葛洪撰。卷内題：「金陵張可大評校，愼懋官閲。」盧舜治序云：「余晚年頗嗜古文詞，偶得宋本一，殫力磨勘，藏之櫝中。已又得王府本一，藏經本一，復殫力磨勘，藏之櫝中。重櫝而珍之，未旹也。迨萬曆己亥歲，古泉氏請付剞劂。自余善本出，而魚成魯，虚成虎之誤，免矣！」然持與愼氏原本相校，其就愼氏原書上板甚明；書題改「抱朴子」爲「葛稚川」，其剜補之跡又甚明。然則磨勘之説，乃欺人之言也。

盧舜治序

新鋟抱朴子内篇四卷　外篇四卷

明萬曆間刻本（十行二十字）

晉葛洪撰。卷内題：「吴興郡山人愼懋官校。」

王文禄序（萬曆十二年（一五八四））

自序」

附注

盧舜治欺世盜名，雖得逞一時，但王氏一發其覆，真相終於大白者，抑亦書林之嘉話乎？

雜纂第五

書舜典「在璇璣玉衡」正義：「蔡邕、鄭玄、陸績、吳時王蕃、晉世姜岌、張衡、葛洪皆論渾天之義，並以渾説爲長。」

晉書天文志上：「天體　成帝咸康中，會稽虞喜因宣夜之説作安天論，以爲『天高窮於無窮，地深測於不測。天確乎在上，有常安之形，地魄焉在下，有居靜之體。當相覆冒，方則俱方，員則俱員，無方員不同之義也。其光曜布列，各自運行，猶江海之有潮汐，萬品之有行藏也。』葛洪聞而譏之曰：『苟辰宿不麗於天，天爲無用，便可言無，何必復云有之而不動乎？』由此而談，稚川可謂知言之選也。」

又張闓傳：「帝（元帝）踐阼，（闓）出補晉陵内史，在郡甚有威惠。……時所郡四縣並以旱失田，闓乃立曲阿新豐塘，溉田八百餘頃，每歲豐稔。葛洪爲其頌。

世説新語規箴「元皇帝時廷尉張闓」條劉注引葛洪富民塘頌（敘闓）（此二字據唐寫本增補）曰：『闓字敬緒，丹陽人，張昭孫也。』」

又隱逸郭文傳：「郭文字文舉，河内軹人也。少愛山水，尚嘉遁。……（文）居（王）導園七年，未嘗出入。一旦忽求還山，導不聽。後逃歸臨安，結廬舍於山中。臨安令萬寵迎置縣中。及蘇峻反，破餘杭，而臨安獨全，人皆異之，以爲知機。自後不復語，但舉手指麾以宣其意。病甚，求還山，欲枕石安尸，不令人殯葬，寵不聽。不食二十餘日，亦不瘦。寵問曰：『先生復可得幾日？』文三舉手，果以十五日終。

寵葬之於所居之處而祭哭之，葛洪、庾闡並爲傳，贊頌其美云。」

南齊王融爲竟陵王與隱士劉虯書：「故文舉築室治城之阿，次宗植援西山之麓，葛洪考槃於海岫，釋遠肥遁於鍾幽。每踐其遺蹤，輒深九原之歎。若高步可遷，復何懷乎四子？」（廣弘明集十九）

梁陶翊華陽隱居先生本起録：「所以自稱華陽隱居，亦猶士安之玄晏，稚川之抱朴。」（雲笈七籤一百七）

周書劉璠傳：「梁元帝承制，授樹功將軍，鎮西府諮議參軍。賜書曰：『鄭禹文學，尚或執戈；葛洪書生，且云破賊。前修無遠，屬望良深。』」

金樓子序：「卽以先生爲號，名曰金樓子，蓋士安之玄晏，稚川之抱朴者焉。」

又自序：「昔葛稚川自序曰：『讀書萬卷，十五屬文。』」

顔氏家訓文章：「（揚雄）著劇秦美新，妄投於閣，周章怖慴，不達天命，童子之爲耳。桓譚以勝老子，葛洪以方仲尼，使人歎息。」

文選劇秦美新作者李注：「王莽潛移龜鼎，子雲進不能辟戟丹墀，亢辭鯁議，退不能草玄虛室，頤性全眞，而反露才以耽寵，詭情以懷禄，素餐所刺，何以加焉。抱朴方之仲尼，斯爲過矣。」（李周翰注：「是時雄仕莽朝，見莽數害正直之臣，恐己見害，故著此文，以秦酷暴之甚，以新室爲美，將悦莽意，求免於禍，非本情也。」）

附注

按：抱朴子外篇尚博：「世俗率神貴古昔，而黷賤同時，雖有益世之書，猶謂之不及前代之遺文也。是以仲尼不見重於當時，太玄見蚩薄於比肩也。」抱朴以子雲方仲尼，即就尚博篇此文言之也。

又雜藝：「河北文士，率曉兵射，非直葛洪一箭，已解追兵。」

宋樂史太平寰宇記九十五：「江南東道五杭州錢塘縣　靈隱山在縣十五里，許由、葛洪皆隱此山。」

宋高似孫子略四抱朴子：「自陰符一鑿，而天地之幾盡洩；玄經一吐，而陰陽之妙益空。所謂道者非他，只天地之奧，陰陽之神而已。神而明之，可以贊化育，經範圍，可以治國平天下，可以修身養性而致長年，可以清淨輕虛而與之俱化。予自少惑於方外之説，凡丹經卦義，祕籍幽篇，以至吐納之旨，餐鍊之粹，沈潛啟策，幾數百家。靡不竭其精而賾其隱，破其鋌而造乎中，猶未以爲得也。於是棄去，日攻易，日讀繫辭，所謂天地之幾，陰陽之妙，相與橐籥之，甄冶之，而吾之道，盡在是矣。所謂吾之道者，非他道也，吾自得之道也。及間觀稚川、弘景諸人所録及内、外篇，則往往皆糟粕而筌蹄矣。今輒書此，以斷内、外篇，則吾之道，亦幾於鑿且吐矣。後之悟者，必有會於吾言。」

宋釋志磐佛祖統紀法運通塞志第十七之三：「成帝咸和元年，西天沙門竺慧理至錢塘武林山，驚曰：『中天竺靈鷲小嶺，何年飛來此地耶？』因名天竺飛來峯，建寺曰靈隱，仙翁葛洪書額。」（大正藏四十九册）

宋釋契嵩鐔津文集十二武林山志：「其古人之遺迹：……若晉葛洪之丹井者，……若晉葛洪之伏龍石門者，……徒古今相傳，雖名存而其實頗亡，不可按而備書。」（大正藏五十二册）

明宋濂諸子辨：「抱朴子晉葛洪撰。洪字稚川，著内篇二十卷，言神仙黄白變化之事；外篇十卷，駁難通釋。洪深溺方技家言，謂神仙決可學，學之無難，合丹砂、黃金爲藥而服之，卽令人壽與天地相畢，乘雲駕龍，上下太清。其他雜引黃帝御女及三皇內文劾召鬼神之事，皆誕褻不可訓。……洪博聞深洽，江左絕倫，爲文雖不近古，紆徐蔚茂，旁引而曲證，必達己意乃已。要之，洪亦奇士，使舍是而學六藝，夫孰禦之哉？惜也！」（嚴榮校刻宋文憲公全集卷三十六）

明沈津百家類纂抱朴子題辭：「晉葛洪撰。洪字稚川，丹陽句容人。元帝時，累召不起。止羅浮山鍊丹、著書，推明飛昇之道，導養之理，黃白之事，以爲神仙決可學，學之無難，合丹砂、黃金爲藥而服之，卽令人壽與天地相畢，乘雲駕龍，上下太清。其他雜引黃帝御女及三皇內文劾召鬼神之事，皆誕褻不可訓。

書有內、外篇，今所録者，外篇也。洪博聞深洽，江左絕倫，爲文辭雖不近古，紆徐蔚茂，旁引曲證，必達己意乃已。要之，洪亦奇士也，使舍是而學六藝，夫孰禦之哉？惜也！」

附注

按：沈氏題辭因襲成文，實有掠美之嫌。

明楊愼丹鉛餘録十：「抱朴子（鈞世）曰：『古詩今賦麗則不同：俱論宮室，而奚斯「路寢」之頌，何如王生之賦靈光乎？同説游獵，而叔田、盧令之詩，何如相如之言上林乎？並美祭祀，而清廟、雲漢之辭，何如郭璞南郊之豔乎？等稱征伐，而出車、六月之作，何如陳琳武庫之壯乎？』」（丹鉛總録二十四同）

又丹鉛續録六戲婦：「抱朴子疾謬篇云：『世間有戲婦之法，於稠衆之中，親屬之前，問以醜言，責以慢對，其爲鄙凟，不可忍論。或蹙以楚撻，或繫足倒懸。酒客酗醟，不知限劑，至使有傷於流血，踒折支體者，可歎也。古人感離別而不滅燭，悲代親而不舉樂。禮論：娶者羞而不賀。今既不能動蹈舊典，至於德爲鄉閭之所敬，言爲人士之所信，誠宜正色矯而呵之，何爲同其波流，長此敝俗哉！』今此俗世尚多有之，娶婦之家，新婿避匿，羣男子競作戲調以弄新婦，謂之謔親。或褰裳而針其膚，或脫履而規其足。以廟見之婦同於倚市門之倡，誠所謂敝俗也。然以抱朴子考之，則晉世已然矣。歷千餘年而不能變，可怪哉！」（譚苑醍醐七、升菴集四十六、升菴外集四十八同）

（管輅三斗）：「抱朴子（酒誡）云：『管輅傾三斗，而清辨綺粲。』管輅善飲惟見此，而輅傳不載。」（譚苑醍醐八同）

（丹鉛總録十曹操欲用孔明）：「抱朴子（逸民）曰：『魏武嚴刑峻法，果於殺戮，乃心欲用乎諸葛（逸民篇原無「諸葛」二字）孔明，孔明自陳不樂出身。武帝謝遣之曰：『義不使高世之士，辱於汙君之朝也。』其鞭撻九有，草創皇基，亦不妄矣。」按此則操嘗徵召孔明矣。事不見於史，當表出之。嗚呼，操之不拘孔明，不殺關羽，真有人君之度，豈止雄於三國邪！」（譚苑醍醐一、升菴集四十六同）

附注

按：三國志魏書管寧傳：「時鉅鹿張臶字子明，潁川胡昭字孔明，亦養志不仕。……胡昭始避地冀州，亦辭袁紹之命，遁還鄉里。太祖爲司空丞相，頻加禮辟。昭往應命，既至，自陳一介野生，無軍國之用，歸誠求去。太祖曰：『人各有志，出處異趣，勉卒雅尚，義不相屈。』昭乃轉居陸渾山中，躬耕樂道，以經籍自娛，閭里敬而愛之。」是抱朴此文所稱之孔明，乃胡昭而非諸葛亮也。升菴妄以諸葛孔明當之，誤矣。（陳耀文於楊著多所舉正，而此條未置一辭，蓋亦不知漢末原有兩孔明也。）

又十五黽音蔑：「抱朴子（審舉）：『舉秀才，不知書；舉孝廉，父別居。寒素清白濁如泥，高第良將怯如黽。』泥，音涅。後漢書（隗囂傳）引論語（陽貨）『涅而不緇』作『泥而不滓』，可證也。黽，音蔑。爾雅（釋詁郭）注引『黽勉從事』，或作『蠠没』，又作『密勿』（漢書劉向傳），可證也。泥音涅，則黽當音蔑。黽或音密，則泥當音匿。古音例無定也。晉書作『怯如雞』，蓋不得其音而改之。」（譚苑醍醐五同）

附　注

一、丹鉛雜録五「後漢書」作「漢書」、「爾雅注」作「小雅」，均誤。

二、杜文瀾古謡諺六桓靈時人爲選舉語二則子注，引丹鉛總録此條全文，未補出晉書出處；逯欽立先秦漢魏晉南朝詩漢詩八時人爲貢舉語子注，祇云「晉書引作『舉秀才，濁如泥；舉良將，怯如雞。』與此不同。」亦未標出晉書篇目。

又二十四：「抱朴子（尚博）曰：『八卦生鷹隼之所被，六甲出靈龜之所負。』説者謂鷹隼之羽文亦有八卦之象。未驗，無以知其然否也。」（升菴集八十一同）

明何三畏何氏類鎔二十人事類：「曾參之正冠而纓絶，捉衿而肘見（見莊子讓王）；葛洪之階霤皆蓬莠，庭宇皆荆榛（見外篇自敘）。」

又二十四第宅部：「邛州有司馬（相如）琴臺之址，博望有葛盧石礎之基（見自敘）。」

又三十五介蟲部：「嘗覩抱朴子云：『頭蝨著身，皆漸變而白；身蝨處頭，皆漸化而黑。』乃知玄素之質何常，漸於玄則玄，漸於素則素，人亦在所漸何如耳。」

附　注

按：外篇佚文：「抱朴子曰：『今頭虱著身，皆稍變而白；身虱處頭，皆漸化而黑。則是玄素果無定質，移易存乎所漸。』」（文選嵇康養生論李注、太平御覽九百五十一引）是「乃知」以下四句，爲何氏推衍之辭。

明胡應麟少室山房筆叢史書佔畢四：「抱朴子逸民篇云：『魏武帝刑法嚴峻，果於殺戮，乃心欲用乎孔明；孔明自陳不樂出身。武帝謝遣之曰：『義不使高世之士，辱於汙君之朝也。』其鞭撻九有，草創皇基，宜矣。稚川去魏未遠，孔明傳、注俱不載，姑記此。」

附　注

按：此文之誤與丹鉛總録同（孫志祖讀書脞録六謂「元瑞蓋襲其謬」）。

又四部正譌中：「抱朴子內、外篇四十卷，晉葛洪稚川撰。洪以博洽名江左，身所著書殆六百餘卷，自漢以來，稱撰述亡盛於洪，蓋篤志負才而游方之外者也。黄東發詆洪不應以神仙誤天下後世（見黄氏日抄卷五十五讀諸子一），持論甚公，而以此書為僞則失考。洪本傳明言抱朴諸篇，歷唐宋以還未有疑其爲僞者。今讀其言，比物聯類，紆徐鬱茂，滑稽不窮。其外篇蓋擬王氏論衡，故旁引曲喻，必達其詞；雖時失繳冗，非淺見狹識所窺也。且洪既爲神仙之學，其異於吾儒，勢固應爾，又曷僞焉！」

又九流緒論中：「王充氏論衡八十四篇，其文猥冗薾沓，世所共輕；而東漢晉唐之間，特爲貴重：蔡邕祕弗視人，葛洪贊弗容口，劉子玄槌提班馬，不遺餘力，而獨尊信是書。……俾後世人人咸得藉爲口實，不可謂非特立之士也。故伯喈尚其新奇（詳附録佚文第三），稚川大其宏洽（見外篇喻蔽），子玄高其辯才（見史通自敍），特其偏愎自是，放言不倫，稍不當心，上聖大賢，咸在訶斥。……故余稍爲次其功罪，以折衷後之君子。」

又華陽博議上：「子則有博於儒者、墨者、法者、名者、術者，……稚川之纂（抱朴子內、外篇及所鈔百家之言、方伎、雜事諸書），仲容之鈔（子鈔），……皆博於子者與？」

明楊宗吾檢蠹隨筆十二：「抱朴子（吴失）曰：『魚質龍文，似是而非，遭水而喜，遇獺即悲。』此與揚子（法言吾子）『羊質虎皮』數語同意。」

清桂馥札樸四尩：「……抱朴子（外篇自敍）『洪秉體（性）尩羸』，臧榮緒晉書山濤子淳、元尩疾不仕。馥案：此皆未言其何疾也。」

附注

按：抱朴子自敍之「洪稟性尪（與尩同）羸」，曾證其爲生而短小瘦弱，已詳當句箋，茲不再贅。服虔通俗文：「短小曰尩。」（一切經音義四引）玉篇尢部：「尢，烏光切，……短小也。俗作兀，尪，同上。」晉書山濤傳：「（濤）有五子：……淳字子玄，不仕，允字叔真，奉車都尉，並少尩病，形甚短小，而聰敏過人。武帝聞而欲見之，濤不敢辭，以問於允。允自以尩陋，不肯行。濤以爲勝己，乃表曰：『臣二子尩病，宜絶人事，不敢受詔。』」是山濤淳、允二子之尩疾（尩病同），亦言其身材短小也。

清俞正燮癸巳存稿十一弄新婦：「漢書地里志（下）云：燕俗，嫁娶之夕，男女無別，反以爲榮。後頗稍改，然尚未止。抱朴子疾謬云：『俗有戲婦之法，於稠衆之中，親屬之前，問以醜言，責其慢對，其爲鄙黷，不可忍論。』酉陽雜俎禮異云：近代娶婦之家弄新婦。」又鬧房：「鬧房之事，有極無禮者。意林（四）載風俗通云：『汝南張妙會杜士，士家娶婦，酒後相戲，張妙縛杜士，捶二十下，又懸足指，士遂致死。』（此風俗通義佚文，太平御覽八百四十六亦引之。）……抱朴子疾謬云：『蹙以楚撻，繫脚倒懸。酒後酗醟，不知限齊，至使有傷於流血，踒折支體者。』其事正類張妙。自漢迄晉，其風不改。」

附注

按：昌言：「今嫁娶之會，捶杖以督之戲謔，酒醴以趣〔之〕情欲，宣淫佚於廣衆之中，顯陰私於族親之間，污風詭俗，生淫長奸，莫此之甚，不可不斷者也。」（羣書治要四十五引）漢末鬧房弊俗至於此極，俞文不曾徵引，特逐録以補其闕。

清孫志祖讀書脞録六兩孔明：「抱朴子逸民篇云：『魏武帝刑法嚴峻，果於殺戮，乃心欲用乎孔明。……武帝謝遣之曰：「義不使高世之士，辱於汙君之朝也。」』案此乃魏之胡昭字孔明。魏志附管寧傳後云：「太祖爲司空丞相，頻加禮辟。昭往應命，既至，自陳一介野生，無軍國之用，歸誠求去。太祖曰：『人各有志，出處異趣，勉卒雅尚，義不相屈。』」即此事也。而胡氏（應麟）史書佔畢乃云：『稚川去魏未遠，孔明傳、注俱不載。』豈誤以魏之孔明爲諸葛武侯乎？」本注：「案楊升菴（丹鉛總録十）引抱朴子於『孔明』上妄增『諸葛』二字，遂有曹操不屈孔明之說。元瑞蓋襲其謬。」

清洪頤煊讀書叢録十四顔淵年十八：「(列子)力命篇：『顔淵之才，不出衆人之下，而壽十八。』頤煊案：淮南精神訓高誘注：『顔淵十八而卒。』後漢書郎顗傳：『昔顔子十八，天下歸仁。』抱朴子逸民篇：『昔顔回死，魯定公將躬弔焉。使人問仲尼。』抱朴子亦以顔淵年十八，故卒當魯定公時。」

清陳澧東塾讀書記八儀禮：「韓昌黎讀儀禮(昌黎集十一)云：『考於今，誠無所用。』澧謂：此語過矣。抱朴子云：『冠、婚、飲、射，何煩碎之甚耶！好古官長，時或修之。至乃講試累月，猶有過誤，而欲以此爲生民之常事，至難行也。余以爲可命精學洽聞之士，使删定三禮，割棄不要，次其源流，總合其事類，集以相從，務令約儉，無令小碎，條牒各別，令易案用(原注：省煩篇。)。』此則至當之論也。」

清朱亦棟羣書札記九宵浴：「抱朴子譏惑篇：『出門有見賓之肅，閑居有敬獨之戒，顔生整儀於宵浴，仲由臨命而結纓。』劉晝新論愼獨篇：『居室如見賓，入虚如有人。故蘧瑗不以昏行變節，顔回不以夜浴改容。』案：伯玉事見列女傳(仁智衛靈夫人傳)。顔子事未詳所出，姑存之以俟考。」

附注

按：古連珠：「周公不以夜行而慚影，顔回不以夜浴而改容。」(楊愼均藻一二冬引)

清俞樾曲園襍纂二十五讀抱朴子(外篇)：「逸民篇：『魏武帝亦刑法嚴峻，果於殺戮，乃心欲用乎孔明；孔明自陳不樂出身。武帝謝遣之曰：「義不使高世之士，辱於汙君之朝也。」』樾謹按：此孔明非諸葛武侯也，乃胡昭之字耳。三國魏志管寧傳附載潁川胡昭字孔明，始避地冀州，亦辭袁紹之命，遁還鄉里。太祖爲司空丞相，頻加禮辟。昭往應命，既至，自陳一介野生，無軍國之用，歸誠求去。太祖曰：『人各有志，出處異趣，勉卒雅尚，義不相屈。』昭乃轉居陸渾山中，躬耕樂道，以經籍自娛。此篇所云，即其人也。譏惑篇云：『如中州有鍾元常、胡孔明、張芝、索靖，各一邦之妙。』則其人又以善書著名。庾肩吾書品，胡昭孔明列上之下。張彥遠法書要録云：『潁州鍾繇、同郡胡昭，二子俱學於（劉）德昇，而胡書肥，鍾書瘦。』晉（書）荀勗傳：『立書博士，置弟子教習，以鍾、胡爲法。』然則胡昭在魏晉間，其名固卓犖在人口者。故抱朴但舉其字也。若今人則不知者多矣，故詳說之。」

又：「君道篇：『除惡犬以遏酒酣之患。』樾謹按：酣乃酸字之誤。韓非子外儲說（右上）：『宋人有酤酒者，然不售，酒酸。問長者楊倩。倩曰：「汝狗猛邪？」』此所用，即其事。」

又：「用刑篇：『唐虞之盛，象天用刑。』樾謹按：虞書（舜典）：『象以典刑。』馬融以爲：『但有其象，無其人也。』（史記五帝紀集解引）僞孔傳則訓象爲法，云『法用常刑，用不越法。』三說均無法天之義。至蔡傳出，乃始云『象如天之垂象以示人。』而抱朴子已云『象天用刑。』後人之義，固有與古闇合者歟？」

又：「仁明篇：『門人共論仁明之先後，各據所見，乃以諮余。余告之曰：「三光垂象者，乾也；厚載無窮者，坤也。乾有仁而兼明，坤有仁而無明，卑高之數，不以邈乎！」』樾謹按：抱朴之意，以仁可以力爲，而明必由天授，故謂明居仁上。篇末又雜引孔子曰：『聰明神武。』不云聰仁。『昔者明王之治天下。』不曰仁王。春秋傳：『明德惟馨。』不云仁德。書云：『元首明哉！』不曰仁哉。以證明其意。要皆曲說也。抱朴固非經生，於經義所得殊淺。其實，明不得先仁，在論語固有明證。何也？孔子論令尹子文、陳文子，皆曰：『未知，焉得仁？』（並見論語公冶長）則知淺而仁深，知卑而仁高，大可見矣。釋文曰：『知，鄭（玄）音智。』漢書人表（序）引此語，師古注曰：『智者雖能利物，猶不及仁者所濟遠也。』師古此義，必是康成舊説。抱朴不知此旨，故以明居仁之上，殊非正論。豈當時何晏之集解已行，學者已不知有鄭義乎？」

又：「詰鮑篇：『且案周典九土之記，及漢氏地理之書，天下女數，多於男焉。』樾謹按：漢書地理志（上）所言女數男數，即述周禮職方氏之文。至所載元始二年户口之數，則不分男女（亦見漢書地理志上）。未詳抱朴所據。」

附注

俞氏讀抱朴子外篇凡十一則，兹選録五則如右。其博聞深洽，已可概見。

近人劉師培論文雜記：「六朝之士，崇尚老莊，故六朝之文，多道家言。」本注：「如葛洪、孫興公、王逸少、支遁、陶淵明、陶弘景之文，皆喜言名理，以放達爲高。」

又中國中古文學史講義第四課丁總論：「案晉人所撰子書，文體亦異。其以繁縟擅長者，則有葛洪抱朴子外篇。」

又左盦外集十三蒐集文章志材料方法：「一就現存之書分别采擇也條：『其散見子書者，如法言、論衡、抱朴子內、外篇、顔氏家訓、金樓子諸書，亦宜采擇。』」

近人湯用彤魏晉玄學論稿言意之辨：「由此言之，則玄學統系之建立，有賴於言意之辨。但詳溯其源，則言意之辨實亦起於漢魏間之名學。名理之學源於評論人物。抱朴子清鑒篇曰：『區別臧否，瞻形得神，存乎其人，不可力爲。自非明並日月，聽聞無音者，願加清澄，以漸進用，不可頓任。』蓋人物僞似者多，辨別極難。而質美者未必優於事功，志大者而又賞識不足。前者乃才性之名理，後者爲志識之名理，凡此俱甚玄微，難於辨析。而況形貌取人必失於皮相。聖人識鑒要在瞻外形而得其神理，視之而會於無形，聽之而聞於無音，然後評量人物，百無一失。此自『存乎其人，不可力爲』，可以意會，不能言宣（此謂言不盡意）。故言意之辨蓋起於識鑒。」（一九五七年人民出版社本）

近人范文瀾中國通史簡編第五章第三節四玄學和道教：「抱朴子外篇，完全是儒家面貌，不見怪誕的語句。特別是詰鮑篇，用荀子和韓非子的觀點駁斥道家學派鮑敬言『古者無君，勝於今世』的謬論，表現出社會進化思想。外篇許多處說到今勝於古，如尚博篇說『俗士多云，今山不及古山之高，今海不及古海之廣，今日不及古日之熱，今月不及古月之朗。何肯許今之才士，不減古之枯骨。重所聞，輕所見，非一世之所患矣。』他在漢過篇說『反經（儒經）詭（違）聖（周孔），順非而博者，謂之老莊之客。……左道邪術，假托鬼怪者，謂之通靈神人；卜占小數，誑飾禍福者，謂之知來（知未來）之妙。』這不僅否定了老莊學派，否定了今文經學和陰陽五行學派，甚至連自己内篇所講的那些神仙術也否定了。他最後不得不歸到古文經學派方向來，承認『王仲任（王充）作論衡八十餘篇，爲冠倫大才』，而論衡恰恰是反對一切妖妄的儒學著作。」（一九五八年人民出版社修訂本）

葛洪家世第六

十世祖　曩祖

抱朴子外篇自敍：「洪曩祖爲荆州刺史，王莽之篡，君恥事國賊，棄官而歸。與東郡太守翟義共起兵，將以誅莽，爲莽所敗。遇赦免禍，遂稱疾自絶於世。莽以君宗強（當乙作強宗），慮終有變，乃徙君於琅邪。」正統道藏洞玄部虞字號陶弘景吳太極左仙公葛公之碑：「仙公姓葛諱玄，字孝先，丹陽句容都鄉吉陽里人也。本屬琅琊，後漢驃騎僮侯盧讓國於弟，來居於此。七代祖艾（抱朴子外篇自敍作「文」），卽驃騎之弟，襲封僮侯。」（又太玄部尊字號華陽隱居集卷下吳太極左宮葛仙公之碑同）

附注

按：葛玄爲洪之從祖，則玄之七世祖卽洪之九世祖，而九世祖又爲洪曩祖之子，是洪之曩祖乃其十世祖也。惟名、字已不可考矣。

九世祖　葛文

九世從祖　葛浦廬

九世從祖　葛孫

抱朴子外篇自敍：「君（指曩祖）之子浦廬，起兵以佐光武有大功。光武踐祚，以廬爲車騎，又遷驃騎大將軍，封下邳僮縣侯，食邑五千户。開國初，侯之弟文隨侯征討，屢有大捷。侯比上書爲文訟功，……

乃自表乞轉封於弟。……文辭不獲已受爵，卽第爲驃騎營，立宅舍於博望里。……又令人守護博望宅舍，以冀驃騎之反，至於累世無居之者。」正統道藏洞真部淡字號歷世真僊體道通鑑卷二十三葛仙公：「（葛玄）高祖盧爲漢驃騎大將軍，封下邳侯。後讓國與弟文，托（下有脫文〔自叙篇作「乃託他行」〕）遂南遊江左，逍遥丘壑，適丹陽句容，見其山水秀麗，風俗淳厚，深合雅意。偶會仲弟孫來爲別駕，一日參侍而言曰：『吾從祖既爲泰伯，而劣孫可爲仲雍之後乎？』因是同居焉。」又洞玄部虞字號太極葛仙公傳：「（仙公）其先琅琊人，後漢驃騎將軍僮侯盧讓國於弟艾，來居此土。」

附注

按：「文」、「艾」不同，蓋傳寫之誤。當以抱朴子所作爲正。

八世祖至四世祖

書闕有閒，此五代祖之名、字及生平，皆無由得知。

三世祖　葛矩

陶弘景吳太極左仙公葛公之碑：「祖矩，安平太守，黃門郎。」（正統道藏洞玄部虞字號太極仙公傳同）

正統道藏洞真部淡字號歷世真僊體道通鑑卷二十三葛仙公：「仙公祖矩，仕漢爲黃門侍郎。」

三世從祖　葛彌

陶弘景吳太極左仙公葛公之碑：「從祖彌，豫章等五郡太守。」歷世真僊體道通鑑卷二十三葛仙公：「仙公年十八、九歲，仙道漸成，乃遨遊山海，倏忽去來，遂東入括蒼，省侍其叔。叔諱彌，字孝公，……立講堂於其居。仙公歸拜之。彌勞問翱翔之意曰：『予嘗念子，幽窈與人事殊濶，仰盼青雲，俯臨滄海，險阻艱難，備嘗之矣。古人所憚，子能爲之。今天下文明，三國求士，子才博術奇，必是出也。』仙公告曰：『玄秉性愚鈍，不通世用，負辜先緒，謝干禄之客，辭負鼎之士，嘗絶志巖穴，棲心煙霞，流浪山水，以此爲樂。庶期與涓子爲交，赤松結友。惟叔父遠弘道藝，講論五經，洙泗之風，翕然復振，詩雅之道，盛於今日。三國隆平，必尚無爲之化，願叔父策名委質，亮天熙載，垂裕後昆。』彌答曰：『子絶類離倫，超凡入聖，吾所不及。』……仙公辭謝而去。」（太極仙公傳同）

二世祖　葛焉

陶弘景吳太極左仙公葛公之碑：「父焉，字德儒，州主簿、山陰令、散騎常侍、大尚書。」（正統道藏太平部尊字號華陽陶隱居集卷下吳太極左宮葛仙公之碑又洞玄部虞字號太極葛仙公傳並作字德儒）正統道藏洞真部淡字號歷世真僊體道通鑑卷二十三葛仙公：「父孝儒，歷大鴻臚，登尚書。」雲笈七籤卷三靈寶略紀：「（葛）尚書，名孝儒。」

附注

按：「德」、「孝」二字不同，定有一誤。

祖父　葛奚

抱朴子外篇自敍：「洪祖父學無不涉，究測精微，文藝之高，一時莫倫。有經國之才，仕吳，歷宰海鹽、臨安、山陰三縣，入爲吏部侍郎、御史中丞、廬陵太守、吏部尚書、太子少傅、中書、大鴻臚、侍中、光禄勳、輔吳將軍，封吳壽縣侯。」又內篇仙藥：「余亡祖鴻臚少卿，曾爲臨沅令。」三國志吳書賀邵傳：「（上疏）近鴻臚葛奚，先帝舊臣，偶有逆迕，昏醉之言耳。三爵之後，禮所不諱。陛下猥發雷霆，謂之輕慢，飲之醇（酖）酒，中毒隕命。」晉書洪傳：「祖系，吳大鴻臚。」正統道藏太平部諸字號道教義樞卷二三洞義第五引真一自然經：「仙公昇天，合（令）以所得三洞真經一通傳弟子，一通藏名山，一通付家門子孫與從弟少傅奚。」雲笈七籤卷六三洞經教部三洞並序：「（鄭）思遠以靈寶及三洞諸經付（葛）玄從弟少傅奚。」又：「仙公昇化，令以所得三洞真經一通傳弟子，一通藏名山，一通付家門子孫與從弟少傅奚。」

附注

按：葛奚之「奚」，惟晉書洪傳作「系」與諸書異，蓋誤。

從祖　葛玄

晉書洪傳：「從祖玄，吳時學道得仙，號曰葛仙公，以其鍊丹祕術授弟子鄭隱。洪就隱學，悉得其法焉。」陶弘景吳太極左仙公葛公之碑：「昔在中葉，甘（甘始）、左（左慈）見駭於魏王（曹操），象（介象）、奉（董奉）擅奇於吳主（孫權）。至如葛仙公之才英俊邁，蓋其尤彰彰者矣。……公姓葛，諱玄字孝先，丹陽句容都鄉吉陽里人也。……公幼負奇操，超絶倫黨，神挺標峻，清輝卓逸。墳典不學而知，道術纔聞已了。非復軌儀所範，思識所該，特以域之情理之外，置之言象之表而已。……於時有人漂海隨風，渺漭無垠，忽值神島，見人授書一函，題曰寄葛仙公，令歸吳達之。由是舉世翕然，號爲仙公。故抱朴著書，亦云『余從祖仙公』（見內篇金丹），乃抱朴三代從祖也。」（正統道藏太玄部尊字號華陽陶隱居集卷下吳太極左宮葛仙公之碑同）正統道藏洞真部淡字號歷世真僊體道通鑑卷二十三葛仙公：「（仙公）漢桓帝延禧七年甲辰歲四月八日誕世。仙公年八歲，失怙恃，已能好學自立。生而穎秀，英姿振發，天才超質，性識明茂。至十三，通古今，凡經傳子史，靡不該覽。……常好彈琴，誦老莊，安閑澹泊，內足無求。年十五、六，名振江左，時賢欲辟爲掾，仙公曰：『蔬食被褐，吾所樂也。豈能以此而易彼哉！』乃衣道家服入天台赤城上虞山，精思念道。」（正統道藏洞玄部虞字號太極葛仙公傳略同）

父　葛悌

抱朴子外篇自敍：「洪父以孝友聞，行爲士表，方册所載，罔不窮覽。仕吳，五官郎、中正，建城、南昌二縣令，中書郎、廷尉平、中護軍，拜會稽太守，未辭而晉軍順流，西境不守。博簡秉文經武之才，朝野之論，僉然推君。於是轉爲五郡赴警，大都督給親兵五千，總統征軍，戍〔式〕遏疆埸。天之所壞，人不能支。故主欽若，九有同賓。君以故官赴，除郎中，稍遷至太中大夫，歷位大中正、肥鄉令，縣户二萬，舉州最治，德化尤異。……以疾去官，發詔見用爲吳王郎中令。……遷邵陵太守，卒於官。」晉書洪傳：「父悌，吳平後入晉，爲邵陵太守。」雲笈七籤卷三靈寶略紀：「至三國時，吳主孫權赤烏之年，有瑯琊葛玄字孝先，……孝先凡所受經二十三卷，并語稟請問十卷，合三十三卷。孝先傳鄭思遠，又傳兄太子少傅（海安君）字孝爰，孝爰付子護軍悌，悌卽抱朴子之父。」

姑

葛洪曾與姑子劉士由辯論「弭訟」之道，見抱朴子外篇弭訟。是洪有一姑也。

兄

抱朴子外篇自叙：「洪者，君（指葛悌）之第三子也。」第三子即行三，是洪上有伯、仲二兄，惟其名、字及生平皆不可考。

妻　鮑姑

晉書洪傳：「後師事南海太守上黨鮑（太）玄，（太）玄亦內學，逆知將來，見洪深重之，以女妻洪。」雲笈七籤卷一百十五鮑姑傳：「鮑姑者，南海太守鮑靚之女，晉散騎常侍葛洪之妻也。靚字太玄，……累徵，至黃門侍郎，求出爲南海太守。以姑適葛稚川。」

子

姪　葛望

晉袁宏羅浮記：「干寶薦洪才器宜掌國史，當選大著作。洪固辭不就。以年老，欲煉丹自衛。聞交趾出丹砂，乃求句漏縣，於是選焉。遂將子、侄俱行。」晉書洪傳：「聞交阯出丹，求爲句屚令。帝（成帝）以洪資高，不許。洪曰：『非欲爲榮，以有丹耳。』帝從之。洪遂將子、姪俱行。至廣州，刺史鄧嶽留不聽去。洪乃止羅浮山鍊丹。嶽表補東官太守，又辭不就。嶽乃以洪兄子望爲記室參軍。」

附注

按：洪子有幾及其名、字、生平皆不詳。

從孫　葛巢甫

正統道藏太平部諸字號道教義樞卷二三洞義第五引真一自然經：「洪號抱朴子，以晉建元二年三月三日，於羅浮山付弟子海安君、望世等。至從孫巢甫，以晉隆安之末，傳道士任延慶、徐靈期之徒。相傳於世，於今不絶。」雲笈七籤卷六三洞經教部三洞并序：「洪又於晉建元二年三月三日，於羅浮山付弟子安海君（「安海」、「海安」不同，疑有一誤）、望世等。後從孫巢甫，晉隆安元年傳道士任延慶、徐靈期，遂行於世。」

附注

按：傳説道家相沿慣例，真人傳經弟子時，即其「昇天」之日。是葛洪之卒年，實爲建元二年（公元三四四年）三月。而羅浮記謂洪卒時年六十一，則當建元元年（公元三四三年）。其一年之差，蓋就足歲記之也。

葛洪生卒年第七

葛洪「生於晉世」，抱朴子外篇吳失曾明言之。惟未道及所生之年。據抱朴子佚文，晉惠帝太安（原誤作「太康」，依抱朴子外篇自叙及晉書洪傳改。）二年（公元三零三年），宋道衡召洪爲將兵都尉，時年二十一（見太平御覽三百二十八引）。由太安二年往上推算，爲晉武帝太康四年（公元二八三年），即洪之生年也。（吳失篇「内崇陶侃、文信之訾」句校箋，有較詳論述。）其卒年各家之説不一，別爲次序如左：

謂爲八十一者

晉何法盛晉中興書：「（葛洪）亡時，年八十一。」（藝文類聚七十八、御覽六百六十四引）

晉書洪傳：「兀然若睡而卒，……時年八十一。」

近人吳士鑑、劉承幹晉書斠注：「案寰宇記一百六十引袁彦伯羅浮記作『時年六十一』。御覽六百六十四引晉中興書亦作『年八十一』。則作『六十一』者，誤也。」

陳馬樞道學傳：「（葛洪）年八十一，兀然若睡而蜕。」（正統道藏洞玄部惟字號唐王松年仙苑編珠上葛洪兀然條注引）

元張天雨玄品録三：「（葛洪）一日坐至日中，兀然若睡而卒，年八十一。」（正統道藏洞神部當字號）

清錢大昕疑年録一：「葛稚川八十一洪，卒晉咸和。」（粤雅堂叢書）

近人余季豫先生疑年録稽疑：「案：晉書本傳，不言卒於何時。錢氏以爲咸和間卒，則大誤。考咸和紀元凡九年。抱朴子外篇吳失篇曰：『余生於晉世。』若如錢氏之説，姑以咸和九年起算，上推八十一年，是爲吳大帝五鳳元年，至吳亡之時，稚川二十有七矣，尚得云生於晉世乎？不合一也。又自敍篇云：『今齒近不惑，素志衰頹。』又云：『洪年二十餘，乃草創子書，會遭兵亂，流離播越，有所亡失，連在道路，不復投筆十餘年，至建武中乃定。』若如錢氏之説，姑以咸和九年卒年八十一推之，則當元帝建武紀元之歲，（建武祇一年，即改元大興。）稚川已六十有四，尚得云齒近不惑乎？不合二也。考御覽卷三百二十八引抱朴子外篇曰：『晉太康二年，京邑始亂。三國舉兵攻長沙王乂。小民張昌反於荆州，奉劉尼爲漢主，乃遣石冰擊定揚州，屯於建業。宋道衡説冰，求爲丹陽太守，到郡發兵攻冰，召余爲將兵都尉。余年二十一，見軍旅不得已而就之。』案：晉書惠帝紀：『太安二年秋七月，張昌陷江南諸郡，別率石冰，寇揚州諸郡盡没。』御覽太康二年，乃太安二年之誤也。以此上推二十一年，是爲武帝太康五年，距吳亡四年矣，故曰：『生於晉世。』更由此下推至元帝建武元年，稚川年三十有五，故曰：『齒近不惑。』彼此互證，無不脗合。本傳云：『年八十一』，則當卒於哀帝興寧元年，去咸和之時遠矣。傳云：『咸和初，司徒導召補州主簿，轉司徒掾，遷諮議參軍，選爲散騎常侍，領大著作，固辭不就。以年老，欲鍊丹以祈遐壽，求爲勾屚令，至廣州，刺史鄧嶽留不聽去，乃止羅浮山鍊丹。在山積年卒。』錢氏以傳言其年老，必是七十許歲人。其後留廣州不過數年，遂斷爲卒於咸和中。其實洪求爲勾屚令，本傳並不著年月，安知其不在咸康以後。五六十歲人自可稱老，不必定至古稀也。」(一九四一年輔仁學誌十卷一、二合期)

近人王明抱朴子内篇校釋卷末附注：「復案抱朴子外篇佚文云：『昔太安二年，京邑始亂，余年二十一。以此上推，葛洪生於晉武帝太康四年(公元二八三年)，了無疑義。唯卒年之説不一。若謂八十一，當卒於東晉哀帝興寧元年(三六三)；若謂六十一，當卒於東晉康帝建元元年(三四三)。但檢葛洪撰之神仙傳云：平仲節於晉穆帝永和元年(三四五)五月一日去世。則葛洪之死，當在穆帝永和元年之後，康帝建元元年非其卒歲明矣。又道教義樞卷二、雲笈七籤卷六載，葛洪於晉建元二年三月三日在羅浮山以靈寶經傳付弟子安海君、望世等。覈諸所載，當以八十一説爲可信。」

附注

按：葛洪神仙傳中並無平仲節傳，汲古閣本、漢魏叢書本皆然(別家神仙傳亦然)。正統道藏洞真部淡字號歷世真傳體道通鑑卷十七有平仲節傳，其文與所引者同。王氏蓋誤記耶。

謂爲六十一者

晉袁宏羅浮記：「洪遂復入此山煉神丹。於此山積年，忽與（鄧）岱書云：『當遠行尋師，藥，剋期當去。』岱疑其異，便狼狽往別。既至，而洪已死，時年六十一。」（太平寰宇記一百六十引，嚴可均全晉文五十七漏輯此文）近人劉汝霖東晉南北朝學術編年卷一葛洪卒年考證：「按抱朴子自敍稱抱朴子書『至建武中乃定』，又稱『今齒不惑』又稱『今始立方盛』，則建武中成書之時，當年三十六、七歲也。又按本傳謂洪卒年八十一，太平寰宇記（指所引羅浮記）則謂卒年六十一，竊意六十一是也。蓋洪若在山中三十年，不容無一事可紀。且鄧嶽在一地爲官至三、四十年之久，亦覺牽強。故從六十一歲説誌之於此。」近人侯外廬等中國思想通史第三卷第七章第二節葛洪生平及其道教思想的傳授：「晚年的葛洪，被鄧嶽留在廣州，在羅浮山修道，度他的神仙丹鼎生涯。本傳説他『止羅浮山煉丹……在山積年，優游閑養，著述不輟』。所謂在山積年，究竟多少年呢？本傳没有交代明白，但如以本傳所載卒年八十一而論，則在山當在二十六、七年以上。但太平寰宇記又記他卒年六十一，則在山僅六、七年。考本傳洪死時，鄧嶽尚爲廣州刺史。考嶽傳，嶽卒於廣州刺史任内，又成帝紀，咸康二年（公元三三六年）冬十月，廣州刺史鄧嶽擊夜郎，五年（公元三三九年）三月，廣州刺史鄧嶽伐蜀。以後即不再見有關鄧嶽的記載，鄧嶽以咸和五年任廣州刺史，至咸康五年，歷時十年。則葛洪在山，當鄧嶽廣州刺史任内，似以六、七年爲合理。就是説，關於葛洪的年壽，太平寰宇記所載六十一，比晉書本傳所載八十一較爲可信。」

時人陳國符道藏源流攷葛洪事蹟攷證：「又晉書本傳言洪後又至廣州，刺史鄧嶽留不聽去。乃止羅浮山。旋忽卒。鄧嶽至，已不及見。按吳廷燮東晉方鎮年表，晉成帝咸和五年，鄧嶽始領廣州刺史。康帝建元二年，嶽卒，其弟逸代之。故洪至遲當卒於建元二年。據此，則太平寰宇記謂洪卒年六十一之說爲是。而晉書本傳之說則誤。洪卒年八十一。由以上攷證，斷定洪生於晉武帝太康四年，卒於晉康帝建元元年，年六十一。」

又中國外丹黃白術考論略稿：「（葛洪）生於晉武帝太康四年。……光熙元年（二十四歲），往廣州，遂停南土，嘗由日南（即今越南之順化一帶）往扶南。（扶南國即今東埔寨與越南極南部。其後因所聞見，記晉代南洋產砂之國，附於太清金液神丹經之後。）後返里。……咸和初，洪欲求丹砂，又至廣州，止羅浮山。晉康帝建元元年卒於羅浮山，年六十一。」

謂爲不出六十者

近人錢穆葛洪年譜：

「病中讀抱朴子，聊譜其年歷行事。時民國三十五年春客成都。

晉武帝太康四年　葛洪生

按：抱朴子外篇，吳失，余生於晉世。據後太安二年洪年二十一，推知應生在此年。

又按：晉書葛洪傳：洪父悌、吳平後入晉爲邵陵太守。抱朴子外篇自敍，卒於官。洪者，君之第三子。生晚，爲二親所嬌饒。

惠帝元康五年　洪年十三

按：自敍，年十有三而慈父見背，饑寒困悴，躬執耕穡。又累遭兵火，典籍蕩盡，負笈行假，伐薪賣之，以給紙筆。

元康八年　洪年十六

按：自敍，年十六，始讀孝經、論語、詩、易，貪廣覽，於衆書乃無不覩。

太安元年　洪年二十

按晉書葛洪傳：從祖玄，吴時學道得仙，號葛仙公。以其錬丹祕術授弟子鄭隱。洪就隱學，悉得其法。抱朴子内篇金丹：昔左元放於天柱山中精思，而神人授之金丹仙經。會漢末亂，不遑合作，而避地來渡江東，志欲投名山以修斯道。余從祖仙公又從元放受之。凡受太清丹經三卷，及九鼎丹經一卷，金液丹經一卷。余師鄭君者，又於從祖受之，而家貧無從買藥。余親事之洒掃積久，乃於馬蹟山中立壇盟受之。并諸口訣訣(下訣字疑衍)之不書者。江東先無此書，書出於左元放。元放以授余從祖，從祖以授鄭君，鄭君以授余，故他道士了無知者也。然余受之已二十餘年矣，資無擔石，無以爲之，但有長歎耳。又抱朴子内篇遐覽：昔者幸遇明師鄭君，於時雖充門人之洒掃，既才識短淺，又年尚少壯，意思不專，俗情未盡，不能大有所得，以爲巨恨。鄭君時年出八十，性解音律，善鼓琴。閒坐。他弟子皆親僕使之役，採薪耕田，唯余尫羸，不堪他勞，常親掃除，拂拭牀几，磨墨執燭，及與鄭君繕寫故書而已。鄭君本大儒士，晚而好道，猶以禮記、尚書教授，弟子五十餘人，惟余見受金丹之經。太安元年，知季世之亂，江南將鼎沸，乃負笈持仙藥之樸，將入室弟子東投霍山，莫知所在焉。據此，知洪受學鄭隱，當在二十以前十六以後之數年中。鄭隱善鼓琴閒坐，此乃當時修道者所共，如嵇叔夜信長生，亦擅琴是也。至洪所受之丹術，自左元放以來四傳，既云不遑合作，又稱家貧無從買藥，又曰資無擔石，無以爲之，則雖有其書，迄無親驗之者。後人傳左元放葛仙翁故事，證以葛書，知皆不實矣。

太安二年　洪年二十一

按：晉書洪傳：石冰作亂，吳興太守顧秘爲義軍都督，與周玘等起兵討之，檄洪爲將兵都尉，攻冰別率，破之，遷伏波將軍。自敍：昔大安中，石冰作亂，義軍大都督邀洪爲將兵都尉，累見敦迫，遂募合數百人，別戰斬賊小帥，多獲甲首，於是大都督加洪伏波將軍。又御覽三百二十八引抱朴子外篇，昔大安二年，京邑始亂，石冰屯於建業，宋道衡說冰求爲丹陽太守，到郡，發兵以攻冰，召余爲將兵都尉，余年二十一，見軍旅，不得已而就之。宋侯不能用吾計，數敗。吾令宋侯從月建，住華蓋下，遂收合餘燼，從吾計，破石冰焉。今按：據御覽此條，知本年洪二十一。

永興元年　洪年二十二

按：晉書洪傳：冰平，洪不論功賞，徑至洛陽，欲搜求異書，以廣其學。自敍：事平，洪投戈釋甲，徑詣洛陽，欲廣尋異書。正值大亂，半道而還。今按：石冰平在今年。

光熙元年　洪年二十四

按：晉書洪傳：洪見天下已亂，欲避地南土，乃參廣州刺史嵇含軍事。及含遇害，遂停南土多年。征鎮檄命，一無所就。自敍：洪詣洛陽，正遇上國大亂，北道不通，陳敏又反於江東，歸途隔塞。會有故人譙國嵇居道，見用爲廣州刺史，乃表請洪爲參軍，利可避地於南，黽勉就焉。見遣先行催兵，而居道於後遇害，遂停廣州，頻爲節將見邀，用皆不就。今按：嵇含爲廣州刺史，未赴，遇害在今年。晉書嵇含傳，含字君道，此作居道，乃字譌。

又按：晉書洪傳：洪又師事南海太守上黨鮑玄。玄亦內學，見洪，深重之，以女妻洪。洪傳玄業，兼綜練醫術，不知在何年。晉書敍於石冰亂前，今姑改繫於此。或尚稍後，未可知。

愍帝建興三年　洪年三十三

按：晉書洪傳：後還鄉里，禮辟皆不赴。元帝爲丞相，辟爲掾，以平賊功，賜爵關內侯。今按：元帝爲丞相在今年，洪不知何年自廣州還，其爲元帝掾屬，當在此年。

元帝建武元年　洪年三十五

按：自敍，洪年十五六時，所作詩賦雜文，當時自謂可行。至於弱冠，更詳省之，殊多不稱意。洪年二十餘，乃計作細碎小文，妨棄功日，未若立一家之言，乃草創子書。會遇兵亂，流離播越，有所亡失，連在道路，不復投筆十餘年，至建武中，乃定。凡著內篇二十卷，外篇五十卷，碑頌詩賦百卷，軍書檄移章表箋記三十卷，又撰俗所不列者爲神仙傳十卷。又撰高上不仕者爲隱逸傳十卷。

又抄五經、七史、百家之言，兵事、方伎、短雜、奇要三百一十卷。别有目録。又曰：既洪着自敍之篇，或人難曰：昔王充年在耳順，道窮望絶，懼身名之偕滅，故自紀終篇。先生以始立之盛，值乎有道之運，何憾芬芳之不揚，而務老生之彼務。洪答云云。又自敍：江表書籍不具，昔故詣京師，正值大亂，半道而還。每興嘆恨。今齒近不惑，素志衰頽，但念損之又損，爲乎無爲。據諸上引，知洪撰抱朴子，殆在此時。故既曰以始立之盛，又曰齒近不惑也。清四庫提要謂洪乞爲勾漏令後退居浮羅山所作，誤矣。

又按：抱朴子金丹：洪受書於鄭君，已二十餘年矣。若以洪十八、九歲受書，再過二十餘年，當逾四十。是其所爲自敍，雖在三十五歲時，而其内、外各篇文，則容有隨後增成者。又據其神仙傳自序，則在内篇既成之後，因其弟子滕升問神仙有無而作。

又按：自敍，洪考覽奇書，既不少矣。率多隱語，難可卒解。道士弘博洽聞者寡，而意斷妄説者衆。至於時有好事，欲有所修爲，倉卒不知所從，而意之所疑，又無足諮。今爲此書，粗舉長生之理。其至妙者，不得宣之於翰墨。蓋粗言較略以示一隅。世儒莫信神仙之書，不但大而笑之，又將謗毁真正。故予所著子言黄白之事名曰内篇。今按：洪著内篇既在盛年，特因多覽奇書，故乃粗言其理，非謂親有所試，確有所驗也。神仙黄白又與長生之理不同，洪蓋信有此術而姑記其所得於考覽者而已，後世乃以爲洪果尸解得仙，其妄可知。

又按：自敍，洪少有定志，決不出身。念精治五經，著一部子書，令後世知其爲文儒而已。後州郡及車騎大將軍辟，皆不就。薦名琅琊王丞相府。昔起義兵，賊平之後，了不修名詣府論功。晉王應天順人，撥亂反正，結皇綱於垂絶，修宗廟之廢祀，念先朝之滯賞，並無報以勸來。洪隨例就彼庚寅詔書，賜爵關中侯，食勾容之邑二百户。今按：此處稱晉王，又稱先朝，可證洪封關内侯必在元帝時。元帝在位六年，建武元年丁丑，大興三年庚辰，此云庚寅，或是庚辰之譌。

成帝咸和元年　洪年四十四

按：晉書洪傳：咸和初，司徒導召補州主簿，轉司徒掾，遷諮議參軍。干寶深相親友，薦洪才堪國史，選爲散騎常侍，領大著作。洪固辭不就，以年老欲鍊丹以祈遐壽。聞交阯出丹，求爲勾漏令。帝以洪資高不許。洪曰：非欲爲榮，以有丹耳。帝從之。洪遂將子、姪俱行，至廣州，刺史鄧岳留不聽去，洪乃上羅浮山煉丹，岳表補東官太守，又辭不就。在山積年，優遊閒養，著述不輟。後忽與岳疏云：當遠行尋師，剋期便發。岳得疏往別，而洪坐至日中，兀然若睡而卒。岳至，遂不及見，時年八十一。今按：此記洪應王導之辟而卒敍之云云也。

又按：道藏本關尹子有葛洪序，云：洪體存蒿艾之質，偶好喬、松之壽，知道之士，雖微賤必親也，雖夷狄必貴也。後遇鄭君思遠，屬洪以尹真人文始經九篇，洪親受之。下題咸和二年五月朔。今考洪幼師鄭隱，豈得云後遇。隱之去霍山，下至咸和二年，亦已二十五年矣。關尹既僞書，此序亦後人僞撰也。鄭思遠，洞仙傳謂其師葛孝先，入廬江馬蹟山，蓋卽鄭隱之字。

咸和五年　洪年四十八

按：通鑑，今年五月，鄧岳始領廣州刺史，洪之乞爲勾漏令，將子姪南行，尚當在後。

咸康二年　洪年五十四

按晉書鄧岳傳，咸康三年，岳遣軍伐夜郎，破之，加督寧州，進征虜將軍，遷平南將軍，卒。弟逸監交廣州，建威將軍，平越中郎將，廣州刺史假節。今考帝紀，伐夜郎事在咸康二年十月，非三年。鄧岳卒年史不著。惟查通鑑，康帝建元元年，以庾冰都督荆、江、寧、益、梁、交、廣七州。穆宗永和三年春，林邑王文攻陷日南，殺日南太守夏侯覽，檄交州刺史朱蕃，請以郡北横山爲界。文去，蕃使督護劉雄戍日南。秋，林邑復陷日南，殺劉雄。四年，林邑寇九真。五年，桓温遣督護滕畯帥交、廣之兵擊林邑王文於盧谷，爲文所敗，退屯九真。似鄧岳之卒，尚在康帝前，其弟逸亦不久去位。若如洪傳，洪壽八十一而卒，應在哀帝興寧二年，鄧岳決不至是尚在。今既知洪先鄧岳卒，則其壽殆不出六十也。寰宇記一百六十引袁彦伯羅浮記作葛洪卒時年六十一，若果可據，應爲康帝建元元年，其時鄧岳殆已卒，洪決不在人世。此亦本晉書本傳譌八爲六耳。未足據。後人以洪治養生神仙之術，故晉書本傳謂其八十一而卒，又謂其既死，顔色如生，體亦柔軟，舉屍入棺，甚輕如空衣，世以爲屍解得仙云。然要之其壽最高當不過六十，則絶無疑者。至其煉丹未就，則傳已明言之，可不復詳論也。」（一九四六年十二月三日南京中央日報文史周刊第二十九期）

右列三說中，謂爲六十一者最可信。袁宏江左史家，且擅文名，年歲又與葛洪相接，對博聞深洽，著述富於班馬之葛洪，諒多所瞭解。撰羅浮記不描繪羅浮山自然風光，而專記憩於此山之葛洪，其景仰之情，已可概見。文中稱廣州刺史鄧岱及洪與岱書二者，當是紀實，皆可作爲洪卒年切證：不稱鄧嶽而稱鄧岱，其時必在晉康帝建元紀元之後；岱得洪書便狼狽往别，其時又必在建元二年鄧岱去世之前。建元年號僅兩年，則洪之卒亦必在此兩年内。羅浮記謂洪卒時年六十一，正當建元元年，故其説最可信。

一九九七年七月弢翁再校畢，時年八十有八。